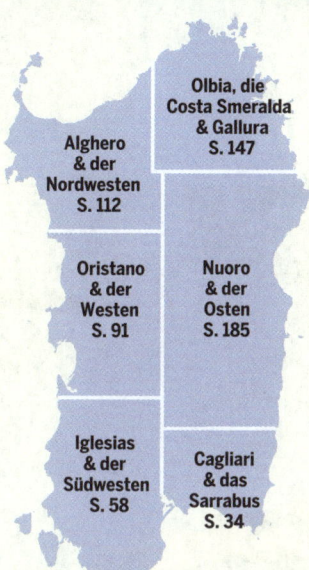

Kerry Christiani
Vesna Maric

Willkommen auf Sardinien

Betörende Küsten

Auf Sardinien findet man einige der verlockendsten Küsten Europas. Viele glauben, das strahlende Blau und der weiße Sand auf den Fotos der Hochglanzbroschüren seien das Ergebnis einer Bildbearbeitung, doch wer die Insel besucht, stellt bald fest, dass all diese Fotos die Wirklichkeit nicht annähernd erreichen. Wie schön wäre es doch, wenn man mit der Yacht an der Costa Smeralda vor Anker gehen könnte, wo sich Filmstars und Supermodels im smaragdgrünen Wasser tummeln; oder wenn man sich in eine stille Bucht am Golfo di Orosei begibt, wo steile Klippen die Außenwelt fernhalten – oder einfach zu den Granitinseln von La Maddalena. Ganz gleich, ob man sich für ein Plätzchen in den Dünen an der Costa Verde entscheidet oder die Costa del Sud vorzieht: Wer hier am Strand zur Ruhe kommt, möchte nie wieder abreisen.

Outdoor-Abenteuer

Was könnte einen vom Strandplatz weglocken? Natürlich die Berge und Wälder, die Schluchten und Höhlen, die Wanderwege entlang der Küste und ins Gebirge. Durch grüne Wälder geht es zu den Überresten der Nuraghen von Tiscali, auf den Höhen steiler Klippen führt der Weg durch Myrte und Wacholder zur Cala Luna, und nach dem Durchqueren von Steineichenwäldern kommt Gola Su Gorropu in Sicht, der Grand Canyon Europas. Dann nichts wie

Die Küstenstraßen sind ein Abenteuer: Am Wegesrand ragen Gebilde aus der Vorzeit auf und die Straßen gehören auch den 4 Mio. Schafen. Hinzu kommen eine wilde Landschaft, Strände und liebenswerte Kuriositäten.

Links: Perfekte Entspannung auf dem glasklaren Wasser der Cala Mariolu (S. 211)
Unten: Straßenlokal in Bosa (S. 102)

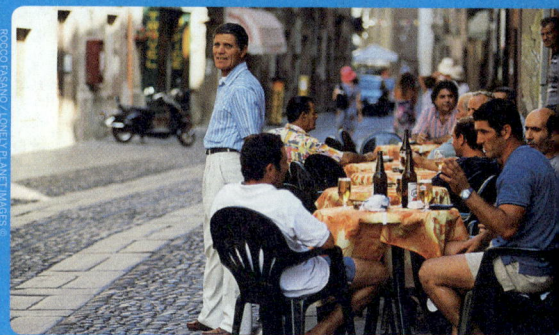

hin zu den Kletterkünstlern an den Kalksteinwänden der Cala Gonone, zu den Reitern in den Wäldern von Arborea oder zu den Mountainbikern auf den uralten Maultierpfaden in Ogliastra. Und dem Meer kann keiner widerstehen: Windsurfer bevölkern die Nordküste, Taucher schwärmen von den Wracks vor Cagliari, der Unterwasserhöhle Nereo und den römischen Ruinen von Nora. Sardinien zählt zu den letzten großen Abenteuerinseln Europas.

Eine Insel der Merkwürdigkeiten

Sardinien ist wirklich etwas Besonderes. Wo sonst könnte man innerhalb eines einzigen Tages Bergwälder und gewaltige Grotten am Meer bestaunen oder idyllische Weinberge und ehemalige Banditendörfer? Sardinien ist aber auch die Insel der 7000 *nuraghi,* jener verblüffenden Steintürme aus der Bronzezeit, die einen Blick in die Frühgeschichte gestatten. Nur hier kann man kulinarische Kuriositäten wie Seeigel und Seeanemonen kosten, Wurst aus Eselsfleisch und sogar *casu marzu,* einen überreifen Schafskäse mit lebenden Maden. Und es gibt hier seltsame Tiere, darunter *asini bianchi* (Albino-Esel) auf der Isola dell'Asinara und echte Wildpferde auf dem Plateau Giara di Gesturi. Selbst die Feste sind hier exzentrisch, von den Karnevalsumzügen von Barbagia mit den gespenstischen *mamuthones* bis zum tollkühnen Reiterfest S'Ardia in Sedilo.

Parco Nazionale dell'Asinara
Ein Nationalpark auf einer Insel (S. 133)

Grotta di Nettuno
656 Stufen geht es hinab in eine Höhle aus Tausendundeiner Nacht (S. 128)

Alghero
Eine befestigte Stadt im spanischen Stil (S. 113)

Bosa
Ein Städtchen am Fluss, hübsch wie im Reiseprospekt (S. 102)

Costa Smeralda
Urlaubstrubel an sonnenverwöhnten Stränden (S. 156)

Orgosolo
Politische Wandgemälde im einstigen Banditendorf (S. 197)

Tiscali
Geheimnisvolle Siedlung aus prähistorischer Zeit (S. 209)

Gola Su Gorropu
Geröll und steile Felsen im Grand Canyon Europas (S. 208)

Parco Nazionale dell'Arcipelago di La Maddalena

Tyrrhenisches Meer

Mare di Sardegna

Golfo dell'Asinara

Isola Caprera

Isola Maddalena

Santa Teresa di Gallura

Porto Pollo

Palau

Arzachena

Baia Sardinia

Porto Rotondo

Romazzino

Golfo Aranci

Olbia

Siniscola

Orosei

Cala Gonone

Dorgali

Tiscali

Gola Su Gorropu

Monte Ortobene (955 m)

Nuoro

Oliena

Orune

Orgosolo

Mamoiada

Monti

Tempio Pausania

Lago di Coghinas

Coghinas

Ozieri

Torralba

Macomer

Castelsardo

Marina di Sorso

Platamona

Sorso

Sassari

Porto Torres

Stintino

Torre Pelosa

Parco Nazionale dell'Asinara

Villanova Monteleone

Bosa

Cuglieri

Torre

Fertilia

Alghero

Porto Ferro

Cala Bona

Monte Timidone (361 m)

Grotta di Nettuno

50 km

41° N

8° O

9° O

10° O

Golfo di Orosei
Eine spektakuläre Küste – zum Wandern, Klettern oder Segeln (S. 204)

Cagliari
Blick auf die Stadt von den Mauern des Castello (S. 36)

Oristano
Plätze, mittelalterliche Gassen und Römer und Phönizier (S. 94)

Entfernungsangaben (km)
Hinweis: Entfernungsangaben sind ungfäre Angaben

	Alghero	Cagliari	Iglesias	Nuoro	Olbia	Oristano
Cagliari	247					
Iglesias	255	58				
Nuoro	155	180	193			
Olbia	138	265	285	105		
Oristano	155	94	110	90	173	
Sassari	37	217	220	123	106	126

MITTELMEER

MITTELMEER

40° N

39° N

Höhe über NN

1500 m
1250 m
1000 m
750 m
500 m
250 m
0

Golfo di Orosei
Arbatax
Baunei
Santa Maria Navarrese
Urzulei
Tortoli
Villaputzu
Tertenia
Sadali
Tonara
Mandas
Monte dei Sette Fratelli (1023 m)
Cala Sinzias
Villasimius
Stagno Notteri
Golfo di Carbonara
Sorgono
Barumini
Cagliari
Poetto
Golfo di Cagliari
Abbasanta
Parco Nazionale del Golfo di Orosei e del Gennargentu
Lago Omodeo
Tirso
Monastir
Tuili
Mannu
Capoterra
Golfo degli Angeli
Pula
Santa Cristina
Riola Sardo
Cabras
Oristano
Santa Giusta
Terralba
Montevecchio
Guspini
Arbus
Ingurtosu
Fluminimaggiore
Domusnovas
Riserva Naturale di Monte Arcosu
Teulada
Porto Teulada
Chia
Putzu Idu
Sinis-Halbindel
San Salvatore
San Giovanni di Sinis
Golfo di Oristano
Torre dei Corsari
Buggerru
Masua
Iglesias
Funtanamare
Portovesme
Carbonia
Sant'Antioco
Golfo di Palmas
Portixeddu
Golfo di Gonnesa
Portoscuso
Calasetta
Sant'Antioco
Carloforte
San Pietro
Sant'Antioco
Flumendosa

15
TOP-
ERLEBNISSE

Golfo di Orosei

1 Natürlich kann man an dieser Stelle vom klaren, sanft schäumenden aquamarinblauen Wasser schwärmen und von schwindelerregenden Kalksteinklippen, aber Worte reichen dafür kaum aus – man muss den Golfo di Orosei (S. 204) einfach selbst gesehen haben. Die Berge des Parco Nazionale del Golfo di Orosei e del Gennargentu bilden an dieser Stelle eine weite Meeresbucht. Wer hierherkommt, wandert auf Küstenpfaden am Gipfel steiler Felswände entlang oder erkundet Meeresgrotten und verwunschene Buchten mit dem Boot. Oben: Cala Goloritzè, Golfo di Orosei

ANDY CHRISTIANI / LONELY PLANET IMAGES ©

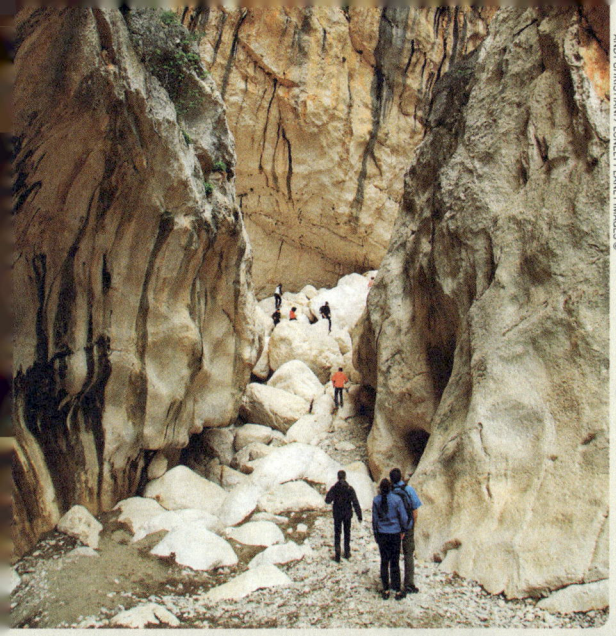

Gola Su Gorroppu

2 Der erste Blick in die Gola Su Gorroppu (S. 208) auf der Wanderung herunter vom Pass Genna 'e Silana ist einfach atemberaubend. Die gewaltige Schlucht mit den 400 m hohen Felswänden und den Gesteinsbrocken, die wie Murmeln eines Riesen überall verstreut liegen, gilt als Europas Grand Canyon. An ihrer schmalsten Stelle ist die Schlucht nur 4 m breit, sie verschlingt einen dort förmlich, drängt die Sonne hinaus und lässt einen die Außenwelt vollkommen vergessen. Ist man hier einmal ganz allein, wirkt die Schlucht wie verloren in Zeit und Raum.

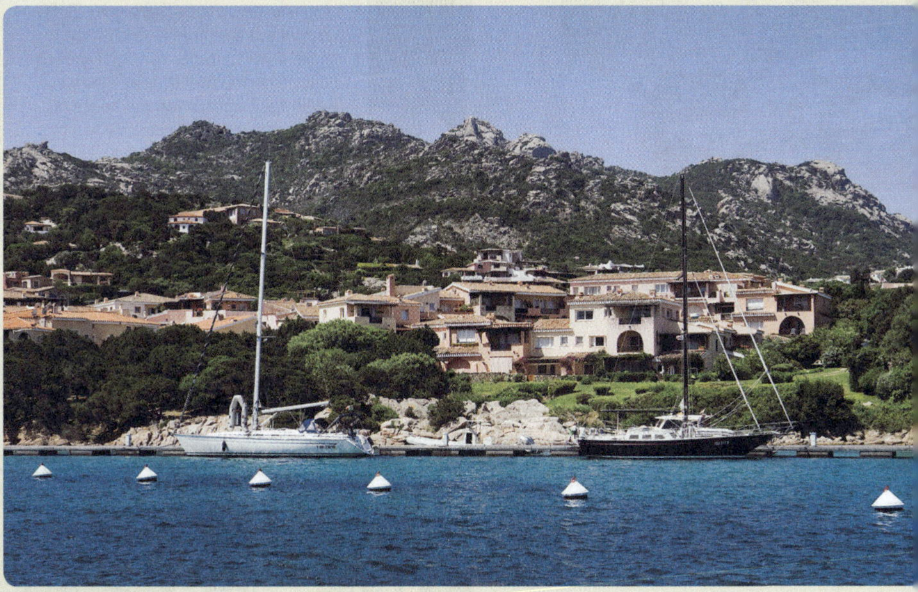

HOLGER LEUE / LONELY PLANET IMAGES ©

Costa Smeralda

3 Zu Recht ist die Costa Smeralda (S. 156) in aller Munde: Die windgepeitschten Granitberge der Gallura fallen hier steil ab zu fjordartigen Mündungen, und eine smaragdgrüne See liegt vor einer Küste, an der sich Buchten aneinanderreihen, darunter Capriccioli, Cala di Volpe und Spiaggia del Principe. Wer einmal Paparazzo spielen möchte, bewundert die riesigen Yachten der Superreichen in Porto Cervo (S. 157), und wer es lieber geruhsam mag, der sucht sich eine der stillen Buchten und genießt die großartigen Ausblicke. Oben: Porto Cervo

Il Castello, Cagliari

4 Il Castello (S. 38) thront auf einem Felsen in Cagliari; am schönsten wirkt die Burg in der Dämmerung eines warmen Sommerabends. Wenn die untergehende Sonne den Himmel in Purpurfarben taucht, glühen die Wälle, Dächer und Türme in purem Gold. Am besten erwartet man das Schauspiel auf der Terrasse des Caffè degli Spiriti (S. 50) oder des Caffè Librarium Nostrum (S. 50). Von dort hat man später einen wunderschönen Blick auf die von Lichtern erhellte Stadt.

Nuraghi & Tombe dei Giganti

5 Wachttürme, Stätten heiliger Rituale, prähistorische Versammlungsräume ...– der Zweck der 7000 *nuraghi* auf Sardinien ist nicht bekannt. Innerhalb der runden Mauern dieser Steintürme und befestigten Siedlungen spürt man bis heute die Atmosphäre der Bronzezeit. Am besten erhalten ist die Anlage Nuraghe Su Nuraxi (S. 88), ein Weltkulturerbe der Unesco. Ähnlich geheimnisvoll sind die *tombe dei giganti* (Hünengräber), Grabanlagen mit steinernen Stelen. Ein schönes Beispiel ist Coddu Ecchju (S. 162).

Orgosolo

6 Bemerkungen zur sozialen Lage, zur Politik oder Prophezeiungen zum Weltuntergang – all das findet sich deutlich lesbar an den etwas schäbigen Wänden der Häuser und Cafés von Orgosolo (S. 192). Einst war der Ort ein verrufenes Banditennest, heute bilden die Mauern der Häuser eine riesige Leinwand für hochemotionale Graffiti. Wer den Corso Repubblica entlangschlendert, entdeckt auf riesigen Wandgemälden Kommentare zu allen Großereignissen des 20. und 21. Jhs., vom Abwurf der Atombombe bis zum Irakkrieg. So spiegelt sich Weltgeschichte in einem kleinen Bergdorf in der Barbagia.

Alghero

7 Am stimmungsvollsten ist Alghero (S. 114) am frühen Abend, wenn unzählige Passanten durch das Labyrinth der dunklen mittelalterlichen Gassen strömen, während andere auf den großen Terrassen der Cafés an der Piazza Civica sitzen und dem Treiben zusehen. Dort stehen Tische entlang der honigfarbenen Mauern, die im sanften Licht der Laternen schimmern, und die Gäste speisen unter dem Sternenhimmel mit Blick aufs Meer. Hier muss man einfach *aragosta alla catalana* (Hummer mit Tomaten und Zwiebeln) probieren, ein Gericht, das an die Tage der katalanischen Herrschaft erinnert.

Bosa

8 Wie so viele große Kunstwerke betrachtet man Bosa (S. 102) am besten aus einiger Entfernung. Nur mit etwas Abstand erfasst man das ganze Bild: die eleganten Häuser mit den unterschiedlichsten Fassadenfarben, die Fischerboote auf dem Fiume Temo und die mittelalterliche Burg hoch oben über der Stadt. Wer die schönste Stadt Sardiniens ohne Touristen erleben möchte, bleibt bis zum Abend und spaziert dann durch die schmalen Gassen, wo kleine Restaurants fangfrischen Fisch von der Westküste zubereiten.

Bergdörfer

9 Auf einer serpentinenreichen Straße durchs Gebirge hat man die Orientierung verloren, und kein Navigationsgerät, keine Karte und kein Mensch kann einem weiterhelfen. Dann aber hat man den Bergrücken erreicht und blickt auf ein eigenartiges Dorf inmitten von Wäldern hinab, das von hohen Felswänden fast erdrückt wird. So oder ähnlich ergeht es einem oft in den Provinzen Barbagia und Ogliastra. Lust auf ein Abenteuer? Dann nichts wie hin – zu herrlich abgelegenen Dörfern wie Ulassai (S. 217), Aritzo (S. 200) und Fonni (S. 200). Unten: Ulassai

Oristano

10 Oristano (S. 93), im 14. Jh. Hauptstadt der damaligen Provinz Arborea, ist eine der großartigen mittelalterlichen Städte Sardiniens. Auf den barocken Gassen und Piazzas im Zentrum und im Duomo mit seiner schönen Kuppel ist die Vergangenheit allgegenwärtig. Hier lässt man es ruhiger angehen, und man folgt den Einheimischen, die zur Piazza Eleonora d'Arborea schlendern. Oder man nutzt den Ort als Ausgangspunkt für Fahrten zu den phönizischen und römischen Ruinen von Tharros (S. 101) oder zu den Stränden und Lagunen der Halbinsel Sinis (S. 98). Links: Statue der Eleonora d'Arborea auf der gleichnamigen Piazza

PSF / IMAGEBROKER ®

Tiscali

11 Die im Dämmerlicht einer halb zerfallenen Karsthöhle verborgene archäologische Stätte Tiscali (S. 209) gibt viele Rätsel auf. Zwar sind nur noch spärliche Reste erhalten, doch mit ein wenig Fantasie kann man sich das Nuraghen-Dorf der Bronzezeit durchaus vorstellen. Ebenso faszinierend wie Tiscali selbst ist auch der Weg dorthin: Der Pfad führt durch ein grünes Tal, am Fuß hoher Felsen entlang. Greifvögel kreisen in der Luft, und nichts stört die große Stille, die die über allem hängt.

Parco Nazionale dell'Asinara

12 Isoliert am nordwestlichen Zipfel der Insel liegt der Parco Nazionale dell'Asinara (S. 133), eine der herrlichsten Küstenlandschaften Sardiniens. In diesem Schutzgebiet lebt der Albino-Esel, der *asino bianco*, aber auch Wanderfalken, Mufflons, Wildschweine und Unechte Karettschildkröten. Möchte man Tiere zu Gesicht bekommen, wandert oder radelt man auf einer der vielen Strecken, die bis in den letzten Winkel der Insel führen. Oder man taucht im glasklaren Wasser, das Granitklippen und paradiesische Strände umspült. Unten: Blick auf die Cala Sant'Andrea

Grotta di Nettuno

13 Egal, ob man per Boot von Alghero aus hinfährt oder die 110 m hohe Klippe über schwindelerregende Stufen hinabsteigt, die Ankunft an der Grotta di Nettuno (S. 128) ist in jedem Fall unvergesslich. In der riesigen, kathedralenartigen Höhle scheint es, als habe Meeresgott Neptun höchstpersönlich Hand angelegt. Ein wahrer Wald aus Stalaktiten und Stalagmiten spiegelt sich im unbewegten Wasser. Nichts stört den Zauber dieser Feenhöhle – nicht einmal die Besucherscharen zur Mittagszeit.

Sardinien für Genießer

14 „Biologisch" oder „Slow Food" lauten die Schlagworte für etwas, das auf Sardinien seit Jahrhunderten gepflegt wird. Die Bauernhöfe verkaufen ihren Schafskäse, Salami und Cannonau-Rotwein. In den Bäckereien und Konditoreien bekommt man Brote und ein Gebäck mit Mandeln (links); und das Angebot an Fisch und Meeresfrüchten ist reichhaltig. Oder man speist in einer der *agriturismo*-Unterkünfte (S. 223), Antipasti, culurgiones (Ravioli) mit Ricotta-Füllung, Spanferkel und Reibeplätzchen mit Ricotta-Füllung, Spanferkel und *sebadas* (Reibeplätzchen mit Honig).

Feste auf Sardinien

15 Seien es nun die tollkühnen Reitkünste beim Fest S'Ardia (S. 109) oder die *mamuthones*, die beim Karneval in Mamoiada (S. 199) die Dämonen des Winters austreiben: Festlichkeiten auf Sardinien sind immer wunderbar und exzentrisch. Wer kann, plant seine Reise so, dass das mittelalterliche Turnier Sa Sartiglia (S. 199) in Oristano im Februar, die Festa di Sant'Efisio (S. 48) in Cagliari im Mai oder die folkloristischen Umzüge der Sagra del Redentore (S. 191) in Nuoro im August auf dem Programm stehen könnten. Gourmets zieht es sicher zu den gastronomischen Festen (S. 272), wo von Maronen bis zu Seeigeln so allerlei in den Topf kommt. Oben: S'Ardia

Gut zu wissen

Währung
» Euro (€)

Sprache
» Sardisch (Sardo), Italienisch

Reisezeit

Porto Cervo
Reisezeit Juni–September

Alghero
Reisezeit April–September

Nuoro
Reisezeit Februar, April–September

Oristano
Reisezeit Aug–Nov

Warme bis heiße Sommer, milde Winter

Cagliari
Reisezeit April–September

Hauptsaison
(Juli–Aug.)
» Die Zimmerpreise und Besucherzahlen steigen massiv an.
» Die Preise klettern über Ostern und in den Schulferien.
» Die Straßen sind dann oft verstopft.

Zwischensaison
(April–Juni & Mitte Sept.–Okt.)
» Die Zimmer sind deutlich preiswerter.
» Das Wetter ist wechselhaft und das Meer recht kühl.
» Ideal zum Wandern und Radfahren.
» Sehenswürdigkeiten und Strände sind nicht so überfüllt.

Nachsaison
(Nov.–März)
» Das Wetter ist kühler und feuchter.
» Viele Sehenswürdigkeiten, Hotels und Restaurants sind geschlossen.
» Die Preise sind um bis zu 50 % niedriger.
» Im Februar lockt der Karneval.

Tagesbudget

Weniger als
150 €
» Bett im Schlafsaal 20–25 €
» Doppelzimmer in einem preiswerten Hotel 60–100 €
» Hauptsaison (Juli & August) meiden, weniger besuchte Urlaubsorte wählen
» Tagesgerichte 15–20 €

Mittelteuer
150–250 €
» Doppelzimmer im Mittelklassehotel 100–200 €
» Essen in einem soliden einheimischen Restaurant (25–45 €)

Teuer – über
250 €
» Doppelzimmer im Luxushotel 100–200 €
» Entspannung im Wellnessbereich der Hotels
» Essen in Spitzenrestaurants

Geld

» In den meisten Urlaubsorten und größeren Städten gibt es Geldautomaten. Visa-, MasterCard- und Cirrus-Karten werden in größeren Hotels und Restaurants angenommen, in kleineren nur Bargeld.

Visa

» EU-Bürger benötigen kein Visum; Angehörige anderer Staaten brauchen für Aufenthalte unter 90 Tagen ebenfalls kein Visum. Für Bürger einiger Länder ist ein Schengen-Visum (S. 281) erforderlich.

Mobiltelefone

» Europäische Handys sind auf Sardinien kein Problem, sie müssen jedoch für internationales Roaming eingerichtet sein.

Unterkunft

» Sardinien bietet verschiedene Unterkünfte: Von *agriturismi* (Ferien auf dem Bauernhof) bis zu Boutiquehotels am Meer ist für jeden Geldbeutel etwas dabei. In der Hochsaison sollte man im Voraus buchen. Siehe S. 214.

Internet

» **Sardegna Turismo** (www.sardegnaturismo. it) Das Portal schlechthin, sehr informativ und hilfreich.

» **ENIT** (www. enit.it) Staatlicher Tourismusverband Italiens.

» **Lonely Planet** (www.lonelyplanet. com/sardinia) Informationen über Ziele, Buchungen, Reiseforum und mehr.

» **ARST** (www. arst.sardegna. it, auf Italienisch) Informationen über den Regionalverkehr auf Sardinien.

» **Trenitalia** (www. trenitalia.com) Informationen zu Fahrplänen und Preisen für Zugreisen auf der Insel.

» **Sprache online lernen** (www. learnalanguage. com) Eine der Websites zum Italienischlernen.

Wechselkurse

Schweiz	1 Schweizer Franken	0,80 €

Aktuelle Wechselkurse unter www.xe.com

Wichtige Telefonnummern

Internationale Vorwahl	0039
Notruf, europaweit	112
Krankenwagen	118
Feuer	115
Polizei	113

Ankunft auf Sardinien

» **Cagliari Elmas Airport**
ARST-Busse – zur Piazza Matteotti alle 30 Minuten, 5.20 bis 22.30 Uhr (vor 9 Uhr morgens seltener). Taxis – 25 €; 10 bis 15 Minuten ins Zentrum von Cagliari (S. 53).

» **Aeroporto Olbia Costa Smeralda**
Regionalbusse – ins Zentrum von Olbia alle 30 Minuten von 6.15 bis 23.40 Uhr. Taxis – 15 €; 10 bis 15 Minuten ins Zentrum von Olbia (S. 152).

Autofahren auf Sardinien

In Sardinien ist das Autofahren außerhalb der großen Städte wie etwa Cagliari, Sassari und Olbia in der Regel recht entspannend, auch wenn die Hitze und die Staus im Sommer gelegentlich an den Nerven zehren. Man sollte sich an die Geschwindigkeitsbegrenzungen von 110 km/h auf Autobahnen, 90 km/h auf Schnellstraßen und 50 km/h in geschlossenen Ortschaften halten. Die Nord-Süd-Achse, die SS131 Carlo-Felice, bietet eine schnelle Verbindung zwischen Cagliari und Sassari und zweigt östlich noch über Nuoro nach Olbia ab. Küsten- und Bergstraßen sind oft schmal und voller Serpentinen und Haarnadelkurven, doch die Autofahrer sind im Allgemeinen zuvorkommend, einmal abgesehen von den riskanten Überholmanövern. Hauptindernisse sind Schafherden und Wild in der Dämmerung, das lockere Felsen und Steine freitritt. Einige der schönsten Strände, prähistorische Sehenswürdigkeiten und agriturismi können nur über staubige, unbefestigte Wege erreicht werden, auf denen unzählige Schlaglöcher lauern. An der SS292 zwischen Alghero und Bosa (S. 126) und der SS125 zwischen Dorgali und Santa Maria Navarrese (S. 207) wartet ein sensationelles Küsten- und Bergpanorama auf die vorbeifahrenden Autos. Weitere Details siehe S. 283.

Wie wär's mit ...

Inseln & Stränden

Die Inseln und Strände Sardiniens mit ihren vom Wind geformten Fels- und Meereslandschaften sind einfach faszinierend.

Parco Nazionale dell'Arcipelago di La Maddalena In diesem Meeresnationalpark (S. 168) warten rosafarbene Granitfelsen und glasklares Wasser

Spiaggia della Piscinas Dieser Strand ist ideal für Dünenwanderungen und unvergessliche Sonnenuntergänge (S. 73)

Isola dell'Asinara Die Tierwelt dieser Insel kann man am besten zu Fuß oder mit dem Rad erkunden (S. 133)

Cala Mariolu In dieser Bucht wirken die schimmernden Kieselsteinen und das tiefblaue Wasser überwältigend (S. 211)

Isola di San Pietro Auf dieser südlich gelegenen Felseninsel findet man die seltenen Eleonorenfalken (S. 77)

Spiaggia del Principe Weißer Sand kontrastiert mit tiefblauem Wasser (S. 156)

Spiaggia della Pelosa Ein atemberaubender Strand, der von einem spanischen Wachturm überragt wird (S. 133)

Is Aruttas Schimmernder Quarzsand, türkisfarbenes Wasser und reichlich Ruhe (S. 99)

Archäologischen Ausgrabungen

Auf dieser Insel mit ihren 7000 *nuraghi* (befestigten Siedlungen aus der Bronzezeit), *pozzi sacri* (heiligen Quellen) und *tombe dei giganti* (antiken Hünengräbern) kann man auf archäologische Entdeckungsreise gehen.

Nuraghe Su Nuraxi Der einzige Ort Sardiniens, der mit seiner *nuraghe* zum Weltkulturerbe der Unesco zählt (S. 88)

Tiscali Der einstige Zweck dieser verfallenen *nuraghe* ist schwer zu bestimmen (S. 209)

Tharros Ein mächtiger, von den Phöniziern gegründeter Hafen am blauen Meer – eine der aufregendsten Sehenswürdigkeiten Sardiniens (S. 100)

Serra Orrios Die verfallene Nuraghe-Siedlung birgt so manches Geheimnis (S. 207)

Nuraghe di Palmavera Eine 3500 Jahre alte *nuraghe* mit einem komplexen System von Behausungen (S. 128)

Necropolis del Montessu Prähistorische Felsengräber (S. 76)

Coddu Ecchju Gutes Beispiel einer *tomba dei giganti* (S. 162)

Nuraghe Is Paras Diese *nuraghe* sticht wegen ihres *tholos* (S. 203) hervor

Tollen Outdooraktivitäten

Ob man nun die Klippen erklimmen, über die Wellen flitzen oder in den waldreichen Bergen wandern möchte. Sardinien bietet unendlich viele Möglichkeiten für Outdoor-Fans.

Gola Su Gorropu Hier kann man in die Wildnis des europäischen Grand Canyon vordringen, einen Ort außerordentlicher Schönheit (S. 208)

Golfo di Orosei Hier kann man Kajak fahren und in fast unbekannte Buchten, Grotten und Gesteinswelten vordringen (S. 213)

Porto Pollo Die Brise an der Nordostküste ist für Surfer unwiderstehlich (S. 166)

Cala Gonone An den Klippen hoch über dem Meer zu klettern, ist ein unvergessliches Erlebnis (S. 209)

Parco Nazionale del Golfo di Orosei e del Gennargentu Sardiniens größtem Nationalpark, wo die Berge das Meer berühren, lässt sich wunderbar wandern, Rad oder Kajak fahren und klettern. (S. 204)

Nereo-Höhle Im tiefblauen Meer kann man in die größte Unterwasserhöhle des Mittelmeeres hineintauchen und nach den roten Korallen von Alghero Ausschau halten (S. 121)

ANDY CHRISTIANI / LONELY PLANET IMAGES ©

» Die eindrucksvolle Nuraghe Is Paras (S. 203)

Ferien auf dem Bauernhof (Agriturismi)

Inmitten sich wiegender Eichenwälder und Olivenhaine steht ein steinernes Gehöft. Das einzige, was der Besucher hört, ist das Rauschen der Blätter, das Blöken der Schafe und seine eigenen Fußtritte auf dem Weg in die ländliche Idylle, die die Sarden *agriturismo* nennen.

Agriturismo Guthiddai Dieses Gehöft liegt am Fuße zerklüfteter Berge, umgeben von Oliven- und Obstbäumen (S. 235)

Agriturismo Su Pranu Ein waschechter, noch intakter Bauernhof mit einem Restaurant und einer Fülle an selbst gezogenen Lebensmitteln (S. 227)

Agriturismo Rena Auf diesem etwas baufälligen Bauernhof isst man wie ein König … und schläft wie ein Stein (S. 160)

Agriturismo Su Boschettu Ruhiger Hof im Herzen des Landes (S. 227)

Agriturismo Ca' La Somara Der Besucher folgt den Eseln bis zu diesem glückseligen Ort im Hinterland (S. 232)

Li Licci Der zwischen Eichen versteckte agriturismo bietet eine wunderschöne Lage und gutes Essen (S. 175)

Wandern & Radfahren entlang der Küste

Sardiniens steil aufragende Klippen, die wilden Schluchten und eine Küste voller Buchten laden zum Wandern und Radfahren ein. Auch der Sprung ins kühle Nass nach den schweißtreibenden Aktivitäten ist sehr zu empfehlen. Sardiniens beste Strände finden sich auf S. 69.

Selvaggio Blu Dies ist gewissermaßen der Höhepunkt – eine siebentägige Wanderung entlang des spektakulärsten Küstenabschnitts von Sardinien (S. 214)

Riviera del Corallo Diese umwerfende Klippenlandschaft zwischen Alghero und Bosa lädt zu Radtouren ein (S. 127)

Cala Goloritzè Wanderung vom märchenhaften Hochlandplateau Golgo zum schönen Cala Goloritzè (S. 216)

Von Funtanamare bis Costa Verde Radtour vor atemberaubender Kulisse (S. 66)

Cala Luna Radtour von der Cala Fuili bis zu dieser bezaubernden Bucht (S. 209)

Von Golgo zur Cala Sisine Abwärts geht es mit dem Rad auf alten, einspurigen Mulipfaden; und danach hinein ins erfrischende blaue Meer (S. 215)

Bergstädten & -dörfern

In Sardiniens bizarren Bergstädtchen und -dörfern trifft man auf Einheimische, kann gut essen und wunderbare Ausblicke genießen. Durch das Hinterland schlängeln sich Sträßchen, und die vielen Schafe kann man gar nicht zählen.

Castelsardo Ein wunderschöner mittelalterlicher Ortskern mit Blick aufs Meer (S. 133)

Ulassai Eine Straße schraubt sich langsam zu diesem winzigen Dorf empor, das in zerklüfteten Bergen liegt (S. 215)

Monti Ferru Hier locken wunderschöne Dörfer, aber vor allem auch das herrliche Rindfleisch und Olivenöl (S. 105)

Orgosolo Die Wandmalereien in diesem Bergstädtchen erzählen von politischen Ereignissen der Vergangenheit (S. 197)

San Pantaleo Abseits vom Glanz der Costa Smeralda liegt dieses hübsche Dorf zu Füßen von Granitfelsen (S. 180)

Laconi In diesem Bergstädtchen herrschen Ruhe und Frieden. Gässchen führen zum Geburtsort des hl. Ignatius (S. 202)

Tempio Pausania Eine bezaubernde Stadt mit grauen Steinhäusern im Herzen der Galluras (S. 172)

Wer die einzigartige Tierwelt mag, sollte sich in die Hochebene Giara di Gesturi (S. 89) begeben, um dort nach Wildpferden Ausschau zu halten, oder auch in den Parco Nazionale dell'Asinara (S. 133), um vielleicht auf weiße Esel zu treffen.

Naturwundern

In Sardinien hat die Natur Wunder gewirkt. Entlang der windgepeitschten Küsten finden sich riesige Höhlen, im bergigen Inneren mächtige Schluchten und faszinierende Felsgebilde.

Grotta di Nettuno Der Reiz des Meeres lockt 656 Stufen hinab in die Tiefe zu dieser kathedralenähnlichen Höhle (S. 128)

Scoglio Pan di Zucchero Der Zuckerhut-Felsen ist der größte der vielen *faraglioni* (Felsformationen), die aus dem glasklaren Wasser emporragen (S. 66)

Grotta di Ispinigoli In den Hallen dieser Mammut-Höhle findet sich ein Wald aus Stalagmiten, darunter der zweitgrößte der Welt (S. 207)

Roccia dell'Elefante An der SS134 bei Castelsardo ragt dieses Felswunder auf, es enthält zwei Grabstätten aus dem Neolithikum (S. 136)

Il Golgo Wer in die dunklen Tiefen dieses 270 m tiefen Abgrunds blickt, bekommt mit Sicherheit Höhenangst (S. 216)

Roccia dell'Orso Ein von Wind und Wetter gezeichneter Granitfelsen, der aus einem bestimmten Blickwinkel einem Bären ähnelt, aus anderen Perspektiven aber eher an einen Drachen erinnert (S. 186)

Essen aus erster Hand

Sardisches Essen ist ein einfaches Vergnügen. In den Weingärten findet man private Weinkeller, auf Bauernhöfen frischen Pecorino, Honig und Salami, und zu jeder Jahreszeit gibt es Feste mit reichhaltigem kulinarischen Angebot (s. S. 272).

Cantine Surrau Ein exzellentes Weingut an der Costa Smeralda, bekannt für seine Vermentino-Weißweine und die Cannonau-Rotweine (S. 159)

Cortile del Formaggio Das winzige Haus in Orgosolo hat *fiore sardo* im Angebot, sardischen Pecorino, der mindestens drei Monate gereift ist (S. 198)

Cabras In diesem Fischerdorf sollte man die salzigen, aromatischen *muggini* (Barben) und *bottarga* (Barbenrogen) probieren (S. 98)

Durke Ein Traum von sardischen Süßigkeiten; die besten bestehen nur aus Zucker, Eiweiß und Mandeln (S. 52)

Azienda Agricola Mossa Alessandro Auf diesem Bauernhof gibt es würzige Salami, cremigen Ziegen-Ricottakäse und *fiore sardo* (S. 161)

Alghero Schlemmereien aus heimischem Hummer und stacheligen *ricci* (Seeigeln) aus den Tiefen des Meeres (S. 114)

Historischen Städten

Karthager, Römer, Aragonier und Pisaner, alle haben den Städten Sardiniens ihren Stempel aufgedrückt. Wer durch die Ruinen schlendert, zu Zitadellen emporklettert oder sich auf Kirchplätzen ausruht, blättert in den Seiten eines lebenden Geschichtsbuches.

Alghero Das *centro storico* von Alghero ist ein Labyrinth aus Palazzi, vor denen sich an Sommerabenden das gastronomische Leben abspielt (S. 114)

Cagliari In den verschlungenen Gässchen des mittelalterlichen Castello sollte man verweilen, um den Schein der untergehenden Sonne auf sich wirken zu lassen (S. 37)

Oristano Die bezaubernde Altstadt von Oristano ist lebendig und voller guter Restaurants und Bars (S. 93)

Iglesias Die spanische Atmosphäre und die vielen Kirchen tragen sehr zum Zauber dieses Ortes bei (S. 59)

Olbia Beim Besuch des Museo Archeologico wird man in die Zeit der alten Römer zurückversetzt (S. 148)

Nuoro Dieses Bergstädtchen am Fuße des Monte Ortobene erlebte seine Renaissance im 19. und frühen 20. Jh. (S. 188)

Monat für Monat

Top-Events

19

1 **Carnevale**, Februar

2 **Pasqua**, März/April

3 **Festa di Sant'Efisio**, Mai

4 **S'Ardia**, Juli

5 **Festa del Redentore**, August

Januar

Nach der Wintersonnenwende wird der Frühling in vielen Dörfern der Provinz Nuoro mit Freudenfeuern begrüßt. Im Voraus planen, da viele Hotels geschlossen haben.

 Festa di Sant' Antonio Abate

Auf diesem vom 16. bis 17. Januar stattfindenden Fest werden in Orosei, Orgosolo, Sedilo und Paulilatino Freudenfeuer entzündet. Finstere *mamuthones*, halb Mensch und halb Tier, machen Mamoiada (S. 199) unsicher.

Februar

Die kühlen, feuchten Tage werden von Karnevalsfeiern aufgehellt. Vogelliebhaber besuchen die Lagunen bei Oristano und Cagliari, um Flamingos, Reiher und Löffler zu beobachten.

 Carnevale

Zu den Highlights gehören die Verbrennung des Abbildes eines französischen Soldaten in Alghero, die *mamuthones* in Mamoiada sowie die närrischen Kostüme in Ottana.

 Sa Sartiglia

Mittelalterliches Treiben beim Reiterfest Sa Sartiglia in Oristano mit Turnieren, maskierten Reitern und Ritterkämpfen kurz vor dem Faschingsdienstag (S. 94).

März

Die ersten Knospen sprießen – der Frühling steht vor der Tür. Die Zimmerpreise sind niedrig, und die Anzahl der Touristen hält sich noch in Grenzen. Alghero begeht das Fest des Seeigels (ricci).

 Pasqua

Die Karwoche wird in Sardinien mit feierlichen Prozessionen und Passionsspielen begangen. Besonders sehenswert sind die Festlichkeiten in Alghero, Castelsardo, Cagliari, Iglesias und Tempio Pausania.

 Sagra del Torrone

Ostermontag schlagen sich die Einwohner von Tonara in Barbagia di Belvi mit dem köstlich schmeckenden *torrone* (Nougat) die Bäuche voll (s. www.comunetonara.org).

April

Überall an der Küste und im Landesinneren leuchten jetzt goldene Mimosen, rosa Alpenveilchen und lila Rosmarin. Die milden Frühlingstage eignen sich hervorragend zum Wandern, Klettern und Radfahren.

 Sagra degli Agrumi

Auf dem Mitte April in Muravera stattfindenden Zitronenfest gibt es jede Menge Orangen und Zitronen (S. 57; www.sagradegliagrumi.it).

 Festa di Sant'Antioco

In diesem Monat finden in Sant'Antioco zu Ehren des Schutzheiligen der Stadt Festumzüge, Tanzaufführungen, Konzerte und Feuerwerke statt. Das Fest dauert ganze vier Tage (S. 81).

Mai

Im Mai ist das Gennargentu-Gebirge wunderschön grün, und die Tempera-

turen steigen. Der Monat eignet sich hervorragend für Aktivitäten im Freien. Die Zimmerpreise sind niedrig und die Anzahl der Touristen liegt immer noch relativ niedrig.

Festa di Sant'Efisio

Am 1. Mai ziehen die Einwohner von Cagliari eine Holzstatue des heiligen Ephisius auf einem Ochsenkarren nach Nova (S. 48). Von dort wird sie am 4. Mai wieder zurückgebracht.

Cavalcata Sarda

Am vorletzten Maisonntag feiern die Einwohner den Sieg über die Sarazenen im Jahr 1000 n. Chr. Am Ende des Festzugs galoppieren Reiter durch die Straßen der Stadt (S. 140).

Juni

Die sonnigen Tage und das warme Meer kündigen den Beginn des Sommers an. Noch kann man den Massen entgehen.

Girotonno

Mit Kochwettbewerben, Verkostungen, Konzerten und nautischen Events wird Carlofortes berühmte *mattanza* (Thunfischfang; S. 78) begangen.

Juli

Die ersten Pfirsiche sind reif, und die Temperaturen steigen. Zahlreiche Feste finden im Freien statt. Sonnenhungrige genießen warme Strandtage. Nicht ohne Reservierung anreisen.

S'Ardia

Aufregendes Pferderennen (S. 109), bei dem eine Horde Reiter um die Kirche in Sedilo rast.

L'Isola delle Storie, Festival Letterario della Sardegna

Während des dreitägigen Literaturfestivals (S. 200) finden in und um Gavoi Autorenlesungen und Konzerte statt.

Festa della Madonna del Naufrago

Mitte Juli wird an der Küste von Villasimius eine Prozession zu Ehren der vielen schiffbrüchigen Seefahrer abgehalten. Eine Unterwasser-Statue der Muttergottes erhält als Schmuck einen Blumenkranz (S. 55).

August

Alle strömen an die Küste. Die Temperaturen steigen, die Zimmerpreise sind so hoch wie nie.

Festa di Santa Maria del Mare

Am ersten Augustwochenende huldigen die Fischer von Bosa der Muttergottes mit einer Schiffsparade auf dem Fluss (S. 104).

Matrimonio Maureddino

Am ersten Sonntag im August spielen kostümierte Einwohner von Santadi eine maurische Hochzeit nach (S. 76).

I Candelieri

Das sehenswerte Fest findet am 14. August in Sassari statt (S. 140).

Höhepunkt ist die *faradda*, bei der die neun Zünfte der Stadt in Begleitung von Trommlern und Dudelsackpfeifern riesige Votivkerzen durch die Straßen tragen.

Festa del Redentore

Reiter und Tänzer begleiten Sardiniens spektakulärstes Kostümfest. Am 28. August zieht eine Prozession durch Nuoro. Am folgenden Tag findet eine Wallfahrt zur Statue von Christus dem Erlöser auf dem Monte Ortobene statt (S. 198).

Festa dell'Assunta

Bruderschaften, Reiter und Frauen in traditioneller Tracht ziehen Mitte August durch die Orgosolo (S. 194).

Time in Jazz

In der zweiten Augustwoche findet Berchiddas Musikfestival statt – mit Jazz-Sessions, Tänzen und Konzerten (S. 176).

September

Der Himmel ist klar, und die Tage sind immer noch schön warm. Der September ist ideal für Spaziergänge und für Aktivitäten im Freien.

Autunno in Barbagia

Auf diesem Herbstfestival, das von September bis in den Dezember dauert, dreht sich in den Dörfern der Region Barbagia alles ums Essen und um Kunsthandwerk (S. 198).

Festa di San Salvatore

Hunderte junger Männer starten in Cabras zum Corsa

degli Scalzi (Barfußrennen) und laufen 8 km weit bis San Salvatore (S. 99).

Oktober

Die Tage werden kürzer und kühler, und einige Hotel und Restaurants schließen den Winter über. Der Oktober eignet sich hervorragend zum Wandern.

 ### Sagra delle Castagne

Das Bergstädtchen Aritzo feiert Ende Oktober das Kastanienfest (S. 201).

November

Der Besucherstrom kommt im November fast zum Erliegen. Die Gäste, die jetzt anreisen, genießen den jungen Wein und Meeresfrüchte von den *chioschi* (Strandbuden) an der Küste in Poetto.

 ### Rassegna del Vino Novello

Anfang November wird in Milis ein Weinfest veranstaltet (S. 106)

Oben: Traditionelle Kostüme verleihen der Festa di Sant'Efisio in Cagliari das typische Flair (S. 48)

Unten: Geheimnisvolle maskierte Reiter gehören zum mittelalterlichen Spektakel in Sa Sartiglia, Oristano (S. 95)

Dezember

Die Gipfel des Gennargentu sind schneebedeckt. Die Weihnachtszeit verbreitet festlichen Glanz.

Natale

Vor Weihnachten versammeln sich die Einheimischen noch einmal zu Prozessionen. In vielen Kirchen sind Krippen ausgestellt, sogenannte *presepi*. In Alghero begrüßt man das neue Jahr mit Feuerwerk und Konzerten.

Reise-routen

Ob man nun zehn oder 30 Tage einplant – die folgenden Vorschläge garantieren in jedem Fall ein unvergessliches Reiseerlebnis. Wer noch mehr Anregungen sucht, kann auf www.lonelyplanet.de/forum mit anderen Sardinienreisenden chatten.

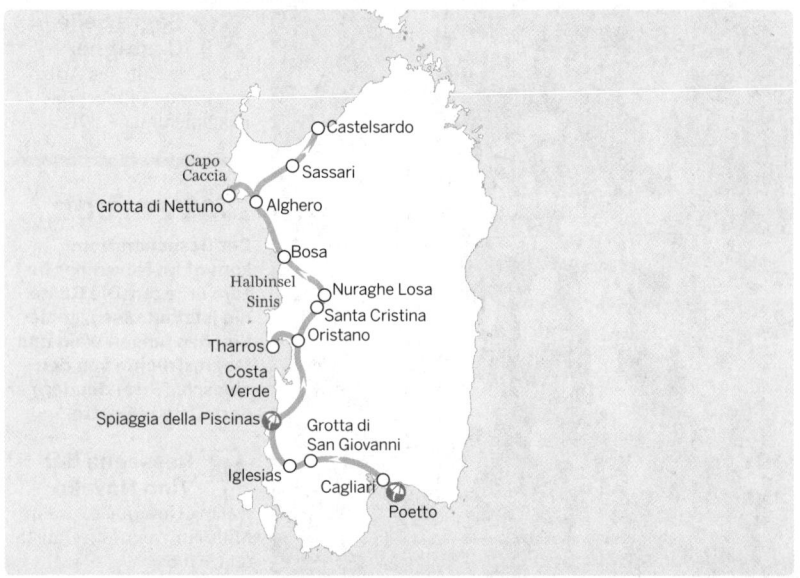

Zwei Wochen
Entlang der Westküste

> Die ersten beiden Tage verbringt man in **Cagliari**, der sardischen Hauptstadt.mit dem Gassengewirr in Il Castello, und dem Traumstrand in **Poetto**.
> Drei weitere Tage sollte man in **Iglesias** verweilen, dem Bergbauzentrum Sardiniens, und auf dem Weg dorthin nicht die **Grotta die San Giovanni** versäumen.

Entspannung bieten ein oder zwei Tage an den Traumstränden der **Costa Verde.** Ein Barfußspaziergang über die Dünen an der **Spiaggia della Piscinas** ist ein Muss. Die folgenden Tage widmet man sich dem mittelalterlichen **Oristano** und den phönizischen Ruinen von Tharros auf der Halbinsel **Sinis**.

Den nächsten Tag sollten Urlauber für einen Besuch der geheimnisumwobenen Nuraghensiedlungen bei **Santa Cristina** und der **Nuraghe Losa** einplanen. Tag Nummer acht führt dann ins pastellfarbene Städtchen **Bosa** und zu seinem Kastell mit atemberaubenden Ausblicken. Einige weitere Tage sollte man dann noch im spanisch geprägten **Alghero** verbringen, auf den Klippen des Capo Caccia und in der wundervollen **Grotta di Nettuno**.

Die letzten Tage sind für einen Besuch von **Sassari** und **Castelsardo** vorbehalten.

Große Inselrundfahrt

Vier Wochen Sardinien? Eine gute Entscheidung. Die Rundreise startet in **Cagliari** mit einem zweitägigen Aufenthalt. Am dritten Tag geht es in Richtung Osten, mit Bademöglichkeiten bei **Villasimius** oder an der **Costa Rei**. Am vierten Tag geht es weiter Richtung Norden bis zum Weinanbaugebiet rund um **Jerzu**, von wo aus man einen Ausflug zur Hügelstadt **Ulassai** unternehmen kann. Hier kann man wandern oder die **Grotta Su Marmuri** erkunden. Am sechsten Tag geht es in Richtung Osten weiter nach Baunei, wo man über das Hochplateau von **Golgo** spaziert und zur **Cala Goloritzè** hinabsteigt. Die nächsten drei Tage sollte man in **Cala Gonone** verbringen; dort nutzt man die Zeit für Touren im **Supramonte-Gebirge** – oder man unternimmt einen Bootsausflug im **Golfo di Orosei**. Am zehnten Tag empfiehlt sich ein Trip durch die wilde Barbagia mit einem Kulturabstecher nach **Nuoro** und zu den Wandmalereien in **Orgosolo**.

Am elften Tag geht es weiter auf der SS131 in Richtung Norden – mit einer Übernachtung in **Porto San Paolo** zur **Isola Tavolara**. Am 13. Tag geht es weiter Richtung Norden nach **Olbia** mit seinem historischen Zentrum. Die nächsten drei Tage sollte man in den smaragdfarbenen Fluten der **Costa Smeralda** verbringen. Falls die Zeit reicht, empfiehlt sich ein Ausflug zur **Isola Maddalena** mit bezaubernden Blicken aufs Meer.

Am Tag 17 geht es nach Westen weiter zum reizenden Hügelstädtchen **Tempio Pausania** und dem mit seinen unzähligen Felsbrocken fast surreal anmutenden **Valle della Luna**. Den folgenden Tag sollte man für einen Besuch im mittelalterlich geprägten Sassari reservieren. Tag 19 gehört dann einem Ausflug zur fast schneeweißen **Spiaggia della Pelosa** oder zur urwüchsigen **Isola dell'Asinara**. An den nächsten drei Tagen führt die Route in südlicher Richtung bis **Alghero**, der **Grotta di Nettuno** und dem bilderbuchartigen Bosa. An den Tagen 23 und 24 kann man von **Oristano** aus die phönizisch-römischen Ruinen von **Tharros** sowie die Strände auf der Halbinsel **Sinis** genießen. Die nächsten Tage werden dann eine Mischung aus Badevergnügen an der **Costa Verde** und dem Besuch von Wildpferden auf dem einsamen **Plateau Giara di Gesturi**. Wer sich dorthin wagt, sollte sich auch Zeit nehmen für die **Nuraghe Su Nuraxi**.

Die restlichen Tage der Sardinien-Tour verbringt man auf der hinreißenden **Isola di San Pietro** oder einem Badeurlaub an den berühmten Stränden der **Costa del Sud**.

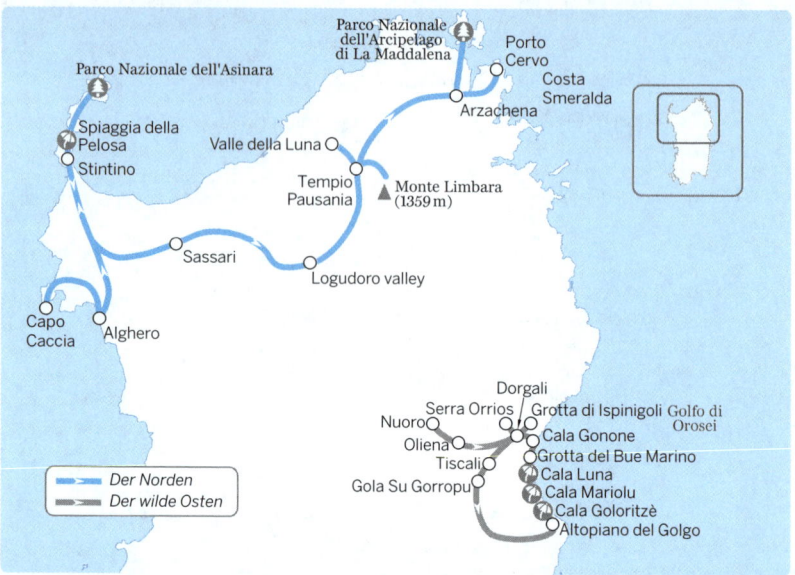

Parco Nazionale
dell'Arcipelago
di La Maddalena

Porto
Cervo

Costa
Smeralda

Parco Nazionale dell'Asinara

Arzachena

Spiaggia della
Pelosa

Valle della Luna

Stintino

Tempio
Pausania

Monte Limbara
(1359 m)

Sassari

Logudoro valley

Capo
Caccia

Alghero

Dorgali

Serra Orrios

Grotta di Ispinigoli

Golfo di
Orosei

Nuoro

Oliena

Cala Gonone

Tiscali

Grotta del Bue Marino

Gola Su Gorropu

Cala Luna

Cala Mariolu

Cala Goloritzè

Altopiano del Golgo

Der Norden
Der wilde Osten

Zwei Wochen
Der wilde Osten

Die heitere Landschaft auf der Fahrt durch den Parco Nazionale del Golfo di Orosei e del Gennargentu schlägt jeden Besucher rasch in ihren Bann.

Von **Nuoro** aus, Zentrum der bergigen Barbagia, führt die Straße nach **Oliena**, wo man den Cannonau-Wein genießen kann. Am zweiten und dritten Tag steht **Dorgali** auf dem Programm, Ausgangspunkt für einen Ausflug zur **Grotta di Ispinigoli** mit dem zweitgrößten Stalagmiten der Erde, und zur Nuraghensiedlung **Serra Orrios**.

Von Dorgali führt eine spektakuläre Strecke hinab zur Bucht **Cala Gonone**, wo man eine Woche mit Felsklettern, Tauchen oder der Erkundung des **Golfo di Orosei** verbringen kann. Mit dem Boot tuckert man durch azurblaue Fluten zu verträumten Buchten wie **Cala Luna** oder **Cala Mariolu** und zur **Grotta del Bue Marino**.

Sind die Wanderstiefel im Gepäck? Die braucht man natürlich für einen Ausflug in die Wildnis. Zum Beispiel zur geheimnisvollen Nuraghensiedlung **Tiscali** und zur **Gola Su Gorropu**, die als europäischer Grand Canyon gilt. Vom bizarren Hochlandplateau **Altopiano del Golgo** weiter nördlich führen Maultierpfade hinab zum traumhaft schönen blauen Wasser der **Cala Goloritze**.

Zehn Tage
Durch Nordsardinien

Alghero, ein spanisch geprägtes Städtchen, lässt sich mit einem Tagesausflug zu den Klippen am **Capo Caccia** verbinden.

Der dritte Tag führt nach Norden zum abgelegenen **Stintino**; dort kann man an der **Spiaggia della Pelosa** faulenzen. Oder man fährt zum **Parco Nazionale dell'Asinara** mit seinen kleinwüchsigen *asini bianchi* (Albino-Esel). Den vierten Tag sollte man der Universitätsstadt **Sassari** widmen, bevor man ins **Loguodoro-Tal** aufbricht.

Am fünften Tag geht es auf der SS127 weiter zum Städtchen **Tempio Pausania**, das inmitten von Korkeichenwäldern liegt. Von hier aus ist es nicht mehr weit zu dem mit Felsbrocken übersäten, bizarren **Valle della Luna** mit anschließender Wanderung durch kühle Kiefernwälder hinauf zum Gipfel des **Monte Limbara** (1359 m).

Im Nordosten sind die bei **Arzachena** gelegenen *nuraghi* aus der Bronzezeit zu bestaunen; wahrscheinlich handelt es sich um Wehrsiedlungen. Oder man verbringt einen Tag mit diversen Inselbesuchen rund um den **Parco Nazionale dell'Arcipelago di La Maddalena**. Den Abschluss der Tour bilden dann einige Tage an der **Costa Smeralda**, zum Beispiel in **Porto Cervo**.

Reisen mit Kindern

Die beste Gegend für Kinder

Alghero & der Nordwesten
Kinderfreundliche Strände, Naturparks, Höhlen und Wassersportmöglichkeiten für ältere Kinder und Teenies.

Cagliari
Langer Stadtstrand, Klettertouren auf Türme im historischen Stadtkern und die Zugfahrt mit dem *trenino verde*.

Olbia & die Gallura
Tolle Strände Wandertouren und Bootsausflüge zu den Delfinen.

Oristano & der Westen
Wassersport für Teenies und Sandstrände für Kleinkinder.

Nuoro & der Osten
Höhlenwanderungen, Klettern und Radfahren und familienfreundliche Campingplätze.

Iglesias & der Nordwesten
Cavallini (Kleinpferde) streifen auf dem Hochplateau der Giara di Gesturi umher; tolle Strände an der Südküste, unheimliche Bergwerke, wundersame Höhlen.

Sardinien für Kinder

Wie in ganz Italien sind Kinder aller Altersgruppen auch auf Sardinien sehr willkommen. Babys und Kleinkinder werden überall umsorgt. Für ältere Kinder und Teens gibt es Unmengen an Freizeitmöglichkeiten – zum Beispiel Reiten, Tauchen und Schnorcheln, Tierbeobachtungen oder Wanderungen auf grünen Hügeln oder Küstenpfaden. Und was das Beste ist: Es gibt überall reichlich Spaghetti und Eis.

Sehenswürdigkeiten & Städte

Meer, Sand und Sonne reichen eigentlich schon aus, Kinder aller Altersgruppen, aber auch ihre Eltern zu unterhalten. Doch es gibt noch weitere familienfreundliche Freizeitmöglichkeiten auf der Insel.

Obwohl Sardiniens Sehenswürdigkeiten – Kirchen und Kathedralen – vielleicht nicht gerade die interessantesten Orte für Kinder sind und die Museen auch keine Aktionen speziell für Kinder anbieten, ist es dennoch möglich, ernsthaftes Sightseeing aus einer ganz anderen Perspektive zu erleben.

Der Gang durch die engen Gässchen von Cagliari kann für Kinder aufgepeppt werden, wenn man Geschäfte wie die Welt der Cartoons von Bob Art besucht, wo die Kinder den Künstlern beim Zeichnen großartiger Tier-Cartoons zuschauen können. Auf die Torre d'Elefante und Torre di San Pancrazio hinaufzuklettern und dabei etwas über deren blutrünstige Geschichte zu erfahren und den tollen Blick über die Stadt zu genießen, dürfte vor allem ältere Kinder begeistern.

In Alghero gibt es Fahrten mit Pferd und Wagen durch das *centro storico,* und der *trenino catalano,* eine winzige Eisenbahn, tuckert ebenfalls durch die Innenstadt.

Wer es etwas gruselig liebt, ist mit älteren Kindern gut in einigen leicht zugänglichen Bergwerken in der Gegend rund um Iglesias aufgehoben.

Teenager haben womöglich Spaß daran, die vielen Wandmalereien in San Sperate bei Cagliari zu bestaunen, wo die Wände mit Zeichnungen von Skateboards, seltsamen Hunden, abstrakten und auch klassischen Darstellungen wie beispielsweise vom Leben auf dem Lande bedeckt sind. Ebenfalls in der Nähe von Cagliari, in Barumini, gibt es den Parco Sardegna in Miniatura, wo man die ganze Insel in Miniaturgröße bestaunen kann. Angrenzend findet man einen Spielplatz mit Picknicktischen – perfekt für die ganze Familie.

Strände, Naturschutzgebiete & Wildtiere

Sardinien besitzt einige der längsten Strände des Mittelmeerraumes mit warmem, klarem Wasser. Man hat die Wahl zwischen Sand- und Kieselstränden, abgelegenen Orten oder solchen mitten im Trubel. Jugendliche finden genügend Wassersportmöglichkeiten, besonders in der Gegend um Alghero, an der Costa Smeralda, in Olbia und der Gallura sowie auf der Halbinsel Sinis.

Überall auf Sardinien, von Olbia und Alghero im Norden bis Cagliari im Süden, von der Gallura im Osten bis Oristano im Westen, liegen unzählige Naturparks, die sich ideal zum Wandern und Tierebeobachten eignen. Zu einem gelungenen Familienausflug gehören auch eine Bootstour zu den Großen Tümmlern im Golfo Aranci bei Olbia und eine einfache Küstenwanderung zum verlassenen Leuchtturm am Capo Figaro. An der Costa Smeralda sind Exkursionen mit Whale-Watching und Schnorchelausflüge im tier- und pflanzenreichen Meereswasser möglich. Im Parco Nazionale dell'Asinara im Nordwesten trifft man mit etwas Glück auf die bedrohte Art des *asino bianco,* des weißen Esels.

Outdoor-Aktivitäten

Wassersportbegeisterte Kinder haben in Sardinien Glück, denn die meisten Anbieter werden den Bedürfnissen von Kindern und Jugendlichen gerecht. Die Angebote reichen von Schnorcheln, Tauchen und Kite-Surfen bis zu Kanu- und Kajakfahrten.

Zum Reiten eignet sich besonders die Provinz Oristano, und in La Giara di Gesturi in der Provinz La Marmilla finden sich die einzigartigen wilden *cavallini,* Kleinpferde. Diese Tiere beim Abstieg zu den Seen zu beobachten, wo sie ihren morgendlichen Durst löschen, ist für Kinder wie für Erwachsene ein faszinierendes Erlebnis.

Ein Besuch in einer der Höhlen ist für ältere Kinder und Jugendliche ebenfalls ein tolles eindrucksvolles Abenteuer. Zu nennen wären da die Meereshöhle Grotta di Nettuno bei Alghero oder die Grotta del Bue Marino in Cala Gonone (nichts für Leute, die leicht seekrank werden), außerdem die Stalaktiten- und Stalagmitenwälder der Grotta di Santa Barbara und die Grotta di Su Mannau bei Iglesias.

Essen gehen

Wer mit Kindern Essen gehen möchte, kann dies auf Sardinien, besonders in den Küstenorten, absolut stressfrei tun. Es gibt in Restaurants nur wenige Tabus für Kinder; allerdings nehmen die Einheimischen ihre eigenen Kinder meist in die beliebten Trattorias mit, eher selten in teurere Restaurants.

Meist gibt es keine eigens ausgewiesenen Kindergerichte, aber viele Restaurants richten sich durchaus nach den Wünschen der Kleinen und servieren eine *mezzo porzione* (Kinderportion).

Nur wenige Restaurants besitzen allerdings *seggioloni* (Hochstühle). Daher sollte man eigene Einsätze für Stühle mitbringen oder die zappeligen Kleinen auf dem Schoß halten und hoffen, dass alles gut geht.

Ähnlich ist es mit Wickelmöglichkeiten. Sie sind rar, aber meist findet das Personal Möglichkeiten zum Windelwechseln, und wenn es ein leerer Servierwagen ist!

Die Kinder werden auf der Speisekarte mit Sicherheit etwas finden, was sie mögen. Spaghetti gibt es natürlich überall, und *spaghetti alla napolitana* (mit Tomatensoße) ist immer gut. Fisch und Fleisch werden meist ganz einfach zubereitet, ohne Saucen, die den Geschmack überdecken. Das kann natürlich entweder ideal oder ganz scheußlich für die Kinder sein. Zusätzlich gibt es immer gutes Brot und häufig auch Käse mit dazu. Als Nachtisch wird oft frisches Obst serviert, und fast immer steht eine große Auswahl an Eis und Kuchen bereit.

PRAKTISCH & KONKRET

» In öffentlichen Verkehrsmitteln und bei Sehenswürdigkeiten gibt es Kinderermäßigungen.

» In Zügen und auf Fähren reisen Kinder unter drei Jahren im Allgemeinen kostenlos, allerdings ohne Anspruch auf einen Sitzplatz oder eine eigene Koje in der Kabine; Kinder zwischen vier und zwölf Jahren bekommen gewöhnlich einen Preisnachlass von 50 %.

» Sardische Züge sind meist nicht sehr voll, aber in der Hochsaison sollte man Sitzplätze bereits vorab buchen. Kindersitze für Leihwagen müssen ebenfalls im Voraus gebucht werden.

» Die Küsten- und Bergstraßen sind oft so kurvenreich, dass man mit Reiseübelkeit rechnen sollte.

» In den *farmacie* gibt es Fläschchenmilch in Pulverform oder als Fertigmilch sowie desinfizierende Lösungen.

» Einwegwindeln, *pannolini*, sind in *farmacie* und Supermärkten erhältlich; letztere bieten meist eine größere Auswahl. Man sollte jedoch an die Öffnungszeiten denken: Falls die Windeln am Samstagabend ausgehen, könnte es ein aufregender Sonntag werden.

» Frische Kuhmilch wird in Supermärkten, *alimentari* (Lebensmittelläden) und in einigen Bars im Tetrapack (ein ganzer oder ein halber Liter) verkauft. Wer dringend Milch benötigt, sollte für Notfälle *lungo conservazione* (H-Milch) im Haus haben.

» In den Urlaubsorten an der Küste sind viele Einrichtungen an Familien eingestellt. Wenn man mit kleineren Kindern in weniger touristische Gegenden, große Städte oder Bergregionen fährt, ist das passende Angebot deutlich eingeschränkt.

» Die Website www.reisen-mit-kindern.info bietet viele allgemeine Tipps, aber nichts speziell für Sardinien. **Tots Too** (www.totstoo.com) ist eine Online-Agentur, die sich auf etwas gehobene, kinderfreundliche Ferienunterkünfte spezialisiert hat.

Highlights für Kinder

Strände & Urlaubsorte

» Lange Sand- oder winzige Kiesstrände, perfekt für Badevergnügen und ideal für Kleinkinder, Halbinsel Sinis.

» Familienfreundliche Hotelstrände, Cannigione und Cala Gonone.

» Abschnitte mit Sand und seichtem, klaren Wasser für die ganze Familie an der Costa del Sud, Südwestküste.

» Abenteuerliche Fahrten und verrückter Wasserspaß, lange Sandstrände, Cala Battistoni, Costa Smeralda.

» Viel Grün und Schirme, die ausreichend Schatten spenden, Sonnenliegen und Kinderspielplätze an den Stränden der Riviera del Corallo, Alghero.

» Ein piniengesäumter *lungomare* (Uferpromenade), ein schattiger Campingplatz und zahlreiche Spielplätze für die kleinen Urlaubsgäste in Cala Gonone.

Sport ohne Grenzen

» Kanuausflüge und einfaches Schnorcheln, Laguna di Nora.

» Kajakfahren und seemännisches Campen, Cardedu.

» Klettern, auch für Anfänger in Domusnovas, Iglesias.

» Einfache Halbtagswanderung zu einer Bucht, Golfo di Orosei.

» Kanufahren und Strandspaß am Poetto-Strand in Cagliari.

» Seichtes Wasser und sandige Strände zum Spielen und Schnorcheln in Villasimius und Capo Carbonara.

» Wassersport rund um Porto Pollo und die familienfreundlichen Urlaubsorte Cannigione und Cala Gonone.

» Reiten in der Provinz Oristano.

» Kanufahren, Radfahren, Höhlen erforschen, Tauchen und Kajakfahren, alles super geeignet für Jugendliche, in Golfo di Orosei.

Natur & Tierwelt

» Salzseen und Rosaflamingos, Halbinsel Sinis.

» Geschützte schilfumsäumte Feuchtgebiete mit interessanter Vogelwelt, Parco Naturale Regionale Molentargius.

» Flamingos, Reiher, Wasserhühnchen und Fischadler am Stagno S'Ena Arrubia, unweit von Oristano.

» Bootsausflüge zu den Inseln des Meeresschutzgebiets Capo Carbonara in Villasimius und Capo Carbonara.

» Halbtagesfahrten zu den verspielten Großen Tümmlern im Golfo Aranci.

» Der *trenino verde* eine winzige Touristeneisenbahn, die durch spektakuläre und sonst unzugängliche Landschaften Sardiniens tuckert.

» Wildschweine, Marder, Wildkatzen, Wiesel und unzählige Greifvögel in der Riserva Naturale di Monte Arcosu, einem Schutzgebiet des World Wildlife Fund.

Felsen & Höhlen

» Vom Wind gestaltete Felsen in Form eines Elefanten und Bären: Roccia dell'Elefante und Roccia dell'Orso bei Castelsardo und Palau.

» Grotta di Nettuno, am Capo Caccia.

» Dunkelbraune Kristalle, Stalaktiten und Stalagmiten vermitteln den Eindruck eines unheimlichen unterirdischen Waldes in der Grotta di Santa Barbara, Iglesias.

» Eine 50-minütige, abwechslungsreiche Wanderung vorbei an unterirdischen Seen, einem Tempel am Wasser und einer eindrucksvollen, 8 m hohen Säule, die aus zusammengewachsenen Stalaktiten und Stalagmiten besteht in der Grotta di Su Mannau, Iglesias.

Sardinien im Überblick

Sardinien ist zwar eine Insel, allerdings eine ziemlich große. Auch mit dem Auto kann es lange dauern, von A nach B zu kommen. Deshalb hier ein paar Entscheidungshilfen.

Die Hauptstadt Cagliari bietet eine perfekte Kombination von Kultur und Küste. Im Südwesten liegen die Costa del Sud, die Dünenlandschaft der Costa Verde, fruchtbares, Bauernland und besonders sehenswerte Nuraghen (bronzezeitliche Turmbauten). Anziehungspunkte im Nordwesten sind Alghero, herrliche Strände, Grotten und eine einzigartige Tier- und Pflanzenwelt. Oder wie wäre es mit einem Ausflug in den Nordwesten, in die Welt der Schönen und Reichen, mit prächtigen Buchten an der Costa Smeralda und in die felsige Gallura im Inselinneren? Im Osten schließlich, wo Berge und Küste direkt aufeinander treffen, brennt man beim Anblick der Klippen, Gipfel und vor dem tiefblauen Meer geradezu darauf, endlich loszulegen mit dem Klettern, Wandern, Rad- oder Kajakfahren.

Cagliari & das Sarrabus

Kultur ✓✓✓
Essen ✓✓
Wanderungen ✓✓

Kultur
Nichts steht so sehr für Cagliari wie Castello, die mittelalterliche Altstadt, Rokokokirchen, ein römisches Amphitheater und ein ausgezeichnetes Archäologiemuseum geben Einblicke in die Geschichte.

Essen
Feinschmecker genießen frischen Fisch in den Restaurants am Hafen, Schellfisch am Strand von Poetto, sardische Süßigkeiten in den Cafés und Spitzenweinen in Serdiana.

Küstenwanderungen
Ein 6 km langer Spazierweg führt am Strand von Poetto entlang, vorbei an Lagunen, wo im Winter Rosaflamingos stehen. Strände, kristallklares Wasser und Klippentauchen sind Anziehungspunkte weiter im Osten.

S. 34

Iglesias & der Südwesten

Geschichte ✓✓✓
Strände ✓✓✓
Inseln ✓✓

Geschichte
Wie wäre es mit einer Besichtigung der zum Weltkulturerbe zählenden Nuraghe Su Nuraxi mit den Ruinen der von Phöniziern und Römern errichteten Stadt Nora oder den *Domus de Janas* in der Nekropole von Montessu.

Strände
Wilde Schönheit kennzeichnet den Küstenabschnitt von der Costa Verde mit ihren 30 m hohen Dünen bis zu den feinsandigen Buchten an der Costa del Sud.

Inseln
Auf der Isola di San Pietro kann man in Cala Fico Eleonorenfalken beobachten, Carloforte erkunden und den besten Thunfisch Sardiniens probieren. Auf Sant'Antioco wird die große Seefahrertradition Sardiniens lebendig.

S. 58

Oristano & der Westen

Strände ✓✓✓
Essen ✓✓
Outdoor ✓✓

Alghero & der Nordwesten

Geschichte ✓✓✓
Küste ✓✓
Natur ✓✓

Olbia, die Costa Smeralda & die Gallura

Jetset ✓✓✓
Küste ✓✓✓
Hinterland ✓✓

Nuoro & der Osten

Outdoor ✓✓✓
Küsten ✓✓✓
Berge ✓✓

Strände

Nur wenige Küstenabschnitte sind so überwältigend wie auf der Halbinsel Sinis. Am weißen Strand von Is Aruttas oder auf der Insel Mal di Ventre (wörtlich: Bauchschmerzen) scheint die Welt weit weg zu sein.

Essen

In Cabras gibt es die beste sardische *bottarga* (Rogen der Meeräsche), in Seneghe erstklassiges Olivenöl und *bue rosso* (Rindfleisch), in Milis besonders süße Orangen und dann natürlich die fruchtigen Vernaccia-Weine.

Outdoor-Aktivitäten

Zur Wahl stehen Wanderungen am erloschenen Vulkan Monti Ferru, Surfen auf der Brandung bei Putzu Idu und Reiten in den Ebenen bei Arborea.

S. 91

Geschichte

Alghero gehörte lange zu Katalonien und verströmt spanisches Flair. Eine Mauer umschließt die Altstadt mit den gepflasterten Gassen.

Küste

Die Küstenstraße schlängelt sich um Capo Caccia, wo steile Klippen zur Grotta di Nettuno herabstürzen. Lohnend ist auch die Fahrt zur Spiaggia della Pelosa.

Natur

Lohnenswert ist ein Ausflug zur Isola dell'Asinara (Fernglas nicht vergessen!), um die weißen Esel (*asini bianchi*), Mufflons und Falken zu beobachten. Im Bosco di Monte Lerno leben wilde Giara-Pferde, und die Wälder des Naturschutzgebiets Le Prigionette sind ein Refugium für Tiere und Pflanzen.

S. 112

Jetset

Die Costa Smeralda, steht für türkisfarbenes Meer, prächtige Villen und riesige Yachten. Porto Cervo und Porto Rotondo sind Treffpunkte der Schönen und Reichen.

Küste

An der Costa Smeralda gibt es jede Menge hübscher Buchten und fjordähnlicher Meeresarme. Besonders schön ist es Richtung Süden bei San Teodoro oder nach Norden zur Inselgruppe La Maddalena hin.

Hinterland

Die Gallura mit den zerklüfteten Granitfelsen ist ein krasser Gegensatz zur Küste. Hier gibt es dichte Korkeichenwälder, Weinhänge un dreizende Bergdörfer und -städtchen wie San Panaleo, Tempio Pausania und Aggius.

S. 147

Outdoor-Aktivitäten

Die Klippen bei Cala Gonone sind toll zum Klettern, während Wanderern den europäischen Grand Canyon, Gola su Gorrupu, und die rätselhafte Nuraghensiedlung Tiscali bestimmt nicht auslassen wollen.

Küste

Jeder hat seine Lieblingsbucht am Golfo die Orosei, die halbmondförmige Cala Luna, die zauberhafte Cala Mariolu oder die fantastische Cala Goloritzè. Die verträumtesten Buchten liegen zwischen den Klippen und sind am besten zu Fuß, mit dem Boot oder Kajak zu erreichen.

Berge

Ein Wirrwarr an Wegen führt zu den hohen Gipfeln des Gennargentu und in die abgelegene Barbagia.

S. 185

Weitere im Buch erwähnte Orte sind im Register aufgeführt.

Reiseziele auf Sardinien

Cagliari & das Sarrabus

Gut essen

» Il Fantasma (S. 48)

» Ristorante Ammentos
(S. 48)

» Monica e Ahmed (S. 48)

» Lapola (S. 48)

» Ristorante
Le Anforè (S. 56)

Schön übernachten

» Il Cagliarese (S. 221)

» La Peonia (S. 221)

» Hostel Marina (S. 221)

» T Hotel (S. 222)

» Hotel Mariposas (S. 223)

Auf nach Cagliari und ins Sarrabus!

Das sonnendurchflutete Cagliari mit seiner fast 3000-jährigen Geschichte erstreckt sich stolz und erhaben um eine Felsenzitadelle über dem glitzernden Mittelmeer. Sardiniens kultivierte, aufgeschlossene Hauptstadt ist für Reisende ein hervorragender Standort, wenn es um mehr als nur Sonne, Sand und Meer gehen soll – die zahlreichen Museen, Barockkirchen und Festungsanlagen verlangen geradezu nach einem Besuch.

Die Stadt ist noch immer eine geschäftige Hafenstadt und keineswegs für den Tourismus aufgehübscht – gerade das macht sie so interessant. Abgesehen vom Sightseeing bietet sie vor allem einfache Genüsse, ob nun frische Meeresfrüchte in einer Trattoria im Marina-Viertel, den Besuch eines Straßencafés oder einen Bummel durch die mittelalterlichen Gassen des Castello.

Ein Stück östlich der Stadt eröffnet sich dann eine völlig andere Welt. Die bergige, steinige Landschaft des Sarrabus ist eine ursprüngliche, stille Wildnis, und auch die prächtigen, schneeweißen Strände von Villasimius und der Costa Rei sind außerhalb der sommerlichen Hochsaison nahezu menschenleer.

Reisezeit

Die Fastenzeit beginnt mit Karnevalsumzügen und endet mit eindrucksvollen Osterprozessionen. Aber für wahre Pilger ist das fromme Schauspiel der Festa di Sant'Efisio Anfang Mai der Höhepunkt im Kalender. Der Frühling eignet sich bestens zum Wandern in den Wäldern und auf die Felsgipfel des Monte dei Sette Fratelli. Im Sommer strömen die sonnengebräunten Partyurlauber dagegen zum Poetto, die Sonnenanbeter zieht es zu den hinreißenden Stränden von Villasimius und der Costa Rei weiter im Osten. Vogelfreunde halten im Winter in den Salzmarschen Cagliaris nach Flamingos Ausschau.

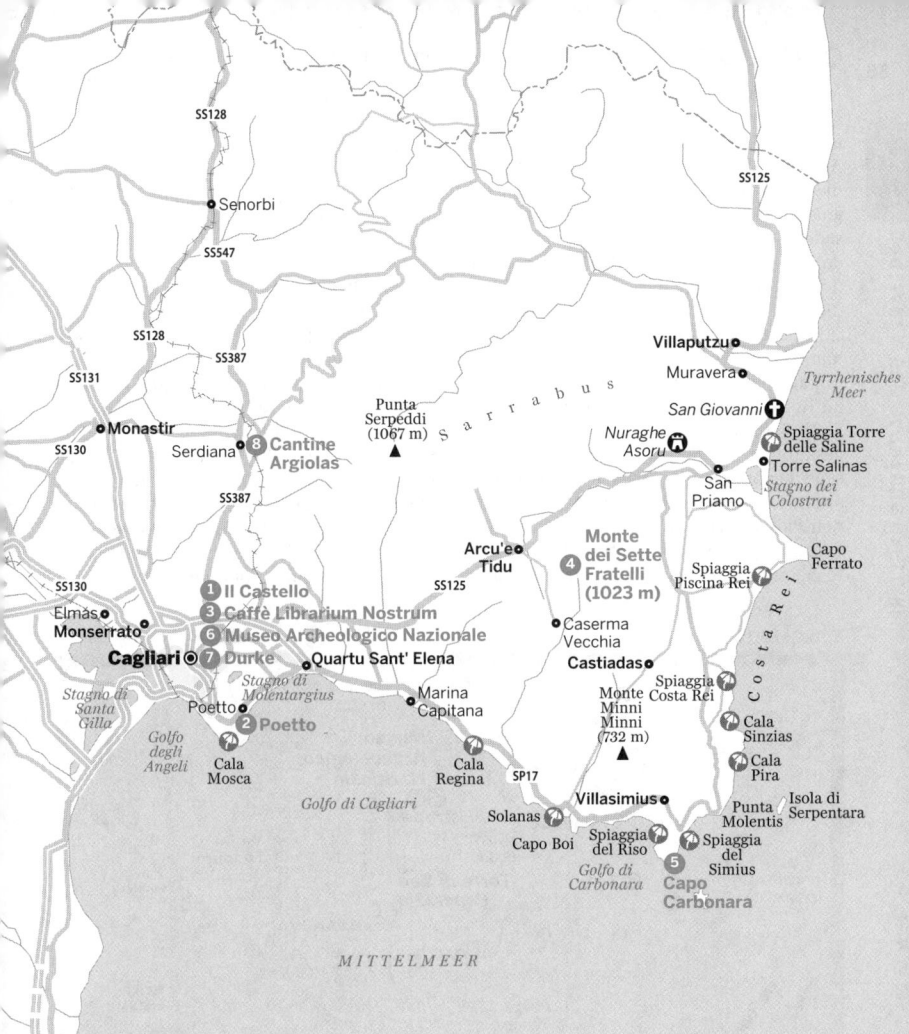

Highlights

1 Auf Entdeckungstour durch das **Castello** (S. 37), der mittelalterlichen Zitadelle Cagliaris

2 Ein Sonnenbad am Tag und Party bei Nacht am Strand von **Poetto** (S. 46)

3 Blick auf die Stadt bei einem Sundowner im **Caffè Librarium Nostrum** (S. 56)

4 Wanderung durch die von Pinienduft erfüllten Hügel des **Monte dei Sete Fratelli** (s. Kasten S. 53)

5 Eintauchen in das verlockende, Wasser des Meeresschutzgebiets vor dem **Capo Carbonara** (s. Kasten S. 57)

6 Ein faszinierender Streifzug durch die sardische

Geschichte im **Museo Archeologico Nazionale** (S. 38)

7 Die süßen Versuchungen in **Durke** (S. 52), einem Zauberland voller traditioneller sardischer Süßigkeiten

8 Eine Weinbrobe oder ein Kochkurs in den **Cantine Argiolas** in Serdiana (s. Kasten S. 55)

CAGLIARI

157 000 EW.

Anreise mit dem Flieger? Nein, die schönste Art, nach Cagliari zu gelangen, ist die Ankunft über das Wasser. Plötzlich kommt die Stadt in Sicht, ein Durcheinander aus goldfarbenen Palazzi, Kuppeln und Fassaden, über dem das felsige Herzstück, das Castello, thront. Als D. H. Lawrence in den 1920er-Jahren hier eintraf, verglich er die sardische Hauptstadt mit Jerusalem: „... seltsam und ziemlich wundervoll, überhaupt nicht wie Italien."

Cagliari liegt zwar näher an Tunesien als an Rom, ist aber dennoch die italienischste Stadt Sardiniens. Vespas brausen die baumgesäumten Boulevards entlang, Einheimische bevölkern die Cafés unter den hübschen Arkaden im Stadtviertel Marina. Auf den Piazzas oben im Castello ist es bei Sonnenuntergang am schönsten, wenn das sanfte Abendlicht die pastellfarbenen Fassaden und goldenen Festungsmauern erleuchtet und das Ganze wie ein Gemälde aussehen lässt. Überall in Cagliari zeigt sich die reiche Geschichte der Stadt in römischen Ruinen, Museen, Kirchen und Galerien.

Am östlichen Stadtrand liegt der Strand von Poetto, der mit seinem klaren Wasser und der fröhlichen Partyszene Zentrum des sommerlichen Lebens ist.

Geschichte

Die im 8. Jh. v. Chr. von den Phöniziern gegründete Stadt wurde erstmals von den Römern ausgebaut. Sie meißelten ein riesiges Amphitheater in den Felshang und machten den Ort zu einem der wichtigsten Handelshäfen des Mittelmeerraums. Eine echte Stadt entwickelte sich allerdings erst, als die Karthager um 520 v. Chr. die Kontrolle über diesen Ort erlangten, den sie Karel oder Karalis nannten (was so viel wie „felsiger Ort" bedeutet). Julius Caesar erklärte Karalis 46 v. Chr. zu einer römischen Stadt. Jahr-

Cagliari

hundertelang blieb sie eine wohlhabende Hafenstadt und beherrschte den Getreidehandel mit dem italienischen Festland. Aber mit dem Niedergang des Römischen Reiches geriet sie in ein turbulenteres Fahrwasser.

455 n. Chr. überfielen Vandalen, die von Nordafrika aus agierten, den Ort. Sie wurden aber bereits 533 von den Byzantinern wieder vertrieben. Im 11. Jh. ging der byzantinische Einfluss zurück (nicht zuletzt aufgrund wiederholter Plünderungsfeldzüge der Araber), und Cagliari und die anderen Distrikte wurden praktisch autonom.

1258 nahmen die Pisaner die Stadt ein, befestigten das Castello-Gelände und ersetzten die angestammten Bewohner durch Bürger von Pisa. Ein ähnliches Schicksal erwartete die Einwohner von Cagliari im Jahr 1326 bei der Machtübernahme durch die katalanischen Aragonier. 1348 grassierte der Schwarze Tod, der auch in den folgenden Jahrzehnten immer wieder zuschlug.

Mit der Vereinigung Spaniens gegen Ende des 15. Jhs. fielen auch die Katalanen unter die spanische Krone. Cagliari erging es besser als den meisten anderen Inseln unter spanischer Herrschaft, und 1620 öffnete die Universität der Stadt ihre Pforten.

Die Herzöge von Savoyen (die 1720 Könige von Sardinien wurden) folgten dem spanischen Vorbild und behielten Cagliari als Sitz des Vizekönigs bei. Als solcher hatte die Stadt einiges durchzustehen, z. B. die Aufstände von 1794 gegen das Haus Savoyen. Von 1799 bis 1814 residierte die von Napoleon vertriebene königliche Familie unter dem Schutz der British Royal Navy in Cagliari.

Im 19. und 20. Jh. entwickelte sich Cagliari nur langsam weiter. Teile der Stadtmauer wurden abgerissen, und zusammen mit der Einwohnerschaft wuchs auch die Stadt. 1948 wurde das im Zweiten Weltkrieg heftig bombardierte Cagliari mit einer Medaille für Tapferkeit ausgezeichnet.

Nach dem Krieg begann der Wiederaufbau. Als Cagliari 1949 zur Hauptstadt der halbautonomen Region Sardinien innerhalb der neuen Republik Italien erklärt wurde, war er schon teilweise abgeschlossen. Seither hat sich rund um die Lagunen und entlang der Küste bis nach Sarroch im Südwesten ein Großteil der sardischen modernen Industrie, insbesondere die Petrochemie, angesiedelt.

◉ Sehenswertes

Die Hauptsehenswürdigkeiten Cagliaris konzentrieren sich in den vier Innenstadtvierteln Castello, Stampace, Marina und Villanova. Bester Startpunkt für das Besichtigungsprogramm ist das Castello mit seiner Ballung an schönen Museen in der Citadella dei Musei und großartigen Aussichten auf die Stadt.

Im Westen liegt hoch auf dem Hügel Stampace, wo sich fast alles um die Piazza Yenne konzentriert. Ansonsten befinden sich hier etliche bedeutende Kirchen, ein botanischer Garten und das römische Amphitheater in den Felsen.

Das stimmungsvolle Marina-Viertel zwischen dem Largo Carlo Felice im Westen und der Uferstraße Via Roma lässt sich wunderbar zu Fuß zu erkunden – nicht unbedingt wegen der wenigen Sehenswürdigkeiten, sondern vor allem wegen der dunklen, engen Gassen voller Kunsthandwerksläden, Cafés und Trattorias.

ENTFERNUNGEN (km)

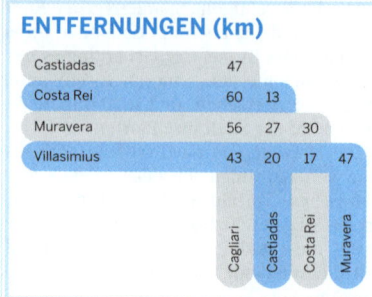

	Cagliari	Castiadas	Costa Rei	Muravera
Castiadas	47			
Costa Rei	60	13		
Muravera	56	27	30	
Villasimius	43	20	17	47

Unter den Piemontesen dehnte sich Cagliari im 19. Jh. nach Osten aus. Deren Vermächtnis ist die repräsentative Villanova mit breiten Straßen und imposanten Piazzas. Oberhalb des Viertels erstreckt sich an den Hängen des Monte Urpinu eine weitläufige Parkanlage. Die vogelreichen Salzmarschen des Stagno di Molentargius locken vor allem Vogelbeobachter an.

🄻🄿 TIPP ❘ Il Castello   STADTVIERTEL

(Karte S. 40f.) Die Bergzitadelle ist mit ihren Kuppeln, Türmen und einstigen Adelspalästen, die über die massiven Festungsmauern der Pisaner und Aragonier emporragen, das Wahrzeichen Cagliaris. Das Viertel wird von den Einheimischen Su Casteddu genannt, ein Name, mit dem einst auch die ganze Stadt bezeichnet wurde. Die Mauern sehen aus der Entfernung am schönsten aus, lohnenswerte Fotomotive bieten sich z. B. vom römischen Amphitheater auf der anderen Talseite im Nordwesten und von Bonaria im Südosten aus an.

In der mittelalterlichen Stadt innerhalb der Festungsmauern drängen sich in einem Gewirr aus engen, hohen Gassen die Universität, die Kathedrale, Museen und pisanische Paläste. So verschlafen es auch wirkt, so kehrt dennoch allmählich wieder Leben in das Viertel zurück: Immer mehr Boutiquen, Bars und Cafés locken Studenten und Urlauber an.

Die reizvollste und hübscheste Ecke des Castello ist das **Ghetto degli Ebrei** (Jüdisches Ghetto) nördlich des Torre dell'Elefante zwischen der Via Santa Croce und der Via Stretta. Die engen Straßen scheinen sich hier seit dem Mittelalter kaum verändert zu haben. Die gesamte jüdische Gemeinde wurde jedoch 1492 unter der spanischen Herrschaft vertrieben. Heute ist nicht viel mehr als der Name einer restaurierten ehemaligen Kaserne übrig geblie-

ben: Das **Centro Comunale d'Arte e Cultura Il Ghetto** (☎070 640 21 15; Via Santa Croce 18; Erw./erm. 4/2,50 €; ☺Di–So 9–13 & 16–20 Uhr) zeigt Wechselausstellungen, viele mit Arbeiten sardischer Künstler. Die **Chiesa di Santa Croce** (Piazzaetta Santa Croce) wurde nach der Vertreibung der Juden auf den Grundmauern der einstigen Synagoge des Ghettos errichtet.

Wer noch ein bisschen Zeit hat, sollte sich das wunderschön gewölbte Vestibül des **Istituto di Architettura e Disegno** (Institut für Architektur & Design; Via Corte d'Appello 87) der Universität anschauen.

🄶🅁🄰🅃🄸🅂 Museo Archeologico Nazionale MUSEUM

(Karte S. 36; ☎070 68 40 00; Piazza dell'Arsenale; ☺Di–So 9–20 Uhr) Von den vier Museen der Citadella dei Musei ist Sardiniens führendes archäologisches Museum zweifellos der Star. Es zeigt Artefakte aus tausend Jahren Frühgeschichte, darunter auch eine erstklassige Sammlung von kleinen nuraghischen *bronzetti* (Bronzefigurinen) im Erdgeschoss.

Da es keine schriftlichen Zeugnisse gibt, sind diese Bronzen unschätzbar wertvolle Schlüssel zu Sardiniens geheimnisvoller nuraghischer Kultur (ca. 1800–500 v. Chr.). Insgesamt wurden rund 400 Bronzen entdeckt, viele an Stätten mit religiöser Bedeutung. Experten schließen daraus, dass es sich wahrscheinlich um Votivgaben handelt. Die Statuetten in Form von Stammeshäuptlingen, Kriegern, Jägern, weiblichen Figuren und Tieren sind stilistisch primitiv, aber bemerkenswert ausdrucksstark. Es gibt sogar kleine Modelle der *nuraghi*, der berühmten Türme und Befestigungsanlagen aus der Bronzezeit.

Die Ausstellung im Erdgeschoss ist übersichtlich und chronologisch angeordnet. Die Besucher des Museums wandeln von der pränuraghischen Welt der Stein- und Obsidianwerkzeuge, rudimentären Keramiken und molligen Fruchtbarkeitsgöttinnen zur Bronze- und Eisenzeit und weiter zu den *nuraghi*. Danach folgen Ausstellungsstücke zu den Phöniziern und Römern, das Modell eines *tophet* (geheiligte phönizische oder karthagische Begräbnisstätte für Kinder und Babys), Scherben von Terrakottavasen sowie Glasschalen, Skarabäen und Schmuck aus den alten Städten Karalis (Cagliari), Sulcis, Tharros und Nora.

Im 1. und 2. Stock ist Ähnliches zu sehen, hier sind die Artefakte allerdings nicht nach dem Alter, sondern eher nach Regionen und Stätten sortiert. Zu den Highlights gehören römische Mosaiken und Statuen, Büsten und Grabsteine aus Cagliari sowie eine Münzsammlung.

Torre dell'Elefante
AUSSICHTSTURM

(Karte S. 40f.; Via Università; Erw./erm. 4/2,50 €; ☺Sommer Di–So 9–13 & 15.30–19.30 Uhr, Winter bis 16.30 Uhr) Der Torre dell'Elefante wurde 1307 als Schutz gegen die drohenden Aragonier errichtet und ist einer der letzten beiden noch existierenden pisanischen Türme. Der 42 m hohe Turm erhielt seinen Namen nach der Elefantenfigur am gefährlich aussehenden Fallgitter und wurde dank seines garstigen „Schmuckwerks" eine Art Horrorshow: Die Spanier köpften hier die Marchese di Cea und ließen ihren Kopf 17 Jahre lang liegen! Sie schmückten auch gerne das Fallgitter mit den Köpfen hingerichteter Gefangener, die in Käfigen wie makabre Lichterketten aufgehängt waren. Der Zinnenaufbau wurde 1852 hinzugefügt und als Gefängnis für politische Häftlinge genutzt. Wer hinaufsteigt, kann die Aussicht bewundern. Von ganz oben reicht der Blick weit über die Dächer der Stadt bis zum Meer.

Torre di San Pancrazio
AUSSICHTSTURM

(Karte S. 36; Piazza Indipendenza; Erw./erm. 4/2,50 €; ☺Sommer Di–So 9–13 & 15.30–19.30 Uhr, Winter 15.30–16.30 Uhr) Der 36 m hohe Turm am Nordosttor der Zitadelle ist der Zwilling des Torre dell'Elefante. Er wurde 1305 auf dem höchsten Punkt der Stadt errichtet und bietet einen weiten Blick über den Golfo di Cagliari.

Cattedrale di Santa Maria
DOM

(Karte S. 40f.; Piazza Palazzo 4; ☺Mo–Fr 7.30–20, Sa & So 8–13 & 16.30–20.30 Uhr, im Winter kürzer) Cagliaris eleganter Dom aus dem 13. Jh. steht stolz auf der Piazza Palazzo, an der einst die kirchlichen Würdenträger der Stadt wohnten. Vom ursprünglichen gotischen Bau blieb, außer dem vierkantigen Glockenturm, nur wenig erhalten. Der Innenraum präsentiert sich nach einem radikalen Umbau Ende des 17. Jhs. überwiegend barock. Die klare, pisanisch-romanische Fassade ist eine Imitation aus dem 20. Jh., die zwischen 1933 und 1938 hinzugefügt wurde.

Innen verschwindet die einst gotische Kirche unter einer üppig barocken Ausschmückung. Leuchtende Fresken zieren die Decken, und die drei Kapellen an jeweils

CAGLIARI IN …

… zwei Tagen

Der erste Tag beginnt mit einem Bilderbuchblick auf Cagliari vom **Torre dell'Elefante** oder von seinem pisanischen Zwilling, dem **Torre di San Pancrazio**. Von hier folgt ein Bummel durch die engen, gewundenen Gassen des **Castello**, die mit dem Lärm der schwatzenden Bewohner erfüllt sind, bis zur verschnörkelten **Cattedrale di Santa Maria**. Am Nachmittag informiert das **Museo Archeologico Nazionale** über die nuraghische Vergangenheit der Insel. Wenn gegen Abend die Lichter der Stadt schließlich zu funkeln beginnen, wird der erste Tag mit Cocktails auf der Aussichtsterrasse des **Caffè Librarium Nostrum** verabschiedet.

Stilvoll beginnt der zweite Tag mit einem Kaffee im Antico Caffè aus dem 19. Jh., gefolgt von einem gemütlichen Spaziergang durch die brunnenreiche Grünanlage des Orto Botanico. Gleich um die Ecke befindet sich das **römische Amphitheater**. Nach dem Mittagessen, bestehend aus frischem Fisch, der im Viertel **Marina** verspeist wird, folgt ein Bummel durch die Boutiquen und Spezialitätenläden. Die belebte **Piazza Yenne** eignet sich ideal für einen Aperitif im Freien.

… vier Tagen

Am dritten Tag geht es früh raus zum Einkaufen auf dem **Mercato di San Benedetto** und dann mit dem gekauften Proviant zum **Poetto** zum Faulenzen, Schwimmen oder Windsurfen. Wer lieber Vögel beobachten möchte, kann den **Parco Naturale Regionale Molentargius** zu Fuß oder mit dem Fahrrad erkunden.

Für den vierten Tag bieten sich tolle Tagesausflüge zu den beiden unberührten Stränden von **Villasimius** und zu einer der besten Weinkellereien Sardiniens, den **Cantine Argiolas** in Serdiana, an. Lohnenswert ist auch eine Wanderung durch die Granitberge und die tierreichen Wälder um den **Monte dei Sette Fratelli**.

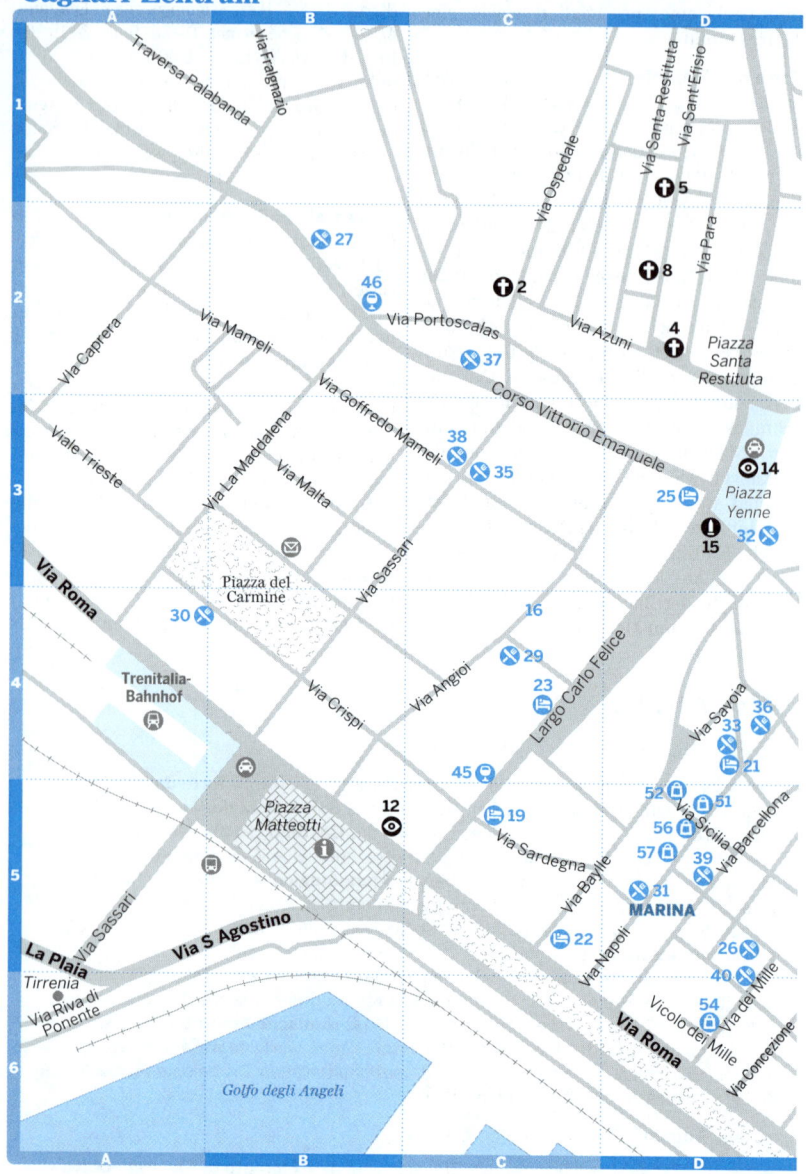

beiden Seiten des Schiffs quellen über mit verschlungenem Figurenschmuck, der ebenso beeindruckend wie haarsträubend wirkt. Die dritte Kapelle rechts, die **Cappella di San Michele,** bildet wohl den Höhepunkt dieser Pracht: Ein beseelter Erzengel Michael,

der (ganz barock) das Zentrum eines wirbelnden Sturms zu bilden scheint, wirft Teufel in die Hölle.

Es gibt aber auch noch einige weniger pompöse Teile. Die beiden aufwendigen steinernen **Kanzeln** an beiden Seiten des

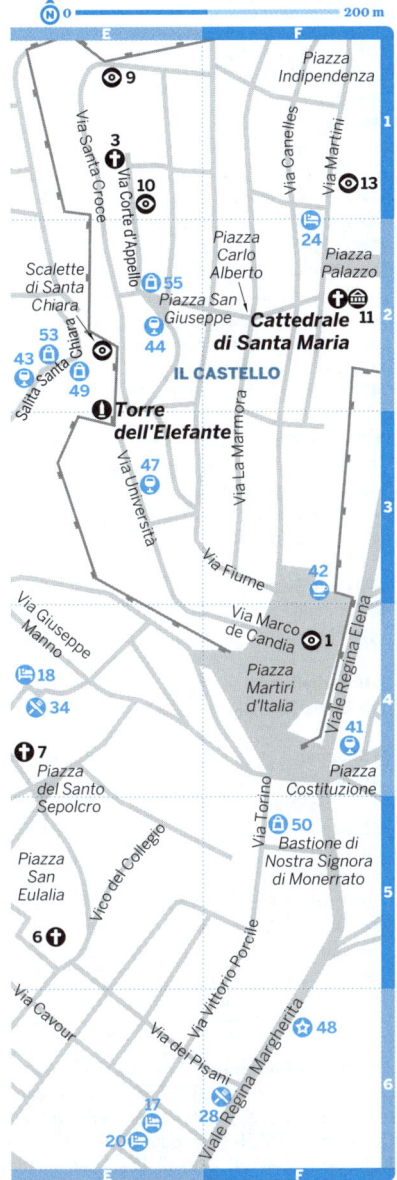

Spotorno in zwei Teile geteilt. Spotorno steckte auch hinter dem barocken Umbau im 17. Jh. Die großen Steinlöwen, die den Sockel der Kanzel bildeten, wurden zum Altar verbracht, wo sie heute noch stehen.

An der anderen Seite des Altars befindet sich der Eingang zur **Aula Capitolare**, der Krypta mit vielen Gräbern des Savoyer Herrscherhauses. Der Raum mit seinem Tonnengewölbe wurde aus dem Fels gehauen und ist mit seinem reichen Figurenschmuck und den aufwendigen Ziselierungen ein eindrucksvoller Anblick.

Museo del Duomo   MUSEUM

(Karte S. 40f.; ☏070 68 02 44; Via del Fossario 5; Erw./erm. 4/2,50 €; ⏱Sa & So 10–13 & 16.30–20 Uhr) Das Dommuseum zeigt weitere Domschätze, ein Glanzstück ist das *Trittico di Clemente VII,* das vom Dom zur sicheren Verwahrung ins Museum gebracht wurde. Das kostbare Ölgemälde auf Holz stammt aus dem 15. Jh. und wird dem flämischen Maler Rogier van der Weyden oder einem seiner Schüler zugeschrieben. Ein weiteres bedeutendes Werk der Sammlung ist das *Retablo dei Beneficiati* aus dem 16. Jh. aus der Schule des Pietro Cavaro.

Bastione San Remy   AUSSICHTSPUNKT

(Karte S. 40f.) Die gewaltige Treppe, die von der quirligen Piazza Costituzione zum Bastione San Remy hinaufführt, ist der eindrucksvollste Zugang zum Castello, daneben fährt auch ein Aufzug mit Panoramablick hinauf. Der Aussichtspunkt wurde zwischen 1899 und 1902 in einer Mischung aus Neoklassik und Jugendstil gebaut und bietet einen weiten Blick über Cagliaris Dächergewirr bis zum Meer.

GRATIS Pinacoteca Nazionale   KUNSTGALERIE

(Karte S. 36; ☏070 68 40 00; www.pinacoteca. cagliari.beniculturali.it, nur Italienisch; Piazza dell' Arsenale; ⏱Di–So 9–19.30 Uhr) Die Galerie oberhalb und hinter dem archäologischen Museum zeigt eine wertvolle Sammlung von Kunstwerken aus dem 15. bis 17. Jh. Viele der besten Arbeiten sind Retabel (prächtige Altarbilder, wie sie oft in Spanien gefunden werden), die von katalanischen und genuesischen Künstlern für lokale Kirchen geschaffen wurden.

Unter den Werken von bekannten sardischen Künstlern stechen die vier von Pietro Cavaro heraus, dem Begründer der so genannten Stampace-Schule und wahrscheinlich der bedeutendste Maler Sardi-

zentralen Tors wurden zwischen 1158 und 1162 von Guglielmo da Pisa gemeißelt. Sie waren ursprünglich ein Einzelstück im Dom von Pisa, das die Pisaner 1312 Cagliari schenkten. Dort wurde die Kanzel später vom übereifrigen Architekten Domenico

Cagliari Zentrum

niens. Darunter sind eine ergreifende *Deposizione* (Kreuzabnahme) und Porträts des hl. Petrus, hl. Paulus und hl. Augustinus. Auch der Vater des Malers, Lorenzo, und sein Sohn Michele sind vertreten. Ein weiterer namhafter sardischer Künstler war Francesco Pinna, dessen *Pala di Sant'Orsola* hier ausgestellt ist. Diese Bilder zeigen eher spanische und italienische Einflüsse als typisch sardische Besonderheiten, aber es findet sich auch eine kleine Auswahl sardischer Maler des 19. und 20. Jhs. wie Giovanni Marghinotti und Giuseppe Sciuti.

Anfiteatro Romano   ARCHÄOLOGISCHE STÄTTE
(Karte S. 36; ☎070 65 29 56; www.anfitearo romano.it, nur Italienisch; Viale Sant' Ignazio; Erw./erm. 4,30/2,80 €; ☺Sommer Di–Sa 9.30–13.30, So 9.30–13.30 & 15.30–17.30 Uhr, Winter Di–Sa 9.30–13.30, So 10–13 Uhr) Das Amphitheater ist das eindrucksvollste römische Monument Cagliaris. Es wurde im 2. Jh. n. Chr. aus dem Felsen hoch oben auf dem Hügel Buon Cammino nahe dem Nordeingang zum Castello herausgehauen. Ein Großteil des ursprünglichen Theaters wurde zwar im Lauf der Jahrhunderte als Baumaterial

abgetragen, aber es blieb genug übrig, um noch heute die Fantasie anzuregen. In seiner Blütezeit schauten hier bis zu 10 000 Menschen – praktisch die gesamte Bevölkerung Cagliaris – Gladiatoren im Kampf gegeneinander und manchmal gegen wilde Tiere zu. Im Sommer finden im Amphitheater gelegentlich Konzerte statt.

Piazza Yenne PIAZZA

(Karte S. 40f.) Die Piazza Yenne ist der Mittelpunkt des Marina-Viertels und der Hauptplatz im Zentrum von Cagliari. Der kleine Platz ist mit einer Statue von **König Carlo Felice** geschmückt, die an die Anfänge der Strada Statale „Carlo Felice" (SS131) erinnert – ein Straßenprojekt, mit dem sich der Monarch auf der Insel für immer verewigt hat. An Sommerabenden ist die Piazza Yenne voller junger Leute, die in die Bars, Gelaterias und Straßencafés strömen.

Orto Botanico BOTANISCHER GARTEN

(Karte S. 36; ☏070 65 29 56; Viale Sant' Ignazio; Eintritt 3 €; ☉Mo–Sa 8.30–18, So 8.30–13.30 Uhr) Der Orto Botanico, einer der berühmtesten botanischen Gärten Italiens, wurde 1858 angelegt. Heute erstreckt er sich über 5 ha und birgt 3000 Pflanzenarten. Laubbögen führen zu plätschernden Brunnen und zu Gärten voller Palmen, Kakteen und Benjaminbäumen mit riesigen Schlangenwurzeln. Exemplare aus Asien, Australien, Afrika und Amerika gedeihen neben einheimischen Johannisbrotbäumen und Eichen. Inmitten des Gartens verteilen sich optisch reizvoll antike Ruinen, eine alte punische Zisterne sowie ein Steinbruch und ein Aquädukt aus der Römerzeit.

Villa di Tigellio ARCHÄOLOGISCHE STÄTTE

(Karte S. 36; ☏ 0331 473 13 94; Via Tigellio; Erw./erm. 3/1,90 €; ☉Sommer 9–13 & 16–20 Uhr, Winter 9–17 Uhr, Mo geschl.) Nur eine Minute zu Fuß vom Orto Botanico entfernt liegen die Reste von drei römischen Villen aus dem 1. Jh. v. Chr. Der Legende nach soll dort Tigellio Ermogene gelebt haben, ein berühmter sardischer Dichter und Musiker und enger Freund von Julius Cäsar. Die Ruinen sind heute ziemlich überwachsen und von Wohnhäusern umgeben. Es braucht also etwas Fantasie, um sich die prächtigen Mosaiken, Säulen und Bäder vorzustellen, die hier einst standen.

Galleria Comunale d'Arte KUNSTGALERIE

(Karte S. 36; ☏070 49 07 27; www.galleria-comunalecagliari.it, nur Italienisch; Viale San

Vincenzo; Erw./erm. 6/2,60 €; ☉Mi–Mo 9–13 & 15.30–19.30 Uhr) Wer sich für sardische Kunst interessiert, sollte auf keinen Fall diese Galerie und ihre umfangreiche Sammlung an Werken einheimischer Künstler versäumen, darunter die Arbeiten von Tarquinio Sini (1891–1943). Seine humoristischen *contrasti* (Kontraste), die altbacken aufgeputzte sardische Mädchen neben glamourösen Charlestongirls darstellen, beschreiben die soziale Spannung zwischen sardischer Tradition und den verwirrenden Freiheiten einer modernen Welt. Ein weiteres Highlight ist das Werk von Giuseppe Biasi (1885–1945), dessen Ölgemälde das sardische Leben in einem Stil beschreiben, der die kräftigen Pinselstriche Gauguins mit dem Impressionismus eines Degas verbindet.

Die Galerie in einer neoklassischen Villa nördlich des Castello besitzt auch eine exzellente Sammlung zeitgenössischer Kunst sowie die Collezione Ingrao, die aus über 650 Werken italienischer Kunst seit Mitte des 19. bis Ende des 20. Jhs. besteht. Häufig stattfindende Wechselausstellungen präsentieren auch Werke zeitgenössischer Künstler.

Der palmenreiche **Giardino Pubblici** (Volkspark, ☉Winter 7–20 Uhr, Sommer 6–23 Uhr) um die Galerie herum ist eine hübsch angelegte Grünanlage mit Superblick auf Cagliari.

Museo d'Arte Siamese KUNSTGALERIE

(Karte S. 36; ☏070 65 18 88; Piazza dell'Arsenale; Erw./erm. 2/1 €; ☉Di–So 9–13 & 15.30–19.30 Uhr) Eine asiatische Kunstsammlung wird in Cagliaris mittelalterlichem Zentrum kaum jemand vermuten, aber es gibt sie. Die höchst vielfältige Sammlung schenkte der einheimische Ingenieur Stefano Cardu seiner Stadt, er hatte viele Jahre in Thailand (dem einstigen Siam) verbracht und dort eifrig gesammelt. Neben chinesischen Porzellanvasen aus der Ming- und Qing-Zeit sind hier auch Seidenmalereien, japanische Statuetten und einige wahrhaft furchterregende thailändische Waffen zu sehen.

Museo del Tesoro e Area Archeologica di Sant'Eulalia MUSEUM

(Karte S. 40f.; ☏ 070 66 37 24; Vico del Collegio 2; Erw./erm. 5/2,50 €; ☉Di–So 10–13 & 16–19 Uhr) Das Museum mitten im Marina-Viertel besitzt eine reiche Sammlung sakraler Kunst sowie eine archäologische Abteilung (über 200 m²) unter der benachbarten **Chiesa di Sant' Eulalia**. Die Hauptattraktion ist das 13 m lange Teilstück einer ausgegrabenen römischen Straße (1.-2. Jh. n. Chr.), die nach Meinung von Archäologen wohl zum nahen Hafen geführt hat. Die Schatzsammlung im oberen Stock umfasst alle möglichen sakralen Kunstwerke, von erlesenen Priestergewändern und Silbergerät bis zu mittelalterlichen Handschriften und anderen wertvollen Dokumenten. Edle Holzskulpturen gibt es massenhaft, ebenso die Darstellung eines Schmerzensmanns, das Christus von vorne und hinten nach seiner Geißelung zeigt. Das Gemälde wird einem flämischen Künstler aus dem 17. Jh. zugeschrieben.

Chiesa di Sant'Efisio   KIRCHE

(Karte S. 40f.; Via Sant'Efisio) Trotz ihrer schlichten Fassade ist die Chiesa di Sant'Efisio von großer lokaler Bedeutung. Nicht aus künstlerischen oder architektonischen Gründen, sondern wegen ihrer Verbindung zum hl. Ephisius, dem Schutzheiligen Cagliaris. Ephisius war ein römischer Soldat, der zum Christentum übertrat und später für seine Weigerung, seinen Glauben zu widerrufen, geköpft wurde. Der hl. Ephisius ist die zentrale Figur bei den Feierlichkeiten, die am 1. Mai stattfinden und, bei denen die Statue des Heiligen aus der Kirche auf einer prachtvollen *carozza* (Karren) durch die Stadt geführt wird. Der barocke Innenraum der Kirche ist leider nicht öffentlich zugänglich.

Im Laufe der Jahrhunderte hat der Heilige immer wieder seine schützende Hand über die Stadt gehalten. 1652 rettete er die Bevölkerung vor der Pest – dafür erhielt die Kirche ihre Marmorverkleidung – und 1793 vertrieb er Napoleons Flotte. Ein Bild zeigt, wie der Hl. Ephisius einen Sturm entfacht, der die Kriegsschiffe in die Flucht schlägt.

MAUERSTÜRZE

Stampace war im Mittelalter Cagliaris Arbeiterviertel, in dem die Sarden dicht gedrängt im Schatten der mächtigen Burg lebten. Unter der Herrschaft der Aragonier im 14. Jh. war es den Sarden verboten, nach Einbruch der Nacht die Burg zu betreten. Wer sich erwischen ließ, wurde gnadenlos die Burgmauern hinabgeworfen – begleitet vom Segensspruch *stai in pace* (ruhe in Frieden), eine Floskel, die mutmaßlich zum Namen Stampace führte.

Seitlich der Kirche befindet sich der Eingang zur Krypta, wo der Hl. Ephisius eingesperrt gewesen sein soll, bevor er in Nora (in der Nähe von Pula) exekutiert wurde. In Stein geritzt steht dort zu lesen: *Carcer Sancti Ephysii M* (Gefängnis des heiligen Märtyrers Ephisius). Auch die Säule ist zu sehen, an der Ephisius während seiner Gefangenschaft angeblich angekettet war.

GRATIS Cripta di Santa Restituta   KRYPTA

(Karte S. 40f.; Via Sant'Efisio; ⊙ Di–So 10–13 Uhr) Ein Stückchen weiter die Straße hinunter befindet sich die Krypta, die bereits seit vorchristlicher Zeit in Gebrauch ist. Die riesige, gruselige Naturhöhle, in der das Echo stetig fallender Wassertropfen nachhallt, war ursprünglich eine heidnische Opferstelle und wurde im 5. Jh. zur Heimat der Märtyrerin Restituta und zum Treffpunkt der frühen Christen von Cagliari. Später nahmen die orthodoxen Christen sie in Beschlag – die Überreste ihrer Fresken sind heute noch zu sehen – und gaben sie im 13. Jh. schließlich auf. Im Zweiten Weltkrieg diente sie als Luftschutzkeller, aber nicht sehr erfolgreich, denn viele der Menschen, die im Februar 1943 hier Unterschlupf suchten, kamen ums Leben. Die Graffiti aus Kriegszeiten an den Höhlenwänden sind einen näheren Blick wert.

Chiesa di San Michele   KIRCHE

(Karte S. 40f.; Via Ospedale 2; ⊙ Mo–Sa 8–11 & 18–21, So 10–12 & 19–21 Uhr) Die Kirche ist vor allem bekannt für ihr verschwenderisches Dekor aus dem 18. Jh. Es gilt als das herausragendste Beispiel für sardische Rokokokunst. Das Spektakel beginnt schon draußen mit der dreibögigen Barockfassade und setzt sich fort in der weitläufigen, mit Kolonnaden versehenen Vorhalle und im prächtigen Kirchenschiff. Vor dem Betreten des Inneren sollte man sich kurz Zeit nehmen und die massive, von vier Säulen gestützte Kanzel im Atrium betrachten. Sie wurde zu Ehren des spanischen Kaisers Karl V. erbaut und nach ihm benannt. Hier oben soll er eine flammende Rede gehalten haben, bevor er sich zu einem erfolglosen Kriegszug gegen arabische Freibeuter in Tunesien aufmachte. Das achteckige Kircheninnere ist prachtvoll. Rund um die zentrale Kuppel, die mit leuchtend bunten Fresken verziert ist, sind sechs verschwenderisch ausgestaltete Kapellen angeordnet. Besonders

FEEDBACK ERWÜNSCHT

Jemand hat ein fantastisches Restaurant entdeckt, das unbedingt empfehlenswert ist? Oder man kann den Empfehlungen hier im Buch nicht zustimmen? Oder vielleicht möchte man auch einfach nur über die letzte Reise reden?

Aus welchem Grund auch immer, auf www.lonelyplanet.com kann jeder eine Besprechung posten, im Thorntree-Forum eine Frage stellen oder beantworten, einen Blog kommentieren oder Fotos und Tipps veröffentlichen. Oder man chattet einfach mit gleichgesinnten Reisenden.

interessant ist die Sakristei, in die man über die letzte Kapelle links gelangt. Sie ist mit lebendigen Fresken und kostbaren Holzintarsien ausgestattet.

Basilica di San Saturnino   KIRCHE

(Karte S. 36; Piazza San Cosimo; ☺Mo–Sa 9–13 Uhr) Die Basilica di San Saturnino, eine der ältesten Kirchen Sardiniens, ist ein herrliches Beispiel frühchristlicher Architektur. Die mit einer Kuppel versehene Basilika mit dem Grundriss eines griechischen Kreuzes wurde im 5. Jh. über einer römischen Nekropole erbaut. An dieser Stelle befand sich einst das Grab von Saturninus, einem hoch verehrten Märtyrer. Der Legende nach wurde Saturninus 304 n. Chr. während der Christenverfolgung unter Kaiser Diokletian enthauptet.

Im 6. Jh. ließ Fulgentius von Ruspe, ein tunesischer Bischof im Exil, hier ein Kloster erbauen. 1098 verwandelte eine Gruppe von Vittorini-Mönchen aus Marseille das Kloster in den heutigen romanischen Kirchenbau. Seither wurde die Basilika immer wieder entscheidend verändert, besonders nach einer Plünderung 1662, als man Baumaterial für die Cattedrale di Santa Maria benötigte, und zuletzt nach heftigen Bombenschäden während des Zweiten Weltkriegs.

Palazzo Civico   WAHRZEICHEN

(Karte S. 40f.; ☎070 677 70 49; Via Roma) Der neogotische Palazzo Civico (auch Municipio genannt) an der Piazza Matteotti ist der Sitz des Stadtrats von Cagliari. Der eigenwillige, pompöse und doch kein bisschen erdrückende Bau entstand zwischen 1899 und 1913 und wurde nach Bombenangriffen von 1943 originalgetreu wieder aufgebaut. In den oberen Räumen befinden sich Werke etlicher sardischer Künstler, darunter auch solche von Pietro Cavaro. Eintritt nur nach Vereinbarung.

Santuario & Basilica di Nostra
Signora di Bonaria   KIRCHE, AUSSICHTSTURM

(Karte S. 36; Piazza Bonaria 2; Spenden erbeten; ☺tgl. 6.30–12 & 16.30–20 Uhr) Als 1323 die katalanischen Aragonier Cagliari erobern wollten, wurde ihnen klar, dass dies kein leichtes Spiel sein würde. Also ließen sie sich klugerweise an den kühlen Hängen des Montixeddu nieder, dem späteren Bonaria (von *buon'aria*, „gute Luft"). Während der drei Jahre andauernden Belagerung entwickelte sich das Lager zur Festung mit eigener Kirche.

Nach der Vertreibung der Pisaner und der Einnahme der Stadt 1335 holten die Aragonier Mönche des Mercedari-Ordens aus Barcelona hierher, um ein Kloster an der Bonaria-Kirche zu gründen. Der Orden residiert noch heute dort.

Die Bonaria-Mönche waren über Jahrhunderte damit beschäftigt, christliche Sklaven von muslimischen Piraten freizukaufen. Auch sollen sie die genuesische Gemeinde von Tabarka in Tunesien gerettet und sie auf die Isola di San Pietro verbracht haben. Aber zum internationalen Pilgerziel wurde die Kirche erst durch die schlichte Holzstatue der Jungfrau Maria mit Jesuskind, die in einer Nische hinter dem **Altar** steht. Der Legende nach soll die Statue im 14. Jh. angespült worden sein, nachdem spanische Seemänner sie in einem Sturm über Bord geworfen hatten. Noch heute bitten Seeleute die Madonna um Schutz auf hoher See. Über dem Altar hängt ein winziges Schiff aus Elfenbein aus dem 15. Jh., dessen Bewegungen die Windrichtung im Golfo degli Angeli anzeigen soll.

Weitere Modellschiffe sowie andere Votivgaben und eine goldene Krone von Karl Emanuel I. sind im **Museum** der Wallfahrtskirche zu sehen, das durch den kleinen Kreuzgang zu erreichen ist. Dort werden auch die mumifizierten Leichen von vier an der Pest gestorbenen katalanisch-aragonischen Adligen aufbewahrt. Ihre auf wundersame Weise konservierten Körper wurden in der Kirche gefunden.

Ursprünglich war die Wallfahrtsstätte Teil einer sehr viel größeren, von den Katalanen 1323 erbauten Festungsanlage. Von den Bauten jener Zeit ist kaum noch etwas übrig, abgesehen von dem verstümmelten Glockenturm, der als Wachturm diente, und einem Gotischen Portal.

Rechts von der Wallfahrtskirche steht die viel größere Basilika, die auch heute noch ein Wegweiser für heimkehrende Seeleute ist. Mit dem Bau wurde 1704 begonnen, aber dann ging das Geld aus. Ihre offizielle Fertigstellung erlebte die Basilika erst 1926.

Castello di San Michele · BURG
(☎070 50 06 56; Erw./erm. 5/4 €; ⌚Di–So 16–22 Uhr) Die gedrungene, dreitürmige spanische Festung Castello di San Michele steht in beherrschender Lage nordwestlich des Stadtzentrums. Sie wurde im 10. Jh. zum Schutz von Santa Igia, der Hauptstadt des Judikats von Cagliari, errichtet, wurde aber erst als luxuriöse Residenz der Carroz-Familie aus dem 14. Jh. richtig bekannt. Heute finden dort Kunst- und Fotoausstellungen statt. Das Gelände des Castello ist eine grüne Oase in der Stadt.

Der Stadtbus 5 fährt von der Via Roma bis zur Via Bacu Abis am Fuß des Hügels. Von dort führt eine Asphaltstraße 800 m zur Festung hinauf.

Exmà · KUNSTGALERIE
(Karte S. 36; ☎070 66 63 99; Via San Lucifero 71; Ausstellungen 3 €; ⌚Di–So 9–13 & 16–20 Uhr) Das Exmà in Cagliaris *mattatoio*

(Schlachthof) aus dem 18. Jh. ist ein sehenswertes Kulturzentrum. Eine Dauerausstellung zeigt die Restaurierungsschritte des Schlachthofs, aber eigentlicher Anziehungspunkt sind die Wechselausstellungen mit Kunst und Fotografie. Im Sommer finden häufig Open-Air-Konzerte statt.

Palazzo Viceregio · PALAZZO
(Karte S. 40f.; ☎070 409 20 00; ⌚Mo–Fr 8.30–14 & 15–20, Sa 10–14 & 16–18 Uhr) Der blassgrüne Palazzo, nur ein paar Schritte vom Dom entfernt, war einst die Residenz der spanischen und savoyischen Vizekönige. Heute ist er Sitz des Provinzialrats und Schauplatz regelmäßiger Ausstellungen und sommerlicher Konzerte.

Chiesa di San Lucifero · KIRCHE
(Karte S. 36; Via San Lucifero 78) In der Krypta (6. Jh.) unter dieser barocken Kirche liegt das Grab des frühen Erzbischofs von Cagliari, des heiligen Lucifer. Das Areal diente früher als Teil einer römischen Begräbnisstätte. Die Kirche ist der Öffentlichkeit nicht zugänglich, aber ihre strenge Fassade aus dem 17. Jh. lohnt einen Blick.

Chiesa di Santo Sepolcro · KIRCHE
(Karte S. 40f.; Piazza del Santo Sepolcro 5; ⌚9–13 & 17–20 Uhr) Das erstaunlichste Ausstellungstück dieser Kirche ist ein enormer Altaraufsatz aus vergoldetem Holz, der aus dem 17. Jh. mit einer Figur der Jungfrau Maria stammt und geschmückt ist.

ABSTECHER

POETTO

Der Poetto, Cagliaris großartiger Hausstrand und nur eine kurze Busfahrt vom Stadtzentrum entfernt gelegen, ist einer der längsten Sandstrände Italiens. Er erstreckt sich über 6 km jenseits des grünen Promontorio di Sant'Elia und ist Teil des Stadtlebens. Das gilt vor allem für den Sommer, wenn die einheimische Jugend hier tagsüber in der Sonne badet und nachts Partys feiert. Der lange Sandstreifen wird von Vergnügungsparks, Restaurants, Bars und Diskos gesäumt, die zum großen Teil auch *stabilimenti balneari* (private Strandbäder) sind. Sie bieten u. a. Duschen und Umkleidekabinen, verleihen Sonnenschirme und Liegestühle – die Preise beginnen bei 15 € für einen Sonnenschirm und zwei Liegestühle.

Am beliebtesten ist der südliche Teil des Strands mit der malerischen Marina Piccola, dem Yachtclub und dem Freilichtkino (nur im Juli und August). Der schroffe Promontorio di Sant' Elia oberhalb des Yachthafens wird allgemein Sella del Diavola (Teufelssattel) genannt. Der Legende nach war die Landspitze Schauplatz einer epischen Schlacht zwischen Luzifer und dem Erzengel Michael. Satan wurde schließlich von seinem Pferd geworfen, wobei sein Sattel ins Meer fiel und schließlich zur Landspitze versteinerte. Diese gehört zwar heute überwiegend dem Militär und ist für die Öffentlichkeit gesperrt, aber es gibt mehrere Pfade, auf denen man herrlich wandern kann.

Zum Poetto fahren die Buslinien PF und PQ ab der Piazza Matteotti.

VOGELFREUNDE AUFGEPASST!

Etwas östlich von Cagliari Richtung Quartu Sant'Elena liegt das geschützte, schilf-gesäumte Feuchtgebiet **Parco Naturale Regionale Molentargius**. Eine Wohnsiedlung bildet den unpassenden Hintergrund für die Süß- und Brackwassertümpel, die Tausende Nist-, Zug- und Wintervögel anlocken. Mit ein bisschen Glück sind von den Beobachtuns-posten Rosaflamingos, Purpurreiher, Seidenreiher, Rohrweihen, Brandseeschwalben und Stelzenläufer zu sehen.

Das Naturschutzgebiet lässt sich am besten zu Fuß oder mit dem Rad erkunden. Informationen gibt es im **Besucherzentrum** (☏070 37 91 92 01; www.parks.it/parco. molentargius; Edificio Sali Scelti, Via La Palma) am Ostrand der Stadt. Morgen- und Abend-dämmerung sind die besten Zeiten für Vogelfreunde.

Chiesa di Sant'Anna · KIRCHE

(Karte S. 40f.; Piazza Santa Restituta; ⏱Di–So 7.30–10 & 17–20 Uhr) Die sandfarbene Kirche wurde zwar im Zweiten Weltkrieg zerstört, aber danach wieder sorgfältig aufgebaut. Sie ist im Prinzip barock ausgestaltet, erhält aber durch ihre ionischen Säulen einen klas-sizistischen Touch. Zur Zeit der Recherche wurde sie gerade restauriert.

🏃 Aktivitäten

Wassersport spielt am Poetto natürlich eine große Rolle, Kanus werden meist in den Strandbädern verliehen. Der Golfo di Ca-gliari wimmelt von Schiffswracks aus dem Zweiten Weltkrieg und ist deswegen ein ex-zellentes Tauchrevier.

Windsurfing Club Cagliari · WINDSURFEN

(☏070 37 26 94; www.windsurfingclubcagliari. org; Viale Marina Piccola) Der Club in Marina Piccola bietet diverse Wassersportkurse. Ein Anfängerkurs zum Windsurfen/Katama-ranfahren/Freestyle mit sechs einstündigen Einheiten kostet 150/230/200 €, ein drei-stündiger Surfkurs 120 €.

Morgan Diving · TAUCHEN

(☏070 80 50 59; www.morgandiving.com) Der Anbieter organisiert Tauchgänge zu ver-schiedenen Wracks (40–110 €) und darf auch Tauchausflüge in das Meeresschutz-gebiet von Villasimius anbieten. Das Büro befindet sich in Marina Capitana, 14 km öst-lich von Cagliari, Buchungen sind aber auch telefonisch möglich.

🎣 Kurse

One World Language Centre · SPRACHE

(Karte S. 36; ☏070 67 02 34; www.italianin cagliari.com; Via Sonnino 195; 20-Std.-Kurs 200 €, 40 Std. 400 €) Die angesehene Sprachschule

bietet interaktive Italienischkurse für alle Stufen. Das Zentrum vermittelt auch Gastfa-milien (ab 210 € pro Woche) und Zimmer in Apartments (ab 160 € pro Woche).

L'Accademia · SPRACHE, KOCHEN

(Karte S. 40f.; ☏ 070 66 44 08; www.laccade-mia.com; Via Angioj 34; 15-Std.-Kurs 210 €, inkl. 9 Std. Kochkurs 410 €) Die Schule, die sich nur ein paar Schritte abseits der Via Roma befindet, bietet praxisorientierte Italienisch-kurse mit Ausflügen auf den Markt und zum Bahnhof. Der Sprachkurs kann mit einem Kochkurs kombiniert werden, bei dem Teil-nehmer die Zubereitung typischer Gerichte wie *fregola* (Pasta-Kügelchen) und sardi-sches Gebäck lernen.

👉 Geführte Touren

City Tour Cagliari · STADTTOUREN

(Karte S. 40f.; ☏070 66 94 09; Erw./erm. 10/ 5 €; ⏱Mo–So stündl. 9.30–18.30 Uhr) Die ein-stündige Rundfahrt im offenen Bus mit mehrsprachigen Kommentaren führt zu allen wichtigen Sehenswürdigkeiten, dar-unter die Bastione San Remy, das Anfiteatro Romano und die Torre di San Pancrazio. Ab-fahrt ist stündlich an der Piazza Yenne.

Sardinia Tourist Guide · STADTTOUREN

(☏393 20 44 15 928; www.sardiniatouristguide.it) Der Veranstalter mit Sitz in Selargius, 12 km nordöstlich der Stadt, bietet fünfstündige Stadtführungen durch Cagliari an, dabei werden auch der Poetto, der Monte Urpinu und Il Castello besucht. Möglich sind auch Touren zur Sella del Diavola (Teufelssattel).

⭐ Feste & Events

Cagliari zieht zum Karneval im Februar und in der Osterwoche alle Register, wenn kapu-zenverhüllte Menschen in einer Prozession von der Chiesa di Sant'Efisio zum Dom im Castello ziehen.

Festa di Sant'Efisio
TRADITIONSFEST

(www.festadisantefisio.it, nur Italienisch) Das religiöse Fest vom 1. bis 4. Mai zieht viele Pilger in die Stadt. Am Eröffnungstag drängen sich die Einwohner in den Straßen, um die Statue des hl. Ephisius, des Schutzheiligen Cagliaris, auf seinem Ochsenkarren zu grüßen. Wenn die kostümierte Prozession verläuft, begleitet noch ein harter Kern die Statue auf ihre 40 km lange Pilgerreise nach Nora. Den besten Blick bieten die Tribünen um die Piazza Matteotti und entlang des Largo Carlo Felice. Karten für die Tribünen (6–8 €) verkauft Box Office Tickets (S. 51).

✖ Essen

In einer Stadt, in der selbst alltägliche Lebensmittel wie Brot und Käse fast zur Kunstform erhoben werden, ist *mangiare bene* (gut essen) eine Selbstverständlichkeit. Die Cagliaritani verbinden bei Tisch ihre Liebe zum Essen mit Geselligkeit – egal, ob sie in schlichten Trattorias oder in Spitzenrestaurants speisen. Im engen Gassengewirr des Marina-Viertels drängen sich Restaurants, Trattorias, Bars und Take-aways, einige Lokale sind unverkennbar touristisch, andere eher bei den Einheimischen beliebt. Gute Restaurantmeilen sind auch die Via Sassari und der Corso Vittorio Emanuele.

In der Restaurantszene herrscht eine gewisse Förmlichkeit, es ist also stets besser, einen Tisch zu reservieren, besonders abends an den Wochenenden. Gegessen wird meist erst ab 21.30 Uhr, im Sommer eher noch später. Viele der besseren Restaurants haben zumindest einen Teil des Augusts geschlossen.

 **Il Fantasma**
PIZZERIA €

(Karte S. 36; ☎070 65 67 49; Via San Domenico 94; Pizzas 6,50–9 €; ⏱Mo–Sa) In der fröhlichen Pizzeria gibt es die besten Pizzas Cagliaris. Es ist ein lärmender Laden mit wackligen Tischen, einer niedrigen Tonnendecke und einem fleckigen roten Muster an den Ziegelwänden. Inmitten des Chaos' steuern freundliche Kellner gewandt durch die Gästeschar und tragen tellerweise brutzelnde Pizzas aus dem Holzofen zu ihnen. Empfehlenswert ist die *fantasma speciale* (Mozzarella, Rucola und Fleisch), lohnenswert auch die sardischen Spezialitäten mit *bottarga* (Meerbarbenrogen), *ricci* (Seeigel) und Seeanemonen. Wer nicht reserviert, muss in der Schlange warten.

Ristorante Ammentos
SARDISCH €€

(Karte S. 40f.; ☎070 65 10 75; Via Sassari 120; Mahlzeiten 15–30 €; ⏱Di geschl.) Die beliebte Trattoria bietet authentische sardische Küche in rustikalem Ambiente. *Culurgiones* (Ravioli) in Kräutertomatensauce sind eine köstliche Vorspeise, der saftige Fleischgerichte wie Wildschwein oder Ziegeneintopf folgen.

Monica e Ahmed
SARDISCH €€

(Karte S. 40f.; ☎070 640 20 45; Corso Vittorio Emanuele 119; Mahlzeiten um 30 €; ⏱So abends geschl.) Monica begrüßt ihre Gäste mit einem Lächeln und offeriert ihnen dann verlockende Fischköstlichkeiten. Wie wäre es mit einer üppigen Portion Antipasti aus frischem Tintenfisch, *ricci,* Muscheln und Hummer in Vinaigrette, gefolgt von *spaghetti ai frutti di mare* (mit Mies- und Venusmuscheln und Semmelbrösel)?

Lapola
SARDISCH €€

(Karte S. 40f.; ☎070 65 06 04; Vico Barcellona 10; Mahlzeiten um 35 €; ⏱Di–So) Meeresfrüchte sind in diesem gut besuchten Lokal in der Marina die Stars auf der Speisekarte. Serviert werden hier Köstlichkeiten wie Tintenfisch-Carpaccio mit Rucola und Chicorée oder gedünstete Venusmuscheln in Orangensaft mit *pane carasau*. Das Mittagsmenü für 16 €, einschließlich Wein und Kaffee, ist ein Schnäppchen.

Trattoria Gennargentu
SARDISCH €€

(Karte S. 40f.; ☎070 65 82 47; Via Sardegna 60; Mahlzeiten 20–30 €; ⏱Winter So geschl.) Die schlichte Trattoria sieht von außen zwar

---

NICHT VERSÄUMEN

ZEIT DER SCHALENTIERE

Schon im Sommer ist der Poetto von Bars, Imbisslokalen und Restaurants, den *chioschi* (Kiosken), gesäumt. Richtig viel los ist aber zwischen November und März (Muschelsaison), wenn Fischer in Buden an der Strandstraße Seeigel und Muscheln verkaufen. Bezahlt wird nach der Anzahl der Schalen, die am Tisch zurückbleiben.

TOP-IMBISS

Le Patate & Co
IMBISS €
(Karte S. 40f.; Scalette Santo Sepulcro 1; Pommes 2,50 €; Mo nur Mittagessen) Antonio ist ein Meister der Fritteuse, der mit Olivenöl die frischesten Pommes der Stadt brutzelt – dünn, knusprig und nicht zu salzig. Bei schönem Wetter sitzen die Gäste auf der Terrasse.

Gocce di Gelato e Cioccolato
SÜSSES €
(Karte S. 40f.; 070 68 02 72; Piazza del Carmine 21; Winter 12–21 Uhr, Sommer bis 1 Uhr) Naschkatzen verwöhnen sich hier mit sahnigem, handgefertigtem Eis, erstklassigem Kuchen (lecker: die Cremeschnitten), gewürzten Pralinen und Trüffel – alles absolut göttlich.

Locanda Caddeo
IMBISS €
(Karte S. 40f.; 070 68 04 91; Via Sassari 75; Imbiss 2,50–8 €; tgl.) Focaccia, Pizzaecken und frische Salate gibt es in diesem coolen, galerieartigen Laden mit Straßenterrasse. Junge Cagliaritani schätzen hier Snacks, Drinks und die Möglichkeit zum Leutebeobachten.

nicht nach viel aus, serviert aber exzellentes Essen und ist schnell voll. Die Meeresfrüchte sind besonders gut, z. B. Spaghetti mit Venusmuscheln und *bottarga* oder *tonno alla carlofortina* — kalte Thunfischstücke in einer süßen Tomaten- und Zwiebelsauce.

Dal Corsaro
SARDISCH €€€
(Karte S. 40f.; 070 66 43 18; www.dalcorsaro.com; Viale Regina Margherita 28; Mahlzeiten 50–55 €; tgl.) Steife Tischdecken, silberne Weinkühler und elegante Paare bilden das Ambiente in Cagliaris Bastion der feinen Speisen. Sardische Zutaten stehen im Mittelpunkt kreativer Gerichte wie *raviola di cipolla e pecorino semi stagionato* (Zwiebelravioli mit reifem Pecorino-Käse) und gebratenem Tintenfisch mit Zitronengras-Salsa. Das zweigängige Mittagsmenü ist mit 16 € fast geschenkt.

Manàmanà
CAFÉ €
(Karte S. 40f.; 070 65 17 59; Via Savoia 15; Mahlzeiten um 20 €; Mo-Sa) Das Szene-Café am hübschesten Platz im Marina-Viertel lockt mit Ausstellungen, Lesungen und der guten Stimmung die Künstler der Stadt an. Es ist ideal für einen relaxten Kaffee, einen Mittagsimbiss (10 €) oder schmackhafte Hauptgerichte wie sardischen Schwertfisch mit Sauercreme.

Crackers
TRADITIONELL ITALIENISCH €€
(Karte S. 40f.; 070 65 39 12; Corso Vittorio Emanuele 193; Mahlzeiten um 30 €; Do–Di) Crackers, ein Stück Piemont auf Sardinien, hat sich auf norditalienische Klassiker wie *brasato al Barolo* (in Barolo geschmortes Fleisch) und Gesottenes mit Senf spezialisiert. Es gibt auch eine große Auswahl an Risottogerichten, einige exzellente Gemüse-Antipasti und eine ausgesuchte Weinkarte.

Spinnaker
ITALIENISCH €€€
(070 37 02 95; Via Marina Piccola; Mahlzeiten 45–55 €; Mai–Sept. Di–So) Das Lokal in Marina Piccola am Poetto ist die Sommerfiliale des Dal Corsaro. Angesichts der Lage am Meer ist es kaum überraschend, dass der Schwerpunkt erstklassige Meeresfrüchte sind, darunter *fregola* in Safran mit kleinen Calamari und perfekt gegrillter Carloforte-Thunfisch.

Ristorante Royal
TRADITIONELL ITALIENISCH €€
(Karte S. 36; 070 34 13 13; Via Bottego 24; Mahlzeiten um 30 €; So nachmittags & Mo geschl.) In dem toskanischen Restaurant in einer bescheidenen Wohnstraße östlich des Zentrums genießen die Cagliaritani köstliches Florentiner Steak und saftige Fleischstücke. Fisch gibt es kaum, aber jede Menge Gemüse-*contorni* (Beilagen) und eine Auswahl perfekter Desserts.

Enò
SARDISCH €
(Karte S. 40f.; 070 6 84 82 43; Vico Carlo Felice 12; www.enorestaurant.it, nur Italienisch; Mahlzeiten um 20 €; tgl.) Auf der Terrasse des eleganten Bistros mit Weinbar isst es sich am schönsten. Sardische Klassiker wie *culurgiones* in Kräuter-Tomatensauce und gebackene Seebrasse passen gut zu einem der 200 verschiedenen italienischen Weine.

Taverna Su Milese
SARDINSCH €
(Karte S. 40f.; 338 97 73 68; Via Barcellona 32; Mahlzeiten 15–25 €; Mo-Sa) Abgesehen vom wechselhaften Service ist der Laden ein ganz anständiges günstiges Lokal.

Zur Mittagszeit ist das Gewölbelokal voll mit Einheimischen. Das preisgünstige, zweigängige Mittagsmenü (10 €) bietet Fleisch, Fisch und Pasta sowie Wein und Kaffee.

Antica Hostaria
TRADITIONELL ITALIENISCH €€
(Karte S. 40f.; ☎070 66 58 60; Via Cavour 60; Mahlzeiten um 40 €; ☺Mo–Sa) Das bei lokalen Promis und Politikern beliebte Restaurant serviert traditionelle, saisonale italienische Küche in einem mit Antiquitäten und Bildern vollgestopften Ambiente. Zu den klassischen sardischen Fisch-Fleisch-Kombinationen zählen *pennette con tonno fresco e gamberi* (Penne mit frischem Thunfisch und Garnelen), gefolgt von einem Steak.

Selbstversorger
Leckeren Proviant für unterwegs gibt es in den *salumerie* (Feinkostläden), z. B. eine dicke Scheibe *pecorino sardo* (sardischer Pecorino) und ein oder zwei Scheiben geräucherter Schinken in einem frisch gebackenen *panino* (Brötchen).

Isola del Gelato
EIS €
(Karte S. 40f.; ☎070 65 98 24; Piazza Yenne 35; Eis 1,50–4 €; ☺Di–So 9–2 Uhr) Eiscremefans stehen in diesem beliebten Laden jeden Abend Schlange. Das schlumpfblaue, grottenartige Ambiente lockt mit sahnigen Eisleckereien, darunter auch fettarmen Sorten, Soja, Joghurt und *semifreddo*, einer köstlichen, halbgefrorenen Mousse.

I Sapori dell'Isola
FEINKOST €
(Karte S. 40f.; ☎070 65 23 62; Via Sardegna 50; ☺Mo–Sa 8–13.30 & 16.30–20.30 Uhr) Der freundliche Feinkostladen verkauft sardisches Brot, Kuchen, Salami, Käse, *bottarga*, Olivenöl, Wein und vieles mehr, alles in Spitzenqualität.

 ## Ausgehen
Drinks mit Spitzenaussicht auf Cagliari gibt es im Castello-Viertel. Die Barszene konzentriert sich um die quirlige Piazza Yenne und den Corso Vittorio Emanuele, im Sommer verlagert sich alles an den Poetto.

Antico Caffè
CAFÉ
(Karte S. 40f.; ☎070 65 82 06; www.antico caffe1855.it; Piazza Costituzione 10; ☺tgl. 7–2 Uhr) D. H. Lawrence und Grazia Deledda waren einst Gäste dieses prächtigen alten Cafés, das 1855 eröffnet wurde. Die Leute sitzen hier gern zum Plausch bei einem Kaffee, aufwendigen Crêpes und Salaten. Der

Innenraum besteht aus Holz, Marmor und Messing, aber es gibt auch Straßentische.

Caffè Librarium Nostrum
BAR
(Karte S. 40f.; ☎070 65 09 43; Via Santa Croce 33; ☺Di–So 7.30–2 Uhr) Die schicke Bar im Castello-Viertel bietet mit ihren Tischen auf den mittelalterlichen Festungsmauern den besten Panoramablick über die Stadt. Wenn das Wetter nicht mitspielt, gibt es noch den backsteinernen Innenraum, wo ein Alligator-Cocktail tröstet, der zu Ehren des Helden aus Massimo Carlottos Romanen kreiert wurde. Hin und wieder wird Livemusik gespielt.

Caffè degli Spiriti
BAR
(Karte S. 40f.; Bastione San Remy; Pizzas 5–8 €; ☺tgl. 9–2 Uhr) Entspannt in der Hängematte liegend, sind der Blick auf das Castello und die Atmosphäre in der eleganten Lounge Bar am Bastione San Remy noch einmal so schön. Der Innenraum ist ganz in Schwarz und Ziegel gehalten, draußen sitzen die Gäste auf schwarzen Ledersofas und trinken eiskalte Daiquiris, lauschen jazziger Musik und essen Pizzas an Tischen, die aus genieteten Holztüren gefertigt wurden.

Emerson
BAR
(☎070 37 51 94; Viale Poetto 4, Poetto; ☺Winter tgl. 11–17 Uhr, Sommer 9–1 Uhr) Die schnieke Bar unweit der vierten Bushaltestelle ist einer der beliebtesten *chioschi* in Strandnähe und hat von allem etwas: Cocktailbar, Restaurant und Strandbad. Serviert wird ein breites Angebot, von Pasta bis zu *aperitivi*, dazu gibt es Livemusik und Liegestühle.

Caffè Svizzero
CAFÉ
(Karte S. 40f.; ☎070 65 37 84; Largo Carlo Felice 6; ☺Di–So) Das Jugendstil-Café am unteren Largo Carlo Felice wurde von ein paar Schweizern gegründet und ist seit dem frühen 20. Jh. eine Säule der Kaffeehausgesellschaft Cagliaris. Das Angebot im freskengeschmückten Innenraum reicht von Tee bis zu Cocktails.

Ritual Caffè
BAR
(Karte S. 40f.; ☎070 65 20 71; Via Università 33; ☺tgl.) Das szenige Café wurde aus dem Kalkfelsen gehauen und hat im Felsgewölbe gemütliche Nischen. Gelegentlich wird Livemusik gespielt, oder es legen DJs auf.

Il Merlo Parlante
KNEIPE
(Karte S. 40f.; ☎070 65 39 81; Via Portoscalas 69; ☺Di–So 19–3 Uhr) Der lärmende Laden

Massimo Carlottos Lebensgeschichte liest sich wie die Handlung einer seiner Krimis... weil sie nämlich die Handlung eines seiner Bücher ist.

Mit 19 war er in den „bleiernen Jahren" Italiens Zeuge des Mordes an Margherita Magello, einer 25-jährigen Studentin, die mit 59 Messerstichen getötet wurde. Die nachfolgenden Ereignisse verarbeitete er zum Roman *Il Fuggiasco* (Der Flüchtling). Carlotto, voll mit Magellos Blut, rannte los, um die Polizei zu holen, die ihn aber des Mordes beschuldigte. Er wurde später zu 18 Jahren Gefängnis verurteilt. 1993 kam er nach einer internationalen Kampagne und einer Begnadigung durch den italienischen Präsidenten frei.

Im Gefängnis fand er das Material für die ungeschminkten Romane, die er heute schreibt. Seine berühmteste Serie dreht sich um den Detektiv „Alligator" dessen Fälle auf wahren Rechtsfällen beruhen, von denen Carlotto nach eigener Aussage gehört oder gelesen hatte.

Der Protagonist wurde frei nach Carlotto selbst entwickelt; er fährt sogar den Škoda, den auch Carlotto einst fuhr (weil viele Leute behaupten, das Auto würde in Italien am seltensten angehalten). Seinen Spitznamen verdankt der Detektiv seinem Lieblingsgetränk (und dem Carlottos), dem Alligator-Cocktail. Er besteht aus sieben Teilen Calvados, drei Teile Drambuie, zerstoßenem Eis und einem Apfelstückchen, erfunden hat ihn ein Barmixer im Caffè Librarium Nostrum in Cagliari, wo Carlotto heute lebt. Der Ruhm des Cocktails reicht heute bis in die Bars von Rom, Mailand und Neapel. Und es heißt, dass niemand mehr als vier Gläser davon trinken kann.

Acht von Carlottos Büchern wurden ins Deutsche übersetzt, darunter *Der Flüchtling* (2010), *Die Schöne und der Alligator* (2001) und *Banditenliebe* (2011). Seine Website: www.massimocarlotto.it (auf Italienisch).

---

ist so etwas wie Cagliaris Studentenkneipe. Es gibt Bier vom Fass, Rock aus dem Lautsprecher und junge, internationale Gäste, die gut drauf sind.

Caffè dell'Elfo
CAFÉ, BAR

(Karte S. 40f.; ☎070 68 23 99; Salita Santa Chiara, 4–6 Piazza Yenne; ☺Mo–Sa 13–15 & 20–2 Uhr) Das „Café der Elfen" serviert tagsüber leckere *piadine* (belegtes Fladenbrot) und verwandelt sich nachts in eine freundliche, relaxte Weinbar.

☆ Unterhaltung

Informationen zu Veranstaltungen erhält man in der Touristeninformation oder findet sie in der Zeitung *L'Unione Sarda* sowie auf www.sardegnaconcerti.com (nur Italienisch). Die meisten der großen Konzerte finden im Sommer statt.

Cagliari hat eine lebendige Bühnenszene mit klassischen Konzerten, Tanz, Oper und Theater. Saison ist von Oktober bis Mai, einige Häuser bieten auch ein spezielles Sommerprogramm.

Box Office Tickets
KARTENVERKAUF

(Karte S. 40f.; ☎070 65 74 28; www.boxoffices ardegna.it, nur Italienisch; Viale Regina Margherita 43) Ticketverkauf für größere Veranstaltungen, auch für die Sommersaison im Anfiteatro Romano mit Stand-up-Comedy, Musik und Tanz Romano.

Teatro Lirico
THEATER

(Karte S. 36; ☎070 408 22 30; www.teatro liricodicagliari.it; Via Sant'Alenixedda) Cagliaris führende Bühne für klassische Konzerte, Oper und Ballett. Das Programm ist ziemlich konventionell, aber von hoher Qualität, die Konzerte sind gut besucht.

Exmà
KULTURZENTRUM

(Karte S. 36; ☎070 66 63 99; Via San Lucifero 71) Veranstaltet das ganze Jahr über kleine Konzerte, hauptsächlich Jazz und Kammermusik. Im Sommer wird der Vorplatz zur Bühne.

🔒 Shoppen

Cagliari ist wohltuend frei von offenkundigen Touristenläden, es gibt sie aber dennoch. Stilbewusste Käufer decken sich mit Designerkleidung in den Arkaden der Via Roma und den zahlreichen Boutiquen der Via Giuseppe Garibaldi ein. In der Via Giuseppe Mano haben sich etliche Kettenläden angesiedelt, außerdem gibt es Snackbars und Eiscafés für eine Erfrischung zwischendurch.

Wunderbare, kleine Kunsthandwerksläden mit einem guten Angebot an hübschen Stücken verstecken sich in den verwinkelten Ecken der Stadt, vor allem im Marina-Viertel.

Durke
LP TIPP
SÜSSES

(Karten S. 40f.; ☏070 66 67 82; www.durke.com; Via Napoli 66) Auf Sardisch bedeutet *durke* „süß" – und süßer als in diesem hinreißend altmodischen Laden geht es nicht. Die nach alten Rezepten hergestellten Süßigkeiten sind einzigartig, einige der besten bestehen aus nicht mehr als Zucker, Eiweiß und Mandeln. Köstlich sind *papassinos* aus Früchten und Nüssen, saftige *amaretti di sardegna* und *pardulas,* leckere Käseküchlein mit Ricotta und Safran.

Sapori di Sardegna
LEBENSMITTEL

(Karte S. 40f.; ☏070 684 87 47; Vicolo dei Mille 1) Roberto, sein Bruder und ihr engagiertes Team machen mit ihrem lebhaften Laden in Marina mit wunderbaren sardischen Lebensmitteln glänzende Geschäfte. Hier werden Pecorino, Salami, *bottarga,* Brot, Wein und hübsch verpackte *dolci* (Süßigkeiten) verkauft, alles ist vom Feinsten. Wer nicht genug Platz im Koffer hat, kann sich das Gewünschte auch vom Laden nach Hause schicken lassen.

Antica Enoteca Cagliaritana
WEIN

(Karte S. 40f.; ☏070 66 93 86; Scalette Santa Chiara 21) Weinkenner werden mit Freude das Angebot dieses Weinspezialisten unweit der Piazza Yenne durchstöbern. Bestellungen werden überall nach Europa geschickt.

Sorelle Piredda
MODE

(Karte S. 40f.; ☏070 65 07 72; www.sorelle piredda.com; Piazza San Giuseppe 4) Haute Couture mit historischem Touch verkauft diese sehr elegante Boutique im Castello. Die fantasievollen Entwürfe der Piredda-Schwestern – elegante Abendkleider, Capes und aufwendige Schals – sind von alten sardischen Motiven und traditionellen Trachten inspiriert.

Loredana Mandas
SCHMUCK

(Karte S. 40f.; ☏070 66 76 48; Via Sicilia 31) Einzigartige Stücke werden in diesem Schmuckatelier von Loredana gefertigt. Sie lässt sich gerne bei der Herstellung von erlesenem Filigranschmuck aus Gold, für den Sardinien so berühmt ist, über die Schulter schauen. Ohrringe kosten hier zwischen 220 und 2100 €.

Bob Art
KUNST

(Karte S. 40f.; www.bobart.it, nur Italienisch; Via Torino 12) *Benvenuti* in Bobs schrulliger Cartoonwelt, die aus glotzäugigen Schafen, Eulen und Schmetterlingen besteht. Besucher können den Künstlern bei der Herstellung von frechen Bildern zuschauen, die jedes Kinderschlafzimmer (oder jenes kindlicher Gemüter) aufpeppt. Die Öffnungszeiten sind so wild durcheinander wie die Farbkombinationen.

Succhero e Argento
KUNSTHANDWERK

(Karte S. 40f.; Via Napoli 50) Der silberne Filigranschmuck, die Keramiken und das Kunsthandwerk aus sardischem Kork, die in einem winzigen Laden angeboten werden, sind einzigartige Mitbringsel.

Spazio P
KUNST

(Karte S. 40f.; Via Napoli 62; www.spaziop.it; ◷Di–Sa 12–24 Uhr) Eine Galerie mit zeitgenössischer Kunst von Nachwuchskünstlern und hinten einer schicken Bar, wo die Interessenten bei einem Kaffee über Kunst diskutieren.

ℹ Praktische Informationen

Cagliari hat reichlich kostenlose WLAN-Zonen, darunter die Piazza Amendola im Marina-Viertel. Ärgerlicherweise ist Einloggen nur mit einer italienischen SIM-Karte möglich (das Passwort wird aufs Handy geschickt).

Banken und Geldautomaten sind überall vorhanden, besonders um den Hafen und den Bahnhof, an der Piazza del Carmine und am Corso Vittorio Emanuele.

Hauptpostamt (☏070 605 41 23; Piazza del Carmine 28; ◷Di–Fr 8–18.50, Sa 8–13.15 Uhr)

Guardia Medica (☏070 609 52 02; Via Talete) Notärzte.

Lamarù (☏070 66 84 07; Via Napoli 43; Std. 3 €; ◷Mo–Sa 9–20 Uhr) Schnelles Internet und WLAN, dazu billige Snacks und Getränke.

Ospedale Brotzu (☏070 53 91; Via Peretti 21) Das Krankenhaus liegt nordwestlich des Stadtzentrums. Falls kein Notfall vorliegt, kann man den Bus 1 ab der Via Roma nehmen, um dorthin zu kommen.

Touristeninformation (☏070 66 92 55; www.comune.cagliari.it, nur Italienisch; Piazza Matteotti; ◷8.30–13.30 & 14–20 Uhr) Die freundliche Touristeninformation ist die erste Anlaufstelle für Stadtinformationen und -pläne.

Viaggi Orrù (☏070 65 98 58; www.viaggiorru. it; Via Baylle 111; ◷Mo–Fr 9–13 & 16.15–19.45, Sa 9.30–13 Uhr) Ein kompetentes Reisebüro für Fähr- und Flugbuchungen sowie für Ausflüge.

❶ An- & Weiterreise

Auto & Motorrad

Die Hauptstraße über die Insel, die „Carlo Felice" (SS131), verbindet die Hauptstadt über Oristano und Sassari mit Porto Torres und führt über Nuoro nach Olbia. Die SS130 verläuft im Westen bis Iglesias.

Auf den Küstenstraßen aus Osten und Westen herrscht zur Ferienzeit im Sommer, wenn auch die Einheimischen Urlaub machen, dichter Verkehr.

Bus

Vom Hauptbusbahnhof an der Piazza Matteotti fahren die Busse der **ARST** (Azienda Regionale Sarda Trasporti; Karte S. 40f.; ☎800 865 042; www.arst.sardegna.it, auf Italienisch) ins nahe Pula (3 €, 50 Min., stündl.), nach Villasimius (4 €, 1½ Std., 6-mal tgl.) sowie nach Oristano (7 €, 1 Std. 35 Min., 2-mal tgl.), Nuoro (15,50 €, 2½–5 Std., 2-mal tgl.), Iglesias (4,50 €, 1–1½ Std., 2-mal tgl.), Carbonia (6 €, 1½ Std., 2-mal tgl.), Portovesme (6 €, 2 Std., Fr und So, 1-mal tgl.), in die Sulcis-Region und nach Sassari (18,50 €, 3¼ Std., 3-mal tgl.).

Turmo Travel (☎0789 214 87; www.gruppoturmotravel.com) fährt zwei Mal täglich nach Olbia (19 €, 4½ Std.) und einmal täglich nach Santa Teresa di Gallura (23 €, 5½ Std.).

Fähre

Cagliaris Fährhafen liegt gleich hinter der Via Roma. **Tirrenia** (☎892 123; www.tirrenia.it; Via Riva di Ponente 1) ist die größte Fährgesellschaft. Sie betreibt ganzjährig Fähren nach Civitavecchia (61 €, 14½ Std., tgl.), Neapel (54 €, 16¼ Std., Mo und Mi), Palermo (53 €, 14½ Std., Fr) und Trapani (52 €, 11 Std., Sa). Tickets für eine der Überfahrten gibt es direkt am Hafen oder in den Reisebüros der Stadt.

Flugzeug

Cagliaris **Flughafen Elmas** (CAG; ☎070 211 211; www.sogaer.it) liegt 6 km nordwestlich der Innenstadt. Es gibt Flugverbindungen mit Städten auf dem italienischen Festland, wie Rom, Mailand, Bergamo, Bologna, Florenz, Neapel, Turin und Venedig sowie nach Palermo auf Sizilien. Außerdem werden weiter entferntere Ziele wie Barcelona, Brüssel, Luton, Paris und Stuttgart angesteuert. Im Sommer gibt es zusätzlich Charterflüge.

Die Hauptfluglinien, die Elmas anfliegen:
Air One (AP; ☎199 207 080; www.flyairone.it)
Alitalia (AZ; ☎06 22 22; www.alitalia.it)
British Airways (BA; ☎199 712 266; www.britishairways.com)
easyJet (U2; ☎899 234 589; www.easyjet.com)
Lufthansa (LH; ☎199 400 044; www.lufthansa.com)
Meridiana (IG; ☎89 29 28; www.meridiana.it)
Ryanair (FR; ☎899 678 910; www.ryanair.com)

Zug

Der Hauptbahnhof **Trenitalia** (www.trenitalia.com) liegt an der Piazza Matteotti. Züge fahren von hier nach Iglesias (3,85 €, 1 Std., 14-mal tgl.), Carbonia (4,40 €, 1 Std., 7-mal tgl.), Sassari (15,75 €, 3½–4 Std., 4-mal tgl.) sowie über Oristano (5,95 €, 1–2 Std., 15-mal tgl.) nach Porto Torres (16,90 €, 4¼ Std., 1-mal tgl.). Eine Nebenstrecke führt über Oristano oder Chilivani nach Olbia (16,90 €, 4¼ Std., 1-mal tgl.) und Golfo Aranci (18,30 €, 5–7 Std., 5-mal tgl.).

ARST (http://arst.sardegna.it, auf Italienisch) betreibt die Metro von der Piazza Repubblica nach Monserrato, wo es Anschluss an die Züge nach Dolianova, Mandas und Isili gibt.

NICHT VERSÄUMEN

AUF ZUM MARKT!

Frühaufsteher können sich wie die Einheimischen auf einen der umtriebigen morgendlichen Märkte (Mo–Sa) Cagliaris begeben und in sardischen Leckereien schwelgen: Meeresfrüchte, würzige Salami, Pecorino in der Größe eines Wagenrads, Pferdesteaks oder was sonst das Herz begehrt – all das gibt es auf dem historischen **Mercato di San Benedetto** (Karte S. 36; Via San Francesco Cocco Ortu). Etwas geruhsamer geht es auf dem hinreißenden **Mercato di Santa Chiara** (Karte S. 40f.) zu, wo sich auch gleich das Italienisch an den Ständen mit frischem Fisch, Obst und Brot auffrischen lässt.

Sonntags ist die beste Zeit für Floh- und Antikmärkte. Am ersten Sonntag im Monat gehen die Cagliaritani auf dem Antik- und Sammlermarkt auf der **Piazza del Carmine** (Karte S. 40f.) auf Schnäppchenjagd. Eine Woche später und am letzten Sonntag des Monats werden die Antiquitäten dann weiter oben auf der **Piazza Carlo Alberto** (Karte S. 40f.) verkauft. Jeden Sonntagmorgen (außer im August) findet auch auf dem **Bastione San Remy** (Karte S. 40f.) im Castello ein Flohmarkt statt.

❶ Unterwegs vor Ort

Die Innenstadt von Cagliari ist klein genug, um sie zu Fuß zu erkunden. Der Marsch hinauf nach Il Castello hat es zwar in sich, aber es gibt einen Aufzug am unteren Ende der Scalette di Santa Chiara hinter der Piazza Yenne, der die Mühen doch deutlich erleichtert.

Auto & Motorrad

Parken im Stadtzentrum ist von Montag bis Samstag von 9 bis 13 und 16 bis 20 Uhr gebührenpflichtig. Das Parken mit Parkuhren – innerhalb der blauen Linien – kostet 0,50 € für die erste Stunde und danach 1 €. Neben dem Bahnhof befindet sich ein großer Parkplatz, der 1 € pro Stunde oder 10 € für 24 Stunden kostet. Eine maximale Parkdauer gibt es nicht.

Autofahren im Zentrum Cagliaris ist nervig, allerdings ist es wegen der Geographie der Stadt (ein einziger großer Hügel) überlegenswert, sich für ein oder zwei Tage einen Roller zu mieten. **CIA Rent a Car** (✆ 070 65 65 03; www.ciarent.it, nur Italienisch; Via S Agostino 13) verleiht Fahrräder/Autos/Roller ab 10/29/30 € pro Tag. An der Piazza Matteotti gibt es auch ein Büro von **Hertz** (✆ 070 65 10 78; Piazza Matteotti 8; www.hertz.it), sowie mehrere Autovermietungen am Flughafen.

Bus

Busse von **CTM** (Consorzio Trasporti e Mobilità; ✆ 070 209 12 10; www.ctmcagliari.it, auf Italienisch) fahren durch die Stadt und in die Umgebung. Mit diesen Bussen lassen sich einige abgelegenere Sehenswürdigkeiten erreichen, und sie sind sehr gut geeignet, um zu den Stränden Cala Mosca und Poetto zu gelangen. Ein Standardticket kostet 1,20 € und gilt 90 Minuten, eine Tageskarte ist für 3 € zu haben.

Die nützlichsten Strecken:

Bus 7 Von der Piazza Matteotti hinauf nach Il Castello und zurück.

Bus 10 Von der Viale Trento via Corso Vittorio Emanuele zur Piazza Garibaldi.

Bus 30 oder 31 Am Hafen entlang und hoch zur Wallfahrtskirche in Bonaria.

Bus PF oder PQ Von der Piazza Matteotti zum Poetto-Strand.

Vom/zum Flughafen

ARST-Busse fahren zwischen 5.30 und 22.30 Uhr von der Piazza Matteotti zum Flughafen Elmas (4 €, 10 Min., 32-mal tgl.). Von 9 bis 22.30 Uhr verkehren sie alle halbe Stunde. Ein Taxi kostet um die 25 €.

Taxi

Viele Hotels und Pensionen holen auf Wunsch ihre Gäste vom Flughafen ab. Taxistände gibt es an der Piazza Matteotti, Piazza Repubblica und am Largo Carlo Felice. Bestellen lassen sich Taxis ansonsten bei **Quattro Mori** (✆ 070 400 101) und **Rossoblù** (✆ 070 66 55).

DAS SARRABUS

Das einsame Sarrabus erstreckt sich östlich und nördlich von Cagliari und ist eines der am dünnsten besiedelten und am wenigsten erschlossenen Gebiete Sardiniens. In seinem Zentrum erheben sich die buschigen, grünen Gipfel des Monte dei Sette Fratelli, ein wunderbar wildes Hinterland, in dem einige der letzten verbliebenen Hirsche der Insel ungestört umherstreifen.

Östlich des Poetto führt die SP17 reizvoll (wenn auch gefährlich nahe) die Küste entlang und bietet spektakuläre Aussichten auf das azurblaue Meer, das von sichelförmigen Buchten wie Cala Regina, Kal'e Moru und Solanas gesäumt wird. Ein paar Kilometer vor Villasimius entfernt zweigt eine kurvige Straße nach Süden auf die

---

TRENINO VERDE

Für alle, die es nicht eilig haben, lässt sich Sardiniens Binnenland am schönsten mit dem **trenino verde** (✆ 070 58 02 46; www.treninoverde.com) erkunden. Die bummelige Dieselschmalspurbahn zuckelt durch einige der unwirtlichsten Landschaften der Insel und hält unterwegs in abgelegenen Dörfern. Es gibt vier Touristenstrecken: von Mandas nach Arbatax, von Isili nach Sorgono, von Macomer nach Bosa und von Sassari nach Palau.

Die kurvige Strecke von Mandas nach Arbatax ist für Reisende besonders spektakulär, denn sie führt durch das einsame Hochland des Parco Nazionale del Golfo di Orosei e del Gennargentu.

Von der Metrostation an der Piazza Repubblica in Cagliari fährt eine Metro nach Monserrato, wo man Anschluss an die Züge nach Mandas hat. Von Mandas fahren von Mitte Juni bis Mitte September täglich zwei Züge (außer Dienstag) nach Arbatax an der Ostküste (19 €, 5 Std.).

Der *trenino verde* verkehrt zwischen Mitte Juni und Mitte September.

SERDIANA

Das hübsche Landstädtchen Serdiana, etwa 25 km nördlich von Cagliari, ist Sitz der berühmtesten Weinkellerei Sardiniens, der preisgekrönten **Cantine Argiolas** (☎070 74 06 06; www.argiolas.it; Via Roma 28–30; Führung mit Verkostung 13 €; ☺ Führungen Mo–Fr 11 & 15, Sa 10.30 Uhr). Ein Besuch mit 1½-stündiger Führung ist nach telefonischer Anmeldung möglich. Im Preis enthalten ist eine Verkostung von vier unterschiedlichen Weinen, darunter einem weißen, spritzigen Vermentino und einem roten, vollmundigen Cannonau. Gegen zusätzliche 3 € werden zum Wein Brot, Käse und Salami gereicht.

Im Restaurant der Kellerei (Mahlzeiten um 52 €) werden sardische Spezialitäten wie *fregola* (Pasta-Kügelchen) fachgerecht mit Argiolas-Weinen kombiniert. Kochkurse (75 €) werden ebenfalls angeboten, deren Ergebnisse dann mit Spitzenweinen aus dem Keller verspeist werden.

Zu erreichen ist die Cantine Argiolas ab Cagliari über die SS554 nordwärts, nach etwa 10 km auf die SS387 Richtung Dolianova wechseln. Nach weiteren 10 km kommt die Abzweigung nach Serdiana in Sicht.

Halbinsel zum Capo Carbonara ab, Sardiniens südöstlichstem Punkt. Dort trifft man in der Nachsaison eher auf neugierige Schafe und Ziegen, die über die Straße trotten, denn auf Autos.

Villasimius & Capo Carbonara

3600 EW.

Villasimius war einst ein stilles Fischerdorf inmitten von Pinien und Macchia, entwickelte sich dann aber zu einem der beliebtesten Urlaubsorte des Südens. Der Ort ist ein praktischer Standort zur Erkundung dieses Küstenabschnitts mit seinen schönen Sandbuchten und klaren Gewässern. Im Sommer herrscht hier fröhliche Betriebsamkeit, im Winter große Ruhe.

Wer sich um den zweiten Sonntag im Juli hier aufhält, sollte auf keinen Fall die Festa della Madonna del Naufrago versäumen. Die eindrucksvolle Bootsprozession führt zu einem Punkt vor der Küste, wo eine Statue der Jungfrau Maria zu Ehren schiffbrüchiger Seeleute auf dem Meeresgrund liegt.

◉ Sehenswertes

Museo Archeologico   MUSEUM
(☎070 793 02 90; Via Frau 5; Erw./erm. 3/1,50 €; ☺ Di–Do 9–13, Fr–So 10–13 & 16–19 Uhr) Das kleine archäologische Museum, mit dem Villasimius aufwartet, birgt eine Sammlung römischer und phönizischer Artefakte sowie verschiedene Gegenstände, die aus einem spanischen Schiffswrack aus dem 15. Jh geborgen wurden.

Fortezza Vecchia   HISTORISCHE STÄTTE
(☎070 793 02 90; Via Frau 5; Eintritt 1 €) Die Ruine der Festung aus dem 14. Jh. hoch oben auf den Klippen unweit des Capo Carbonara stammt aus der Zeit, als die Aragonier die Insel beherrschten. Der Blick von hier oben ist jedoch großartiger als die Festung selbst. Eine Besichtigung ist nur nach Vereinbarung möglich.

🏃 Aktivitäten

Aktivitäten im Ort beschränken sich aufs Einkaufen und Herumbummeln. Bootsausflüge werden in der Regel nur von Mai bis September angeboten.

Spiaggia del Riso   STRAND
Die Spiaggia del Riso, einer der herrlichsten Strände von Villasimius, liegt gleich südlich des Ortes. Vom Meer glatt geschliffene Granitfelsen verteilen sich auf dem traumhaften Bogen aus hellem Sand, an den azurblaues Wasser schwappt.

Stagno Notteri   LAGUNE
In der Lagune, die bis nach Villasimius verläuft, tummeln sich im Winter häufig Flamingos. An die traumhaft schöne Spiaggia del Simius schwappt südseeblaues Wasser.

Fiore di Maggio   BOOTSTOUREN
(☎070 79 73 82/340 486 28 94; www.fiore dimaggio.com; Località Campulongu; pro Pers. inkl. Mittagessen 45 €) Die täglichen Bootsausflüge bieten eine erstklassige Gelegenheit, die versteckten Buchten und Inseln im Meeresschutzgebiet Capo Carbonara zu sehen. Auf alle Fälle Badezeug mitnehmen.

Harry Tours
BOOTSTOUREN

(📞338 377 40 51; www.harrystours.com) Am Porto Turistico, etwa 3 km außerhalb des Ortszentrums, werden Bootsausflüge (65 € pro Pers. inkl. Mittagessen) und Tauchgänge (ab 36 €) zu den nahen Riffs und Wracks angeboten.

 Essen

In der Via Roma und der Via del Mare gibt es Pizza, Kaffee oder Eis. Selbstversorger können sich in den Supermärkten und Läden im Zentrum eindecken.

Ristorante Le Anforè
SARDISCH €€

(📞070 79 20 32; Localitá Su Cordolinu; Mahlzeiten um 30 €; ⊙Di–So) Die Liebe des Kochs zu frischen lokalen Erzeugnissen spiegelt sich in sardischen Gerichten wie *burrida* (marinierter Katzenhai) und Spaghetti mit *ricci* (Seeigel). Zum hoch angesehenen Restaurant gehört auch eine Terrasse mit Blick auf den Garten.

Ristorante La Lanterna
SARDISCH €€

(📞070 79 00 13; Via Roma 62; Mahlzeiten um 30 €; ⊙Mo mittags geschl.) Kein Wunder, dass sich das gemütliche Restaurant in der Nachbarschaft von zwei Fischhandlungen auf Meeresfrüchte konzentriert hat. Spezialitäten wie *fregola* (Pastakügelchen) mit prallen Mies- und Venusmuscheln oder kleine Tintenfische in scharfer Sauce passen gut zu einem Liter weißen Hausweins (7,50 €). Im Sommer stehen auch einige Tische im kleinen Garten.

❶ Praktische Informationen

Die **Touristeninformation** (📞070 793 02 71; www.villasimiusweb.com; Piazza Giovanni XXIII; ⊙Mo–Fr 8–20 Uhr) an der Piazza Gramsci informiert über die möglichen Aktivitäten vor Ort.

❶ Anreise & Unterwegs vor Ort

ARST-Busse fahren ganzjährig sechs Mal täglich (So 2-mal) von und nach Cagliari (4 €, 1½ Std.). Von Mitte Juni bis Mitte September verkehren sie bis zu acht Mal täglich.

Einen eigenen fahrbaren Untersatz (sinnvoll, da die meisten Strände ein paar Kilometer außerhalb des Orts liegen) vermietet **Edilrent Simius** (📞070 792 80 37; Via Roma 77), neben Autos (63–80 €) gibt es auch Fahrräder (6,50–10 € pro Tag) und Roller (30–55 €).

Costa Rei

Entlang der Südostküste Sardiniens verläuft die Costa Rei. Das Beste hier sind die langen weißen Sandstrände und die schön gelegenen Ferienunterkünfte.

Von Villasimius nimmt man die Küstenstraße SP17 nach Norden. Die Straße verläuft zwar ein paar Hundert Meter von der Küste entfernt, aber die ausgeschilderten Strände sind auf Schotterstraßen, die von der Hauptstraße abzweigen, recht gut zu erreichen. Dort warten dann kristallklares Wasser und die eine oder andere Snack- & Cocktailbar. Rund 25 km hinter Villasimius liegt **Cala Sinzias**, ein schöner Sandstrand mit zwei Campingplätzen. Wer 6 km weiter fährt, landet im eigentlichen Ferienort Costa Rei mit Bungalows, Geschäften, Bars, Clubs und ein paar austauschbaren Esslokalen. Die **Spiaggia Costa Rei** ist ebenso wie die Strände südlich und nördlich ein fabelhafter weißer Strand, an dem sich unfassbar klare, blaugrüne Wellen brechen.

Der **Butterfly Service** (📞070 99 10 91; www.butterflyservice.it; ⊙Mo–Sa 9–13 & 16–19.30, So 10–13 & 16.30–19.30 Uhr) im Ort ist eine All-

---

TAUCHEN AM CAPO CARBONARA

Die Spitze des Kaps ist zwar Militärgebiet und für Privatpersonen tabu, aber die azurblauen Gewässer rund ums Capo Carbonara sind zum **Meeresschutzgebiet** (www.ampcapocarbonara.it) erklärt worden, das man mit einem autorisierten Tauchveranstalter besuchen darf. Das Reservat umfasst die Isola dei Cavoli, die Secca dei Berni und die Isola di Serpentara im Meer direkt vor Villasimius. **Morgan Diving** (📞070 80 50 59; www.morgandiving.com) mit Sitz am Porto Turistico in Quartu Sant'Elena ist ein lizenzierter Anbieter, ebenso **Air Sub** (📞070 79 20 33; www.airsub.com; Via Roma 121) in Villasimius. Beide organisieren Tauchtouren zu verschiedenen Orten, so auch zur **Secca di Santa Caterina**, einem Unterwasserberg. Je nach Location und Schwierigkeitsgrad ist mit 36 bis 90 € pro Tauchgang zu rechnen.

WALDWANDERUNGEN

Der Monte dei Sette Fratelli (1023 m), die höchste Erhebung des einsamen Sarrabus, ist weit entfernt vom Getriebe Cagliaris. Die Granitgipfel und Wälder voller Kork- und Steineichen, Wacholder, Oleander und Myrte sind eine Zuflucht für Wildschweine, Falken und Steinadler – und sie sind eine der drei verbliebenen Rückzugsgebiete des *cervo sardo* (sardischen Hirschs). Das Gebiet, das über die SS125 erreichbar ist, ist ein herrliches Wandergebiet, dessen Wege von einfachen Spaziergängen bis zu einem anstrengenden, 12 km langen Aufstieg zur Punta Sa Ceraxa (1016 m) reichen.

Wanderkarten gibt es in der Caserma Forestale Campu Omu, einem Forsthaus unweit der Abzweigung nach Burcei an der SS125. Eine andere Möglichkeit ist die **Coop Monte dei Sette Fratelli** (☏070 994 72 00; www.montesettefratelli.com, nur Italienisch; Via Centrale) in Castiadas, ein paar Kilometer landeinwärts von der Costa Rei.

Vom kleinen Dorf Burcei kriecht eine abgelegene Straße über 8 km hoch zur **Punta Serpeddì** (1067 m), von wo aus der Blick über den ganzen Sarrabus bis nach Cagliari und dem Meer schweift.

zweckagentur. Hier gibt es alles, vom Internetzugang (8 € pro Std.) über Leihfahrräder (15 €) und Motorroller (35 €) bis zum Autoverleih (75 € pro Tag). Außerdem werden verschiedene Ausflüge entlang der Küste und zum **Parco Sette Fratelli** (20–90 €) angeboten.

Nördlich des Ortes, an der **Spiaggia Piscina Rei**, geht es weiter mit blendend weißem Sand und türkisfarbenem Wasser. Direkt dahinter liegt ein umzäunter Campingplatz. Zwei weitere Strände erstrecken sich an der Küste bis zum **Capo Ferrato**. Vom Kap führen mit dem Pkw befahrbare Karrenpfade Richtung Norden.

Der gleiche ARST-Bus, der Cagliari mit Villasimius verbindet, fährt weiter bis zur Costa Rei. Er braucht für die Strecke ungefähr eine halbe Stunde.

Nuraghe Asoru

Die Nuraghe Asoru ist das schönste Exemplar ihrer Art im südöstlichen Sardinien, das archäologisch ansonsten weitgehend uninteressant ist. Die Stätte befindet sich etwa 5 km landeinwärts von San Priamo nördlich der SS125. Die *tholos* (konisch überdachter Turm) im Zentrum ist noch halbwegs gut erhalten, aber nicht wirklich vergleichbar mit Sardiniens bedeutenderen *nuraghi*.

Muravera & Torre Salinas

5300 EW.

Muravera in der Flussniederung des Fiume Flumendosa (Flumendosa-Flusses) ist für Besucher nicht besonders interessant. Doch das Bauernstädtchen ist für seine Zitrusfrüchte bekannt, für die hier am zweiten Sonntag vor Ostern die **Sagra degli Agrumi** (Zitrusfest) gefeiert wird.

Die Lagunen und Strände von Torre Salinas südlich der Stadt breiten sich malerisch zu Füßen eines spanischen Wachturms aus. Es ist ein weitgehend unberührtes Gebiet, in dem rund um den **Stagno dei Colostrai** Flamingos überwintern. Die **Spiaggia Torre delle Saline** an der Meerseite der Lagune ist der erste von mehreren großartigen Stränden, die sich bis nördlich der Mündung des Fiume Flumendosa erstrecken.

Gutes Essen gibt es im **Ristorante Pizzeria Su Nuraxi** (☏070 993 09 91; Via Roma 257; Pizzas ab 5 €, Mahlzeiten um 25 €) in der Hauptstraße von Muravera. Das behagliche Lokal serviert seinen Gästen herzhafte Mahlzeiten und gute Pizzas.

ARST-Busse fahren werktags dreimal von Cagliari nach Muravera (6 €, 3 Std.) über Villasimius. Es gibt auch schnellere Überlandverbindungen (6 €, 1 Std. 40 Min., Mo–Sa 5-mal, So 2-mal).

Iglesias & der Südwesten

Gut essen

» Pintadera (S. 64)

» Gazebo
Medioevale (S. 64)

» L'Ancora (S. 67)

» La Cantina (S. 78)

Schön übernachten

» La Babbajola B&B (S. 224)

» Agriturismo L'Aquila (S. 224)

» Hotel Riviera (S. 225)

» Hotel Luci del
Faro (S. 225)

» B&B S'Olivariu (S. 226)

Auf nach Südwestsardinien!

Unterschiedliche Regionen prägen den Südwesten, alle reich an Geschichte und Sehenswürdigkeiten. Größte Attraktion des Südwestens sind die fantastischen Strände, angefangen bei den atemberaubenden Natursandstränden der Costa Verde bis hin zu den (fast schon) tropischen Gewässern der Costa del Sud. Aber auch das Iglesiente wird von fotogenen Buchten gesäumt. Die Zwillingsinseln Isola di San Pietro und Isola di Sant'Antioco besitzen einen besonderen Zauber: San Pietro lockt mit einer lebhaften, auf Anhieb liebenswerten Atmosphäre, während Sant'Antioco einen eher bodenständigen Charakter hat und ein eindrucksvolles archäologisches Erbe vorweist.

Das landeinwärts gelegene Iglesias und die umliegende Berglandschaft hingegen wirken eher melancholisch. Das ehemalige Zentrum des Bergbaus auf Sardinien ist geprägt von aufgelassenen Minen, von denen einige als touristische Sehenswürdigkeiten wiedereröffnet wurden und interessante Besichtigungsziele sind. Weiter landeinwärts verbirgt sich im Zentrum der Marmilla Sardiniens größte *nuraghe* (befestigte Siedlung aus der Bronzezeit): Die zum Unesco-Weltkulturerbe zählende Nuraghe Su Nuraxi zählt zu den herausragenden archäologischen Stätten der Insel.

Reisezeit

An Ostern feiert Sardinien die eindrucksvollsten Feste; ein Höhepunkt sind die Prozessionen durch Iglesias, wo mit Kapuzen vermummte Männer zum Klang dumpfer Trommeln durch die Gassen ziehen. Auch der Frühsommer (Ende Mai/Anfang Juni) ist eine wunderbare Reisezeit, wenn beispielsweise auf San Pietro die Thunfischsaison mit vielen kulinarischen Highlights beginnt. Auf dem Höhepunkt des Sommers im August finden unzählige Strandpartys entlang der Südküste statt, reizvoller ist jedoch die abgelegene und noch sehr ursprüngliche Costa Verde.

IGLESIAS

27 800 EW.

Iglesias ist umgeben von den Relikten des ehemals für Sardinien so bedeutenden Bergbaus. Die geschichtsträchtige Stadt wirkt in den kälteren Monaten verschlafen und lebt im Sommer auf. Lebhafte Piazzas, von der Sonne gebleichte Häuser und schmiedeeiserne Balkone in aragonesischem Stil prägen das historische Zentrum, in dem sich die Menschen an warmen Sommerabenden gerne treffen. Der Name Iglesias bedeutet im Spanischen „Kirchen" – die Atmosphäre ist sowohl spanisch wie auch sardisch. Die Osterwoche bietet seinen Besuchern mit den ungewöhnlichen, von Trommeln begleiteten Prozessionen ein besonderes, stark an Sevilla erinnerndes Erlebnis.

Geschichte

Das Ende des Bergbauzeitalters in den 1970er-Jahren traf die Region hart. Denn der Bergbau war in der Gegend rund um Iglesias von jeher das ganz große Geschäft. Die Römer gaben ihrer Stadt den Namen Metalla, nach den kostbaren Erzen, die sie am Monte Linas abbauten. Aber die Römer waren nicht die ersten, die hier Bodenschätze gewannen: Als die Stollen im 19. Jh. wieder geöffnet wurden, kamen auch Werkzeuge der Karthager zutage. Die Bevölkerung von Iglesias setzte sich in früheren Zeiten in erster Linie aus Sklaven und Immigranten zusammen, und jede Gruppe errichtete eine eigene Kirche. Aus diesem Grund erhielt die Stadt einen ihrer früheren Namen: Villa di Chiesa (Stadt der Kirchen).

Jahrhunderte später, im Jahr 1257, bemächtigten sich die Pisaner des Giudicato di Cagliari (Judikat; Provinz Cagliari) und unterstellten Iglesias der Verwaltung von Ugolino della Gherardesca. Der aus Pisa stammende Graf war nicht nur ein Mitglied der papstfreundlichen Ghibellinen, sondern auch ein gerissener Geschäftsmann. In kürzester Zeit organisierte er die Stadt nach dem Vorbild einer toskanischen *comune* (selbst regierten Stadt) mit eigener Rechtsprechung und Währung. Er verabschiedete sogar ein Gesetzesstatut namens Breve di Villa Chiesa, einen revolutionären Kodex, der den Minenarbeitern soziale Sicherheiten zugestand. Das Dokument kann man sich auf Nachfrage im städtischen Archivio Stòrico ansehen.

1323 landeten katalanisch-aragonische Truppen in Portovesme. Im Jahr darauf besetzten sie die Stadt Villa di Chiesa und benannten sie in Iglesias um. An den Minen hatten sie nur wenig Interesse, und in den folgenden 500 Jahren kümmerte sich niemand um den Bergbau. Doch schließlich sorgten private Unternehmer wie Quintino Sella (nach dem die Hauptpiazza benannt ist) dafür, dass die Bodenschätze wieder gefördert wurden. Als aufstrebendes Zentrum der Schwerindustrie in einem wieder erstarkten und bald vereinigten Italien spielte Iglesias einmal mehr eine wichtige Rolle, bis dann der Zweite Weltkrieg und später, in den 1970er-Jahren, die moderne Marktwirtschaft der Stadt schwere Schläge zufügten.

◉ Sehenswertes

Große Teile des modernen Iglesias stammen aus dem 19. Jh., einer Zeit, in der die Minen zum letzten Mal richtig viel Geld für die Stadt abwarfen. Dieser letzte Boom wurde durch eine Gesetzesänderung eingeläutet, die es einer Interessengemeinschaft vom italienischen Festland erlaubte, die Bergwerke aufzukaufen und wieder in Betrieb zu nehmen. In dieser turbulenten Ära wurde die mittelalterliche Stadtmauer größtenteils abgerissen und auf einem ehemaligen Acker vor den Toren der Stadt die weitläufige **Piazza Quintino Sella** angelegt. Diese Piazza entwickelte sich bald zum beliebtesten Treffpunkt der Stadt, und auch heute noch wimmelt es hier während der allabendlichen *passeggiata* (Spaziergang) von Menschen. Die **Statue** mitten auf dem Platz wurde zu Ehren von Quintino Sella (aus der berühmten Winzerfamilie Sella e Mosca) errichtet. Der sardische Staatsmann hatte sich mit aller Kraft für die Wiederbelebung der Bergbauindustrie eingesetzt.

Es ist in erster Linie der kleine, mittelalterliche Stadtkern, der einen Besuch in Iglesias so attraktiv macht. Weitere großartige

ROAD DISTANCES (km)

	Arbus	Carbonia	Iglesias	Portovesme
Carbonia	57			
Iglesias	34	23		
Portovesme	55	14	21	
Pula	91	70	77	84

Highlights

1 Ein Off-road-Abenteuer ist die Fahrt zu den wilden, windgepeitschten Stränden der **Costa Verde** (S. 73)

2 Blick in längst vergangene Zeiten: die **Necropolis del Montessu** (S. 76) ist ein prähistorischer Friedhof in einem felsigen Amphitheater

3 Aug' in Aug' mit den Wildpferden Sardiniens auf der Hochebene **La Giara di Gesturi** (S. 89)

4 Düster und schaurig-schön ist die Atmosphäre bei den Prozessionen vermummter Männer während der **Settimana Santa** (S. 63) in Iglesias

5 Der Anblick eines Eleonorenfalken ist der Höhepunkt an der **Cala Fico** (S. 80), einer fotogenen Bucht auf der bezaubernden Isola di San Pietro

6 Badevergnügen pur an den fantastischen tropischen Sandstränden der **Costa del Sud** (S. 83)

7 Ein Blick vom Dorf Nebida auf den spektakulären **Scoglio Pan di Zucchero** (S. 66): Der gigantische, zerklüftete Fels ragt aus den ruhigen Gewässern vor der Costa Verde.

IGLESIAS & DER SÜDWESTEN IGLESIAS

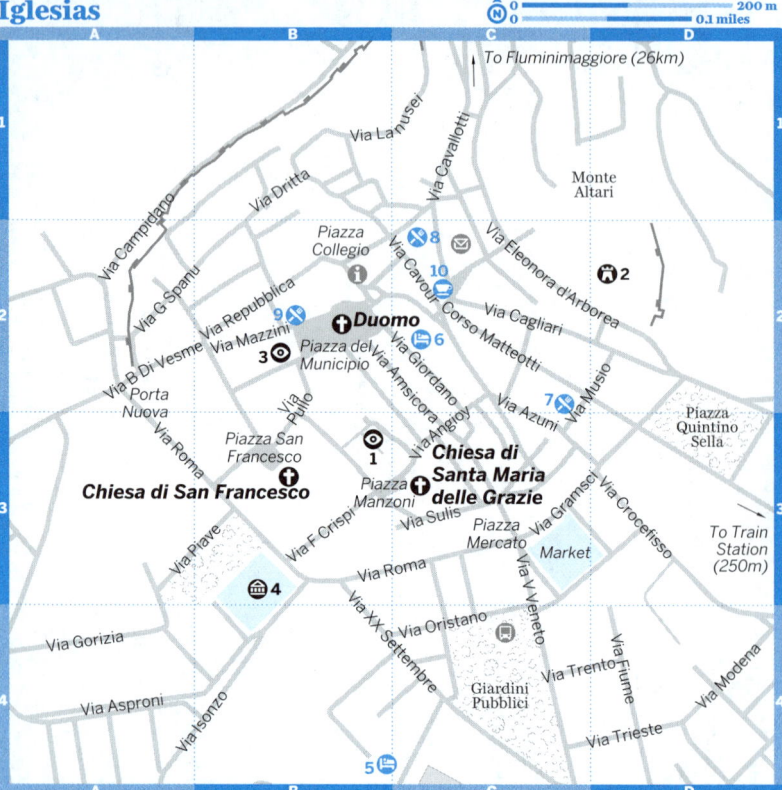

Sehenswürdigkeiten gibt es nicht, aber die schmalen, autofreien Gassen und malerischen Piazzas sind tadellos in Schuss. Das wissen auch die Einheimischen zu würdigen, die in Scharen tagsüber und abends hierherkommen – zum Shoppen in den Geschäften und zum Entspannen in den Bars. Und im **centro Storico** sind auch viele der **Kirchen** zu finden, denen die Stadt ihren Namen verdankt.

Duomo
DOM

(Piazza del Municipio; ⏰wegen Renovierung geschl.) Die Ostflanke der Piazza del Municipio wird vom **Duomo** beherrscht. Seine hübsche Fassade mit einem Schuss Pisa-Einfluss ist gut erhalten, genau wie der Glockenturm mit dem steinernen Schachbrettmuster. Baubeginn für den Dom war 1337, aber katalanische Architekten verpassten dem Gebäude im 16. Jh. eine gründliche Renovierung. Aus dieser Zeit stammt auch die üppige Ausstattung im Innern. Ein besonde-

res Highlight ist der vergoldete Altaraufsatz, in dem früher Reliquien des hl. Antiochus aufbewahrt wurden. Ursprünglich befand er sich auf der Isola di Sant'Antioco, wurde aber im 17. Jh. zum Schutz vor Piratenüberfällen nach Iglesias verfrachtet. Und obwohl die Kirchenleute im 19. Jh. gezwungen wurden, die Reliquien wieder an die Kathedrale von Sant'Antioco zu überstellen, schafften sie es, irgendwie den Altar zu behalten. Gegenüber dem Duomo, auf der anderen Seite des Platzes, steht der **Bischofspalast**. Und den Westrand der Piazza ziert der elegante, neoklassische **Municipio** (Rathaus). Keines der beiden Gebäude kann besichtigt werden.

Chiesa di San Francesco
KIRCHE

(Piazza San Francesco) Die Via Pullo führt von der Piazza del Municipio zum anmutigen, rosafarbenen Trachytbau der Chiesa di San Francesco, die in katalanischer Gotik errichtet wurde. Rund 200 Jahre – von 1300 bis

Iglesias

1500 – wurde am Gotteshaus gebaut. Den einschiffigen Kirchenraum säumen zwischen den Pfeilern eingerichtete Kapellen.

Chiesa di Santa Maria delle Grazie   KIRCHE
(Piazza Manzoni) Die nahe gelegene Chiesa di Santa Maria delle Grazie ist hundert Jahre älter als die Chiesa di San Francesco. Ihre aus dem 13. Jh. erhaltene Fassade krönt ein pinkfarbener, barocker Glockenreiter aus dem 17./18. Jh.

Castello Salvaterra   BURG
(Via Montartai) Unweit der Piazza Quintino Sella führen ungepflegte und mit Abfall übersäte Stufen hinauf zu einem gedrungenen, viereckigen Turm. Er ist der einzige Überrest von Ugolinos ehemals mächtiger, pisanischer Festung Castello Salvaterra. Einen Eindruck von der mauerbewehrten Stadt vermittelt etwas weiter die Via Campidano, wo ein Stück der im 14. Jh. von den Spaniern im nordwestlichen Bereich errichteten Stadtmauer komplett mit Türmen erhalten blieb.

Archivio Stòrico   HISTORISCHE STÄTTE
(☎078 12 48 50; Via delle Carceri; ⏱Mo–Fr 9–13 & 15.45–18.15 Uhr) Im städtischen Geschichtsarchiv Archivio Stòrico werden Schriften zur Geschichte aufbewahrt. Interessant ist der Breve di Villa di Chiesa von 1327 mit den Statuten der mittelalterlichen Stadt.

GRATIS **Museo dell'Arte Mineraria**   MUSEUM
(☎0781 35 00 37; www.museoartemineraria.it; Via Roma 47; ⏱Juli–Sept. Fr–So 17–21 Uhr, Sommer Sa & So 18–20 Uhr, Winter nach Voranmeldung) Gleich außerhalb des *centro storico*, an der Hauptstraße Richtung Innenstadt, steht das wichtigste Museum von Iglesias. Es ist der Bergbauvergangenheit der Stadt gewidmet und zeigt rund 70 verschiedene Fördergeräte, außerdem Werkzeuge und einige Schwarzweißfotos, die zum Nachdenken anregen. Wer sich einen realistischen Eindruck von den klaustrophobischen Bedingungen machen will, unter denen die Kumpel arbeiten mussten, kann in einen der restaurierten Stollen hinabsteigen. Die Schächte wurden einst von Bergwerkslehrlingen gegraben und als Trainingsgelände für Bergleute genutzt; im Zweiten Weltkrieg dienten sie als Luftschutzbunker. Im Obergeschoss ist eine Sammlung von rund 8000 sorgfältig beschrifteten Versteinerungen und Mineralien aus Sardinien und der ganzen Welt zu sehen.

Chiesa di Nostra Signora del Buon Cammino   KIRCHE
Eine weiße Kirche krönt den hohen Hügel im Nordwesten des Zentrums, von dem aus sich schöne Blicke über Iglesias eröffnen.

Chiesa di Nostra Signora di Valverde   KIRCHE
(Viale Fra Ignazio) Eine weitere historische Kirche befindet sich im gegenüberliegenden Teil der Stadt, von der Piazza Quintino Sella aus läuft man eine Viertelstunde dorthin. Von ihrer ursprünglichen Architektur aus dem 13. Jh. ist nur noch die elegante Fassade mit zwei Reihen von Blendbögen im pisanischen Stil (ähnlich wie am Dom) erhalten geblieben.

✦ Feste & Events

Settimana Santa   OSTERFESTLICHKEITEN
(www.prolocoiglesias.it/settimanasanta.htm, auf Italienisch) Die Woche vor Ostern ist die beste Zeit für einen Besuch in Iglesias. In dieser Festwoche feiert die Stadt ihre spanischen Wurzeln und kirchlichen Traditionen mit einer Reihe düsterer und sehr eindrucksvoller religiöser Prozessionen. Zwischen Dienstag und Karfreitag tragen mit Kapuzen vermummte Mitglieder religiöser Bruderschaften Kerzen, Kruzifixe, Statuen der Jungfrau Maria und Christusfiguren durch die Stadt, begleitet vom langsamen, dumpfen Schlag der Trommeln.

Estate Medioevale
Iglesiente
SOMMERFESTIVAL

(www.mediatecaiglesias.it, auf Italienisch; "Feste e manifestazioni" anklicken) Iglesias' sommerliches Mittelalterfestival besteht aus verschiedenen Veranstaltungen mit kostümierten und Fahnen schwenkenden Darstellern. Zu den Höhepunkten zählen ein zweitägiger Wettbewerb im Armbrustschießen und ein großer Umzug in mittelalterlichen Gewändern (13. August).

✖ Essen & Trinken

⌂ Pintadera
OSTERIA €€

(☎0781 251 864; Viua Mannu 22–24; Menü 35–40 €; ☸tgl.) Das Essen in der gastfreundlichen, familiären Osteria Pintadera im *centro storico* ist ein besonderes Erlebnis. Kulinarischer Schwerpunkt in dem von Mutter und Sohn geführten Lokal sind die exzellenten Fleischgerichte, angefangen von Pasta mit Wurst bis hin zu Ziege, Hammel oder Rind.

Gazebo Medioevale
TRATTORIA €€

(☎078 13 08 71; Via Musio 21; Mittagsmenü von der Tageskarte 13 €, Hauptgerichte um 25 €; ☸Mo–Sa) Super Preise und leckeres Fleisch vom Grill – keine schlechte Kombination. Dazu kommen eine ansprechende Inneneinrichtung mit Backsteinwänden voller sardischer Masken und – warum auch immer – einem Didgeridoo sowie eine günstige Lage. Keine Kartenzahlung möglich.

Villa di Chiesa
RESTAURANT €€

(☎078 12 31 24; Piazza del Municipio 8; Tagesmenü 15 €, Hauptgerichte um 25 €; ☸Di–So) Das Lokal mit Tischen auf der Piazza del Municipio (Außenbewirtung nur im Sommer) und der traumhaften hausgemachten Pasta ist schon lange eines der beliebtesten Restaurants in der Stadt. Wichtige Eckpfeiler der Speisekarte sind die fabelhaften *culurgiones*. Hinter dem unaussprechlichen Namen verbergen sich mit Ricotta, Spinat und Safran gefüllte Nudelteigtaschen. Außerdem gibt's *sebadas* (leichtes, mit Käse gefülltes und mit Honig überzogenes Gebäck) und abends auch Pizza.

Caffè Lamarmora
CAFÉ €

(Piazza Lamarmora 6; ☸6–13 & 15–21.30 Uhr) In diesem aus dem *centro storico* nicht mehr wegzudenkenden Café wird köstlicher starker Kaffee gekocht. Es ist nicht schwer zu finden – einfach nach dem hohen, mit Werbeschildern im Stil der 1930er-Jahre versehenen Gebäude Ausschau halten. Seltsamer-

weise macht es aber um die Mittagszeit zu, was, betriebswirtschaftlich betrachtet, nicht besonders clever ist.

ⓘ Praktische Informationen

Banco Nazionale del Lavoro (Via Roma 29) Geldautomat.

Hauptpostamt (Via Mercato Vecchio; ☸Mo–Sa 8–13.15 Uhr)

Libreria Mondadori (☎0781 2 37 77; Piazza La Marmora; ☸9–13 & 17–20.15 Uhr) Der kleine Buchladen verkauft Landkarten und Reiseführer.

Touristeninformation (☎0781 25 25 39; Via Verdi 2; ☸Mo–Fr 10–13 & 18–20 Uhr) Das hilfsbereite Personal spricht mehrere Sprache und stellt tonnenweise Werbematerial zur Verfügung.

ⓘ An- & Weiterreise
Auto & Motorrad

Die Anfahrt über die vierspurige SS130 von Cagliari geht schnell (weniger als 1 Std.). Auf den anderen Straßen dauert die Fahrt nach Iglesias um einiges länger. Von Süden her trifft die Küstenstraße SS195 von Cagliari kommend auf die SS126 von Isola di Sant'Antioco, die dann via Carbonia nach Iglesias führt. Von Norden her kommt die SS126. Sie verläuft südlich der Provinz Oristano bis Guspini und dann durch die Berge via Arbus und Fluminimaggiore.

Bus

Die Ankunfts- und Abfahrtshaltestelle aller Intercitybusse befindet sich an den Giardini Pubblici, auf der Seite der Via Oristano. Fahrplanauskunft und Fahrkarten gibt's in der **Bar Giardini** (Via Oristano 8; ☸Mo–Sa 5.30–14.30 & 15.30–21 Uhr) auf der anderen Straßenseite. Es fahren Busse nach Cagliari (4,50 €, 1–1½ Std., 2-mal tgl.), Carbonia (2 €, 45 Min., 8-mal tgl.) und Funtanamare (1 €, 20 Min., 11-mal tgl.).

Zug

Bis zu 14 Trenitalia-Züge verkehren täglich zwischen Iglesias und Cagliari (3,85 €, 1 Std.).

RUND UM IGLESIAS

Die Bergwerke von Monteponi

Wer sich ein wenig für die industrielle Vergangenheit von Iglesias interessiert, wird von dem gewaltigen Bergwerkszentrum Monteponi fasziniert sein. In dem ausgedehnten, stillgelegten Areal, 2 km westlich von Iglesias, schlug das schwarze Herz der Bergbauindustrie im Iglesiente – eine Region, die zu den wichtigsten Blei-, Zink- und Silberabbaugebieten Sardiniens zählte. Die Arbeit in den Minen begann erstmalig im Jahr 1324 und wurde danach mehrmals unterbrochen und wieder aufgenommen, bis 1992 der gesamte Betrieb auf die andere Talseite nach Campo Pisano verlegt wurde.

Heute haben Besucher die Möglichkeit, sich die Galleria Villamarina anzuschauen – ein Tunnel, der 1852 gegraben wurde, um die beiden wichtigsten Gruben der Zeche miteinander zu verbinden. Wer an einer Führung teilnehmen möchte, wendet sich an die **Kooperative IGEA** (✆0781 49 13 00; Erw./ unter 12 Jahren 8/4,50 €; ☺Mo–Fr 8.30–17 Uhr).

Besucher ohne fahrbaren Untersatz können einen Stadtbus der Linea B nehmen, der achtmal täglich von der Via Oristano in Iglesias abfährt (0,70 €, 20 Min.).

Grotta di Santa Barbara

Ein paar Kilometer weiter auf der Straße nach Carbonia liegen die stillgelegten Blei- und Zinkminen San Giovanni. In den 1950er-Jahren wurde hier bei Routinegrabungen die **Grotta di Santa Barbara** (✆0781 49 13 00; Erw./erm. 12/6 €; ☺Mo–Fr 8.30–17 Uhr) freigelegt, eine bis dahin unbekannte Tropfsteinhöhle. Dunkelbraune Kristalle und weißer Kalzit bedecken die Wände des riesigen Gewölbes; Stalaktiten und Stalagmiten vermitteln den Eindruck eines gespenstischen unterirdischen Waldes. Die Besichtigung ist nur nach Voranmeldung möglich.

Funtanamare

Der Strand, der Iglesias am nächsten liegt, befindet sich bei Funtanamare (auch Fontanamare geschrieben). Der lange goldene Sandstreifen vor einer Kulisse aus Dünen und fruchtbarem Ackerland ist ungeheuer beliebt. Dass er trotzdem nur selten überfüllt ist, hat er seinen Ausmaßen zu verdanken. Starke Winde machen ihn zu einem Surferparadies, besonders wenn der *maestrale* (Nordwestwind) bläst.

Von Iglesias fahren bis zu elf Busse täglich zum Strand hinab (1 €, 20 Min.), und Autofahrern stehen zahlreiche Parkplätze zur Verfügung. Weitere fünf Busse fahren zu einer Stelle namens **Plage Mesu**, weiter südlich am gleichen Strand.

Domusnovas

Die unscheinbare Ortschaft Domusnovas, nur knapp 10 km östlich von Iglesias an der SS130 Richtung Cagliari, liegt mitten in einem der aufregendsten Klettergebiete Sardiniens. Die Landschaft ringsum hat jede Menge Kalksteinfelsen, -klippen und -höhlen zu bieten, von denen viele ideal für den Klettersport geeignet sind. Ungefähr 440 Routen warten sowohl auf Anfänger als auch auf fortgeschrittene Bergsteiger – von leichten Kletterwänden bis zu Respekt einflößenden Überhängen mit Schwierigkeitsgrad 7c. Experten zufolge sind die Klima- und Felsbedingungen zwischen Herbstanfang und Frühlingsende am besten. Ausführliche technische Informationen finden sich unter www.climb-europe.com/sardinia und www.sardiniaclimb.com.

Die 4 km nördlich von Domusnovas gelegene, an der Hauptstraße ausgeschilderte **Grotta di San Giovanni** (☺9–21 Uhr beleuchtet) lohnt unbedingt einen Abstecher. Die 850 m lange Grotte wurde erst vor rund zehn Jahren für Fahrzeuge geschlossen – bis 2000 konnte man tatsächlich einfach mit dem Auto durchfahren. Falls der Magen hungrig knurrt oder die Kehle trocken ist: Beim Parkplatz am Eingang gibt es ein Restaurant mit Bar.

Zwischen Iglesias und Domusnovas verkehren täglich acht Busse (1 €, 15 Min.).

DAS IGLESIENTE

Die Gebirgslandschaft nördlich und westlich von Iglesias ist wunderschön und wirkt fast schon etwas gespenstisch. Üppiges Buschwerk hüllt die stillen Hänge in ein grünes Daunenbett, und verwaiste Häuser erinnern eindrucksvoll an die florierenden Bergbaugemeinden, die hier einst das Bild prägten. Von der dramatischen Steilküste eröffnen sich herrliche Blicke aufs Meer.

Alle Städte in dieser Region standen in irgendeiner Beziehung zum Bergbau. Führungen durch die alten Stollen veranstaltet die **Kooperative IGEA** (✆0781 49 13 00; www. igeaminiere.it, auf Italienisch). Der sardische Anbieter hat es sich zur Aufgabe gemacht, das Interesse an der Geschichte der Region aufrechtzuerhalten, indem er Besucher an Orte führt, die sonst in Vergessenheit geraten wären. Im Juli und August bekommen auch unangemeldete Gäste manchmal die Chance, an einer Führung teilzunehmen. Eine

Reservierung ist aber auf jeden Fall ratsam, da die Anreise zu den Orten unglaublich zeitraubend ist.

Die Küste

NEBIDA

Spektakuläre Ausblicke eröffnen sich, wenn man von Funtanamare die Küstenstraße SP83 nach Norden nimmt. In halsbrecherischen Berg- und Talkurven erreicht die Strecke nach 5,5 km das kleine, ziemlich triste Dorf Nebida. Die ehemalige Bergarbeitersiedlung erstreckt sich hoch über dem Meer entlang der Küstenstraße. Hauptgrund für einen Stopp hier ist die atemberaubende Aussicht vom **Belvedere**, einem Panorama-Ausblick, der über einen umzäunten Spazierpfad entlang der Klippe zu erreichen ist. Die Küstenlandschaft wird von dem 133 m hohen **Scoglio Pan di Zucchero** (Zuckerbrotklippe) dominiert, dem größten der *faraglioni* (Meeresfelsen), die vor der majestätischen Kulisse der schroffen Steilküste aus dem glasklaren blauen Wasser emporragen. Unterhalb davon liegt die **Laveria Lamarmora**, die leere Hülle eines Gebäudes, in dem einst, als Nebida noch eine Berbausiedlung war, Mineralien gewaschen und gesiebt wurden. Von der Hauptstraße aus windet sich ein Pfad zu dem Waschhaus hin. Rund 500 m weiter nördlich zweigt eine kleine Straße zur **Portu Banda** ab, wo es einen kleinen Kieselsteinstrand gibt.

Wer das Meer näher erkunden möchte, kontaktiert **Marco Salerni** (☏ 329 792 00 93). Der Veranstalter organisiert von Nebida aus Tauchtrips für 25 € pro Person, Ausrüstungsleihgebühr nicht inklusive.

Die Regionalbusse, die zwischen Iglesias und Masua verkehren, halten in Nebida (1,50 €, 30 Min., 11-mal tgl.).

MASUA

Ein paar Kilometer weiter nördlich liegt Masua, ebenfalls ein ehemaliges Bergbauzentrum. Von oben betrachtet, erscheint der Ort alles andere als einladend, aber völlig uninteressant ist er nicht.

Auf dem Weg in die Ortschaft hinab führt die Straße an einem verlassenen Minenkomplex vorbei zu einem Strand, der zwar nicht der beste Sardiniens ist, aber mit seiner umwerfenden Aussicht auf den Scoglio Pan di Zucchero durchaus etwas hat.

Das Highlight in Masua ist allerdings der einzigartige Bergbauhafen. Bis in die 1920er-Jahre hinein wurde das meiste im Iglesiente geförderte Erz auf einfache Segelschiffe verladen, die an die Strände gezogen wurden. Anschließend segelten die Boote nach Carloforte (auf der vorgelagerten Isola di San Pietro), wo die Ladung auf Frachtschiffe verteilt wurde. Diese Verladepraxis fand ein Ende, als 1924 zwei 600 m lange Tunnel in die Felshänge bei Masua gegraben wurden. Durch den tiefer gelegenen Schacht wurden Zink und Blei über ein Förderband aus den unterirdischen Lagerstätten ans Tageslicht gebracht und mit Hilfe eines genialen mobilen „Arms" schnurstracks in die unten vor Anker liegenden Schiffe transportiert. Durch den oberen Tunnel wurden die Erze in die unterirdischen Depots verfrachtet. Eine Führung des Veranstalters **Porto Flavia** (☏ 0781 49 13 00; Erw./Kind 8/4,50 €; ☉ Aug. 9, 10.30 & 12 Uhr, sonst nur nach Absprache) dauert ungefähr eine Stunde. Um den Eingang zu finden, geht man am besten erstmal hinunter zum Strand. Von dort führt eine Straße wieder zurück nach oben und anschließend ungefähr 2,5 km um die Küste herum.

Dieselbe Straße führt auch zu einer schattigen Aussichtsplattform mit Blick über den Scoglio Pan di Zucchero.

CALA DOMESTICA

Hinter Masua steigt die Straße rapide an und windet sich in Haarnadelkurven um den Monte Guardianu nach Buggerru. Strandfans sollten 5 km vor Buggerru dem Wegweiser nach Cala Domestica folgen. Die Straße endet unten an einem Parkplatz; gleich daneben in einer Bucht befindet sich zwischen schroffen Klippen ein Sandstrand. Das Wasser hier ist herrlich blau, und manchmal gibt es auch eine ordentliche Brandung. Über einen felsigen Pfad rechts vom Strand gelangt man zu einem kleineren, der Brandung weniger ausgesetzten Nebenstrand.

Es gibt einen Parkplatz, auf dem im Sommer rund 4 € pro Tag verlangt werden (das restliche Jahr über ist er meist kostenlos, weil dann kaum jemand herkommt). Eine Snackbar hinter dem Strand sorgt für das leibliche Wohl.

BUGGERRU & PORTIXEDDU
1120 EW.

Der angesagte Ferienort Buggerru mit seinem kleinen Hafen und vielen Ferienapartments ist das größte Dorf an diesem Küstenabschnitt. Es liegt eingebettet zwischen den natürlichen Felswänden eines tiefen Tals. Buggerru wurde 1860 gegründet und entwickelte sich zu Beginn des 20. Jhs. zu einer wichtigen Bergarbeiterstadt mit 12 000 Einwohnern. Lange Zeit war die Ortschaft nur auf dem Seeweg erreichbar. Diese Tatsache zwang die Einwohner schon früh, in vielen Bereichen für sich selbst zu sorgen – Buggerru besaß bereits vor Cagliari und Sassari eine eigene Stromversorgung, außerdem ein Krankenhaus, eine gemeinnützige Versicherungsgesellschaft und ein kleines Theater. Trotzdem waren die Bedingungen für die Kumpel hier nicht gerade paradiesisch. 1904 legten sie die Werkzeuge nieder und streikten – es war der erste in Sardinien jemals verzeichnete Streik.

Informationen zu Stadt und Umgebung bietet die **Touristeninformation** (📞0781 5 40 93; ◷10–12 & 18–20 Uhr) an der Küstenstraße SP83.

Wer nicht nur der Lieblingsbeschäftigung der hiesigen Surfer nachgehen will und am Strand abhängen möchte, kann bei der **Società Mormora** (📞328 883 33 40) unten am Porto Turistico (Touristen-Hafen) ein Boot mieten und die ehemaligen Minen von Buggerru, die **Galleria Henry** (📞0781 49 13 00; Erw./erm. 8/4,50 €; ◷Aug. 9, 10.30, 12, 14, 15.30, 16.30 & 17.30 Uhr, sonst nur nach Absprache), im Rahmen einer Führung besuchen. Was diese einstündige Tour zu einem besonders beeindruckenden Erlebnis macht, sind die Ausblicke vom Rand der Felsklippen hinab aufs Meer.

Eine fantastische Adresse ist **L'Ancora** (📞0781 54 903; Menü 25–30 €; ◷Mi Ruhetag, Juli & Aug tgl. geöffnet). Die kleine Trattoria hat sich auf Fisch und Meeresfrüchte spezialisiert, die ganz einfach, aber mit großem Effekt zubereitet werden. Unübertroffen ist beispielsweise Fisch *alla Vernaccia,* der mit dem lokalen Dessertwein gebacken wird. Von der kleinen Terrasse, die sich vor dem Lokal befindet genießen die Gäste in der warmen Jahreszeit einen herrlichen Blick aufs Meer. Im Winter geht es im Gastraum der Trattoria sehr gemütlich zu.

Hinter Buggerru klammert sich die Straße ein paar Kilometer hoch oben an die Kante der Steilküste, um schließlich die langen, sandigen Abschnitte der **Spiaggia Portixeddu** zu erreichen, einem der schönsten Strände in dieser Ecke. Er erstreckt sich über 3 km an der Küste bis zum Rio Mannu, dem Fluss, der das Ende der Küste des Iglesiente markiert.

FLUMINIMAGGIORE
3050 EW.

Ein malerischer, aber schwindelerregender 26 km langer Abschnitt der SS126 führt in spitzen Kurven von Iglesias nach Fluminimaggiore, einem tristen Städtchen mit zwei Museen und ein paar einfachen Esslokalen. Längst ist aus der Ortschaft das Leben gewichen, und wie in Orgosolo in Zentralsardinien beklagen die Einwohner den traurigen Zustand auf Wandgemälden überall im Ort. Viele der Bilder werfen einen nostalgischen Blick auf das goldene Minenzeitalter.

Die Kleinstadt selbst ist kaum von Interesse, doch in ihrer Nachbarschaft liegen die eindrucksvolle Grotta de Su Mannau und der römische Tempio di Antas.

Bis zu zehn Busse am Tag verbinden Iglesias mit Fluminimaggiore (2 €, 45 Min.). Wer die beiden folgenden Stätten besuchen möchte, bittet den Busfahrer, an der Hauptstraße zu halten. Die restlichen 2 km müssen dann zu Fuß zurückgelegt werden.

Grotta di Su Mannau   HÖHLE

(📞0781 58 04 11; www.sumannau.it; Erw./erm. 8/4,50 €; ◷Ostern–Okt. 9.30–18 Uhr, ansonsten Reservierung erforderlich) Ein paar Kilometer südlich der Stadt und bereits an der SS126 ausgeschildert, befindet sich die Grotta di Su Mannau. Es ist die größte bislang entdeckte Höhle dieser Art im Iglesiente. Bei der Standardtour geht es 50 Minuten lang zu Fuß vorbei an einem kleinen Teil der Höhlenhighlights. Sie führt durch mehrere Gewölbe mit Höhlenseen und den sogenannten Archäologischen Saal. Ausgrabungen dort haben ergeben, dass er einst als Tempel für Wasserzeremonien diente. Die Führung endet am Pozzo Rodriguez (Rodriguez-Brunnen), wo eine beeindruckende, 8 m hohe Säule steht. Es handelt sich um einen Stalaktiten und einen Stalagmiten, die „zusammengewachsen" sind.

Es werden aber auch aufregendere Exkursionen angeboten, an denen auch unerfahrene „Höhlenforscher" teilnehmen können. Sie bieten die Möglichkeit, spektakuläre Gewölbe wie den Weißen Saal oder das bunt schillernde Wasser des Pensile-Sees zu besichtigen. Wer sich einer sechs- bis achtstündigen Tour anschließt, wird mit dem Juwel der Grotta di Su Mannau belohnt, dem Jungfrauen-Saal, wo fantastische Aragoniten und große, schneeweiße Hänge aus verhärtetem Kalzium zu bewundern sind. Diese Exkursion ist die schwierigste, und Teilnehmer müssen einen Neoprenanzug anlegen, um durch die verschiedenen Engpässe und Röhren zu schlüpfen.

Die Touren müssen im Voraus beim Höhlenbüro organisiert werden. Die Kosten richten sich nach der Exkursionsdauer und der Teilnehmerzahl.

Tempio di Antas TEMPEL

(☎0781 58 09 90; www.startuno.it; Erw./erm. 3/2 €; ☉Sommer tgl. 9.30–18.30 Uhr, Winter Fr, Sa & So 9.30–15 Uhr) Seit dem 3. Jh. steht der sandfarbene Tempio di Antas in idyllischer Einsamkeit an einem hübschen, bewaldeten Fleckchen, 9 km südlich von Fluminimaggiore. Kaiser Caracalla ließ ihn an Stelle eines punischen Heiligtums errichten, das aus dem 6. Jh. v. Chr. stammte und das wiederum eine ältere nuraghen-Siedlung ersetzte. Der römische Tempel war Sardus Pater geweiht. Diese sardische Gottheit wurde von der nuraghischen Bevölkerung als "Babai" und von den Puniern als „Sid" – Gott der Krieger und Jäger – verehrt.

Nachdem der Tempel jahrhundertelang dem Verfall überlassen wurde, ließ man ihn zwischen 1967 und 1976 umfangreich restaurieren. Besonders bemerkenswert sind die alten ionischen Säulen, die ausgegraben und wieder aufgestellt wurden. Zu Füßen dieser Säulen sind noch Überreste des karthagischen Vorgängertempels zu erkennen, den die Römer dem Erdboden gleichmachten, um ihre eigene Version zu errichten.

Zwischen dem Ticketbüro und dem Tempel führt ein schmaler, als *sentiero romano* (römischer Weg) ausgeschilderter Pfad in rund fünf Minuten zu den spärlichen Überresten der ursprünglichen Nuraghen-Siedlung. Auf diesem Pfad soll man angeblich nach weiteren eineinhalb Stunden zur Grotta di Su Mannau kommen, aber das haben wir nicht ausprobiert.

Der Fußmarsch von der Hauptstraße bis zum Tempio di Antas dauert ungefähr eine halbe Stunde.

COSTA VERDE

Die Costa Verde (Grüne Küste), einer der traumhaften, ungezähmten Küstenabschnitte Sardiniens, erstreckt sich vom Capo Pecora nach Norden bis zum kleinen Urlaubsort Torre dei Corsari. Ihr Name stammt von der grünen Macchia (einer mediterranen Buschvegetation), die einen Großteil des bergigen Hinterlands bedeckt. Es ist eine Region von wilder, atemberaubender Schönheit, die mit umwerfenden Stränden gesegnet ist. Die besten lassen sich nur über Schotterpisten erreichen, die mit einem Mietwagen nicht immer ganz leicht zu bewältigen sind. Aber das heißt auch, dass die Strände weitestgehend frei von störender Bebauung sind. Die Strände der Costa Verde zählen zu den natürlichsten und unberührtesten auf ganz Sardinien.

Es gibt keine Straße, die der Costa Verde auf gesamter Länge folgt. Reisende, die von Portixeddu nach Norden fahren wollen (wer die Highlights dieser Gegend sehen will, sollte dies unbedingt tun), müssen zunächst auf der SS126 landeinwärts Richtung Arbus und Guspini fahren.

Villacidro

14 600 EW.

Etwa 9 km südöstlich des Dorfes Arbus führt eine kleine Straße zur Ortschaft Gonnosfanadiga, deren Name aus einem Werk von J.R.R. Tolkien stammen könnte. Rund 6 km weiter ist auf der SS196 die erste von zwei Abzweigungen nach Villacidro erreicht. Die kleine, ländliche Stadt ist für ihren mit Safran angesetzten Likör bekannt. Auf der kurvenreichen Landstraße weist ein Schild rund 2,5 km vor Villacidro zum Wasserfall **Cascata Su Spendula,** der von imposanten Felswänden und üppigem Baumwuchs eingerahmt wird.

Arbus

6780 EW.

Der Ort Arbus, der sich an die Ausläufer des Monte Linas schmiegt, besitzt eines der originellsten Museen Sardiniens. Sein **Museo del Coltello Sardo** (☎070 975 92 20; www. museodelcoltello.it; Via Roma 15; Eintritt frei; ☉Mo–Fr 9–12 & 16–20 Uhr) in der steinernen Altstadt unweit der zentralen Piazza Mercato widmet sich der uralten sardischen Kunst der Messerherstellung. Gegründet hat das Museum Paolo Pusceddu, dessen *s'arburesi* (Messer aus Arbus; s. Kasten S. 115) zu den hochwertigsten der sardischen Messer gehören. Im Untergeschoss sind Signor Pusced

Fortsetzung auf S. 73

Die Küste

Die schönsten Strände »
Strandregionen »

Traumstrand an der Cala Goloritzè

Die schönsten Strände

Die lokale Überlieferung weiß zu berichten, dass Gott bei seinem ersten Besuch auf der Erde mit seiner Sandale auf eine Insel trat und – presto, presto! – Sardinien schuf. Was auch immer ihre Ursprünge sind – den Stränden auf dieser Insel mangelt es nicht an Überirdischem. Zerklüftet oder sanft, Sand oder Kies, goldfarben oder weiß: Sardinien hat für jede Stimmung und jeden Moment den passenden Strand.

Spiaggia della Pelosa

1 Die Spiaggia della Pelosa (S. 133) sehen und sterben! Den schneeweißen Streifen feinen Sands rahmt tiefblaues Meer ein, aus dem ein Felsinselchen mit einem spanischen Wachturm ragt. Nichts wie rein ins Wasser!

Chia

2 Windsurfer, Dünenwanderer und Vogelbeobachter, die hier im Winter nach Flamingos Ausschau halten, schwärmen von Chia (S. 83), ein wahres Postkartenidyll.

Cala Brandinchi

3 Die Beschreibung in den Werbebroschüren als „Klein-Tahiti" hält jeder für übertrieben, bis er das kristallklare, türkisblaue Meer und den puderigen Sand der Cala Brandinchi (S. 154) mit eigenen Augen sieht.

Cala Goloritzè

4 Kein Loblied auf die schroffen Kalkzinnen, den leuchtend-weißen Sand und das Meer in der Farbe von Blue Curacao wird der Cala Goloritzè (S. 216) gerecht!

Spiaggia della Piscinas

5 Die magischste Zeit für einen Barfuß-Spaziergang über die 30 m hohen Dünen hinter der weiten Spiaggia della Piscinas (S. 73) ist der Sonnenuntergang.

Im Uhrzeigersinn von links oben
1. Die Spiaggia della Pelosa **2.** Bucht in Chia **3.** Die Cala Brandinchi **4.** Türkisfarbenes Wasser, Cala Goloritzè

DALLAS STRIBLEY / LONELY PLANET IMAGES ©

LUCA PICCIAU / CUBOIMAGES SRL / ALAMY ©

Strandregionen

Wo immer der Kompass in Sardinien hinweist – überall stößt man auf fantastische Strände. Wo also das Quartier aufschlagen? Hier einige der besten Strandregionen: im Osten, wo immer etwas los ist, im windumtosten Westen, im noblen Norden und im sandigen Süden.

Cala Gonone

1 Cala Gonone (S. 209) ist der ideale Standort für Touren zu Fuß oder per Boot zu den Buchten, Kalksteinklippen und Grotten des Golfo di Orosei. Kletterer geraten angesichts seiner Klippen in Ekstase, und Familien schätzen die entspannte Atmosphäre.

Costa del Sud

2 Die Costa del Sud (S. 83) steht im Schatten von Sardiniens berühmteren Stränden: Ihre noch wenig beachteten Reize bestehen aus hübschen, von Pinien gerahmten Stränden und hohen Klippen. Windsurfer und Surfer schätzen den Wind und die Wellen.

Costa Smeralda

3 Smaragdgrünes Meer, Granitformationen und perlweiße Strände zeichnen die berühmte Costa Smeralda (S. 157) aus. Das Vergnügen muss nicht teuer sein, denn jenseits von Porto Cervo warten weniger bekannte Buchten.

Costa Verde

4 Eine Vorstellung von Sardinien vor der touristischen Erschließung bietet die Costa Verde (S. 73), zu der nur Staubstraßen führen. Ihre atemberaubend schönen Strände säumen riesige Dünen und dichte Macchia.

Alghero

5 Von der mittelalterlichen Stadt Alghero (S. 114) schwingt sich die Straße nach Norden zu einer Reihe von piniengesäumten Stränden, zu Felsenbuchten und dem dramatischen Capo Caccia. An Sardiniens nordwestlichstem Punkt stoßen die Besucher auf den Traumstrand Spiaggia della Pelosa und die noch ursprüngliche Isola Asinara.

Rechts
1. Strand an der Cala Gonone **2.** Blaue Costa del Sud

dus historische Messersammlung und einige seiner gelungensten Stücke zu bewundern.

Das am gegenüberliegenden Ende von Arbus befindliche **Ristorante Sa Lolla** (070 975 40 04; Via Libertà 225; Hauptmahlzeiten rund 25 €; Do–Di) genießt bei den Einheimischen einen guten Ruf. Gäste müssen es nur irgendwie schaffen, die Gartenzwerge auf den Tischen zu ignorieren, denn die Küche zaubert köstliche Lammgerichte und üppige Portionen dampfender Pasta auf den Tisch.

Arbus ist mit ARST-Bussen von Cagliari zu erreichen (4,50 €, 2 Std., Mo–Sa tgl. 6-mal, So 2-mal). Die Fahrt dauert aber verhältnismäßig lang.

Montevecchio

Umringt von bewaldeten Hügeln und Granitfelsen liegt die **Miniere di Montevecchio**. Das von der Unesco als Kulturerbe gelistete Bergwerk war früher die wichtigste Zink- und Bleimine Sardiniens. Die riesige, inzwischen im Verfall begriffene Anlage war bis 1991 in Betrieb. Obwohl die meisten Menschen inzwischen das Weite gesucht haben, gibt es hier noch ein kleines Städtchen mit einer Handvoll Bewohnern.

Die Besichtigung der Minen organisiert entweder die **Kooperative IGEA** (0781

49 13 00; Erw./erm. 6/3 €; Mo–Fr 8.30–17 Uhr) oder die **Kooperative G. Fulgheri** (070 934 60 00; www.coopfulgheri.it, auf Italienisch; Touren 8 €; Sa & So 10 & 11 Uhr), die auch Ausflüge in die dicht bewaldete Landschaft um den **Monte Arcuentu** (785 m) anbietet. Es ist eines der letzten Schutzgebiete des *cervo sardo* (Tyrrhenischer Rothirsch). 6 km außerhalb von Montevecchio und unweit der SP65 erleben Gäste im **Agriturismo Arcuentu** (070 975 81 68; Localita Monte Arcuentu; Menü um 25 €) einen authentischen Bauernhof. Es ist der ideale Ort für ein wahrhaft königliches sardisches Festessen! Für 25 € werden Antipasti, zwei Pastagerichte zur Wahl, zwei Hauptgerichte, Gemüsebeilagen, Obst, Dessert, Kaffee und ein *amaro*, ein bittersüßer, alkoholhaltiger *digestivo,* serviert.

Von Montevecchio schlängelt sich die SP65 durch eine eindrucksvolle grüne Wildnis bis Torre dei Corsari.

Torre dei Corsari

Der nördlichste Punkt der Costa Verde, Torre dei Corsari, ist ein kleiner, aber aufstrebender Ferienort. Mit seinen schmucklosen modernen Gebäuden und der hässlichen Zement-Piazza macht er nicht gerade einen idyllischen Eindruck, aber der Strand ist gut. Der ungefähr 1,5 km lange, breite san-

---

STRÄNDE AN DER COSTA VERDE

Vom Capo Pecora fährt man zurück über Portixeddu und auf der SS126 nach Nordosten bis zur Abzweigung nach **Gennamari**, **Bau** und **Spiaggia Scivu**. Von Nordosten kommend, stehen die Wegweiser 13 km von Arbus entfernt auf der rechten Seite. Die schmale Bergstraße führt in den windgepeitschten, mit mediterraner Macchia bewachsenen, südlichen Höhenzug auf etwa 450 m Meereshöhe. Von oben lässt sich erstmals das Meer sehen. Knapp 5 km vom Strand entfernt ist die Spiaggia Scivu nach links ausgeschildert. Geradeaus geht es zum örtlichen Gefängnis, das sicherlich mit dafür verantwortlich ist, dass Scivu viele Jahre vor einer touristischen Entwicklung verschont blieb.

Am Parkplatz stehen im Sommer ein Kiosk und Süßwasserduschen zur Verfügung. Da der Strand der Sonne stark ausgesetzt ist und es keine Infrastruktur gibt, sollte jeder selbst an einen schattenspendenden Sonnenschirm oder ein Zelt denken. Der Weg zum Strand führt über 70 m hohe Dünen, vor denen sich der schier endlose Strand ausbreitet.

Der zweite berühmte Strand an der Costa Verde ist die **Spiaggia della Piscinas**, 3,7 km nordöstlich der Abzweigung zur Spiaggia Scivu an der SS126; die Ausfahrt führt nach Ingurtosu. Die Anreise ist für sich bereits lohnenswert: Die Straße senkt sich in ein Tal voller verlassener Gebäude, Häuser und Maschinen einer verfallenen Bergbausiedlung aus dem 19. Jh.

Nach 9 km Piste führt die linke Straße an einer Gabelung in Richtung Spiaggia della Piscinas, die nach weiteren 20 Minuten Pistenfahrt erreicht ist. Den breiten Strandstreifen rahmen 30 m hohe Dünen ein: Willkommen in Sardiniens „Wüste". Im Sommer öffnen ein oder zwei Strandbars mit Duschen, Sonnenschirmen und Liegen.

dige Küstenstreifen erstreckt sich zwischen türkisblauem Wasser und hohen Dünen, die in grünes Buschland übergehen. Am Südende des Strandes verwittern die Ruinen des Wachturms, der dem Städtchen seinen Namen gab. Das nördliche Strandende, auch unter dem Namen **Pistis** bekannt, ist mit einem beachtlichen Fußmarsch oder einer 8 km langen Autofahrt über **Sant'Antonio di Santadi** zu erreichen. An beiden Stranddenden gibt es für die Badegäste einen kostenpflichtigen Parkplatz.

Torre dei Corsari ist ein Badeort. Wer im Winter herkommt, wird viele geschlossene Hotels und Restaurants vorfinden.

Selbstversorger finden alles Notwendige im **Supermarkt** (✆070 97 72 45; Piazza Stella Maris; ◷9–13 & 17–20 Uhr) am zentralen Platz, nicht weit vom Wachturm.

Im Juli und August fährt täglich ein ARST-Bus vom Busbahnhof in Oristano nach Torre dei Corsari (4 €, 1½ Std.).

CARBONIA & UMGEBUNG

Südlich von Iglesias entfaltet sich rechts und links der SS126 eine flachere, wenig eindrucksvolle Landschaft, die sich bis zur zweitgrößten Stadt des Südens erstreckt: Carbonia. Der Ort ist ein lebendes Denkmal für die fehlgeschlagenen Ambitionen der Faschisten. Besuchern hat er heute nur wenig zu bieten, abgesehen von zwei bescheidenen Museen und einem für die damalige bombastische Architektur typischen Stadtplatz. Ganz in der Nähe der Ortschaft, am Monte Sirai, lässt sich ein Blick in die Vergangenheit der Insel werfen.

Im Westen liegt Portovesme, Anlegestelle der Fähren zur Isola di San Pietro.

Carbonia

30 300 EW.

Wer sich nicht für faschistische Architektur oder Industriegeschichte begeistern kann, wird wahrscheinlich nicht lang in Carbonia bleiben. Mussolini gründete diese moderne Stadt, die von Anfang an unter keinem guten Stern stand, zwischen 1936 und 1938 zur Unterbringung von Grubenarbeitern aus der benachbarten Kohlenzeche Sirai-Serbariu. Seither waren die Geschicke der Stadt eng mit der Kohle verbunden – nicht umsonst ist ihr Name eine Ableitung der italienischen Bezeichnung für diesen Rohstoff, *car-*

bone –, und die Zechenstilllegungen im Jahr 1972 trafen sie mit voller Härte. Seither hängt die Stadt gewissermaßen in der Luft, kämpft mit einer hohen Arbeitslosigkeit und hält sich dank des Einzelhandels irgendwie über Wasser.

Carbonias Mittelpunkt ist die Piazza Roma, ein typischer Marktplatz im faschistischen Baustil. Dominiert wird er vom robusten **Municipio** und der bleichen **Chiesa di San Ponziano** mit Glockenturm aus dunkelrotem Trachyt, angeblich eine Kopie der Basilika in Aquileia in Norditalien ist.

Einen kurzen Spaziergang entfernt liegt das wichtigste Museum von Carbonia, das **Museo Archeologico Villa Sulcis** (✆0781 66 50 37; Via Napoli 1; Erw./erm. 3/2 €, inkl. Museo di Paleontologia e Speleologia & Monte Siria 5/3 €; ◷Sommer Mi–So 10–20 Uhr, Winter Di–So 9–14 Uhr). Es ist in der ehemaligen Residenz des städtischen Minendirektors untergebracht und beherbergt eine bescheidene Sammlung archäologischer Fundstücke, die überwiegend vom Monte Sirai stammen.

In der Nähe befindet sich das **Museo di Paleontologia e Speleologia** (✆0781 69 10 06; Piazza Garibaldi; Erw./erm. 3/2 €, inkl. Museo Archeologico Villa Sulcis & Monte Siria 5/3 €; ◷Sommer Mi–So 10–20 Uhr, Winter Di–So 9–14 Uhr), das einzige Museum für Höhlenforschung auf Sardinien. Es bietet jede Menge Highlights für Höhlenforscher unter den Besuchern und solche, die es werden wollen. Die Ausstellung umfasst Fossilien, Mineralien und alle möglichen geologischen Kuriositäten, die in verschiedenen Höhlen auf Sardinien gefunden wurden.

Von allgemeinerem Interesse sind die Ruinen der phönizischen Festung am **Monte Sirai** (✆0781 66 50 37; Erw./erm.; inkl. Museo Archeologico Villa Sulcis & Monte Sirai 5/3 €; ◷Sommer Mi–So 10–20 Uhr, Winter Di–So 9–14 Uhr), rund 4 km nordwestlich von Carbonia auf der anderen Seite der SS126. 650 v. Chr. von den Phöniziern aus Sulcis (dem heutigen Sant'Antioco) erbaut, wurde die Anlage ein Jahrhundert später von den Karthagern übernommen. Von der Festung selbst ist nicht mehr viel übrig. Trotzdem lassen sich die Umrisse einer karthagischen Akropolis mit Wehrturm ausmachen. Außerdem gibt es eine Nekropole sowie ein Tofet, eine geheiligte phönizische oder karthagische Begräbnisstätte für Kinder und Babys, zu sehen. Die Aussicht von hier ist umwerfend.

Die Festung ist mit Bussen von Carbonia aus zu erreichen; Abfahrt und Ankunft ist

bei den Portalen an der Via Manno. Fahrkarten werden in der Bar Balia in der Viale
Gramsci Nr. 4 verkauft. Es bestehen Busverbindungen nach Iglesias (2 €, 45 Min., 8-mal
tgl.) und Cagliari (6 €, 1½ Std., 2-mal tgl.)
sowie in zahlreiche Ortschaften der Region.

Portoscuso & Portovesme

5350 EW.

Nähert man sich der Küste, wird die Landschaft nicht gerade schöner. Aus der platten Ebene ragen die Schlote eines riesigen
Kraftwerks in den Himmel. Hinter dem un-
ansehnlichen Bau erstreckt sich aber kein
ausgedehntes, übelriechendes Industriege-
lände, auch wenn es auf den ersten Blick so
aussieht. Sobald die Küste erreicht ist, stellt
man fest, dass sich die Industrieanlagen auf
Portovesme beschränken, einen Ort, der
2 km östlich von Portoscuso liegt. Portoscuso selbst ist ein attraktiver Fischereihafen,
gekrönt von einem Turm aus der Zeit der
Spanier und umgeben von einem Labyrinth
romantischer Gassen. In Portovesme befindet sich der Hauptterminal für die Fähren
zur Isola di San Pietro.

Informationen gibt es bei der hilfreichen **Touristeninformation** (✆0781 50
95 04; Via Vespucci 16; ☺Sommer Mo–Sa 10–
12 & 18–20.30 Uhr, Winter Mo–Fr 18–20.30 Uhr)
von Portoscuso in der Nähe des Hafens.

Im Städtchen selbst kann man nicht viel
mehr unternehmen, als durch die gepflegten Straßen zu spazieren und das relaxte
Ambiente zu genießen. Allerdings gibt's
einen ordentlichen **Sandstrand**, und von
dem bulligen, aus dem 16. Jh. stammenden **Wachturm** (Eintritt frei; ☺Juni–Sept. tgl.
18–20.30 Uhr) eröffnet sich ein toller Ausblick.
Wer aber Anfang Juni herkommt, wird feststellen, dass das Städtchen total kopfsteht.
Dann findet das alljährliche **Sagra del
Tonno** (Thunfischfest) statt, bei dem sich
Einheimische und Besucher über Thun-
fischgerichte hermachen. Portoscuso ist
einer der wenigen Orte auf Sardinien, wo
der Thunfisch noch auf die althergebrachte
und ziemlich blutige Weise gefangen wird.

Wer hungrig ist, geht am besten in die
Ciccittu Pizzeria (✆0781 51 20 01; Via Ame-
rigo Vespucci 6; Pizzas 6 €, Hauptgerichte ca.
20 €; ☺Mi–Mo). Dort kommen diverse Pizzas,
Pasta und Mehresfrüchte auf den Tisch.
Auch der vor Ort gefangene Thunfisch wird
in verschiedensten Antipasti und Hauptgerichten verarbeitet.

Nach Portoscuso und ins benachbarte
Portovesme fahren ARST-Busse von Iglesias
(2 €, 30 Min., stündl.) und Carbonia (1,50 €,
35 Min., 14-mal tgl.). Fahrkarten werden
in den Zeitungskiosken am oberen Ende
der Largo Matteotti verkauft. **Saremar**
(✆0781 50 90 65; www.saremar.it, auf Italienisch) schippert bis zu 15-mal täglich in der
Zeit zwischen 5 und 21.10 Uhr (im Sommer
zusätzlich um 23.10 Uhr) von Portovesme
nach Carloforte (auf der Isola di San Pietro). Die Überfahrt dauert rund 30 Minuten
und kostet 2,60 € pro Person und 9,40 €
pro Pkw. Im Sommer sollte man auf lange
Warteschlangen gefasst sein, da bei vielen
Urlaubern die Insel auf dem Sightseeing-
Programm steht.

Tratalias

Es ist kaum zu glauben, aber das verschlafene Tratalias war früher einmal der religiöse
Mittelpunkt der gesamten Sulcis-Gegend.
Als Sant'Antioco im 13. Jh. aufgegeben
wurde, verlagerte man die Erzdiözese von
Sulcis in dieses Dorf und errichtete die
imposante **Chiesa di Santa Maria** (www.
anticoborgotratalias; Eintritt 1 €; ☺Di–So 9.30–
12 & 14.30–17.30 Uhr). Die eigenartige romanische Kirche überragt die wenigen Überreste
des *antico borgo* (Altstadt). Nachdem in den
1950er-Jahren Wasser aus dem nahe gelegenen Lago di Monte Pranu in den Baugrund
zu sickern begann, verließen die Anwohner
das Viertel und zogen weg.

Tratalias ist am einfachsten mit dem Auto
zu erreichen. Die Altstadt liegt 4 km östlich
abseits der SS195 direkt an der Straße.

Narcao

Die rund 15 km nordöstlich von Tratalias
entfernte Kleinstadt lohnt einen kurzen Abstecher wegen ihrer *murales* (Wandgemälde), die Szenen aus dem Leben in den hiesigen Minen darstellen. Die zweite Attraktion
des Ortes ist das jährliche **Narcao Blues
Festival** (✆800 88 11 88; www.narcaoblues.it,
auf Italienisch), eines von Sardiniens Top-Mu-
sikevents. Es existiert seit 1989 und findet
immer am letzten Juliwochenende statt. Im
Rahmen des Festivalprogramms kann man
Blues-, Funk-, Soul- und Gospelkonzerte von
hervorragenden amerikanischen Künstlern
hören. In den vergangenen Jahren zählten
dazu beispielsweise die gefeierten Blind
Boys of Alabama.

VILLAGGIO MINERARIO ROSAS

Ein Schild weist von der Hauptstraße nach Narcao zum **Villaggio Minerario Rosas**. Die Siedlung ist eine moderne Version der Rosas-Mine, die bis zu ihrer Schließung 1978 ein wichtiger Lieferant für Blei, Kupfer und Zinn war. Der eindrucksvolle Ort ist geprägt von rostigen Bergbaumaschinen und massiven Holzkonstruktionen. Schade, dass das Museum nur selten geöffnet und meist weit und breit niemand zu sehen ist. Besucher sollten sich davon aber nicht abschrecken lassen, denn der Ort liegt wunderbar malerisch und einsam, und man kann um die Häuser oder auf verschwiegenen Pfaden durch die Felshügel wandern.

Necropolis del Montessu

Die **Necropolis del Montessu** (Erw./erm. 5/3 €; Sommer 9–20 Uhr, Winter 9–17 Uhr), eine der größten und namhaftesten archäologischen Stätten Sardiniens, liegt versteckt in einer fruchtbaren Landschaft in der Nähe von Villaperuccio. Die in ein felsiges, natürliches Amphitheater eingebettete Stätte geht auf die Ozieri-Kultur (ungefähr 3000 v. Chr.) zurück. Es gibt hier 35 primitive Gräber, die von den Einheimischen als *domus de janas* (wörtlich „Feenhäuser") bezeichnet werden. Viele scheinen kaum mehr als ein Loch in der Mauer zu sein, aber manche sind mit wunderbaren geschnitzten Reliefs versehen. So lassen sich etwa bei der **Tomba delle Spirali** deutlich ein Spiralrelief und stilisierte Ochsen erkennen.

Der Fußweg vom Ticketschalter zur Hauptstätte ist 500 m lang. Steigt man die Stufen hinauf, die vom Weg abgehen, liegt unmittelbar rechter Hand die **Tomba Santuario**, eine rechteckige Vorhalle, und dahinter drei Öffnungen, die den Blick auf ein halbrundes Grab freigeben. Auf dem Pfad weiter nach rechts gelangt man zu einer Ansammlung von Gräbern und anschließend zur Tomba delle Spirali.

Wer von Villaperuccio hierher fahren möchte, nimmt die Straße nach Narcao und orientiert sich dann an den Wegweisern auf der linken Seite. Es sind ungefähr 2,5 km.

Santadi

Weinliebhaber können in dem lebhaften Landstädtchen Santadi ein paar Kilometer östlich von Villaperuccio lokale Tropfen verkosten. Hier residiert die **Cantina Santadi** (0781 95 01 27; www.cantinadisantadi.it; Via Cagliari 78; nach Absprache), die größte Kellerei Südwestsardiniens. Unter ihren Rotweinen werden der Roccia Rubia und der Grotta Rossa besonders geschätzt. Eine Verkostung lässt sich auch online buchen.

Eine Vorstellung vom ländlichen Leben im frühen 20. Jh. vermittelt das **Museo Etnografico „Sa Domu Antiga"** (078 195 59 55; Via Mazzini 37; Eintritt 2,60 €; Di–So 9–13 & 15–17 Uhr) am Beispiel eines typischen Dorfhauses.

Wie viele andere Kleinstädte zelebriert Santadi seine Traditionen mit viel Hingabe. Am ersten Sonntag im August versammeln sich die Einwohner zur **Matrimonio Maureddino** (Maurenhochzeit), ein Kostüm-Hochzeitsfest mit Volkstänzen, Ess- und Trinkgelagen. Auf dem Höhepunkt der Ereignisse werden die Braut und der Bräutigam auf einem *traccas* (einem von roten Ochsen gezogenen Wagen) zum Hauptplatz kutschiert.

5 km südlich von Santadi liegen die **Grotte Is Zuddas** (0781 95 5741; www.grotteiszuddas.it, auf Italienisch; Erw./Kind 8/5 €; Sommer Mo–Sa 9.30–12 & 14.30–18 Uhr, Winter 12–16 Uhr, So und feiertags 9.30–12 & 14.30–18 Uhr). Auch diese Grotten gehören zum spektakulären Höhlensystem der Insel. Besonders sehenswert sind die Sinterbildungen in der Haupthöhle. Kein Mensch weiß, wie diese seltsam gewundenen Formationen zustande kommen. Eine Theorie besagt, dass die Luftströmungen in der Höhle auf Wassertropfen einwirken, die von Stalaktiten fallen und solche Spiralen entstehen lassen.

DIE INSELN IM SÜDWESTEN

Die beiden vorgelagerten Inseln an der Südwestküste, Isola di Sant'Antioco und Isola di San Pietro, haben völlig unterschiedliche Gesichter. Die größere und besser erschlossenere Isola Sant'Antioco ist nicht sehr touristisch und hat nur wenig von der Schönheit zu bieten, die gemeinhin mit kleinen Mittelmeerinseln verbunden wird. Die Isola di San Pietro liegt eine knappe halbe Bootsstunde entfernt. Mit ihren pastellfarbenen Häusern und bunten Fischerbooten, die übers Wasser tanzen, ist sie weitaus attraktiver.

Isola di San Pietro

Die mit einer eleganten Hauptstadt und malerischen Küstenstreifen gesegnete Isola di San Pietro ist ein extrem begehrtes Sommerferienziel. Die bergige, rund 15 km lange und 11 km breite Trachytinsel wurde nach dem hl. Petrus benannt. Er soll hier angespült worden sein, als er auf dem Weg nach Karalis (das heutige Cagliari) in einen Sturm geraten war. In noch früherer Zeit nannten die Römer die Insel Accipitrum, aufgrund der vielen verschiedenen Falkenarten, die hier zu Hause sind.

Ihren einzigartigen Charakter und ihre unverwechselbare Atmosphäre verdankt die Isola di San Pietro ihren genuesischen Einwohnern, die 1736 aus dem Besitz des tunesischen Bey (Gouverneur) freigekauft wurden. Die Korallenfischer waren im Auftrag der in Genua residierenden Familie Lomellini zur Insel Tabarka geschickt worden, um für sie dort die kostbaren Korallen zu ernten. Aber danach wurden sie ihrem Schicksal überlassen und gerieten in Sklaverei, bis Carlo Emanuele III. ihnen Zuflucht auf San Pietro gewährte. Die Ironie des Schicksals wollte, dass 1798 nordafrikanische Seeräuber auf der Insel auftauchten und sich mit 1000 Gefangenen aus dem Staub machten. Es kostete das Haus von Savoyen fünf lange Jahre, sie danach wieder freizukaufen. Bis heute sprechen die Einwohner von San Pietro *tabarkino*, ein im 16. Jh. üblicher genuesischer Dialekt.

CARLOFORTE
6430 EW.

Carloforte ist der Inbegriff mediterraner Eleganz und eignet sich hervorragend als Einstieg in die Insel. Graziöse Palazzi, gut besuchte Cafés und Palmen säumen die pulsierende Hafenpromenade. An einen grünbewachsenen Hang im Hintergrund schmiegt sich ein Bogen cremefarbener stattlicher Häuser. Echte Sehenswürdigkeiten sind im Ort zwar rar, aber ein entspannter Bummel

durch die entzückenden Pflastersteinstraßen lohnt sich allemal und ist ein hervorragender Auftakt für einen Aperitif am Wasser und ein köstliches Seafoodmahl in einem der tollen Restaurants der Stadt.

◉ Sehenswertes & Aktivitäten

Abgesehen von einem Museum und dem netten Unterhaltungsangebot in der Stadt sind die Freizeitmöglichkeiten von San Pietro eher draußen auf dem Meer oder entlang der Inselküste zu finden.

Museo Civico MUSEUM

(📞0781 85 58 80; Via Cisterna del Re; Erw./erm. 2/1 €; ⏱Di & Sa 9–13, Mi 10–13 & 15–18, Do & Fr 15–19, So 10–13 Uhr) Das bescheidene **Museo Civico** residiert hoch über dem Meer in einer kleinen Festung aus dem 18. Jh., die zu den ersten Steingebäuden auf der Insel zählte. Interessant ist der Ausstellungsraum, der der traditionellen Thunfischindustrie der Insel gewidmet ist. Weitere Exponate drehen sich um das Thema Boote und den Fischfang im Allgemeinen, dazu kommt eine kleine sehenswerte Sammlung an Muscheln aus dem Mittelmeer.

Carloforte Sail Charter SEGELN

(📞347 273 32 68; www.carlofortesailcharter. it, auf Italienisch; Via Danero 52) Wer segeln möchte, findet hier eine Vielzahl von Booten, die mit oder ohne Skipper gechartert werden können. Der Preis liegt bei etwa 1500 € pro Woche.

Isla Diving TAUCHEN

(📞0781 85 56 34; Viale dei Cantieri; Tauchgänge ab 65 €) Eines der vielen Tauchzentren an der Uferpromenade von Carloforte.

Carloforte Tonnare Diving Center TAUCHEN

(📞349 690 49 69; www.tonnaradive.it; Località La Punta; Tauchgänge ab 65 €) Unter anderem werden hier Tauchgänge zu Thunfischschulen angeboten.

☞ Geführte Touren

Cartur Dea BOOT

(📞0781 85 43 31; Molo Tagliafico; 20 € pro Pers.) Cartur Dea ist eines von mehreren Unternehmen, die Bootstouren zu den Küstenfelsen, Grotten und Klippen rund um die Insel anbieten. Sitz der Firma ist ein Kiosk am *lungomare* (Uferpromenade).

✷ Feste & Events

Girotonno TRADITIONELLE KULTUR

(www.girotonno.org) Das viertägige Fest Ende Mai/Anfang Juni ist die wichtigste Veranstaltung des Jahres auf der Insel. Es ist der *mattanza* (s. Kasten unten), dem traditionellen Thunfischfang, gewidmet. Kochwettbewerbe, Verkostungen, Workshops, Konzerte und verschiedene Veranstaltungen rund um das Thema Meer unterhalten die Besucher. Seit 2008 findet parallel dazu das **Buskers Festival** (dieselbe Webseite) statt, bei dem Straßenkonzerte gegeben werden.

Creuza de Má   MUSIK & FILM
(www.festivalcarloforte.org) Musik prägt auch dieses dreitägige Festival im Juli zum Thema Filmmusik. Über Details informiert die Tourismusinformation.

✕ Essen
Thunfisch ist der König der *tabarkina*-Küche, wie die inseltypische Zubereitungsart genannt wird. Zwar steht er das ganze Jahr über auf der Speisekarte, erhältlich ist er aber nur zwischen Mai und August/September. Köstlich schmecken auch *cuscus* (eine Variante des nordafrikanischen Couscous), *zuppa di pesce* (Fischsuppe) und die aus Genua stammende *farinata* (ein pizzaähnliches, dünnes Brot aus Kichererbsenmehl und Oliven) mit Genueser Pesto (Basilikum).

La Cantina   TRATTORIA €€
(📞0781 85 45 88; Via Gramsci 34; Menü 25–30 €; 🕐Di–So, im Sommer tgl.) Die einfache Trattoria mit nur einem Gastraum ist der ideale Ort, um die charakteristische Küche von Carloforte zu probieren. In den Sommermonaten werden Tische hinaus auf die verkehrsberuhigte Gasse gestellt. Auf der Karte stehen *cascá alle verdure* – der lokale Couscous mit Gemüse – und die reichen Gaben des Meeres. Zum Abschluss gibt es *canestrello;* Das typische Dessert besteht aus hartem Anisgebäck, das in süßen Wein getunkt wird.

THUNFISCH IM AUGE DES STURMS

Die Bewohner von San Pietro haben das Fischen im Blut. Jahrhundertelang war das jährliche Thunfisch-Schlachten, die *mattanza*, das größte Ereignis auf der Insel. Die *mattanza* wird Ende Mai/Anfang Juni veranstaltet, wenn Thunfischschulen auf dem Weg zu ihren Laichgründen die Inseln Isola Piana und San Pietro passieren. Durch ein komplexes System von Netzen werden die Fische eingefangen und in aufeinanderfolgende Kammern geschleust, bis sie die *camera della morte* (Todeskammer) erreichen. Sobald hier genug Thunfische eingepfercht sind, schließen die Fischer die Kammer, und die *mattanza* – der Name ist vom spanischen Wort für „töten" abgeleitet – beginnt. Es ist ein blutiges Geschäft: Bis zu acht oder mehr Fischer stechen gleichzeitig mit riesigen Haken auf die Thunfische ein, die zu entkommen versuchen. In Rossellinis Film Stromboli ist ein klassisches Beispiel für eine solche *mattanza* zu sehen. Bis heute ist die *mattanza* der Mittelpunkt des großen, jährlichen Festivals Girotonno. Doch die Sorge um die immer kleiner werdenden Bestände an Thunfisch hat diese Praxis ins Zentrum der internationalen Aufmerksamkeit gerückt.

Motor des stetig wachsenden Bedarfs an Rotem Thunfisch ist Japans unstillbarer Appetit nach Sushi und Sashimi; die Japaner kaufen über 80 % des im Mittelmeer gefangenen Thunfischs auf. Thunfischfang ist ein globales Geschäft, in dem Millionengewinne gemacht werden. Schätzungen gehen von über 300 Fangbooten im Mittelmeer aus, von denen viele in einem einzigen Fischzug bis zu 3000 Thunfische fangen können. Die früher dabei eingesetzten Beobachtungsflugzeuge wurden von der International Commission for the Conservation of Atlantic Tunas (ICCAT) verboten, aber illegales Fischen ist immer noch weit verbreitet.

Verglichen damit ist die Zahl der Thunfische, die bei der *mattanza* in Carloforte gefangen werden, gering. 2008 waren es 160 t, während die Quote der ICCAT für das Mittelmeer bei 22 000 t lag. Doch die Gewalt und die intensive Symbolkraft des Schauspiels, bei dem sich das blaue Meerwasser durch das Blut rot färbt, liefern den Kritikern eindrucksvolle Bilder in ihrem Kampf um den Schutz des Thunfischs im Mittelmeer. Tierschützer und Umweltschutzorganisationen sind sehr besorgt über die Auswirkungen des industriellen Fischfangs auf die Thunfischbestände in der Region und fordern nachdrücklich niedrigere Fangquoten. Doch die einflussreichen Geschäftslobbyisten auf der Gegenseite wissen solche Maßnahmen erfolgreich zu verhindern. Das Thema wird von daher sicherlich nicht in absehbarer Zeit gelöst werden.

Osteria della Tonnara

OSTERIA €€

(☎078 185 57 34; Corso Battellieri 36; Menü um 35 €) Das kleine Restaurant am südlichen Ende der Uferpromenade wird von der Thunfisch-Kooperative geführt. Da überrascht es kaum, dass Thunfisch die Speisekarte beherrscht (wenngleich er nur in der Fischfangsaison erhältlich ist). Es gibt Thunfisch- und Pesto-Lasagne und den allgegenwärtigen und sehr schmackhaften *tonno alla carlofortina* (gegrillter Thunfisch in Tomatensauce). In den Sommermonaten sollte man besser reservieren; Kreditkarten werden nicht angenommen.

Tonno di Corsa

RESTAURANT €€€

(☎0781 85 51 06; Via Marconi 47; Hauptgerichte um 45 €; ⏰Di–So) In diesem raffinierten Restaurant kann man Thunfischvariationen probieren, denen man vorher wahrscheinlich noch nie begegnet ist – geräuchert, als Ragout oder als Kutteln. Thunfischkutteln, *belu,* sind vielleicht nicht jedermanns Geschmack, aber wer es probieren möchte: Sie werden im Topf zusammen mit Kartoffeln und Zwiebeln geschmort.

Da Nicolo

RESTAURANT €€€

(☎0781 85 40 48; Corso Cavour 32; Hauptgerichte um 55 €; ⏰Di–So) Diese Inselinstitution, eine Bastion der gepflegten San-Pietro-Küche, thront in majestätischer Eleganz an der Hafenpromenade. Makellose, mit gestärkten Tüchern gedeckte Tische in einem Glaspavillon warten auf Gourmets von nah und fern, die sich an den himmlischen Thunfischgerichten und dem leichten Couscous nach hiesiger Art gütlich tun möchten.

🍸 Ausgehen & Unterhaltung

Unbestrittener Hotspot des Geschehens ist der *lungomare.* Unweit vom Wasser liegt **Barone Rosso** (Via XX Settembre 26; ⏰März–Okt. Di–So 12–15 & 19–2 Uhr, Dez.–März nur abends), eine beliebte Bar mit kitschigem Dekor, schwungvoller Musik und ein paar Straßentischen. Ebenfalls gut und ähnlich gestrickt ist **L'Oblò** (☎0781 85 70 40; Via Garibaldi 23; ⏰Mitte Mai–Mitte Sept. Mi–Mo 19.30–23 Uhr).

Die einzige Disko auf der Insel, **Disco Marlin** (☎0781 85 01 21; ⏰Juli Sa & So 22–4 Uhr, Aug. jede Nacht) liegt außerhalb von Carloforte, in der Nähe der *tonnara* (Thunfischfabrik) am Weg nach La Punta. Um hinzukommen, braucht man ein Auto oder eine Mitfahrgelegenheit.

Am gut besuchten Strand La Caletta ist ebenfalls Musik und Tanz angesagt.

Im Sommer dauern die Strandpartys die ganze Nacht hindurch bis zum Morgengrauen und bieten jede Menge Spaß und gute Stimmung.

🛈 Praktische Informationen

Die hilfreiche **Touristeninformation** (☎0781 85 40 09; www.prolococarloforte.it, auf Italienisch; Piazza Carlo Emanuele III 19; ⏰Mai–Sept. Mo–Sa & So vormittag 9.30–12.30 & 16.30–19.30, Okt.–April, Mo–Sa & So vormittag 10–13 & 17–20 Uhr) kann in mehreren Sprachen weiterhelfen. Eine weitere, nützliche Informationsquelle ist die Webseite www.carloforte.net, die allerdings bislang nur in Italienisch zur Verfügung steht.

Ein Geldautomat steht bei der **Banca Intesa** (Corso Cavour 1) an der Uferpromenade.

🛈 An- & Weiterreise

Bus Von Juli bis September verbinden Busse Carloforte mit La Punta (12 Min., 2-mal tgl.), La Caletta (15 Min., 9-mal tgl.) und Capo Sandalo (18 Min., 2-mal tgl.). Das Ticket für die einfache wie die Hin- und Rückfahrt kostet 1 €.

Fähre Der Fahrkartenschalter von **Saremar** (☎0781 85 40 05; www.saremar.it, auf Italienisch; Piazza Carlo Emanuele III 29) befindet sich am *lungomare.* Fähren fahren nach Portovesme (pro Pers./Auto 2,60/9,40 €, 30 Min., 15-mal tgl.) und Calasetta (pro Pers./Auto 2,30/8 €, 7-mal tgl.) auf der Nachbarinsel Sant'Antioco.

Delcomar (☎0781 85 71 23; www.delcomar.it, auf Italienisch) lässt bis zu 14 Nachtfähren von und nach Calasetta fahren. Der Ticketschalter befindet sich direkt gegenüber vom Fähranleger. Die Überfahrt kostet 5/15 € pro Pers./Auto.

UNTERWEGS AUF DER INSEL

Von Carloforte ist es nur eine 5,5 km lange Fahrt nach Norden bis La Punta. Von dieser gottverlassenen Stelle aus schweift der Blick auf das vorgelagerte Inselchen Isola Piana. Im Mai und Juni kann man hier direkt vor der *tonnara* Augenzeuge der wilden *mattanza* werden. In der alten Thunfischverarbeitungsfabrik, einer Ansammlung verwahrloster, mit rostigen Ankern und stinkenden Netzen übersätem Steingebäude, ist das Carloforte Tonnare Diving Center (s. S. 77) untergebracht. Neben Tauchgängen organisieren die Mitarbeiter auch Führungen durch die alte Fabrikanlage; ein Termin lässt sich im Diving Center vereinbaren.

Die meisten der guten Strände der Insel liegen im Süden. Von der **Spiaggia La Bobba** blickt man auf zwei fantastische, aus dem Meer ragende steinerne colonne (Säulen). Sie standen Paten, als der südlichste Punkt der Insel seinen Namen erhielt: **Punta delle Colonne**. Weiter westlich befindet sich der beliebteste Strand auf der Isola di San Pietro, **La Caletta** (auch Spiaggia Spalmatore genannt), ein relativ unspektakulärer Bogen aus weißem Sand zwischen Felsen. Weiter südlich führt ein Abstecher zur dramatischen Küste von **La Conca**.

Tolle Spaziergänge lassen sich beim **Capo Sandalo** am westlichsten Punkt der Insel unternehmen. Am Parkplatz beim Leuchtturm starten verschiedene ausgeschilderte Pfade durch das steinige rote Buschland, das die Klippen überzieht. Es ist zwar kein Hardcore-Trekking, aber Wanderschuhe sind keine schlechte Idee.

Auf dem Weg zum Capo Sandalo (von Carloforte knappe 20 Min. mit dem Auto) lohnt es sich, kurz in der felsigen Bucht **Cala Fico**, anzuhalten. Sie ist eine der meistfotografierten Stellen der Insel und, zusammen mit der **Isola del Corno**, Nistplatz für eine Kolonie der seltenen Eleonorenfalken.

Was Unterkünfte betrifft, sieht es außerhalb von Carloforte nicht so gut aus, aber bei der Touristeninformation ist eine ausführliche Liste der B&Bs auf der Insel zu haben.

Das ideale Fortbewegungsmittel auf der Insel ist das Fahrrad. Das gilt auch für Autobesitzer. Die Entfernungen sind gering, und die wenigen Hügel lassen sich gut bewältigen. Zwischen Juni und September werden in Carloforte Fahrräder und Motorroller vermietet, und zwar im **Zeitungsladen** (📞 0781 85 41 23) an der Piazza Repubblica 4. Für ein Fahrrad ist mit 10 € pro Tag, für einen Motorroller mit 21 bis 37 € zu rechnen.

Isola di Sant'Antioco

Die viertgrößte Insel Italiens (nach Sizilien, Sardinien und Elba), die Isola di Sant'Antioco, ist nicht ganz so betörend wie die kleinere Isola San Pietro. Anders als die meisten Mittelmeerinseln ist sie weder umwerfend schön – auch wenn sie ganz sicher nicht hässlich ist –, noch hat sie einen eigenen speziellen Charakter. Im Gegenteil, sie ist, was Atmosphäre und Aussehen angeht, ganz offensichtlich ein Teil Sardiniens. Die geschäftige Hauptstadt Sant'Antioco ist ein authentischer Handelshafen, und das grüne, hügelige Binnenland unterscheidet sich wenig vom Großteil Südsardiniens.

Und in der Tat ist die Insel seit römischer Zeit mit dem sardischen Festland durch eine Brücke verbunden – rechts von der heutigen Brücke sind noch die Ruinen des römischen Vorgängerbaus zu sehen.

Die Insel lässt sich auf zwei Wegen erreichen. Der einfachste ist der auf der SS126 von Iglesias und Carbonia nach Süden und dann über die Brücke nach Sant'Antioco. Romantischer ist die schaukelnde Überfahrt mit der Autofähre, die zwischen Calasetta und Carloforte auf San Pietro verkehrt.

SANT'ANTIOCO
11 900 EW.

Die Isola di Sant'Antioco ist zwar seit prähistorischer Zeit bewohnt, die Stadt Sant'Antioco wurde jedoch erst im 8. Jh. v. Chr. von den Phöniziern gegründet. Damals war sie unter dem Namen Sulki (römisch Sulcis) bekannt und ein wichtiger Handelshafen und Wirtschaftsmetropole für Sardinien. Das blieb so bis zum Untergang des Römischen Reiches mehr als ein Jahrtausend später. Ihren heutigen Namen verdankt die Stadt dem hl. Antiochus, einem römischen Sklaven, der im 2. Jh. n. Chr. hier im Exil lebte und das Christentum auf die Insel brachte.

Belege für die lange Geschichte der Stadt muss man nicht lange suchen. Das historische Zentrum oben auf dem Hügel wimmelt nur so von phönizischen Grabstätten und faszinierenden archäologischen Fundstücken.

◉ Sehenswertes & Aktivitäten

Basilica di Sant'Antioco Martire   KIRCHE
(Piazza Parrocchia 22; 🕐 Mo–Sa 9–12 & 15–18, So 10–11 & 15–18 Uhr) Hinter der einfachen Barockfassade verbirgt sich eine faszinierende, schlichte Kirche aus dem 5. Jh. Rechts vom Altar steht eine Statue des hl. Antiochus, dessen dunkle Gesichtsfarbe seine nordafrikanische Herkunft verrät. Da er sich weigerte, seinem Glauben abzuschwören, brachten die Römer Antiochus als Sklaven in die Minen des Iglesiente. Es gelang ihm, versteckt in einem Teerfass zu fliehen und bei einer geheimen Christengemeinschaft Unterschlupf zu finden. Diese versteckte ihn in den weitläufigen **Katakomben** (Eintritt 2,50 €; 🕐 wie Kirche) der Kirche. Die Katakomben sind nur im Rahmen einer Führung zu besichtigen und bestehen aus einer Reihe von Grabkammern, die teils noch aus punischer Zeit stammen und von den Christen zwischen dem 2. und 7. Jh. genutzt wurden. Tote aus wohlhabenden Familien wurden in sorgfältig bearbeiteten und mit Fresken

EIN KREUZZUG FÜR DEN ESEL

Tres cosas sunt reversas in su mundu: s'arveghe, s'ainu, e i sa femmina (Drei Dinge sind stur in dieser Welt: Schafe, Esel und Frauen). Sardische Sprichwörter sind meist zynisch und unverblümt. Sie verwenden ländliche Metaphern, um ihre konservative Botschaft zu verdeutlichen. Im Mittelpunkt vieler dieser Gleichnisse steht die typische Sturheit des *asinello sardo* (Sardischer Esel), der im 3. Jt. v. Chr. aus Ägypten auf die Insel gelangte.

Der gutmütige und verlässliche Arbeiter taucht in der Verkleinerungsform als Eselchen – *asinello* – auch auf sardischen Speisekarten auf. Und da von Jahr zu Jahr mehr Esel überfahren werden, droht das Tier auszusterben.

Das war für Giorgio Mazzucchetti Grund genug, seine Arbeit als Industrieberater in Mailand aufzugeben und sich auf einen Kreuzzug zur Rettung des liebenswerten Esels aufzumachen. Giorgio, der sich während zahlloser Ferienaufenthalte in die Insel verliebt hatte, kaufte in der Nähe der Cala Fico an der Westküste einen Bauernhof und begann damit, die bedrohten Esel zu züchten. 1999 startete er mit zehn Exemplaren; heute besitzt er eine gesunde Herde von 80 Tieren.

Interessierte können die Esel in der **Fattoria degli Asinelli** (📞333 144 29 93; Località Cala Fico; 🕐nachmittags bis Einbruch der Dunkelheit') nahe dem Leuchtturm an der Cala Fico besuchen. Vor allem mit Kindern ist das ein schöner Tagesausflug, denn die Kleinen dürfen die Tiere füttern und streicheln. Es empfiehlt sich, vorher anzurufen und nach den genauen Öffnungszeiten zu fragen.

geschmückten Wandnischen beigesetzt; einige Fragmente der Fresken sind noch erhalten. Tote aus der Mittelschicht wurden in schmucklosen Nischen untergebracht, während die einfachen Menschen in Gräbern im Fußboden ihre letzte Ruhe fanden. Einige *in situ* belassene Skelette sorgen für eine authentische Atmosphäre.

Museo Archeologico · MUSEUM
(📞0781 80 05 96; www.archeotur.it, auf Italienisch; Via Regina Margherita 113; Eintritt für Museum, Tofphet, Ethnographisches Museum & Villagio Ipogeo Erw./erm. 13/8 €, nur Museum 6/2 €; 🕐April–Sept. Mi–So 9–19, Okt.–März Mi–So 9.30–13 & 15–18 Uhr) Das Museum präsentiert eine faszinierende Sammlung archäologischer Funde sowie ein Modell der Stadt, wie sie im 4. Jh. v. Chr. ausgesehen haben mag. Mithilfe der Erläuterungen im Informationsprospekt erfahren die Besucher, dass die beiden eindrucksvollen Steinlöwen im Hauptkorridor früher die Stadttore bewachten, wie das in phönizischen Städten üblich war. Das Panther-Mosaik am Ende des Hauptsaals wiederum schmückte einst ein römisches Speisezimmer, das Triclinium.

Ein Stück weiter liegen die Grabstätten der **Nekropole** (🕐nicht zugänglich) über den Hügel verstreut. Weitere 500 m den Hügel hinunter befindet sich der **Tofet** (Erw./erm. 4/2,50 €, Eintritt mit Museo Archeologico Erw./erm. 7/4 €; 🕐Sommer Mi–So 9–19, Winter Mi–So 9.30–13 & 15–18 Uhr) aus dem 8. Jh. v. Chr. In

diesem Heiligtum bestatteten die Phönizier und Karthager ihre totgeborenen Kinder.

Forte Su Pisu · BURG
(Eintritt 2,.50 €; 🕐Sommer 9–20, Winter 9.30–13 & 15–18 Uhr) Die von der Basilika bergauf führende Via Castello ist nach dieser im 19. Jh. erbauten Piemonteser Festung benannt, die am höchsten Punkt der Stadt thront.

Museo Etnografico · MUSEUM
(Via Necropoli 24a; Eintritt 3 €; 🕐Sommer 9–20, Winter 9.30–13 & 15–18 Uhr) Das Museum im historischen Stadtkern zeigt uralte Traditionen am Beispiel von landwirtschaftlichen Geräten und Haushaltsgegenständen.

Villaggio Ipogeo · GRÄBER
(Eintritt 2,50 €) In diesen punischen Grabstätten lebten früher die Ärmsten der Armen.

🎉 Feste
Festa di Sant'Antioco · TRADITIONELLES FEST
(www.tuttosantantioco.it, auf Italienisch) Das viertägige Fest wird um den zweiten Sonntag nach Ostern abgehalten und feiert den Stadtpatron mit Prozessionen, Volksmusik, Tänzen, Feuerwerk und Konzerten. Es reicht zurück bis 1519 und zählt zu den ältesten überlieferten Heiligenfesten der Insel.

🍴 Essen & Ausgehen
LP TIPP ▶ Tamarindo Blu · RESTAURANT €€
(📞0781 80 20 96; Via Azuni 28; Menü um 25 €; 🕐Do–Di) Die überbordende Ausstattung mit

maritimer Dekoration sollte nicht von dem wirklich guten Essen ablenken, das in großen Portionen serviert wird. Alles schmeckt hervorragend, doch als besondere Tipps gelten die gemischten Antipasti und der gegrillte Fisch.

Bar Colombo CAFÉ €
(Lungomare Cristoforo Colombo 94; Kaffee 1 €; Getränke ab 1,50 €; Di–So) Hierher kommen die sonnenverbrannten Fischer zum Morgenkaffee, weshalb die Bar bereits um 4 Uhr morgens aufmacht. Im Sommer besetzen die Gäste den Gehsteig davor.

Pizzeria Biancaneve PIZZERIA €
(0781 80 04 67; Corso Vittorio Emanuele 110; Pizzas 7,50 €; 8–24 Uhr) Der Laden an der Hauptstraße brummt und versorgt die Passanten mit Pizza.

Pierre BAR €
(078 180 04 55; Corso Vittorio Emanuele 86; Getränke ab 1,50 €; Mi–Mo 20 Uhr bis spätnachts) Holzbänke und Bier vom Fass vermitteln in dieser beliebten Bar authentische Pub-Atmosphäre. In Sommernächten kann es ziemlich lebhaft zugehen; die Stimmung ist immer gut.

❶ Praktische Informationen
Tourismusinformation (0781 8 20 31; Piazza Repubblica 31a; Mo–Fr 10–13 & 17–21 Uhr)

❶ An- & Weiterreise
Fähre Fähren verkehren zwischen Calasetta und Carloforte auf der Isola di San Pietro (s. S. 77).

Bus Sieben Busse täglich verbinden Calasetta mit Sant'Antioco (Piazza Repubblica) und Carbonia (1 €, 50 Min.) sowie mit Iglesias (4 €, 1¾ Std.).

Fahrrad Euromoto (0781 84 09 07; Via Nazionale 57; 9–13 & 16–20 Uhr) vermietet Fahrräder und Roller für Touren über die Insel (8 €/30 €) und organisiert geführte Radausflüge. Diese werden von Ehrenamtlichen geleitet und haben keinen festgelegten Preis. Ein Trinkgeld ist sehr willkommen.

UNTERWEGS AUF DER INSEL
Die besten Inselstrände liegen südlich von Sant'Antioco. Das kleine Resort **Maladroxia**, das sich rund 5 km südlich befindet, besteht aus ein paar Hotels, einem Hafen und einem hübschen Strand.

Die Hauptstraße führt zunächst landeinwärts und trifft dann auf einen großen Kreisverkehr, wo es nach links (Osten) zur Spiaggia Coa Quaddus abgeht. Der wilde, von dichtem Bewuchs eingerahmte Strand

befindet sich 3 km südlich des **Capo Sperone,** das den südlichsten Punkt der Insel markiert. Nach rechts führt eine Straße zur windreichen Südwestküste und endet an der **Cala Lunga**. Nicht weit entfernt erstreckt sich die zauberhafte **Spiaggia Le Saline** (Salina).

Die zweitgrößte Stadt der Insel, **Calasetta,** liegt 10 km südlich von Sant'Antioco und wurde 1769 von ligurischen Familien aus Tabarka gegründet.

Einige Kilometer nach Süden finden sich an der Nordwestküste ebenfalls mehrere Strände sowie das hervorragende Restaurant **Da Pasqualino** (0781 88 473; Via Regina Margherita 85; Menü um 30–35 €; Mi–Mo). In dieser lokalen Institution werden ausschließlich frisch gefangene Fische aus den umliegenden Gewässern serviert. Ein Genuss ist die *cascá* (einheimischer Couscous) mit dem Fang des Tages. Auch Hummer, sofern vorhanden, ist empfehlenswert.

DIE SÜDKÜSTE

Die Südküste ist einfach fantastisch: Ihr zentraler Abschnitt, die Costa del Sud, besteht aus einer rund 20 km langen, atemberaubend mäandrierenden Straße, die über zerklüftete, ins blaue Meer stürzende Felsklippen führt.

Von Porto Botte nach Porto di Teulada
Dieser 15 km lange Küstenstreifen entlang der Südwestspitze Sardiniens ist ein Flickenteppich aus Pinienwäldern, Lagunen und Stränden. Der beste und begehrteste Strand ist die fabelhafte **Spiaggia Porto Pino** bei der gleichnamigen Ferienanlage in der Nähe von Sant'Anna Arresi. Der breite, cremefarbene Sandstreifen ist ein beliebtes Wochenendziel für die Einheimischen. Er bietet ruhiges, seichtes Wasser – ideal für Kleinkinder und nervöse Schwimmer. Es gibt jede Menge Parkplätze und in der Nähe vom Parkplatz nette, billige Pizzerias.

Ein zweiter Strand, **Spiaggia Sabbie Bianche**, südlich von Porto Pino und zu Fuß erreichbar, ist für seine sanften, glatten Dünen bekannt. Allerdings liegt er auf Militärgelände und darf nur im Juli und August betreten werden.

Von Porto Pino bleibt für die Weiterfahrt nur die Strecke landeinwärts nach

Sant'Anna Arresi. Hier macht die SS195 einen Bogen nach Süden und führt dann an einer hügeligen dreieckigen Landspitze und dem südlichsten Zipfel Sardiniens, Capo di Teulada, vorbei. Wie viele Gebiete in dieser Gegend ist auch das Kap Standort eines umstrittenen NATO-Stützpunkts und damit für die Öffentlichkeit tabu. 10 km weiter nimmt man die Abzweigung nach Süden (nicht den Wegweisern nach Teulada folgen) Richtung Porto di Teulada.

An diesem Küstenabschnitt liegen mehrere Strände, darunter **Cala Piombo** und **Porto Zafferano**. Beide sind nur im Juli und August und nur auf dem Wasserweg zu erreichen. Boote, die Strandgänger dorthin transportieren, fahren an der kleinen Marina in **Porto di Teulada** ab, nahe dem Strand von **Porto Tramatzu**.

Costa del Sud

Eine der bezauberndsten Küstenstrecken Sardiniens ist die entlang der Costa del Sud, die östlich von Porto di Teulada beginnt. Der erste Abschnitt ist nur ein kleiner Vorgeschmack auf das, was folgt. Er führt an mehreren Grotten vorbei und steigt allmählich an bis zum hoch gelegenen **Capo Malfatano**. Während sich die Straße zum Kap hinaufwindet, taucht hinter jeder Kurve ein traumhafter Ausblick auf, und fast jede Erhebung wird von einem Wachturm aus den Zeiten der Spanier gekrönt. Unterwegs lädt die **Spiaggia Piscinni** zu einer Abkühlung ein. Der Sand ist zwar nicht der beste, aber das Wasser hat eine Farbe, die man gesehen haben muss.

Nach der Bucht und der nächsten Anhöhe lädt dann die **Cala Teuradda** mit ihrem smaragdgrünen Wasser zu einem Stopp ein. Das schöne Fleckchen liegt direkt an einer ARST-Bushaltestelle und zieht zahlreiche Besucher an. Im Sommer haben hier Snackbars geöffnet.

Ab hier klettert die Straße von der Küste ins Binnenland hinauf. Wer noch einmal einen Blick auf die Küste werfen möchte, kann bei Porto Campana in eine schmale Landstraße nach Süden biegen – die Route geht bald in eine staubige Piste über, führt aber bis zum Leuchtturm von **Capo Spartivento**. Danach säumen einige Strände die Küste Richtung Norden. Es lohnt sich, auf der Hauptstraße die Augen nach Wegweisern offenzuhalten, etwa zur **Cala Cipolla**, einem traumhaften Plätzchen mit Pinien

und Wachholdersträuchern, **Spiaggia Su Giudeu** und **Porto Campana**.

Am Ende dieses Abschnitts wartet erneut ein spanischer Wachturm. Er bewacht den beliebten Sommerferienort **Chia** und erlaubt erstklassige Ausblicke über die Südküste und die beiden tollen Strände von Chia – die lange **Spiaggia Sa Colonia** im Westen und die kleinere, halbmondförmige **Spiaggia Su Portu** im Osten. Sie sind ein Paradies für Surfer, Windsurfer und Kite-Surfer. Hier wird jedes Jahr das **Surf- und Windsurfturnier** Chia Classic ausgetragen, das normalerweise von Anfang bis Mitte April stattfindet.

Zwischen Cagliari und Chia verkehren bis zu zehnmal täglich ARST-Busse (3 €, 1¼ Std.). Von Mitte Juni bis Mitte September befahren täglich zwei Busse die Costa del Sud und verbinden Chia mit der Spiaggia Teulada (Porto di Teulada; 2 €, 35 Min.).

Von Chia nach Santa Margherita di Pula

Wer nicht eines der Apartments für Selbstversorger in den Ferienanlagen bezieht, die den Großteil dieses Küstenabschnitts in Beschlag nehmen, wird hier kaum etwas vom Meer zu Gesicht bekommen. Das ist mehr als ungerecht, denn der 9 km lange Uferstreifen zwischen Chia und Santa Margherita di Pula gehört zu den schönsten im Südwesten Sardiniens. Hier gibt es sagenhafte Strände wie auf einer Perlenschnur aufgereiht, mit kristallklarem Wasser und duftenden Eukalyptuswäldern.

ARST-Busse verbinden Santa Margherita di Pula mit Cagliari (3 €, 1 Std., 9-mal tgl.).

Pula

7120 EW.

Rund 27 km von Cagliari entfernt liegt Pula, ein ganz normales ländliches Städtchen, das nur deshalb Erwähnung verdient, weil es sich in direkter Nachbarschaft der phönizischen Stätte Nora befindet. Abgesehen von einem kleinen archäologischen Museum besteht kein Grund, sich hier aufzuhalten. Wer trotzdem bleibt, wird schnell feststellen, dass die muntere, von Cafés gesäumte Piazza del Popolo den Mittelpunkt des Dorfgeschehens bildet.

Auskünfte zur Umgebung erteilt die **Touristeninformation** (📞070 924 60 57; www.

prolocopula.it, auf Italienisch; c/o Centro Culturale Casa Frau, Piazza del Popolo; ⊙Mo–Fr 9.30–12.30 & 15–18 Uhr) auf dem Hauptplatz. E-Mails checken kann man bei **L'Isola del Viaggio** (📞070 920 83 73; Ecke Via Nora/Via Conte Corinaldi; Std. 4 €; ⊙Mo–Sa 9–13 & 16.30–20 Uhr).

⊙ Sehenswertes

PULA

Falls ein Besuch von Nora auf dem Programm steht (wovon bei Reisenden, die durch Pula kommen, auszugehen ist), lohnt sich ein Abstecher ins **Museo Archeologico** (📞070 920 96 10; Corso Vittorio Emanuele 67; Eintritt 3 €, inkl. Nora 7 €; ⊙Mai–Sept. Di–So 9–20 Uhr, Okt.–April Mi–So 10–13 & 15–18.30 Uhr). In nur einem einzigen Raum werden neben Keramiken, die in punischen und römischen Gräbern gefunden wurden, Gold- und Knochenschmuck, römische Glaswaren sowie ein Modell von Nora gezeigt. Alles ist versehen mit hilfreichen Erklärungen auf Englisch und Italienisch.

NORA

4 km südlich von Pula befindet sich die archäologische Stätte von Nora, die Hauptsehenswürdigkeit in diesem Landesteil. Aber vor der Ruinenbesichtigung sollten Besucher einen Stopp bei der winzigen **Chiesa di Sant'Efisio** (📞340 485 18 60; ⊙ Sa 16–19.30, So 10–12 & 16–21.30 Uhr), rechts von der Straße nach Nora, einlegen. Die aus dem 12. Jh. stammende romanische Kirche wurde an einem Strand an der Stelle erbaut, wo im Jahr 303 n. Chr. der in Ungnade gefallene römische Offizier Ephisius aufgrund seines christlichen Glaubens exekutiert worden war. Trotz ihrer bescheidenen Ausmaße ist sie am 1. Mai Schauplatz prachtvoller Feierlichkeiten. Dann tragen Wallfahrer im Rahmen der Festa di Sant'Efisio (S. 48) in Cagliari das Bildnis des hl. Ephisius hierher.

Zu Ephisius' Zeiten war **Nora** (Erw./erm. inkl. Museo Archeologico in Pula 7/3 €; ⊙ 9–19.30 Uhr) eine der wichtigsten Städte der Insel und Sitz der römischen Regierung. Sie stand in Verbindung mit Karalis (heute Cagliari) im Osten und Bythia im Westen. Allerdings befand sich hier schon lange vor der Ankunft der Römer ein wichtiger Warenumschlagplatz. Gegründet wurde dieser im 11. Jh. v. Chr. von den Phöniziern aus Spanien, ging später an die Karthager und im 3. Jh. n. Chr. schließlich an die Römer über. Doch ihre exponierte Lage wurde der Stadt zum Verhängnis, und bereits im Mittelalter

war sie verwaist: Die Tempel hatten arabische Freibeuter geplündert, die Marmorsäulen lagen in Trümmern.

Heutzutage sind nur Bruchstücke der originalen Anlage erhalten – ein Großteil der alten Stadt ist überflutet –, und erst wenn man den Rand des schroffen Felsvorsprungs erreicht hat, sind einige traurige Überreste der ehemals stolzen Kaiserstadt zu sehen.

Hinter dem Eingang steht eine einsame, kümmerliche **Säule** aus dem ehemaligen Tempel von Tanit, der Karthagischen Venus, die vor langer Zeit hier verehrt wurde. Viel von dem im Museum von Pula ausgestellten Glas ist an dieser Stelle gefunden worden. Einige meinen deshalb, dass der ganze Tempel damit verziert gewesen sein könnte. Dahinter befindet sich ein kleines, aber wunderbar erhaltenes römisches **Theater** mit Blick aufs Meer. Nach Westen hin erstrecken sich die zahlreichen Überreste der **Terme al Mare** (Badeanlage am Meer). Im Mittelpunkt einer ehemaligen Patriziervilla erheben sich vier Säulen; von den Räumen ringsum ist nur noch das Bodenmosaik erhalten. Weitere Reste von Mosaiken sind in dem Tempelkomplex zu bewundern, der sich zur Landspitze hin ausbreitet.

Bis zu 16 Regionalbusse verbinden Pula und Nora.

LAGUNA DI NORA

Kurz vor dem Eingang zur antiken Stätte von Nora locken die angenehme **Spiaggia di Nora** und etwas weiter die größere **Spiaggia Su Guventeddu** zum Sprung ins kühle Wasser. Besucher in Badekleidung werden an der archäologischen Stätte jedoch nicht eingelassen.

Westlich der Halbinsel lassen sich in der Laguna di Nora häufig **Rosaflamingos** beobachten. Im **Informationszentrum Laguna di Nora** (📞070 920 95 44; www.lagunadinora.it, auf Italienisch; ⊙Sommer) mit einem kleinen Aquarium (Erw./erm. 8/6 €) erfahren Besucher Wissenswertes über das Ökosystem der Lagune und deren Unterwasserfauna. Im Sommer werden Exkursionen, darunter Schnorchel- (Erw./erm. 25/15 €) und Bootstouren (Erw./Kind 20/15 €), organisiert.

✗ Essen

Su Zilleri  RESTAURANT €

(📞070 722 14 19; Piazza del Popolo 69; Menüs Fisch/Fleisch 16/18 €) Su Zilleri ist ein einladendes Restaurant an Pulas Hauptplatz mit einer Vielzahl an Menüs. Gäste wählen zwischen Antipasti mit Fisch oder Fleisch, etwa Würsten oder geräuchertem Fisch; als Hauptspeisen finden sich u. a. Risotto mit Meeresfrüchten oder ein zartes Steak auf der Speisekarte. Dazu wird Wein und zum Abschluss Kaffee serviert. Freundlicher Service und die gemütliche Terrasse machen das Vergnügen komplett.

Crazy Art Gelateria
EIS €

(Corso Vittorio Emanuele 4; Eis 2,70 €; ⊙ Mo–Sa 16–24 Uhr, So 12–24 Uhr) Hier gibt es die italienischste aller Süßspeisen: Eis. Die hohe Kunst besteht darin, das Eis auf der Piazza del Popolo zu schlecken und dabei möglichst cool auszusehen.

Zio Dino
PIZZERIA €€

(☏ 070 920 91 59; Viale Segni 14; Pizzen 5 €, Menü um 30 €; ⊙ Mo–Sa) Der auf die Mauer gesprühte Name ist nicht zu übersehen. Zu essen gibt es eine ordentliche Pizza, Meeresfrüchte und Fleisch.

An- & Weiterreise

Bus Von Cagliari kommen bis zu 20 ARST-Busse am Tag (2 €, 50 Minuten) durch den Ort.

CAMPIDANO

Die Campidano-Ebene, eine der wichtigsten Agrarregionen Sardiniens, bildet einen breiten, flachen Korridor nordwestlich von Cagliari. Die staubige, ausgedörrte Landschaft kann ein wenig deprimierend wirken, besonders an heißen Sommertagen, wenn die Temperaturen bis ins Unermessliche steigen und die Region in einen dicken grauen Hitzeschleier gehüllt zu sein scheint, aber sie hat auch ihre Reize.

Uta, Castello di Acquafredda & San Sperate

Kaum 20 km nordwestlich von Cagliari, am östlichen Ende des weitläufigen Bauernstädtchens Uta, steht eine der erlesensten romanischen Kirchen Südsardiniens. Das Besondere an der **Chiesa di Santa Maria** (den braunen Schildern mit der Aufschrift Santuario di Santa Maria folgen), die 1140 von Vittorini-Mönchen aus Marseille erbaut wurde, sind die viele verschiedenen Statuen, die die Außenfassade zieren.

Bei der Weiterfahrt nach Westen auf der SS131 bietet sich an der Kreuzung in Siliqua, 14 km westlich von Uta, ein kurzer Umweg

an. Rund 5 km Richtung Süden steht auf einem zerklüfteten Hügel etwas, das auf den ersten Blick wie die Ruine eines Märchenschlosses aussieht. Bei näherem Hinsehen stellt sich heraus, dass von dem **Castello di Acquafredda** praktisch nur noch die wackligen Mauern stehen. Das Schloss diente Guelfo della Gherardesca eine Weile als Versteck, nachdem sein Vater Ugolino, ein gestürzter Herrscher von Iglesias, ins Gefängnis von Pisa geworfen und die Familie des Landes verwiesen worden war.

Die **Riserva Naturale di Monte Arcosu** südlich des *castello* ist ein Naturschutzgebiet des World Wildlife Fund und wird von der **Cooperativa Il Caprifoglio** (☏ 070 96 87 14; www.ilcaprifoglio.it, auf Italienisch; Eintritt 5 €; ⊙ Sa & So 9–17 Uhr) verwaltet. Die Region um den Gipfel des Monte Arcosu (948 m) ist einer der letzten Lebensräume des *cervo sardo*. Wildschweine, Marder, Wildkatzen, Wiesel und eine Vielzahl an Raubvögeln kommen ebenfalls vor.

San Sperate rund 12 km nordöstlich von Uta ist berühmt für seine mit farbenfrohen *murales* geschmückten Mauern. Anders als in Orgosolo sind hier nicht als ungerecht empfundene Ereignisse dargestellt, sondern Motive des bäuerlichen Lebens, die geradezu surrealistisch abgebildet werden. Auch einige städtische Themen, etwa Skateboards, die sich wie aneinandergereihte, bunte Zungen auf der Wand stapeln, sind zu finden. Zu den schönsten Szenen gehört die epische *Storia di San Sperate* (Geschichte von San Sperate) an der Via Sassari. Urheber ist der 1942 geborene, einheimische Bildhauer Pinuccio Sciola, dessen Werk vom mexikanischen Künstler Diego Rivera inspiriert ist.

Ein empfehlenswertes Lokal ist **Ada** (☏ 070 96 00 972; www.ristoranteada.eu, auf Italienisch; Via Cagliari 21; Menüs 25–30 €; ⊙ Mo–Sa). Namensgeber ist der berühmte Chef des Restaurants, der 13 verschiedene Arten von Ravioli von Hand herstellt. Eines dieser Ravioligerichte sollte man unbedingt probieren und vielleicht auch *mazzamurru* verkosten, das aus altbackenem Brot in einer Fleisch- und Käsesauce besteht. Auch die Antipasti sind vorzüglich, etwa gebackener wilder Spargel oder Prosciutto mit eingelegten Kaktusfeigen. Unter den Hauptgerichten stechen das Fohlensteak und das *tagliata* aus Rindfleisch hervor. Aromatischer lokaler Käse bildet den kulinarischen Abschluss. Die Weinkarte ist gut sortiert, und es gibt eine Auswahl heimischer Biere.

ARST-Busse fahren von Cagliari nach Uta (1,50 €, 45 Min., 10-mal tgl., So 3-mal), die Kirche ist allerdings einen halbstündigen Fußmarsch von der Innenstadt entfernt. In San Sperate hält stündlich ein Bus aus Cagliari (1,50 €, 30 Min.). Nach Castello di Acquafredda kommt man nur mit dem eigenen Fahrzeug, es fahren keine öffentlichen Busse.

Sanluri

8570 EW.

Eine der größten Städte in der Provinz Medio Campidano ist Sanluri, ein florierendes Landwirtschaftszentrum. Im 14. Jh. lebte Königin Eleonora d'Arborea für eine Weile hier, und die Stadt spielte eine Schlüsselrolle im Kampf gegen die Eroberungsfeldzüge der katalanischen Aragonier. 1409 wurde der Widerstand der Insel durch die Schlacht von Sanluri endgültig gebrochen, und der Weg für eine jahrhundertelange iberische Herrschaft war frei. Leider ist vom alten Glanz der Stadt nur noch wenig zu sehen, abgesehen von Eleonoras plumpem, düsterem Schloss, in dem die Königin einst residierte.

Im unweit der Hauptdurchgangsstraße Via Carlo Felice gelegenen Kastell befindet sich heute das **Museo Risorgimentale Duca d'Aosta** (☎070 930 71 05; Via Generale Nino Villa Santa 1; Erw./erm. 6/4 €; ☉Sommer Di–Mo 16.30–21, So 10–13 & 16.30–21 Uhr, Winter So 9.45–13 & 15–19 Uhr) und dessen interessante und gut sortierte Militaria-Sammlung. Im Garten sind ein Katapult aus dem Mittelalter, ein Torpedo und zwei Geschütze ausgestellt. Drinnen findet man ein beeindruckendes Sammelsurium von Ausstellungsstücken: von alten Möbeln bis zu militärischen Exponaten zu verschiedenen modernen Konflikten.

Ein Stückchen weiter – man überquert die Via Carlo Felice, folgt der Via San Rocco ein paar Hundert Meter und biegt dann nach links ab, um zu dem Franziskanerkloster auf der Anhöhe zu gelangen – befindet sich das **Museo Etnografico Cappuccino** (☎070 930 71 07; Via San Rocco 6; Eintritt 3 €; ☉nur nach Absprache). Auch hier wird eine bunte Mixtur ausgestellt, darunter Obsidianpfeilspitzen und Münzen aus der Römerzeit, landwirtschaftliche Geräte, Uhren und religiöse Kunstwerke.

Zwischen Sanluri und Cagliari (3 €, 1 Std.) verkehren zahlreiche ARST-Busse.

Sardara

4270 EW.

Das rund 8 km nordwestlich von Sanluri an der SS131 gelegene Sardara ist ein verschlafenes Dorf mit einem reizenden Ortskern mit Steingebäuden. Mitten im Dorf ragt die **Chiesa di San Gregorio** (Piazza San Gregorio) in den Himmel, ein hervorragender Orientierungspunkt. Sie wurde zwischen 1300 und 1325 als romanisch-gotischer Stilmix errichtet und besitzt eine hohe, etwas abweisend wirkende Fassade und eine herrliche Fensterrosette.

Weiter oben am Hang im **Civico Museo Archeologico Villa Abbas** (☎070 938 61 83; www.coopvillabbas.sardegna.it, auf Italienisch; Piazza Liberta 7; Eintritt 2,60 €, inkl. Chiesa di Sant'Anastasia 4,50 €; ☉Sommer Di–So 9–13 & 17–20 Uhr, Winter 9–13 & 16–19 Uhr) sind Fundstücke aus der Region zu sehen. Zu den kostbarsten Exponaten zählen zwei Bronzestatuetten, die 1913 am Ortsrand von Sardara gefunden wurden und aus dem 8. Jh. v. Chr. stammen. Draußen, gleich hinter dem Museumsgebäude befindet sich die Ausgrabungsstätte Sa Costa.

Noch mehr Interessantes für Hobby-Archäologen wartet nur ein paar Hundert Meter entfernt bei der **Area Archeologico & Chiesa di Sant'Anastasia** (☎070 938 61 83; www.coopvillabbas.sardegna.it, auf Italienisch; Piazza Sant'Anastasia; Eintritt inkl. Civico Museo 4,50 €; ☉Sommer Di–So 9–13 & 17–20 Uhr, Winter Di–So 9–13 & 16–19 Uhr). Die kleine gotische Kirche steht im Zentrum eines Geländes, auf dem sich vor langer Zeit ein sehr viel größerer nuraghischer Tempelkomplex ausbreitete. Sein Allerheiligstes war ein unterirdischer Brunnentempel, der sogenannte *Sa funtana de is dolus* (Schmerzensbrunnen). Der Zugang befindet sich unterhalb der Kirche (wenn man vor dem Kirchentor steht, den linken Eingang nehmen).

Ein paar Kilometer westlich der Stadt (auf der anderen Seite der SS131) liegt **Santa Maria de Is Acquas**, seit den Zeiten der Römer ein Thermalbad. Rund 4 km südlich davon führt ein Feldweg zu den Mauern des **Castello Monreale**. Es wurde vom Gouverneur von Arborea erbaut und nach der Schlacht von Sanluri kurzfristig als Rückzugsgebiet von den geschlagenen Truppen von Brancaleone Doria genutzt. 1478 nahmen es die katalanischen Aragonier zeitweilig in Beschlag, aber danach blieb es dem Verfall überlassen. Einige der farbenfrohen mittelalterlichen Keramiken und andere Dinge, die auf dem Schlossgelände ausgegraben wurden, sind im Museum von Sardara ausgestellt.

Unterkünfte sind in Sardara spärlich gesät. Aber die Stadt ist nur einen Katzensprung von Cagliari entfernt, und es bestehen regelmäßige ARST-Busverbindungen mit der Hauptstadt (4 €, 1¼ Std., Mo–Sa 12-mal tgl., So 4-mal).

LA MARMILLA

Nordöstlich von Sardara zeigt die Landschaft wieder ein freundlicheres Gesicht, denn die staubige Ebene weicht langsam den geschwungenen grünen Hügeln von La Marmilla. Diese flachen Erhebungen gaben der Landschaft ihren Namen – *marmilla* ist abgeleitet von *mammellare*, was so viel bedeutet wie „geformt wie eine Brust". Es ist eine idyllische Schäferregion mit einem behäbigen bäuerlichen Leben. Gleichzeitig ist La Marmilla aber auch eine der Gegenden Sardiniens mit den meisten archäologischen Schätzen. Hier, im Schatten der flachen Hochebene La Giara di Gesturi, liegt der berühmteste Nuraghen-Komplex der Insel, die in die Liste der Unesco-Kulturerbestätten aufgenommene Nuraghe Su Nuraxi.

Villanovaforru & Nuraghe Genna Maria

690 EW.

An der Südausläufer von La Marmilla schmiegt sich Villanovaforru, ein hübsches, gepflegtes Dörfchen mit archäologischen Highlights, die Wagenladungen von Besuchern anziehen. Das Dorf selbst ist mit einem lohnenswerten Museum gesegnet, und nicht weit entfernt liegt die wichtige Nuraghen-Siedlung Genna Maria.

Das **Museo Archeologico** (☏070 930 00 50; Piazza Costituzione 4; Eintritt 3,50 €, inkl. Nuraghe 5 €; ☺Sommer Di–So 9.30–13 & 15.30–19 Uhr, Winter bis 18 Uhr) ist mitten im Dorf in einem attraktiven Palazzo aus dem 19. Jh. untergebracht. Mit Fundstücken aus vielen Ausgrabungsorten der Umgebung, einschließlich Su Nuraxi und Genna Maria, gibt es einen guten Überblick über die Frühgeschichte der Gegend. Die Exponate, darunter enorme Amphoren und andere Gefäße, Öllampen, Schmuck und Münzen, decken die gesamte nuraghische Zeit ab.

In der **Sala delle Mostre** (Eintritt 1,50 €; ☺Sommer Di–So 9.30–13 & 15.30–19 Uhr, Winter bis 18 Uhr) neben dem Museum werden oft Wanderausstellungen zur Lokalgeschichte und dem Leben in der Region gezeigt.

Die Anlage der **Nuraghe Genna Maria** (☏070 930 00 50; Eintritt 2,50 €, inkl. Museo Archeologico 5 €; ☺Sommer Di–So 9.30–13 & 15.30–19 Uhr, Okt., Feb. & März bis 18 Uhr, Winter 9.30–13 & 14.30–17 Uhr) ist als Parco Archeologico ausgeschildert und befindet sich rund 1 km außerhalb des Dorfes an der Straße nach Collinas. Die *nuraghe* ist nicht viel mehr als ein Schutthaufen, für Archäologen aber eine der wichtigsten Stätten auf der Insel. Die Anlage besteht aus einem zentralen Turm, um den später die dreieckige Festung errichtet wurde. Viel später errichtete man rings um das Areal eine runde Mauer, die ein eisenzeitliches Dorf schützen sollte, aber davon ist kaum noch etwas zu sehen.

Im Nordosten des Dorfes verweist ein Schild an der Straße nach Lunamatrona auf das **Museo del Territorio Sa Corona Arrùbia** (☏070 934 10 09; www.museosacoronarrubia.it; Localita Lunamatrona; Eintritt 8 €, inkl. Sessellift 10 €; ☺Di–Fr 9–13 & 15–19, Sa & So 9–19 Uhr). Hier sind Nachbildungen von vier unterschiedlichen natürlichen Lebensräumen mit der Flora und Fauna der Region zu sehen. Aber das Beste ist die *seggiovia* (Sessellift), der die Passagiere im Handumdrehen zu einer Aussichtsplattform auf dem Giara di Siddi bringt.

Unter der Woche kommen hier ARST-Busse aus Cagliari an (4 €, 1½ Std.). Außerdem bestehen Busverbindungen mit Sardara (1 €, 15 Min., Mo–Sa 5-mal) und Sanluri (1 €, 15 Min., Mo–Sa 3-mal).

Las Plassas

Eine Strecke mit engen Kurven nordöstlich von Villanovaforru führt in Richtung Barumini. Schon lange vorher sind auf einem kegelförmigen Berg neben dem Weiler Las Plassas die bröckligen Mauern des **Castello di Marmilla** aus dem 12. Jh. zu sehen. Das Schloss war einst Teil der Festung, die im Mittelalter von den Herrschern von Arborea auf der Grenze zur Provinz Cagliari errichtet wurde.

Wer die Ruinen des Kastells besichtigen möchte, biegt am Ortseingang von Las Plassas nach links (Richtung Tuili) ab. Auf der linken Seite führt dann ein Fußpfad hinauf auf den Berg.

Die Einheimischen haben sich jahrhundertelang kaum um die Steintürme gekümmert, die überall auf der Insel zu finden sind, und wenn, dann dienten sie als einfache Unterstände für die Hirten. Doch vor 70 Jahren erbrachten Radiokohlenstoffmessungen die Erkenntnis, dass es sich um befestigte Siedlungen der Bronzezeit handelte, zumeist zwischen 1800 und 500 v. Chr. errichtet. Da es keine schriftlichen Quellen gibt, vermuten die Wissenschaftler, dass die frühen Bewohner Sardiniens keine Schriftsprache besaßen. So erlauben die *nuraghi* (Steintürme) und *tombe dei giganti* (prähistorische Großgräber, wörtlich „Gräber der Riesen") einen seltenen Einblick in die Zivilisation der Nuraghen.

Auf Sardinien soll es bis zu 7000 *nuraghi* geben, die Zahl wäre wahrscheinlich doppelt so hoch, zählte man jene mit, die noch nicht ausgegraben wurden. Über ihre tatsächliche Funktion gibt es unterschiedliche Meinungen, doch die wahrscheinlichste ist, dass sie für verschiedene Zwecke genutzt wurden: als Wachtürme, sakrale Räume für religiöse Riten und als Versammlungsorte für Festlichkeiten oder den Warenaustausch. Man könnte sie, etwas salopp, als eine Art prähistorische Gemeindezentren umschreiben.

Die ältesten *nuraghi* waren einfache, freistehende Bauten mit einem Innenraum. Mit der Zeit wurden sie immer größer und komplexer; sie enthielten aufwendige Räume und labyrinthähnliche Durchgänge. Mit 25 m Höhe ist die Nuraghe Santu Antine das höchste, erhaltene bronzezeitliche Bauwerk. Schließlich wurden Mauern um die Türme errichtet, und die Menschen ließen sich innerhalb dieses geschützten Raums nieder. Der spektakulärste Komplex dieser Art ist die an einen Bienenstock erinnernde Nuraghe Su Nuraxi unweit von Barumini.

Barumini

1380 EW.

Die Straße führt von Las Plassas durch eine gewellte Landschaft nach Barumini, ein Dorf aus Steinhäusern und stillen Gassen. Die winzige **Chiesa di Santa Tecla** an der Kreuzung im Dorfzentrum stammt aus dem 17. Jh. und schmückt sich mit einer hübschen Fensterrosette.

Der nahe Museumskomplex **Polo Museale Casa Zapata** (☎070 936 81 28; Piazza Giovanni XXIII; Eintritt 7 €, inkl. Nuraghe Su Nuraxi 10 €; ◷10–13.30 & 15–19.30 Uhr) ist reizvoll in der aus dem 16. Jh. stammenden Residenz der spanischen Familie Zapata untergebracht. Die weiß gekalkte Villa wurde über einer Nuraghen-Siedlung aus dem 1. Jt. v. Chr. errichtet, die nun geschickt in die Ausstellung einbezogen ist. Gezeigt werden auch Artefakte aus dem nahe gelegenen Nuraghenkomplex Su Nuraxi. Eine Abteilung widmet sich der Zapata-Dynastie, die La Marmilla im 16. Jh. beherrschte. Auch landwirtschaftliches Gerät und einige Musikinstrumente werden ausgestellt.

1 km westlich des Dorfes präsentiert der **Parco Sardegna in Miniatura** (☎070 936 10 04; www.sardegnainminiatura.it, auf Italienisch; Erw./erm. 12/10 €; ◷ Mo–Sa 9–17, So 9–18 Uhr) die Insel im Miniaturformat. Für die Kinder gibt es einen Spielplatz und zahlreiche Picknicktische.

Nuraghe Su Nuraxi

Sardiniens einzige Unesco-Welterbestätte und die berühmteste *nuraghe* der Insel ist **Nuraghe Su Nuraxi** (http://whc.unesco.org/en/list/833; Erw./erm. 7/5 €, inkl. Polo Museale Casa Zapata 10/8 €; ◷Führungen alle 30 Min., 9–13 & 14–19 Uhr) etwa 1 km westlich von Barumini an der Straße nach Tuili. Die Besichtigung erfolgt im Rahmen einer Führung (meist in italienischer Sprache); zur Erläuterung ist ein englischsprachiges Informationsblatt erhältlich. Im Sommer bilden sich lange Warteschlangen. Achtung: Auf dem schattenlosen Gelände kann es extrem heiß werden.

Den Mittelpunkt der Nuraghen-Anlage bildet der Turm, der früher drei Stockwerke umfasste und stattliche 20 m hoch war. Forscher datieren ihn auf ca. 1500 v. Chr. Ursprünglich stand der Bau verlassen und majestätisch in der Einsamkeit, später kamen noch vier weitere Türme hinzu. Im Jahr 1000 v. Chr. wurden diese dann durch eine Mauer verbunden.

Die ersten Dorfgebäude entstanden in der Eisenzeit zwischen dem 8. und 6. Jh. v. Chr. Die miteinander verbundenen Rundhütten sind heute als Wabenmuster zu erkennen, das den Berghang überzieht. Als das Dorf zu wachsen begann, wurde um den innersten Kern ein widerstandsfähigerer Mauerring errichtet. Er besaß neun mit Schießscharten (für Bogenschützen) versehene Rundtürme. Es wurden auch Waffen ausgegraben, die wie massive Steinbälle geformt sind.

Im 7. Jh. v. Chr. wurde die Stätte teilweise zerstört, aber nicht aufgegeben. Im Gegenteil, sie breitete sich aus und war auch zu Zeiten der Römer noch bewohnt. Zudem konnte belegt werden, dass die Siedlung bereits über ein rudimentäres Be- und Entwässerungssystem verfügte.

Wiederentdeckt wurde Su Nuraxi 1949 von Giovanni Lilliu (Sardiniens berühmtestem Archäologen) unmittelbar nach sintflutartigen Regenfällen. Sie hatten den dichten Erdbelag über dem *nuraghe*-Komplex weggeschwemmt, der ihn wie einen ganz gewöhnlichen Marmilla-Hügel hatte aussehen lassen. Die Ausgrabungen dauerten sechs Jahre, und heute ist die Anlage die einzige komplett freigelegte *nuraghe* auf Sardinien. Beim Anblick der unzähligen Steinziegel, die zur Befestigung in die Bauwerke eingefügt wurden, bekommt man eine Ahnung davon, wieviel Arbeit in die Restaurierung investiert wurde. Die Steine ließ man absichtlich etwas herausragen, damit sie vom ursprünglichen Baumaterial – Basaltgestein – besser zu unterscheiden sind.

La Giara di Gesturi

Das 5 km westlich von Barumini gelegene Dorf **Tuili** ist eines der Hauptzugangstore zur Giara di Gesturi, einer Hochebene, die sich drohend über die Landschaft erhebt. Das eindrucksvolle, 45 km² große Areal, das hauptsächlich mit *macchia* und kleinen Korkeichen bewachsen ist, bietet den sardinientypischen langhörnigen roten Ochsen und den endemischen wilden *cavallini* („Miniaturpferde") eine Zuflucht.

Die Pferde lassen sich am besten frühmorgens oder spätnachmittags an den saisonalen Wasserstellen beobachten, den so genannten *pauli* (z. B. Pauli Maiori). Im Winter sind die flachen Tümpel fast immer mit Wasser gefüllt, aber in den wärmeren Monaten verdunstet das meiste. Im Umkreis einiger *pauli*, z. B. beim Pauli S'Ala de Mengianu, bahnt sich das Wasser aus dem unterirdischen Basaltgestein in Blubberbla-

sen seinen Weg nach oben. Dort stillen die Pferde dann ihren Durst.

Auf dem Plateau herrscht ein besonderes Mikroklima, das eine ganz eigene Pflanzenwelt hervorbringt. Die beste Zeit für einen Besuch ist der Frühling, wenn Heidekraut den Boden bedeckt und 15 verschiedene **Orchideenarten** blühen. Die Giara di Gesturi ist ein interessantes Wandergebiet; Pfade überziehen das Plateau, und ein paar Holperpisten sind sogar befahrbar. Hin und wieder taucht an den Wegen eine *pinedda* (strohgedeckte Schäferhütte) auf.

Infos gibt es bei der **Touristeninformation** (☎070 936 30 23; www.prolocotuili.it; Via Amsicora 3; ⊙9–19 Uhr) in Tuili. Dort bieten auch verschiedene Veranstalter professionell geleitete Exkursionen an, darunter **Jara Escursioni** (☎070 936 42 77, 3482 9249 83; www.parcodellagiara.it, auf Italienisch; Via Tuveri 16). In der Nähe von Barumini veranstaltet **Sa Jara Manna** (☎070 936 81 70; www.sajaramanna.it; SS197 Km 44) diverse Pauschaltouren, entweder zu Fuß (46 € für einen halben Tag in einer Gruppe von maximal 25 Teilnehmern) oder per Allradfahrzeug (115 € für einen halben Tag). Außerdem verleiht dieser Anbieter Mountainbikes (9 € für einen halben Tag). Ein Halbtage- oder Ganztagesausflug beinhaltet eine Schäfermahlzeit auf der Hochebene in einer alten *pinedda*.

Vor dem Aufbruch in die Giara sollte man sich aber noch Zeit für die Besichtigung der **Chiesa di San Pietro** in Tuili nehmen. Sie beherbergt einige äußerst erlesene Kunstwerke, darunter einen wunderbaren *retablo* (Altaraufsatz), der im Jahr 1500 vom Maestro di Castelsardo angefertigt wurde. Wer hinein will, muss sich an die Touristeninformation wenden.

In die Giara gelangt man auch über Setzu und, weiter östlich, über Gesturi. Wer aus **Setzu** kommt, biegt nördlich der Stadt sofort nach rechts ab. Die Straße schlängelt sich 3 km weit über das Hochplateau; am Kilometerstein 2 erscheint auf der linken Seite bei Sa Domu de S'Orcu die *tomba di gigante* (wörtlich „Grabstätte des Riesen"), ein antikes Massengrab. Die Asphaltstrecke reicht nur bis zum Eingang des Parco della Giara, aber auf dem Schotterweg kommt man auch mit einem normalen Auto (langsam) bis zum Gesturi-Ausgang.

Am Südostzipfel der Giara, 5 km oberhalb von Barumini, liegt Gesturi. Der Ort wird überschattet von der gewaltigen, aus dem 17. Jh. stammenden **Chiesa di Santa Tere-**

sa d'Avila. Gläubige strömen in Scharen zu dieser Wallfahrtskirche, um den bekanntesten Sohn Gesturis zu würdigen: Fra Nicola „Silencio" (1882–1958). Der Franziskanermönch tat sich durch seine religiöse Hingabe, Weisheit und anspruchslose Lebensführung hervor. Seine Heiligsprechung im Jahr 1999 erfüllte die Bürger von Gesturi mit großem Stolz. Sie schmückten ihre ganze Stadt mit Wandgemälden und eindrucksvollen Porträts des Mannes, den sie nur „Bruder Schweigsam" nannten.

Unter der Woche fahren zwei ARST-Busse täglich von Cagliari nach Tuili (4,50 €, 1½ Std.), ansonsten braucht man einen eigenen fahrbaren Untersatz.

Oristano & der Westen

Gut essen

» Peschiera Pontis (S. 99)
» Desogos (S. 108)
» Il Caminetto (S. 99)
» Trattoria Gino (S. 95)
» Sa Pischedda (S. 104)

Schön übernachten

» Hotel Lucrezia (S. 227)
» Corte Fiorita (S. 228)
» Eleonora B&B (S. 227)
» Mandra Edera (S. 228)

Auf nach Oristano & in den Westen!

In diesem Teil der Insel, in dem die Feuchtgebiete entlang der Küste von windumtosten Berggipfeln begrenzt werden, kommen Naturliebhaber voll auf ihre Kosten. Die örtliche Tierwelt ist artenreich, immer wieder lassen sich Rosaflamingos an den silbrig glänzenden Lagunen sehen. Auch Reitmöglichkeiten gibt es zuhauf. Im Westen befinden sich einige der schönsten Strände Sardiniens, das Spektrum reicht von wilden, entlegenen Küstenabschnitten bis hin zu den von Wassersportlern vielbesuchten Stränden.

Auch Gourmets lieben diese Gegend: Oristano ist berühmt für seinen Vernaccia, aus dem Monti Ferru stammen ein prämiertes Olivenöl und das Fleisch für die *bue-rosso*-Steaks. Rund um das Dorf Milis reifen Orangen, und die Halbinsel Sinis wirbt mit der besten *bottarga* (Meeräschenrogen) der Insel. Auch Geschichtsinteressierte bekommen viel geboten: Römische Ruinen und beeindruckende uralte *nuraghi* liegen verstreut in der grünen Landschaft.

Im Herzen der Region liegt Oristano, eine der großartigen alten Städte der Insel. Als wichtige Marktstadt mit wunderschönem, historischem Stadtkern bietet es gute Restaurants und eine überschwängliche Atmosphäre. Nimmt man noch die antike Schönheit von Bosa hinzu, ist der Westen das perfekte Reiseziel.

Reisezeit

Wer die Rosaflamingos auf der Halbinsel Sinis sehen möchte, kommt am besten im Januar. Der Karneval von Oristano, Sa Sartiglia, ist der farbenfrohste der Insel. Er findet im Februar statt, direkt gefolgt vom *martedì grasso* in Bosa, einem unterhaltsamen und zuweilen bizarren Fest. Anschließend prägen Osterfeierlichkeiten das Leben der Region. Die warme Sonne lädt besonders im Mai und Juni zum Sonnenbaden ein, im August folgt die viertägige Festa di Santa Maria del Mare in Bosa. Im September kommen Zuschauer von überall zur Festa di San Salvatore, um das legendäre Barfußrennen von Oristano nach San Salvatore zu sehen.

Highlights

1 Der herrliche Ausblick vom **Monti Ferru** (S. 105)

2 Ein Tag am Strand von **Is Aruttas** (S. 100), der für seinen weißen Quarzsand berühmt ist

3 Ein Besuch der windumtosten Ruinen der antiken Stadt **Tharros**, die zu einer gedanklichen Zeitreise einladen (S. 100)

4 In **San Salvatore** wie ein Film-Cowboy umherstolzieren (S. 99)

5 Der Karnevalstrubel von Oristanos

6 **Sa Sartiglia** (S. 95) Besuch des aufregenden Pferderennens in Sedilo, das im Rahmen des **S'Ardia** (S. 109) veranstaltet wird

7 Eine Kanutour ab **Bosa** (S. 102) auf dem Fiume Temo, dem einzigen befahrbaren Inlandsfluss Sardiniens

8 Besichtigung der **Nuraghe Losa** (s. S. 110) – Geschichte aus erster Hand

ORISTANO

33 000 EW.

Dank der eleganten Einkaufsstraßen, den stolzen Plätzen und beliebten Cafés sowie mehreren guten Restaurants lässt es sich in Oristanos schicker und lebendiger Altstadt wunderbar aushalten. Es gibt mit Ausnahme von ein paar Kirchen und einem interessanten archäologischen Museum nicht sehr viel zu sehen, dafür bietet sich die Stadt als Standort für Ausflüge in die Umgebung an.

Geschichte

Das flache, fruchtbare Land rund um Oristano war bereits ein Zentrum der Nuraghen-Kultur. Bedeutend wurde das Gebiet jedoch erst durch die Phönizier. Nach ihrer Ankunft im 8. Jh. v. Chr. gründeten sie die Stadt Tharros, die später unter den Römern florierte und de facto Hauptstadt des sardischen Westens wurde.

Doch 1070 waren ihre Bewohner die Sarazenen-Angriffe leid und wählten Aristianis (das heutige Oristano) im Binnenland zu ihrem neuen Wohnort, da es besser zu verteidigen war. Die Stadt entwickelte sich zur Hauptstadt des Giudicato d'Arborea, einer der vier unabhängigen Provinzen Sardiniens. Von hier aus regierte Eleonora von Arborea (1340–1404) das Land. Die Heldin, die oft mit Johanna von Orleans verglichen wird, führte im 14. Jh. Krieg gegen die Spanier und verfasste die Carta de Logu (Gesetzbuch; s. S. 249). Als sie an der Pest starb, erlahmte der Widerstand gegen die Spanier, und Oristano wurde dem aragonischen Rest der Insel angegliedert. Der Handel brach ein, Pest und Hunger wüteten, und eine harte Zeit begann.

Der Bau der Straße von Cagliari nach Porto Torres in den 1820er-Jahren und Mussolinis Programm zur Landgewinnung brachten Oristano den ersehnten Aufschwung.

◉ Sehenswertes

Oristanos Hauptsehenswürdigkeiten befinden sich alle innerhalb des historischen Stadtkerns, dem hübschen *centro storico* mit Steinhäusern, sonnigen Plätzen und barocken Straßen.

Duomo
DOM

(Piazza Duomo) Die Silhouette von Oristano wird vom Zwiebelturm des Duomo beherrscht. Er gehört zu den Überresten der Kathedrale aus dem 14. Jh., die ihrerseits nach dem Vorbild einer Kirche erbaut wur-

de, die Ende des 12. Jhs. abgebrannt war. Der freistehende *campanile* (Glockenturm) mit seiner auffälligen Majolikakuppel verleiht dem Komplex, der ansonsten eindeutig im Stil des Barocks aus dem 18. Jh. erbaut wurde, ein exotisches, byzantinisches Flair.

Der Stil im Inneren ist barock – nur die Apsis und die Cappella del Rimedio stammen noch aus dem gotischen Originalbau. Letztere enthält die hölzerne Skulptur *Annunziata* oder *Madonna del Rimedio,* die der toskanische Bildhauer Nino Pisano im 14. Jh. geschaffen haben soll.

Chiesa di San Francesco
KIRCHE

(Via Sant'Antonio) Entworfen wurde die neoklassizistische Kirche von Gaetano Cima (1805–78), einem Architekten aus Cagliari. Die berühmte Holzfigur *Crocifisso di Nicodemo* aus dem 14. Jh. gilt als eine der wertvollsten sardischen Holzschnitzereien. Aufmerksamkeit verdient auch die Altartafel von Pietro Cavaro in der Sakristei, sie stammt aus dem 16. Jh.

Piazza Eleonora d'Arborea & Umgebung
PIAZZA

Die Piazza Eleonora d'Arborea, Oristanos elegantes Freiluft-Wohnzimmer, liegt am südlichen Ende des Corso Umberto I, der inzwischen zur Fußgängerzone erklärt wurde. Der beeindruckende, rechtwinklige Platz füllt sich an warmen Sommerabenden mit Einheimischen, die sich dort auf einen Plausch treffen, während ihre Kinder Fußbälle gegen die strahlenden Palazzi schießen. Seit dem 19. Jh. ist die Piazza der zentrale Platz der Stadt, sie wird von vornehmen Gebäuden umgeben, darunter auch dem neoklassizistischen **Municipio** (Rathaus). In der Mitte des Platzes steht eine prächtige **Statue von Königin Eleonora** aus dem 19. Jh. Die hebt ihren Finger, als ob sie gerade zu einer politischen Rede ansetzen wol-

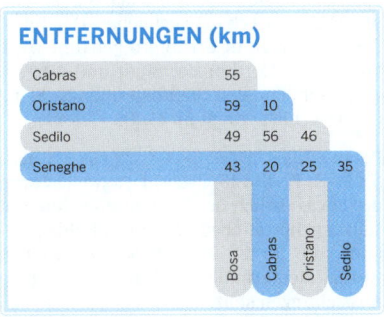

ENTFERNUNGEN (km)			
Cabras	55		
Oristano	59	10	
Sedilo	49	56	46
Seneghe	43	20	25	35
	Bosa	Cabras	Oristano	Sedilo

Oristano

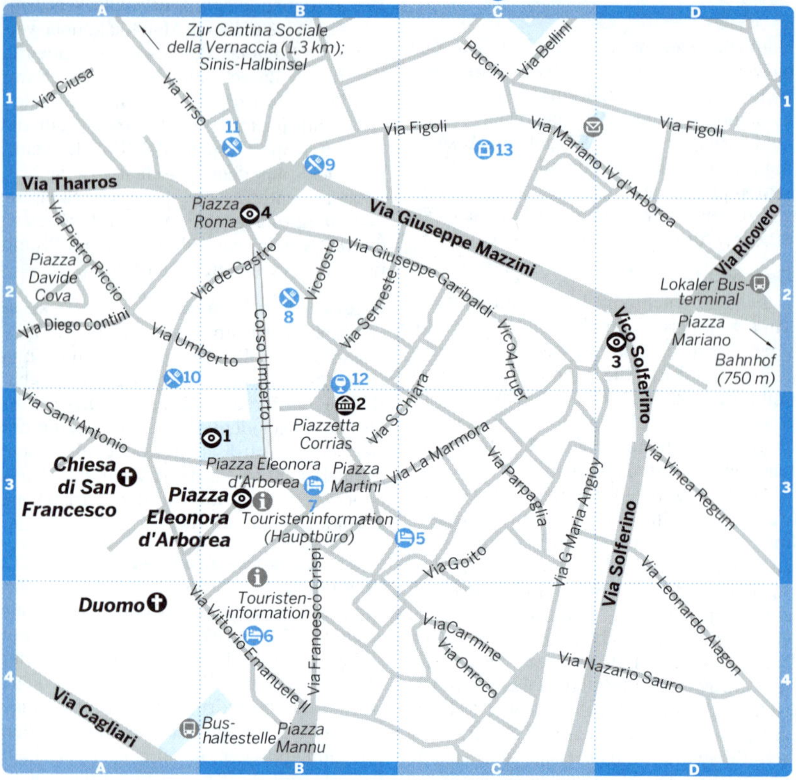

le. Wer auf ein Schnäppchen aus ist, sollte den **Antiquitätenmarkt** besuchen, er findet jeden ersten Samstag im Montag statt und verwandelt die Piazza in einen bunten Kunst- und Trödelmarkt.

Torre di Mariano II TURM

(Piazza Roma) Außer diesem Turm aus dem 13. Jh. ist nur wenig von der mittelalterlichen Stadt, die einst von einer Stadtmauer umgeben war, erhalten geblieben. Der Turm, der auch Torre di Cristoforo genannt wird, bildete das Nordtor der Stadt und war ein wichtiger Teil der Stadtbefestigung. Seine Glocke erhielt er erst im 15. Jh.

Portixedda TURM

(⏲Di–So 10–12 & 16–19 Uhr) Der zweite Turm, der etwas östlich der Via Giuseppe Mazzini steht, gehörte ebenfalls zur Stadtbefestigung, die im 19. Jh. größtenteils zerstört wurde. Heute finden im Turm wechselnde Ausstellungen statt.

Museo Antiquarium Arborense MUSEUM

(☎0783 79 12 62; www.antiquariumarborense.it; Piazzetta Corrias; Erw./erm. 3/1 €; ⏲tgl. 9–14 & 15–20 Uhr) Oristanos einziges Museum präsentiert in einem schmucken Palazzo eine der beeindruckendsten archäologischen Sammlungen der Insel.

Die Dauerausstellung im Obergeschoss zeigt ein maßstabsgerechtes Modell von Tharros aus dem 4. Jh. Neben prähistorischen Funden von der Halbinsel Sinis (Speerspitzen und Äxte aus Obsidian und Feuerstein sowie Knochen und Schmuckfragmente) sind interessante Stücke aus dem karthagischen und römischen Tharros zu bestaunen (v. a. Keramiken, aber auch Glaswaren, Öllampen und Amphoren sowie Töpfe, Teller und Schalen).

Ein Nebenraum der Haupthalle birgt eine kleine Sammlung von *retabli* (Altargemälden) und ein Modell von Oristano im 13. Jh. Die Serie *Retablo del Santo Cristo* (1533) aus

Oristano

der Werkstatt von Pietro Cavaro zeigt eine Gruppe Heiliger, die auf den ersten Blick ziemlich glücklich wirken. Doch wer genau hinschaut, entdeckt ganz schauerliche Folterinstrumente in ihren Köpfen, Hälsen und Herzen.

 **Feste**

Sa Sartiglia · KARNEVAL

(www.sartiglia.info) Oristanos Karneval ist der farbenfroheste der Insel und zieht jeden Februar Hunderte kostümierter Teilnehmer an. Zum Festprogramm gehören mittelalterliche Ritterspiele, Pferderennen und unglaubliche akrobatische Reitvorführungen (s. Kasten S. 96).

✖ Essen & Ausgehen

Oristano ist eine tolle Stadt, um zum Essen zu gehen, besonders wenn man Seafood mag. Es gibt eine beachtliche Auswahl an günstigen Restaurants. Und die Lagune Stagno di Cabras sowie dem Golfo di Oristano liefern stets die frischesten Meeresfrüchte. Eine der örtlichen Spezialitäten ist Meeräsche (*muggine*) – auch *pesce di Oristano* (Oristanofisch) genannt. Sie kommt häufig als *mrecca* (gekocht und im

Seegrasmantel getrocknet und gesalzen) auf den Tisch. Gegrillter Aal und *patelle* (schneckenähnliche, dunkle Muscheln) sind ebenfalls außerordentlich beliebt.

📋 Trattoria Gino · TRATTORIA €€

(📞0783 7 14 28; Via Tirso 13; Menüs um 27 €; 🕐Mo-Sa) Eine wundervoll schlichte Trattoria mit einem schönen Speiseraum. Die Qualität des Essens ist der Grund, warum sich Ginos seit den 1930er-Jahren bei den Gästen ungebrochener Beliebtheit erfreut. Zu empfehlen sind die einfachen, duftenden Salbei- und Ricotta-Ravioli, gefolgt von *seppia* (Tintenfisch) vom Kohlegrill, gespickt mit frischen Kirschtomaten. Beim Zitronensorbetto sollte man aufpassen – es ist mit Wodka verfeinert!

Ristorante Craf · RESTAURANT €€

(📞0783 7 06 69; Via de Castro 34; Menüs um 35 €; 🕐Mo-Sa) Das Restaurant in einer ehemaligen Kornkammer ist bei den Einheimischen sehr beliebt. Das Backsteingewölbe und die folkloristische Dekoration rufen bei den Gästen ganz unterschiedliche Gefühle hervor: Die einen empfinden es als klaustrophobisch eng, die anderen als sehr gemütlich. Auf der Karte finden sich hauptsächlich herzhafte ländliche Gerichte wie *panne frattau* (sardische Brotsuppe), Pasta mit Hülsenfrüchten, gegrilltes Fleisch (z. B *asinello* – Esel) und die hausgemachten *amaretti* (Mandelgebäck).

Antica Trattoria del Teatro · TRATTORIA €€

(📞0783 7 16 72; Via Parpaglia 11; Gerichte ca. 40 €; 🕐Mo-Sa) Dieses gemütlich restaurierte Restaurant im *centro storico* ist der ideale Ort, um etwas Neues zu probieren. Wie wäre es mit *panada di anguille*, eine Art deftige Aalpastete mit geriebenem *casizolu*-Käse. Auf der Karte stehen zahlreiche Käse- und Biersorten.

La Torre · PIZZERIA, RESTAURANT €

(📞0783 30 14 94; Piazza Roma 52; Pizzas 6,50 €, Menüs um 25 €; 🕐Di-So) Das Ambiente macht nicht viel her, die Pizza ist aber die beste der Stadt. Wer darauf keine Lust hat, findet außerdem Pasta und Gerichte vom Grill auf der Karte. Am Wochenende ist immer viel los.

Lola Mundo · BAR €

(Piazzetta Corrias 14; Getränke ab 1,50 €; 🕐Mo-Sa) Im historischen Stadtkern wimmelt es nur so vor Bars und Cafés, diese hier ist die beliebteste. Mit den Sitzplätzen an der

SA SARTIGLIA: ORISTANOS MARDI GRAS

Sa Sartiglia ist das farbigste und am sorgfältigsten choreographierte Fest Sardiniens. Seine Ursprünge sind nicht bekannt, die gottähnliche zentrale Figur des Su Cumpoidori deutet jedoch auf ein heidnisches Ritual hin. Die Ritterspiele und Kostüme sind wiederum sichtbar spanischen Ursprungs und wurden wahrscheinlich von den *giudici* (Provinzgouverneuren) eingeführt, die am Hof von Aragon ausgebildet wurden. Das Wort „Sartiglia" stammt vom kastilischen *sortija* (Ring) ab. Mittelpunkt des Fests ist ein mittelalterliches Lanzenstechen, bei dem der Su Cumpoidori, der König des Sartiglia, einen aufgehängten Stern (Ring) durchbohren muss. Sowohl die jungfräulichen Bräute, die den Su Cumpoidori ankleiden, als auch sein Erscheinungsbild als zwitterähnliche Gottheit und das Werfen von Korn deuten auf alte Fruchtbarkeitsriten hin, mit denen der Frühling angekündigt wurde.

Das Fest findet an zwei Tagen statt, und zwar am letzten Sonntag und Dienstag (martedi grasso) vor Aschermittwoch. Um 12 Uhr wird Su Cumpoidori „geboren". Er sitzt auf einem Tisch (dem Altar) und wird von den *sas massaieddas* (jungfräuliche Mädchen) ehrfürchtig angekleidet und maskiert. Ab jetzt darf er den Boden nicht mehr berühren und wird zu seinem Pferd getragen, das fast so aufwendig geschmückt ist wie er selbst. Die weiße Maske des Su Cumpoidori umrahmt eine steife Mantilla, darauf kommt ein schwarzer Zylinder. In seiner Hand trägt er ein mit Veilchen und Immergrün geschmücktes Zepter, mit dem er die Menge segnet. Seine Hauptaufgabe ist die Eröffnung der Sartiglia, des Wettritts zum Stern. Dies tut er zusammen mit zwei weiteren Rittern, dem *segundu* (Zweiten) und *terzu* (Dritten). Alle drei versuchen, den Stern zu durchbohren. Je öfter sie ihn treffen, desto segensreicher wird das kommende Jahr. Das letzte Ritual des Su Cumpoidori ist das Sa Remada, bei dem er auf dem Rücken liegend die Strecke entlanggaloppiert. Dann sind die Ritterspiele für die Reiter eröffnet, deren wagemutige akrobatische Kunststücke die Menge immer wieder in Staunen versetzen.

Piazza und der entspannten Musik lässt es sich hier herrlich chillen.

🛍 Shoppen

Specialità Sarde ESSEN
(☎0783 7 27 25; Via Figoli 41; ⏱Mo–Sa) Das Geschäft für sardische Spezialitäten lockt mit lokalen, inseltypischen Leckereien, neben Wein und Käse wird auch verführerisch aussehendes Eingemachtes in hübschen Gläsern verkauft.

Cantina Sociale della Vernaccia WEIN
(☎0783 3 31 55; Via Oristano 149, Rimedio) Oristano ist für seinen weißen Vernaccia, ein Likörwein, bekannt – er wird in dieser Cantina hergestellt und verkauft. Die Mehrzahl der Weinbauern aus der Region Oristano lassen hier ihre Trauben keltern, eine gute Qualität ist damit garantiert.

ℹ Praktische Informationen

Farmacia San Carlo (☎0783 7 11 23; Piazza Eleonora d'Arborea 10/11) Hauptapotheke.

Guardia Medica (☎0783 30 33 73; Via Carducci 33) Medizinischer Notdienst.

Haupttouristeninformation (☎0783 3 68 31; turismo@provincia.or.it; Piazza Eleonora d'Arborea 19; ⏱Mo–Fr 9–13 & 16–18.30 Uhr) Bietet vielfältige Infobroschüren zu Stadt und Provinz.

Ospedale San Martino (☎0783 31 71; Piazza San Martino) Krankenhaus südlich der Stadtmitte.

Post (☎0783 3 68 01; Via Mariano IV d'Arborea; ⏱Mo–Fr 8–18.50, Sa 8–13.15 Uhr)

ℹ An- & Weiterreise

Auto & Motorrad

Oristano liegt an der Schnellstraße SS131, die Cagliari mit Sassari und Porto Torres verbindet. Einige Abzweigungen, die von der Schnellstraße abgehen, führen in Richtung Nordwesten nach Nuoro und Olbia.

Bus

Vom Hauptbusbahnhof auf der Via Cagliari fahren ARST-Busse nach Santa Giusta (1 €, 15 Min., alle 30 Min.), Cagliari (7 €, 1 Std. 35 Min., 2-mal tgl.), Sassari (7,50 €, 2 Std., 3-mal tgl.) und Nuoro (7,50 €, 2½ Std., 6-mal tgl.).

Zug

Der größte Trenitalia-Bahnhof befindet sich an der Piazza Ungheria östlich des Zentrums. Zwischen Oristano und Cagliari (5,95 €, 1–2 Std.) fahren täglich bis zu 15 Züge; allerdings nicht alle direkt. Nur vier Züge fahren bis Sassari (9,65 €, 2½ Std.) und zwei direkt bis Olbia (10,95 €, 2¾ Std.); sonst muss man in Ozieri-Chilivani oder Macomer umsteigen.

ⓘ Unterwegs vor Ort

Auto & Motorrad
Außerhalb des Zentrums sollte Parken kein Problem sein. Im Zentrum stehen parkschein-pflichtige Plätze (Mo–Sa 8.30–13 & 16–19.30 Uhr; Std. 0,60 €) zur Verfügung, die mit blauen Linien markiert sind.

Bus
Die Innenstadt ist problemlos zu Fuß zu erkun-den; vom Bahnhof ins Zentrum kommt man am besten per Bus. Die Linien *rossa* (rot) und *verde* (grün) halten am Bahnhof und haben ihre End-station an der Piazza Mariano.
Die Buslinie *azzurra* (blau) fährt von mehreren Haltestellen an der Via Cagliari (u. a. am Haupt-bahnhof) zur Marina di Torregrande (0,70 € beim *tabacchi* oder der Haltestelle in der Via Cagliari; 1,10 € bei Ticketkauf im Bus, 15 Min.).

Taxi
Taxis stehen am Bahnhof und der Piazza Roma. Telefonisch rufen kann man sie unter ☏ 0783 7 02 80 und ☏ 0783 7 43 28.

RUND UM ORISTANO

Oristanos wichtigster Strand liegt im klei-nen Badeort **Marina di Torregrande**, 7 km westlich. Das Dorf am Ende eines langen, sandigen Strandabschnitts sieht aus wie viele andere Küstenorte: braungebrannte Einheimische, die den von Palmen gesäum-ten *lungomare* (Promenade) entlangschlen-dern, und viele Bars, aus denen Musik tönt. Außerhalb der Saison ist das Ganze ein stiller Ort mit leeren Ferienhäusern und ge-schlossenen Restaurants.

Das einzige Bauwerk von historischer Bedeutung im Dorf ist der aragonische Aussichtsturm aus dem 16. Jh., nach dem der Ort benannt ist. Ansonsten lohnt sich natürlich der Strand. Dort werden für ca. 16,50 € pro Tag Strandliegen und Sonnen-schirme vermietet. **Eolo** (☏ 329 613 64 61; www.eolowindsurf.com, auf Italienisch; Lungomare Eleonora d'Arborea) bietet Segel- und Surfkur-se und vermietet das nötige Equipment (ab 13 € pro Std. für Windsurfer).

Das beste Restaurant am Ort ist das **Da Giovanni** (☏ 0783 2 20 51; Via Colombo 8; Ge-richte ca. 40 €, Touristenmenü 23 €; ☺ Di–So). Es liegt wenig reizvoll an der Hauptstraße, ge-

nießt aber einen exzellenten Ruf. Besonders lecker sind Gerichte mit Meeresfrüchten wie *ravioli di pesce in Salsa di gamberi* (Fischravioli in Garnelensauce) und *muggi-ne locale* (Meeräsche aus der Region).

Von den Uferrestaurants empfiehlt sich das **Maestrale** (☏ 0783 2 21 21; Lungomare Torregrande; Pizzas 8 €, Hauptgerichte ca. 35 €; ☺ Di–So) für Pizza oder Seafood-Pasta in ent-spannter Atmosphäre.

Den Strand säumen zahllose, nur im Sommer geöffnete Bars. Ein paar Kilometer inseleinwärts, an der Straße nach Cabras, lockt die beliebte Diskobar **BNN Fashion Club** (☏ 338 235 75 40; SP 94, Km 1,8) mit ita-lienischen Klängen, House- und internatio-naler Popmusik.

Stadtbusse der Linie *azzurra* fahren von mehreren Haltestellen an der Via Cagliari (u. a. vom Hauptbahnhof) nach Marina di Torregrande (0,70 € oder 1,10 € bei Ticket-kauf im Bus, 20 Min.).

SÜDLICH VON ORISTANO

Südlich von Oristano werden die flachen Ebenen von einem Mosaik aus ausgedehn-ten Feldern geprägt, deren Monotonie durch Kanäle, Lagunen und manchmal auch klei-nen Pinienwäldern aufgelockert wird. Die Gegend bestand jahrhundertelang aus mala-riaverseuchten Sümpfen und dichten Kork-wäldern, erst 1919 wurden die Feuchtgebiete im Rahmen von Mussolinis ambitioniertem Programm zur Entwässerung und Landge-winnung trockengelegt. In dem eintönig wirkenden Küstenstrich liegen ein paar ver-schlafene Dörfer und Landstädtchen.

Santa Giusta
4750 EW.

Der lebhafte Bauernort Santa Giusta liegt am Stagno di Santa Giusta, Sardiniens drittgrößter Lagune. Die einst punische Stadt hieß früher Othoca, heute ist sie vor allem für ihre außergewöhnliche Basilika bekannt: eines der ältesten und schönsten pisanisch-romanischen Bauwerke der Insel.

Die zwischen 1135 und 1145 erbaute **Basi-lica di Santa Giusta** (☺ kostenlose Führungen Mo–Fr 9–13 & 14–18 Uhr) erhebt sich über die Lagune wie eine gestrandete Galeone. Der lange flache Bau ist mit Blendarkaden, ei-nem für die Toskana typischen Zentralportal und einer strengen lombardischen Fassade versehen. Die Marmor- und Granitsäulen zwischen den drei Kirchenschiffen sind Beutestücke aus den römischen Städten Tharros und Othoca. Überwölbt wird das strenge Ganze von einer schönen Balkendecke.

Rund um den 14. Mai ist die Basilika feierlicher Mittelpunkt der viertägigen **Festa di Santa Giusta**.

Der **Stagno S'Ena Arrubia**, der sich 6 km südlich der Stadt befindet, ist ein Paradies für Vogelliebhaber: Flamingos, Fischreiher, Moorhühner und Fischadler lassen sich hier regelmäßig blicken.

Vom Busbahnhof in Oristano fährt alle 30 Minuten ein Bus nach Santa Giusta (1 €, 15 Min.).

Arborea

3980 EW.

Die 1928 von Mussolini gegründete Stadt Arborea mit ihrem akkuraten Straßengitter, dem aufgeräumten Hauptplatz und ihrer kruden Mixtur aus seltsamsten Baustilen kann ihren faschistischen Ursprung nicht verbergen.

Besonders auffällig ist die gepflegte **Piazza Maria Ausiliatrice**, die perfekt in ein Schweizer Bergdorf passen würde. Überragt wird sie von der Fassade der im Tiroler Baustil errichteten **Chiesa del Cristo Redentore** (Messe 7.30, 9 & 19 Uhr). Der Jugendstil-**Municipio** auf der anderen Straßenseite beherbergt das **Archäologische Museum** (0783 8 03 31; Viale Omodeo; Eintritt frei; Mo–Fr 10–13 Uhr) der Stadt mit einer kleinen Sammlung von Exponaten, die in der gegend rund um Arborea gefunden wurden.

MARINA DI ARBOREA

Marina di Arborea liegt versteckt hinter einem dichten Pinienwald 2 km nordwestlich von Arborea, beim Ort beginnt ein langer Sandstrand. Die Ortschaft besteht im Wesentlichen aus einem Strandhotel und einem Parkplatz, in dem letzten Jahren hat sich das **Horse Country Resort** (0783 80 51 73; www.horsecountry.it; Strada a Mare 24; Reitstunde pro Pers. ab 20 €) immer stärker ausgedehnt. Der riesige Hotelkomplex bietet ausgezeichnete Sportmöglichkeiten, u. a. das größte Reitzentrum auf Sardinien – es ist gleichzeitig eines der bedeutendsten ganz Italiens. Im Stall stehen Araber, Andalusier und sardische Pferde. Auch Nicht-Hotelgäste können die Angebote nutzen. Infos zu den Zimmern finden sich auf S. 227.

Marceddi

Dieses winzige Fischerdorf an der Mündung des **Stagno di Marceddi** ist ein Provinznest, in dem nicht viel los ist. Die meiste Zeit des Jahres sind die einzigen Zeugnisse der Zivilisation ein paar ramponierte Autos und die Stromleitungen über den unbefestigten Straßen. Die Lagune, die die Ebenen Arboreas von der Costa Verde trennt, ist ein bedeutender Lebensraum für Wildtiere und Vögel wie Flamingos, Kormorane und Reiher.

Wer hier etwas verweilen möchte, kann im ausgezeichneten Fischrestaurant **Da Lucio** (0783 86 71 30; Via Sardus Pater 34; Menüs um 35 €; Okt.–Mai Fr–Mi Mittagessen, sonst tgl. Mittag- & Abendessen) am Wasser speisen. Wie wäre es mit Tintenfischsalat, gefolgt von Muschel- und *bottarga*-Spaghetti oder *fregola* (kleine Grießnudeln) und Miesmuschelsuppe? Als Hauptgericht zu empfehlen: *fritto misto* aus Meeresfrüchten mit frischem, grünem Salat.

HALBINSEL SINIS

Die Halbinsel Sinis im Golfo di Oristano ist eine Welt für sich. Klare Lagunen wie Stagno di Cabras, Stagno Sale Porcus oder Stagno Is Benas sowie schneeweiße Strände verleihen der Region eine fast schon tropische Atmosphäre. Die flache, grüne Landschaft scheint völlig unberührt – obwohl sie bereits seit dem 5. Jh. v. Chr. bewohnt ist. Überall stehen Nuraghen herum und die imposante punisch-römische Stadt Tharros ist ein weiteres Zeugnis für die einstige Bedeutung der Region. Auch Sportsfreunde kommen hier beim Wellenreiten, Windsurfen und Tauchen auf ihre Kosten.

Der Sommer mag die nahe liegende Reisezeit sein, aber der Frühlingsbeginn ist ebenfalls eine wunderbare Zeit für einen Besuch. Dann bietet sich das prächtige Schauspiel der Zugvogelschwärme, die sich auf den flachen Gewässern oder zwischen den wunderschön blühenden Frühlingsblumen niederlassen. Hauptdarsteller des Schauspiels sind die prächtigen Rosaflamingos.

Cabras

8700 EW.

Cabras erstreckt sich entlang des Südrands des Feuchtgebietes Stagno di Cabras und ist ein bedeutender Fischerort und Herzstück der Meeräschenfischerei der Insel. Die regionale *bottarga* ist sehr begehrt – man sollte sie durchaus mal probieren. Die Stadt selbst ist eher unattraktiv, die Lokale und das Archäologische Museum lohnen aber einen kurzen Besuch.

⊙ Sehenswertes

Die einzige Sehenswürdigkeit der Stadt ist das **Museo Civico** (📞0783 29 06 36; www. penisoladelsinis.it, auf Italienisch; Via Tharros 121; Erw./erm. inkl. Eintritt zu Tharros 7/3 €; ☺Sommer 9–13 & 16–20 Uhr, Winter 9–13 & 15–19 Uhr), es befindet sich am Südende der Stadt. Die Exponate sind Funde von den prähistorischen Stätten **Cuccuru Is Arrius** (3 km südwestlich der Stadt) und Tharros. Von besonderem Interesse sind die verschiedenen Obsidian- und Feuersteinwerkzeuge, die aus den neolithischen Kulturen der Bonu Ighinu und Ozieri stammen sollen.

✯✯ Feste

Festa di San Salvatore   TRADITIONSRENNEN
Am ersten Sonntag im September starten jedes Jahr mehrere Hundert junge Kerle in weißen Gewändern zur **Corsa degli Scalzi**, einem 8 km langen Barfußrennen zum Heiligtum von San Salvatore. Sie tragen eine Jesusfigur bei sich, mit der sie an ein Ereignis aus dem Jahr 1506 erinnern: Damals eilten die Bewohner der Stadt nach San Salvatore, um die Figur vor maurischen Piraten in Sicherheit zu bringen. Aus diesem Grund laufen die Männer am nächsten Tag auch wieder zurück nach Oristano.

✖ Essen

LP TIPP ⟩**Peschiera Pontis**   MEERESFRÜCHTE
(📞07 83 391 774; Strada Provinciale 6; Festpreismenüs 25–30 €; ☺ tgl. Mittag- & Abendessen) Hier, an der Straße von Cabras nach Tharros, kann man wunderbar frischen Fisch probieren. Das Lokal der Fischereikooperative besteht aus einem Speiseraum und einer großen überdachten Terrasse und hat viele Stammkunden, die das Restaurant regelmäßig aufsuchen, um die schmackhaften Fischgerichte zu genießen. Die Festpreismenüs umfassen reichlich Antipasti (vier pro Pers.), einen ersten und zweiten Gang (alles Fischgerichte) sowie Desserts und Wein. Der Fisch wird auf der Terrasse gegrillt – frischeren Fisch bekommt man nirgendwo sonst auf der Insel! Am Wochenende unbedingt vorher reservieren.

Il Caminetto   MEERESFRÜCHTE €€
(📞0783 39 11 39; Via Cesare Battisti 8; Menüs um 35 €; ☺Di–So) Als eines der bekanntesten Restaurants der Gegend zieht das beliebte Lokal Gäste von nah und fern an. Sie kommen wegen der Fischkarte, auf der sich Cabras-Klassiker wie *muggine affumicato* (geräucherte Meeräsche) und *aguidda incasada* (Aal mit sardischem Pecorino) finden.

L'Oliveto   PIZZERIA €€
(📞0783 39 26 16; Via Tirso 23; Menüs 30–35 €; ☺Mi–Mo) die beliebte Restaurant-Pizzeria liegt in einem Olivenhain am nördlichen Stadtrand; wer Lust auf Meeresfrüchte und ganz ordentliche Pizzas hat, sollte hier vorbeischauen.

❶ An- & Weiterreise

Bus Busse fahren etwa alle 20 Min. in Oristano (1 €, 15 Min.) ab.

San Salvatore

Ein staubiger Marktplatz, der von Reihen klitzekleiner Häuschen, sogenannten *cumbessias,* gesäumt wird, bildet das Zentrum von San Salvatore, das in den 1960er-Jahren als Filmset für Italowestern diente. Einen Großteil des Jahres stehen sie leer, so wie der Rest des Dorfes, Ende August füllen sie sich jedoch mit Pilgern, die anlässlich des Festtages von San Salvatore am Barfußrennen teilnehmen. Das Fest, das neun Tage dauert, findet rund um die **Chiesa di San Salvatore** (☺Mo–Sa 9.30–13 & 15.30–18, So 9.30–13 Uhr) aus dem 16. Jh. statt, die in der Mitte des Dorfplatzes steht.

Unterhalb der Kirche befindet sich ein steinernes *ipogeo* (unterirdisches Gewölbe), das auf die Zeit der Nuraghen zurückgeht. Das ursprüngliche Heiligtum stand in Zusammenhang mit einem Wasserkult, in der Hauptkammer weist ein Brunnen darauf hin. In der römischen Zeit wurde das Gewölbe als frühchristliche Kirche genutzt. Die dunklen Steinmauern weisen noch Spuren von Graffiti aus dem 4. Jh. und verblasste Fresken auf.

Direkt hinter der Abzweigung zum Dorf (einmal blinzeln, und schon hat man es verpasst) liegt das ausgezeichnete **Agriturismo Su Pranu** (📞0783 39 25 61; www.agriturismosupranu.com; Localita San Salvatore; Menüs 25 €; ☺tgl. Mittag- & Abendessen), ein bewirtschafteter Bauernhof mit einem ausgezeichneten Restaurant. Die Karte hängt immer

Die Strände auf der Halbinsel Sinis lohnen einen Besuch, einer der schönsten ist **Is Aruttas**. Jahrelang wurde sein weißer Quarzsand abtransportiert – für die Befüllung von Aquarien und zur Aufwertung der Strände an der Costa Smeralda. Inzwischen ist es verboten, Sand zu entnehmen – einmal abgesehen von den Körnern, die einem zwischen den Zehen kleben bleiben. Der Weg zum Strand, der 5 km westlich der Hauptstraße von San Salvatore in Richtung Norden beginnt, ist ausgeschildert.

Im Norden der Halbinsel liegt der beliebte Surfstrand **Putzu Idu**, der aus einer bunten Mischung aus Ferienhäusern, Strandbars und Surfläden besteht. Einer von ihnen, die **Capo Mannu Kite School** (☎347 007 70 35; www.capomannukiteschool.it), bietet Kitesurfingkurse für alle Niveaus.

Neben dem **Scuba Café** (🏠Lungomare Putzu Idu; 🕐Winter 9–20 Uhr, Sommer 7–2 Uhr), einem der wenigen Lokale, die auch im Winter aufsperren, liegt **9511 Diving** (☎349 291 37 65; www.9511.it). Dessen PADI-qualifizierten Tauchlehrer bieten Tauchgänge (ab 50 € inkl. Ausrüstungsverleih), Schnorcheltouren (25 € pro Pers.) und Ausflüge zur **Isola di Mal di Ventre** an. Die „Insel der Bauchschmerzen" liegt 10 km vor der Küste.

Verschiedene Betreiber bieten Touren zu der Insel mit dem ungewöhnlichen Namen an, u. a. **Mare Mania** (☎347 191 94 80; www.mare-mania.it, auf Italienisch; 🕐nur im Sommer 8–13 & 15–20 Uhr). Die Firma operiert von einem Kiosk aus, er liegt an der Hauptstraße ins Dorf. Halbtages-/Tagestouren kosten 19/22 € oder 46 € inkl. Mittagessen.

Rechterhand auf dem Weg nach Putzu Idu erstreckt sich der **Stagno Sale Porcus**, eine ausgedehnte, flache Lagune, die im Winter von Flamingos bevölkert wird und im Sommer zu einer schimmernden, weiß verkrusteten Fläche austrocknet. **Orte e Corru Ranch** (☎0783 52 81 00; Localita Oasi di Sale Porcus) bietet Pferdebegeisterten Ausritte rund um die Lagune an.

An Werktagen fahren zwei ARST-Busse von Putzu Idu nach Oristano (2 €, 55 Min.); im Juli und August gibt es vier zusätzliche Fahrten.

vom aktuellen Angebot ab, Gemüse und Obst stammen aus eigenem Anbau, das Fleisch (u. a. *porceddu* – Spanferkel) wird auf einem großen Außengrill perfekt zubereitet. Der agriturismo vermietet auch Zimmer (S. 228).

San Giovanni di Sinis

Ganz im Süden der Halbinsel Sinis, etwa 5 km hinter San Salvatore, führt die Straße durch die kleine Siedlung San Giovanni di Sinis. Bereits vom Straßenparkplatz aus ist die Sandsteinkirche, **Chiesa di San Giovanni di Sinis** (🕐Sommer 9–19 Uhr, Winter bis 17 Uhr) zu sehen. Sie ist die zweitälteste Kirche der Insel (nach der Basilica di San Saturnino in Cagliari – s. S. 45). Ihr heutiges Aussehen verdankt sie einem Umbau im 11. Jh., einige Elemente – wie z. B. das charakteristische rote Dach – stammen aber noch vom byzantinischen Originalbau aus dem 6. Jh. Die kahlen Wände verleihen dem Innenraum eine düstere und überraschend spirituelle Atmosphäre, die auch ungläubige Besucher in ihren Bann zieht.

Tharros

Von San Giovanni di Sinis führt die Straße weiter an einer Reihe von Pizzerien, Bars und Cafés vorbei nach **Tharros** (☎0783 39 73 06; Eintritt inkl. Museo Civico in Cabras Erw./erm. 7/3 €; 🕐Sommer 9–19 Uhr, im Winter bis 17 Uhr), dem ehemals mächtigen phönizischen Hafen, der im 8. Jh. v. Chr. angelegt wurde. Mit ihrer prächtigen Kulisse vor dem Meer bilden die antiken Ruinen eine der beeindruckendsten Sehenswürdigkeiten Südsardiniens, die unbedingt einen Besuch wert sind. Am frühen Morgen oder kurz vor Sonnenuntergang ist die Stimmung am schönsten.

Geschichte

Capo San Marco, der südlichste Punkt der Halbinsel Sinis, war eine florierende Nuraghen-Siedlung, als 730 v. Chr. die Phönizier hier landeten. Sie gründeten in der Folge die blühende Stadt Tharros, die schließlich dem karthagischen Reich einverleibt wurde. Als Stützpunkt für Seestreitkräfte war sie jedoch sehr verwundbar und fiel schon bald an die Römer.

Obwohl Tharros nach der Fertigstellung der Verbindungsstraße zwischen Cagliari nach Porto Torres gewissermaßen außen vor war, behielt es seinen Status als Flottenstadt. Im 2. und 3. Jh. n. Chr. wurde die Stadt grundlegend restauriert. Doch massive Angriffe der Vandalen und der nordafrikanischen Sarazenen führten dazu, dass Tharros 1070 aufgegeben wurde. Viele Bauwerke wurden abgetragen und für den Bau der neuen Hauptstadt Oristano verwendet.

◉ Sehenswertes

Die versteckten Ruinen werden erst sichtbar, wenn man die Anhöhe mit dem Ticketschalter hinter sich gelassen hat. Von hier geht es ein Stück auf dem *cardo* (römische Hauptstraße) entlang, bis auf der rechten Seite der Hauptwasserspeicher *castellum aquae* auftaucht. Auf dem Platz sind zwei Säulenreihen erkennbar. Die Durchgangsstraße **Cardo Massimo** führt auf einen kahlen Hügel mit einer karthagischen Akropolis und einem *tofet* (Begräbnisstätte für Kinder). Hier oben finden sich auch Reste der ursprünglichen Nuraghen-Siedlungen.

Am unteren Ende des Cardo Massimo beginnt der **Decumano** und führt an den Ruinen eines **Punischen Tempels** und den markanten Doppelsäulen des römischen **Tempio Tetrastilo** vorbei bis zum Meer. Die Säulen sind Nachbildungen; authentisch ist nur das korinthische Kapitell, das einer der Säulen krönt.

In der Nähe befinden sich **Thermalbäder** und im Norden die Relikte einer **paläochristlichen Taufstelle**. Am südlichsten Punkt der Siedlung sind weitere Thermalbäder zu finden, die aus dem 3. Jh. stammen.

Der **Wachturm Torre di San Giovanni** (Eintritt 5 €; ⊙ Sommer 9–19 Uhr, im Winter bis 17 Uhr) aus dem 16. Jh., in dem manchmal Ausstellungen stattfinden, bietet eine Vogelperspektive auf den Ort. Man blickt von oben auf die Ruinen und die **Spiaggia di San Giovanni di Sinis**, einen beliebten Strand, der sich auf beiden Seiten des Turms

erstreckt. Wer einen Spaziergang unternehmen möchte, kann auf Feldwegen zum Capo San Marco und dem Leuchtturm laufen.

❶ Unterwegs vor Ort

BUS Im Juli und August fahren fünf Busse täglich von Oristano nach San Giovanni di Sinis (1,50 €, 35 Min.).

AUTO Die Parkgebühren in der Nähe der Sehenswürdigkeit belaufen sich auf 2/4 € für 2 Std./1 Tag.

Riola Sardo

2140 EW.

Der Ort selbst ist zwar unscheinbar, aber ein Abstecher hierher lohnt sich dennoch: Das Hotel Lucrezia ist eine wunderbare Unterkunft. Weitere Informationen dazu finden sich auf S. 227.

NÖRDLICH VON ORISTANO

Nördlich der traumhaften Region Monti Ferru, und in Richtung Macomer wird die Landschaft immer flacher. Die Agrarstadt Macomer ist ein wichtiger Verkehrsknotenpunkt und bietet ein ganz anderes Bild als das weiter nordwestlich gelegene Bosa, ein hübsches, mittelalterliches Städtchen, das von einer Burg überragt wird.

Macomer

10 900 EW.

Besucher halten sich selten länger in Macomer auf. Es ist zwar kein unangenehmer Ort, aber wenn man nicht ohnehin auf der Durchfahrt ist, gibt es keinen wahren Grund, hier Halt zu machen.

Wer aber doch etwas Zeit totschlagen muss, kann das bescheidene **Museo Etnografico** (📞 0785 7 04 75; Corso Umberto 225; Eintritt Erw./erm. 3/1 €; ⊙ Mo–Fr 10–12.30 & 16–20 Uhr, Sa nur vormittags) besuchen.

ABSEITS DES TRUBELS

Der **Parco Comunale Oasi di Seu**, ein wahrer Garten Eden mediterraner Flora, liegt ein paar Kilometer außerhalb von Tharros. Von der Hauptstraße aus ist der Weg dorthin ausgeschildert. Wer erst einmal die 3 km lange, unbefestigte Straße hinter sich gebracht hat, betritt eine stille Welt mit sandigen Pfaden und unberührter Natur. Rosmarin und viele weitere Kräuter aus denen sich die undurchdringliche Macchia zusammensetz. sowie der Duft von Zwergpalmen und Pinien erfüllen die Luft.

Es beherbergt eine bunte Mischung an Alltagsgegenständen und Gerätschaften. Ist das Museum geschlossen, gibt es auf der anderen Straßenseite noch **Esedra Escursioni** (☎0785 74 30 44; www.esedraescursioni.it; Corso Umberto 206), wo man Exkursionen und Ausflüge mit dem *trenino verde* (S. 54) buchen kann.

Wer ein eigenes Fahrzeug hat, kann die 15 m hohe **Nuraghe di Santa Barbara**, 2 km nördlich von Macomer an der SS131, besuchen oder die verfallene **Nuraghe Ruiu**, die sich in der Nähe des städtischen Krankenhauses befindet. Die dritte im Bunde ist die **Nuraghe di Santa Sabina**. Sie liegt südlich von Silanus und 15 km östlich von Macomer neben einer hübschen byzantinischen Kapelle.

Das **Ristorante Su Talleri** (☎0785 7 16 99; Corso Umberto I 228; Pizza 6 €, Gerichte 25–30 €; ⏰Mo–Sa) bietet das Ambiente einer Rollschuhdisko aus den 1980er-Jahren, serviert aber recht gutes Essen; übrigens auch Pizza zum Mitnehmen.

Macomer ist ein wichtiger Eisenbahnknoten. Züge von Trenitalia verbinden die Stadt mit Oristano (3,30 €, 45 Min., 9-mal tgl.), Cagliari (8,75 €, 1¾ Std., 10-mal tgl.) und Sassari (6,35 €, 1¾ Std., 4-mal tgl.). Busse fahren in Richtung Osten nach Nuoro (4 €, 1¼ Std., 4-mal tgl.). Bahnhof und Busstation liegen ganz im Westen der Stadt am Corso Umberto.

Bosa

8050 EW.

Bosa ist eine der schönsten sardischen Städte. Aus der Ferne wirken die pastellfarbenen Häuser, die sich an den Hang unterhalb des schlichten, grauen Schlosses klammern, wie eine Szenerie auf einem Gemälde von Paul Klee. Im Vordergrund schaukeln Fischerboote auf dem glasklaren, von Palmen gesäumten Fiume Temo – Sardiniens einzigem schiffbaren Fluss.

Bosa wurde von den Phöniziern gegründet und hatte seine Blütezeit unter den Römern. Im frühen Mittelalter wurde es wiederholt von arabischen Piraten angegriffen, bis dann die Malaspina-Familie (Verwandte des gleichnamigen toskanischen Clans) Anfang des 12. Jhs. hier ihr riesiges Schloss erbaute. Im 19. Jh. errichtete das Haus Savoyen ertragreiche Gerbereien, die jedoch inzwischen auf der Strecke geblieben sind.

◉ Sehenswertes & Aktivitäten

Der größte Teil Bosas liegt am Nordufer des Fiume Temo. Die Hauptstraße Corso Vittorio Emanuele verläuft einen Block nördlich des Flussufers und führt zu den beiden zent-

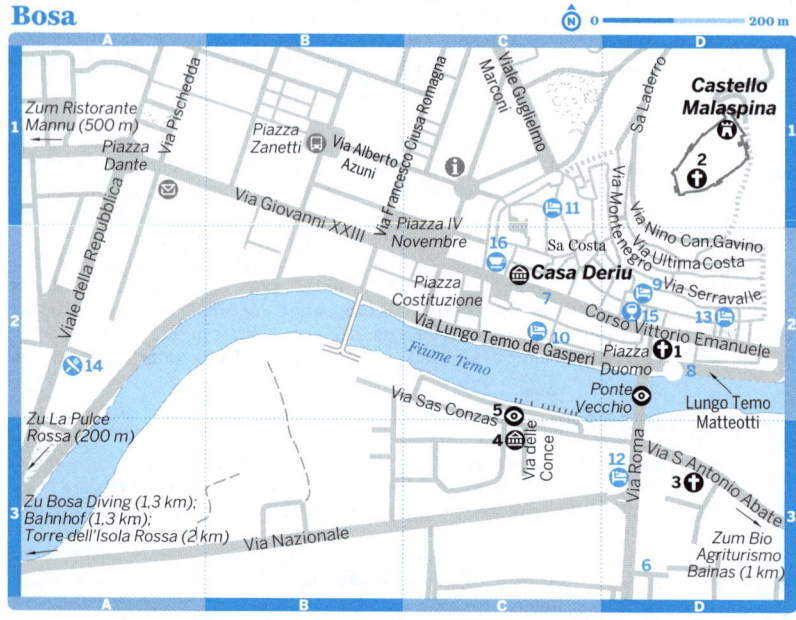

Bosa

ralen Plätzen Piazza Costituzione und Piazza IV Novembre. Im Westen erstreckt sich die Neustadt, die nach einem einfachen Raster angelegt ist.

Südlich des Flusses führt die Via Nazionale 3 km westwärts nach Bosa Marina, dem Strandvorort der Stadt.

Castello Malaspina   BURG
(📱333 544 56 75; Eintritt Erw./erm. 3/1 €; ⊙Juli–Aug. 10–13 & 16–19 Uhr, April–Juni, Sept. & Okt. 10–13 & 15.30–18 Uhr) Die Burg, die 1112 von der toskanischen Familie Malaspina erbaut wurde, bietet dem Besucher aufgrund ihrer erhöhten Lage einen umwerfenden Panoramablick. Von der ursprünglichen Struktur blieb nur wenig erhalten: das Außenskelett – die mächtigen Burgmauern und ein paar dicke Ziegeltürme – sowie im Innern die bescheidene Kapelle **Chiesa di Nostra Signora di Regnos Altos** (4. Jh.). Die Kapelle beherbergt einen außergewöhnlichen Freskenzyklus aus dem 14. Jh., der verschiede-

ne Heilige darstellt, darunter einen riesigen Christopherus, eine Gruppe Franziskanermönche und den heiligen Lorenz bei seinem Martyrium auf dem heißen Rost.

Um zur Burg zu gelangen, einfach einem der Wege folgen, die aus dem Gassenlabyrinth von Sa Costa, der mittelalterlichen Stadt, den Berg hinaufführt. Alle Besucher verlaufen sich dabei mindestens einmal, was aber – ausreichend Zeit vorausgesetzt – ganz vergnüglich ist. Wer zwischen November und April die Burg besuchen möchte, soll sich besser vorher telefonisch ankündigen.

Casa Deriu   MUSEUM
(📱0785 37 70 43; Corso Vittorio Emanuele 59; Erw./erm. 4,50/2 €; ⊙Juli & Aug. Di–So 10.30–13 & 20.30–23 Uhr, Juni Di–So 11–13 & 17.30–20.30 Uhr, sonst Di–So 10–13 & 16–18 Uhr) Jedes der drei Stockwerke des Museums hat ein eigenes Thema mit Bezug zur Stadt und ihrer Geschichte. Der 1. Stock zeigt eine Ausstellung zum alten Gerberhandwerk und die typischen Lederprodukte der Region. Der 2. Stock ist mit der typischen regionalen Inneneinrichtung aus dem 19. Jh. eingerichtet, der oberste Stock ist Melkiorre Melis (1889–1982) gewidmet, der zu den bedeutendsten modernen Künstlern Sardiniens gehört.

Cattedrale dell'Immacolata   KATHEDRALE
(Piazza Duomo; ⊙10–12 & 16–19 Uhr) Ein seltenes, wenn auch nicht umwerfendes Beispiel des Rokoko (speziell des so genannten Piemonteser Barock).

Sas Conzas   STRASSE
(Via Sas Conzas) In der Via Sas Conzas am südlichen Flussufer stößt man auf eine Reihe ehemaliger Gerbereien aus dem 19. Jh., von denen viele noch bis nach dem Zweiten Weltkrieg in Betrieb waren.

Museo La Vecchie Concerie   MUSEUM
(📱329 414 49 21; Via delle Conce 13; Eintritt 2 €; ⊙11–13 & 18–23 Uhr) Dieses Museum unweit von Sas Conzas, das ehemalige Gerberviertel der Stadt enthält eine kleine Sammlung an Fotos und altem Werkzeug aus der Hochzeit der Gerberei. Wandtafeln (auf Englisch und Italienisch) erklären das übelriechende Gerbverfahren.

Chiesa di Sant'Antonio Abate   KIRCHE
Von Sas Conzas führt eine kurzer Fußweg entlang der Via Roma zur kleinen Kirche Chiesa di Sant'Antonio. Normalerweise ist sie für Besucher geschlossen, steht jedoch beim Stadtfest am 16./17. Januar (zu Ehren

des Heiligen) sowie beim Karneval im Mittelpunkt des Geschehens.

Cattedrale di San
Pietro Extramuros KATHEDRALE
(Eintritt 1 €) 2 km flussaufwärts von der Chiesa di Sant' Antonio Abate erhebt sich die Kathedrale aus dem 11. Jh. Die Fassade ist gotisch gestaltet, das Kircheninnere jedoch noch größtenteils romanisch.

Cuccu FAHRRADVERLEIH
(☎0785 37 54 16; Via Roma 5; Fahrräder pro Tag 8 €; Roller 40 €) Die Werkstatt am südlichen Flussufer verleiht Fahrräder und Roller.

Pischedda Noleggio RADFAHREN, BOOTSFAHRTEN
(☎339 489 01 05; Lungo Temo Matteotti) Hier werden Fahrräder (Tag 10 €), Kanus halber Tag 25 €) und *gommone* (Schlauchboote halber Tag 35 €) vermietet.

☞ Geführte Touren
Bosa ist ein wichtiges **Weinzentrum**, von hier stammt der bekannte Dessertwein Malvasia. Wer örtliche Weingüter besichtigen möchte, sollte bei der Touristeninformation nach Material zur hiesigen Weinstraße, der Strada della Malvasia, fragen.

Esedra WANDERN & BOOTSTOUREN
(☎0785 37 42 58; www.esedrasardegna.it; Corso Vittorio Emanuele 64; ⏱Mo–Sa 9.30–13 & 16.30–20, So 10.30–13 Uhr) Alle, die sich für eine geführte Tour interessieren, finden hier ein breitgefächertes Angebot: Schiffsfahrten, Ausflüge zur Vogelbeobachtung sowie Fahrten mit dem Boot oder dem *trenino verde*. Die Preise richten sich nach Angebot und Gruppengröße, belaufen sich aber meistens auf 25 bis 35 € pro Person. Der Veranstalter hat sein Büro in einem Geschäft auf der Hauptstraße, wo es auch ISOLA-zertifiziertes Kunsthandwerk zu kaufen gibt.

☆ Feste & Events

Carnevale KARNEVAL
(www.bosaonline.com, auf Italienisch) Das Entzünden eines großen Scheiterhaufens vor der Chiesa di Sant'Antonio Abate ist der Auftakt zum großen Carnevale von Bosa. Danach geht es mehrere Tage lang rund mit zahlreichen Paraden, ehe die Feierlichkeiten mit ihrem Höhepunkt am *martedi grasso* enden. An diesem Tag kleiden sich die Stadtbewohner morgens ganz in Schwarz, um das Ende des Carnevale zu beklagen. Abends gehen ausgelassene Gruppen weiß gekleideter Gestalten auf die Jagd nach dem *giolzi*

(Verkörperung des Karnevals), der sich angeblich in der Leistengegend der Menschen versteckt. Um ihn zu finden, beleuchten sie ihre Opfer unter der Gürtellinie mit Laternen und rufen „*Giolzi! Giolzi! Ciappadu! Ciappadu!*" („*Giolzi! Giolzi! Hab Dich! Hab Dich!*").

Festa di Santa Maria del Mare RELIGIÖS
(www.bosasardinia.com) Um den ersten Sonntag im August feiert Bosa die viertägige Festa di Santa Maria del Mare, bei der Fischer in einer bunten Bootsprozession eine Statue der Jungfrau Maria von Bosa Marina bis zur Kathedrale begleiten.

Festa di Nostra Signora
di Regnos Altos RELIGIÖS
(www.bosaonline.com, auf Italienisch) In der zweiten Woche im September bedecken riesige Palmwedel, Blumen und *altarittos* (Votivaltäre) die Straßen. Dann wird die Festa di Nostra Signora di Regnos Altos gefeiert.

✕ Essen

🅛🅟 Sa Pischedda MEERESFRÜCHTE €€
TIPP
(☎0785 37 30 65; Via Roma 8; Menüs um 30 €; ⏱Mi–Mo, im Sommer tgl.) Eines der besten Restaurants in Bosa befindet sich im Hotel gleichen Namens, es ist auf Fischgerichte (Süß- und Salzwasserfische) spezialisiert. Wer will, kann auch auf der romantischen Terrasse am Fluss oder im schicken Garten hinter dem Haus dinieren. Auf der Karte stehen Klassiker wie Meeräsche *bottarga* (gesalzener Rogen der Meeräsche) und *fregola alla arselle* (reisförmige Nudeln mit Venusmuscheln und Kirschtomaten).

Ristorante Barracuda TRATTORIA €€
(☎0785 37 45 10; Viale della Repubblica; Menüs um 28 €; ⏱Mi–Mo, im Sommer tgl.) Das große, gut besuchte und lässige Restaurant befindet sich in einer Wohnstraße etwa zehn Minuten Fußweg vom Ortskern entfernt. Die Küche ist unprätentiös, der Schwerpunkt liegt auf herzhafter, hausgemachter Pasta und schlichten Fischgerichten.

Ristorante Mannu OSTERIA €€
(☎0785 37 53 06; Viale Alghero 28; Mahlzeiten 30 €) Die wenig ansprechende Lage an einer Tankstelle lässt es zwar nicht unbedingt vermuten, aber hier gibt es sehr leckere sardische Küche. Besonders empfehlenswert ist *agliata di razze*, ein ungewöhnliches Gericht mit Fischstücken in süßer Knoblauchsauce. Wer lieber Altbewährtes bevorzugt,

macht mit den hausgemachten *panadinas* (ähnlich wie Ravioli) sicher nichts falsch.

La Pulce Rossa PIZZERIA €
(📞0785 37 56 57; Via Lungo Temo Amendola 1; Pizzas 6 €, Menüs um 25 €; ⏰tgl.) Das freundliche Restaurant liegt in der Neustadt und ist ein Familienbetrieb. Hier kehren die Arbeiter und Angestellten ein, auch deshalb bezahlt man moderate Preise.

 Ausgehen

Die Tische des **Caffè Chelo** (📞0785 37 30 92; Corso Vittorio Emanuele 71; ⏰8–22 Uhr, im Sommer noch länger) an der Piazza Costituzione laden geradezu zum Verweilen ein.

Wem es mehr ums Trinken als ums Essen geht, sollte der **Birreria Alla Corte del Malaspina** (Corso Vittorio Emanuele 39; ⏰Mo–Sa 8–14 Uhr) einen Besuch abstatten, die gemütliche Kneipe liegt an der Hauptstraße.

ⓘ **Praktische Informationen**

Banco di Sardegna (Piazza IV Novembre) Geldautomat.

Farmacia Passino (📞0785 37 60 47; Corso Vittorio Emanuele 51) Hauptapotheke.

Postamt (Via Pischedda; ⏰Mo–Fr 8–18.50, Sa 8–13.15 Uhr) In der Neustadt.

Touristeninformation (📞079 37 61 07; www.infobosa.com; Via Alberto Azuni 5; ⏰Do–Sa 10–13 Uhr) Falls hier zu ist – was meistens der Fall ist –, kann man sich an die hilfsbereiten Mitarbeiter des Museo Casa Deriu wenden.

ⓘ **An- & Weiterreise**

Auto & Motorrad
Bosa ist durch die SS129 mit Macomer und durch die landschaftliche schöne Küstenstraße SP105 mit Alghero verbunden. In Bosa findet man in der Neustadt (westlich des Stadtzentrums) problemlos Parkplätze an der Straße.

Bus
Endstation der Busse ist die Piazza Zanetti. Es fahren Busse nach Alghero (3–4,50 €, 55 Min., 4-mal tgl.), Macomer (2,50 €, 50 Min., 9-mal tgl.), Sassari (5,50 €, 2¼ Std., 2-mal tgl.) und Oristano (5,50 €, 2 Std., Mo–SA 4-MAL TGL.) und von dort weiter nach Bosa. Fahrkarten verkauft die **Bar Mouse** (Piazza Zanetti).

ⓘ **Unterwegs vor Ort**

Bus
Bis zu 20 Busse fahren täglich von der Stadtmitte Bosas, der Piazza Zanetti, nach Bosa Marina (1 €, 10 Min.).

Bosa Marina & die Küste

An der Mündung des Fiume Temo, etwa 3 km von Bosa entfernt, liegt der lebendige Sommerurlaubsort Bosa Marina. Über seinem breiten, mehrere Kilometer langen Strand erhebt sich die katalanisch-aragonische **Torre dell'Isola Rossa** (Eintritt 2,50 €; ⏰April–Juni Sa & So 11–13 & 14.30–18.30 Uhr, Juli–Aug. tgl. 10.30–19.30 Uhr), in dem gelegentlich interessante Wechselausstellungen zu sehen sind.

Bosa Diving (📞335 818 97 48; www.bosadiving.it, auf Italienisch; Via Cristoforo Colombo 2) organisiert Tauchgänge (ab 35 €) und Schnorchelausflüge (25 €). Außerdem werden Kanus (ab 7 €) und Schlauchboote (ab 25 €) vermietet,, und zweimal wöchentlich gibt es einen Ausflug zu den Stränden des Capo Marargiu (18 € pro Pers.) nördlich von Bosa Marina. Mit dem Auto sind auch die Strände in Richtung Süden, **Spiaggia Turas**, **Spiaggia Porto Alabe** und **Cala Torre Columbargia**, erreichbar. Die ersten beiden liegen 1,5 bzw. 8 km von Bosa Marina entfernt und können in der Hauptsaison ziemlich voll sein. Cala Torre Columbargia liegt etwa 18 km von Bosa Marina entfernt und über Schleichwege und ist das Dorf Tresnuraghes zu erreichen.

Um die Gegend aus einem ganz anderen Blickwinkel zu genießen, empfiehlt sich eine Fahrt mit dem **trenino verde** (www.treninoverde.com), der gemütlich zwischen Bosa Marina, Tresnuraghes und Macomer hin- und hertuckert. Im Juli und August fährt er jeden Samstag um 9.30 Uhr in Macomer ab und erreicht Bosa Marina um 11.17 Uhr (einfach/hin & zurück 9,50/13 €; Rückfahrt per Bus). Von Bosa Marina fährt der Zug samstags und sonntags nach Tresnuraghes (einfach/hin & zurück 8/11 €), von wo aus es mit dem Bus nach Macomer weitergeht.

MONTI FERRU

Die Monti Ferru sind ein Bergmassiv vulkanischen Ursprungs, höchster Gipfel ist der 1050 m hohe Monte Urtigu. In der reizvollen und weitgehend unberührten Berglandschaft finden sich uralte Wälder, Quellen und kleine Marktstädtchen. Seneghe produziert eines der besten Olivenöle sowie das hochwertigste Rindfleisch der Insel, während Milis für seine süßen, saftigen

DEN EISERNEN BERG BESTEIGEN

Das Monti-Ferru-Massiv lässt sich am besten zu Fuß erkunden. Ein landschaftlich reizvoller Weg führt bis zum Gipfel des Monte Entu, der mit 1024 m zu den höchsten auf der Westseite Sardiniens zählt. Die Strecke ist nicht sehr anspruchsvoll, doch man sollte mindestens vier Stunden einkalkulieren.

Der Ausgangspunkt an der Nuraghe Ruju bei Seneghe ist nur mit dem Auto erreichbar. Hinter Seneghe geht es in Richtung Bonarcado, und ein paar Hundert Meter weiter folgt man der Beschilderung in Richtung S'iscala. Das Auto kann man bei der Nuraghe Ruju parken. Der Pfad beginnt ein kurzes Stück unterhalb des Parkplatzes, im Wald links der Steinmauer. Bergauf erreicht man eine Lichtung und biegt bei einer Steineiche links ab. Man passiert ein Holztor und später ein Metalltor. Danach folgt eine Gabelung, an der man den linken Weg nimmt. Es eröffnet sich ein grandioser Ausblick auf die Küste und an klaren Tagen sogar bis nach Alghero. Weiter geht es bis zum Fuß des Vulkankegels, der den Gipfel des Monte Entu kennzeichnet.

Orangen bekannt ist. Doch mehr noch als die Städtchen ist hier die wunderbar grüne Landschaft die wahre Attraktion. Einsame Straßen winden sich über felsige Anhöhen, die ein grüner Flaum von Korkbäumen, Kastanien, Eichen und Eiben bedeckt, während Falken und Bussarde hoch oben die Thermik nutzen. Mufflons und sardisches Rehwild werden wieder in ihren natürlichen Lebensraum ausgewildert, nachdem sie fast ganz ausgerottet waren.

Milis

1660 EW.

Der ehemalige römische Militärposten ist ein kleines, wohlhabendes Dorf, sein Name leitet sich von *miles* ab, dem lateinischen Wort für Soldat. Das Örtchen liegt inmitten von Orangenhainen, denen es seinen Wohlstand verdankt.

Den außerordentlich gepflegten Dorfkern dominiert der **Palazzo Boyl**, der aus dem 18. Jh. stammt, er ist ein schönes Beispiel für piemontesischen Neoklassizismus. Im späten 19. und frühen 20. Jh. entwickelte er sich zu einer Art literarischem Treffpunkt, so verbrachten hier beispielsweise Gabriele D'Annunzio, Grazia Deledda sowie Honoré de Balzac einige Zeit. Heute beherbergt der Palazzo das kleine **Museum** (☎0783 5 16 65; Piazza Martiri; Eintritt frei; ☺nur mit Voranmeldung) von Mili, das traditionelle Trachten und Schmuck ausstellt.

Lohnenswert sind auch ein paar Kirchen: Gegenüber vom Palazzo Boyl steht die **Chiesa di San Sebastiano** aus dem 14. Jh. mit einem beeindruckenden Rosettenfenster in der katalanisch-gotischen Fassade. Unweit

der östlichen Stadteinfahrt befindet sich die toskanisch-romanische Kirche **Chiesa di San Paolo**, in der Gemälde von katalanischen Künstlern des 16. Jhs. hängen.

Anfang November findet in Milis das **Rassegna del Vino Novello** (Fest des jungen Weins) statt, bei dem die sardischen Winzer ihre besten Weine vorstellen. Besucher können sich unter die Einheimischen mischen, wie sie die Runde machen, die Weine probieren und an den zahlreichen Imbissständen entlang der Straßen regionale Spezialitäten probieren.

Seneghe

1920 EW.

Auf einer gastronomischen Tour durch das Inselinnere ist Seneghe ein Muss. Das düstere Dorf ohne erkennbaren Charme ist für sein Olivenöl *extra vergine* bekannt, für den es einmal sogar den angesehenen Preis Premio Nazionale Ercole Olivario (sozusagen den „Oscar" der italienischen Olivenölindustrie) erhalten hat. Die zweite örtliche Spezialität ist das Rindfleisch. Die rotbraunen *Bue-rosso*-Rinder werden nur hier und in Modica auf Sizilien gezüchtet. Kenner zählen ihr Fleisch zum besten Rindfleisch, das Italien zu bieten hat.

Das Dorf stillt aber auch den kulturellen Hunger. Jährlich findet Ende August oder Anfang September ein Lyrikfestival statt. Vier Tage wird beim **Settembre dei Poeti** (www.settembredeipoeti.it, nur Italienisch) regionale und internationale Lyrik in Lesungen, Frage-und-Antwort-Veranstaltungen und einem Lyrik-Slam-Wettbewerb präsentiert. Letzterer ist eine richtig unterhaltsame, und auch sehr spannende Veranstaltung, bei der die Konkurrenten sich aus dem Stand jeweils in Reimen antworten müssen – es erinnert ein bisschen an einen Freistil-Wettstreit unter Rappern.

Beim **Oleificio Sociale Cooperativo di Seneghe** (📞0785 5 46 65; www.oleificiodi seneghe.it, auf Italienisch; Corso Umberto I; ⏰Mo–Fr 9–12.30 & 17–19.30 Uhr) an der Bonarcado-Straße, die in die Stadt führt, können sich Besucher mit Olivenöl eindecken (ca. 7/39 € für 0,5/5 l).

Wer sich an Rindfleisch aus der Region satt essen möchte, besucht die **Osteria Al Bue Rosso** (📞0783 5 43 84; Piazzale Montiferru 3/4; Menüs 30–35 €; ⏰ Fr & Sa Mittag- & Abendessen, So & Di–Do Abendessen mit Reservierung), ein unscheinbares Restaurant in einer Molkerei aus den 1920er-Jahren unweit der Ausfahrt nach Narbolia. Hier stehen verschiedenste Rindfleischgerichte zur Auswahl, darunter *insalata di bue rosso* (Rindfleischsalat) und lecker gegrilltes *filetto* (Filetsteak). Der Hauswein aus biologischem Anbau ist ebenfalls empfehlenswert. Die Betreiber kennen eine Reihe B&B-Unterkünfte in der Gegend.

Bonarcado

1650 EW.

Das schläfrige Dörfchen liegt etwa 5 km nordöstlich von Seneghe und beherbergt eine der ungewöhnlichsten Pilgerstätten Sardiniens. Gemäß einem Edikt von Papst Pius VII. von 1821 erhält jeder, der zwischen dem 14. und 28. September im winzigen **Santuario della Madonna di Bonacattu** die Beichte ablegt, vollkommenen Ablass. Das kleine Heiligtum, das im 7. Jh. erbaut und 800 Jahre später umgestaltet wurde, ist kaum mehr als eine Kapelle mit Kuppeldach. Es hat keine offiziellen Öffnungszeiten, ist aber meistens für Besucher zugänglich.

Nur einen kurzen Fußweg entfernt befindet sich die bescheidene romanische **Chiesa di Santa Maria** in der Mitte eines schlichten, grauen Platzes, sie gehörte einst zu einem mittelalterlichen Kloster.

Santu Lussurgiu

2560 EW. / 503 M

Auf den östlichen Hängen des Monti Ferru liegt innerhalb eines uralten Kraters die Ortschaft Santu Lussurgiu. Ihre Hauptsehenswürdigkeit ist der kleine *centro storico*, eine eng bebaute Ansammlung von Stein-

häusern, die sich um ein natürliches Amphitheater scharen. Infos sind bei der kleinen **Touristeninformation** (📞0783 55 10 34; Via Santa Maria 40; ⏰Sommer Mo–Fr 9.30–11 Uhr, Winter Mo–Fr 9.30–13 Uhr) erhältlich, die sich unweit der Durchfahrtsstraße befindet.

Santu Lussurgiu ist schon lange für sein Kunsthandwerk bekannt, auch heute noch werden hier Kunstschmiede-, Holz- und Lederarbeiten produziert. Über die ländliche Tradition der Stadt informiert das **Museo della Tecnologia Contadina** (Museum für Agrartechnologie; 📞0783 55 06 17; Via Deodato Meloni) mit einer umfangreichen Sammlung an Werkzeugen, Gerätschaften und landwirtschaftlichen Maschinen.

Im Städtchen ist vor allem das **Sas Benas** (📞0783 55 08 70; Via Cambosu 4; Menüs 35–40 €; ⏰Di–So) zu empfehlen: ein wahrer gastronomischer Genuss für alle, die sich auf ein saftiges Stück *bue-rosso*-Rindfleisch freuen. Das Ambiente in der alten Villa ist eher förmlich und die Bedienung sehr zuvorkommend. Als Antipasti sind der *insalatina di bue rosso* (Salat mit Rindfleisch) und die *pennette al bue rosso* zu empfehlen. Wer auf Rind verzichten will, kann Käsetagliatelle bestellen. Besonders leckere Hauptgerichte – jeweils – wen wundert's – mit *bue rosso* – sind sowohl die *tagliata* mit Gemüse als auch die *casadinas* (Focacciastücke). Als Alternative zum allgegenwärtigen Rindfleisch finden sich auch Gerichte mit zartem Wildschwein auf der Karte.

San Leonardo de Siete Fuentes

Von Santu Lussurgiu aus windet sich die Straße nach Cuglieri steil die östliche Seite des Monti Ferru hinauf. Bereits nach kurzer Zeit zweigt eine kleine Straße rechts ab (Richtung Macomer) und führt nach San Leonardo de Siete Fuentes, einem winzigen Dörfchen im Wald, das für sein sprudelndes Quellwasser bekannt ist. Sein etwas hochtrabender Name bezieht sich auf die sieben Brunnen (*siete fuentes*), durch die das Wasser strömt.

Von der Dorfmitte aus zieht sich ein Weg hinauf zur reizenden **Chiesa di San Leonardo**, einer romanischen Kirche aus dem 12. Jh., die einst dem Johanniterorden gehörte. Hinter der Kirche führen leichte Spazierwege durch Eichen- und Ulmenwälder weiter bergauf, sie sind ideal für Familien mit kleinen Kindern.

Cuglieri

3010 EW. / 483 M

Das Bauerndorf Cuglieri klammert sich hoch oben an die westliche Wand des Monti Ferru und ist der ideale Ort für eine Mittagspause. Der Appetit kommt von ganz alleine, während man zum Wahrzeichen des Orts, der **Basilica di Santa Maria della Neve**, emporsteigt. Diese massige Kirche, die von einer markanten silbernen Kuppel bekrönt wird, ist rundum kilometerweit zu sehen, die Blicke von der Kirche hinunter zum Meer sind spektakulär.

Wer noch nicht genug Olivenöl eingekauft hat, kann sich an der **Azienda Agricola Peddio** (☎ 0785 36 92 54; Corso Umberto 95; ☺ Mo–Fr 8.30–13 & 15–20 Uhr), die an der Hauptdurchfahrtsstraße durchs Dorf liegt, mit weiteren Litern eindecken (1 l Olivenöl kostet 7–9 €).

Aber nun zum Mittagessen: Versteckt hinter den grauen Steinhäusern des *centro storico* liegt das **Desogos** (☎/fax 0785 3 96 60; Via Cugia 6; Menüs 15–20 €), eine hervorragende Trattoria, die sich auf Gerichte aus den sardischen Bergen spezialisiert hat. Es gibt zwar eine Karte, besser ist es jedoch, sich ganz auf die Empfehlungen der mütterlichen Besitzerin einzulassen, die ihre Gäste mit einer leckeren Palette an geräuchertem Schinken, mariniertem Gemüse und würzigem Käse versorgt – fast alles davon hausgemacht. Und das sind nur die Antipasti! Wer dann noch Platz hat, kann sich den ebenso riesigen Portionen Pasta- und Fleisch zuwenden – etwa Wildschwein oder Kaninchen. Den Abschluss der Mahlzeit bilden häufig ein hausgemachter Fenchellikör oder der allgegenwärtige *limoncello*.

Zwischen Cuglieri und Oristano verkehren montags bis samstags fünf Busse (3 €, 1 Std.). Im Juli und August fahren zusätzlich zwei Busse am Sonntag.

Santa Caterina di Pittinuri & Umgebung

Die nördliche Oristanoküste bietet ein paar tolle Strände rund um den beliebten Ferienort Santa Caterina di Pittinuri. Der Stadtstrand selbst wird von weißen Klippen begrenzt. Er ist zwar eher klein, aber dank des flachen, geschützten Wassers für Familien mit kleinen Kindern ideal.

Ein paar Kilometer südlich befindet sich die **Spiaggia dell'Arco** bei **S'Archittu**. Der Strand ist bekannt für seinen imposanten Felsbogen, der sich 6 m hoch über dem türkisfarbenen Wasser erhebt – ein wahres Postkartenmotiv. Im Hinterland von S'Archittu führt eine ausgeschilderte, unbefestigte Straße, die von der SS292 abzweigt, zu den spärlichen Überresten der punischrömischen Stadt **Cornus.** 215 v. Chr. fand hier eine historische Schlacht statt. Geschichtsinteressierte können die entlegene Stätte auf eigene Faust erkunden.

Etwa 3 km südlich von **Torre del Pozzo** (auch Torre Su Putzu genannt) führen Wege von der Hauptstraße zum Strand **Is Arenas,** der mit 6 km einer der längsten der Region ist und viel Platz für ungestörtes Sonnenbaden und Schwimmvergnügen bietet.

Von Oristano fahren ARST-Busse nach Santa Caterina (2 €, 40 Min., Mo–Sa 5-mal tgl., Juli und Aug. So 2-mal tgl.) und S'Archittu (2€, 40 Min., Mo–Sa 5-mal tgl., Juli und August So 2-mal tgl.). Bei Bedarf halten sie auch am Campingplatz.

RUNDFAHRT UM DEN LAGO OMODEO

Zwischen den grünen und von Kork- und Eichwäldern bestandenen Bergen des Barigadu liegt Sardiniens größter künstlicher See, der Lago Omodeo. Der Stausee ist 22 km lang und bis zu 3 km breit, gebaut wurde er zwischen 1919 und 1924, um das Agrarland rund um Oristano und Arborea mit Wasser und Strom zu versorgen. Die Landschaft um den See ist nur wenig besiedelt, dafür aber von großem archäologischen Interesse, da sich hier zwei der wichtigsten Nuraghenstätten Zentralsardiniens befinden.

Bidoni

Auf der Ostseite des Lago Omodeo liegt das Dörfchen Bidoni, in dem sich eines der merkwürdigsten Museen Sardiniens verbirgt. Das gruselige **Museo S'Omo 'e sa Majarza** (Das Hexenhaus; ☎ 0783 69 0 44; Via Monte 9; Erw./erm. 3/2 €; ☺ auf Nachfrage), das als Museo del Territorio ausgeschildert ist, widmet sich dem Thema Hexen und regionalen Aberglauben. Das Museum enthält außerdem Nachbau einer Hexenhöhle aus dem 16. Jh. Ein Besuch ist nur im Rahmen einer Führung möglich.

Bidoni ist von Ghilarza, dem Hauptort am Westufer des Lago Omodeo, ausgeschildert.

Am 6. und 7. Juli findet in Sedilo das spektakulärste Fest der Provinz Oristano statt. **S'Ardia** lockt fast 50 000 Menschen in das Dorf, wo das waghalsigste Pferderennen der Insel veranstaltet wird.

Es findet zu Ehren des römischen Kaisers Konstantin des Großen statt, der 312 v. Chr. am Ponte Milvio in Rom die überlegenen Truppen des Maxentius geschlagen hat. Aber die Veranstaltung hat auch einen christlichen Touch. Als er in die Schlacht zog, soll Konstantin ein Kreuz mit der Inschrift „In Hoc Signo Vinces" („In diesem Zeichen wirst du siegen") erschienen sein. Er machte das Kreuzsymbol zum Zeichen seiner Streitmacht und gewährte den Christen im Jahr darauf Religionsfreiheit. So wurde er zum inoffiziellen Lokalheiligen St. Konstantin (Santu Antine im örtlichen Dialekt).

Die Rennstrecke führt um sein Heiligtum und um das mit seinem Symbol versehene Steinkreuz herum. Einer der Reiter – der Prima Pandela (erster Flaggenträger) – wird ausgewählt, Konstantins Standarte aus gelbem Brokat zu tragen. Er wählt zwei der besten Reiter als Begleiter aus, von denen jeder drei weitere Helfer bestimmt. Diese Männer sind die Hüter des Prima Pandela und versuchen mittels langer Stäbe die hundert anderen Reiter von ihm fernzuhalten. Als Prima Pandela auserwählt zu werden, ist die höchste Ehre, die einem Dorfbewohner zuteil werden kann. Nur ein Mann, der seinen Mut und seine reiterischen Fähigkeiten bewiesen hat und fest in seinem Glauben ist, kommt als Fahnenträger infrage.

Am 6. Juli betet die gesamte Festprozession unter dem Steinkreuz, und der Pfarrer segnet die Reiter. Offiziell startet der Pfarrer das Rennen, in der Praxis ist es jedoch der Prima Pandela, der den richtigen Moment für seine Flucht abpasst, um im wilden Galopp den Hügel hinunterzustürmen. In Sekundenschnelle nehmen die anderen Reiter die Verfolgung auf und versuchen, ihn zu überholen, ehe er den Triumphbogen passiert. Hunderte von Schützen machen mit Platzpatronensalven die Pferde scheu, und der gefährlichste Moment ist der Ansturm auf den schmalen Steinbogen: Beim kleinsten Fehler rast der Reiter ungebremst gegen die Steinsäulen. 2002 kam hier ein Reiter ums Leben. Wenn alles gut geht, passiert der Prima Pandela den Triumphbogen und dreht unter den Jubelrufen der Zuschauer eine Runde um das Heiligtum.

Sedilo liegt 40 km nordwestlich von Oristano an der SS131.

Santa Cristina & Paulilatino

Mittelpunkt der archäologischen Stätte Santa Cristina aus der Zeit der Nuraghen ist der gut erhaltene Brunnentempel, einer der wichtigsten und am besten erhaltenen in ganz Sardinien. Die Wasseranbetung war ein ganz wesentlicher Bestandteil der Religionsausübung der Nurgaher. Auf der Insel verstreut befinden sich noch etwa 40 heilige Brunnen.

Unweit der SS131 befindet sich oben auf dem hohen Abasanta-Plateau – ein paar Kilometer südlich von Paulilatino – die **Nuraghe Santa Cristina** (☎0785 5 54 38; Eintritt inkl. Museo Archeologico-Etnografico in Paulilatino Erw./ erm. 7/3 €; ☷Sommer 8.30–21.30 Uhr, im Winter 8.30–21 Uhr). Auf dem Weg zu den Ruinen kommt man an der **Chiesa di Santa Cristina** vorbei, einer frühchristlichen Kirche, die Santa Cristina geweiht ist. Sowohl Kirche als auch die umliegenden *muristenes* (Pilgerhütten) sind nur neun Tage im Jahr geöffnet, und zwar für die Festtage der Santa Cristina (um den 2. So im Mai) und zu San Raffaele Arcangelo (4. So im Okt.).

Von der Kirche läuft man 100 m Richtung Osten zum Nuraghendorf, das sich in einem friedlichen Olivenhain befindet und bis zum frühen Mittelalter bewohnt war. Mittelpunkt des Dorfs ist der außergewöhnliche *tempio a pozzo* (Brunnentempel), der vermutlich aus der späten Bronzezeit stammt (11.–8. Jh. v. Chr.).

Zum Brunnen geht es durch einen akkurat gemeißelten schmalen Eingang und 24 wunderbar erhaltene Stufen hinunter. Unten angekommen, schaut man zur präzise entworfenen *tholos* (kegelförmig Turm) hinauf, durch die Licht in den dunklen Brunnenschacht dringt. Jeweils nach einer Zeitspanne von 18 Jahren, einem Monat und zwei Tagen dringt das Licht des Vollmonds direkt durch die Öffnung in den Brunnen.

ANTONIO GRAMSCI

Antonio Gramsci (1891–1937) war einer der Mitbegründer des italienischen Kommunismus und einer der großen politischen Denker des 20. Jhs. Als Sohn einer armen Familie in Ales geboren, zog es ihn später nach Ghilarza und weiter bis Cagliari und Turin.

In Turin begannen seine politischen Ideen, Früchte zu tragen. Damals nahm Turin eine führende Rolle bei der italienischen Industrialisierung ein, und als glühender Fürsprecher der Gewerkschaftsbewegung trat Gramsci 1913 in die Sozialistenpartei ein. Sechs Jahre später gründete er zusammen mit Freunden die marxistische Zeitung L'Ordine Nuovo. Unstimmigkeiten innerhalb der Partei führten 1921 zu einer Spaltung. Gramsci und eine Gruppe Gleichgesinnter trennten sich von den Sozialisten und gründeten die Kommunistische Partei Italiens. Gramsci war stark geprägt von den Ereignissen in Russland – 1922 besuchte er Moskau und heiratete eine russische Violinistin. 1926 wurde er von der faschistischen Polizei festgenommen und zu 25 Jahren Haft verurteilt. 1937 starb Gramsci im Alter von 46 Jahren.

Am bekanntesten ist seine Theorie zur Hegemonie. Sie geht davon aus, dass die Arbeiterklasse eigene kulturelle Überzeugungen entwickeln und sich um den sozialen Aufstieg bemühen muss, um die kulturelle Gleichmachung zu besiegen, durch die sich die herrschende Klasse an der Macht hält.

In **Ghilarza** kann man das **Gramsci-Haus** (☎0785 54 1 64; www.casagramscighilarza. org; Corso Umberto I 36; Eintritt frei; ☼Winter Fr–So 10–13 & 16–19 Uhr, Sommer Mi–Mo 10–13 & 16.30–19.30 Uhr) besichtigen, in dem der Politiker zwischen 1898 und 1914 gelebt hat.

Weitere Eckpunkte sind die Frühlings- bzw. Herbst-Tag-und-Nachtgleiche (21. März und 23. Sept.): An diesen zwei Tagen leuchtet die Sonne die Treppenstufen hinunter zum Brunnen.

Nach weiteren 5 km entlang der SS131 kommt man nach **Paulilatino**, einem Landstädtchen mit grauen Steinhäusern, die dem Ort ein etwas ernstes Aussehen verleihen. Funde aus Santa Cristina werden im **Museo Archeologico-Etnografico** (☎0785 5 54 38; Via Nazionale 127; Eintritt inkl. Santa Cristina Erw./erm. 7/3 €; ☼Sommer Di–So 9–13 & 16.30–19.30 Uhr, Winter Di–So 9–13 & 15–17.30 Uhr) zusammen mit landwirtschaftlichen und Hauswirtschaftsgeräten gezeigt, die die harten Bedingungen der bäuerlichen Bevölkerung dokumentieren.

Nuraghe Losa & Umgebung

Ein paar Kilometer nördlich von Paulilatino liegt unweit der SS131 die **Nuraghe Losa** (☎0785 5 23 02; www.nuraghelosa. net; Erw./erm. 3,50/2 €; ☼9 Uhr bis 1 Std. vor Sonnenuntergang), Sardiniens beeindruckendste Nuraghe und wichtiges Zeugnis der bronzezeitlichen Kultur auf der Insel.

Den Mittelpunkt bildet ein dreiseitiger Turm, um den drei weitere runde Türme angeordnet sind. Zwei von ihnen sind durch eine Wand verbunden, einer steht für sich alleine. Obwohl der Hauptturm sein oberstes Geschoss verloren hat, misst er noch immer fast 13 m. Er datiert aus der mittleren Bronzezeit und wurde ca. 1500 v. Chr. errichtet.

Der Zugang zum Mittelturm erfolgt durch einen der Außentürme, der durch einen internen Durchgang mit ihm verbunden ist. Weitere Gänge zweigen rechts und links davon zu zwei anderen Türmen ab, einer ist komplett geschlossen, der andere offen.

Fordongianus

Südwestlich des Lago Omodeo und unweit der Stelle, wo Tirso und Mannu zusammenfließen, liegt der Kurort Fordongianus. Er lässt sich am einfachsten auf der SS388 von Oristano aus erreichen.

Die dortigen Heilquellen waren bereits den Ptolemäern bekannt; die Römer errichteten hier ein Heilbad, das sie Forum Traiani nannten. Ihre Therme aus dem 1. Jh., die **Terme Romane** (☎0783 6 01 57; www.forumtraiani.it, auf Italienisch; Eintritt inkl. Casa Aragonese 4 €; ☼Sommer Di–So 9.30–13 & 15.30–20 Uhr, Winter 9.30–13 & 14.30–17.30 Uhr), wird noch heute genutzt. In der Mitte des Komplexes befindet sich ein rechteckiges Becken, das einst von einem Säulengang umgeben war. Dieser ist zumindest auf einer Seite noch in Teilen erhalten.

Der rote Trachyt, der bei jedem Gebäude verbaut wurde, verleiht dem Dorf einen warmen, rosafarbenen Schimmer. Ebenfalls rot ist die wunderschöne **Casa Aragonese** (Eintritt inkl. Terme Romane 4 €; ⊘ s. Terme Romane), eine typisch katalanische Adelsvilla aus dem späten 16. Jh. Die merkwürdigen Statuen davor, ebenfalls aus dem allgegenwärtigen Trachyt errichtet, stammen vom jährlich stattfindenden Skulpturenwettbewerb.

Unter der Woche fahren täglich sieben Busse nach Oristano (2 €, 40 Min.).

Alghero & der Nordwesten

Inhalt »

Gut essen

» La Botteghina (S. 121)

» Mabrouk (S. 122)

» Agriturismo Sa Mandra
(S. 127)

» La Guardiola (S. 135)

Schön übernachten

» Hotel El Faro (S. 229)

» Angedras Hotel (S. 228)

» Camping La
Mariposa (S. 228)

» Villa Las Tronas (S. 229)

Auf nach Alghero & in den Nordwesten!

Sardiniens Nordwesten präsentiert sich als eine Aneinanderreihung beliebter Ferienorte und ruhiger Strände sowie abgeschiedener Nationalparks. Besucher können historische Kleinode und wunderschöne Küstenlandschaften genießen oder sich in abgelegenen Nationalparks und an einsamen Stränden entspannen. Überall erleben sie den einzigartigen Charakter dieser Region.

Mit ihren Traumstränden, wild-romantischen Klippen und den vom Meer überfluteten Felsenhöhlen ist die Küste die Hauptattraktion der Region. Doch auch im Hinterland warten Highlights. Eine Fülle architektonischer und archäologischer Schätze liegt verstreut über einer von der Sonne geprägten Landschaft. Romanische Kirchen in pisanischem Stil zeugen von der glorreichen Vergangenheit, während verfallene Ruinen von prähistorischen Zeiten erzählen.

Die beiden großen Städte der Region spiegeln ihr historisches Erbe wider: Charmantes, spanisches Flair bestimmt den Charakter des hübschen, kleinen Alghero, während das kosmopolitische Sassari genuesische Noblesse ausstrahlt. Im Vergleich zu anderen Regionen wirkt der Nordwesten nicht so typisch sardisch, ist weniger ländlich und spürbar aufgeschlossener – bestechend reizvoll ist diese Region aber in jeder Hinsicht.

Reisezeit

Wer gern Berge essbarer Seeigel verputzt, kann im Januar in Alghero bei der Sagra del Bogamari (Seeigelfest) diesem kulinarischen Genuss frönen. Im April startet der wundervolle Karneval, der sich am besten in Algheros *centro storico* (Altstadt) miterleben lässt. Eines der renommiertesten Feste Sardiniens, die Cavalcata Sarda (Sardisches Reiterfest), findet im Mai in Sassari statt – Tausende Menschen schauen singend und tanzend den Reitern bei ihren akrobatischen Kunststücken zu. Juli, August und September sind die besten Monate, um sich an den belebten Stränden der Riviera del Corallo oder in stillen Buchten zu erholen.

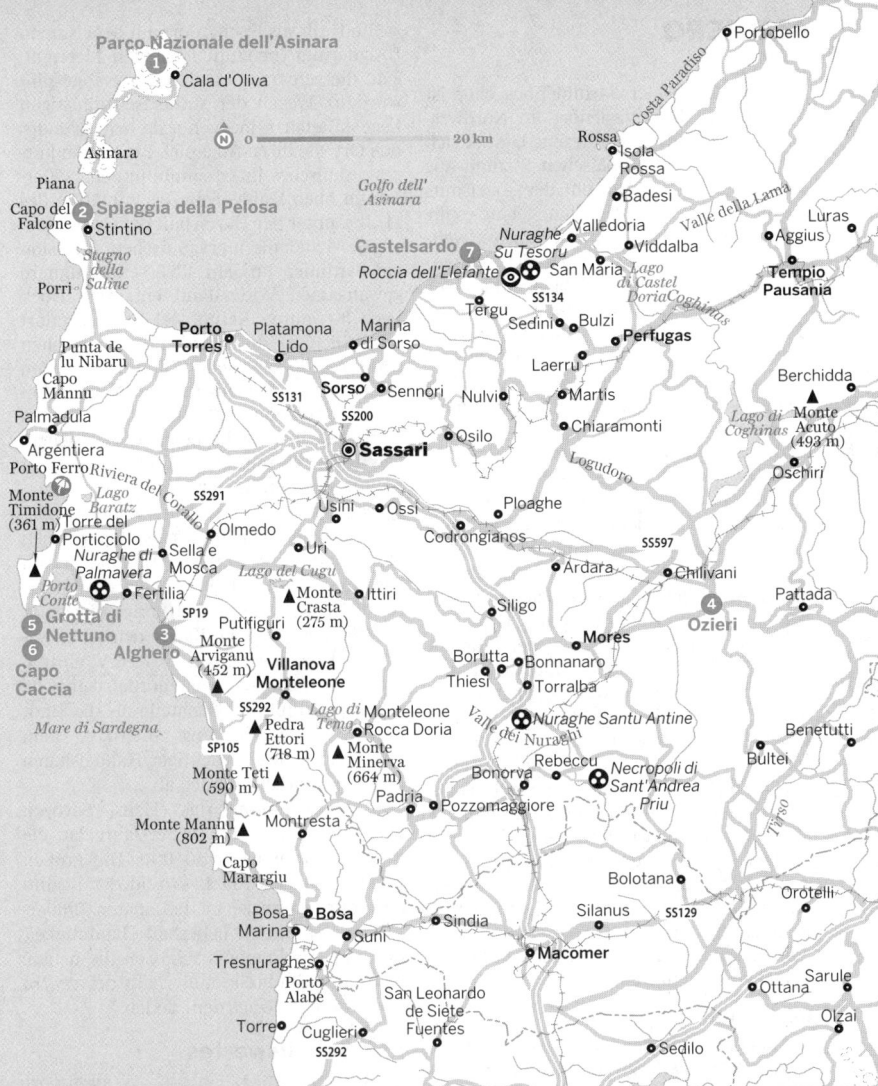

Highlights

1 Besuch des **Parco Nazionale dell'Asinara** (S. 133), in dem sich Albino-Esel und Greifvögel beobachten lassen

2 Ein Badetag an der **Spiaggia della Pelosa** (S. 133), dem schönsten Strand des Nordwestens

3 Ein Streifzug durch die mittelalterlichen Gassen und die massiven Festungsanlagen von **Alghero** (S. 114)

4 Besuch der Grotta di San Michele in **Ozieri** (S. 144), die einen Eindruck vom prähistorischen Höhlenleben vermittelt.

5 Ein Tauchgang im größten unterirdischen See des Mittelmeers und die Erkundung der märchenhaften **Grotta di Nettuno** (S. 128)

6 Am windgepeitschten, zerklüfteten **Capo Caccia** (S. 128) den fantastischen Ausblick aufs Meer genießen

7 Spaziergang durch die mittelalterlichen Gassen der Altstadt von **Castelsardo** (S. 134)

ALGHERO

40 600 EW.

Beliebtes Ziel vieler Sardinienbesucher ist Alghero, der Hauptferienort im Nordwesten der Insel. Mit dem Flugzeug lässt er sich von zahlreichen europäischen Städten aus bequem erreichen. Obwohl der Tourismus die Stadt stark beeinflusst hat, gelang es ihr bisher, die schlimmsten Auswüchse weitgehend zu verhindern. So hat sich Alghero seinen stolzen, eigenständigen Charakter bewahrt. Lange Zeit war die Stadt ein bedeutender Fischerhafen, auch heute noch zählt die Fischerei zu den wesentlichen Wirtschaftsfaktoren der Stadt. Algheros Hummer gilt als einer der größten kulinarischen Genüsse der Insel.

Der Hauptanziehungspunkt ist das malerische *centro storico,* eines der am besten erhaltenen Altstadtviertel auf Sardinien. Umgeben von stabilen, honigfarbenen Ufermauern bildet es eine kleine Welt für sich mit einem dichten Netzwerk aus schattigen Kopfsteinpflastergassen, Palazzi im Stil der spanischen Gotik und von Cafés gesäumten Plätzen. Unterhalb der Altstadt drängen sich die Boote im Yachthafen, ein langer Sandstrand schwingt sich in einem weiten Bogen Richtung Norden. An allen Ecken und Enden kommt unverkennbar spanisches Flair zum Vorschein – es erinnert an die Vergangenheit der Stadt als katalanische Kolonie. Selbst heute noch, mehr als drei Jahrhunderte nach dem Abzug der Spanier, wird in Alghero Katalanisch gesprochen, auf zahlreichen Straßenschildern steht der Straßenname in Italienisch und Katalanisch. Auch auf Speisekarten sind die Speisen und Getränke häufig in beiden Sprachen aufgeführt.

Geschichte

Für heutige sardische Verhältnisse ist Alghero eine moderne Stadt. Ihren Anfang nahm sie im 11. Jh. als Fischerdorf mit dem Namen L'Alguerium (benannt nach den Meeresalgen, die seinerzeit an der Küste angespült wurden). Wegen der strategisch günstigen Lage hüteten seine genuesischen Gründer den Ort wie ihren Augapfel. Bis auf ein kurzes pisanisches Interregnum in den 1280er-Jahren blieb L'Alguerium bis zur Mitte des 14. Jhs. unter der Herrschaft der Genueser.

Der katalanisch-aragonischen Invasion auf Sardinien im Jahr 1323 setzte Alghero gewaltsamen Widerstand entgegen. Doch nach 30 Jahren Kampf fiel der Küstenort schließlich in die Hände der spanischen Invasoren, katalanische Kolonisten wurden ermutigt, sich dort anzusiedeln. Nach einem Aufstand wurden 1372 die letzten Sarden vertrieben und im Binnenland angesiedelt. Die daraufhin rein katalanische Hafenstadt nannte sich nun Alguer.

Der Hafen blieb auch unter der katalanisch-aragonischen und später spanischen Herrschaft die wichtigste Anlaufstelle auf Sardinien. 1501 erhielt Alguer das Stadtrecht. In helle Aufregung geriet die Stadt, als 1541 der römische Kaiser deutscher Nation und König von Spanien, Karl V., eintraf, um einen Feldzug gegen nordafrikanische Piraten anzuführen. Nachteile für die Stadt brachte die Entdeckung Amerikas, denn ihre Bedeutung als wichtiger Handelshafen ebbte danach sehr schnell ab.

1720 übernahm das Haus Savoyen die Stadt. Bis in die 1920er-Jahre lag die Einwohnerzahl unter 10 000. Die großen Bombenschäden von 1943 und der Beginn der Tourismuswelle in den späten 1960er-Jahren setzten eine fieberhafte Bautätigkeit in Gang. Als Ergebnis schossen die neuen, modernen Stadtteile außerhalb des *centro storico* wie Pilze aus dem Boden.

◉ Sehenswertes

Centro Storico   STADTVIERTEL

Ein gemächlicher Spaziergang durch Algheros lebhaftes *centro storico* eignet sich ausgezeichnet, um sich auf den entspannten Rhythmus der Stadt einzustimmen. Richtig lebendig wird es in der Altstadt erst am frühen Abend, wenn sich die dunklen mittelalterlichen Gassen mit Menschen füllen, die beim Schaufensterbummel ihre Sonnenbräune zur Schau stellen.

Ursprünglich umschlossen Stadtmauern das gesamte Stadtzentrum, im 19. Jh. wurden jedoch die landeinwärts liegenden Mauern niedergerissen und teilweise durch

ENTFERNUNGEN (km)

	Alghero	Castelsardo	Porto Torres	Sassari
Castelsardo	57			
Porto Torres	34	30		
Sassari	30	27	17	
Stintino	57	55	25	42

Das kostbarste unter den ausgezeichneten Messern made in Sardinia ist *sa pattadesa* (das Pattada-Messer), das heute nur noch von wenigen Spezialisten hergestellt wird. Das klassische Pattada-Messer, das Mitte des 19. Jhs. entwickelt wurde, ist das *resolza*. Es hat eine sogenannte „myrtenförmige" Klinge, die in einen Horngriff geklappt wird. Nur die Schneiden der allerbesten Messer werden auf diese Art geschützt. Für Sarden gilt ein *sa pattadesa* als das erlesenste Kunsthandwerkserzeugnis Sardiniens, und hinterlässt einen größeren Eindruck als jedes noch so kostbare Schmuckstück.

Die echten Handwerksmeister machen meist nur Auftragsarbeiten und brauchen mindestens zwei Tage, um ein solches Messer anzufertigen, den Stahl zu biegen und den richtigen Härtegrad für eine starke, scharfe Klinge zu erreichen. Anschließend wird aus einem einzigen Stück Mufflonhorn der Griff geschnitzt. Besteht der Griff aus zwei zusammengeschraubten Stücken, handelt es sich um minderwertige Ware. Ein gutes Messer kostet mindestens 10 € pro Zentimeter.

Früher wurden diese Messer überall auf der Insel hergestellt, aber heute sind die traditionellen Herstellungsmethoden nur noch in ein paar Orten lebendig. Die berühmteste Messerstadt ist **Pattada**, aber Qualitätsmesser werden auch in Arbus, Santu Lussurgiu und Tempio Pausania gefertigt. Das klassische *s'arburesa* (aus Arbus) hat eine abgerundete Klinge und wird zum Enthäuten von Tieren benutzt. Das *lametta* aus Tempio Pausania dagegen ist rechteckig und eignet sich hervorragend zum Schälen der Rinde von Korkeichen. Das bekannteste Messer unter den *pattadesa* ist das *fogarizzu*. Bei den *s'arburese* sollte man nach einem pusceddu Ausschau halten.

Übrigens: In Italien ist es verboten, ein Messer bei sich zu tragen, dessen Schneide länger als 4 cm ist.

die **Giardini Pubblici** (Karte S. 118f.) ersetzt. Dieser Grüngürtel trennt heute die Altstadt vom jüngeren Stadtgebiet.

In der Nähe der Giardini steht die **Torre Porta a Terra** (Karte S. 118f.; ☎079 973 40 45; Piazza Porta Terra; Erw./erm. 2,50/1,50 €; ☉Juli & Aug. Mo–Sa 9–13 & 18–23 Uhr, Mitte Mai–Juni & Sept. Mo–Sa 9.30–13 & 16.30–20 Uhr, Okt.–März Mo–Sa 10–13 & 17–19 Uhr). Der gedrungene, 23 m hohe Turm stammt aus dem 14. Jh. und ist der einzige Überrest der Porta a Terra, eine der beiden Haupttore der mittelalterlichen Stadt. Ursprünglich hieß dieses Tor Porta Reial (Königstor). Heute beherbergt der Turm ein multimediales Museum, das sich mit der Stadtgeschichte beschäftigt. Im 2. Stock gewährt eine Terrasse einen Rundblick über Alghero und seine Umgebung.

Im Süden der Giardini ragt die ebenfalls beeindruckende **Torre di San Giovanni** (Karte S. 118f.; ☎339 468 77 54; Largo San Francesco; ☉abhängig von den Ausstellungen) in die Höhe, heute dient sie als Kulisse für Ausstellungen zeitgenössischer Kunst.

Der **Torre Sulis** (Karte S. 118f.) an der belebten Piazza Sulis war einer der Türme im Süden der Altstadt, die dem Schutz der Seeseite dienten, er bildete den Abschluss einer Reihe seeseitiger Schanztürme. Von den ehemaligen landeinwärts gerichteten Verteidigungsanlagen im Norden der Altstadt ist nur der **Bastione della Maddalena** (Karte S. 118f.) mit seinem gleichnamigen Turm erhalten geblieben.

Westlich des Bastione della Maddalena liegt oberhalb des meist überfüllten Yachthafens die **Porta a Mare** (Karte S. 118f.), das zweite mittelalterliche Stadttor von Alghero. Neben dem Tor führen Stufen hinunter zu den seeseitigen Festungsmauern, die sich bis zur **Torre della Polveriera** (Karte S. 118f.) am nördlichsten Ende des *centro storico* erstrecken. Die Wellen des Mittelmeeres branden gegen die seeseitigen Mauern der **Bastioni Marco Polo** (Karte S. 118f.) und der **Bastioni Cristoforo Colombo,** dem westlichen Bollwerk der Stadt. Entlang dieser Festungsanlagen liegen einige einladende Restaurants und Bars, in denen man bei einem Cocktail den Sonnenuntergang genießen kann.

Cattedrale di Santa Maria DOM
(Karte S. 118f.) Mit ihrer pompösen neoklassizistischen Fassade und den dicken dorischen Säulen wirkt Algheros überdimensionale Cattedrale di Santa Maria an der Piazza Duomo ziemlich fehl am Platz. Die nicht ganz geglückte Fassade entstand im 19. Jh. als letztes Glied einer langen Ket-

N 0 ————————— 400 m

Zum Camping
La Mariposa (500 m)

Nach Fertilia (5 km),
Capo Caccia (27 km),
Porto Torres (40 km)

Bahnhof

Via Lido

Via Sardegna

Via Castelsardo

Via F Cervi

Via Ferri

Via Galilei

Spiaggia
di San
Giovanni

Via Don Minzoni

Via Paoli

Via Degli Orti

Via Galilei

Via G M Angioi

Nach Sassari (38 km)

Via Diez

Via Asfodelo

Via Garibaldi

Via XXIV Maggio

Via Vittorio Emanuele

Via XX Settembre

Piazza
Civica

Via Marmora

Giardini
Pubblici

Via Mazzini

Via IV Novembre

Via Brigata Sassari

Via Veneto

Via Cravellet

Via Marconi

Via Satta

Via Deledda

Via Andreoni

Via Enrico

Via Manno

Via Roma

Via Cagliari

Via Carrabuffas

Via Doria

Via Sassari

Largo San
Francesco

Via Verdi

Via S Agostino

Via Gilbert Ferret

Piazza
Ginnasio

Via Manzoni

Via Canepa

Via Palomba

Via Lo Frasso

Via Petrarca

Via Pascoli

Viale Giovanni XXIII

Via Sassari

Nach Villanova
Monteleone
(24 km)

s. Karte Alghero - Zentrum (S. 118f.)

Rada di
Alghero

Via Fratelli Kennedy

Via Matter

Via Lungomare
Valencia

Via Toda

Via Alcide De Gasperi

Las
Tronas

Nach Bosa (47 km)

Alghero

◎ **Sehenswertes**
  1 Nautisub Centro Immersioni
    Alghero..B4

🛏 **Schlafen**
  2 Angedras Hotel C7
  3 Mario & Giovanna's B&B..................D6
  4 Villa Las Tronas.................................B7

🍴 **Essen**
  5 Santa Cruz..B1

✪ **Unterhaltung**
  6 El Trò C7

te von Umgestaltungen, die zum heutigen Stilmix führten. Errichtet wurde die Kathedrale ursprünglich im 16. Jh. im Stil der katalanischen Gotik. Im Inneren der Kirche dominiert der Renaissancestil, ergänzt um einige im 18. Jh. hinzugefügte spätbarocke Spielereien. Von Februar bis September finden montags bis freitags zwischen 10 und 13 Uhr kostenlose Führungen statt (auf Italienisch).

Interessanter ist der katalanische **Campanile** (Karte S. 118f.; Erw./Kind 2 €/frei; ☉ Juli & Aug. Di, Do & Sa 7–17.30 Uhr, Sept. Di, Do & Sa 17–20 Uhr, restl. Jahr nach Vereinbarung) hinter der Kathedrale in der Via Principe Umberto. Der hohe, achteckige Turm, der die Dächer der Stadt überragt, bildet ein gutes Beispiel für die Architektur der katalanischen Gotik.

Museo Diocesano d'Arte Sacra   MUSEUM
(Karte S. 118f.; 📞 079 973 30 41; Piazza Duomo; Erw./erm. 3/2 €; ☉ ganzjährig tgl. 10–12.30 Uhr, zusätzlich: April, Mai, Ende Sept.–Okt. Do–Di 17–20 Uhr, Juni & Anfang Sept. tgl. 18–21 Uhr, Juli & Aug. tgl. 18.30–21.30 Uhr) Das Museo Diocesano d'Arte Sacra im ehemaligen Oratorio del Rosario hütet die Sammlung kirchlicher Kunstwerke der Kathedrale. Sie umfasst u. a. Gegenstände aus Silber, Statuen, Gemälde und Holzschnitzereien. Makaber ist die Reliquie, bei der es sich um eines der *innocenti* handeln soll. (Als *innocenti* oder Unschuldige Kinder werden die Knaben – von neugeboren bis zum Alter von zwei Jahren– bezeichnet, die Herodes auf der Suche nach Jesus ermorden ließ.) Der kleine Schädel wirkt abschreckend, aber anscheinend gefiel er dem aus Alghero stammenden Künstler Francesco Pinna, der die Reliquie im 16. Jh. von einem römischen Kardinal erhielt.

Piazza Civica   PIAZZA
(Karte S. 118f.) Die Piazza Civica, gleich hinter der Porta a Mare (Meerestor) an der Nordostspitze des *centro storico*, ist Algheros Ort zum Sehen und Gesehenwerden. In früheren Zeiten war dies das verwaltungstechnische Herz der mittelalterlichen Stadt. Aber wo einst spanische Adelsleute zusammenkamen, um die Staatsgeschäfte des Kaiserreiches zu besprechen, versammeln sich heute Touristen, um die Auslagen der eleganten Juweliergeschäfte zu studieren, Eiscreme zu essen und im nobelsten Café der Stadt zu sitzen. Das Caffè Costantino nimmt das Erdgeschoss des gotischen **Palazzo d'Albis** (Karte S. 118f.) ein, wo 1541 der spanische Kaiser Karl V. abgestiegen war.

Chiesa di San Francesco   KIRCHE
(Karte S. 118f.) Im Gegensatz zu der großspurigen Kathedrale zeigt sich die Chiesa di San Francesco als ein Paradebeispiel architektonischer Harmonie. Die Kirche mit der strengen Steinfassade wurde ursprünglich im 14. Jh. im Stil der katalanischen Gotik errichtet. Als sie 1593 teilweise einstürzte, erfolgte der Wiederaufbau in einem gut gelungenen Renaissancestil. Sehenswert sind hier der Altar aus mehrfarbigem Marmor (18. Jh.) und die Holzstatue eines ausgemergelten Christus (17. Jh.), die an einer Säule befestigt ist.

Durch die Sakristei gelangen Besucher in den schönen Kreuzgang, in dem 22 Säulen eine Reihe von Rundbögen tragen. Der gelbliche Sandstein der Arkaden vermittelt eine warme Atmosphäre, die den Kreuzgang zu einem wundervollen Ort für Sommerkonzerte macht.

Chiesa di San Michele   KIRCHE
(Karte S. 118f.) Weiter oben in der Via Carlo Alberto, der *carrer major* (Hauptstraße) des mittelalterlichen Stadtteils, steht die Chiesa di San Michele. Ihre weithin bekannte Majolikakuppel ist typisch für Kirchen im spanischen Valencia, das ebenfalls früher zum katalanischen Territorium gehörte. Die heutigen Keramikkacheln stammen aus den 1960er-Jahren, was ihre Schönheit aber nicht mindert.

Kurz vor der Kirche kreuzt die Via Gilbert Ferret die Via Carlo Alberto. An der als *quatre cantonades* (vier Seiten) bekannten Kreuzung versammelten sich über die Jahrhunderte viele Arbeiter, die eine Arbeit zu finden hofften.

Alghero Zentrum

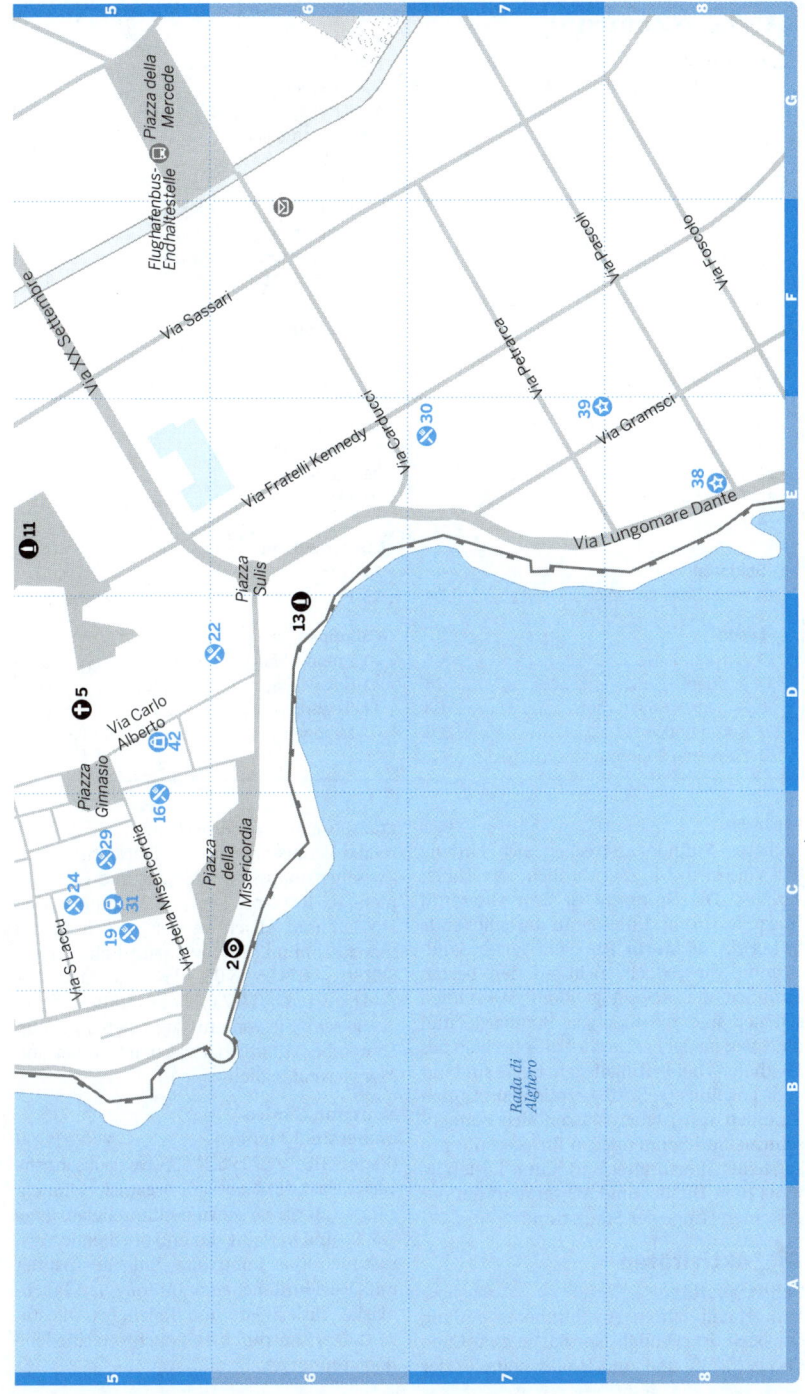

Piazza della Mercede

Flughafenbus-Endhaltestelle

Via XX Settembre

Via Sassari

Via Fratelli Kennedy

Via Petrarca

Via Pascoli

Via Foscolo

Via Gramsci

39

30

Via Garibaldi

38

Via Lungomare Dante

11

Piazza Sulis

13

22

5

Via Carlo Alberto

42

Piazza Ginnasio

16

24

29

Via della Misericordia

Piazza della Misericordia

19

31

Via S. Laccu

2

Rada di Alghero

Strände
STRAND

Algheros Strände erstrecken sich entlang der Via Garibaldi, die nördlich vom Hafen verläuft. Die **Spiaggia di San Giovanni** (Karte S. 116) und die daran anschließende **Spiaggia di Maria Pia** sind lange Sandstrände, die jedoch nicht zu den besten Stränden der Region gehören. Wesentlich schöner sind die Spiaggia Bombarde und die Spiaggia del Lazzaretto, die oberhalb des Flughafens bei Fertilia liegen. Beide sind mit dem Lokalbus (s. S. 127) erreichbar. An den Stränden von Alghero lassen sich Sonnenschirme und Sonnenliegen für etwa 8 € pro Tag leihen, Surfbretter und Kanus kosten jeweils 10 €. Die Buslinie AO verkehrt auf der gesamten Länge der Stadtstrände.

⚘ Aktivitäten

Schiffsausflüge
BOOTSTOUR

Vom Hafen fahren Ausflugsboote entlang der beeindruckenden Nordküste zum Capo Caccia (S. 128) und zum Höhlenkomplex der grandiosen Grotta di Nettuno (S. 128). Zahlreiche Veranstalter bieten Tagesfahrten mit Zwischenstopps zum Angeln und Schwimmen (40–100 € pro Pers.) an. Wer nur zu den Höhlen und gleich wieder zurück fahren möchte, nimmt die **Navisarda-Fähre** (Karte S. 118f., ☎ 079 95 06 03; www.navisarda.it; Erw./Kind hin & zurück 14/7 €, ohne Eintrittsgebühr für die Höhlen): Sie verkehrt zwischen Juni und September stündlich, zwischen Oktober und Mai viermal täglich.

Nautisub Centro
Immersioni Alghero
TAUCHZENTRUM

(Karte S. 116; ☎ 079 95 24 33; www.nautisub.com; Via Garibaldi 45) Nautisub organisiert Tauchgänge (ab 38 €) sowie Schnorchelausflüge (25 €) und verleiht die entsprechende Ausrüstung. Eine komplette Tauchausrüstung mit Drucklufttauchgerät, Atemregler, Tauchmaske, Tarierweste und Tauchgürtel kostet 25 €. Das Zentrum bietet auch verschiedene Bootstouren an.

Tauchzentrum
Capo Galera TAUCHZENTRUM

(außerhalb der Karte S. 116; 📞079 94 21 10; www.capogalera.com; Località Capo Galera) Das Tauchzentrum liegt ein paar Kilometer von Alghero entfernt, abseits der Hauptstraße zum Capo Caccia (die Abfahrt ist ausgeschildert). Die Räumlichkeiten befinden sich in einem großen weißen Villenkomplex auf einer Landzunge mit Panoramablick aufs Meer. Tauchgänge und -kurse werden für alle Schwierigkeitsgrade angeboten. Erfahrene Taucher kommen in den Genuss einiger herausragender Höhlentauchgänge. Sie können z. B. in die Grotta di Nereo tauchen, eine der größten Unterwassergrotten des Mittelmeers. Die Preise für die Tauchgänge beginnen bei 20 €, die Leihgebühr für eine komplette Tauchausrüstung liegt ebenfalls bei 20 €. Passionierte Taucher können auch gleich Unterkünfte vor Ort buchen (DZ 65–100 €, 6-Pers.-Apt. 110–180 €). Abends gibt es köstliche Gerichte vom Grill, die nach einem sportlich aktiven Tag gleich noch einmal so gut schmecken.

 Kurse
Stroll & Speak SPRACHE

(Karte S. 118f.; 📞339 489 93 14; www.strollandspeak.com; Via Cavour 4; 🕐Mo–Sa 9–13 & 14.30–20 Uhr) In der bewährten Sprachschule Stroll & Speak im *centro storico* kann jeder seine Italienischkenntnisse verbessern. Für den Einzelunterricht werden je nach Anzahl der Wochenstunden 200 € (10 Std.), 285 € (15 Std.) oder 360 € (20 Std.) verlangt.

Ausflüge
Kutschfahrten PFERDEKUTSCHE

(Karte S. 118f.; 📞079 97 69 27; Erw./Kind 2–10 Jahre 5/3,50 €; 🕐Juli & Aug. 10–23 Uhr, April–Juni, Sept. & Okt. 10–20.30 Uhr) Mit einer Kutschfahrt durch die Altstadt können Eltern ihre kleinen Sprösslinge hervorragend unterhalten. Der Abfahrtspunkt der Kutschen befindet sich an der Hafenseite des Bastione della Maddalena, die Kutschfahrt dauert 25 Minuten.

Trenino Catalano KLEINBAHN

(Karte S. 118f.; Erw./Kind unter 8 Jahren 5/3 €; 🕐Juli & Aug. 10–13 & 16.30–23 Uhr, April–Juni & Sept. 10–13 & 15.30–21 Uhr) Die Kleinbahn tuckert rund ums *centro storico* mit all seinen Sehenswürdigkeiten, sie startet halbstündlich am Hafen. Die Fahrkarten werden nach dem Einsteigen gelöst.

 Feste & Events

Alghero bietet seinen Gästen einen vollen Fest- und Eventkalender, die besten Veranstaltungen finden allerdings im Frühjahr und Sommer statt. Termine und Informationen zu vielen der Festivals, Volksfeste und anderen Events werden – nach Jahreszeiten geordnet – auf der Website www.sardegnaturismo.it (auch auf Deutsch) unter dem Stichwort „Kultur" genannt.

Februar
Sagra del Bogamarì SEEIGELFEST

Bei diesem Fest ehren die Einwohner von Alghero den Steinseeigel (*Paracentrotus lividus*), indem sie große Mengen dieses Stachelhäuters verzehren. Das Fest beginnt Ende Januar und zieht sich bis weit in den Februar hinein.

Carnevale KARNEVAL

(www.sardegnaturismo.it) Am *martedì grasso* (Fastnachtsdienstag) wird das Abbild eines französischen Soldaten (*pupazzo*) unter großem Gejohle an einem Pfahl verbrannt.

März/April
Ostern RELIGIÖSES FEST

Statuen von Jesus Christus und der Jungfrau Maria werden durch die Stadt getragen, um die *Misteri* (Leidensweg Jesu Christi) und den *Incontru* (Begegnung der Jungfrau Maria mit dem auferstandenen Jesus Christus) nachzustellen.

Juli/August
Ferragosto (Feier zu Mariä Himmelfahrt) RELIGIÖSES FEST

Mariä Himmelfahrt, am 15. August, feiert die Stadt Alghero mit Feuerwerk, Bootsrennen und Musik.

Essen

Fisch und Meeresfrüchte spielen in Alghero eine kulinarische Hauptrolle. Berühmt ist die Fischerstadt für ihre Sardinen und Langusten (*aragoste*). Doch aufpassen: Langusten kosten ein Heidengeld. Wer sich z. B. im Restaurant eine Languste aus einem Becken aussucht, sollte sie vor der Bestellung wiegen lassen. Auf den Speisekarten wird der Preis in der Regel pro Gramm angegeben!

 **La Botteghina** MEDITERRAN €€

(📞079 97 38 375; www.labotteghina.biz; Via Principe Umberto 63; Mahlzeiten 25–30 €) Das gemütliche Restaurant mit seinen hohen Decken besteht noch nicht lange. Spezialität des Hauses im *centro storico* sind Regionalgerichte, die Zutaten dafür stammen von kleinen Erzeugern. Alle Gerichte sind einfach, aber geschmacklich hervorragend zubereitet, das gilt für die Pizza genauso wie für die *fregola* (kleine kugelige Pasta aus Hartweizengrieß, die an Couscous erinnert) mit Meeresfrüchten. Innen ist alles in weißem Holz gehalten.

Mabrouk
FISCH €€

(Karte S. 118f.; ☎ 079 97 00 00; Via Santa Barbara 4; Menü 40 €; ☺ nur Abendessen, Nov. geschl.) In dem Fischrestaurant neben der Kathedrale heißt es: Gegessen wird, was auf den Tisch kommt! Das tägliche Menü legt die Küchenchefin Marie Antonetta persönlich fest. Für 40 € serviert sie Antipasti, dreierlei Pasta mit Fisch als *primi piatti* (ersten Gang), dreierlei Fisch als Hauptgericht *(secondo)* sowie Dessert und Wein. Das Mabrouk eignet sich ausgezeichnet, um eine Kostprobe von Algheros fangfrischem Fischangebot in einem schlichten, freundlichen Ambiente zu genießen.

Angedras Restorant
MEDITERRAN €€

(Karte S. 118f.; ☎ 079 973 50 78; www.angedras restaurant.it; Bastioni Marco Polo 41; Mittagsmenü 16 €, Mahlzeiten um 35 €; ☺ Mi–Mo) Auf Algheros honigfarbenen Festungsmauern zu speisen, ist ein unvergessliches Erlebnis. Das Angedras zählt zu den besseren Lokalen auf dem steinernen Schutzwall. Es bietet überwiegend traditionelle Speisen, darunter auch den König aller sardischen Fleischgerichte, das *porceddu* (gebratenes Spanferkel). Das Restaurant gehört zum Hotel Angedras (S. 228).

Il Refettorio
MEDITERRAN/WEINBAR €€

(Karte S. 118f.; ☎ 079 973 11 26; Vicolo Adami 47; Mahlzeiten um 30 €; ☺ im Winter Di geschl.) Il Refettorio präsentiert sich in einem ansprechenden Ambiente. Ein niedriger Torbogen führt in das Gewölbe, in dem sich die Weinbar mit Tischen vor der Tür befindet. Das auf Wein spezialisierte Lokal bietet eine gute Gelegenheit, einige der regionalen Rot- und Weißweine zu kosten. Gut dazu passt das mit Aceto balsamico beträufelte Thunfischsteak.

Osteria Machiavello
OSTERIA €€

(Karte S. 118f.; ☎ 079 98 06 28; Bastioni Marco Polo 57; Menü mit Fleisch/Fisch 16/18 €, Mahlzeiten um 35 €; ☺ Abendessen Mi–Mo) Vor einiger Zeit hat der Besitzer des Angedras Restaurant das Machiavello übernommen. Die

Osteria mit Panoramablick eignet sich gut für ein unvergessliches Abendessen auf Algheros Stadtmauern. Mit allerlei gegrilltem Fleisch, darunter auch Pferdefleisch, sowie einer Reihe klassischer Fischgerichte bietet die Speisekarte für fast jeden Geschmack etwas Passendes. Zu empfehlen ist beispielsweise die *zuppa di cozze e vongole* (Muschelsuppe mit Mies- und Venusmuscheln zubereitet).

Spaghetteria Al Solito Posto
MEDITERRAN €

(Karte S. 118f.; ☎ 328 913 37 45; Piazza della Misericordia; Mahlzeiten 15–20 €; ☺ Fr–Mi) Das kleine Restaurant mit einem Tonnengewölbe gehört zu den beliebtesten Speiselokalen der Stadt. In einer Ecke des Saals dudelt zwar quasi rund um die Uhr ein Fernseher, was aber dem Genuss des Essens – Pasta mit einer Reihe unterschiedlicher Saucen – keinen Abbruch tut. Schön ist auch die sehr lebendige Atmosphäre des Lokals, das auch bei den Einheimischen beliebt ist. Eine Tischreservierung ist empfehlenswert.

Borgo Antico
FISCH UND MEERESFRÜCHTE €€

(Karte S. 118f.; ☎ 079 98 26 49; Via Zaccaria 12; Mahlzeiten um 35 €; ☺ So nur Mittagessen) Das Borgo Antico befindet sich in einem ehemaligen Klostergebäude. Neben den Innenräumen bietet das ziemlich förmliche Lokal auch Tische auf einer malerischen Piazza. Bekannt ist es für seine ausgezeichneten Gerichte mit Meeresfrüchten, z. B. die *spaghetti all'aragosta* (Spaghetti mit Langusten; 40 € für 2 Pers.) und die *triglie al cartoccio* (Rotbarben in Alufolie gebraten).

Al Tuguri
OSTERIA €€

(Karte S. 118f.; ☎ 079 97 67 72; www.altuguri.it; Via Maiorca 113; Degustationsmenü veg./Fisch/Fleisch 36/40/40 €; ☺ Mo–Sa) Rein vegetarische Ernährung hat sich auf Sardinien noch nicht so richtig durchgesetzt. Fündig werden Vegetarier jedoch im Al Tuguri, einem Restaurant mit unaufdringlichem, traditionell-rustikalem Ambiente. Neben den traditionelleren Fisch- und Fleischgerichten bietet es ein speziell zusammengestelltes vegetarisches Menü. Eine Tischreservierung ist in diesem beliebten Restaurant ratsam.

Andreini
GOURMETLOKAL €€€

(Karte S. 118f.; ☎ 079 98 20 98; www.risto ranteandreini.it; Via Ardoino 45; Mahlzeiten um 55 €; ☺ Di–So) In den vergangenen Jahren hat sich das elegante Restaurant zu einem Orientierungspunkt für die kreative moderne Küche in Alghero entwickelt. 2010 wurde

ALGHERO & DER NORDWESTEN ALGHERO

es dafür mit einem Michelin-Stern ausgezeichnet. An den Tischen neben einem riesigen Feigenbaum genießen die Gäste ausgefallene Kreationen aus Früchten, frischem Fisch, Fleisch und Kräutern, die alle immer sehr dekorativ angerichtet werden.

Osteria Taverna Paradiso
OSTERIA €€
(Karte S. 118f.; ☏079 97 80 07; Via Principe Umberto 29; Mahlzeiten um 30 €; ⏱Di-So) Käse ist der König in dieser gastfreundlichen einfachen Trattoria. Voller Begeisterung gibt der Besitzer und passionierte „Käsemeister" Pasquale Nocella seinen Gästen eine Einführung in die Welt des Käses mit ihren unzähligen Sorten. Eine Käseplatte kostet 16 €. Wer Käse nicht mag, kann sich an das ausgezeichnete gegrillte Fleisch und die herzhafte Pasta halten.

Trattoria Maristella
TRATTORIA €€
(Karte S. 118f.; ☏079 97 81 72; Via Fratelli Kennedy 9; Mahlzeiten um 27 €) Altbewährte Gerichte aus Fisch und Meeresfrüchten locken Besucher und Einheimische scharenweise in diese kleine, stets gut besuchte Trattoria. Die *insalata di mare* (Meeresfrüchtesalat) schmeckt genauso ausgezeichnet wie die sardischen Spezialitäten, z. B. *culurgiones* (Ravioli gefüllt mit Kartoffeln, Pecorino und Minze). Die Preise sind durchwegs angemessen.

Il Pavone
TRATTORIA €€€
(Karte S. 118f.; ☏079 97 95 84; www.ristoran teilpavone.com; Piazza Sulis 3/4; Mahlzeiten um 45 €; ⏱So mittags geschl.) Das Restaurant Il Pavone gehört zum Urgestein der Gastronomie der Stadt. In einem bewusst altmodisch gehaltenen Ambiente kommt hier ein Mix aus innovativer und klassischer sardischer Küche auf den Tisch.

Santa Cruz
MEDITERRAN €€
(Karte S. 116; Via Lido 2; Pizza 6,50–8 €, Mahlzeiten um 30 €; ⏱Di-So) Wer Pizza, Paella (18 €) und gegrilltes Fleisch mag, ist in dieser legeren kleinen Kneipe genau richtig. Ihre wahre Anziehungskraft verdankt sie allerdings weniger dem Essen als ihrer Lage am Strand.

Il Ghiotto
ITALIENISCH €
(Karte S. 118f.; ☏079 97 48 20; Piazza Civica 23; Mahlzeiten 10–15 €; ⏱Di-So) Il Ghiotto zählt zu Algheros wenigen preisgünstigen Restaurants. Während der Mittagszeit lockt eine verführerische Auswahl an *panini*, Pasta, Salaten und Hauptgerichten.

Selbstversorger
Proviant für ein Picknick, frisches Fleisch, fangfrischen Fisch und andere frische Nahrungsmittel können Besucher in Algheros **Markthalle** (Karte S. 118f.; Eingang Via Sassari 23; ⏱Mo-Sa.6.30–13.30 & 16.30–20.30 Uhr) zwischen der Via Sassari und der Via Cagliari kaufen. Ein **Eurospin-Supermarkt** (Karte S. 118f.; Via La Marmora 28; ⏱Mo-Sa 8.30–21.30, So 9–13.30 & 17–21 Uhr) befindet sich in der Nähe der Giardini Pubblici.

🍷 Ausgehen

An Ausgehmöglichkeiten mangelt es in Alghero wahrlich nicht, beliebt sind die Locations an den Stränden, auf der Stadtmauer und am Meer südlich des *centro storico*. Im Sommer haben alle bis tief in die Nacht geöffnet, meistens bis 2 Uhr.

Baraonda
WEINBAR
(Karte S. 118f.; ☏079 97 59 22; Piazza della Misericordia; ⏱10–2 Uhr) Burgunderrote Wände und Jazzfotos in Schwarz-Weiß verleihen der dämmrigen Bar eine ganz eigene Note. Im Sommer macht es Spaß, draußen an den Tischen auf der Piazza Platz zu nehmen und die vorbeiflanierenden Leute zu beobachten.

Diva Caffè
CAFÉ, BAR
(Karte S. 118f.; ☏079 98 23 06; Piazza Municipio 1; Cocktails 7 €; ⏱Mo-Sa 10–24 Uhr) Mittags kommen gerne die Touristen zum Essen (Pastagerichte 6 €), sein wahres Gesicht zeigt das Diva jedoch am Abend, wenn die sonnengebräunte Kundschaft an den Tischen auf der Piazza ihre Cocktails schlürft. Im Sommer öffnet die Bar freitags und samstags bis spätnachts.

Caffè Latino
BAR
(Karte S. 118f.; ☏079 97 65 41; Bastioni Magellano 10; Cocktails ab 4,80 €; ⏱Mi-Mo 9–23 Uhr, im Sommer tgl. 9–2 Uhr) Die schicke Bar auf dem Stadtwall oberhalb des Hafens ist ein Sommerklassiker. Was gibt es Schöneres, als sich in den grauen Rattansesseln zurückzulehnen, etwas aus der reichhaltigen Speisekarte zu bestellen und entspannt zu lauschen, wie die Bootsmasten drunten im Hafen im Wind knarren?

Caffè Costantino
CAFÉ
(Karte S. 118f.; ☏079 97 61 54; Piazza Civica 31; ⏱Do-Di 7.30–24 Uhr) Das Costantino auf Algheros Vorzeige-Piazza ist das eleganteste und eines der am besten besuchten Cafés der Stadt, Touristen strömen in Scharen zu seinen Tischen an der Ecke des Platzes. Die

Auswahl an Speisen und Getränken gleicht der eines Restaurants, doch wer nur etwas essen will, bekommt anderswo Besseres für sein Geld.

Buena Vista BAR
(Karte S. 118f.; Bastioni Marco Polo 47; Cocktails 6,50–8 €; ☾15.30–3 Uhr) Sagenhafte Mojitos, frische Fruchtcocktails und ein atemberaubender Sonnenuntergang – was will man mehr von einer Strandbar? Obendrein sorgen die peppige Musik und das höhlenartige Innere dieser beliebten Bar an der Westmauer für eine coole Atmosphäre.

Jamaica Inn PUB
(Karte S. 118f.; Via Principe Umberto 57; Cocktails 6 €; ☾Di–So) Ein nettes Pub, um ein Glas Wein oder ein Bier zu trinken und dazu einen der Barsnacks (6 €) wie etwa Bruschetta zu bestellen.

Mill Inn LIVEMUSIK
(Karte S. 118f.; Via Maiorca 37; ☾Do–Di) In der gemütlichen Kneipe in einem Mauergewölbe wird ab und zu Livemusik gespielt.

☆ Unterhaltung

Wenn es in den Bars ab etwa 1 Uhr ruhiger wird, verlagert sich das Nachtleben in die Strandclubs im Süden der Altstadt. Algheros Clubs locken Nachtschwärmer aus ganz Nordsardinien an. Im Sommer geht es in der Szene am heißesten her, aber auch im Winter ist zumindest an den Wochenenden einiges los. Die meisten der größeren Clubs liegen allerdings außerhalb der Stadt. Das führt jedoch zu Transportproblemen, wenn man weder eine Mitfahrgelegenheit hat noch rund 35 € für eine Taxifahrt bezahlen möchte. Die Clubs öffnen spätabends, in der Regel um Mitternacht. Als Eintritt werden um die 15 € verlangt, manchmal ist ein Getränk im Eintrittspreis enthalten.

Poco Loco LIVEMUSIK
(Karte S. 118f.; ☎079 973 10 34; Via Gramsci 8; ☾21–1 Uhr) Diese beliebte „Allzweckkneipe" bietet Internetzugang, Bier vom Fass, Pizza, Livemusik und eine Bowlingbahn im Untergeschoss (Mo geschl.). Das Konzertprogramm ist vielfältig, meist werden aber Jazz und Blues gespielt.

L'Arca LIVEMUSIK
(Karte S. 118f.; ☎079 97 79 72; Lungomare Dante 6; ☾8–2 Uhr) Hier am südlichen *lungomare* (Strandpromenade) brummt der Bär! Zwischen Donnerstag und Samstag begleiten

DJs das Tohuwabohu in der Bar. Draußen sorgen übermütige Schluckspechte für fröhliche Atmosphäre am (überfüllten) Strand.

El Trò CLUB
(Karte S. 116; ☎079 973 30 00; Via Lungomare Valencia 3; ☾Di–So 21–spätnachts) Das Disko-Pub auf den Felsen verwandelt sich an heißen Sommerwochenenden in einen Hexenkessel. Völlig aus dem Häuschen geratene Urlauber hotten dann bis zum Morgengrauen auf der Tanzfläche am Meer.

Il Ruscello CLUB
(Außerhalb der Karte S. 116; ☎339 235 07 55; SS Alghero – Olmedo; ☾Juli & Aug. jede Nacht, Juni & Sept. Fr & Sa nachts, Okt.–Mai Sa nachts) Il Ruscello, einer der alteingesessenen Clubs der Stadt, zieht sardische DJs der Spitzenklasse und Kenner der Szene an. Der Club liegt etwa 2 km nordöstlich der Stadt an der Straße nach Olmedo.

La Siesta CLUB
(außerhalb der Karte S. 116; ☎079 98 01 37; Località Scala Piccada; ☾Juli & Aug. jede Nacht ab 1 Uhr, Juni Sa ab 1 Uhr) Die Open-Air-Location bietet vier Tanzflächen, Mainstream-Musik und ein Livemusikprogramm. Der Club liegt 10 km südlich von Alghero, vom Stadtzentrum aus bringt ein Shuttlebusse (1,50 €) die Gäste dorthin.

🛍 Shoppen

Ein Schaufensterbummel durch die eleganten Geschäfte von Algheros Haupteinkaufsmeile, der Via Carlo Alberto, ist gewissermaßen ein Muss für Besucher der Stadt. Läden säumen auch die Gassen des *centro storico,* wo man kulinarische Mitbringsel, Designerklamotten oder Schmuck findet. Viel wird aus Algheros berühmten Korallen gefertigt (s. Kasten S. 129).

Enodolciaria LEBENSMITTEL
(Karte S. 118f.; ☎079 97 97 41; Via Simon 24) Ein tolles Geschäft, um eine Flasche sardischen Wein, Olivenöl, *fregola*, *bottarga* (Meeräschenrogen) und Dosen mit heimischem Thunfisch zu kaufen.

Antonio Marras MODE
(Karte S. 118f.; ☎079 97 32 085; Piazza Civica) Der Modedesigner Antonio Marras stammt aus Alghero und gilt in der Fashionszene als einer der bekanntesten Modemacher der Stadt. Marras war Kreativdirektor des Modeunternehmens Kenzo, unter seinem eigenen Label entwirft er seit Jahren Mode

der gehobenen Preisklasse. Ein Besuch der hübschen Boutique lohnt sich, und sei es nur, um die farbenprächtigen Stoffe und den geschmackvollen Stil der Bekleidung zu bewundern.

Il Labirinto BÜCHER
(116; ☎079 98 04 96; Via Carlo Alberto 119) Der kleine Buchladen bietet eine gute Auswahl an italienischsprachigen Büchern zu sardischen Themen jeder Art. Eine kleine Auswahl in englischer Sprache ist ebenfalls vorhanden.

Praktische Informationen

Banca Carige (Karte S. 118f.; Via Sassari 13) Geldautomat.
Bar Miramare (Karte S. 118f.; ☎079 973 10 27; Via Gramsci 2; Std. Internet 5 €; ⏱8.30–13 & 16.30–2 Uhr) Internetzugang.
Farmacia Cabras (Karte S. 118f.; ☎079 97 92 60; Lungomare Dante 20) Das Personal spricht Englisch.
Hauptpostamt (Karte S. 118f.; Via Carducci 35; ⏱Mo–Fr 8–18.50, Sa 8–13.15 Uhr)
Ospedale Civile (Karte S. 116; ☎079 99 62 00; Via Don Minzoni) Hauptkrankenhaus.
Polizei(Karte S. 118f.; ☎079 972 00 00; Piazza della Mercede 4)
Touristeninformation in Alghero (Karte S. 118f.; ☎079 97 90 54; www.comune.alghero.ss.it, auf Italienisch; Piazza Porta Terra 9; ⏱Mo–Sa 8–20 Uhr, im Sommer auch So 10–13 Uhr) Die beste Touristeninformation auf Sardinien, die mit hilfsbereitem, Englisch sprechendem Personal und zahlreichen praktischen Informationen aufwartet.
Touristeninformation am Flughafen (außerhalb der Karte S. 116; ☎079 93 51 50; ⏱8.30–13 & 15.30–22 Uhr)

An- & Weiterreise

Auto & Motorrad
Die einfachste Route von Sassari nach Alghero verläuft über die SS291, von der die SP19 abzweigt und bis in die Stadt hineinführt. Bei der Anreise von Bosa gibt es zwei Möglichkeiten: die landeinwärts gelegene Route über die SS292 oder die Küstenroute über die SP105 – eine der schönsten Strecken entlang der sardischen Küste (s. Kasten S. 126)!

Bus
Die Haltestelle für die Ankunft und Abfahrt der Überlandbusse befindet sich in der Via Catalogna an den Giardini Pubblici. Das Fahrkartenhäuschen steht in der Parkanlage (Karte S. 118f.).

Zwischen Sassari und Alghero verkehren täglich bis zu elf Busse, an Werktagen sind es sogar 15 (2,50–3 €, 1 Std.). Die Busse nach Porto Torres fahren montags bis freitags achtmal täglich sowie samstags und sonntags fünfmal täglich (2,50 €, 1 Std.). Nach Bosa startet zweimal täglich ein Bus (4,50 €, 1 Std. 35 Min.), der die Route landeinwärts über Villanova Monteleone nimmt. Zusätzlich fährt täglich ein Bus über die malerische Küstenroute nach Bosa (3 €, 1 Std. 10 Min.).

Nach Olbia besteht keine direkte Verkehrsverbindung. Man muss zunächst nach Sassari fahren und dort in den Turmo-Travel-Bus umsteigen (s. S. 142).

Flugzeug
Algheros Flughafen, der **Aeroporto di Alghero-Fertilia** (AHO; außerhalb der Karte S. 116; ☎079 93 52 82; www.algheroairport.it), liegt 9 km nordwestlich der Stadt. Mehrere Billigflieger, darunter Ryanair und Air One, steuern ihn an. Es gibt Flugverbindungen zum italienischen Festland sowie zu Zielen in ganz Europa, darunter zu den Flughäfen Basel-Mulhouse, Berlin/Tegel, Düsseldorf-Weeze, Dresden, Frankfurt/Hahn, Köln/Bonn, Leibzig-Halle und Memmingen-Allgäu.

Weitere Fluginfomationen siehe S. 282.

Zug
Der Bahnhof (Karte S. 116) befindet sich 1,5 km nördlich der Altstadt an der Via Don Minzoni. Zwischen Alghero und Sassari verkehren täglich elf Züge der ARST (2,20 €, 35 Min.).

Unterwegs vor Ort
Für die Altstadt und die meisten anderen Ziele vor Ort reichen die eigenen Füße als Fortbewegungsmittel. Der Weg zu den Stränden lässt sich allerdings bequemer mit dem Bus zurücklegen.

Auto & Motorrad
Die besten Plätze zum Parken in Alghero bietet der große kostenfreie Parkplatz entlang des *lungomare* (Strandpromenade) an der Via Gari-

KEINE AUTOS IN DER ALTSTADT!

Nicht ortsansässigen Personen ist die Fahrt mit dem Auto in die Altstadt von Alghero untersagt – wer diese Regelung missachtet, muss mit einem Bußgeld rechnen. Reisende, die mit einem Mietwagen in die Altstadt fahren und einen Strafzettel erhalten, müssen das Bußgeld an den Autoverleiher zahlen. Das Bußgeld erhöht sich mit jedem Verstoß und kann sich so auf mehrere Hundert Euro summieren.

MIT DEM AUTO ODER FAHRRAD VON ALGHERO NACH BOSA

Eine der reizvollsten Landschaften Sardiniens entfaltet sich an der Straße, die südlich von Alghero an der Küste bis zum 46 km entfernten Bosa führt. Während die Straße durch die Felsen klettert, eröffnen sich tolle Panoramen – mit dem Besten von *il mare* (dem Meer) und *il monte* (den Bergen). Man kann die Strecke entweder an einem Tag mit dem Auto oder im Rahmen einer zweitägigen, 108 km langen Radtour (Näheres s. unten) abklappern. Der beste Weg führt über die Inlandstrecke nach Süden (SS292) durch Villanova Monteleone und zurück über die Küstenstraße, wo sich dann spektakuläre Ausblicke auf die Riviera del Corallo und das Capo Caccia eröffnen.

Für Radfahrer ist der erste Tag (62 km) der härteste – eine klassische Berg-und-Tal-Fahrt, bei der 600 Höhenmeter überwunden werden müssen. Die Straße windet sich durch die Berge und bietet herrliche Aussichten übers Wasser zum Capo Caccia, bevor sie nach einem Kamm in dichten Wald eintaucht und das Meer aus dem Blickfeld verschwindet. Nach 23 km erreicht man **Villanova Monteleone** (567 m), das wie ein natürlicher Balkon an den Hängen des Colle di Santa Maria klebt. Unweit der Hauptstraße liegt die Innenstadt, wo jeden Vormittag (außer sonntags) ein Lebensmittelmarkt stattfindet (den Schildern zum *mercato* folgen).

Auf der Gebirgsstraße hinter Villanova kann man einige herrliche Küstenblicke genießen, während die Straße sich in einem stetigen Auf und Ab durch schattige Wälder schlängelt. Eine mehr als angemessene Entschädigung für die letzten steilen 5 km ist die 10 km lange Abfahrt nach Bosa.

Die Rückfahrt auf der Corniche führt an einem verlassenen Küstenstrich vorbei (Verpflegung und Wasser mitbringen). Hier ist nur ein 6,2 km langer Anstieg auf 350 Höhenmeter zu überwinden, die Ausblicke machen die Anstrengung aber allemal wett. Am nördlichen Horizont sind oft die weißen Klippen des Capo Caccia (16 km weiter) zu sehen. Abgesehen vom Gebimmel der Ziegenglocken an den Steilhängen oder einem kreisenden Raubvogel ist hier alles absolut friedlich.

Am Weg liegen zwei Badestellen, die auf der Tour angenehme Erfrischung verheißen. Nach rund 5,4 km führt ein Pfad zum Strand südlich von Torre Argentina (Ausschau nach parkenden Autos am Straßenrand halten), und bei Kilometer 35,4 gibt es einen Abzweig zur **Spiaggia La Speranza**. Hier kann man sich auch vor den letzten 10,8 km nach Alghero im **Ristorante La Speranza** (📞 079 91 70 10; Hauptgerichte um 35 €; ⊗ im Winter Mi geschl.) frische Meeresfrüchte schmecken lassen.

baldi. Da er nie völlig überfüllt ist, findet sich hier so gut wie immer ein Parkplatz.

Verleihstationen örtlicher und internationaler Autoverleiher, z.B. **Avis** (Karte S. 118f.; 📞 079 93 50 64; Piazza Sulis 9), unterhalten Schalter am Flughafen Alghero-Fertilia und in der Stadt.

Cicloexpress (Karte S. 116; 📞 079 98 69 50; www.cicloexpress.com; Via Garibaldi) betreibt seinen Verleih in einer Hütte an der Seeseite der Via Garibaldi. Hier beträgt die Leihgebühr für ein Auto pro Tag 65 €, für einen Motorroller 55 € und für ein Fahrrad 6 €.

Bus

Die Buslinie AO fährt von der Via Cagliari (über die Giardini Pubblici) zu den Stränden. Stadtbusse fahren außerdem nach Fertilia sowie zu einigen anderen Zielen in der Umgebung. Die Stadtbus-Haltestellen liegen rund um die Giardini Pubblici. Fahrscheine (0,70 €) verkaufen der Blumenladen **Floridea** (Karte S. 118f.; Via

Cagliari 4) im Park und die meisten *tabacchi* (Tabakwarengeschäfte).

Vom/zum Flughafen

Täglich verbinden bis zu elf Busse (0,70 €, 20 Min.) den Flughafen mit der Piazza della Mercede im Stadtzentrum. Jeweils 2-mal täglich starten am Flughafen Busse von **Logudoro Tours** (📞 079 28 17 28) nach Cagliari (20 €, 3½ Std.), Oristano (15 €, 2½ Std.) und Macomer (10 €, 1½ Std.). **Redentours** (📞 0784 3 14 58; www.redentours.com) bietet dreimal täglich eine Busverbindung von bzw. nach Nuoro (20 €, 2¼ Std.), eine Platzreservierung ist erforderlich.

Ein Taxi ins Zentrum von Alghero kostet um die 25 €.

Taxi

In der Via Vittorio Emanuele nahe der Touristeninformation befindet sich ein **Taxistand** (Karte S. 118f.). Telefonisch lässt sich eine Taxi unter 📞 079 989 20 28 bestellen.

RIVIERA DEL CORALLO

Von Alghero führt die Küstenstraße nach Norden und macht dann einen reizvollen Abstecher nach Westen. Dabei passiert sie Fertilia, einen bescheidenen Badeort, und Porto Conte, eine ausgedehnte Bucht voller Hotels und unauffälliger Villen. Am Ende der Straße liegt Capo Caccia, eine Landspitze, die in erster Linie für ihren faszinierenden Höhlenkomplex Grotta di Nettuno berühmt ist. Die Strecke führt an zwei tollen Stränden und ein paar interessanten archäologischen Stätten vorbei. Im Inselinneren wird die Landschaft flacher, und man findet hier einen der namhaftesten Weinhersteller der Insel sowie mehrere gastfreundliche, ruhige *agriturismi* (Bauernhöfe mit Gästezimmern).

Fertilia

Sandstrände und Pinienwälder säumen die Küste bis Fertilia, rund 4 km nordwestlich von Alghero. Die Stadt selbst ist klein und ziemlich nichtssagend: Straßen, wie mit dem Lineal gezogen, und nüchterne Palazzi. Besucher, die das mittelalterliche Gewusel Algheros erlebt haben, werden von der Atmosphäre ziemlich überrascht sein. Die Stadt wurde von Mussolini erbaut, der hier das Zentrum eines gewaltigen Landgewinnungsprojektes errichten wollte und Bauern aus dem Nordosten Italiens ansiedelte. Später kamen Nachkriegsflüchtlinge aus Friaul-Julisch Venetien hinzu. Von ihnen stammt die Affinität zum Wahrzeichen von Venedig, den Löwen des hl. Markus, der die Hafenstatue ziert.

Nach einem Hafenbummel gibt's nicht mehr viel zu sehen oder zu unternehmen, aber in der Nähe liegen zwei ausgezeichnete Strände. **Spiaggia delle Bombarde**, ein paar Kilometer westlich der Stadt, ist der Lieblingsstrand der Einheimischen. Er ist von Grün umgeben und mit Sonnenschirmen, Liegestühlen und einem Kinderspielplatz sehr gut ausgestattet. Wenn er zu voll ist (und im Sommer ist hier der Bär los), kann man sein Glück am nächsten Strand versuchen, der **Spiaggia del Lazzaretto**. Beide Strände sind an der Hauptstraße ausgeschildert. Wer kein eigenes Fahrzeug zur Verfügung hat, kann den Bus von Alghero nach Capo Caccia nehmen, der ganz in der Nähe vorbeifährt.

Nördlich von Fertilia

Rund 7 km nördlich von Alghero, gleich westlich der Straße nach Porto Torres, befindet sich die **Necropoli di Anghelu Ruiu** (Eintritt 3 €, mit Führung 5 €, mit Audioguide 6 €; in Kombination mit Nuraghe di Palmavera Eintritt 5 €, mit Führung 8 €, mit Audioguide 10 €; ☺ März 9.30–16 Uhr, April 9–18 Uhr, Mai–Okt. 9–19 Uhr, Nov.–Feb. 10–14 Uhr), eine Totenstadt mit verstreut liegenden antiken Grabkammern. Die 38 in Felsen gehauenen Grabstätten werden als *domus de janas* – Häuser der Feen – bezeichnet, sie stammen aus der Zeit zwischen 2700 und 3300 v. Chr. Der größte Teil der bildhauerischen Elemente wurde entfernt und in Museen gesichert. In einigen Grabkammern lassen sich jedoch noch grob geschnitzte Stierhörner entdecken – sie könnten das Symbol eines Totengottes sein.

Wer auf der Straße weiter Richtung Norden fährt, gelangt nach ungefähr 2 km zur Weinkellerei **Sella e Mosca** (☎079 99 77 00; www.sellaemosca.com). Das 650 ha große Weingut ist Sardiniens größter Weinproduzent. Über die Geschichte des Aufstiegs zur bekanntesten Weinkellerei der Insel können sich Besucher während einer kostenlosen Führung durch das hauseigene **Museum** (☺ Mai–Okt. Mo-Sa Führung um 17.30 Uhr, Nov.– April auf Anfrage) informieren. Das liebevoll gepflegte Haus besitzt auch eine kleine archäologische Abteilung, die sich der Necropoli di Anghelu Ruiu widmet. Weine lassen sich in der hübschen **Enoteca** (Weinhandlung; ☺ganzjährig Mo-Sa 8.30–13 & 15–17.30, Mitte Juni–Ende Sept. auch So 8.30–20 Uhr) verkosten und kaufen. Von Alghero fahren zweimal täglich Busse vorbei, sie halten an der Abfahrt zum Weingut (1,50 €, 25 Min.).

Zum Wein passt ein gutes Essen, was kein Problem ist, denn in der Gegend mangelt es nicht an guten Lokalen. Zu diesen zählt **Agriturismo Barbagia** (☎079 93 51 41; www.agriturismobarbagia.it; Località Fighera, Podere 26; Mahlzeiten um 30 €): Der hübsche Bauernhof bietet nicht nur abwechslungsreiche Gerichte mit Zutaten aus eigener Landwirtschaft, sondern auch einfache Unterkünfte (Zimmer 30–40 €). Kinder können sich auf diversen Schaukeln vergnügen, während die Eltern ihr Essen genießen. Auf der schattigen Terrasse haben sie auf der Wiese spielenden Nachwuchs immer im Blick. Wer gerne wie ein König speist, sollte im **Agriturismo Sa Mandra** (☎079 99 91 50; www.aziendasamandra.it; Localita Fighera, Podere 21;

Mahlzeiten um 35 €) vorbeischauen. Das schöne Bauerngut liegt 2 km nördlich vom Flughafen. Sein Restaurant bietet ein festgelegtes Tagesmenü. Als Antipasti werden geräucherter Schinken, Salami, Kräuterkäse und mariniertes Gemüse serviert. Auf die Pasta folgen Lammbraten oder Spanferkel. Eine Tischreservierung empfiehlt sich, außerdem sollte man großen Hunger mitbringen.

Nuraghe di Palmavera

An der Küste, ein paar Kilometer westlich von Fertilia, liegt an der Straße nach Porto Conte die **Nuraghe di Palmavera** (Eintritt 3 €, mit Führung 5 €, mit Audioguide 6 €; in Kombination mit Necropoli di Anghelu Ruiu Eintritt 5 €, mit Führung 8 €, mit Audioguide 10 €; ☺März 9.30–16 Uhr, April 9–18 Uhr, Mai–Okt. 9–19 Uhr, Nov.–Feb. 10–14 Uhr). Im Zentrum der 3500 Jahre alten Nuraghe (eine befestigte Siedlung der Bronzezeit) stehen ein Turm aus Kalkstein und ein ovales Gebäude mit einem Sandsteinturm, der später hinzugefügt wurde. Ruinen kleinerer Türme sowie Festungswälle umgeben die Zentralbauten. Außerhalb der Wälle ist der Boden mit Resten runder Behausungen übersät. Man vermutet, dass hier ursprünglich einmal etwa 50 Wohnstätten standen.

Über die runde **Capanna delle Riunioni** (Versammlungshütte) wird viel gerätselt. Im Inneren verläuft entlang der Grundmauern eine niedrige Steinbank, möglicherweise diente sie einem Ältestenrat als Sitzplatz. In dem Rundbau befindet sich zudem ein Sockel mit dem Modell einer Nuraghe. Einer Theorie zufolge handelt es sich dabei um eine Kultstätte der Nuragher.

Um zu dieser archäologischen Stätte zu gelangen, ist ein eigenes Fahrzeug nötig. Der AF-Stadtbus (0,70 €, 15–20 Min.), der von Alghero nach Porto Conte fährt, setzt zwar Besucher an der nahen Straße ab. Da er jedoch auf dem Rückweg eine weiter im Inland verlaufende Route nimmt, besteht keine Möglichkeit, per Bus nach Alghero zurückzufahren.

Porto Conte

Die Bucht von Porto Conte trägt auch den poetischen Namen Baia delle Ninfe – Bucht der Nymphen. Auf ihrem blauen Wasser schaukeln im Sommer eine ganze Armada an Yachten, Mimosen- und Eukalyptusbäume säumen die grüne Küste. Hauptanziehungspunkt ist die an der Nordostseite der Bucht gelegene beliebte Spiaggia Mugoni, die sich durch feinen Sand auszeichnet. Die geschützt liegende Bucht eignet sich besonders gut für Wassersportanfänger. Der Club della Vela (✆338 148 95 83) veranstaltet Kurse im Windsurfen, Kanu- und Kayakfahren, bietet aber auch Segelkurse an. Außerdem betreibt er einen Bootsverleih.

Westlich von Porto Conte (an der Hauptstraße ausgeschildert) erstreckt sich am Fuß des Monte Timidone (361 m) das **Naturschutzgebiet Le Prigionette** (✆079 94 90 60; Eintritt frei; ☺Mo–Fr 8–16, Sa & So 8–17 Uhr). Seine gut markierten Waldwege eignen sich für Wanderer und Radfahrer. Seit den 1970er-Jahren nimmt die Vielfalt der Tierarten in dem 12 km² großen Naturschutzgebiet kontinuierlich zu, was schließlich zum Spitznamen *Arca di Noè* – Arche Noah – führte. Zu den Bewohnern zählen Rotwild, die einzigartigen weißen Esel der Isola Asinara, Giara-Pferde und Wildschweine. Gänseeier und Falken ziehen am Himmel ihre Kreise. Die Chancen, diese und andere Tiere zu beobachten, sind allerdings nicht so gut. Der Eintritt ist kostenlos, Besucher müssen jedoch am Eingang ihren Personalausweis oder Reisepass vorzeigen.

Von Juni bis September fahren die Linienbusse bis zu zehn Mal täglich zwischen Porto Conte und Alghero (1 €, 30 Min.), von Oktober bis Mai nur sechs Mal pro Tag.

Capo Caccia

Die Straße, die am Ostrand des Naturschutzgebietes entlang der Bucht von Porto Conte verläuft, führt hinunter zum malerischen Capo Caccia. Seine hoch aus dem Meer ragenden weißen Klippen bilden zusammen mit dem unbeschreiblich blauen Wasser eine wunderschöne Küstenszenerie. Kurz bevor die Straße endet, weist ein Schild den Weg zu einem Aussichtspunkt. Von dort bietet sich ein atemberaubender Ausblick auf das Kap selbst und die küstennahe, von Wellen umtoste Isola Foradada.

Ein paar Hundert Meter weiter auf der Straße liegen ein Parkplatz und der Zugang zur **Escala del Cabirol** (Rehleiter). Die schwindelerregende Treppe mit 656 Stufen überwindet eine 110 m hohe, sehr steile Klippe und führt hinunter zur **Grotta di Nettuno** (✆079 94 65 40; Erw./Kind 10/5 €; ☺Führungen im Sommer 9–19 Uhr, Okt. 9–17 Uhr, Jan., März, Nov. & Dez. 9–16 Uhr). Der höchst

Die roten Mittelmeerkorallen haben die Menschen schon von jeher bezaubert und verhext. Einige glaubten, es handle sich um das versteinerte Blut der Medusa, andere schrieben den Korallen potenzsteigernde und weitere geheimnisvolle Eigenschaften zu oder verarbeiteten sie zu Amuletten.

Die Küste Algheros südlich des Capo Caccia heißt zurecht Riviera del Corallo (Korallen-Riviera). Die hier geernteten Korallen sind von höchster Qualität und leuchten in einem dunklen Orangerot. Wegen der starken Strömungen in Ufernähe müssen die Korallenpolypen beim Errichten ihrer kleinen Korallenbäume Schwerstarbeit leisten. Damit sie dem Sog des Meeres standhalten, müssen sie sie hier besonders niedrig und dicht bauen. Die Juweliere von Alghero freuen sich darüber, denn es bedeutet, dass die Korallenbäumchen nur wenige Luftlöcher aufweisen – ein Zeichen guter Qualität bei erstklassigen Korallen.

Korallen sind kostbare Handelsartikel, und das Korallenfischen ist streng reguliert – zum Zeitpunkt der Recherche war es sogar gerade verboten. Es ist eine Arbeit, die Hightech-Equipment und Dekompressionskammern erfordert, denn die Korallen werden in 135 m Tiefe geerntet und anschließend an die Schmuckhändler von Alghero verkauft; die Preise variieren je nach Farbe, Qualität und Größe.

Agostino Marogna ist seit vielen Jahren im Geschäft und besitzt den edelsten Korallenladen in Alghero. Seine Musterstücke sind Halsketten mit großen, runden Korallenperlen, deren Anfertigung oft Jahre dauert. Beim Herstellen einer glatten Kugel fallen fast 60 % Abfall an. Da jedes Jahr nur eine bestimmte Menge Korallen zum Verkauf steht, müssen Agostinos Goldschmiede solche Halsketten oft bis zur nächsten Saison beiseite legen und dann wieder auf die Suche nach Korallen von genau der gleichen Qualität gehen. Eine solche Halskette kann bis zu 30 000 € kosten. Die meisten Stücke in Agostinos Laden sind aber für weniger Geld zu haben, zu Preisen ab rund 100 €. Interessierte finden **Marogna** (Karte S. 118f.; ☎ 079 98 48 14; Piazza Civica 34) im Palazzo d'Albis, wo sein Laden beheimatet ist.

abenteuerliche und anstrengende Abstieg dauert ungefähr 15 Minuten. Die Führungen (45 Min.) durch die unterirdische Märchenwelt aus Stalaktiten und Stalagmiten beginnen zu jeder vollen Stunde. Auf schmalen Wegen laufen die Besucher durch einen Wald aus bizarr geformten Stalaktiten und Stalagmiten, die fantasievolle Namen wie Kirchenkuppel oder Kriegerkopf tragen. Das Höhlensystem ist rund 4 km lang, davon ist aber ein Großteil (einschließlich einiger Süßwasserseen) tief in ihrem Inneren nicht für die Öffentlichkeit zugänglich. Bei schlechtem Wetter ist die Grotte für Besucher generell geschlossen.

Wem der steile Abstieg über die Treppe nicht geheuer oder zu anstrengend ist, kann von Alghero aus mit dem Boot zur Grotte fahren (s. S. 120).

Eine exklusive Aussicht aufs Meer und die Insel Foradada genießen Kletterer auf der **Via Ferrata del Cabirol** (www.ferratacabirol. it), ein spannenden Klettersteig (ital.: *via ferrata*) mit mittlerem Schwierigkeitsgrad. Im Sommer liegt der Klettersteig nur bis 14 Uhr im Schatten, die besten Kletter-

verhältnisse herrschen im Frühjahr und Herbst. Über technische Details informiert die Website. Der Weg: Nach 10 km auf der Straße zum Capo Caccia kommt die Abfahrt zur Via Ferrata in Sicht.

In Alghero fährt von der Via Catalogna täglich ein Bus um 9.15 Uhr direkt zum Kap (hin & zurück 3,50 €, 50 Min.), die Rückfahrt erfolgt gegen Mittag. Am Kap hält der Bus auf dem Parkplatz bei der Treppe zur Grotte. Im Sommer fahren zwei zusätzliche Busse: Abfahrt in Alghero 15.10 und 17.10 Uhr, Rückfahrt vom Kap 16.05 Uhr und 18.05 Uhr.

Abhängig von der Kondition lässt sich die malerische, 27 km lange Strecke auch gut mit dem Fahrrad meistern.

Nördlich vom Capo Caccia

Die Straße nördlich von Porto Conte verläuft durch die grüne Ebene La Nurra. Auf dem Weg Richtung Norden führt die erste Abzweigung zu einem winzigen Naturhafen, **Torre del Porticciolo**; ein Strand säumt

ABSEITS DES TRUBELS

Rund 11 km nördlich des Lago Baratz liegt Argentiera. Beherrscht wird der Ort von den geisterhaften Ruinen eines Silberbergwerks, das einmal das wichtigste der ganzen Insel war. Die ersten, die hier *argento* (Silber) förderten, waren die Römer. Seitdem ging der Abbau ununterbrochen weiter, bis die Grube in den 1960er-Jahren schließlich aufgegeben wurde. Das chaotische Gewirr der Minengebäude aus dunklem Backstein, die jetzt von Holzgerüsten gestützt werden, überzieht einen kleinen Strand mit grauem Sand. Betreten kann man die Häuser nicht, aber in ihrem Anblick liegt etwas Endgültiges, Schwermütiges.

Auch übernachten kann man hier. Das **Hostel Argentiera** (☎079 53 02 19; www. hostelargentiera.it; DZ pro Pers. 30–35 €) ist ein nagelneues Hostel mit Betten in sonnigen Doppelzimmern und einem hauseigenen Restaurant. In der **Bar Il Veliero** (☎079 53 03 61; Via Carbonia 1; Panini 3,50 €), ein paar Meter hinter dem Strand, werden Snacks, Pasta und Hauptgerichte aufgetischt.

Argentiera liegt am Ende der SP18 und ist, wenn man von der nordöstlich gelegenen Ortschaft Palmadula kommt, ausgeschildert.

die kleine Bucht. Auf ihrer nördlichen Landspitze steht ein Beobachtungsturm, an ihrer Südseite ragen hohe Klippen empor. Auf schmalen Wanderwegen lässt sich die Umgebung erkunden.

Rund 6 km weiter nördlich versteckt sich hinter einem dichten Kiefernwald der **Porto Ferro,** Sardiniens längster unberührter Sandstrand. Wer mit einem Fahrzeug unterwegs ist, nimmt kurz vor dem Ende der Straße (wo die Busse aus Alghero halten) die Abfahrt nach Porto Ferro und folgt dann den Schildern zur Bar Porto Ferro. Im Hochsommer fahren die Busse von Alghero zwei bis drei Mal täglich dorthin (1,50 €, 35–65 Min. je nach Route und Straßenverkehr).

Vom Porto Ferro führen mehrere Nebenstraßen zum 6 km landeinwärts liegenden **Lago Baratz,** Sardiniens einzigem Natursee. Er liegt inmitten niedriger Hügel und bietet Vögeln einen hervorragenden Lebensraum. Allerdings leben diese vorwiegend an der schwerer zugänglichen Nordseite des Sees. Pfade führen am sumpfigen Ufer entlang rund um den See. Ein 3 km langer Trampelpfad verbindet den See mit der Nordspitze des Porto Ferro.

Südlich des Sees liegt das Weindorf Santa Maria la Palma mit der **Cantina Sociale di Santa Maria la Palma** (☎079 99 90 08; www. santamarialapalma.it (auch auf Deutsch); ◷Mo–Fr 8–13 & 14.30–18.30, So 8–13, im Sommer längere Öffnungszeiten), dem größten sardischen Weingut neben Sella e Mosca. In der *enoteca* (Weinhandlung) lassen sich die hier produzierten Weine direkt aus dem Fass probieren – einen kleinen Schwips einkalkuliert.

Wer Hunger hat, zieht weiter zum **Agriturismo Porticciolo** (☎079 91 80 00; www.agriturismoporticciolo.it; Localita Porticciolo; B&B pro Pers. 30–45 €, 4-Pers.-Apt. pro Woche 600–1000 €; P✱) mit sehr hübschen Unterkünften (s. S. 229). Auf dem 24 ha großen Bauerngut werden 100 Schweine gehalten. Das Restaurant mit hohen, schweren Deckenbalken und riesigem offenen Kamin war früher mal eine große Scheune, gekocht wird köstliche Hausmannskost.

DIE NORDKÜSTE

Der 70 km lange Küstenabschnitt von Sardiniens Nordwestspitze bis nach Castelsardo zeigt ein schönes und ein ziemlich hässliches Gesicht. Alles andere als einladend wirken die Industriegebiete rund um Porto Torres, dem bedeutendsten Hafen der Nordküste. Doch der Weg zu den herrlichen Stränden ist nicht weit. Nur ein paar Kilometer westlich der Hafenstadt erstreckt sich die Spiaggia della Pelosa, einer der besten Strände der Insel.

Porto Torres

22 100 EW.

Die geschäftige, von den rauchenden Schloten einer Raffinerie umzingelte Hafenstadt Porto Torres ist nicht gerade die bezauberndste Stadt Sardiniens. Es gibt keinen wirklich überzeugenden Grund für einen längeren Aufenthalt. Aber wer aus irgendeinem Grund doch hier vorbeikommt – was durchaus möglich ist, vor allem auf dem Weg von oder nach Korsika –, kann zwei Sehenswürdigkeiten mitnehmen. Ganz besonders schön und sehenswert ist die Basilica di San Gavino, eine der bedeutendsten romanischen Kirchen Sardiniens.

Porto Torres erlebte sein Goldenes Zeitalter unter den Römern, die hier ihren Haupthafen an Sardiniens Nordküste gründeten. Die Stadt blieb bis ins Mittelalter einer der wichtigsten Häfen der Insel und war die Hauptstadt des Giudicato di Torres.

◉ Sehenswertes & Aktivitäten

Basilica di San Gavino KIRCHE
(Krypta 1,50 €, Führung 2,50 €) Die aus Kalkstein erbaute Basilika ist die größte romanische Kirche Sardiniens. Das Besondere an dem zwischen 1030 und 1080 erbauten Gotteshaus sind die Altarnischen an beiden Enden – es gibt keine Fassadenverzierung – und zwei Dutzend Marmorsäulen, die die pisanischen Bauherren von einer römischen Stätte in der Nähe geklaut haben. Unter dem Hauptschiff befindet sich eine Krypta mit religiösen Statuen und Steingräbern.

Die Kirche wurde über einem uralten heidnischen Friedhof erbaut und nach einem der bekanntesten Heiligen Sardiniens benannt. Der römische Soldat Gavino lebte während der Herrschaft von Diokletian als Garnisonskommandant in Torres. Eigentlich sollte er das Todesurteil an den zwei christlichen Priestern Protus und Januarius vollstrecken, wurde aber von ihnen bekehrt und selbst zum Märtyrer. Alle drei wurden am 25. Oktober 304 n. Chr. enthauptet. Die Belege für diese Ereignisse sind spärlich, aber die Legende von den *martiri turritani* (Märtyrern von Torres) hält sich hartnäckig.

Wer zur Kirche gelangen möchte, muss vom Hafen aus dem Corso Vittorio Emanuele ungefähr 1 km nach Süden folgen. Die Basilika liegt dann einen Block westlich der Straße.

Parco Archeologico & Antiquarium ARCHÄOLOGISCHER PARK, MUSEUM
(Antiquarium ☏079 514 433; www.archeologia. beniculturali.it; Via Ponte Romano 92; Erw./erm. 2/1 €; ⏰Di–So 9–20 Uhr) Der größte Teil des römischen Turris Libisonis liegt unter dem modernen Hafen begraben. Einige Überreste wurden jedoch nicht überbaut und werden heute durch einen archäologischen Park geschützt. Dieser beherbergt die Überreste eines öffentlichen Bades, eine von Pflanzen überwucherte römische Brücke und den sogenannten Palazzo del Re Barbaro, das Paradestück des Parks: Der Palazzo war einmal die Haupttherme des zentralen Bäderkomplexes der römischen Stadt. Zu sehen sind außerdem Teile der Hauptstraße, einige *tabernae* (kleine Läden) und mehrere gut erhaltene Mosaikböden. Der Eingang am Park befindet sich im **Antiquarium**. Fast alle Exponate des Museums stammen aus dem römischen Turris. Zu den Fundstücken zählen Keramiken, Büsten, Öllampen und Gegenstände aus Glas. Der archäologische Park liegt in der Nähe des Bahnhofs und ist in fünf Gehminuten vom Stadtzentrum aus zu erreichen.

Le Ginestre BOOTSTOUREN
(☏079 51 34 93; Tagestour Erw./Kind 4–10 Jahre 42/27 €; ⏰10–12 & 18–20 Uhr) Le Ginestre betreibt seine Geschäfte in einem Kiosk auf der Strandpromenade. Wie etliche andere Veranstalter bietet er eine Tour zum Parco Nazionale dell'Asinara (S. 133) an. Im Preis, den die Tagestour kostet, ist eine Fahrt mit einer netten Kleinbahn über die Insel Asinara inbegriffen.

✖ Essen

Cristallo MEDITERRAN €€
(☏079 51 49 09; Piazza XX Settembre 11; Mahlzeiten 35–40 €; ⏰Di–So) Das Restaurant befindet sich im 1. Stock über einer beliebten *pasticceria* (Konditorei) und bietet Fisch und Meeresfrüchte in köstlicher Qualität. Auch beliebte Klassiker wie etwa herzhafte Lammgerichte finden sich auf der Karte.

❶ Praktische Informationen

Banca Nazionale del Lavoro (Corso Vittorio Emanuele 20) Eine von mehreren Banken auf der Hauptstraße, die über einen Geldautomaten verfügen.

Postamt (Via Ponte Romana 77; ⏰Mo–Fr 8–13.15 Uhr) Drei Blocks westlich des Corso Vittorio Emanuele.

Touristeninformation (☏079 51 50 00; Piazza Garibaldi 17; ⏰8–14 Uhr) Ein paar Straßen vom Hafen entfernt, in der Nähe des Corso Vittorio Emanuele.

❶ An- & Weiterreise

Bus
Die meisten Busse fahren an der Piazza Colombo ab, die in unmittelbarer Nähe des Hafens liegt. Es gibt Busverbindungen nach Sassari (1,50 €, 30–40 Min., 6-mal tgl.), Alghero (2,50 €, 1 Std., Mo–Fr 6-mal tgl., Sa & So 5-mal tgl.) und nach Stintino (2,50 €, 45 Min., Mo–Sa

4-mal tgl., So 2-mal tgl.). Bustickets sind in der **Bar Acciaro** (Corso Vittorio Emanuele 38) oder an den Zeitungskiosken erhältlich.

Fähre/Schiff

Tirrenia (📞 89 21 23; www.tirrenia.it), **Grandi Navi Veloci** (GNV; 📞 010 209 45 91; www.gnv. it) und **Moby Lines** (📞 199 30 30 40; www. mobylines.it) bieten Fährverbindungen zwischen Porto Torres und Genua. Die Fähren von Tirrenia und GNV fahren das ganze Jahr über, die Moby-Lines-Fähren nur von Mitte Mai bis September. Die elfstündige Überfahrt kostet zwischen 86 und 105 €.

SNCM (📞 France 0825 88 80 88; www.sncm. fr) und **CMN La Méridionale** (📞 France 0810 20 13 20; www.cmn.fr) betreiben gemeinsam Fähren, die von Marseille über Korsika nach Porto Torres (und umgekehrt) fahren (78 €, 15–17 Std.). Achtung: Im Juli und August legen einige dieser Fähren nicht in Marseille, sondern in Toulon ab! Fahrkarten verkauft die **Agenzia Paglietti** (📞 079 51 44 77; Fax 079 51 40 63; Corso Vittorio Emanuele 19). Weitere Informationen zu Fährverbindungen siehe S. 284.

Zug

Von Porto Torres fahren Züge nach Sassari (1,55 €, 20 Min., 4-mal tgl.), Cagliari (16,05 €, 4½ Std., 2-mal tgl.) und nach Olbia (8,35 €, 2¼ Std., 1-mal tgl.).

Westlich von Porto Torres

Die flache Landschaft westlich von Porto Torres macht einen trostlosen Eindruck, insbesondere wenn der *maestrale* (Mistral, Fallwind aus nordwestlicher Richtung) über die Macchia und die kahlen Felsen fegt. Doch die Straße zur Nordwestspitze der Insel führt entlang schimmernder Salinen ins geschützt gelegene Stintino, einem ehemaligen Fischerdorf und zur märchenhaft schönen Spiaggia della Pelosa, einem der berühmtesten Strände Sardiniens.

STINTINO
1240 EW.

Vor nicht allzu langer Zeit war Stintino ein gottverlassenes Fischerdorf. Doch in den letzten Jahren hat der Tourismus den Thunfischfang als Haupteinnahmequelle abgelöst. Jetzt ist Stintino ein sonniger kleiner Urlaubsort, eingerahmt von zwei Häfen – einer voll mit schaukelnden Fischerbooten (Porto Mannu), der andere mit Yachten (Porto Minori). Die pastellfarbenen Häuser lassen den Ort freundlich aussehen, und dank seiner Lage in der Nähe der Partystrände Spiaggia della Pelosa und auf der Isola Asi-

nara ist er für viele Urlauber ein lohnenswertes Sommerreiseziel.

Viele der Einwohner Stintinos stammen von den 45 Familien ab, die das Dorf im Jahr 1885 gründeten. Sie ließen sich hier nieder, nachdem sie gewaltsam von der Isola Asinara vertrieben worden waren, wo man Platz für ein neues Gefängnis und eine Quarantänestation benötigte. Um ihren Lebensunterhalt zu verdienen, wurden die Dorfbewohner zu Fischern und erwarben sich einen guten Ruf als Thunfischfänger. Der Höhepunkt der Thunfischsaison ist die jährliche *mattanza* (Schlachtung).

⊙ Sehenswertes & Aktivitäten

Museo della Tonnara
MUSEUM

(📞 079 52 00 81; Porto Mannu; Erw./Kind 2/1 €; ⊙ Juni– Mitte Sept. tgl. 18–23.30 Uhr) Das Museum am Porto Mannu dokumentiert die Geschichte von Stintinos Thunfischfängern. Sechs Räume stehen stellvertretend für die sechs Kammern der *tonnara* (Netzsystem für den Thunfischfang). Sie sind gefüllt mit Dokumenten, Gegenständen der Seeleute, Fotos und Filmen, die an die jahrhundertealte Fangtechnik erinnern. Seit 1974 wenden Stintinos Fischer die *tonnara* nicht mehr an. Nur in den späten 1990er-Jahren wurde die *tonnara* noch einmal von ortsansässigen Thunfischfängern für wissenschaftliche Zwecke praktiziert. Eine ähnliche Fangmethode, die *mattanza*, wird heute noch in Carloforte und Portoscuso im Süden Sardiniens sowie an einigen Orten auf Sizilien angewendet. Weitere Informationen zur Thunfischjagd siehe Kasten S. 78.

Strände
STRAND

Im Süden von Stintino führen Wegweiser direkt zu einer stillgelegten *tonnara* und zur **Spiaggia delle Saline.** An dem schönen weißen Strand befanden sich einst ertragreiche Salinen. Bis ins Hinterland erstreckt sich das Marschland mit der großen Lagune **Stagno di Casaraccio**, an der manchmal rastende Flamingos zu sehen sind.

Ende August findet in Stintino eine **Lateinersegel-Regatta** statt. Die mit dem Lateinersegel (einem dreieckigen Segel) ausgerüsteten Segelboote drängen sich dann malerisch in der schmalen Wasserstraße zwischen Stintino und der Isola Asinara.

Ausflüge
BOOTSTOUREN

Stintino ist der Hauptausgangsort für eine Ausflugsfahrt in den Parco Nazionale dell'Asinara. Im Sommer besteht eine regelmäßige Fährverbindung zwischen dem Porto Mannu und der Insel (weitere Informationen s. S. 133).

Surfen & Tauchen
WASSERSPORT

Windsurfer und Taucher finden hier ein attraktives Revier, um ihrem Lieblingssport nachgehen zu können; auch an Verleihern von Ausrüstungen und Organisatoren von Kursen und Tauchgängen mangelt es nicht. Die meisten davon sind an der Spiaggia della Pelosa (S. 133) zu finden.

✖ Essen

Skipper
MEDITERRAN €

(📞 079 52 34 60; Lungomare Cristoforo Colombo 57; Mittagsmenü 12 €; 🕓 Di–So 6–23 Uhr) Seit langem erfreut sich diese Kneipe samt ihrer Terrasse mit Meerblick großer Beliebtheit. Hinsichtlich seiner Auswahl an Speisen und Getränke zeigt sich das Skipper als Hansdampf in allen Gassen. Ob Kaffee oder Cocktail, ob Fisch, Meeresfrüchte, Pasta, Lasagne, Hamburger, Salate oder *panini*: Alles gibt es in zahlreichen Varianten, alles schmeckt lecker und ist nicht überteuert.

Ristorante Da Antonio
FISCH UND MEERESFRÜCHTE €€

(📞 079 52 30 77; Via Marco Polo 16; Mahlzeiten um 40 €; 🕓 Okt.–April Do geschl.) Das elegante Restaurant erfüllt auch höhere kulinarische Ansprüche, die klassischen Fischgerichte werden mit viel Stil serviert. Regelmäßig auf der Karte finden sich *polpo marinato* (marinierter Tintenfisch) und ein üppiger *fritto misto* (gemischtes Frittiertes). Nicht so erfreulich ist die „Geschwindigkeit" des Servicepersonals.

Lu Fanali
PIZZERIA €

(📞 079 52 30 54; Lungomare Cristoforo Colombo 89; Pizzas 7 €) Die preisgünstige Pizzeria mit geräumiger Terrasse und freundlicher, lockerer Atmosphäre liegt an der Strandpromenade. Sie bietet eine gediegene Auswahl an Pizzas, Pasta und Eiscreme.

ℹ Praktische Informationen

Die besten Auskünfte über Unterkünfte vor Ort und Ausflüge gibt die private **Agenzia La Nassa** (📞 079 52 00 60; www.escursioniasinara.it; Via Tonnara 35; 🕓 März–Okt. tgl. 8.30–13 & 17–20 Uhr, Nov.–Feb. n. Vereinb.). Sie bietet auch Internetzugang (Std. 4 €) und verleiht Autos (ab 60 € pro Tag) und Motorräder (10 € pro Tag).

Eine nützliche Informationsquelle ist die Website www.marinadistintino.it (auch auf Deutsch).

ℹ An- & Weiterreise

Von Juni bis Mitte September verkehren zweimal täglich Busse zwischen Stintino und dem Flughafen Alghero-Fertilia (7 €, 50 Min.).

An Werktagen starten täglich vier Busse (So nur 2-mal tgl.) von Stintino nach Porto Torres (2,50 €, 45 Min.) und Sassari (4 €, 1 Std. 10 Min.). Von Juni bis September fahren die Busse häufiger.

CAPO DEL FALCONE

Ferienanlagen, Wohnhäuser und Ferienhäuser füllen die Landschaft zwischen Stintino und dem Capo del Falcone. Die Hauptattraktion ist hier die **Spiaggia della Pelosa**, ein perfekter Traumstrand: ein Sand so weiß wie Salz, flaches, türkisblaues Wasser und eine Umgebung mit Felsformationen, die an Mondgestein erinnern. Eine kleine zerklüftete Felseninsel mit einem Wachturm aus katalanisch-aragonischen Zeiten rundet das Bild ab. Im Hochsommer teilen sich Abertausende diese Idylle, während die Nebensaison hält sich die Menge der Strandbesucher jedoch in erträglichen Grenzen.

Rund 2 km nördlich von Stintino, kurz vor dem Pelosa-Strand, befindet sich auf dem Gelände des Hotels Ancora das **Asinara Diving Center** (📞 079 52 70 00; www. asinaradivingcenter.it; Porto dell'Ancora). Das Tauchzentrum organisiert Tauchgänge rund um das Capo del Falcone und im Parco Nazionale dell'Asinara. Angeboten werden auch Nachttauchgänge und Tec-Tauchen (technisches Tauchen, eine Form des Sporttauchens, bei dem ein Atemgasgemisch zum Einsatz kommt). Weiter nördlich, an der Spiaggia della Pelosa, liegt das **Windsurfing Centre Stintino** (📞 079 52 70 06; www. windsurfingcenter.it). Es verleiht Surfbretter (Std. 17 €) und Kanus (Std. ab 10 €) und gibt angehenden Surfern Unterricht (1 Einheit 45 €, Kurs 155 €).

Das ganze Jahr über besteht eine Busverbindung zwischen Stintino und dem Strand (1 €, 5 Min.). Regulär fahren die Busse Montag bis Samstag viermal täglich, sonntags nur dreimal täglich. Im Sommer verkehren sie erheblich häufiger.

Wichtig: Das Parken zwischen den blauen Linien am Straßenrand kostet 5 € für den halben Tag.

PARCO NAZIONALE DELL'ASINARA

Neben der Isola Sant'Antioco ist die **Isola dell'Asinara** (Eselsinsel) Sardiniens zweitgrößte küstennahe Insel. Ihren Namen verdankt sie ihrem berühmtesten Bewohner, dem einzigartigen *asino bianco* (Albino-esel). Ungefähr 120 von ihnen leben auf der Insel. Zu ihnen gesellen sich 80 weitere Tierarten, darunter das Europäische Mufflon, ein Wildschaf mit seidigem Haarkleid, und der Wanderfalke.

Bis zur Ernennung zum Nationalpark (1997) befand sich auf der Isola dell'Asinara eines der berüchtigsten Hochsicherheitsgefängnisse Italiens, das 1885 zusammen mit einer Quarantänestation für Cholerakranke erbaut wurde.

Ausflüge auf die Insel dürfen nur lizenzierte Tourveranstalter durchführen, die Touren starten entweder in Stintino oder Porto Torres (s. S. 131).

Von Mai bis Ende Oktober bietet **Linea Parco** (☎079 52 31 18; Porto Mannu; ⏲Ticketschalter 9.30–12.30 & 16–19 Uhr Fahrten zur Isola dell'Asinara an. Der Fahrkartenverkauf befindet sich in einem Kiosk am Fährhafen. Dort hat auch eine Reihe anderer Tourveranstalter ihre Schalter. Bei allen kostet die Standardtour 36 € pro Person (ohne Mittagessen). Abfahrt ist um 9 Uhr.

Agenzia La Nassa (☎079 52 00 60; www.escursioniasinara.it; Via Tonnara 35; ⏲Sommer tgl. 8.30–13 & 17–20 Uhr, restl. Jahr n. Vereinb.) bietet mehrere Arrangements (18–65 € pro Pers.): Bei der günstigsten Tour (nur Juni–Sept.) bringt ein Boot die Besucher lediglich zur Insel, bis zur Rückfahrt können sie sich dann zu Fuß innerhalb der markierten Gebiete frei bewegen. Die teureren Touren schließen Inselfahrten in einem Geländewagen oder Bus mit ein.

Der größte Teil der Insel ist für Besucher gesperrt, darunter auch der Strand der **Cala Sant'Andrea**, an dem Meeresschildkröten ihre Eier ablegen. Dennoch erhalten die Besucher bei den meisten der angebotenen Touren einen guten Eindruck von der Insel. Bei fast allen Ausflugsfahrten wird eine Pause am Strand der **Cala d'Oliva** oder der **Punta Sabina** eingelegt. Beide liegen im Norden der Insel und laden zum Schwimmen ein.

Nicht alle Tourenangebote schließen ein Mittagessen im Preis mit ein, wenn das der Fall ist, empfiehlt sich die Mitnahme eines Picknicks. Die Alternative ist das Restaurant an der Cala d'Oliva.

Östlich von Porto Torres

Östlich von Porto Torres folgen die SP81 und ihre Fortsetzung, die SS200, dem Küstenverlauf, bis Castelsardo steigt die Straße kontinuierlich an. Kiefernwälder, hinter denen sich einsame Strände verstecken, säumen den Großteil der Küste. Landeinwärts erheben sich die Hochebenen der Region Anglona, eines Agrargebiets, in dem die Bewohner hart für ihre Existenz arbeiten müssen. Anglona wird im Osten von der Region Gallura begrenzt, im Süden von Logudoro (Landschaft in der Provinz Sassari) und im Westen von der kleinen Region Romangia.

CASTELSARDO
5700 EW.

Das attraktive und beliebte Tagesausflugsziel Castelsardo schmiegt sich an einen hohen Felsvorsprung im Meer. Über allem erhebt sich das spektakuläre *centro storico*, ein Labyrinth aus düsteren Gassen und mittelalterlichen Gebäuden, die mit dem grauen Felsen zu verschmelzen scheinen.

Die Stadt wurde ursprünglich im 12. Jh. von einer genuesischen Adelsfamilie als Seefestung erbaut. Das Castel Genovese war hart umkämpft. 1326 ging es an die Spanier über, die es in Castel Aragonese umtauften. Im Jahr 1767 wurde es unter den Piemontesen zum Castel Sardo (sardisches Schloss). In dieser Zeit verlor der Außenposten, ehemals eine unabhängige *citta demaniali* (königliche Stadt), seine Verteidigungsfunktion. Heute ist die Festung ein Museum, und die Anwohner wachen über das historische Erbe.

👁 Sehenswertes

Centro Storico   STADTVIERTEL
Das auf einem Hügel gelegene *centro storico* ist der interessanteste Teil der Stadt. Hoch oben auf der Hügelkuppe thront das mittelalterliche **Castello**, zu dessen Füßen die ursprüngliche Stadt entstand. Das Kastell wurde von der Familie Doria erbaut und eine Zeit lang von Eleonora d'Arborea bewohnt. Bestechend schön ist der Ausblick über den Golfo dell' Asinara – bei klarem Wetter reicht er bis nach Korsika. In der Burg befindet sich heute das **Museo dell'Intreccio** (☎079 47 13 80; Via Marconi; Eintritt 2 €; ⏲Okt.–Feb, Di–So 9.30–13 & 15–17.30 Uhr, März Di–So 9.30–18.30 Uhr, April tgl. 9.30–19.30 Uhr, Mai tgl. 9.30–20.30 Uhr, Juli & Aug. tgl. 9–24 Uhr, Sept. tgl. 9.30 – 21 Uhr), das sich der Kunst des Korbflechtens widmet, für das Castelsardo berühmt ist.

Gleich unterhalb der Burg steht die **Chiesa di Santa Maria**, deren Bausubstanz noch weitgehend aus dem 16. Jh. stammt. Ihre

Bekanntheit verdankt die Kirche dem Critu Nieddu (schwarzer Christus), einem Kruzifix aus dem 13. Jh.

Cattedrale di Sant'Antonio Abate
KATHEDRALE

Mit seiner strahlend hellen Majolikakuppel zählt der schlanke Glockenturm der Kathedrale zu den Wahrzeichen der Stadt. Das Gotteshaus steht auf einem Felsvorsprung, doch es wirkt fast, als schwebe es auf einem zerklüfteten Felsen zwischen Himmel und Meer. Den Hauptaltar im Kirchenschiff beherrscht die *Madonna con gli angeli*, ein Gemälde des rätselhaften Maestro di Castelsardo. Weitere Werke dieses Malers befinden sich in der **Krypta** (Eintritt 2 €) unterhalb der Kathedrale. Von der romanischen Kirche, die einst hier stand, sind nur noch sechs kleine, aus dem Fels gemeißelte Räume zu sehen. Der Weg zum Eingang der Krypta führt an gepflegten Rasenflächen vorbei, die bis zu den seeseitigen Festungsmauern der spanischen Ära reichen. Einige ziemlich schmale **Strände** säumen das Kap.

 Feste

Lunissanti
RELIGIÖSES FEST

Das Fest findet am Montag der Karwoche statt, der in Castelsardo mit zahlreichen Messen und Prozessionen gefeiert wird. Zum Abschluss des Festes ziehen am Abend unzählige Menschen in einem feierlichen Fackelzug durch die Altstadt zur Chiesa di Santa Maria.

 Essen

La Guardiola
FISCH & MEERESFRÜCHTE €€

(079 47 07 55; Piazza Bastione 4; Mittagsmenüs 18 & 22 €, Mahlzeiten um 35 €; Okt.–Mai Mo geschl.) Das Restaurant mit Panoramafenstern und Rundblick liegt hoch oben in der Altstadt. So kann man beim Essen gleichzeitig die herrliche Aussicht

genießen. Die Gerichte mit Fisch und Meeresfrüchten schmecken ausgezeichnet. Wer sich für eines der Mittagsmenüs (Pasta, Hauptgang, Nachtisch) entscheidet, kann ein paar Euro sparen.

Il Piccolo Borgo
MEDITERRAN €

(079 47 05 16; Via Seminario 4; kleine Gerichte 10 €; Di–So) Die kleine Bar im *centro storico* bietet verschiedene Snacks, darunter einen Teller mit einer Auswahl an rohem Schinken, Oliven und Käse.

Cormorano
FISCH & MEERESFRÜCHTE €€€

(079 47 06 28; Via Colombo 5; Mahlzeiten bis 55 €; Okt.–Mai Di geschl.) Bei der Piazza Pianedda gleich um die Ecke wartet das Comorano mit Spitzenqualität hinsichtlich Fisch und Meeresfrüchten auf. Viele der Gerichte haben einen kreativen Touch, z. B. die hervorragenden *linguine con sarde* (dünne Pasta mit Sardinen) oder der gegrillte Fisch mit Langusten und Garnelen.

Shoppen

Wer in Castelsardo einkaufen geht, findet in allen Läden Kunsthandwerk. Überall in der Altstadt sitzen Frauen vor der Haustür und flechten Körbe mit komplizierten Mustern, schaffen aber auch andere kunstvolle Gegenstände in allen nur denkbaren Größen und Formen.

Praktische Informationen

Touristeninformation (079 47 15 06; Piazzetta del Popolo; 10–12.30 & 17–19.30 Uhr) Mit den Öffnungszeiten wird es hier nicht so genau genommen, das Büro ist häufig geschlossen. Eine Alternative und verlässliche Informationsquelle ist die Website der Kommune: www.comune.castelsardo.ss.it.

An-& Weiterreise

Die Bushaltestelle befindet sich abseits der Piazza Pianedda. Es bestehen Busverbindungen nach Sassari (2,50 €, 1 Std., Mo–Sa 10-mal tgl.,

---

ROCCIA DELL'ELEFANTE: EIN EINDRUCKSVOLLES NATURPHÄNOMEN

Wer sich, von Sedini kommend, über die SS134 Castelsardo nähert, sieht ein meterhohes, bizarr geformtes Gebilde am Straßenrand: Ein Felsbrocken, der aussieht wie ein Elefant mit gehobenem Rüssel – daher auch der Name Roccia dell'Elefante (Elefantenfelsen). Man kann es glauben oder nicht: Die Form entstand allein durch Verwitterung. Doch das ist noch nicht alles: Im Inneren des Felsen fand man zwei neolithische (jungsteinzeitliche) Gräber. Erosion hat das obere Grab teilweise zerstört, gut erhalten ist jedoch das untere mit vier schmalen Kammern und einem in den Felsen gemeißelten Relief, das Stierhörner sowie einen Stierkopf zeigt.

So 5-mal tgl.), nach Santa Teresa di Gallura (5,50 €, 1½ Std., 3-mal tgl.) und zum Strand Lu Bagnu (1 €, 5 Min., Mo–Sa 5-mal tgl., So 4-mal tgl.). Bustickets verkauft die namenlose *edicola* (Zeitungsstand) auf der Piazza.

RUND UM CASTELSARDO

Mit einem eigenen Fahrzeug lassen sich die nachfolgend beschriebenen Orte bequem erreichen. Wesentlich umständlicher gestalten sich die Fahrten mit öffentlichen Verkehrsmitteln.

TERGU

Knapp 10 km südlich von Castelsardo befindet sich eine schöne romanische Kirche, die **Chiesa di Nostra Signora di Tergu**. Sie steht in einem hübschen Garten, in dem noch einige Überreste eines Benediktinerklosters zu erkennen sind. Im Kloster lebten einst bis zu 100 Mönche. Die Kirche wurde im 12. Jh. aus dunkelweinrotem Trachyt (einem vulkanischem Gestein) und weißem Kalkstein erbaut. Ihre mit Bögen, Säulen, geometrischen Mustern und einer einfachen Fensterrose gestaltete Fassade ist ganz besonders schön.

SEDINI

Von Castelsardo führt die SS134 Richtung Sedini zu einer der hübschesten Attraktionen der Gegend, der **Roccia dell'Elefante** (Elefantenfelsen) an der Kreuzung mit der SS200. Der bizarre Trachytfelsen ähnelt unverkennbar einem Elefanten. In seinem Inneren verbergen sich einige *domus de janas* (Häuser der Feen) – in Felsen gemeißelte Grabkammern und Zeugen einer jahrtausendealten Kultur auf Sardinien.

Rund 11 km südlich des Elefantenfelsens liegt Sedini, eine kleine, verschlafene Stadt mit einer sehr bekannten *domus de janas*. Die Grabkammern wurden aus einem riesigen Kalkfelsen herausgemeißelt, an dem heute die Durchgangsstraße (die Via Nazionale) des Städtchens vorbeiführt. Im Mittelalter wohnten Bauern in den prähistorischen Gräbern, anschließend dienten sie bis zum 19. Jh. als Gefängnis. Heute beherbergen sie ein kleines **Museum** (☎349 844 04 36; http://web.tiscali.it/sedini; Eintritt 2 €; ☼Mai–Sept. 10–13 & 15–20 Uhr, Okt.–April auf Anfrage), das Einblicke in den bäuerlichen Arbeitsalltag gewährt und traditionelle landwirtschaftliche Arbeitsgeräte und Haushaltsgegenstände zeigt.

Zwischen Castelsardo und Sedini gibt es dreimal täglich eine Busverbindung (1,50 €, 25 Min.).

NURAGHE SU TESORU & VALLEDORIA

Wer an der Roccia dell'Elefante von der SS134 auf die SS200 Richtung Valledoria abzweigt, sieht kurz darauf auf der linken Seite die Nuraghe Su Tesoru, eine der letzten Nuraghen, die gebaut wurden. Ein Blick aus dem fahrenden Auto muss genügen, denn ohne Notfall auf der Hauptstraße anzuhalten, ist keine gute Idee.

Etwa 7 km weiter liegt die sich weit ins Umland erstreckende Kleinstadt Valledoria. Sie wird von einem Strand gesäumt, der sich bis zu dem mehr als 10 km entfernten kleinen Fischerdorf Isola Rossa zieht. Einige Busse aus Castelsardo halten in Valledoria (1 €, 25 Min.) – allerdings an einer für Aktivitäten ziemlich ungünstigen Stelle. Wer den Busfahrer nicht überreden kann, an der Abfahrt zum Campingplatz zu halten, muss trampen oder laufen.

SASSARI

121 700 EW.

Um ehrlich zu sein: Sassari schwelgt nicht gerade in Schönheit, bietet nur wenige touristische Sehenswürdigkeiten und sieht ein wenig heruntergekommen aus, dafür wirkt die Stadt aber sehr authentisch. Sardiniens zweitgrößte Stadt ist eine stolze, kultivierte und lebhafte Universitätsstadt mit einem mittelalterlichen Stadtkern und einem modernen Erscheinungsbild.

Ähnlich wie bei vielen anderen italienischen Städten sind ihre Reize hinter einem Außenring aus schäbigen Mietskasernen und verstopften Straßen verborgen. Aber wenn man einmal zum Herz der Stadt vorgedrungen ist, zeigt sie sich von ihrer besten Seite und enthüllt ein elegantes Zentrum mit breiten Boulevards, eindrucksvollen Piazzas und stattlichen *Palazzi*. In den mittelalterlichen Gassen des malerischen, vom Zahn der Zeit etwas angenagten *centro storico* herrscht ein Gewusel wie in einem Dickens-Roman, und die Anwohner gehen ihren Alltagsgeschäften zwischen verwitterten Fassaden und versteckten Kirchen nach.

Geschichte

Sassari (im lokalen Dialekt „Tatari") verdankte seine Blütezeit im Mittelalter dem Niedergang seiner Konkurrenz an der Küste. Als die alte römische Kolonie Turris Libisonis (das heutige Porto Torres) durch Malaria und wiederholte Piratenüberfälle zunehmend geschwächt wurde, zogen sich die Bewohner allmählich nach Sassari zurück. Porto Torres (und eine Zeit lang die Stadt Ardara) blieb zwar die Hauptstadt des Giudicato di Torres (oder Logudoro), doch Sassaris wachsende Bedeutung führte zu seiner Abspaltung von der Provinz. Dank der Unterstützung durch Genua erklärte es sich 1294 zum autonomen Stadtstaat.

Bald jedoch hatten die Sassaresi genug von den genuesischen Einmischungen und riefen 1321 die spanische Krone zu Hilfe, um die Norditaliener loszuwerden. Die katalanischen Aragonier machten 1323 ihre Aufwartung, aber die Bewohner von Sassari stellten schnell fest, dass sie vom Regen in die Traufe gekommen waren. Zwei Jahre später wurde der erste von zahlreichen Aufständen gegen die neuen Stadtherren angezettelt. Die Aragonier brauchten noch weitere hundert Jahre, bis sie die Lage in Sassari endlich im Griff hatten.

Eine Zeit lang blühte die Stadt auf, aber durch mehrere Pestausbrüche und die wachsende Bedrohung durch das Osmanische Reich geriet Sardinien zunehmend ins Abseits; schließlich verschwand Sassari im 16. Jh. von der politischen Weltbühne. Die Gründung der städtischen Universität – der ersten in Sardinien – ein Jahrhundert später war einer der wenigen Lichtblicke in dieser ansonsten düsteren Periode.

Erst Mitte des 19. Jhs. kam Sassari wieder auf die Beine, vor allem wegen der Modernisierung von Porto Torres und weil die Schnellstraße Carlo Felice zwischen dem Hafen, Sassari und Cagliari gebaut wurde. Seit 1945 verzeichnet die Stadt ein geringes, aber stetiges Wirtschaftswachstum. Sie hat auch einige Landespolitiker hervorgebracht, darunter die ehemaligen Präsidenten Antonio Segni (1891–1972) und Francesco Cossiga (geb. 1928), den charismatischen kommunistischen Politiker Enrico Berlinguer (1922–1984) und Beppe Pisanu, Innenminister in Silvio Berlusconis zweiter Regierungszeit (2001–2006) und seit 2006 Mitglied im Senat.

◉ Sehenswertes

Museo Nazionale
Sanna
ARCHÄOLOGISCHES MUSEUM

(☏079 27 22 03; Via Roma 64; Eintritt 3,10 €; ☺Di–So 9–20 Uhr) Eine große palladianische Villa beherbergt das Museo Nazionale Sanna mit seiner umfangreichen archäologischen Sammlung. Das Museum besitzt auch eine kleine Gemäldegalerie und eine ethnografische Abteilung, die sich der sardischen Volkskunst widmet. Das Highlight bildet jedoch die archäologische Abteilung.

Die Exponate sind in sieben chronologisch angeordneten Sälen ausgestellt. Den Anfang macht die Sala Preistorica mit Fundstücken aus der Steinzeit und dem Neolithikum. Hier und im nächsten Saal sind Fossilien, Keramikscherben und Fundstücke aus dem im 3. Jh. v. Chr. erbauten Tempel Monte d'Accoddi (S. 143) zu sehen.

Nach den ersten beiden Räumen tauchen Schaukästen auf, die sich den Megalithgräbern und den *domus de janas* widmen. Highlight ist die hervorragende Bronzezeitabteilung mit eisernen Axtblättern und ähnlichen Werkzeugen, Waffen, Armreifen, Votivbooten und *bronzetti* (Bronzefigurinen, die Menschen und Tiere darstellen).

In Saal X werden phönizische und karthagische Objekte gezeigt. Hier findet man Goldschmuck und Masken zwischen erlesenen Töpferwaren. Die Säle XI und XII beherbergen römische Fundstücke, zumeist Keramik und Öllampen, aber auch Statuen und verschiedene Münzen, Schmuck und Haushaltsgegenstände. Auf einer Seite des Raumes liegt ein Stapel schwerer römischer Anker.

Die *pinacoteca* (Gemäldegalerie) zeigt Werke aus der Sammlung von Giovanni Sanna, dem Bergbauingenieur, nach dem das Museum benannt wurde und dessen Familie das Haus bauen ließ. Bei den meisten Arbeiten handelt es sich um schwer verdauliche Malereien aus dem 18. Jh. Allerdings ist ein Bild dabei, das man sich genauer anschauen sollte: das erlesene, aus dem 14. Jh. stammende pisanische Triptychon *Madonna con Bambino* (1473) von Bartolomeo Vivarini.

In der separaten ethnographischen Abteilung (zur Zeit der Recherche wegen Renovierung geschl.) wird eine kleine Sammlung mit sardischem Kunsthandwerk gezeigt. Darunter sind kostbare Teppiche, Satteltaschen, bestickte Trachten und ulkige Wärmflaschen aus Terrakotta.

Piazza Italia
PIAZZA

Die größte Piazza Sassaris, die Piazza Italia, ist einer der eindrucksvollsten öffentlichen Plätze auf Sardinien. Der etwa 1 ha große Platz ist umringt von imposanten Bauten aus dem 19. Jh. Der neoklassische **Palazzo della Provincia** ist heute Sitz der Provinzregierung, und der rote, neogotische **Palazzo Giordano** gegenüber dient der Ban-

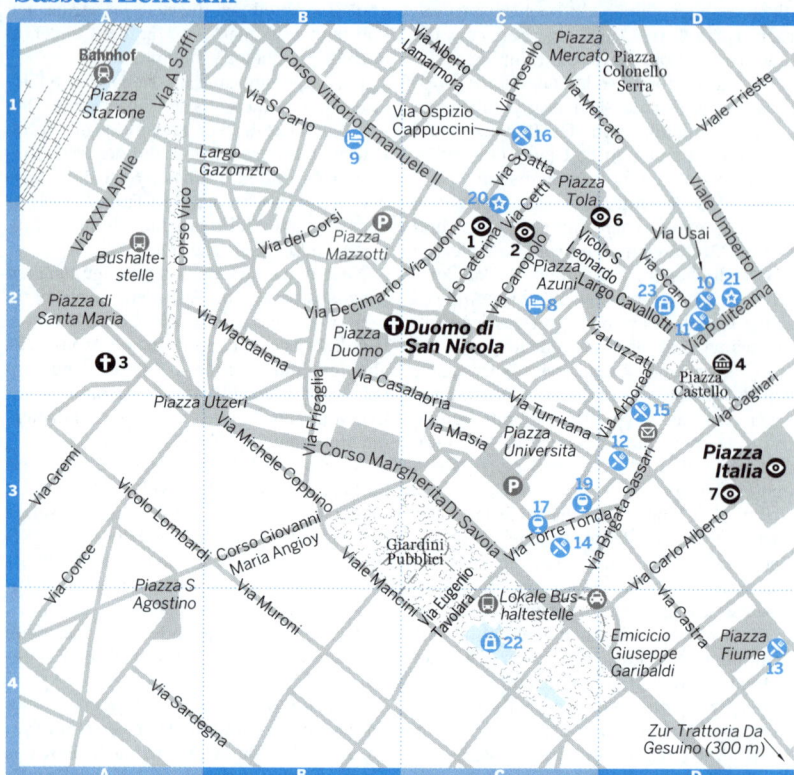

ca San Paolo als luxuriöse Residenz. Über allem thront die Statue von König Viktor Emanuel II. Sie wurde 1899 mit viel Pomp und Trachtenspektakel enthüllt, als Auftakt zu dem ausgelassenen Volksfest, das sich zum wichtigsten Event der Stadt entwickeln sollte, der Cavalcata Sarda. An der Piazza beginnt auch das andere große Ereignis von Sassari: I Candelieri (s. S. 140).

Museo della Brigata Sassari   MUSEUM
(Piazza Castello; Eintritt frei; ☺Mo–Do 8.30–16, Sa 8.30–12 Uhr) In Sassari befindet sich das Hauptquartier einer der angesehensten Infanteriebrigaden Italiens, die Brigata Sassari. Die Regimenter der 1915 aufgestellten Brigade zeichneten sich im Ersten Weltkrieg unter grauenvollen Bedingungen durch besondere Tapferkeit aus. Einen Eindruck vom Leidensweg der Soldaten vermittelt das kleine Museo della Brigata Sassari in der Kaserne im Stadtzentrum. Uniformen, Fotos, Dokumente und Erinnerungsstücke

bezeugen die heldenhafte Tapferkeit der sardischen Soldaten, die in Norditalien gegen die Österreicher kämpften. Ausgestellt sind auch alte Gewehre, Handgranaten und das Modell eines Schützengrabens. Besonders anrührend auf den Schwarzweiß-Fotos ist die stolze Haltung der Männer.

Centro Storico   STADTVIERTEL
Das kleine mittelalterliche Zentrum von Sassari ist nicht im besten Zustand. Dennoch spiegelt es noch so viel vom Ambiente des 13. Jhs. wider, dass sich ein Rundgang lohnt. Anders als viele italienische Städte hat sich Sassari nicht rund um den alten Stadtkern ausgebreitet. Hier wurde viel alte Bausubstanz abgerissen, um Platz für Neues zu schaffen. Zum Glück haben aber einige architektonische Kleinode die Neugestaltungsphasen überlebt. Dazu zählen die beiden prächtigen, sehr beeindruckenden Kirchenbauten der Stadt: der Duomo (Dom) und die Chiesa di Santa Maria di Betlem.

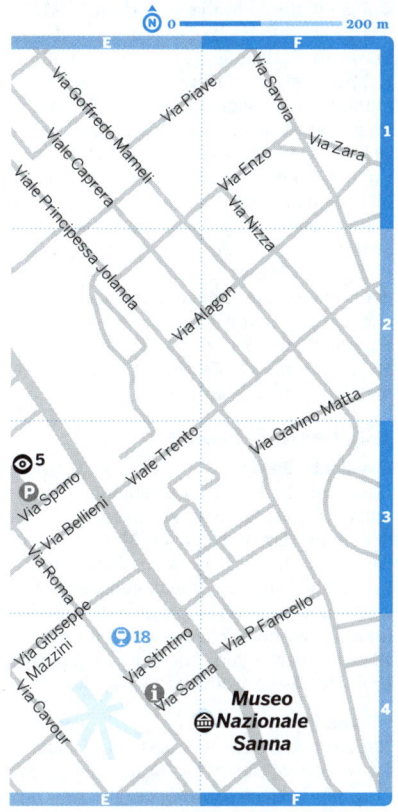

N 0 ⸺ 200 m

◎ **Highlights**

Duomo di San Nicola.........................B2
Museo Nazionale Sanna F4
Piazza Italia....................................D3

◎ **Sehenswertes**

1 Casa di Re Enzo................................C2
2 Casa Farris.......................................C2
3 Chiesa di Santa Maria di
   Betlem..A2
4 Museo della Brigata Sassari..............D2
5 Palazzo della Provincia E3
6 Palazzo d'Usini.................................D2
7 Palazzo Giordano.............................D3
   Teatro Civico ....(siehe 20)

🛏 **Schlafen**

8 Casa Chiara C2
9 Hotel Vittorio Emanuele.....................B1

🍴 **Essen**

10 Fainè alla Genovese Sassu.................D2
11 Il Castello D2
12 La Vela Latina...................................D3
13 L'Antica Hostaria D4
14 Ristorante Enoteca Antica
    Posta..C3
15 Trattoria Da Antonio.........................D3
16 Trattoria L'Assassino C1

🍷 **Ausgehen**

17 Accademia......................................C3
18 Caffè Italiano E4
19 Caliente Caffè.................................C3

🎭 **Unterhaltung**

20 Teatro Civico C1
21 Teatro Verdi....................................D2

🛍 **Shoppen**

22 Isola C4
23 Mondadori.......................................D2

ALGHERO & DER NORDWESTEN SASSARI

Die Hauptverkehrsader des *centro storico*, der Corso Vittorio Emanuele II, folgt der ursprünglichen römischen Straße von Porto Torres nach Cagliari. Von ihrer Blütezeit im 13. Jh. (damals war dies die begehrteste Adresse der Stadt) ist kaum noch etwas zu spüren, aber wer den Blick über die Fassaden oberhalb der Schaufenster schweifen lässt, kann zwischen dem abgewetzten, zerbröckelten Stuck noch ein paar schwache Zeichen verblichenen Glanzes ausmachen.

Ein gutes Beispiel ist die **Casa Farris** (Corso Vittorio Emanuele II 25). Ihren hohen gotischen Fenstern konnte der Zahn der Jahrhunderte nichts anhaben. Ein paar Meter weiter, auf der anderen Straßenseite, befindet sich die **Casa di Re Enzo** (Corso Vittorio Emanuele II 42). Das katalanisch-gotische Gemäuer aus dem 15. Jh. bietet ein ziemlich außergewöhnliches Ambiente für ein Unterwäschegeschäft. Drinnen kann man raffinierte Fresken und Dessous gleichermaßen in Augenschein nehmen.

Das **Teatro Civico** ist eine Errungenschaft aus dem 19. Jh. Es wurde 1826 in einer Art „Liberty Style" erbaut und dem Teatro Carignano von Turin nachempfunden.

Die **Piazza Tola** nördlich des Corso Vittorio Emanuele II war im Mittelalter der wichtigste Marktplatz von Sassari; unter der Woche wird nach wie vor jeden Morgen ein Markt abgehalten. Hier wurden auch die zum Tode verurteilten Ketzer verbrannt – vor den Augen der Einwohner, die sich auf dem Balkon des **Palazzo d'Usini** aus dem 16. Jh. drängten. Heute befindet sich hier die öffentliche Stadtbibliothek.

Von der Piazza geht es auf der Via Alberto Lamarmora und Via Rosello zur Piazza Mercato, einer lauten, hässlichen Straßenkreuzung außerhalb der Stadtmauern. Hier steht auf einer Wiese die in der Renaissance errichtete **Fontana di Rosello** (⊙Mai–Sept. Di–Sa 9–13 & 17.30–20.30, So 5.30–20.30 Uhr, Okt.–April Di–Sa 9–13 & 16–19, So 9–13 Uhr), Sassaris berühmtester Brunnen. Der monumentale, mit acht Löwenkopfspeiern verzierte und von zwei eleganten Bögen gekrönte Marmorkasten war lange Zeit der Mittelpunkt des Stadtlebens. Nach einem kurzen Spaziergang auf dem Corso Trinità kann man das einzige nennenswerte, noch erhaltene Stück der **mittelalterlichen Stadtmauern** bewundern.

Duomo di San Nicola & Umgebung   DOM

Sassaris barocker **Duomo** (Piazza Duomo) erhebt sich wie eine exotische Kreatur über die ansonsten eher nüchternen Straßen des mittelalterlichen Zentrums. Zuerst fällt die Barockfassade aus dem 18. Jh. ins Auge: ein schwindelerregendes Fest der Sinne in Stein mit Statuen, Reliefs, Friesen und Büsten. Das alles ist aber nur Fassade – im Inneren enthüllt die Kathedrale ihren wahren gotischen Charakter. Das Kirchenschiff entspricht ganz dem Stil der katalanischen Gotik. Es wurde im 15. Jh. auf den Grundfesten einer älteren romanischen Kirche errichtet, von der nur noch der aus dem 13. Jh. stammende *campanile* (Glockenturm) erhalten ist. Einen Blick wert sind die Fresken im linken Querschiff und der gotische Fries im ersten Seitenaltar rechts. In der benachbarten Seitenkapelle befindet sich ein herrliches Gemälde, eine Darstellung des *Martirio dei SS Cosma e Damiano* (Martyrium von Cosmas und Damian).

In den schmalen Gassen rings um den Dom spielt sich das pralle Leben ab. Früher oder später erreicht man mit ziemlicher Sicherheit die Piazza Mazzotti, im Volksmund Piazza di Demolizione (Platz der Zerstörung) genannt und angeblich einer der hässlichsten Plätze Sardiniens. Früher befand sich hier ein Labyrinth alter Gassen wie im restlichen Viertel, aber weil die schwer zu kontrollierende Prostitution aus den schmalen Straßen einfach nicht zu verbannen war, ließ die Stadtverwaltung alles niederwalzen und einen Parkplatz anlegen.

Chiesa di Santa Maria di Betlem   KIRCHE

(Piazza di Santa Maria) Die Chiesa di Santa Maria di Betlem ist mit ihrer auffälligen Kuppel und der Erfurcht gebietenden romanischen Fassade eine architektonische Mixtur ganz besonderer Art. Außen lassen sich gotische und sogar leicht orientalische Einflüsse ausmachen. Im Inneren blieben die katalanisch-gotischen Spitzbögen erhalten, aber es gibt allerhand barocken Schnickschnack, der die ursprünglichen Linien des Bauwerks aufweicht. Am Rand der Seitenschiffe stehen einige der riesigen „Kerzen", die von den Handwerks- und Bauerngilden bei den Zeremonien am 14. August in einer feierlichen Parade durch die Stadt getragen werden.

★ Feste & Events

Cavalcata Sarda   SARDISCHES REITERFEST

Das sardische Reiterfest ist eines der prächtigsten Großereignisse Sardiniens und findet immer am zweitletzten Maisonntag in Sassari statt. Tausende Menschen strömen in die Stadt, um an Trachtenumzügen, Gesangs- und Tanzvorstellungen teilzunehmen und die akrobatischen Künste tollkühner Reiter zu bewundern und eines der größten Frühjahrsfeste Sardiniens zu besuchen.

I Candelieri   HISTORISCH

Ein zweites großes Fest, das jedes Jahr am 14. August gefeiert wird. In mittelalterliche Trachten gekleidete Gruppen, die verschiedene Zünfte des 16. Jhs. repräsentieren, tragen neun hölzerne Säulen (die „Kerzenständer") durch die Stadt. Die Zeremonien gehen auf das 13. Jh. zurück und haben ihren Ursprung in der pisanischen Tradition des Kirchenfestes Mariä Himmelfahrt.

★ Essen

In Sassari essen zu gehen, ist ein Genuss. Das Angebot an Lokalen reicht von preisgünstigen Studentencafés bis zu schicken, noblen Restaurants. In allen Häusern liegt die Qualitätslatte ziemlich hoch. Eine etwas kuriose örtliche Spezialität ist *fainè*, ein Mittelding zwischen Crêpe und Pizza mit einem Boden aus Kichererbsenmehl, der wie Pizza belegt wird.

Trattoria Da Gesuino   TRATTORIA €€

(☎079 27 33 92; Via Torres 17g; Mahlzeiten um 30 €; ⊙Mo–Sa) Das Da Gesuino bewegt sich zwischen einer bodenständigen Trattoria und einem vornehmen Restaurant. Und trifft damit genau den richtigen Ton: eine entspannte Atmosphäre, ein funktionierender Service, einladendes Ambiente und ausgezeichnetes Essen. Die Speisekarte enthält alle Klassiker der italienischen Küche wie Pasta, Risotto, frischer Fisch und gegrilltes Fleisch – natürlich in allen denkbaren Varianten. Erstklassig schmeckt beispielsweise der *risotto con scampi e verdura* (Risotto mit Scampi und Gemüse).

Fainè alla Genovese Sassu FASTFOOD €
(☎079 Usai 17; Mahlzeiten 3.50–6 €; ⏱Mo–Sa) Das schlichte, preisgünstige Restaurant versorgt Sassari mit *fainè*, das nach Originalrezept zubereitet wird. Etwas anderes sucht man vergebens, doch bei der großen Auswahl an Belägen findet wahrscheinlich jeder etwas nach seinem Geschmack.

Trattoria L'Assassino TRATTORIA €
(☎079 23 50 41; Via Ospizio Cappuccini 1 a; Mittagsmenü 8–12 €; ⏱Mo–Sa) In diese Bilderbuch-Trattoria in einer kleinen Seitengasse kommen die Arbeiter mittags, um ein einfaches Pastagericht und ein Stück Braten zu verspeisen. Ein Teller mit acht verschiedenen Vorspeisen kostet 18 € und reicht für mindestens zwei Personen.

L'Antica Hostaria OSTERIA €€€
(☎079 20 00 60; Via Giuseppe Mazzini 27; Mahlzeiten um 45 €; ⏱Mo–Sa) Hier versteckt sich hinter einer unscheinbaren Fassade eines der besten Restaurants der Stadt. In einer freundlichen Umgebung kommen die Gäste in den Genuss einer kreativen Küche, die auf Sassaris kulinarischen Traditionen basiert. Beeindruckend sind nicht nur die Gerichte, z. B. Lammfrikassee mit weißen Bohnen und roten Peperoni, sondern auch die Auswahl an Desserts. Ein gutes Sortiment an passenden Weinen rundet das Ganze hervorragend ab.

Trattoria Da Antonio TRATTORIA €€
(☎079 23 42 97; Via Arborea 2 b; Mahlzeiten um 25 €; ⏱Di–So) Ausgesprochen lebhaft geht es in dieser zwanglosen Trattoria zu. Nicht umsonst trägt sie den netten Spitznamen *Lu Panzone* (dicker Bauch), denn hier kommt bodenständige und sehr schmackhafte Hausmannskost auf den Tisch. Der Schwerpunkt liegt auf Fleisch – sehr viel Fleisch. Als Vorspeise wird Pasta mit Wurst serviert, anschließend wahlweise ein zartes Steak aus Pferdefleisch oder Lammfleisch mit Oliven und Kräutern oder Schweinefleisch mit Tomaten und Kichererbsen, dazu ein Rotwein aus der Region.

Ristorante Enoteca Antica Posta MEDITERRAN €€
(☎079 200 61 21; Via Torre Tonda 26; Mahlzeiten um 30 €; ⏱Mo–Sa) In dieser durchgestylten Kombination aus Weinbar und Speiserestaurant wird traditionelle, bodenständige Küche mit modernem Touch serviert. Die ganz ordentliche Weinkarte enthält neben sardischen Tropfen auch Weine vom italienischen Festland.

Il Castello MEDITERRAN €€
(☎079 23 20 41; Piazza Cavallino de Honestis 6; Mahlzeiten um 35 €; ⏱Juni–Sept. tgl.; Okt.–Mai, Do–Di) Das förmliche Restaurant wird gerne von Theaterbesuchern frequentiert. Einer der Speiseräume ist ein Pavillon mit Panoramafenstern und Blick auf die Piazza Castello. Auf der Speisekarte finden sich saisonal wechselnde Gerichte.

La Vela Latina TRATTORIA €€
(☎079 23 37 37; Largo Sisini 8; Mahlzeiten um 30 €; ⏱Mo–Sa) Fleischliebhaber mit Hang zum kulinarischen Abenteuer finden im La Vela Latina eine Menge nicht ganz so gängiger Fleischgerichte, z. B. *trippa* (Kutteln), *cervella* (Hirn) oder *lingua di vitello* (Ochsenzunge).

🍷 Ausgehen

Der großen Studentengemeinde und den vielen Geschäftsleuten ist es zu verdanken, dass Sassari eine lebendige Kaffeehauskultur zu bieten hat. Eine Menge angesagter Lokale befinden sich in der Via Roma und weiter südlich in der Via Torre Tonda, einer pulsierenden Studentenmeile. Viele Läden haben bis spät geöffnet, und in einigen gibt es manchmal Livemusik.

Caffè Italiano CAFÉ
(Via Roma 38/40; ⏱Mo–Sa) Die große, gut besuchte Bar mit Tischen auf dem Bürgersteig und stilvollem Interieur ist eine der besten Locations an der Via Roma. Geschäftsleute kommen gern zum Lunch hierher, und nachmittags treffen sich junge Einheimische auf einen Aperitif.

Accademia BAR
(Via Torre Tonda 11; ⏱Mo–Sa) Das Lokal im Universitätsviertel ist in einem geschmackvollen schmiedeeisernen Pavillon untergebracht. Um die Mittagszeit steppt hier der Bär, ebenso am Freitag- und Samstagabend; dann ist die angesagte Ausgehlocation bis 2 Uhr geöffnet. Wer Glück hat, erwischt vielleicht sogar ein Livekonzert.

Caliente Caffè
WEINBAR

(Via Torre Tonda 1 b) Die coole Weinbar mit Sitzplätzen im Freien liegt neben einem Stück Stadtmauer aus dem 13. Jh. Für einen entspannten Ausklang am Abend eignet sie sich bestens.

☆ Unterhaltung

Meccano
CLUB

(☏079 27 04 05; Via Carlo Felice 33; ☽Do–Sa 23 Uhr–spätnachts) Wer zu nächtlicher Stunde das Tanzbein schwingen will, setzt sich in ein Taxi und fährt in diesen Club am östlichen Stadtrand.

Teatro Civico
THEATER

(☏079 23 21 82; Corso Vittorio Emanuele II 39) Auf dem Spielplan von Sassaris bedeutendstem Theater stehen Schauspielaufführungen und klassische Konzerte.

Teatro Verdi
THEATER, KINO

(☏079 23 94 79; Via Politeama) Zwischen Oktober und Januar finden hier in der Regel Tanz- oder Opernaufführungen statt. Während der restlichen Zeit des Jahres dient das Theater als Kino.

🛍 Shoppen

Isola
KUNSTHANDWERK

(☏079 23 01 01; ☽Mo–Fr 9.30–13 & 17–20, Sa 9.30–13 Uhr) Die Verkaufsräume der Isola liegen inmitten von Sassaris grünen Giardini Pubblici (Stadtpark). Wer sardisches Kunsthandwerk vom Feinsten sucht, wird hier fündig. Das Sortiment umfasst u. a. Keramik, traditionelle Teppiche und höchst beeindruckende Kunstschmiedearbeiten.

Mondadori
BUCHHANDLUNG

(☏079 201 20 98; Largo Cavallotti 17) Bietet eine ausgezeichnete Auswahl an Karten und einige englischsprachige Bücher.

❶ Praktische Informationen

Banca Intesa (Piazza Italia 23) Die Bank verfügt über einen Geldautomat.

THEATER-TIPP

Die Theatersaison beginnt in Sassari erst im September oder Oktober, wenn sich die Sommerhitze gelegt hat. Über das Programm informieren die örtliche Tageszeitung *La Nuova Sardegna* sowie die Aushänge an den Theatern.

Farmacia Simon (☏079 23 11 44; Piazza Castello 5; ☽20–9.10 Uhr) Nachtapotheke.

Guardia Medica (☏079 206 22 22; Via Maurizio Zanfarino 23) Ärztlicher Bereitschaftsdienst für alle nicht lebensbedrohlichen Fälle.

Lavalandia (Corso Vittorio Emanuele II; 6 kg Wäsche 4 €; ☽9–21 Uhr) Einer der wenigen Waschsalons auf Sardinien.

Net Gate Internet (☏079 23 78 94; Piazza Università 4; 3 € pro Std.; ☽Mo–Fr 9–13.15 & 15.30–19.30, Sa 9–13 Uhr) Internetzugang.

Nuovo Ospedale Civile (☏079 206 10 00; Via de Nicola) Krankenhaus südlich des Stadtzentrums.

Polizei (Questura; ☏079 249 50 00; Via Ariosto 3) Polizeidirektion.

Polizei (Via Brigata Sassari 13; ☽Mo–Fr 8–18.50, Sa 8–13.15 Uhr)

Touristeninformation (☏079 23 17 77; aastss@tiscali.it; Via Roma 62; ☽Mo–Do 9–13.30 & 16–18, Fr 9–13.30 Uhr) Bietet Informationen über Sassari und seine Umgebung.

❶ An- & Weiterreise

Auto & Motorrad

Sassari liegt an der SS131, die Porto Torres und Cagliari miteinander verbindet. Wer von Alghero oder vom Flughafen Alghero-Fertilia nach Sassari fährt, nimmt zunächst die Straße, die nordwärts nach Porto Torres führt, und zweigt dann in östlicher Richtung auf die SS291 ab.

Am Flughafen Alghero-Fertilia bieten mehrere Unternehmen Mietwagen an. In Sassari sind es **Eurorent** (☏079 23 23 35; www.rent.it; Via Roma 56) und **Maggiore** (☏079 23 55 07; Piazza Santa Maria 6).

Bus

Der **Busbahnhof** (Via XXV Aprile) von Sassari liegt in der Nähe des Bahnhofs. Bustickets sind im Busbahnhof erhältlich, der auch über eine kleine Gepäckaufbewahrung verfügt (1 Gepäckstück 1,50 €).

Die Busse der **ARST** (☏800 865 042; www.arst.sardegna.it, auf Italienisch) fahren nach Alghero (3 €, 1 Std., stündl.), Oristano (9,50 €, 2¼ Std., 7-mal tgl.), Porto Torres (1,50 €, 35 Min. stündl.) und Castelsardo (2,50 €, 1 Std., Mo–Sa 11-mal tgl.).

Zum Flughafen in Olbia (6,50 €, 1½ Std.) fahren täglich zwei Busse von **Turmo Travel** (☏0789 214 87; www.gruppoturmotravel.com).

Flugzeug

Algheros **Aeroporto di Alghero-Fertilia** (☏079 93 52 82; www.algheroairport.it), ist zugleich Sassaris Flughafen. Er liegt 28 km westlich vom Stadtzentrum (Informationen zu den Flugverbindungen s. S. 126).

Zug

Der Hauptbahnhof liegt am westlichen Ende der Altstadt an der Piazza Stazione. Direktverbindungen bestehen nach Cagliari (13,75 €, 4¼ Std., 4-mal tgl.), Oristano (8,75 €, 2½ Std., 5-mal tgl.) und Olbia (6,35 €, 1 Std. 50 Min., 4-mal tgl.).

Von Ende Juni bis Anfang September fährt der **Trenino verde** (www.treninoverde.com), ein langsam fahrender Panoramazug, von Sassari nach Tempio Pausania (12,50 €, 2 Std. 35 Min.).

❶ Unterwegs vor Ort

Auto & Motorrad

Das Parken in Sassari gleicht generell einem Alptraum. Ein Platz zwischen den blauen Linien kostet bis zu 2 € für die ersten beiden Stunden, für jede weitere angefangene Stunde wird 1 € fällig. Parkscheine sind bei den Politessen oder Zeitungshändlern erhältlich.

Bus

ATP (☎ 079 263 80 00; www.atpsassari.it, auf Italienisch) Die orangefarbenen Busse bedienen fast alle innerstädtischen Strecken. In der kleinen Innenstadt werden Besucher aber nur selten einen Bus brauchen. Im Sommer fahren die Busse auch von der Endhaltestelle an der Via Eugenio Tavolara zu den Stränden nördlich von Sassari. Fahrkarten für Stadtfahrten kosten 0,80 €, für Strandfahrten mit dem Buddi-Buddi-Bus 1,10 €.

Vom/Zum Flughafen

Vom Busbahnhof an der Via XXV Aprile fahren täglich bis zu fünf Busse zum Flughafen Alghero-Fertilia (3,50 €, 30 Min.). Drei weitere Busse fahren von der Haltestelle in der Via Turati ab.

Um zum Aeroporto Olbia Costa Smeralda zu gelangen, muss man mit dem Bus oder Zug nach Olbia fahren und dort in den Stadtbus zum Flughafen umsteigen.

Taxi

Taxistände befinden sich am Emiciclo Giuseppe Garibaldi oder in der Viale Italia und Via Matteotti. Telefonische Bestellungen nimmt **Taxi Sassari** (☎ 079 25 39 39) entgegen.

RUND UM SASSARI

Die landschaftlich reizvollste Strecke von Sassari an die Küste ist die SS200. Pinien stehen am Straßenrand Spalier, wenn sie die beiden Marktstädte **Sennori** und **Sorso** passiert. Die Zwillingsortschaften sind für ihre Weine berühmt und produzieren gemeinschaftlich den süßen Moscato di Sorso-

Sennori. Prima probieren lässt er sich im renommierten Restaurant **Da Vito** (☎ 079 36 02 45; Via Napoli 14; Mahlzeiten um 40 €) in Sennori, wo außerdem köstliche Meeresfrüchte der Saison serviert werden.

An den Wochenenden flüchten die Sassaresi aus der Stadt an die langen Sandstrände des **Platamona Lido**. Der hübsche und an Sommerwochenenden dicht bevölkerte Landstrich wird von den Einheimischen etwas wohlwollend „Riviera von Sassari" genannt.

Im Sommer fahren von Sassari aus regelmäßig Busse zu einem Punkt östlich von Platamona und dann die Küste entlang bis nach Marina di Sorso. Die Strandbusse heißen Buddi Buddi (Linie MP) und fahren an der Via Eugenio Tavolara ab.

Auf halbem Weg zwischen Sassari und Porto Torres, nach 11 km auf der SS131, zeigt ein Wegweiser zum Tempel **Monte d'Accoddi** (Eintritt 3,10 €; ☉ April–Sept. 9–20 Uhr, Okt.–März bis 16.30 Uhr) aus dem 3. Jahrtausend v. Chr. Nirgendwo sonst im Mittelmeerraum ist ein derartiger Bau freigelegt worden – am ehesten ist der Tempel vergleichbar mit den legendären Stufentürmen an Euphrat und Tigris im Nahen Osten. Ausgrabungen haben ergeben, dass sich hier schon um 4500 v. Chr. ein jungsteinzeitliches Dorf befand. Der Tempel machte mehrere Bauphasen durch und wurde nach Meinung der Forscher vermutlich gegen 1800 v. Chr. aufgegeben. Bald danach wurde die erste *nuraghe* errichtet.

Viele Besucher erwarten beim Besuch des Monte d'Accoddi eine Art Maya-Tempel – doch sie werden enttäuscht. Stattdessen lässt sich mehr oder weniger gut ein rechteckiges (30 m mal 38 m) Bauwerk ausmachen, das sich zu einer Plattform verjüngt, auf die eine lange Rampe hinaufführt. Auf einer Seite der Rampe befindet sich ein Menhir und auf der anderen ein Steinaltar, der wahrscheinlich für Opfer genutzt wurde.

DAS LOGUDORO & MONTE ACUTO

Die fruchtbare Region südlich und östlich von Sassari war schon zu Zeiten der Nuragher bewohnt und ist eine archäologische Fundgrube. Sie war ein wichtiges Getreideanbaugebiet des Römischen Reiches, und auch heute noch ist die Landschaft ein Flickenteppich aus Hügeln und goldenen

Weizenfeldern – der Name Logudoro bedeutet „Ort des Goldes". Als Giudicato del Logudoro erlebte die Region einen Boom im Mittelalter, und aus dieser Periode datieren auch viele der imposanten Kirchen. Im Herzen der Region liegt die *comune* Monte Acuto, eine Ansammlung von Ortschaften mit einem reichen gemeinsamen Erbe. Eine nützliche Website mit Infos ist www.monte acuto.it (auf Italienisch).

Es ist kein Landstrich, der die Besucher auf den ersten Blick bezaubert. Aber wer mit dem Auto unterwegs ist, wird feststellen, dass sich die eine oder andere Entdeckungstour durchaus lohnt.

Ozieri

11 100 EW.

Die wohlhabende Agrarstadt Ozieri liegt in einem natürlichen Talkessel, und ihr Stadtkern aus dem 19. Jh. mit seinen schönen zentralen Piazza erstreckt sich über die Hänge. In den Hügeln, die die Stadt heute umgeben, existierten einst, im Neolithikum, blühende Siedlungen. Der Name der Stadt stammt aus der prähistorischen Ära der Ozieri-Kultur (oder San-Michele-Kultur), die zwischen 3500 und 2700 v. Chr. ihre Blütezeit erlebte.

Das ausgezeichnete **Museo Archeologico** (☎079 785 10 52; Piazza Micca; Eintritt 3,50 €,

DIE KIRCHEN IM LOGUDORO

Die **Basilica della Santissima Trinità di Saccargia** (Comune di Codrongianus; Eintritt 1,50 €; ☉März 9–16.30 Uhr, April 9–17 Uhr, Mai 9–18 Uhr, Juni–Aug. 9–20 Uhr, Sept. 9–18.30 Uhr, Okt. 9–17.30 Uhr) liegt im Zentrum eines fruchtbaren Tals, 15 km südlich von Sassari. Die Straße nach Olbia (SS597) führt zur Kirche, der gestreifte *campanile* (Glockenturm) aus Kalkstein und Basalt leuchtet schon aus der Ferne am Horizont. Der Legende nach hat der Giudice Constantino di Mariano die Kirche 1116 aus Dankbarkeit bauen lassen, denn beim Übernachten an diesem Ort wurde ihm und seiner Gemahlin offenbart, dass sie ihr lang ersehntes erstes Kind bekommen würden. Zusätzlich ließ der erfreute Giudice (Richter) neben der Kirche auch noch ein Kloster errichten. Auf Wunsch des Papstes übernahmen die Kamaldulenser (ein Eremitenorden) das Kloster, auf das heute jedoch nur noch wenige Überreste hinweisen. In der mit ihren stumpfen Basaltwänden bestechend schlichten Kirche finden Gottesdienste statt.

3 km weiter die Straße hinunter steht an der Abzweigung nach Ploaghe die aufgegebene **Chiesa di San Michele e Sant'Antonio di Salvènero**. Nach weiteren 10 km gelangt man nach Ardara, dem einstigen Regierungssitz der Giudicato di Torres (Richter von Torres). Wer kurz vor der Stadt scharf links einbiegt, steht vor der **Chiesa di Santa Maria del Regno**. Der massige Bau aus grau meliertem Basalt weist einige merkwürdige Elemente auf. Eines davon ist der gedrungene *campanile*, der offensichtlich nach der Fertigstellung der Kirche zusammengepfuscht wurde und gar nicht zu deren Stil passt.

Während der Weiterfahrt auf der SS597 taucht bald die Abfahrt zur **Chiesa di Sant'Antioco di Bisarcio** (☎079 78 02 57; Eintritt 1,50 €; ☉Sa & So 9–16 Uhr und auf Anfrage) auf, sie stammt aus dem 11. oder 12. Jh. Die majestätische, wenn auch nicht gut erhaltene Kirche liegt 2 km nördlich der Hauptstraße. Ein Blitzschlag hat den obersten Teil des Glockenturms zerstört, ein Großteil der Fassadenverzierung ist abgebröckelt. Doch das einzigartige, französisch inspirierte Portal und das Kirchenschiff spiegeln noch heute ihre einstige prachtvolle Schönheit wider.

Wer sich noch die kleine Chiesa di Nostra Signora di Castro am Ufer des Lago di Coghinas ansehen möchte, folgt weiter der SS597. Zwei weitere Kirchen lassen sich über die SS132, die Richtung Norden abzweigt, und im weiteren Verlauf über die SS127 erreichen. Die kurvenreiche Straße führt durch eine schöne Landschaft zur **Chiesa di San Giorgio** in Perfugas (an der SS127) und zur **Chiesa di San Pietro di Simbranos** (oder delle Immagini) in Bulzi (SS134).

Während dieser Kirchentour bietet das Hotel **Funtanarena** (☎079 43 50 48; www. funtanarena.it; Via S'Istradoneddu 8/10; EZ 63–70 €, DZ 94–105 €; P) eine bequeme Unterkunft in schöner Lage. Das restaurierte Herrenhaus liegt im kleinen Dorf Codrongianos, 14 km von Sassari entfernt. Duftende Obstbäume und Olivenhaine umgeben das Hotel. Seine neun Zimmer sind im ländlichen Stil mit Blumengemälden, schmiedeeisernen Betten und Parkettfußböden ausgestattet.

inkl. Grotta di San Michele 5 €; ⊙ Di–Sa 9–13 & 16–19, So 9.30–12.30 Uhr), eines der besten Kleinmuseen Sardiniens, beleuchtet das reichhaltige archäologische Erbe der Stadt. Es ist im Convento di Clarisse untergebracht, einem Kloster aus dem 18. Jh. Die Ausstellung ist klein, aber erlesen. Unter anderem sind zwei Kupferbarren zu sehen (der Kupferhandel in den Nuraghen-Siedlungen lässt sich bis in die Jungsteinzeit zurückverfolgen), einige überraschend modern aussehende Werkzeuge und eine Auswahl kostbarer Keramikscherben, die in der **Grotta di San Michele** (☎ 079 785 10 52; Eintritt 3,50 €, inkl. Museo Archeologico 5 €; ⊙ Fr & Sa 9–13, So 9.30–12.30 Uhr) gefunden wurden. Letztere lohnt ebenfalls einen Abstecher. Die oberhalb der Stadt ausgeschilderte *grotta* wurde einst als Wohn-, Grab- und Kultstätte genutzt. Nicht weit vom Museum steht Ozieris bombastische **Cattedrale dell'Immacolata** (Piazza Duomo). In der Kathedrale befindet sich ein bedeutsames Kunstwerk, die *Deposizione di Cristo dalla Croce* (Kreuzabnahme Christi) aus der Hand des mysteriösen Maestro di Ozieri.

Im Dezember wird in Ozieri einer der wichtigsten Lyrik-Wettbewerbe der Insel ausgetragen, der **Premio di Ozieri**. Der Preis wurde zum ersten Mal 1956 verliehen, angeregt durch die *gare poetiche* (Dichterkriege), die am Rande von Volksfesten stattfanden. Durch die Veranstaltung haben die Arbeiten italienischer und sardischer Lyriker einen eigenen Rahmen erhalten.

Etwas zu essen bekommt man im **Ristorante Pizzeria L'Opera** (☎ 079 78 70 26; Piazza Garibaldi; Mahlzeiten 30 €). Hier gibt es Pizzas und göttliches Lammhackfleisch.

Die beste öffentliche Verkehrsverbindung nach Ozieri ist der Bus von Sassari (4 €, 1 Std., Mo-Sa 5-mal tgl.). Die Busse halten in der Nähe der Piazza Garibaldi.

Nuraghe Santu Antine & Umgebung

Die Fahrt von Ozieri Richtung Westen führt durch **Mores**. Südlich dieser Ortschaft liegt der majestätische **Dolmen Sa Coveccada**, wahrscheinlich der größte Dolmen (Grabkammer aus der Jungstein-/frühen Bronzezeit) im Mittelmeergebiet. Die rechteckige Konstruktion wurde Ende des 3. Jahrtausends v. Chr. erbaut, und sie besteht aus drei massiven Steinplatten, bedeckt mit einer vierten, die rund 18 t wiegt. Der Dolmen ist

2,7 m hoch, 5 m lang und 2,5 m breit. Einfach östlich von Mores die Ausfahrt nehmen, dann sind es noch rund 10 km.

Von Mores aus führt die Straße nach **Torralba**, einem nicht weiter erwähnenswerten Dorf am Eingang zum Valle dei Nuraghi (Tal der Nuraghen). Prähistorische *nuraghi* übersäen das Land ringsum, aber das absolute Glanzstück ist die **Nuraghe Santu Antine** (☎ 079 84 72 96; www.nuraghesantuantine.it; Eintritt 3 €; ⊙ 9 Uhr bis Sonnenuntergang), 4 km südlich vom Dorf. Es ist eine der größten Nuraghen-Festungen Sardiniens. Ihr Herzstück ist ein Zentralturm, der heute 17,50 m in die Höhe ragt, ursprünglich aber 25 m hoch war. Er wird von einer Dreiecksmauer mit drei Wachtürmen eingerahmt. Die ältesten Teile stammen aus der Zeit von 1600 v. Chr., aber vieles entstand im Laufe späterer Jahrhunderte.

Man betritt das Gelände an der Südseite und kann durch drei Türme hindurchgehen, die durch parabelförmige Wehrgänge miteinander verbunden sind. Der Eingang zum Hauptturm ist separat. Innen eröffnen sich, von einer zentralen Halle ausgehend, vier Zugänge zur Hauptkammer. In der Halle geht eine Treppe hoch in den 1. Stock. Dort wiederholt sich der Grundriss, allerdings in kleinerer Ausgabe. Abgesehen von winzigen Schießscharten gibt es dort kein Licht, und die erdrückende Präsenz des dunklen Gesteins ist überwältigend. Weitere Stufen führen zur Ebene der obersten, dritten Kammer, die inzwischen den Elementen ausgesetzt ist.

Wieder zurück in Torralba, kann man sich im **Museo Archeologico** (☎ 079 84 72 96; Via Carlo Felice 143; Eintritt inkl. Nuraghe Santu Antine 3 €; ⊙ Sommer 9–20, Winter bis 17 Uhr) ein maßstabsgetreues Modell der *nuraghe* und eine bescheidene Sammlung mit Fundstüken von dort ansehen.

Unter der Woche fahren bis zu neun Busse täglich von Sassari nach Torralba (2,50 €, 1½ Std.). Zur *nuraghe* kommt man von dort aus nur zu Fuß (rund 4 km).

BORUTTA

Die Strecke zum Dorf Borutta hinauf sieht auf der Landkarte ganz einfach aus, ist aber in der Praxis sehr kompliziert – Schilder zeigen in die richtige Richtung, lassen Besucher dann jedoch im Stich. So ist man bei der Suche nach dem Dorf in erster Linie auf den Instinkt angewiesen, doch Durchhaltevermögen lohnt sich, denn in Borutta wartet

MONTE LERNO

Ungefähr 8 km östlich von Ozieri liegt der idyllische **Lago Lerno**, er entstand 1984, als der Rio Mannu gestaut wurde. Obwohl es sich um einen Stausee handelt, fügt er sich harmonisch in die von Felsen durchsetzte grüne Hügellandschaft ein. Nicht weit vom See ragt der **Monte Lerno** (1094 m) auf. Rotwild, Mufflons und Wildpferde streifen durch den nahen **Bosco di Monte Lerno** (Monte-Lerno-Wald). Um zum nordwestlichen Zugang des Waldes zu gelangen, nimmt man vom südlichen Stadtrand von Ozieri aus die Straße nach Pattada, durchquert das kleine Städtchen und biegt etwa 4 km östlich vom Stadtrand auf die Straße nach Oschiri ab. Der Straße folgt man für ungefähr 11 km, biegt dann rechts ab und überquert schließlich den Damm am Rio Mannu – der Wald liegt nun in Sichtweite.

ein herrliches Beispiel romanischer Architektur, die **Chiesa di San Pietro Sorres** (☎334 853 77 51; Eintritt 2,50 €; ☺Führungen Mo–Sa 8.30–12 & 15.30–18.30, So 9.30–10.30 & 15.30–18.30 Uhr).

Die im 12. Jh. erbaute pisanische Kirche mit Kloster war schon lange verwaist, als 1955 Benediktinermönche einzogen. Sie krempelten die Ärmel hoch, bauten das Kloster wieder auf und brachten die Kirche auf Vordermann. Die weiß-grau gestreifte Fassade zeigt dreistöckige Blendarkaden und ist mit filigranen Steinmetzarbeiten verziert. Besondere Beachtung im Inneren verdient eine aus Stein gehauene gotische Kanzel auf vier Beinen.

NECROPOLI DI SANT'ANDREA PRIU & UMGEBUNG

Rund 7 km östlich von Bonorva, einem Bergbauernstädtchen unweit der Hauptstraße SS131, befindet sich mitten in üppig-grüner Landschaft die **Necropoli di Sant'Andrea Priu** (☎348 564 26 11; Eintritt 3,50 €; ☺10–13 & 15–17.30 Uhr, Sommer bis 19.30 Uhr). Die über eine schmale Schlaglochpiste erreichbare, isoliert gelegene Stätte besteht aus rund 20 kleinen Höhlen. Sie wurden in den Trachyt gegraben, und ihre Entstehung geht bis 4000 v. Chr. zurück. Die mit Abstand interessanteste Höhle ist die nur mit einem Führer zugängliche **Tomba del Capo**. In frühchristlicher Zeit wurden drei der Haupträume in ein Gotteshaus umgebaut. In zweien dieser Räume sind teilweise restaurierte Fresken aus dem 5. Jh. erhalten. Am eindrucksvollsten ist die Abbildung einer Frau in einem Wandgemälde in der *aula* (Halle), wo die Gläubigen die Messe hörten.

Auf dem Weg zurück nach Bonorva sollte man sich ein bisschen Zeit für **Rebeccu** nehmen, einen größtenteils verlassenen, in eine Kalksteinwand gehauenen Weiler aus dem Mittelalter. Das links ausgeschilderte Dorf dient Mitte August als Kulisse für ein Filmfestival.

In dieser Gegend ist man ohne eigenes Transportmittel praktisch aufgeschmissen. Aber immerhin fahren ein paar Busse von Sassari nach Bonorva (4 €, 70 Min., wochentags 5-mal).

Olbia, die Costa Smeralda & die Gallura

Gut essen

» Ristorante Gallura (S. 150)
» Spinnaker (S. 157)
» Trattoria Gallurese (S. 172)
» La Vecchia Costa (S. 157)

Schön übernachten

» B&B Lu Pastruccialeddu (S. 232)
» Hotel Panorama (S. 230)
» B&B Petite Maison (S. 233)
» La Villa Giulia (S. 231)
» Agriturismo Ca' La Somara (S. 232)

Auf nach Olbia, an die Costa Smeralda & in die Gallura!

Die Costa Smeralda beschwört klassische Bilder von Sardinien herauf: perlweiße Strände und wundersame, windgepeitschte Steinformationen, die zum smaragdgrünen Meer hin abfallen. Der herrliche Küstenabschnitt, den Aga Khan in den 1960er-Jahren zu einem Spottpreis erwarb, ist heute Tummelplatz von Millionären und Promis. Sobald es Sommer wird, belagern skandalhungrige Paparazzi die Yachthäfen, um die Reichen ins Visier zu nehmen, die mit Bikinischönheiten auf ihren Yachten tändeln.

Wer ein paar Kilometer ins Landesinnere fährt, kommt sich dann wie auf eine völlig andere Insel versetzt vor. Hier liegen in den Hügeln voller Weinstöcke noch traditionelle Dörfer und *nuraghe* (Wehrsiedlungen aus der Bronzezeit), Korkeichenwälder und Granitberge. Unbeeinflusst von Zeit und Modetrends bildet das Hinterland einen erfrischenden Kontrast zur Küste. Wer sich ein paar Tage lang für einen ländlichen *agriturismo* (Farmaufenthalt) entscheidet, lernt dort eine neue Variante des sich Wohlfühlens kennen.

Weiter nördlich präsentiert sich die Küste der Gallura dann deutlich wilder. Hier sind Delphine, aber auch Taucher und Windsurfer in ihrem Element, die in dem blauen Wasser des marinen Schutzgebietes La Maddalena herumtollen.

Reisezeit

Wenn im Sommer Strandfanatiker, Skipper und Familien die Küste bevölkern, schießen die Zimmerpreise mit den Temperaturen in die Höhe, allen voran an der Costa Smeralda. Der Frühling ist wunderschön auf Sardinien: Die Tage sind mild, ein Teppich aus Wildblumen bedeckt das Binnenland der Gallura, und an der Küste geht es recht ruhig zu. Nicht entgehen lassen sollte man die Vermentino-Weißweine bei den Weinfesten von Porto Cervo im Mai bzw. in Monti im August. In Tempio Pausania finden im Frühjahr Karnevalsumzüge statt, in Aggius feierliche Osterprozessionen. Surfer stürzen sich im Winter in die Wellen, und Segler besuchen im Sommer die Regatten.

OLBIA

54 900 EW.

Olbia wird oft links liegen gelassen, da die meisten sich direkt an die Costa Smeralda stürzen. Die Stadt hat jedoch mehr zu bieten, als man auf den ersten Blick meint, und ist für Besucher durchaus interessant. Nach

dem Durchqueren der von Industrie geprägten Vororte erwartet den Reisenden eine bezaubernde Stadt mit einem sehenswerten *centro storico* (historischem Zentrum). Hier säumen Boutiquen, Weinbars und Cafés die zahlreichen Plätze. Olbia bietet sich als erfrischend authentische wie auch erschwingliche Alternative zu den Ferien-

Highlights

1 Mit den Braungebrannten, Schönen und Berühmten an der **Costa Smeralda** (S. 160) herumhängen

2 Auf der gleichnamigen Insel den **Parco Nazionale dell'Arcipelago di La Maddalena** (S. 168) erkunden und auch zwischendurch ins smaragdfarbene Meer eintauchen

3 Am strahlend weißen Sandstrand von **Cala Brandinchi** (s. Kasten S. 155) liegen, der den Spitznamen „Klein-Tahiti" trägt

4 Durch die Korkeichenwälder um **Tempio Pausania** (S. 172) wandern

5 Sich in den wilden Wellen bei **Porto Pollo** (S. 166) amüsieren

6 Die Schickimicki-Küste gegen die Stille am **Lago di Liscia** (S. 162) tauschen

7 Durch die seltsam geformten Felswände am **Capo Testa** (S. 166) klettern

8 Die Vermentino-Weißweine und die Cannonau-Rotweine in der Weinkellerei **Cantine Surrau** (s. Kasten S. 158) probieren

siedlungen an, die nördlich und südlich der Stadt gebaut wurden.

Geschichte

Archäologische Ausgrabungen belegen, dass es seit dem mittleren Neolithikum (rund 4000 v. Chr.) im Nordosten Sardiniens menschliche Niederlassungen gab, aber Olbia wurde mit ziemlicher Sicherheit im 4. oder 5. Jh. v. Chr. von den Karthagern gegründet. Fest steht, dass die Karthager seit Mitte des 6. Jhs. v. Chr. in der Region anwesend waren, wie ihre Teilnahme an der Schlacht von Mare Sardo beweist (eine 538 v. Chr. ausgetragene Seeschlacht zwischen griechischen Kolonisten aus Korsika und einer gemeinsamen Flotte von Etruskern und Karthagern, die manche als das erste Seegefecht in westlichen Gewässern betrachten).

In der Römerzeit entwickelte sich Olbia zum wichtigen Militär- und Handelshafen – in den 1990er-Jahren wurde rund ein Dutzend römischer Schiffswracks ausgegraben. Unter dem Namen Civita wurde Olbia schließlich die Hauptstadt des Giudicato di Gallura, einem der vier unabhängigen Königreiche, aus denen sich Sardinien im 12. und 13. Jh. zusammensetzte. Aber als die katalanischen Aragonier die Macht übernahmen, setzte der Niedergang ein. Erst mit dem Straßen- und Eisenbahnbau im 19. Jh. erwachte die Stadt wieder zu Leben. Das Gelände ringsum wurde langsam trockengelegt und für Landwirtschaft und etwas Leichtindustrie genutzt und der Hafen wieder in Betrieb genommen. Heute blüht und gedeiht Olbia als aktives Industriezentrum und gemeinsame Hauptstadt der vor kurzem gegründeten Provinz Olbia-Tempio.

◉ Sehenswertes

Das Straßengewimmel südlich des Corso Umberto, wo sich das ursprüngliche Fischerdorf befand, hat einen gewissen Charme, besonders abends, wenn Gruppen hungriger Städter die Cafés und Trattorias bevölkern. Ein Bummel über den *corso* mit einem abschließenden Gläschen auf der Piazza Margherita ist eine angenehme Art, den Abend zu verbringen.

[LP TIPP] Museo Archeologico   MUSEUM

(Isolotto di Peddone; Eintritt frei; ⏱Mo–Fr 10–13, Mo & Mi auch 16–18 Uhr) Das auffällige neue Museum unweit des Hafens ist ein Entwurf des Architekten Vanni Macciocco. Es bietet

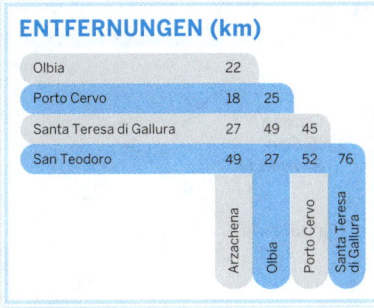

	Arzachena	Olbia	Porto Cervo	Santa Teresa di Gallura
Olbia	22			
Porto Cervo	18	25		
Santa Teresa di Gallura	27	49	45	
San Teodoro	49	27	52	76

anhand von allerlei Artefakten – von Amuletten und Töpferwaren aus der Römerzeit bis hin zu Fundstücken der Nuraghenkultur – einen Abriss der Lokalgeschichte. Größte Attraktion sind die Überreste eines römischen Schiffes, das im alten Hafen entdeckt wurde. Eine Multimedia-Präsentation erweckt das Jahr 450 zum Leben, als Vandalen solche Schiffe in Brand steckten und versenkten.

Chiesa di San Simplicio   KIRCHE

(Via San Simplicio; ⏱7.30–13 & 15.30–18 Uhr) Die romanische Kirche aus Granit gilt als bedeutendstes mittelalterliches Monument der Gallura. Sie wurde Ende des 11. Jhs./Anfang des 12. Jhs. am damaligen Stadtrand errichtet und präsentiert sich in einer seltenen Mischung aus toskanischen und lombardischen Stilelementen. Die Ausschmückung beschränkt sich im Wesentlichen auf mehrere Fresken aus dem 13. Jh.; dargestellt sind Bischöfe aus dem Mittelalter.

Chiesa di San Paolo   KIRCHE

(Via Cagliari) Eine weitere Kirche aus Granitgestein, die einen Besuch lohnt, ist die Chiesa di San Paolo aus dem 18. Jh. mit einer sagenhaft bunt gekachelten Kuppel im valenzianischen Stil; sie wurde erst nach dem Zweiten Weltkrieg ergänzt.

⚑ Feste & Events

Im Juli und August finden in der Innenstadt im Rahmen der L'Estate Olbiese Freiluftkonzerte statt. Auf dem Programm des Kulturfestivals stehen auch Theateraufführungen, Lesungen und Kabarett.

✕ Essen

Die meisten Hotels, Restaurants und Bars ballen sich in den schmalen Straßen rechts und links vom Corso Umberto. Die Café-

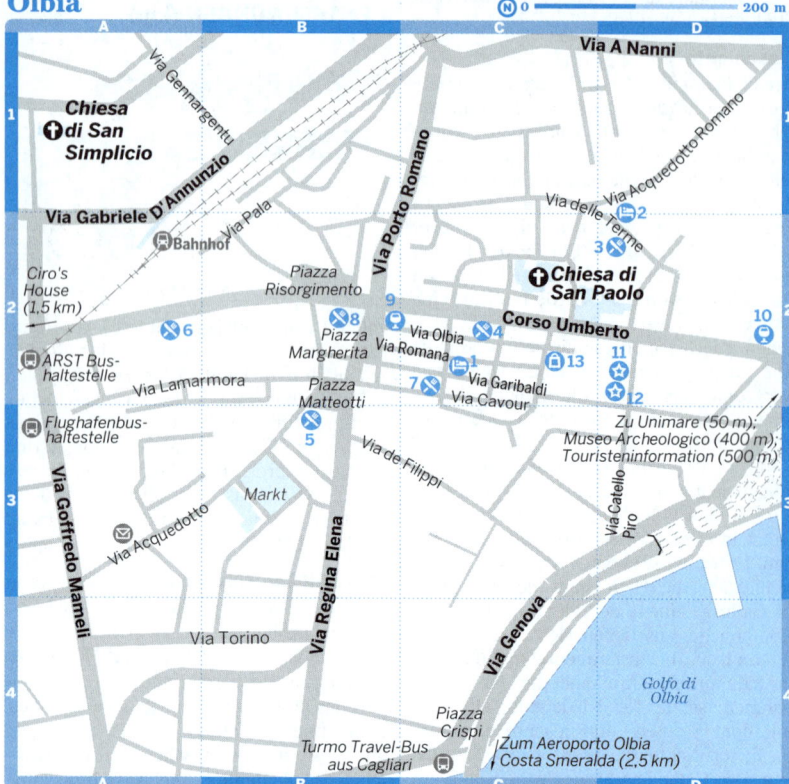

Olbia

szene konzentriert sich rund um die Piazza Margherita und die Piazza Matteotti.

LP TIPP
Ristorante Gallura
SARDISCH €€€

(☎0789 2 46 48; Corso Umberto 145; Mahlzeiten 40–60 €; ⊙Di–So) Im gemütlichen Gallura, einem der besten Restaurants Nordsardiniens, führt Rita ein strenges Regiment. Frische Zutaten aus der Region werden der Jahreszeit entsprechend für Spezialitäten wie in Joghurt frittierte Seeanemonen verarbeitet, aber auch für Pasta mit Tintenfischtinte, wilde Austern und Spanferkel mit Myrthe verwendet – alles perfekt zubereitet . Ohne Reservierung geht hier gar nichts.

Officina del Gusto
MODERN ITALIENISCH €€

(☎0789 2 87 01; Piazza Matteotti 1; Mahlzeiten 40–50 €; ⊙im Winter Mittag- & Abendessen, im Sommer nur Abendessen) Das in einem Palazzo aus dem 19. Jh. untergebrachte Restaurant ist klein, aber fein. Das Aroma der Speisen

ist ungekünstelt und klar, wobei der Hauptakzent auf frischem Fisch und hausgemachter Pasta liegt. Besonders gut schmeckt es im Sommer unterm Olivenbaum auf der Piazza.

La Lanterna
TRADITIONELL ITALIENISCH €€

(☎0789 2 30 82; Via Olbia 13; Pizza 6–10 €, Mahlzeiten rund 30 €; ⊙im Winter Do–Di, im Sommer tgl.) Das Lanterna zeichnet sich durch sein Keller-Ambiente und das leckere frische Essen aus. Am besten beginnt man das Gelage mit süß-sauren Sardinen und geht dann zur Brasse mit Mandelkruste über, die mit hausgemachten *gnochetti* serviert wird.

Ristorante da Paolo
SARDISCH €€

(☎0789 2 16 75; Zugang über die Via Garibaldi 18 oder die Via Cavour 22; Mahlzeiten rund 30 €; ⊙Mo–Sa) Steinwände, Holzdecken und Gemälde, die Küstenszenerien zeigen, bestimmen in diesem fröhlichen Restaurant das Ambiente. Gerichte wie Suppen aus der Gallura, das *risotto ai funghi* (Pilz-Risotto)

Olbia

und die hausgemachten Gnocchi sind ein Genuss für Gaumen und Seele.

Pizzeria del Corso   SNACKS €
(Corso Umberto 181; Snacks 1,50–3 €; ⊙Mo–Sa) Ein nettes Focaccia- und Pizzalokal unweit vom Bahnhof mit freundlichem Personal und Preisen, bei denen nicht nur der Geldbeutel lacht.

Antica Trattoria   ITALIENISCH €€
(☎0789 2 40 53; Via delle Terme 1; Mahlzeiten 25–30 €; ⊙Di–So) Das Restaurant liegt versteckt hinter der Chiesa di San Paolo. Es bietet ein appetitanregendes Büfett mit zahlreichen Antipasti, Pizza, Pasta und Fleischgerichten, die nie enttäuschen und lecker schmecken.

Ausgehen

Enoteca Vignando   WEINBAR
(www.enotecavignando.com, auf Italienisch; Cor so Umberto 2; ⊙im Winter So geschl.) In dieser einladenden Weinbar reiht sich Flasche an Flasche an den Wänden. Am besten schnappt man sich einen der Tische in Fassform, um die sardischen Weine zu kosten – die Auswahl reicht vom Vermentino bis hin zu Cannonau. Dazu schmeckt ein Teller mit heimischem Käse und Salami.

Enoteca Cosimino   WEINBAR
(Piazza Margherita 3; ⊙tgl.) In dem beliebten Café genießt man tagsüber seinen Kaffee und ein paar *cornetti* (Croissants). Abends verwandelt sich das Lokal dann in eine elegante Weinbar, in der Cocktails und natürlich *vino* kredenzt werden.

Pepe Bianco   LIVEMUSIK
(☎338 706 3027; Via Catello Piro 8) Die Schickimickis von Olbia strömen abends in diese nicht minder schicke Lounge-Bar mit Restaurant (Mahlzeiten rund 25 €). DJs und gelegentlich auch Bands, die Latin spielen, sorgen für den musikalischen Rahmen.

Pascia   CLUB
(Via Catello Piro) Der Club steht dem Pepe Bianco nicht viel nach und gilt als die angesagte Fun-Location der aufgebrezelten Lounge-Szene.

🛍 Shoppen

Der Corso Umberto hat etwas von einem Laufsteg, denn hier tummeln sich Designerlabels, aber auch schicke Mode aus Italien. In den kleinen Seitenstraßen findet man Kunst, Kunsthandwerk und sardischen Spezialitäten.

Anticas Licanzias   SÜSSIGKEITEN & GEBÄCK
(Via Olbia 42; ⊙So vormittag geschl.) Es lohnt sich, an dieser sagenhaften Konditorei Halt zu machen und ein frisch gebackenes Brot direkt aus dem Holzofen, *pane carasau* (knuspriges, hauchdünnes Fladenbrot), sowie köstliche sardische Süßigkeiten mit Mandeln und Honig zu erstehen. Die Auswahl an Weinen, selbst gemachter Pasta und Olivenöl ist ebenfalls vom Feinsten.

ⓘ Praktische Informationen

Banken mit Geldautomat finden sich am Corso Umberto.

Inter Smeraldo (☎0789 2 53 66; Via Porto Romano 8b; Std. 5 €; ⊙Mo–Sa 9.45–13.15 & 16–20.30 Uhr) Ein lebhaftes Internetcafé mit zehn Computern.

Post (Via Aquedotto 5)

Touristeninformation (☎0789 55 77 32; www.olbiatempioturismo.it; Via Alessandro Nanni 39; ⊙im Sommer Mo–Sa 8–20 & So 8–14 Uhr, im Winter Mo–Fr 8–18, Sa 8–14 Uhr) Die hilfsbereite Touristeninformation verfügt über jede Menge Infos und Broschüren über Olbia und Umgebung.

Unimare (☎070 2 35 24; www.unimare.it; Via Principe Umberto 1; ⊙Mo–Fr 8.30–12.30 &

15.30–19.30, Sa 8.30–12.30 Uhr) Zentrales Reisebüro, das Fähren und Flüge bucht.

ℹ An- & Weiterreise

Auto & Motorrad

Mietwägen stehen am Flughafen bereit, wo alle großen internationalen Firmen vertreten sind, außerdem an der Stazione Marittima, dem Fährhafen. Ein Fiat Punto kostet etwa 50 € pro Tag.

Bus

Busse des Unternehmens **Azienda Regionale Sarda Trasporti** (ARST; ☎800 865 042; www.arst.sardegna.it, auf Italienisch) verkehren von Olbia zu vielen Orten auf der Insel. Fahrkarten sind im **Café Adela** (Corso Vittorio Veneto 2; ⏱5–22 Uhr) erhältlich, gleich gegenüber von den wichtigsten Bushaltestellen auf der anderen Straßenseite. Zu den Fahrzielen zählen Arzachena (2,50 €, 45 Min., 12-mal tgl.) und Porto Cervo (3,50 €, 1½ Std., 5-mal tgl.). Erreichbar sind auch die etwas weiter entfernt liegenden Orte Nuoro (9 €, 2½ Std., 8-mal tgl.), Santa Teresa di Gallura (5 €, 1½ Std., 7-mal tgl.) sowie über Tempio Pausania (3,50 €, 1¼ Std., 7-mal tgl.) Sassari (7 €, 1½ Std., 2-mal tgl.). Sonntags ist das Angebot reduziert.

Turmo Travel (☎0789 2 14 87; www.gruppoturmotravel.com) bietet wochentags zwei Busfahrten pro Tag von Cagliari (19 €, 4½ Std.), sie kommen an der Piazza Crispi an. Ein Bus fährt weiter nach Santa Teresa di Gallura. Ein anderer Bus fährt täglich vom Hafen nach Sassari (12 €, 1½ Std.). Fahrkarten können in der Stazione Marittima oder im Bus gekauft werden.

Fähre/Schiff

Der Fährhafen von Olbia, die Stazione Marittima, befindet sich auf der Isola Bianca, einer Insel, die durch den 1 km langen Damm Banchina Isola Bianca mit der Innenstadt verbunden ist. Alle bedeutenden Fährunternehmen unterhalten hier eine Niederlassung, so auch **Grandi Navi Veloci** (☎010 209 45 91; www.gnv.it), **Moby Lines** (☎199 30 30 40; www.mobylines.it), **SNAV** (☎081 428 55 55; www.snav.it) und **Tirrenia** (☎892 123; www.tirrenia.it). Die Fähren verkehren regelmäßig nach Civitavecchia, Genua, Livorno und Piombino. Fahrkarten können in jedem Reisebüro in der Stadt, aber auch am Hafen, gebucht werden. Informationen zum Fahrplan und zu den Preisen siehe Kasten S. 284.

Flugzeug

Olbias **Aeroporto Olbia Costa Smeralda** (OLB; ☎0789 56 34 44; www.geasar.it) liegt rund 5 km südöstlich vom Stadtzentrum. Während der Recherchen zu diesem Reiseführer wickelten 60 Fluglinien Flüge von diesem Flughafen ab,

darunter Lufthansa, Alitalia, Iberia, Meridiana sowie Billiganbieter wie Air Berlin, EasyJet und Niki. Angeflogen werden die meisten italienischen Flughäfen auf dem Festland, jedoch auch die Flughäfen von Baden-Baden, Basel-Mühlhouse, Berlin, Bremen, Dresden, Frankfurt, Hamburg, Hannover, München, Münster, Köln-Bonn, Nürnberg, Saarbrücken, St. Gallen, Stuttgart, Sylt, Wien und Zürich.

Zug

Der Bahnhof befindet sich gleich am Corso Umberto. Ein Zug fährt täglich direkt nach Cagliari (16,90 €, 4 Std.), bei allen anderen Verbindungen müssen die Fahrgäste in Chilivani (70 Min., 8-mal tgl.) umsteigen, manchmal zusätzlich in Macomer. Bis zu drei Züge fahren täglich nach Sassari (7,35 €, 2 Std.) und bis zu sechs nach Golfo Aranci (2,35 €, 25 Min.).

ℹ Unterwegs vor Ort

Die wenigsten werden die Stadtbusse benutzen, außer vielleicht für die Fahrt zum Flughafen oder zur Stazione Marittima. Fahrkarten sind in Kiosken sowie in einigen Bars erhältlich.

Auto & Motorrad

Das Autofahren macht in Olbia wegen des verwirrenden Einbahnstraßensystems und der ständigen Straßenbauarbeiten nur wenig Spaß. Die Hauptstraße, der Corso Umberto, ist zwischen der Piazza Margherita und der Via Goffredi Mameli für Autos komplett gesperrt. Überall in Olbia gibt es Parkuhren (Std. 1 €, 8–20 Uhr), am Hafen finden sich einige wenige kostenlose Parkplätze – einfach der Beschilderung folgen.

Bus

Die Stadtbusse fahren unter der Regie von **ASPO** (☎0789 55 38 56; www.aspo.it). Buslinie 9 (1 €) fährt alle 30 Minuten von der Stazione Marittima ins Stadtzentrum (Via San Simplicio).

Zum/Vom Flughafen

Der Stadtbus 2 (1 € oder 1,50 € beim Kauf im Bus) verkehrt im 30-Minutentakt von 6.15 Uhr bis 23.40 Uhr vom Flughafen zur Via Goffredo Mameli im Zentrum. Ein **Taxi** (☎0789 6 91 50) kostet 15 €.

Mehrere Busse fahren vom Flughafen zu verschiedenen Orten auf der Insel; **Deplano** (☎0784 29 50 30; www.deplanobus.it) bietet beispielsweise von Juni bis September täglich fünf Verbindungen nach Nuoro. Die Fahrkarten kosten 12 €, die Fahrtzeit beträgt 1¾ Stunden.

Taxi

Manchmal findet man ein Taxi am Corso Umberto bei der Piazza Margherita. Ansonsten ☎0789 6 91 50 oder ☎0789 2 27 18 anrufen.

RUND UM OLBIA

Der wichtigste Strand von Olbia ist der lebhafte **Lido del Sole** (Buslinie 5); er liegt etwa 6 km östlich vom Flughafen an der Hauptstraße in Richtung Süden (SS125). Er eignet sich gut zum Schwimmen, ist aber nicht so schön wie die weißen Sandstrände von **Pittulongu** oder **Sos Aranzos** im Norden der Stadt.

Golfo Aranci

2400 EW.

An der Nordspitze des Golfo di Olbia liegt Golfo Aranci, ein bescheidener Ferien- und Fischerort mit Hafen. Die meisten Reisenden brausen hier einfach durch und lassen den Ort links liegen, ohne groß hinzuzuschauen. Doch Golfo Aranei ist eine günstige Alternative zur Costa Smeralda – vor allem dann, wenn man Spaß am Tauchen, Speerfischen und an der Beobachtung von Delphinen hat.

◉ Sehenswertes & Aktivitäten

Die Stadt kann gleich mit drei schönen weißen Sandstränden aufwarten: **Spiaggia Primo**, **Spiaggia Secondo** und – der beste des Trios – **Spiaggia Terzo** (übersetzt: Erster, Zweiter und Dritter Strand). Wer über einen fahrbaren Untersatz verfügt, kann problemlos auch einige weitere Strände in der Umgebung besuchen, die ebenfalls Sonnenbaden vor schöner Kulisse versprechen. Diverse öffentliche Parks und gepflegte Spielplätze machen den Terzo vor allem für Familien attraktiv.

Capo Figaro   NATURSCHUTZGEBIET

Hinter dem Hafen ragen die zerklüfteten Berge des Capo Figaro (340 m) auf, heute ein kleines Naturreservat. Pfade schlängeln sich durch die Macchia zu einem verlassenen Leuchtturm auf dem Gipfel, der unter dem Namen *il vecchio semaforo* (alte Ampel) bekannt ist. Von hier sandte Guglielmo Marconi 1928 das erste Radiosignal zum italienischen Festland.

Alpha Diving   TAUCHCENTER

(📞0789 4 60 12; www.alphadiving.it; Piazzetta dei Pescatori 4) Das von der ESA anerkannte Tauchzentrum bietet Tauchgänge an. Treffpunkt ist der Hafen, von dort geht es zum Capo Figaro und nach Tavolara. Ein Tauchgang kostet um die 40 €, ein Tauchkurs für Neulinge rund 230 €.

✖ Essen

In den Restaurants in und um die Via della Libertà stehen Fisch und Meeresfrüchte hoch im Kurs. Fast alle Lokale schließen von November bis März.

La Cortice   MEERESFRÜCHTE €

(📞338 6214685; www.lacortice.it; Piazza del Porto; Mahlzeiten 15–28 €; ⊙im Winter Mo–Mi geschl.) Dieser *ittiturismo* am Hafen fällt durch seine Wandmalereien auf. Auf den Tisch kommen Fische und Meeresfrüchte zu einem guten Preis-Leistungs-Verhältnis. Da eine Fischereikooperative das Lokal betreibt, sind alle Gerichte unglaublich frisch. Wer Lust hat, selbst einen Fisch zu angeln, kann sich hier nach einem Angelausflug im Golf erkundigen.

La Spigola   MEERESFRÜCHTE €€

(📞0789 4 62 86; Via Colombo 19; Mahlzeiten rund 30 €; ⊙tgl.) Am besten macht man nicht groß herum und stürzt sich in diesem netten Restaurant am Strand gleich auf gegrillten Fisch und gegrillte Meeresfrüchte. Von den Tischen auf der Terrasse genießt man einen schönen Blick aufs Meer, umweht von einer frischen Brise.

❶ An- & Weiterreise

Von Juni bis September fahren sechs Mal täglich ARST-Busse von Golfo Aranci nach Olbia (2 €, 25 Min.). Züge (2,35 €, 25 Min.) verkehren auf der gleichen Strecke, und zwar ganzjährig sechs Mal täglich.

Sardinia Ferries (📞199 400 500; www.sardiniaferries.com) betreiben mehrere Fähren pro Tag von Golfo Aranci nach Livorno (53–76 €, 6–10 Std.) und nach Civitavecchia (54–79 €, 3½–6¾ Std.)

DIE SÜDKÜSTE

Entlang der Küste südlich von Olbia liegen Ferienorte, in denen es im Sommer nur so brummt, und in denen im Winter nichts los ist. Zu diesen Orten zählen Porto San Paolo, der Haupthafen für Ausflüge zur Isola Tavolara, sowie 11 km weiter südlich das partyfreudige San Teodoro.

Porto San Paolo & Isola Tavolara

3200 EW.

Die Hauptsehenswürdigkeit von Porto San Paolo liegt eigentlich im Meer. Wer hier

FLIPPER & CO

Ein unvergessliches Erlebnis bietet das **Bottlenose Diving Research Institute** (☎ 0789 183 11 97; www.thebdri.com; Via Diaz 4, Golfo Aranci) seinen Gästen: Im Rahmen eines Halbtagesausflugs mit dem Schiff können die Teilnehmer Großen Tümmlern beim Herumtollen im Meer zusehen und erfahren ganz nebenbei viel über diese Tiere. Eine Garantie, dass sich die Delphine auch wirklich blicken lassen, gibt das Forschungsinstitut natürlich keine, aber die Chancen stehen im Allgemeinen recht gut. Ein vier- bis fünfstündiger Ausflug kostet pro Erw./Kind rund 70/50 €.

kein Ferienapartment gebucht hat, kommt eigentlich nur wegen der Bootsüberfahrt zur Isola Tavolara in den Ort. Der Anblick der Felseninsel, die wie ein riesiges Meeresungetüm aus dem saphirblauen Meer aufragt, ist ein Anblick, den man so schnell nicht vergisst.

Um die Osterzeit und von Mitte Juli bis September werden am Hafen **Bootsausflüge** angeboten. Die Boote legen zwischen 9 und 12 Uhr im 30-Minutentakt ab, die Rückfahrt erfolgt jeweils stündlich, und zwar von 12.30 bis 18.30 Uhr. Die Hin- und Rückfahrt (25 Min. einfach) kostet 12,50 € pro Person. Für längere Kreuzfahrten, auf denen auch die kleineren Inseln Molara und Piana mit auf dem Programm stehen, werden 25 € verlangt.

Früher war die Isola unter dem Namen Insel des Hermes bekannt, vielleicht, weil man Flügel braucht, um das Plateau (565 m) zu erreichen, wo nur Seevögel, Falken und ein paar leichtfüßige wilde Ziegen leben. Die wenigen Menschen, die auf diesem Eiland wohnen, haben sich an der Westseite angesiedelt, an der **Spalmatore di Terra**, wo die Boote anlegen.

Abgesehen von einem Imbiss in einem der beiden Strandlokale lässt sich nicht viel mehr unternehmen, als im durchsichtigen Wasser am weißen Sandstrand der **Spiaggia Spalmatore** herumzuplanschen und die unglaubliche Aussicht auf die Anhöhen Tavolaras und das sardische Festland zu genießen. Man könnte zu dem kleinen Friedhof hinunterspazieren, um die Gräber der Könige von Tavolara (der Titel wurde 1848 von Carlo Alberto nach einem erfolgreichen Ausflug zur Ziegenjagd verliehen) zu besuchen, die alle mit einer Krone versehen sind.

Die zerklüfteten Buchten von Tavolara und das kristallklare Wasser bieten sich für herrliche Taucherlebnisse rund um den Unterwasserberg Secca del Papa an. Wer Lust

hat, kann im **Centro Sub Tavolara** (☎ 0789 4 03 60; www.centrosubtavolara.com; Via Molara 4) entsprechende Tauchausflüge buchen; ein Tauchgang kostet etwa 45 €.

Wieder zurück auf dem Festland, hat San Paolo nur wenig für einen längeren Aufenthalt zu bieten. Wenn der Magen knurrt, bietet sich ein Besuch der **Cala di Junco** (☎ 0789 4 02 60; Via Nenni 8/10; Pizza 4–12 €; ☻ Mi–Mo) vor der Weiterfahrt an, dort wird eine leckere Holzofenpizza gebacken. Romantiker, die einen verträumten Sonnenuntergang mit Blick auf die Isola Tavolara schätzen, reservieren einen Tisch im **Il Portolano** (Via Molara 11; Mahlzeiten rund 40 €; ☻ Mi geschl.), einem schicken Lokal direkt am Meer. Hier werden hervorragende Antipasti und frischer Fisch serviert.

San Teodoro

4300 EW.

Das feierfreudige San Teodoro lebt im Sommer für seine Feste; die schicken Strandbars und Clubs sind eine erschwingliche Alternative zur megateuren Costa Smeralda. Der Vorzeigeferienort ist so perfekt, dass er fast schon steril wirkt, doch die unberührten weißen Sandstrände sind unbestritten ein Traum. Das Meer lädt zu Wassersport und Bootsausflügen ein, während das trockene Hinterland die Gäste mit Wanderwegen, Mountainbikerouten und Ausritten von ihren Badetüchern lockt.

◉ Sehenswertes & Aktivitäten

Stagno San Teodoro　　NATURSCHUTZGEBIET
Inmitten duftender Macchia und vom Wind erodiertem Granitfelsen erstreckt sich die Lagune bis zur Spaggia La Cinta und lockt viele Wanderer wie auch Vogelliebhaber, die hier nach Rosaflamingos, Reihern, Kormoranen, Silberreihern und Eisvögeln Ausschau halten sollten.

Wetdreams
WASSERSPORT
(📞0784 85 20 15; www.wetdreams.it; Via Sardegna) Der Surfladen am Strand bietet Interessierten eine dreistündige Einführung ins Kitesurfen (190 €).

Maneggio La Cinta
AUSRITTE
(📞0784 85 10 07; Località La Cinta; ) Pferdeliebhaber können an der Spaggia La Cinta einen malerischen Ausflug hoch zu Ross unternehmen (90 Min. 30 €).

✕ Essen

Wer einen Ausflug plant, sollte nicht vergessen, dass von Mitte Oktober bis März hier alles geschlossen ist!

Bal Harbour
ITALIENISCH €€
(📞0784 85 10 52; www.balharbour.it; Via Stintino; Mahlzeiten 30–40 €; ⏰11–3 Uhr) Das ultrahippe Lounge-Restaurant am Strand lockt durchtrainierte Burschen und Mädels an, die tagsüber am von Palmen gesäumten Pool posieren und abends zu den Rhythmen der DJs ihren Mojito schlürfen. Das Essen ist erstaunlich gut, und zwar sowohl das Steak vom brasilianischen Grill als auch die leichteren italienischen Speisen wie Risotto mit Meeresfrüchten.

La Taverna degli Artisti
ITALIENISCH €€
(📞0784 86 60 60; Via del Tirreno 17; Pizza 5–9 €, Mahlzeiten rund 30 €) Auf der Karte finden sich leckere Meeresfrüchte, auch der Service ist sehr gut. Nach den Muscheln mit Knoblauch munden hausgemachte Tagliatelle mit Garnelen und Pesto oder alternativ die Meerbrasse in Salzkruste. Die Pizzas gibt es auch zum Mitnehmen.

Ausgehen

San Teodoro gilt als Partyhochburg der Südküste. Lounge-Bars und Clubs locken im Sommer jede Menge schönes, braun gebranntes Jungvolk an.

Buddha del Mar
BAR
(Piazza Gallura 2) Die asiatisch angehauchte Lounge erinnert manchmal etwas an eine MTV-Strandparty. Bei Tanz, leckeren Cocktails und guter Stimmung geht es hier immer hoch her.

L'Ambra Night
CLUB
(www.ambranight.it, auf Italienisch; Via Cala d'Ambra) Unten am Strand bietet die schicke Diskothek gegenüber vom Hotel L'Esagono eine Tanzfläche im Freien, die mit eher kommerzieller Musik ein feierfreudiges Publikum anzieht.

Luna Glam Club
CLUB
(www.lalunadisco.com, auf Italienisch; Località Stirritoggiu) Kleider machen Leute, und dementsprechend aufgebrezelt versuchen die über 30-jährigen die Türsteher zu beeindrucken, um in den Szeneclub eingelassen zu werden. Man findet ihn ein Stück südlich der Stadt, er ist über die Ausfahrt von der SS125 erreichbar.

ℹ Praktische Informationen

Die effizient arbeitende **Touristeninformation** (📞0784 86 57 67; www.santeodoroturismo.it; Piazza Mediterraneo 1; ⏰im Sommer 9–13 & 16–24 Uhr, im Winter 9–13 & 15–18 Uhr) hält Informationen zu örtlichen Reisebüros und Führern bereit. Als weitere nützliche Website empfiehlt sich **www.visitsanteodoro.com.**

ℹ An- & Weitereise

ARST-Busse fahren an der Küste entlang bis nach Olbia (2,50 €, 40 Min., 6-mal tgl., Mo–Fr 9-mal tgl.) sowie ins Inselinnere nach Nuoro (8 €, 1 Std. 50 Min., 5-mal tgl.). Deplano-Busse fahren auch zum Flughafen Olbia (4 €, 30 Min.,

---

NICHT VERSÄUMEN

DIE STRÄNDE VON SAN TEODORO

San Teodoro bietet mehrere herrliche Strände, die es in punkto Schönheit locker mit der Costa Smeralda aufnehmen können. **Cala d'Ambra** ist schon reizvoll, erheblich beeindruckender präsentiert sich jedoch die **Spiaggia La Cinta**, ein Stück weißer Sandstrand zwischen dem topasblauen Meer und dem Stagno San Teodoro. Der Strand steht bei Sportlern hoch im Kurs, vor allem bei Kitesurfern. Oder man schleppt sein Strandtuch ein Stück weiter gen Norden zu den beiden herrlichen halbmondförmigen Buchten **Lu Impostu** und **Cala Brandinchi**, das auch als „Klein-Tahiti" bezeichnet wird. Eine bewaldete Landzunge trennt die beiden Strände. Einen schönen Blick auf die Isola Tavolara mit ihrem Kalkgestein bietet **Capo Coda Cavallo**, ein Meeresschutzgebiet mit klarem Wasser, in dem die Luftblasen der Schnorchler und Taucher zu sehen sind.

OASI NATURALISTICA USINAVA

Das **Oasi Naturalistica Usinava** (☎328 648 60 63; www.usinava.it, auf Italienisch) garantiert im Sommer einen erfrischenden Abstecher fern der Menschenmassen. Das Schutzgebiet mit Wäldern, kegelförmigen Gipfeln, Wasserfällen und Macchia ist die Heimat von Mufflons, Wildschweinen, Blesshühnern und Hasen. Wer sich hier einen Zurück-zur-Natur-Aufenthalt gönnen möchte, bezieht ein Bett in einer der drei *pinettos*, den typischen Steinhütten mit Reetdach. Eine Übernachtung kostet 25 € pro Person.

Das Naturschutzgebiet erreicht man von Budoni, 10 km südlich von San Teodoro, aus über die Straße nach Brunella, Talava, Su Cossu und Sos Rios. Rund 1,5 km hinter Sos Rios befindet sich die Forststation.

5-mal tgl.) und bringen Reisende nach Nuoro (10 €, 1¼ Std., 5-mal tgl.).

COSTA SMERALDA & UMGEBUNG

1962 rief der extravagante Millionär Karim Aga Khan zusammen mit einigen betuchten Partnern ein Konsortium ins Leben, um in Nordostsardinien den ums Überleben kämpfenden Bauern einen herrlichen, unberührten Küstenabschnitt abzukaufen. Jeder der Geschäftspartner bezahlte etwa 19 320 € für sein kleines Paradies, und die Küste wurde schließlich wegen des schillernden grünblauen Wassers Costa Smeralda (Smaragdküste) getauft.

Doch was hat sich in den darauffolgenden 50 Jahren nicht alles geändert! Heute bekommt man für besagte 19 320 € gerade einmal eine Übernachtung in der Präsidentensuite des Hotels Cala di Volpe. Millionenschwere Jetsetter segeln nun mit ihren gigantischen Schiffen, die wie schwimmende Nobelvillen anmuten, in die Yachthäfen der Costa Smeralda. Und Models, Blaublütige, russische Großgrundbesitzer und kahlköpfige Medienmogule stellen sich ein, um sich am und im Meer der Costa Smeralda zu amüsieren. Bill Gates und der Sultan von Brunei, Rooney und George Clooney wurden hier schon gesichtet.

Die Costa Smeralda beginnt bei Porto Rotondo am Golfo di Cugnana, rund 17 km nördlich von Olbia, und erstreckt sich 55 km weit nach Norden bis zum Golfo di Arzachena. Die „Hauptstadt" der Smaragdküste ist das Yachtie-Paradies Porto Cervo, aber als Silvio Berlusconis Operationsstützpunkt auf Sardinien bekommt auch Porto Rotondo seinen gerechten Anteil an Paparazzi-Aufmerksamkeit ab.

Südlich von Porto Cervo

Aller Oberflächlichkeit zum Trotz ist die Costa Smeralda recht beeindruckend: Die Granitberge der Gallura stürzen in mehreren fjordartigen Buchten dramatisch ins smaragdfarbene Meer.

Die Costa nimmt am Golfo di Cugnana ihren Anfang, die Fahrt beginnt mit einem fantastischen Blick auf **Porto Rotondo,** ein zweiter Yachthafen, der 1963 nach der Erfolgsgeschichte von Porto Cervo gebaut wurde. Der Ort erinnert in vielem an eine teure, am Hafen gelegene Vorstadt von Sydney oder San Francisco. Hier besitzt Berlusconi seine Hauptresidenz auf Sardinien, die monumentale Villa Certosa. Entlang der Meerespromenade reihen sich Cafés, Pizzerias und überspannte Lounge-Bars, in denen man beim Sonnenuntergang nach Promis Ausschau halten kann.

Wer gen Norden fährt, sollte auf die Abzweigung zur traumhaften **Spiaggia Liscia Ruia** achten; sie befindet sich kurz vor dem noblen, maurisch inspirierten Hotel Cala di Volpe. Gleich daneben erstreckt sich **Capriccioli**, ein weiterer herrlicher Strand mit glasklarem Wasser und weichem Sand.

Dahinter liegt in einer geschwungenen Bucht die **Spiaggia Romazzino**: Sie ist nach den Rosmarinbüschen benannt, die hier in Hülle und Fülle gedeihen. Gleich in der Nähe folgt einer der schönsten Strände der Costa, die relativ schwer zu findende **Spiaggia del Principe** (auch Portu Li Coggi). Dieser Strand gefiel dem Aga Khan offensichtlich am besten – eine Bucht mit weißem Sand, der auf der einen Seite von unberührter grüner Macchia und auf der anderen vom Meer, das hier so blau wie in der Karibik schillert, gesäumt wird. Wie man dorthin kommt? Einfach der Ausschilderung zum Hotel Romazzino folgen, aber dann kurz vor dem Hotel rechts in die Via degli Asfodeli einbiegen. Das Auto kann an der Absperrung geparkt werden, dann geht es zu Fuß noch etwa einen halben Kilometer weiter.

Porto Cervo

2100 EW.

Porto Cervo präsentiert sich als eine seltsam künstliche Vision mediterraner Schönheit. Das utopisch anmutende Dorf kombiniert griechische, nordafrikanische, spanische und italienische Architekturelemente, wodurch ein pseudo-maurischer Touch entsteht, kombiniert mit einem Tick Gaudí. Die perfekt gepflegten Straßen wirken seltsam steril und unpersönlich. Von der herrlichen Szenerie an der Küste einmal abgesehen, hat Porto Cervo absolut nichts, das auch nur im Entferntesten an Sardinien erinnert. Der Ort vermittelt, was er auch ist: ein eigens für die Superreichen erdachtes Vergnügungszentrum, eine Art Disneyland für Erwachsene in Gucci-Klamotten.

◉ Sehenswertes & Aktivitäten

Da so gut wie jeder in Porto Cervo ein Boot besitzt (es hat die besten Hafeneinrichtungen der Insel), spielt sich das Leben tagsüber vor allem draußen ab, in den paradiesischen Buchten und an den seidenweichen Stränden. Am frühen Abend tauchen dann die Playboys und Playgirls auf, um in den Boutiquen zu stöbern und auf den Piazzas zu posieren.

Sehen und gesehen werden lautet die Losung auf der **Piazzetta**, einem kleinen Platz inmitten eines Gassengewirrs mit dezenten Geschäftszeilen. Von der Piazza führen Treppen zur **Sottopiazza** und **La Passeggiata** hinauf, die von noblen Boutiquen – Cartier, Gucci, Versace, Prada, Valentino, Moschino – gesäumt werden. Hier findet man alles, was Rang und Namen hat.

Chiesa di Stella Maris　　　KIRCHE
(Piazza Stella Maris) Oberhalb von Porto Cervo thront die surreal anmutende weiße Kirche von Michele Busiri Vici mit einem Glockenturm, der an einen weiß getünchten Kaminschlot erinnert. In der Kirche finden im Sommer Konzerte mit klassischer Musik statt. Dass das Gotteshaus auch in Sachen Spenden recht erfolgreich ist, verwundert nicht weiter: Ein niederländischer Adeliger vermachte ihr El Grecos beeindruckende *Mater Dolorosa*.

Louise Alexander Gallery　　KUNSTGALERIE
(www.louise-alexander.com; Via del Porto Vecchio 1; ⊙Mai–Sept.) Die Galerie lohnt einen Abstecher, denn sie zeigt Wechselausstellungen mit Arbeiten zeitgenössischer Künstler. Auch moderne Kunst wird verkauft – wer also einen Warhol oder Lichtenstein erwerben möchte, kann dort einmal anfragen.

✖ Essen

Die besten Restaurants von Porto Cervo liegen ein Stück außerhalb und lassen sich nach einer kurzen Fahrt mit dem eigenen Auto oder Taxi erreichen.

LP TIPP **La Vecchia Costa**　　SARDISCH €
(☎0789 9 86 88; Mahlzeiten rund 20 €; ⊙tgl.) In diesem großen Restaurant im Freien ist alles frisch, die Gerichte orientieren sich an den Jahreszeiten und sind zudem erschwinglich. Wegen des authentischen Essens wie *lorighittas* (gedrehte Nudelringe) in *porcini*-Lammsoße und *malloreddus* (sardische Gnocchi) mit Krebsfleisch und Meeräschenrogen ist das Lokal bei den Einheimischen sehr beliebt – was eine Tischreservierung zwingend notwendig macht. Das Restaurant liegt fünf Fahrminuten vom Ort entfernt an der SP59 zwischen Arzachena und Porto Cervo.

Spinnaker　　MODERN ITALIENISCH €€
(☎0789 9 12 26; www.ristorantespinnaker.com; Liscia di Vacca; Mahlzeiten 40–50 €; ⊙in der Nebensaison Mi geschl.) In diesem Szenerestaurant treffen sich die Reichen und Schönen, die wegen des schicken Ambientes und der sagenhaften Meeresfrüchte kommen. Am besten teilt man sich Gerichte wie Calamari mit frischen Artischocken oder einen Hummer samt einem lokalen Vermentino-Weißwein. Das Restaurant liegt an der Straße von Porto Cervo nach Baia Sardinia.

I Frati Rossi　　MODERN ITALIENISCH €€
(☎0789 9 43 95; www.fratirossi.it; Località Pantogia; Mahlzeiten rund 45 €; ⊙Jan.–Okt. Di–So Mittag- & Abendessen) Das Restaurant mit rustikalem Schick liegt oben auf einem Hügel, 3,5 km südlich von Porto Cervo. Von hier bietet sich den Gästen ein himmlischer Blick aufs Meer. Für die vortrefflich zubereiteten und präsentierten Gerichte werden viele edle einheimische Zutaten verwendet – beispielsweise schwarze Tagliatelle mit Tinten-

CANTINE SURRAU

Inmitten von Weingärten und Bergen hat sich die moderne **Cantine Surrau** (☎0789 8 29 33; www.vignesurrau.it, auf Italienisch; Località Chilvagghja; ☺im Sommer 9–23 Uhr, im Winter 9–20.30 Uhr) ein ganzheitliches Konzept bei der Weinherstellung auf die Fahnen geschrieben. Wer will, kann zunächst eine Runde durch den Keller drehen und die sardische Kunst in der Galerie bewundern, bevor es dann ans Verkosten einiger der würzigsten Vermentino-Weißweine und gehaltvollsten Cannonau-Rotweine der Insel geht. Bei der Standardverkostung (8 €) werden drei verschiedene Weine ausgeschenkt, dazu wird *pane carasau* (knuspriges, hauchdünnes Fladenbrot) gereicht. Die Weinprobe zu 30 € besteht aus fünf verschiedenen Weinen, zu denen Käse aus der Region, Salami, *bottarga* (Meeräschenrogen) und sardische Süßigkeiten aufgetischt werden. Die Weinkellerei befindet sich an der Straße, die von Arzachena nach Porto Cervo führt.

fisch und reifen Cherry-Tomaten. Einfach von der SP59 der Ausschilderung folgen, es geht eine schmale Landstraße hinauf.

La Petronilla
SARDISCH €€

(☎0789 9 21 37; Via Sa Conca 42; Mahlzeiten rund 40 €; ☺tgl.) In Massimos geselligem Restaurant hat man das Gefühl, meilenweit vom Glamour der Piazzetta entfernt zu sein. Es macht Spaß, sich einen Tisch inmitten von Stillleben und Modellschiffen zu suchen und die schöne Aussicht auf den Yachthafen zu genießen – und natürlich die leckere Hausmannskost. Unbedingt die Spezialität des Hauses probieren: *spaghetti al granseola* (Spinnenkrebs-Spaghetti).

Ausgehen

Das Nachtleben von Porto Cervo spielt sich ausschließlich im Sommer ab. Leutebeobachten zählt hier zu den wenigen erschwinglichen Beschäftigungen. Wer sich dazu in eine der Bars an der Piazzetta setzt, muss allerdings schon 10 € für einen Drink hinblättern. Ist richtiges Clubbing angesagt, sollte man versuchen, mit seinen Klamotten Eindruck zu schinden, und es ein paar Kilometer außerhalb des Ortes Richtung Süden zu probieren.

Lord Nelson
PUB

(Porto Cervo Marina; ☺tgl. 17–3 Uhr) Komisch ist es ja schon, aber die beliebteste Kneipe des Szeneorts ist doch glatt ein englisch aufgemachtes Pub mit Meeresdekoration.

Cafe Mediterraneo
CAFÉ, BAR

(Porto Cervo Marina; ☺tgl. 8.30 Uhr bis frühmorgens) Die schicke kleine Café-Bar mit Blick auf den Yachthafen ist der ideale Ort, um ganz entspannt mit einem eisgekühlten Cocktail in den Abend zu starten. Oder

man kommt tagsüber und gönnt sich eine Bruschetta, einen der kreativ zusammengestellten Salate (etwa 8 €) oder ein selbst gemachtes Eis.

Sottovento
CLUB

(www.sottoventoclub.it, auf Italienisch; Località Sottovento) Bono, Craig David und Denzel Washington wurden in diesem exklusiven Club schon gesehen. Ob man reinkommt, hängt allein von der Laune der Türsteher ab, die mit versteinerter Miene die eintreffenden Gäste empfangen.

Billionaire
CLUB

(www.billionaireclub.it; Via Rocce sul Pevero) Der ehemalige Formel-1-Boss Flavio Briatore eröffnete 1998 diesen Club, dessen Tanzfläche so eine Art Who-is-who all der absurd Reichen und Berühmten ist. Die Aussichten reinzukommen, sind gleich null, wenn man nicht jemanden kennt – oder ein Abendessen im dazugehörigen Schickeria-Restaurant bucht.

ℹ An- & Weiterreise

ARST bietet bis zu fünf Busverbindungen auf der Strecke Porto Cervo–Olbia (3,50 €, 1½ Std.).

Von Juni bis September fahren Busse von **Sun Lines** (☎348 260 98 81) um 7.30, 12.30, 15.30 und 18.30 Uhr vom Flughafen Olbia zur Costa Smeralda. Sie halten in Porto Cervo und an mehreren anderen Orten entlang der Küste. Eine Fahrkarte kostet 3 bis 4 €.

Poltu Quatu

Von Porto Cervo vollzieht die Küstenstraße in nördlicher und westlicher Richtung einen Bogen um das Capo Ferro nach Poltu Quatu, einem fjordartigen Meeresarm, der von zerklüfteten Granitklippen gesäumt wird. Hier gruppieren sich mehrere weiß getünchte Villen mit Terrakottadächern um einen bilderbuchartigen Yachthafen. Der Ferienort ist deutlich hübscher als viele andere Orte in der Umgebung.

Ein Einkaufsbummel durch die Boutiquen und Galerien, ein Abendessen im Freien und die schöne Aussicht zählen zu den Hauptaktivitäten im Ort. Wassersportler zieht es ins **Aqua Centre** (✆0789 9 90 01; www.orsodiving.com; ☺Ostern–Okt), das Tauchgänge rund um La Maddalena und Tavolara anbietet (1 Tauchgang ab 45 €). Im Meer um die Isola Caprera, in dem sich unzählige Fische tummeln, kann man gut schnorcheln. Unterhaltsam ist auch der Halbtagesausflug auf der Suche nach Walen (100 €). Das Aqua Centre bietet zudem die ganze Palette an PADI-Kursen an.

Baia Sardinia

200 EW.

Rund 4 km schlängelt sich die Straße nördlich von Poltu Quatu nach Baia Sardinia, das eigentlich bereits ein Stück außerhalb der Costa Smeralda liegt, aber im Grunde ebenso ein Costa-Ferienort ist wie seine berühmteren Nachbarorte. Die Hauptattraktion hier ist die **Cala Battistoni**, ein feiner Sandstrand am unglaublich blauen Meer. Wer am Strand keinen Platz findet, aber dennoch gerne eine Runde schwimmen möchte, besucht das nahe gelegene **Aquadream** (✆0789 9 95 11; www.aquadream.it, auf Italienisch; Località La Crucitta; Erw./Kind 18/12 €; ☺Mitte Juni–Mitte Sept. 10.30–19 Uhr) mit unterhaltsamen Wasserrutschen, deren Benutzung nicht nur den kleinen Gästen großes Vergnügen bereitet.

 Ausgehen

Die meisten Lokale schließen von November bis Ostern.

Locanda del Tre Botti MEERESFRÜCHTE €€
(✆0789 99 1 50; Località Baia Sardinia; Mahlzeiten rund 30 €; ☺tgl.) Das nette Lokal – ein Familienbetrieb – befindet sich an der Straße nach in die Stadt hinein. Die Gäste haben die Qual der Wahl, ob sie auf der Terrasse oder lieber in der ländlichen Gaststube mit Blick über den Golf von Arzachena Platz nehmen sollen. Das Meeresfrüchte-Risotto und die Grillplatte mit verschiedenen Fischen sind vom Feinsten und sollte bei einem Besuch unbedingt probiert werden.

News Café CAFÉ €
(Piazza Centrale; ☺8–2 Uhr) Das zentrale Café in der Arkade am Meer ist ein beliebter Treffpunkt und bietet sich mittags für eine schnelle Bruschetta an. Abends kann man hier bei Livemusik mit ein paar Drinks den Abend einläuten.

☆ Unterhaltung

Phi Beach BAR, CLUB
(www.phibeach.com; Forte Capellini) Einer der heißesten Spots an der Küste, ein toller Ort zum Abhängen und um den Sonnenuntergang zu betrachten. Tagsüber ist es ein ganz normaler Badeclub mit Sonnenliegen- und Sonnenschirmverleih, aber wenn die Sonne untergeht, verwandelt er sich in eine coole Loungebar und Restaurant. Im Hintergrund drehen DJs coole Scheiben.

Ritual CLUB
(www.ritual.it; Località La Crucitta) Der Club, nur ein kleines Stück außerhalb des Ortes an der Straße nach Porto Cervo, ist immer gut besucht. Auch wer nicht tanzen will, sollte vorbeischauen, denn die aus dem Fels geschlagenen, höhlenartigen Räumlichkeiten sind sehenswert.

ⓘ An- & Weiterreise

Von Olbia verkehren Busse des Unternehmens Sun Lines nach Porto Cervo und erreichen 15 Minuten später Baia Sardinia (s. S. 159).

Cannigione

Rund 12 km südwestlich von Baia Sardinia liegt Cannigione an der Westseite des Golfo di Arzachena, der größten *ria* (Meeresarm) an dieser Küste. Der Ort wurde 1800 ursprünglich als Fischerdorf gegründet, um die Maddalena-Inseln mit Lebensmitteln zu versorgen. Er wurde dann immer größer, als mit Kohle und Vieh beladene Schiffe ab 1900 im Hafen anlegten. Heute präsentiert sich Cannigione als wohlhabendes Touristenstädtchen, das dennoch nicht überteuert ist.

Die **Touristeninformation** (✆0789 8 85 10; Via Nazionale 47; ☺im Sommer tgl. 9.30–12.30 & 17.30–19.30 Uhr) von Ascor hält stapelweise Infos über Cannigione und die Umgebung bereit.

Am Hafen bieten verschiedene Unternehmen Ausflugsfahrten zum Arcipelago di La Maddalena an, so auch **Consorzio del Golfo** (✆0789 8 84 18; www.

consorziodelgolfo.it). Pro Person muss mit 25 bis 40 € gerechnet werden. Tauch- und Schnorchelfahrten sowie einen Bootsverleih bietet **Anthias** (✆0789 8 63 11; www.anthiasdiving.com; Tanca Manna), die Firma findet man direkt an der Küstenstraße zwischen Cannigione und Palau. Tauchgänge sind ab 50 € zu haben, für einen Schnorchelausflug bezahlen Erw./Kinder 50/30 €. Ein Mietboot kostet satte 800 € für den halben Tag, wobei allerdings Mittagessen, Sprit und ein Skipper inbegriffen sind. Die schönsten Strände liegen nördlich von Cannigione, beispielsweise die **Tanca Manna**, die sich wegen des weichen Sands und des seichten Wassers auch für Familien empfiehlt.

An- & Weiterreise

Busse von **ARST** (✆0789 2 11 97) verkehren regelmäßig nach Arzachena (1,20 €, 10 Min., Mo–Sa 4-mal tgl.), Baia Sardinia (1,50 €, 30 Min., Mo–Sa 3-mal tgl.), Palau (1,50 €, 20 Min., Mo–Sa 2-mal tgl.) sowie nach Olbia (2,50 €, 1 Std., Mo–Sa 4-mal tgl.).

VON DER COSTA SMERALDA LANDEINWÄRTS

San Pantaleo

Nach den recht sterilen Ferienorten am Meer bietet das rustikale Dorf San Pantaleo, das nur rund 16 km von Porto Cervo entfernt liegt, eine willkommene Dosis authentisches Sardinien.

Das Dorf hoch über der Küste liegt inmitten zackiger Granitberge und hat sich zu einer Art Refugium für Künstler entwickelt. Zudem ist es eines der wenigen sardischen Dörfer, die sich um eine Piazza erstrecken – samt einer gedrungenen kleinen Kirche auf der einen Seite. Im Sommer findet hier oft ein lebhafter Markt statt, im Frühling sind die vielen blühenden Blumen ein perfektes Fotomotiv.

Zu den Lieblingsbeschäftigungen der Besucher gehört der Bummel durch die Läden. Gemälde und Skulpturen hiesiger Künstler finden sich in der kleinen Galerie **Arte in Piazza** (✆338 165 45 21; Piazza Vittorio Emanuele; ◷Mo–Sa 9–13, Di & Do auch 15–18 Uhr).

Nach dem Galeriebesuch empfiehlt sich eine Pause im gemütlichen **Caffè Nina** (Piazza Vittorio Emanuele 3; Käseplatte 10 €; ◷im

Sommer tgl., im Winter Do–So) mit seinen unverputzten Steinwänden, um ein Glas Vermentino mit Pecorino und Oliven zu genießen.

Vom 27. bis 30. Juli findet in San Pantaleo alljährlich ein Fest statt, bei dem ein Wochenende lang alle Bewohner ausgelassen feiern. Dann hat man auch Gelegenheit, traditionelle sardische Tänze zu sehen.

Nicht weit vom Ortseingang zum Dorf befindet sich das bekannte **Ristorante Giagoni** (✆0789 6 52 05; Via Zara 43; Mahlzeiten 40–50 €; ◷April–Okt. Di–So). Auf der Speisekarte finden sich klassische Fleischgerichte wie *porceddu* (Spanferkelbraten) und Hasenlende in Myrthesoße. Am besten einen Tisch reservieren.

ARST lässt täglich fünf Busse von Olbia (2 €, 35 Min.) und Arzachena (1,50 €, 20 Min.) nach San Pantaleo fahren.

Arzachena

13 200 EW.

Wenn es nicht bloß ein paar Kilometer von der Costa Smeralda landeinwärts liegen würde, wäre Arzachena eine ganz normale Kleinstadt mit einer mittelmäßig interessanten Altstadt. Und genau das ist sie eigentlich auch. Aber weil sich per Fahrzeug von hier aus die exklusiven Mittelmeerresorts erreichen lassen, hat es sich vom bescheidenen Schäferdorf in den 1960er-Jahren zu einer Art Touristenzentrum gemausert. Die meisten Leute benutzen Arzachena als Ausgangsbasis zum Erkunden der Costa. Aber wer sich im Ort aufhalten möchte, sollte wissen, dass im Mittelpunkt des Geschehens die **Piazza del Risorgimento** liegt, eine kleine Piazza mit zwei Cafés und einer Steinkirche, der **Chiesa di Santa Maria delle Neve**. Ein kurzes Stück entfernt am Ende der Via Limbara liegt der bizarre **Mont'Incappiddatu**, ein pilzförmiger Granitfelsen. Archäologen nehmen an, dass der Felsüberhang schon um 3500 v. Chr. jungsteinzeitlichen Menschen Obdach geboten hat.

☆ Essen

 **Agriturismo Rena**   AGRITURISMO €€

(✆0789 8 25 32; www.agriturismorena.it; Località Rena; Mahlzeiten 25–30 €; ◷März–Okt; ⚑) In seinem *agriturismo* oben auf dem Berg begrüßt Luigi seine Gäste so herzlich, als würden sie zur Familie gehören. Alle nehmen dann am Tisch im rustikalen Speisezimmer Platz, um hausgemachte Gerichte sowie Käse, Fleisch und Wein zu genießen.

FRISCH VOM BAUERNHOF

Auf der Straße SP59 Arzachena–Porto Cervo sollte man unbedingt nach dem Schild „formaggi e salumi" Ausschau halten, denn es weist den Weg zur **Azienda Agricola Mossa Alessandro** (📞380 366 13 25; Località La Punga; 🕐tgl. 8–12.30 & 16–19 Uhr). Der Bauernhof verkauft cremigen Ricotta aus Ziegenmilch, reifen *fiore-sardo*-Pecorino und Salami. Mit etwas Glück zeigt Alessandro seinen Besuchern sogar seine riesigen Käseräder und die Regale mit Salami und Pancetta gleich hinter dem Haus. Eine gute Gelegenheit, die Picknickvorräte aufzustocken!

Eine solche Mahlzeit umfasst Antipasti, *culurgiones* (Ravioli) mit Ricotta-Füllung, einen leckeren Lamm- oder Zickleinbraten und zum Schluss sardische Süßigkeiten. Zum *agriturismo* gelangt man, indem man gleich nach der Bar del Ponte am nördlichen Stadtrand von Arzachena (beim Herausfahren) rechts abbiegt.

Il Fungo
PIZZERIA €

(📞0789 8 33 40; Via Lamarmora 21; Pizzas ab 5 €, Hauptgerichte um 30 €; 🕐Sommer tgl., Winter Mi geschl.) Holzofenpizza und frischeste Meeresfrüchte sind das Aushängeschild dieses beliebten Lokals. Die Einheimischen holen sich ihr Essen zum Mitnehmen raus und halten dabei ein Schwätzchen mit dem *pizzaiola* (Pizzabäcker), Ortsfremde dagegen verdrücken die Riesenportionen von frischem Fisch und Grillfleisch direkt an Ort und Stelle.

ℹ An- & Weiterreise

Arzachena verfügt über gute Busverbindungen. ARST-Busse verkehren nach/von Olbia (2,50 €, 45 Min., 12-mal tgl.), Santa Teresa di Gallura (3 €, 1 Std., 5-mal tgl.) und Palau (1,50 €, 25 Min., 5-mal tgl.). Regelmäßige Verbindungen bestehen zudem zu den Ferienorten der Costa Smeralda, also auch nach Porto Cervo und Baia Sardinia.

Von Mitte Juni bis Mitte September bietet sich die Möglichkeit, mit dem **Trenino Verde** (📞070 58 02 46; www.treninoverde.com) nach Tempio Pausania (11 €, 1½ Std., Mi–Sa 1-mal tgl.) zu fahren.

Rund um Arzachena

Arzachena fungiert als Sprungbrett zu diversen Attraktionen im Binnenland, darunter mehrere geheimnisvolle *nuraghi*-Ruinen und zwei *tombe dei giganti* (wörtlich: Gigantengräber, nämlich Grabkammern, die mehreren Personen als letzte Ruhestätte dienten und der Bronzezeit entstammten).

STÄTTEN DER NURAGHER

Interessant ist Arzachena eigentlich vor allem wegen der geheimnisvollen Landschaft, die das Städtchen umgibt. Hier finden sich diverse *nuraghi* und *tombe dei giganti*, die alle von den lokalen Kooperativen **Anemos** (📞340 820 9749; www.anemos-arzachena.it, auf Italienisch) und **Lithos** (📞0789 8 15 37) verwaltet werden. Die folgenden Ausgrabungsstätten sind von Ostern bis Oktober täglich von 9 bis 19 Uhr geöffnet, im Winter auf Anfrage. Der Eintrittspreis beträgt für eine einzige Stätte 3 €, zwei Stätten kosten 5 €, drei 7,50 bis 10 €. Führungen auf Deutsch, Englisch, Spanisch und Französisch können arrangiert werden.

Nuraghe di Albuccu
ARCHÄOLOGISCHE STÄTTE

Dieser *nuraghe* ist der nächstgelegene zur Stadt und ist für Besucher am einfachsten zu finden, denn er liegt an der Hauptstraße nach Olbia, rund 3 km südlich von Arzachena. Er gilt als eine der sehenswertesten prähistorischen Stätten der Gallura überhaupt und ist aus mehreren Gründen nicht nur für archäologisch Interessierte etwas wirklich Besonderes: So findet man hier ein Granitdach anstelle der üblichen *tholos* (Kegelform) sowie eine Fülle von Wegen, die Forscher für Fluchtwege halten.

Tempio di Malchittu
ARCHÄOLOGISCHE STÄTTE

Vom Kiosk beim Nuraghe di Albucciu, an dem die Eintrittskarten verkauft werden, führt ein 2 km langer Pfad zu diesem Tempel. Er datiert aus der Zeit um 1500 v. Chr. und ist auf Sardinien einer von wenigen seiner Art. Experten tappen weitgehend im Dunkeln und können über seinen ursprünglichen Verwendungszweck nur spekulieren, doch wie es scheint, verfügte er einst über ein Holzdach und wurde mit einer Holztür geschlossen (wie auch der Nuraghe di Albucciu). Vom Tempel bietet sich ein schöner Panoramablick über die mit Granitfelsen übersäte Landschaft.

Coddu Ecchju
ARCHÄOLOGISCHE STÄTTE

Wer die Straße Arzachena–Luogosanto nach Süden nimmt, kann Schildern folgen, die den Weg zum Coddu Ecchju weisen, einem der bedeutendsten *tombe dei giganti* Sardiniens. Am auffälligsten ist die ovale Stele (Steinsäule) im Zentrum. Beide Granitscheiben, von denen eine auf der anderen balanciert, weisen einen eingravierten Rahmen auf, der offensichtlich eine Tür ins Jenseits symbolisiert, die den Lebenden verschlossen ist. Beiderseits der Stele stehen im Halbkreis weitere hohe Granitblöcke, die eine Art Ehrenwache um das Grab herum bilden.

Li Muri
ARCHÄOLOGISCHE STÄTTE

Diese seltsam anmutende Nekropole besteht aus vier miteinander verbundenen Grabkammern, die vermutlich aus der Zeit um 3500 v. Chr. datieren. Archäologen gehen davon aus, dass in den rechteckigen Steingräbern einst berühmte Persönlichkeiten bestattet wurden. Am Rand eines jeden Kreises befand sich ein Menhir oder Betyl, ein aufrecht stehender Stein, auf dem möglicherweise eine Gottheit abgebildet war. Li Muri findet man, wenn man auf der Straße Arzachena–Luogosanto links (gen Westen) nach Luogosanto abbiegt. Nach rund 3 km biegt man dann rechts in eine Staubstraße ein und folgt der Ausschilderung nach Li Muri.

Li Longhi
ARCHÄOLOGISCHE STÄTTE

Nur ein kurzes Stück mit dem Auto von Li Muri entfernt (ausgeschildert) weist diese *tomba di gigante* Ähnlichkeiten mit Coddu Ecchju auf. Die mittlere, nach Osten ausgerichtete Stele – ein abgebrochenes Stück wurde später restauriert – beherrscht nun oben auf einem Hügel die Landschaft.

LAGO DI LISCIA & UMGEBUNG

Von Arzachena führt die SP427 landeinwärts ins unerschlossene und äußerst faszinierende Kernland der Gallura. Durch üppig grüne Felder und an bewaldeten Hängen vorbei windet sich die Straße zum ländlich geprägten Städtchen **Sant'Antonio di Gallura** hoch und weiter zum Lago di Liscia, einem der unberührten Orte Sardiniens. Der 8 km lange, künstlich angelegte See, das wichtigste Wasserreservoir von Galluras Ostküste, liegt wunderschön zwischen mit Granitfelsen gesprenkelten Hügeln und Wäldern aus wogenden Kork- und anderen Eichen. Der beste Platz, um ihn zu bewundern, ist eine Picknickstelle in einem winzigen Naturschutzgebiet. Es ist als *olivastri millenari* ausgeschildert und liegt über dem Südufer. Die **Olivastri** sind wilde, Tausende von Jahren alte Olivenbäume. Wissenschaftler der Universität Sassari haben ausgerechnet, dass der größte, mit einem Durchmesser von 20 m und einer Höhe von 14,5 m, rund 3800 Jahre alt ist. Es handelt sich um einen wirklich beachtlichen Vertreter seiner Art, und sein knorriger, gewundener Stamm krümmt sich wie ein Gebilde aus *Der Herr der Ringe* dem Licht entgegen. Wer die Stelle von Sant'Antonio di Gallura aus besuchen möchte, nimmt die Straße nach Luras und Tempio Pausania und dann beim Wegweiser *olivastri millenari* die entsprechende Abzweigung. Rund 10 km weiter führt ein kurzer, steiler Schotterpfad links hoch – ganz oben befinden sich die *olivastri*.

DIE NORDKÜSTE

Nördlich von Palau steigt die windgepeitschte Küste an und fällt wie eine Steinskulptur wieder ab, bis sie schließlich Capo Testa erreicht, eine Landspitze, die wie eine Mondlandschaft anmutet. Schöne Strände erstrecken sich in Richtung Vignola im Westen und bis zum sonnigen Santa Teresa di Gallura im Osten, dem Szenetreff im Sommer. Wind- und Kitesurfer fühlen sich von den hiesigen Wellen geradezu magisch angezogen. Immer wieder finden Wettkämpfe statt, bei denen die Surfer in geradezu sprichwörtlicher Windeseile durch die Meerenge hinüber nach Bonifacio auf Korsika rasen.

Santa Teresa di Gallura
5300 EW.

Im freundlichen Santa Teresa di Gallura weht immer ein Lüftchen, der Ort an der Nordküste der Gallura liegt in bester Lage direkt am Meer. Während der Hochsaison geht es hier hoch her, dennoch konnte sich Santa Teresa seinen typischen Charme bewahren und stellt somit eine angenehme Alternative zu den doch erheblich sterileren Ferienorten an der Costa Smeralda dar.

Die Ortschaft wurde 1808 von den Savoyer Herrschern gegründet, um Schmugglern das Handwerk zu legen, die Neustadt entwickelte sich aber erst durch den Tourismusboom Anfang der 1960er-Jahre. Die Geschichte Santa Teresas ist ebenso eng mit Korsika verknüpft wie mit Sardinien: So überrascht es nicht, dass sich hier im Lauf der Jahrhunderte viele Korsen angesiedelt haben, der lokale Dialekt ähnelt deshalb auch dem Südkorsischen.

👁 Sehenswertes & Aktivitäten

Wer nicht gerade am Strand faulenzt, vertreibt sich gern die Zeit im Zentrum – in einem der Cafés an der Piazza oder beim Bummel vorbei an den hübschen pastellfarbenen Häusern. Ein weiteres Ziel ist der Aufstieg zum **Torre di Longonsardo** aus dem 16. Jh., der auf der einen Seite über den natürlichen – tief eingeschnittenen – Hafen und auf der anderen Seite über die idyllische, aber überfüllte **Spiaggia Rena Bianca** am Ortseingang wacht. Wer keine Lust mehr auf Strände hat, bummelt zum **Porto Turistico** hinunter: Hier liegen kleine, weiß getünchte Villen rund um einen Platz mit Arkaden und den überfüllten Yachthafen.

Unten an der Via del Porto haben sich diverse Unternehmen etabliert, die Ausflüge zu den Maddalena-Inseln anbieten. Wer selbst ins Boot chartern möchte, muss allerdings tief in die Tasche greifen: Die Preise beginnen bei rund 1800 € pro Woche. Rund um Santa Teresa und die Inseln im Bocche di Bonifacio, der Meerenge nach Korsika, bieten sich hervorragende Tauchmöglichkeiten.

Consorzio delle Bocche   BOOTSAUSFLÜGE
(📞0789 75 51 12; www.consorziobocche.com, auf Italienisch; Piazza Vittorio Emanuele 16; ⊗Mai–Sept. 9–13 & 17–12.30 Uhr) Das Unternehmen organisiert verschiedene Exkursionen, darunter Ausflüge zu den Maddalena-Inseln und entlang der Costa Smeralda (nur im Sommer). Im Preis von 40 bis 45 € pro Person ist das Mittagessen inbegriffen.

Centro Sub Marina di Longone TAUCHCENTER
(📞0789 74 10 59; www.marinadilongone.it, auf Italienisch; Viale Tibula 11) Wem der Sinn nach einem Abenteuer im tiefblauen Meer steht, sollte sich die Angebote dieses PADI-Tauchzentrums genauer ansehen. Die Preise für einen Tauchgang beginnen bei 35 €.

🍴 Essen

In Santa Teresa haben die Restaurants im Sommer täglich geöffnet, machen im Winter jedoch komplett dicht.

LP TIPP **Agriturismo Saltara**   AGRITURISMO €€
(📞0789 75 55 97; Località Saltara; Mahlzeiten 35–40 €; ⊗tgl. Abendessen; 🚗) Natalia und Gian Mario begrüßen ihre Gäste in diesem

---

TYPISCHE GERICHTE AUS DER GALLURA

» **Zuppa gallurese** Mehrere Schichten Brot und Käse werden in Brühe getränkt und dann knusprig ausgebacken

» **Ortidas** Frittierte Seeanemonen

» **Capretto al mirto** Zickleinbraten mit Myrthe

» **Fregola con cozze e vongole** Sardische Hartweizengriesnudeln mit Mies- und Venusmuscheln

» **Mazzafrissa** Herausgebackener cremiger Gries

---

agriturismo, 10 km südlich der Stadt an der SP90, immer sehr herzlich. Die Tische stehen malerisch unter Bäumen und laden zu einer gemütlichen Hochzeit ein; den Gästen wird hervorragend zubereitete Hausmannskost serviert. Auf köstliches Brot aus dem Holzofen folgen Gerichte wie *culurgiones* (Ravioli) mit Ricotta-Füllung und Spanferkel mit Myrthe. Wer das Lokal finden will, braucht einigen Spürsinn (der Ausschilderung an der Staubstraße folgen), aber die Mühe lohnt sich.

Il Chiostro   MEERESFRÜCHTE €€
(📞0789 74 10 56; www.ilchiostrodelporto.it, auf Italienisch; Porto Turistico; Mahlzeiten 25–45 €; ⊗tgl.) Der Sonnenuntergang in diesem gemütlichen Restaurant mit Aussicht auf den Yachthafen ist die schönste Zeit für einen Besuch. Am besten versucht man, einen Tisch auf der Terrasse zu ergattern, um den am Morgen gefangenen Fisch zu probieren – besonders der Thunfisch ist immer ein Gedicht. Das Spanferkel – *porchetto* (*porceddu*)– ist so zart, dass es auf der Zunge zergeht. Alle Gerichte werden aus frischen lokalen Zutaten zubereitet und verwöhnen den Gaumen der Gäste.

Il Grottino   ITALIENISCH €€
(📞0789 75 42 32; Via del Mare 14; Pizza 6–11 €, Mahlzeiten rund 30 €; ⊗tgl.) Das Il Grottino wirkt mit seinen grauen Steinwänden und der anheimelnd schummrigen Beleuchtung recht rustikal. Passend zum Ambiente ist das Essen herzhaft. bodenständig und gesund, zur Auswahl stehen einfach zubereitete Pastagerichte, frische Meeresfrüchte und saftiges Fleisch vom Grill.

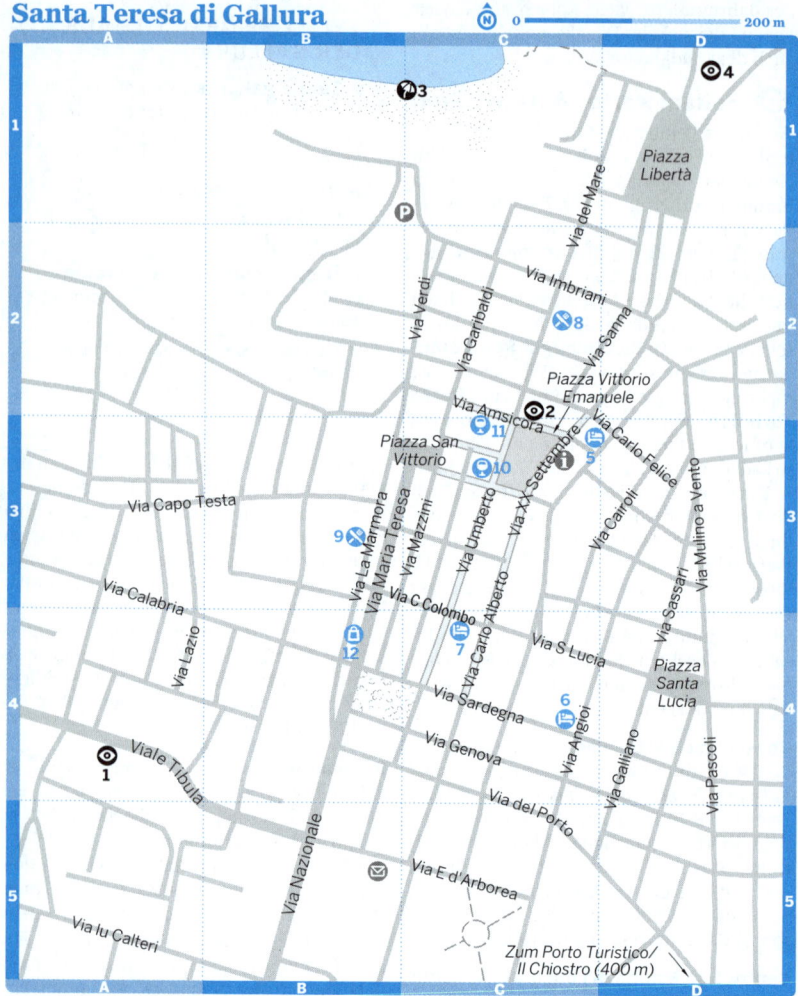

N ̂   0 ━━━━━━━━━━━━━━━ 200 m

Ristorante Papè Satan

PIZZERIA €

(☎0789 75 50 48; Via La Marmora 20; Pizza 8 €; ⏱tgl.) Spezialität sind die leckeren Holzofenpizzas. Der Innenhof ist nett, der Service freundlich und flott. Da das Lokal sehr beliebt ist, empfiehlt es sich, einen Tisch zu reservieren oder frühzeitig zu kommen.

🍷 Ausgehen

Am besten mischt man sich in den Café-Bars an der Piazza Vittorio Emanuele unter die Einheimischen. Von Mai bis Oktober finden im Porto Turistico zwischen den Boutiquen und teuren Cafés Konzerte statt.

Caffè Mediterraneo

CAFÉ

(Via Amsicora 7; ⏱Mo–Do 8–24, Fr–So 7–3.30 Uhr) Das schicke Café mit Erkerfenstern, einer Bar aus poliertem Holz und Jazzklängen lockt ein attraktives Jungvolk an. Am besten gesellt man sich einfach dazu, isst mittags ein *panino* (Sandwich; 3,50 €) oder trinkt abends einen Cocktail.

Bar Central 80

BAR

(☎0789 75 41 15; Piazza Vittorio Emanuele; ⏱6–2 Uhr) Die zentral gelegene Bar direkt am Hauptplatz brummt nur so vor glücklichen Urlaubern – und das bis zum Morgengrauen. Wer einen Tisch im Freien ergattert,

Santa Teresa di Gallura

schlürft seinen Drink bei einem schönen Rundblick über die Piazza.

Estasi's   CLUB
(www.estasisdisco.com, auf Italienisch) Dreh- und Angelpunkt des Nachtlebens von Santa Teresa ist dieser Outdoor-Club, 3 km südlich der Stadt in Richtung Palau. Hier sorgen DJs und gelegentlich auch Livebands im Sommer für die richtige Partystimmung.

Shoppen

Hoch im Kurs stehen Korallen, von denen einige sogar aus der Gegend stammen, zudem gibt es Unmengen Boutiquen und Juweliere. In der Via Umberto und in der Via Carlo Alberto, beides Fußgängerzonen, die von der Piazza Vittorio Emanuele gen Süden verlaufen, findet im Sommer ein Nachtmarkt statt.

Mascheras   KUNSTHANDWERK
(Via Maria Teresa 54) Es lohnt sich, Signor Maura bei der Arbeit über die Schulter zu schauen, wenn er in diesem winzigen Laden gekonnt traditionelle sardische Karnevalsmasken schnitzt. Zu den kunstvollen Masken gehören *boes* und *merdules* (ab 130 €) aus Holz, die für diese Gegend charakteristisch sind. Wem das zu kostspielig ist, findet auch preiswertere Dinge aus Holz.

Praktische Informationen

Banca di Sassari (Via XX Settembre 21) Hat einen Geldautomaten.

Bar Sport (Via Mazzini 7; Std. 5 €; ⊘6–24 Uhr) Bietet Internetzugang.

Post (Via Eleonora d'Arborea; ⊘Mo–Sa 8–1.15 Uhr)

Touristeninformation (📞0789 75 41 27; www.comunesantateresagallura.it; Piazza Vittorio Emanuele 24; ⊘im Sommer tgl. 9–13 & 17–19 Uhr, im Winter Mo–Fr 9–13 & 16–18 Uhr) Bietet den Besuchern jede Menge hilfreiche Informationen.

ℹ Anreise & Unterwegs vor Ort

Auto & Motorrad

Santa Teresa di Gallura liegt am äußersten nördlichen Ende der S133b und an der SP90, die in südwestlicher Richtung nach Castelsardo führt.

In Santa Teresa di Gallura gibt es mehrere Mietwagenfirmen, darunter **Just Sardinia** (📞0789 75 43 43; Via Maria Teresa 26), das neben Autos (65 €) auch Fahrräder (ab 10 € pro Tag) und Scooter (25 €) anbietet.

Bus

Vom Busbahnhof in der Via Eleonora d'Arborea fahren ARST-Busse nach/von Arzachena (3 €, 1 Std., 5-mal tgl.), Olbia (5 €, 1½ Std., 7-mal tgl.), Castelsardo (5 €, 1¼ Std., 2-mal tgl.) und Sassari (7 €, 2½ Std., 3-mal tgl.).

Turmo Travel (📞0789 2 14 87; www.gruppoturmotravel.com) unterhält täglich eine Verbindung von/nach Cagliari (23 €, 5½ Std.), außerdem fährt im Sommer ein Bus über Arzachena und Palau zum Flughafen Olbia (8 €, 1½ Std., Juni–Sept. 6-mal tgl.).

Im Sommer bietet **Caramelli** (📞079 67 06 13) weitere Verbindungen an, u. a. täglich einen Bus von/nach Porto Cervo (5 €, 1¼ Std.) über Palau (2 €, 30 Min.) und Baia Sardinia (4,50 €, 1 Std.).

Fähre/Schiff

Santa Teresa ist das wichtigste Sprungbrett nach Korsika. Zwei Unternehmen betreiben Autofähren, die in 50 Minuten nach Bonifacio auf Korsika übersetzen. Von November bis März wird die Zahl der Überfahrten drastisch reduziert.

Saremar (📞0789 75 41 56; www.saremar.it, auf Italienisch) bietet täglich drei Verbindungen in jede Richtung (Okt.–Mitte März am Wochenende 2-mal tgl.). Erwachsene bezahlen für die einfache Fahrt in der Hochsaison 10 €, ein kleines Auto kostet bis zu 37 €. Auf den Preis wird außerdem noch noch eine Steuer von 8 € aufgeschlagen.

Von Ende März bis Ende September bieten **Moby Lines** (📞199 30 30 40; www.mobylines.it) vier Überfahrten am Tag. Eine Fahrkarte für einen Erwachsenen kostet etwa 19 €, ein Auto rund 31 €.

Rund um Santa Teresa di Gallura

Wer über einen fahrbaren Untersatz verfügt, sollte unbedingt die weitläufigen Sandstrände in der Umgebung von Santa Teresa erkunden. Östlich der Stadt liegt die Conca Verde, ein wilder Küstenabschnitt, der von buschigen Schirmpinien überwuchert wird. Lohnenswert sind **La Marmorata** (8 km) und **La Licciola** (11 km).

Wer 10 km in die andere Richtung – also nach Westen – fährt, kommt zum langen Sandstrand **Rena Maiore** mit schönen weichen Dünen im hinteren Teil. ARST-Busse setzen die Fahrgäste gleich bei der Abzweigung ab. Ein Stück weiter liegen die Strände **Montirussu**, **Lu Littaroni** und **Naracu Nieddu**; selbst in der Hochsaison ist hier nicht viel los. Und schließlich gelangt man zum kleinen Ferienort **Vignola Mare**, dem Mekka der Kitesurfer.

CAPO TESTA

Von Santa Teresa sind es nur 4 km zu dieser außergewöhnlichen Granitlandzunge, die an einen Skulpturengarten erinnert. Gewaltige Felsbrocken liegen verstreut über die mit Gras bewachsenen Abhänge. Der ungewöhnliche faszinierende Formenschatz entstand durch Winderosion. Bereits die Römer bauten hier Granit ab, ein paar Jahrhunderte später dann auch die Pisaner.

Auch hier gibt es mehrere Strände: **Rena di Levante** und **Rena di Ponente** erstrecken sich rechts und links am schmalen Isthmus, der zur eigentlichen Landspitze führt.

Rechts an der Rena di Ponente besteht die Möglichkeit, bei **Nautica Rena di Ponente** (☑347 321 52 14; www.nauticarenadiponente.com) die Ausrüstung zum Surfen sowie Sonnenschirme und Liegen zu mieten.

Porto Pollo & Isola dei Gabbiani

7 km westlich von Palau geben sich in Porto Pollo (auch: Portu Puddu) und in der Feriensiedlung Isola dei Gabbiani Wind- und Kitesurfer ein Stelldichein. Eine steife Brise und das kristallklare Wasser bieten beste Bedingungen für Wassersport auf der Insel.

Direkt am Meer finden sich diverse Geschäfte, die Ausrüstung verleihen und auch Unterricht anbieten. Der **Sporting Club**

Sardinia (☑0789 70 40 01; www.portopollo.it) organisiert Windsurf-, Kitesurfstunden und Segeltörns und hat zusätzlich noch eine coole Bar. Hier kann man nach den sportlichen Aktivitäten bei einem Drink und vielleicht sogar Livemusik den Tag Revue passieren lassen. 90 € kosten zwei Windsurf-Stunden (90 Min.), 260 € ein Block von fünf Kitesurf-Stunden; 6/18/25/30 € werden für das Mieten eines Kajaks/Surfbretts/Boots/Kites pro Stunde verlangt. Vier Wundsurf-Stunden für Kinder (30 Min.) kosten 100 €.

Ein weiteres renommiertes Unternehmen ist das **Pro Center MB** (☑0789 70 42 06; www.procenter.it; Baia dei Delfini), das einen zweistündigen Schnupperkurs im Windsurfen zu 59 € im Programm hat. Zweitägige Kurse mit Ausrüstung und Unterricht kosten 160 €.

Busse, die auf der Strecke Palau–Santa Teresa di Gallura verkehren, halten an der ausgeschilderten Kreuzung; von dort sind es dann noch rund 2 km zu Fuß.

Palau

4500 EW.

Palau ist ein Ferienort, in dem im Sommer ein reges Treiben herrscht; entlang der Straße liegen Surfgeschäfte, Boutiquen, Bars und Restaurants. Der Ort ist das Tor zum Arcipelago di La Maddalena, mehreren Granitinseln im türkisblauen Meer. Außerhalb der Ortschaft ist die Küste für ihre bizarren, vom Wind geformten Felsformationen berühmt, beispielsweise die Roccia dell'Orso, 6 km östlich von Palau.

◎ Sehenswertes & Aktivitäten

Fortezza di Monte Altura   FORT
(Erw./erm. 2,50/2 €; ☉im Sommer Führungen stündl. 10.15–12.25 & 15.15–7.15 Uhr, im Winter geschl.) Unerschütterlich und einsam thront die Festung aus dem 19. Jh. auf einem Felsvorsprung. Errichtet wurde sie zum Schutz der Nordküste des Arcipelago di La Maddalena vor feindlichen Überfällen – richtig zum Einsatz kam sie nie. Im Rahmen einer dreiviertelstündigen Führung geht es zum Wachturm und zu den Wehranlagen mit herrlichem Panoramablick übers Meer. Das Fort ist von der SS125, 3 km westlich der Ortschaft, ausgeschildert.

Roccia dell'Orso   AUSSICHTSPUNKT
(Erw./erm. 2/1 €; ☉tgl. 9–19.30 Uhr, im Sommer bis 21 Uhr; ♿) Die windgepeitschte Granitformation 6 km östlich von Palau ist nicht

zu übersehen. Aus der Nähe betrachtet sieht die Roccia dell'Orso (Bärenfelsen) dann allerdings doch nicht so recht wie ein Bär aus, sondern ähnelt eher einem Drachen. Wie dem auch sei: Sehenswert ist sie allemal, das gilt im Übrigen auch für den weiten Panoramablick, der sich von oben bietet.

Petag
BOOSAUSFLÜGE
(📞0789 70 86 81; www.petag.it) Das Unternehmen unten am Hafen ist eines von vielen, das Bootsausflüge rund um die Maddalena-Inseln anbietet. Die Ausflugsfahrten kosten pro Person rund 35 €, Mittagessen und Zeit zum Schwimmen an den bekannten Stränden inbegriffen.

Nautilus
TAUCHCENTER
(📞0789 70 90 58; www.divesardegna.com; Piazza G Fresi 8; 🛗) Im Meerespark bieten sich hervorragende Möglichkeiten zum Tauchen an, das PADI-Zentrum fährt zu 40 verschiedenen Stellen. Ein Tauchgang kostet ab etwa 50 €. Schnorchelkurse für Kinder sind ebenfalls buchbar.

 Essen

Wie überall an der Küste schließen auch hier die meisten Restaurants während der Wintermonate.

San Giorgio
SARDISCH €€
(📞0789 70 80 07; Via La Maddalena 4; Pizza 6–9 €, Mahlzeiten rund 30 €; ⏰Mi–Mo) Die offene Küche und der herzliche Empfang verraten eigentlich schon alles, was man über diese gut besuchte Pizzeria mit Restaurant wissen muss. Die Spaghetti *allo scoglio* (mit allerlei Meeresfrüchten) sind ebenso lecker wie der Fisch vom Grill. Es empfiehlt sich, einen Tisch zu reservieren.

Il Porticciolo
SARDISCH €
(📞0789 70 70 51; Piazza del Comune 7; Pizza 3–7 €, Mahlzeiten rund 20 €; ⏰Fr geschl.) Die Einheimischen schwören auf die authentischen Antipasti, die Pasta und den frischen Fisch in diesem bodenständigen Restaurant am Hafen. Das Mittagessen wird zu einem guten Preis-Leistungs-Verhältnis angeboten, abends schmeißt der Wirt die Pizzaöfen an.

La Gritta
MODERN ITALIENISCH €€€
(📞0789 70 80 45; www.ristorantelagritta.it, auf Italienisch; Località Porto Faro; Mahlzeiten 70–80 €; ⏰Do–Di) Das La Gritta bietet sich für einen besonderen Anlass an, denn es hinterlässt einen wirklich unvergesslichen Eindruck. Fenster, die vom Boden bis

zur Decke hinaufreichen, geben den Blick auf die herrliche Küstenlandschaft frei; die exquisiten Meeresfrüchte mit italienischen Zutaten werden auf moderne Weise zubereitet und sind ein wahrer Gaumen- bzw. Augenschmaus. Freunde von Käse können sich über bis zu 20 verschiedene Sorten freuen, bei den klassischen sardischen Nachspeisen läuft jedem das Wasser im Mund zusammen.

🛈 Praktische Informationen

Das mehrsprachige Personal in der **Touristeninformation** (📞0789 70 70 25; www.palau turis mo.com; Palazzo Fresi; ⏰im Sommer tgl. 9–13 & 16–20 Uhr, im Winter 9–13 & 15–17.30 Uhr) informiert über die Umgebung und den Arcipelago di La Maddalena.

🛈 An- & Weiterreise

Bus
ARST-Busse fahren auf der Strecke Palau–Olbia (3 €, 1¼ Std., 8-mal tgl.), nach Santa Teresa di Gallura (2 €, 1 Std., 5-mal tgl.) sowie nach Arzachena (1,50 €, 25 Min., 5-mal tgl.).

Im Sommer steuern Busse von **Nicos-Caramelli** (📞0789 67 06 13) Ziele in der Nähe an, darunter Isola dei Gabbiani (2 €, 40 Min.), Porto Pollo (1,50 €, 35 Min.), Capo d'Orso (1,20 €, 20 Min.), Baia Sardinia (3 €, 35 Min.) und Porto Cervo (3 €, 50 Min.).

In den Sommermonaten fahren Busse von **Turmo Travel** (📞0789 2 14 87) von Palau zum Flughafen Olbia (6 €, 50 Min., 6-mal tgl.) und zurück.

Sämtliche Busse fahren am Hafen ab. Fahrkarten sind im Bus erhältlich oder auch in **Stefy's Bar** (Via Razzoli 12) ganz oben im Ort.

Fähre/Schiff
Autofähren zur Isola Maddalena betreiben **Saremar** (📞892 123; www.saremar.it, auf Italienisch) und **Delcomar** (📞0781 85 71 23; www. delcomar.it, auf Italienisch). Saremar bietet Überfahrten im 30-Minutentakt von 7.30 bis 19.30 Uhr. Delcomar fährt sechs Mal in der Nacht zwischen 24.30 und 5.30 Uhr und dann etwa stündlich von 8.15 bis 23.15 Uhr. Die Überfahrt dauert 15 Minuten und kostet 5,30 € pro Fahrgast; 7,90 € sind für ein kleineres Auto zu berappen. Fähren nach Genua siehe Kasten S. 284.

Zug
Der *Trenino Verde* verkehrt vom Hafen in Palau nach Tempio Pausania (11 €, 1¾ Std., Mi–Sa 1-mal tgl.), und zwar von Mitte Juni bis Mitte September. Die Schmalspurbahn rattert gemächlich durch eine schöne Landschaft.

PARCO NAZIONALE DELL'ARCIPELAGO DI LA MADDALENA

Von einer seiner schönsten Seiten zeigt sich Sardinien auf dem Arcipelago di La Maddalena, dessen windgepeitschte Küste schlichtweg atemberaubend ist. Nelson und Napoleon kannten den Archipel gut, ebenso Haudegen Giuseppe Garibaldi, der die Isola Caprera kaufte, um dort seinen Lebensabend zu verbringen.

Der **Parco Nazionale dell'Arcipelago di La Maddalena** (www.lamaddalenapark.it, auf Italienisch) wurde 1996 gegründet. Er setzt sich aus sieben größeren Inseln und 40 Graniteilanden zusammen, dazu kommen noch mehrere kleine Inselchen im Süden. Die sieben Hauptinseln sind der höchste Punkt eines heute überfluteten Tals, das einst Sardinien mit Korsika verband. Als die beiden Inseln sich trennten, strömte das Meer in die Meerenge Bocche di Bonifacio. Im Lauf der Jahrhunderte prägte der ständige Wind, der aus dem Nordwesten wehende *maestrale*, im Granitgestein bizarre Felsformationen aus, die die besondere Faszination des Archipels ausmachen.

Der Archipel ist ein wichtiger natürlicher Lebensraum. Doch auch wenn er durch seinen Status als Nationalpark nun einen gewissen Schutz erfährt, ist das Ökosystem weiterhin gefährdet. Aus diesem Grund bestehen Pläne, 2013 einen gemeinsamen italienisch-französischen Meerespark ins Leben zu rufen, den **Parco Marino Internazionale delle Bocche di Bonifacio** (www.pmibb.com). Der Parco Nazionale dell'Arcipelago di La Maddalena gilt seit 2006 als Kandidat zur Aufnahme ins Weltnaturerbe der Unesco.

Isola Maddalena

11 900 EW.

Gegenüber von Palau stellt die rosa Granitinsel Maddalena das Herzstück des Archipels dar. Jeder, der hier an Land geht, wird sogleich vom urbanen Charakter des Ortes samt seinen Piazzas mit Kopfsteinpflaster verzaubert – und natürlich der ansteckenden Ferienlaune.

Bis Ende des 17. Jhs. lebten die wenigen Inselbewohner überwiegend im Inselinneren und fristeten durch das Beackern der kargen Krume ein ärmliches Dasein. Als der Baron des Geneys 1767 mit der sardo-piemontesischen Flotte anrückte, um einen Meeresstützpunkt zu errichten, kehrten sie ihren Berghängen mit Freuden den Rücken und zogen in das größer werdende Dorf bei der Cala Gavetta, heute der Haupthafen von La Maddalena.

◉ Sehenswertes & Aktivitäten

Hinter dem Hafen liegt die Hauptattraktion der Insel – die sagenhaft schöne Küstenlandschaft. Taucher singen ein Loblied auf das tiefblaue Wasser, das zum saubersten des gesamten Mittelmeeres zählt und vor Meeresinseln so wimmelt. Eine 20 km lange eindrucksvolle Panoramastraße verläuft rund um die Insel und erschließt mehrere hübsche Buchten, beispielsweise **Giardinelli**, **Monti della Rena**, **Lo Strangolato** und **Cala Spalmatore**.

Museo Diocesano　　　　　MUSEUM
(☎0789 73 74 00; Via Baron Manno; Eintritt 1 €; ☺im Sommer Di–So 10–12.30 & 15.30–20 Uhr, im Winter Di–So 10–12 & 15–19 Uhr) Das Diözesanmuseum hinter der modernen Chiesa di Santa Maria Maddalena zeigt sehenswerte sakrale Gegenstände.

Museo Archeologico Navale　　　MUSEUM
(☎0789 79 06 33; Località Mongiardino; Eintritt 4 €; ☺nach Vereinbarung 9.30–12.30 & 15.30–18.30 Uhr) Etwa 1 km außerhalb der Ortschaft präsentiert dieses Museum an der Straße nach Cala Spalmatore Exponate, die von einem gesunkenen Schiff aus dem 1. Jh. n. Chr. stammen. Die beiden bescheidenen Räume dominiert ein meisterlich rekonstruierter Querschnitt eines römischen Schiffs mit über 200 Amphoren.

Sea World Scuba Centre　　　TAUCHCENTER
(☎0789 73 73 31; www.seaworldscuba.com; Piazza XXIII Febbraio) Das Tauchzentrum bietet hervorragende Möglichkeiten zum Tauchen, der Preis für einen Tauchgang beginnt bei 40 €. Da die Öffnungszeiten differieren, sollte man sich telefonisch oder durch einen Blick auf die Website über die aktuellen Zeiten informieren.

Oasis Charter　　　　BOOTSAUSFLÜGE
(☎333 590 9750; www.oasischarter.it) Oasis unternimmt Bootsausflüge rund um die Insel auf einem wunderschönen, 20 m langen Schoner. Ein Tagesausflug samt Mittagessen, bei dem Hummer aufgetischt wird, kostet pro Person zwischen 80 und 100 €. Ausflüge durch den Archipel lassen sich über die Reisebüros in Cala Mangiavolpe (östlich der Cala Gavetta) buchen.

Saint Tropez

WASSERSPORT

(☎0789 72 77 68, 335 654 5214; Via Giuseppe Mari 15) Wer Lust hat, sich auf Wasserskiern oder dem Wakeboard zu verausgaben, oder wer gern durch die rauen Gestade des Passo della Moneta paddeln möchte, sollte sein Glück im Saint Tropez versuchen. Der Laden befindet sich in der Nähe der Brücke, die zur Isola Caprera hinüberführt.

✗ Essen & Ausgehen

Die besten Restaurants finden sich in der Ortschaft La Maddalena. Als Hauptbeschäftigung am Abend unternehmen die meisten einen Bummel durchs Zentrum, in dem viel los ist, und legen dabei vielleicht eine Kaffeepause in der Via Vittorio Emanuele oder einen Zwischenstopp für ein kühles Bier auf der Piazza Garibaldi ein, dem Dreh- und Angelpunkt einer jeden abendlichen *passeggiata* (Bummel). Fast alle Lokale haben von November bis März geschlossen.

Trattoria Pizzeria L'Olimpo

PIZZERIA €

(☎0789 73 77 95; Via Principe Amedeo 45–47; Pizza 6 €, Mahlzeiten 25 €; ☻tgl.) Die beliebte Trattoria ist den Spaziergang durch die nichtssagenden Straßen östlich des Zentrums wert. Das Essen, das auf den Tisch kommt, ist hervorragend – die abwechslungsreich belegten Pizzas ebenso wie auch die übliche Auswahl an Pastas, Fleisch vom Grill und Meeresfrüchte. Dazu kommt ein ausgesprochen netter Service.

Sottovento

MEERESFRÜCHTE €€

(☎0789 73 77 49; www.ristorantilamaddalena. it, auf Italienisch; Via E Dandolo 9, La Maddalena; Mahlzeiten 40 €; ☻Di–So) In diesem Lokal im Bistro-Stil findet sich sardische Hausmannskost auf der Speisekarte. Das Sottovento liegt ein paar Schritte nördlich vom Hafen. Empfehlenswert sind vor allem die Antipasti mit Meeresfrüchten, die hausgemachte Pasta und der frische Fisch. Hier ist noch nie jemand enttäuscht worden.

MILITÄRSCHICK

Als sich die US-Marine 2008 nach einem umstrittenen Aufenthalt von sage und schreibe 35 Jahren von der Insel La Maddalena zurückzog, lag allen eine Frage auf der Zunge: „Und was nun?" Es galt als ausgemacht, dass hier 2009 der G8-Gipfel stattfinden sollte, doch dann wurde die Konferenz in die vom Erdbeben gezeichnete Abruzzenhauptstadt L'Aquila verlegt. Zu diesem Zeitpunkt hatte man aber schon mit den Vorbereitungen begonnen, die ehemalige Militärbasis komplett umzugestalten. Das Ergebnis ist der moderne **La Maddalena Hotel & Yacht Club** (☎0789 79 42 73; www.lamaddalenahyc. com; Piazza Faravelli, Località Moneta; DZ 200–500 €, Suite 450–1100 €; ✱🛜✱). Wo einst baufällige Kasernen standen, kann man heute in einem weitläufigen, locker bebauten Areal herumspazieren, Zaha Hadids High-tech-Lüster bestaunen (in der Lobby) und das mit Muranoglas geometrisch gestaltete Konferenzzentrum in Augenschein nehmen (ein Entwurf von Stefano Boeri). Neben Zimmern, die sich als Ausbund minimalistischen Schicks präsentieren, bietet das Hotel einen Pool auf der Dachterrasse samt Meerblick, perfekt gepflegte Gärten, ein hochkarätiges Restaurant sowie ein Wellnesscenter. Und ja: Natürlich ist hier Platz genug, um mit einer Megayacht anzulegen oder mit dem Hubschrauber zu landen – nur für den Fall, dass in dieser Hinsicht Zweifel bestanden haben sollten. Wenn das Sparschwein für das Preisniveau dieses Fünf-Sterne-Luxusschuppens nicht gerüstet ist, besteht die Möglichkeit, zumindest einmal flüchtig in das Hotel hineinzuschnuppern, indem man eine Behandlung im Wellnesscenter bucht, sich einen Drink an der Bar genehmigt oder auch einen Tisch im Restaurant reserviert.

ⓘ Praktische Informationen

Die **Touristeninformation** (☎0789 73 63 21; www.comune.lamaddalena.ot.it, auf Italienisch; Cala Gavetta; ⏰im Sommer Mo–Fr 8.30–13 & 15.30–17.30, Sa 9–13 Uhr, im Winter weniger lang) rechts vom Hafen (wenn man in Richtung Meer schaut) hält einige eher spärliche Informationen zum Archipel bereit. Achtung bei den Öffnungszeiten, sie ändern sich ständig.

ⓘ An- & Weiterreise

Informationen zu den Fährverbindungen vom Festland nach La Maddalena s. S. 167. Die Fähren legen an unterschiedlichen Stellen am Hafen an (und ab).

ⓘ Unterwegs vor Ort

Auf der Insel verkehren zwei Busse von Turmo Travel, beide fahren an der Via Amendola am Hafen ab. Einer steuert den Compendio Garibaldi Komplex auf der Isola Caprera an, der andere fährt rund um die Insel herum, am Museo Archeologico Navale und mehreren Stränden vorbei, darunter Cala Spalmatore und Spiaggia Bassa Trinita.

Wer lieber auf eigene Faust herumfährt, mietet bei **Noleggio Vacanze** (☎0789 73 52 00, 339 265 5837; Via Mazzini 1; ⏰9–13 & 15–20 Uhr) am Hafenrand ein Fahrrad oder einen Motorroller. Für ein Fahrrad muss man mit rund 15 € pro Tag, für einen Mottorroller mit mehr als 30 € rechnen.

Isola Caprera

Giuseppe Garibaldis „Garten Eden" ist eine wilde, herrlich beschauliche Insel. Sie ist mit grünen Pinien bedeckt, die vor dem allgegenwärtigen Meer und den zerklüfteten Granitklippen einen fantastischen Anblick bieten. Die Straße, die aus dem Ort La Maddalena gen Osten herausführt, verläuft durch die recht angegammelten Reste einer Siedlung zu einem schmalen Damm, dem Passo della Moneta, der von der Isola Maddalena zur Isola Caprera hinüberführt.

◉ Sehenswertes

Giuseppe Garibaldi, Berufsrevolutionär und Italiens Held Nummer eins, erwarb 1855 die Hälfte von Caprera – den Rest kaufte er dann zehn Jahre später hinzu. Er machte diese Insel zu seinem Zuhause und Rückzugsort; hierher zog er sich nach seinen aufreibenden Freiheitskämpfen zurück. Sein Haus, das **Compendio Garibaldino** (☎0789 72 71 62; Erw./erm. 5/2,50 €; ⏰Di–So 9–19.15 Uhr), ist für viele Italiener eine Art Pilgerstätte, die unbedingt auf dem Besichtigungsprogramm stehen muss. Es lässt sich nur im Rahmen einer Führung (auf Italienisch) besichtigen.

Als das Haupthaus, die Casa Bianca, noch im Bau war, wohnte der Rothemden-Revolutionär in einer Hütte, die immer noch im Hof steht. Das eigentliche Wohnhaus betritt man durch ein Atrium, das mit seinem Porträt und einer Flagge aus den Zeiten des peruanischen Unabhängigkeitskrieges geschmückt ist. Außerdem steht dort ein zusammenklappbarer Rollstuhl, ein Geschenk der Stadt Mailand an Garibaldi, als er zwei Jahre vor seinem Tod nicht mehr gehen konnte. Weiter geht's durch eine Reihe von Schlafzimmern, in denen er und seine Familie schliefen. Die Küche hat eine eigene Frischwasserpumpe, etwas, das an einem solchen Ort in den 1870er-Jahren das Nonplusultra an Hightech bedeutete. Im ehemaligen Speisesaal ist alles Mögliche ausgestellt: von einem Fernrohr bis zum roten Hemd des Generals. Im letzten Zimmer steht sein Sterbebett, ausgerichtet zum Fenster und zum Meer. Denn bis zum Schluss träumte er davon, in seine Heimatstadt Nizza zurückkehren zu können.

Draußen im Garten sind sein grob behauenes Granitgrab und die Gräber von mehreren seiner Angehörigen zu sehen (Garibaldi hatte sieben Kinder mit seinen drei Ehefrauen und ein weiteres mit einer Gouvernante).

🏃 Aktivitäten

Das grüne, schattige Caprera eignet sich ideal zum Wandern: Viele Wege ziehen sich durch die Pinienwälder, die auch im Sommer kühl sind. Treppen führen zum höchsten Punkt der Insel (212 m), dem Aussichtsturm **Teialone**, hinauf. Unterwegs lassen sich Möwen, Kormorane und Wanderfalken beobachten.

An der zerklüfteten Küste der Insel finden sich zahlreiche reizvolle Buchten. Viele Besucher zieht es nach Süden, vor allem in die beiden Buchten **Due Mari** mit herrlichen Sandstränden und türkisblauem Meer. Als Alternative bietet sich 1,5 km nördlich vom Compendio Garibaldino ein Wanderweg an, der steil zur verschwiegenen **Cala Coticcio** hinunterführt. Etwas einfacher lässt sich die **Cala Brigantina** (ausgeschildert), südöstlich vom Garibaldi-Komplex, erreichen.

Cavalla Marsala   REITEN
(☎347 235 9064; Località Stagnali, Isola di Caprera) Die von Cavalla Marsala organisierten Ausritte entlang des Strands und durch die duftende Macchia sind am frühen Abend besonders stimmungsvoll. Für 1½ Stunden werden 35 € verlangt.

✖ Essen

 **Agriturismo Garibaldi**   AGRITURISMO €€
(☎0789 72 74 49; Mahlzeiten 30 €; ⊙im Sommer tgl.) Die Zimmer des *agriturismo* befinden sich in Gebäuden, in denen einst Garibaldis Bauern wohnten. Hier kann man hervorragend traditionelles sardisches Essen genießen, denn der Hof produziert Honig, Gemüse, Lamm- und Schweinefleisch, die sich allesamt im köstlichen Menü wiederfinden. Eine Reservierung ist daher unabdingbar. Der Anfahrtsweg: Einfach nach der Überquerung der Isola-Maddalena-Brücke links der Ausschilderung folgen.

Weitere Inseln

Die fünf weiteren großen Inseln des Archipels lassen sich nur mit dem Schiff erreichen. Entsprechend viele Ausflugsfahrten werden von der Isola Maddalena, aber auch ab Palau und Santa Teresa di Gallura angeboten – in allen denkbaren Kombinationen. Wer die Inselwelt lieber alleine ohne organisierten Ausflug erkunden will, kann sich ein Motorboot mieten und sich auf eigene Faust auf den Weg machen.

Seit sich die NATO 2008 von der **Isola Santo Stefano** verabschiedet hat, präsentiert sich die Insel wieder als beschauliche grüne Enklave. Auf der **Isola Spargi** westlich der Isola Maddalena reihen sich Buchten mit Sandstränden und Fjorde aneinander. Zu den schönsten zählt die **Cala Corsara**, dort schillert das Meer topasblau. In Richtung Norden liegt gleich ein Trio von Inseln: Die **Isola Budelli**, die **Isola Razzoli** sowie die **Isola Santa Maria**. Mit einem Paddelboot und ausreichend Zeit besteht die Möglichkeit, die vielen kleinen Buchten und Strände auf eigene Faust zu erkunden. Unterwegs kommen die meisten an der traumhaften **Spiaggia Rosa** auf der Isola Budelli vorbei: Der Strand verdankt seinen Namen dem Sand, der einen ungewöhnlichen Stich ins Rosafarbene aufweist. Mittlerweile steht er unter Naturschutz, der Zutritt zum Strand und dem angrenzenden Meer ist verboten. Weitere beliebte Zwischenstopps sind die fjordartige **Cala Lunga** auf der Isola Razzoli sowie die oft überfüllte **Cala Santa Maria** auf der gleichnamigen Insel. Das wunderschöne Stück Meer zwischen den drei Eilanden heißt **Porto della Madonna** und steht auf dem Programm der meisten Bootsausflüge durch den Archipel.

DAS LANDESINNERE

Das von Granit geprägte Binnenland der Gallura, fernab der am Strand herumgockelnden Millionäre, ist weltabgeschieden und durch und durch ländlich. Dieses fruchtbare Hinterland lockte immer wieder korsische Einwanderer an, die sich hier niederließen, um die Korkeichenwälder zu hegen und die ausgedehnten Vermentino-Weingärten anzulegen. Kork ist seit Langem eine wichtige Einkommensquelle der Region.

Tempio Pausania

14 300 EW.

Oberhalb der heißen Gallurischen Ebene liegt inmitten von dichten Korkeichenwäldern Tempio Pausania. Hier ist es auch im Hochsommer angenehm kühl und ruhig. Das Städtchen fungiert als Kapitale der Provinz Olbia-Tempio und präsentiert sich als unaffektierter Ort mit einem rustikalen historischen Zentrum, in dem das Leben seinen beschaulichen Gang nimmt.

Die Stadt wurde im 2. Jh. v. Chr. von den Römern gegründet und im Mittelalter zum Verwaltungszentrum des Giudicato di Gallura ausgebaut. Tempio Pausanias Glanzzeit kam unter den Spaniern und später den Savoyarden. Damals wurden viele der Kirchen errichtet, die das aus grauem Stein erbaute Stadtzentrum zieren. Dies ist ein entspanntes Plätzchen für einen Aufenthalt, und die Umgebung eignet sich perfekt für Ausflüge. Am nahe gelegenen Monte Limbara bestehen zahlreiche Trekking-Möglichkeiten.

◉ Sehenswertes

Tempio kann mit einer Fülle von Kirchen aufwarten. Wie bedeutend das Städtchen einst war, lässt sich schon am **Convento degli Scolopi** (Piazza Mazzini) aus dem 17. Jh. ablesen. Da das Kloster heute als Schule genutzt wird, kann es nicht besichtigt werden. Von der Piazza del Carmine aus kann man jedoch durch die Tore einen Blick in den begrünten Kreuzgang werfen.

Cattedrale di San Pietro   DUOMO
(Piazza San Pietro; ⊙8–12.30 & 15–20 Uhr) Die Kathedrale aus Granit bildet den imposanten Mittelpunkt der Stadt. Vom ursprünglichen Gebäude aus dem 15. Jh. haben sich nur der Glockenturm und der Haupteingang erhalten. Auf der anderen Seite des Platzes ragt gegenüber das **Oratorio del**

Rosario auf; es stammt aus der Zeit, als die Spanier auf der Insel noch das Sagen hatten.

Chiesa del Purgatorio   KIRCHE
(Piazza del Purgatorio) Die bescheidene Kirche aus dem 17. Jh. an der Piazza del Purgatorio ist wegen ihrer spannenden Geschichte interessant. Es heißt, dass ein Mitglied der Adelsfamilie Misorro für schuldig befunden wurde, an just dieser Stelle ein Massaker veranstaltet zu haben. Zur Sühne befahl der Papst dem Mann, den Bau der Kirche zu finanzieren. Bis heute pflegen die Einwohner den Brauch, nach einer Beerdigung hierher zum Gebet zu kommen.

Fonti di Rinaggiu   THERMEN
Bereits seit der Römerzeit ist Tempio für seine Quellen bekannt. Ein netter Spaziergang führt 1 km südwestlich vom Zentrum (auf der schattigen Via San Lorenzo dem Schild „Alle Terme" folgen) zu den Fonti di Rinaggiu.

Cantina Gallura   WEINGUT
(☎079 63 12 41; www.cantinagallura.com; Via Val di Cossu 9; ⊙9–12 & 15.30–19 Uhr) Flüssige Nahrung recht alkoholischer Art bekommt man 1,5 km östlich der Stadt in dieser Cantina. Hier kann man sich auch die entsprechenden Vorräte an hiesigem DOCG Vermentino di Gallura zulegen.

✹ Feste & Events

Tempio kann mit einer Fülle an Festivals und Events aufwarten – von Konzerten über Trachtenumzüge bis hin zu bedeutenden religiösen Feierlichkeiten.

Der **Carnevale** (im Februar) wird hier ausgiebig gefeiert, Gleiches gilt für **Ostern**. Am Karfreitag kleiden sich Mitglieder der *confraternita* (religiöse Bruderschaft) in unheimlich wirkende Kapuzengewänder für die nächtliche **Via-Crucis-Prozession**. Von Juli bis Mitte August lockt das Musikevent **Festival d'Estate.**

✖ Essen

An der Piazza d'Italia und an der Piazza Gallura befinden sich im kühlenden Schatten von Bäumen zahlreiche Cafés mit Tischen im Freien – ideal für einen Espresso, ein *panino* oder auch eine Pizza.

LP TIPP **Trattoria Gallurese**   SARDISCH €
(☎079 63 93 012; Via Novara 2; Menü 15 €, Mahlzeiten 20–25 €; ⊙Mo mittags geschl.) Zur einfachen, gemütlichen Trattoria führen Treppen

hinauf, oben werden die Gäste mit leckeren Traditionsgerichten aus der Gallura herzlich willkommen geheißen. Zur Auswahl stehen Gerichte wie *lumache piccante* (pikante Schnecken) oder *pecora alla gallurese* (Lamm auf Gallureser Art). Ein köstliches Tiramisù und ein selbst gebrannter Likör aus wilder Minze runden das Essen ab.

Ristorante II Purgatorio
SARDISCH €€
(☎079 63 43 94; Piazza del Purgatorio 9; Mahlzeiten rund 45 €; ☺Mi–Mo) Das Restaurant mit Steinwänden zählt zu den besten der Stadt. Auf den Tisch kommen bodenständige Gerichte der Saison sowie frische Meeresfrüchte und Fisch. Zu den Dauerbrennern auf der Speisekarte zählen *cinghiale in umido* (Wildschweineintopf) und *ravioli carciofi e bottarga* (Ravioli mit Artischocken und Meeräschenrogen).

 ## Unterhaltung

Teatro del Carmine
THEATER
(☎079 67 15 80; Piazza del Carmine) Das Programm ist abwechslungsreich – Operetten werden hier genauso aufgeführt wie klassische Konzerte. Besonders viele Aufführungen gibt es im Sommer, wenn das Festival d'Estate stattfindet.

🛍 Shoppen

Casa Mundula
KUNSTHANDWERK
(www.casamundula.com, auf Italienisch; Via Roma 102) Der malerische Laden ist die reinste Fundgrube in Sachen Nippes aus Kork, Keramik, filigranem Schmuck und handgearbeiteten Messern. Außerdem gibt es hier sardische Spezialitäten wie das *pane carasau*, Honig und Wein der Region, Thunfisch aus Carloforte und vieles mehr.

Praktische Informationen

Post (Largo A de Gasperi)
Pro Loco (☎079 63 12 73; Piazza Gallura 2; ☺Mo–Fr 10–13 & 16–19, Sa 10–13 Uhr) Extrem nette Info.
Touristeninformation (☎079 639 00 80; www.comune.tempiopausania.ss.it, auf Italienisch; Piazza Mercato 3; ☺Mo–Sa 9–13 & 16–20, So 10–13 Uhr) Das mehrsprachige Personal hilft immer gern weiter.

An- & Weiterreise

Von Olbia (3,50 €, 1¼ Std.) verkehren wochentags täglich sieben ARST-Busse nach Tempio, sonntags lediglich drei.

Der Bahnhof – er liegt vom Zentrum ein Stück zu Fuß bergab – erwacht zum Leben, wenn im Sommer der Trenino Verde (☎070 58 02 46; www.treninoverde.com) nach/von Sassari (14,50 €, 2½ Std., Do 1-mal tgl.), Arzachena (11 €, 70 Min., Mi 2-mal, Do–Sa 1-mal tgl.) und Palau (13 €, 1¾ Std., Mi 2-mal tgl., Do–Sa 1-mal tgl.) unterwegs ist.

Rund um Tempio Pausania

NURAGHE MAIORI

Nur 2 km nördlich der Stadt befindet sich an der SS133 nach Palau inmitten von üppigen Korkeichenwäldern

---

IST SARDISCHER KORK VERKORKST?

Wer in Sardinien etwas für die Umwelt tun will, kauft Wein mit einem echten Korken. Kork zählt seit Langem zu den Säulen der sardischen Wirtschaft, die inzwischen durch die Verbreitung synthetischer Flaschenstöpsel gefährdet ist.

Wie einem Bericht des World Wildlife Fund von 2006 zu entnehmen ist, könnte die steigende Verwendung von Plastikstöpseln oder Schraubverschlüssen den Verlust von drei Viertel aller Korkeichenwälder im westlichen Mittelmeerraum innerhalb der nächsten zehn Jahre zur Folge haben.

Die Auswirkungen wären für Sardinien schlichtweg verheerend, denn die Insel zeichnet für 80 % der Korkproduktion Italiens verantwortlich. Die Korkindustrie ist in den Städten im Norden Sardiniens wie etwa Calangianus oder Tempio Pausania der Hauptarbeitgeber. Alljährlich werden dort rund 120 000 kg Korkrinde geerntet, die größtenteils an Weinabfüller verkauft werden.

Neben dem wirtschaftlichen gilt es natürlich auch die Umweltaspekte zu bedenken: Die Korkernte fügt den Bäumen keinerlei Schaden zu – die Arbeiter schälen ja bloß die Borke vom Stamm –, ein Mangel an ökologischer Umsicht jedoch sehr wohl. Denn wenn die Korkunternehmen die Korkeichenwälder der Insel nicht schützen – was sie ohne Eigeninteresse sicherlich nicht länger tun werden –, wer sollte dies dann tun?

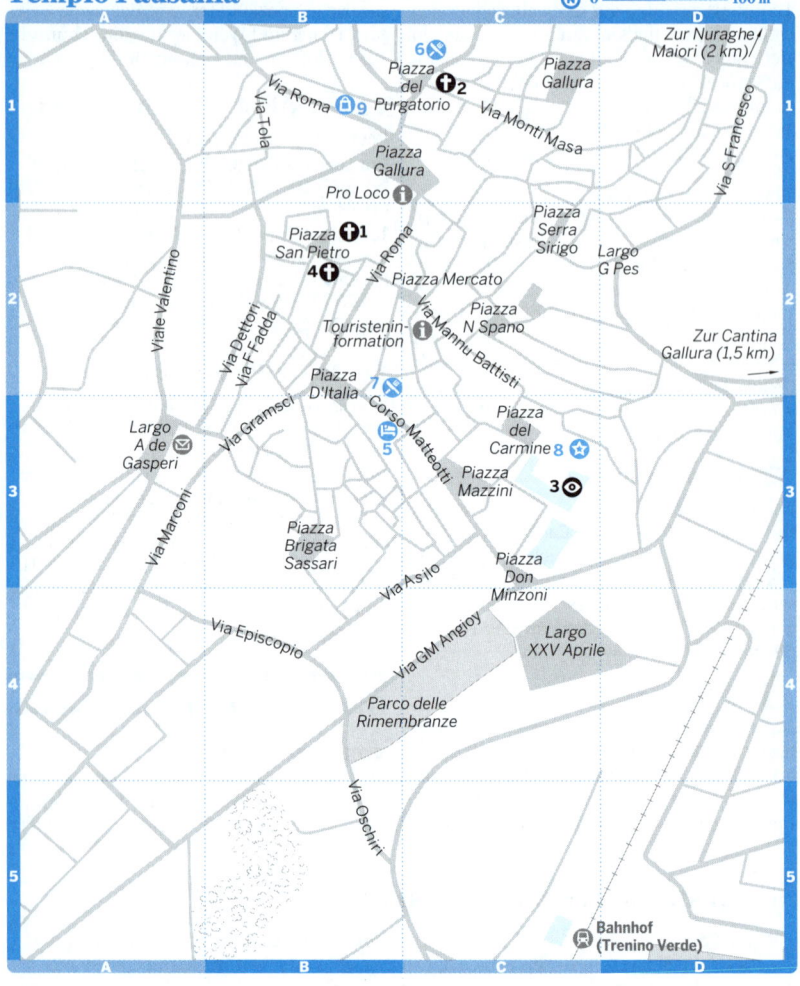

der **Nuraghe Maiori** (Eintritt 3 €; ⊙9–20 Uhr); die Abzweigung ist rechts an der Straße ausgeschildert. Wie der Name schon vermuten lässt – *maiori* heißt „bedeutend"–, ist der Nuraghe ein gewaltiges Stück größer als viele andere Turmruinen, die hier in der Landschaft verstreut stehen.

Ein Pfad verläuft durch Kräutergärten zum Turm. Rechts und links von ihm befindet sich eine Kammer; eine Rampe führt zu einem offenen, rückwärtigen Raum. Über Treppen können Besucher den Turm besteigen. In den Kammern ist es dunkel, weshalb man eine Taschenlampe mitnehmen (oder auch ausleihen) sollte. Damit kann man einen Blick auf die Großen Hufeisennasen werfen, eine winzige, seltene Fledermausart.

MONTE LIMBARA

Rund 17 km südöstlich von Tempio Pausania dominiert der wild zerklüftete Gipfel des Monte Limbara (1359 m) die steinige Landschaft. Am leichtesten ist er mit einem eigenen Fahrzeug zu erreichen, und zwar von Tempio aus in südliche Richtung am Bahnhof vorbei auf der SS392 nach Oschiri. Acht Kilometer weiter zweigt links eine Straße zum Berg ab.

Tempio Pausania

Anfangs führt sie durch dichte Pinienwälder. Oberhalb der Baumgrenze sind zwei *punto panoramico* (Aussichtsstellen) ausgeschildert, von denen sich unvergessliche Ausblicke über das nördliche Sardinien bieten. An einer der Stellen steht in der Nähe der schlichten Kirche **Chiesa di Santa Maria della Neve** eine Statue der Jungfrau Maria mit dem Jesuskind.

Anschließend wird die Straße etwas ebener und erreicht den Aussichtspunkt Punta Balistreri (1359 m), wo die Relaisstation und die Sendemasten der nationalen Fernsehanstalt RAI aufgebaut sind. Selbst an Hochsommertagen ist die Luft kühl und erfrischend, und die Aussicht nach Westen über Sassari hinaus sowie nördlich nach Korsika ist atemberaubend.

Der Monte Limbara ist auch ein beliebtes Wandergelände. Wer einen Fremdenführer sucht, wendet sich an **Gallura Viaggio Avventura** (☎079 63 36 80), wo Trekking- und Mountainbiketouren auf dem Berg organisiert werden.

CALANGIANUS & UMGEBUNG

Alle, die sich für Archäologie begeistern, sollten eine Spritztour nach Calangianus einplanen. Der Ort ist die Korkkapitale Sardiniens und liegt rund 10 km östlich von Tempio. Die **Tomba dei Giganti di Pascaredda** dort zählt zudem zu den besterhaltenen Gigantengräbern in dieser Region.

Nicht weit von hier lohnt der kleine Ort Luras eine Stippvisite, um den **Dolmen de Ladas** und das kleine Museum zu besichtigen. Das **Museo Etnografico Galluras**

(☎368 33 76 321; www.galluras.it, auf Italienisch; Via Nazionale 35a; Erw./erm. 5/2,50 €; ⊙nach Vereinbarung) würdigt die ländlichen Traditionen der Gegend anhand einer Sammlung von landwirtschaftlichen Geräten sowie einem rekonstruierten Dorfhaus. Unter den Exponaten lohnt vor allem die Sa Femina Accabadora einen Blick – ein schauerlicher Hammer, der traditionell von Frauen verwendet wurde, um unheilbar Kranke in einem Akt von Euthanasie für immer von ihrem Elend zu befreien.

Am besten bleibt man nun gleich auch noch zum Abendessen im **Li Licci** (☎079 66 51 14; www.lilicci.com; Località Valentino; Mahlzeiten 44 €; ⊙Abendessen), einem reizenden Landgasthof (s. S. 234), der sich zwischen Korkeichen versteckt. Im Sommer können die Gäste auf der Veranda speisen, an Winterabenden sorgt ein offenes Feuer für gemütliche Wärme in der rustikalen Gaststube mit Holzbalken. Das Menü ist eine Orgie an Köstlichkeiten der Region: Nach der frischen Pasta und der dickflüssigen *zuppa cuata* (Kasserole mit Brot, Käse und Brühe) wird knuspriges Spanferkel aufgetischt, gefolgt von in Honig getränkten *sebadas* (frittierte Teigtaschen). Ohne Reservierung geht hier allerdings gar nichts. Der *agriturismo* an der SP38 zwischen Olbia und Sant'Antonio di Gallura ist ausgeschildert.

AGGIUS & LUOGOSANTO

Aggius, am Fuß der Granitberge, ist ein noch sehr traditionelles Dorf. Die Häuser liegen rund um das historische Zentrum mit einen Gewirr aus engen Gassen und gedrungenen Steinhäusern. Berühmt ist der Ort für seine Choräle und Teppiche. Die Tradition der Teppichweberei reicht bis Anfang des 20. Jhs. zurück, als in dieser Gegend sage und schreibe 4000 Webstühle in Betrieb waren. Besagte Webstühle sowie reich mit Brokat verzierte Trachten, wie sie früher bei festlichen Anlässen getragen wurden, sind im **Museo Etnografico „Olivia Carta Cannas"** (☎079 62 10 29; Via Monti di Lizu 6; Erw./erm. 4/3 €; ⊙10–13 & 16–19 Uhr) ausgestellt, neben Exponaten aus Kork und Granit.

Einen gruseligeren Blick auf die Vergangenheit von Aggius ermöglicht das **Museo del Banditismo** (☎079 62 10 29; Via Pretura; Erw./erm. 4/3 €; ⊙10–13 & 16–18 Uhr) im ehemaligen Amtsgericht. Hier dreht sich alles um die Banditen in der Gallura, die bis in die 1990er-Jahre ein Problem darstellten. Gezeigt werden Waffen, Polizeiberichte und

OLBIA, DIE COSTA SMERALDA & DIE GALLURA RUND UM TEMPIO PAUSANIA

MONDLANDSCHAFTEN

Ein paar Kilometer nordwestlich von Aggius in Richtung Trinita d'Agultu erstreckt sich die **Valle della Luna**, eine surreal anmutende, unglaublich beeindruckende Landschaft mit riesigen Granitfelsen, die wie riesige Murmeln auf den Feldern und in den Hügeln liegen. Vom Aussichtspunkt an der SP74 bietet sich ein fantastischer Blick über den gesamten Landstrich samt seinem bizarr geformten Gestein. Das Tal eignet sich auch bestens für eine Fahrradtour. Die Straße, die von hier zum Meer hinunterführt, ist sehr malerisch.

diverse Fahndungsfotos der meistgesuchten Verbrecher der Insel.

Von Aggius besteht die Möglichkeit, in einem Bogen in Richtung Nordwesten auf der SS133 ins entlegene **Luogosanto** (Heiliger Ort) zu fahren. Den Ort zieren gleich mehrere Kirchen, am schönsten ist die **Basilica di Nostra Signora di Luogosanto,** die 1227 errichtet wurde. Papst Onorio III. erhob das Gotteshaus zur Basilika, als er ihre Heilige Pforte weihte, die wie jene vom Petersdom in Rom verschlossen ist und nur alle sieben Jahre geöffnet wird – das nächste Mal 2013. Die älteste Kirche der Ortschaft ist die **Chiesa di San Trano**, sie wurde im 6. Jh. zu Ehren des hl. Trano ins Granitgestein gehauen.

Lago di Coghinas, Oschiri & Berchidda

Wer einen fahrbaren Untersatz hat, kann noch einen sehr lohnenswerten Abstecher südlich des Monte Limbara unternehmen. Am Fuß des Berges angekommen, biegt man auf der SS392 links nach Süden ab in Richtung Oschiri. Die Straße streift die Westflanke des Limbaramassivs, führt durch Korkeichen- und Kiefernwälder, überquert den Passo del Limbara (646 m) und fällt dann ab. Nach ungefähr 12 km weicht das Grün strohfarbenen Feldern, und der blaue Spiegel des künstlichen Lago di Coghinas kommt in Sicht.

Direkt vor der Brücke über den See zweigt nach Osten eine schmale Teerstraße ab, die in ihrem weiteren Verlauf um die Nordflanke des Monte Acuto (493 m) herum nach Berchidda führt. Auf dem bewaldeten Hügel Monte Acuto hatte sich Eleonora d'Arborea im 14. Jh. eine Zeitlang versteckt. Berchidda ist ein ziemlich unspektakuläres bäuerliches Städtchen mit einer langen Weinbautradition. Im modernen **Museo del Vino** (☎079 70 45 87; Erw./erm. 3/2,50 €; ⏲Di–Fr 9–13 & 15–18, Sa & So bis 19 Uhr), das sich am höchsten Punkt des Ortes befindet, erfährt man Genaueres zur lokalen Weinherstellung und darf den Vermentino aus der Region probieren. Die beste Besuchszeit ist im August. Dann findet in Berchidda das einwöchige Festival **Time in Jazz** (www.timeinjazz.it, auf Italienisch) statt, ein multikulturelles Event mit Klängen, die vom Streichquartett bis zu Klavier- und Saxophon-Solodarbietungen reichen.

In der **Cantina del Vermentino** (☎0789 4 40 12; www.vermentinomonti.it, auf Italienisch; Via San Paolo 2, Monti; ⏲Mo–Fr 8.30–18, Sa 8.30–12 Uhr) in Monti, nur gut 15 km östlich von Berchidda, können einige der besten Weine der Region verkostet werden. Wer auf den Geschmack gekommen ist, kann vor Ort ein paar Flaschen erstehen, darunter auch den würzigen Vermentino di Gallura. Er ist der einzige Wein Sardiniens, der das Prädikat DOCG aufweist, das die oberste Quaslitätsstufe garantiert.

ARST-Busse kommen auf der Strecke von Nuoro (7 €, 1¼ Std.) nach Olbia (3 €, 2 Std.) täglich durch Berchidda.

Sardinien aktiv

Wandern, Radfahren & Reiten »
Tauchen & Segeln »
Andere Wassersportarten »
Höhepunkte für Kletterer »

Klettern bei Santa Teresa di Gallura (S. 162)

Wandern, Radfahren & Reiten

Der Parco Nazionale del Golfo di Orosei e del Gennargentu (S. 204) ist ein faszinierendes Wanderrevier. Hier erschließen Wanderwege die urtümliche Schönheit der Gola Su Gorropu (S. 208) und führen zum Nuraghendorf Tiscali (S. 209). Gipfelstürmer besteigen den Monte Limbara (S. 174) oder den Vulkan Monti Ferru (S. 105). Eine leichte Küstenwanderung, bei der oft Eleonorenfalken gesichtet werden, führt über das Capo Sandalo auf der Isola di San Pietro (S. 80). Sieben Tage dauert das unvergessliche Abenteuer auf dem Selvaggio Blu (S. 217).

Zahllose Wanderwege führen durch Sardinien. Viele folgen alten Eselspfaden, oft fehlen jedoch Markierungen. Deshalb ist es empfehlenswert, bei der lokalen Kooperative einen Führer zu engagieren; eine Halbtageswanderung kostet etwa 40 €.

Radfahrer schwören, dass es keine bessere Art gibt, Sardinien zu erleben, als im Sattel sitzend. Ogliastra (S. 212) gilt als bevorzugtes Ziel der Freerider, die hier steile Abfahrten durch Eichenwälder hinunter zum glitzernden Mittelmeer vorfinden. Wer Radfahren an der hügeligen Küste bevorzugt, wird an der spektakulären Straße südlich von Alghero nach Bosa (S. 126) oder an der serpentinenreichen SS125 zwischen Dorgali und Santa Maria Navarrese (S. 215) seine Freude haben.

Fahrräder werden in den meisten Ferienorten und Städten für 10 bis 30 € am Tag vermietet. Fahrradrouten und -karten finden sich auf www.sardegnaturismo.it. Wer Wandern oder Radfahren zu anstrengend findet, kann Sardinien auch auf dem Pferderücken erkunden. Größtes Reitzentrum der Insel ist das Horse Country Resort (S. 78). Auch die Küste bei San Teodoro (S. 154) und die Isola Caprera (S. 172) lassen sich reitend erkunden. Ein etwa eineinhalbstündiger Ausritt kostet 30–35 €.

1. Radfahrer an der Cala Gonone 2. Wanderer auf dem Rückweg von Tiscali im Valle di Lanaittu 3. Ausritt am Capo Carbonara

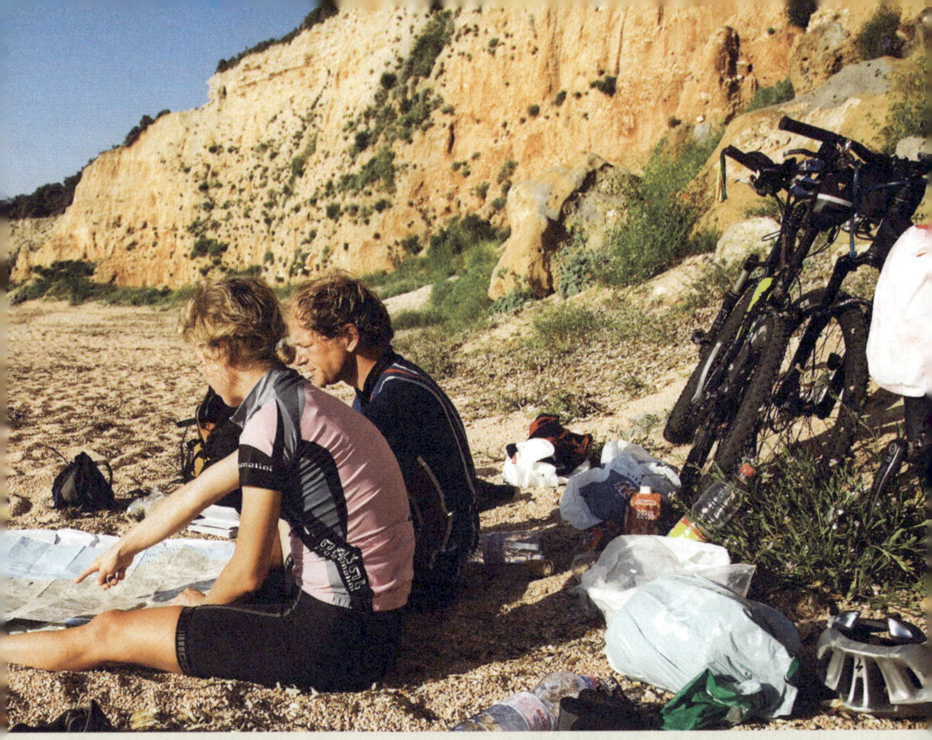

2

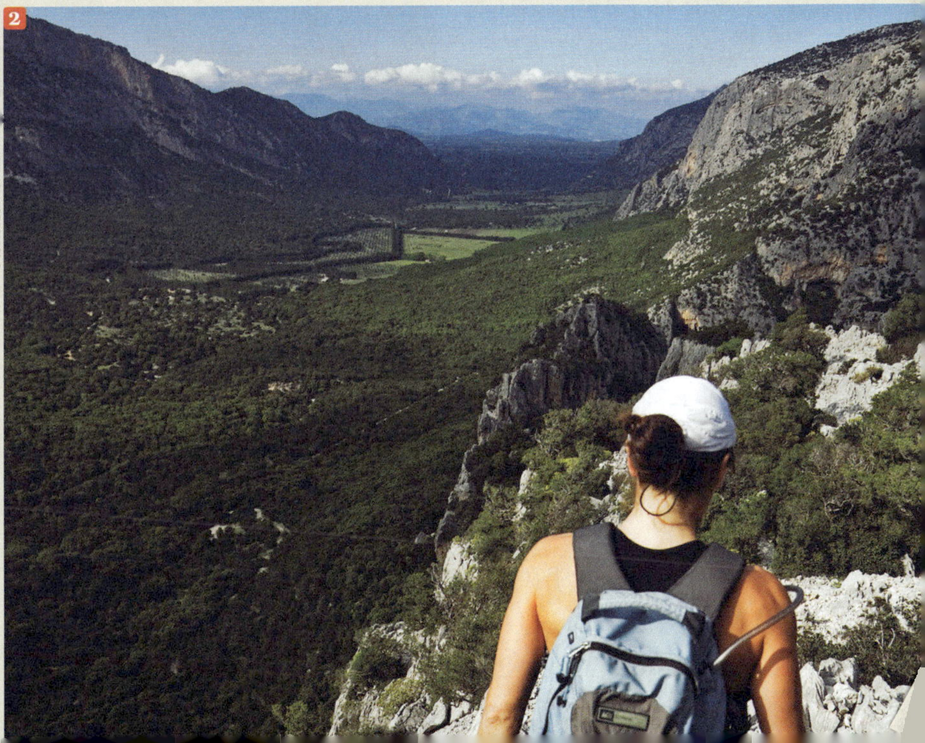

Tauchen & Segeln

Ein Blick auf Sardiniens azurblaue Gewässer – übrigens mit die saubersten des Mittelmeers – genügt, um Taucher ins Wasser zu locken. Einige der besten Tauchplätze liegen vor den Felsinseln, beispielsweise der Isola di San Pietro (S. 77) im Südwesten, der Isola Tavolara (S. 153) im Nordosten und in den geschützten Gewässern des Arcipelago di La Maddalena (S. 166) im Norden.

Zwischen April und Oktober bieten viele Tauchzentren Kurse und geführte Tauchgänge aller Schwierigkeitsgrade an. Ein Tauchgang kostet etwa 40 €, ein PADI-Open-Water-Kurs rund 420 € und die Ausrüstung 20 € am Tag.

Um auf Sardinien zu segeln, benötigt man keine Mega-Yacht an der Costa Smeralda (S. 156). Wer den Massen entfliehen und zu geschützten Buchten auf Inseln wie Isola di San Pietro (S. 77) oder La Maddalena (S. 168) segeln möchte, kann ein Boot für etwa 1500 € die Woche chartern. Der Sporting Club Sardinia in Porto Pollo (S. 166) und der Club della Vela (S. 128) in der Nähe von Alghero bieten verschiedene Segelkurse an.

1

TOP FIVE: TAUCHPLÄTZE

» **Nereo-Höhle** (S. 120) Die wie eine Kathedrale geformte Höhle ist die größte Unterwassergrotte des Mittelmeers. Hier wachsen die roten Edelkorallen von Alghero.

» **Secca del Papa** (S. 154) Im Unterwasser-Märchenland vor der Isola Tavolara drängen sich Scharen von Fischen.

» **Golfo di Cagliari** (S. 47) In über 30 m Tiefe liegen faszinierende Wracks aus dem Zweiten Weltkrieg.

» **Carloforte** (S. 77) Taucher schwimmen mit Schulen von Thunfischen durch Unterwasserhöhlen und Schluchten.

» **Nora** (S. 77) Unterwasser-Archäologie: Tauchgänge zu punisch-römischen Ruinen.

3

1. Segeln im Golfo di Orosei 2. Ankern in einer Bucht von La Maddalena 3. Rote Edelkorallen in der Nereo-Höhle

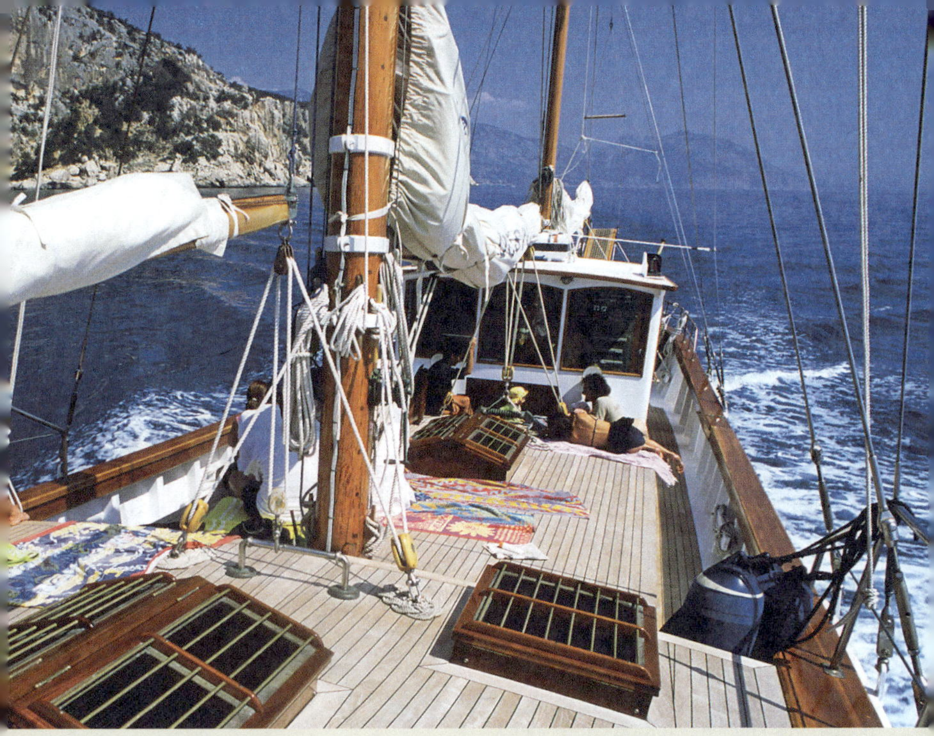

2

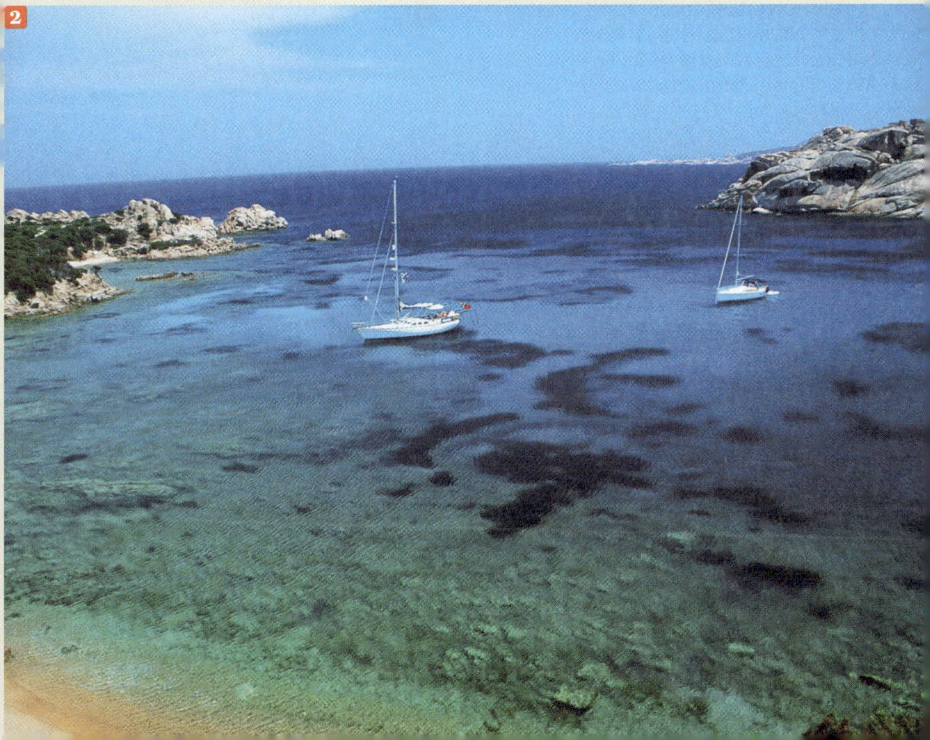

Andere Was-sersportarten

Porto Pollo (S. 166) an der Nordostküste ist Sardiniens Zentrum der Windsurfer. Anfänger üben in den geschützten Gewässern, Könner wagen sich in den Kanal zwischen Sardinien und Korsika. Weitere Hotspots der Windsurfer sind die Spiaggia della Pelosa (S. 133) an der Nordwestküste, die geschützte Spiaggia Mugoni (S. 128) nahe Alghero und Cagliaris endloser Strand Poetto (S. 46). Eine Stunde Unterricht kostet um die 30 €, ein zweitägiger Kurs etwa 160 €. Eine hervorragende Webseite ist www.planetwindsurfholidays.com.

Passionierte Surfer zieht es zu den Riesenwellen an die Westküste, auf der Halbinsel Sinis können sie am Capo Mannu bis zu 5 m Höhe erreichen. Beliebt ist auch der Strand Putzu Idu bei San Giovanni di Sinis (S. 100).

Ein intensives Erlebnis ist die gemächliche Erkundung verschwiegener Buchten mit dem Paddelboot. Von Cala Gonone (S. 209) aus können See-Kayakfahrer den Golfo di Orosei erkunden. Von Cardedu (S. 213) aus sind die Küstenfelsen und Buchten der Ogliastra-Küste erreichbar. Die Kayakmiete beträgt etwa 25 € am Tag.

ADRENALIN PUR

» **Canyoning in der Gola Su Gorropu**
Senkrechte Abstürze und riesige Findlinge in Europas Grand Canyon (S. 208).

» **Via Ferrata del Cabirol** (S. 129) Ein Spaß nur für Schwindelfreie ist dieser neue Klettersteig hoch über dem Mittelmeer.

» **Kite-Surfen vor Putzu Idu** Vor dem Traumstrand spielt der Wind mit dem Drachen (S. 99).

» **Höhlenforschung im Supramonte**
Tiefe und Gänge führen durch den Karst (S. 208).

» **Wasserski vor der Isola Caprera** Gut festhalten heißt es bei der rasanten Fahrt über azurblaues Wasser (S. 172).

1. Ausrüstungsverleih an einem Strand nahe Villasimius
2. Windsurfen bei Porto Pollo **3.** Surfen am Capo Mannu

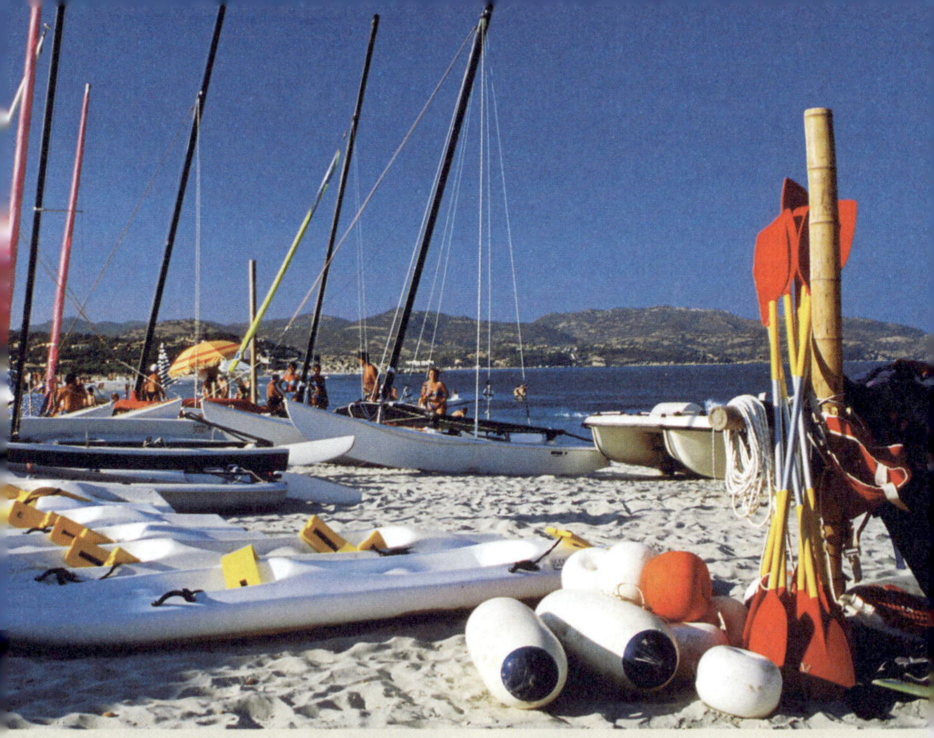

2

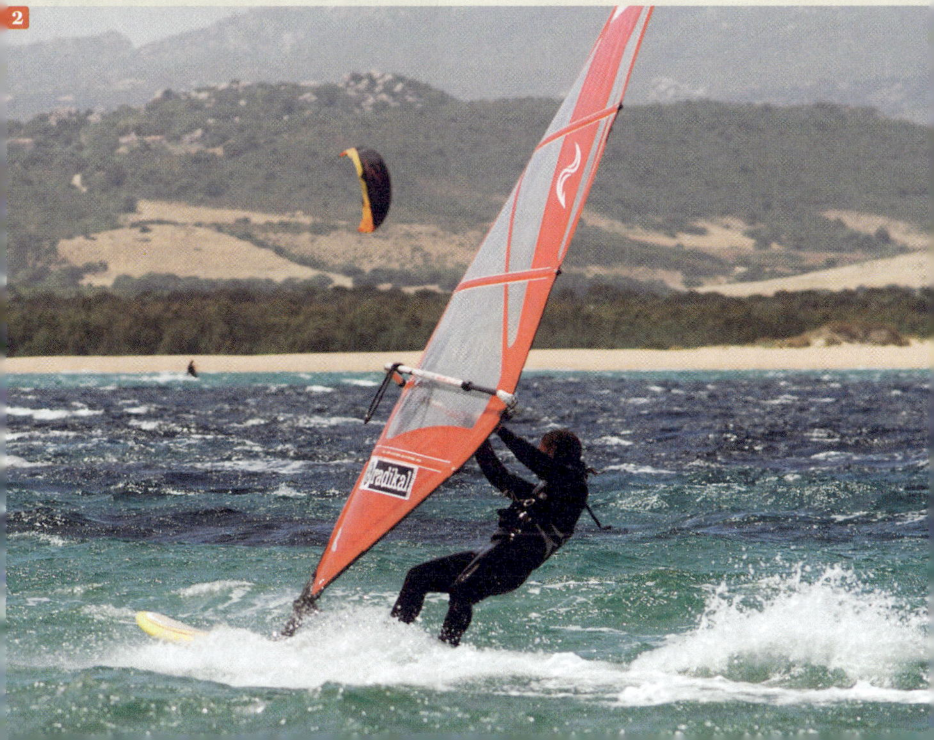

Höhepunkte für Kletterer

Dank seiner schwindelerregenden Küstenlinie und dem zerklüfteten Inselinneren gilt Sardinien als Kletterparadies. Eigenes Seil und Expressschlingen, Schwindelfreiheit und Maurizio Oviglias ultimativer Führer *Pietra di Luna* sind Voraussetzung für den Kletterspaß. Die Webseiten www.climb-europe.com und www.sardiniaclimb.com stimmen darauf ein.

Cala Gonone-Dorgali

1 Cala Gonone (S. 209) ist Sardiniens wichtigstes Klettergebiet. In den senkrechten Kalksteinwänden sind Routen für Anfänger und Fortgeschrittene ausgewiesen. Auch in der Umgebung locken viele verschiedene Klettermöglichkeiten. Anregungen gibt der Kasten auf S. 210.

Alghero

2 Das Capo Caccia (S. 128) westlich von Alghero bietet Klettern auf den Klippen über dem tiefen Mittelmeer. Erfahrene Kletterer können es hier mit Deep Water Soloing (DWS, Free Solo-Klettern) versuchen.

Ogliastra

3 Die Provinz Ogliastra mit über 800 Routen von Grad 4 bis 9b bietet das ganze Jahr über vielfältige Möglichkeiten. Als Hotspots gelten Baunei (S. 216) für Küstenkletterer und Jerzu (S. 217) mit seinen eindrucksvollen Kalksteintürmen.

Isili

4 In Isili (S. 203) finden Kletterer mehr als 250 Einseillängenrouten von 5a bis 8b mit steilen, überhängenden Felsen.

Domusnovus

5 Domusnovas (S. 65) ist ein bekanntes Winter-Kletterzentrum mit Kalksteinfelsen, Höhlen und Klippen. Anfänger wie auch erfahrene Kletterer können unter 440 Routen wählen.

1. Santa Teresa di Gallura **2.** Cala Gonone

Nuoro & der Osten

Gut essen

» La Locanda (S. 191)

» Su Gologone (S. 196)

» Ristorante Ispinigoli (S. 207)

» Agriturismo Nuraghe Mannu (S. 212)

Schön übernachten

» Agriturismo Guthiddai (S. 235)

» The Lemon House (S. 237)

» Hotel L'Oasi (S. 236)

» Silvia e Paolo (S. 234)

» Albergo Diffuso Mannois (S. 236)

Auf nach Nuoro & in den Osten!

Nirgendwo auf Sardinien ist die Landschaft so überwältigend wie im wilden und ursprünglichen Osten der Insel, wo sich die majestätischen Kalksteingipfel des Supramonte zu den Klippen am türkisblauen Golfo di Orosei hinunterziehen. Oft weiß man nicht, wohin die kurvenreichen Landstraßen führen: in tiefe Täler mit prähistorischen Höhlen und *nuraghi* (Wehrsiedlungen aus der Bronzezeit), in die abgeschiedenen Dörfer der Barbagia, um die sich viele Banditenlegenden ranken, oder in Wälder, in denen Wildschweine zwischen jahrhundertealten Steineichen herumschnüffeln. Der Osten lebt unabhängig von Zeit und Trends und ist genau deshalb so authentisch.

Freunde des Outdoorsports kommen überall auf ihre Kosten: an der Küste, wo Skipper in einer der vielen perlweißen Buchten ankern, in den Klippen, entlang derer man hoch über dem Meer klettert, auf Maultierpfaden, die sich am schönsten mit dem Mountainbike erkunden lassen, und natürlich unterwegs in den Bergen und Schluchten, die sich nur zu Fuß erkunden lassen. Klar, die Costa Smeralda lockt mehr Reiche und Schöne an, aber es wird wohl kaum einer der Behauptung widersprechen, dass der wahre Reichtum und die wahre Schönheit der Insel in dieser herrlichen Landschaft liegen.

Reisezeit

Mamuthones in zottigen Schafsfellen und grausigen Holzmasken lassen sich zuhauf beim Karneval von Mamoiada im Februar bestaunen. Farbenfroh präsentieren sich der Frühling mit seiner Wildblumenblüte und der Herbst mit bunt gefärbtem Laub. In der Nebensaison legen die Preise eine Art Sturzflug hin. Bei angenehmen, aber nicht zu heißen Temperaturen kann man dann ohne Menschenmassen wandern, klettern oder mit dem Rad fahren. Wer lieber faul am Strand liegt und gerne Wassersport betreibt, sollte jedoch im Sommer kommen.

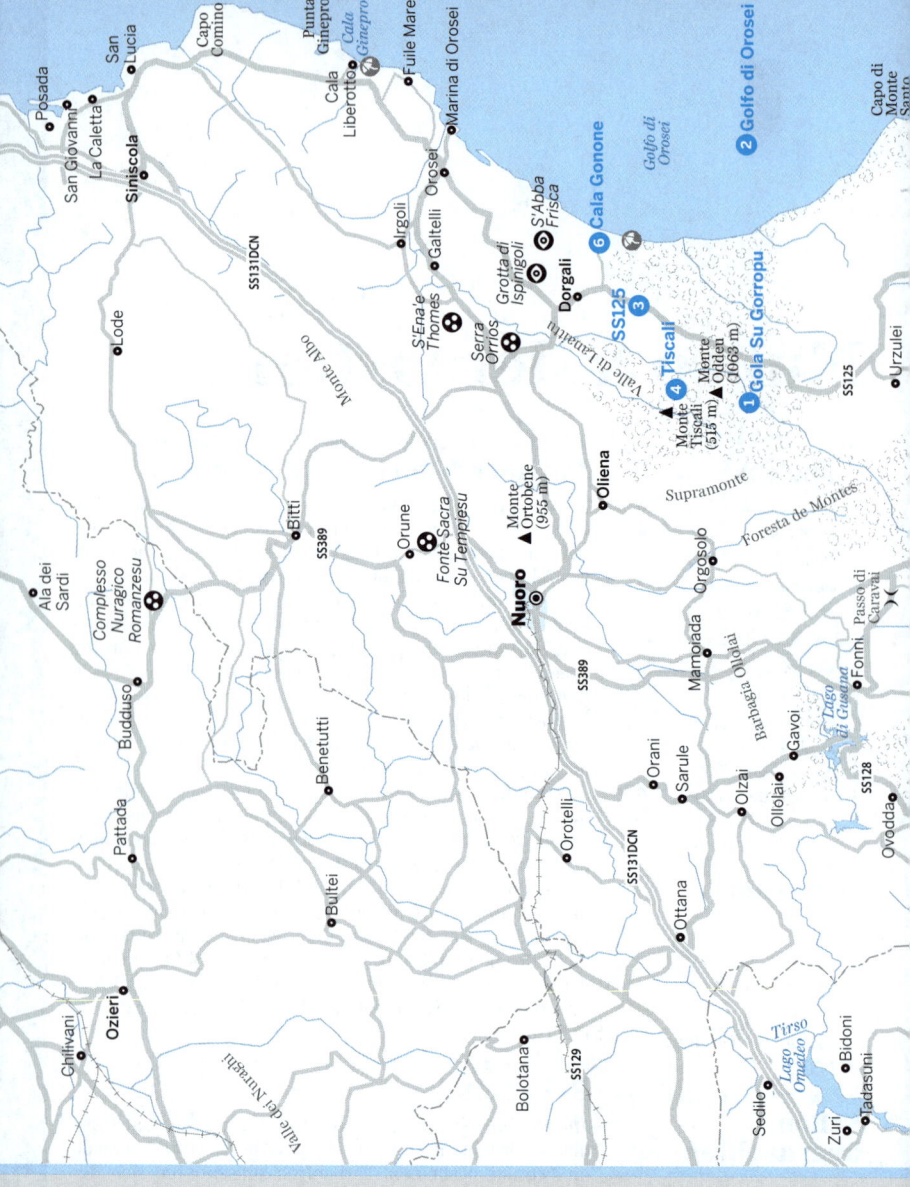

Highlights

1 Eine abenteuerliche Wanderung durch Europas größte Schlucht, die **Gola Su Gorropu** (S. 208)

2 In einer der verschwiegenen Buchten oder abgeschiedenen Strände des **Golfo di Orosei** (S. 204) den Anker ins türkis schimmernde Wasser werfen

3 Eine malerische Spazierfahrt über die serpentinenreiche **SS125** (S. 206) mit herrlichen Ausblicken auf Berge und Meer

4 Besichtigung der Nuraghenstätte **Tiscali** (S. 209) hoch oben im Supramonte

5 Ein Streifzug durch die magische Hochebene **Altopiano del Golgo** (S. 216)

5 Altopiano del Golgo

Tyrrhenisches Meer

Isola dell'Ogliastra

Baunei SS125
Santa Maria Navarrese
Lotzorai
Arbatax
Tortolì
Bari
Cardedu
Sa Perda Pera
Marina di Gairo
Sa Foxi Manna

Ogliastra
Lanusei
Villagrande Strisaili
Arzana
Gairo
Osini Barbagia di Seulo
7 Ulassai
Jerzu
SS125
Tertenia

Talana
Monti del Gennargentu

Lago Alto della Flumendosa
SS389
Monte Perda Liana (1293 m)
Ussassai

Arcu Carreboi
Foresta di Montarbu
Perdasdefogu
Escalaplano
Ballao
Flumendosa

Punta La Marmora (1834 m)
Seui
Sadali
Seulo
Nuraghe Arrubiu
Goni

Bruncu Spina (1829 m)
Desulo
Aritzo
Barbagia di Belvì
Gadoni
Seulo
Orroli
Pranu Mutteddu

Salto di Quirra

Tiana
Tonara
Sorgono
Atzara
Nurri
Serri
Mandas
Senorbi

Ortueri
SS388
Busachi
Samugheo
SS128
Laconi
Isili
Guasila

Alli
Villa
La Giara di Gesturi
Genuri
Setzu
Giara di Gesturi
Tuili
Barumini
Las Plassas
Villamar
Sanluri
Manru
Campidano SS131

Villanovaforru
La Marmilla
Gesturi

6 In Cala Gonone (S. 209) an der Küste klettern und anschließend ins unglaublich blaue Meer springen

7 Eine Wanderung in den Hügeln um **Ulassai** (S. 217)

0   20 km

NUORO

36 500 EW

Das einstmals abgeschiedene Dorf auf einem Hügel galt lange als Inbegriff des Banditenunwesens. Doch dann erlebte Nuoro im 19. und Anfang des 20. Jhs. eine kulturelle Renaissance, als es zur Wiege künstlerischer Talente avancierte. Heute würdigen Museen im historischen Zentrum Berühmtheiten wie die Schriftstellerin Grazia Deledda, die 1926 mit dem Nobelpreis für Literatur ausgezeichnet wurde, den renommierten Dichter Sebastiano Satta, den Romancier Salvatore Satta und den Bildhauer Francesco Ciusa.

Die Stadt liegt vor der spektakulären Kulisse des Monte Ortobene (955 m), einem Granitberg, den ganz oben eine 7 m hohe Bronzestatue des Redentore (Christus' des Erlösers) krönt. Vom dicht bewaldeten Gipfel bietet sich ein herrlicher Panoramablick ins Tal sowie auf die Kalksteinberge, in denen gegenüber Oliena liegt.

Geschichte

Archäologen haben in der Gegend um Nuoro Reste prähistorischer Nuraghen-Siedlungen entdeckt. Einer verbreiteten Theorie zufolge wurde die Stadt gegründet, als sich die Einheimischen bei einem Aufstand gegen die römischen Machthaber am Monte Ortobene zusammenrotteten. Allerdings ist von der Stadt bis ins Mittelalter hinein wenig bekannt. Dann wurde sie unter den Aragoniern und später den Spaniern von einer Adelsfamilie zur nächsten weitergereicht.

Im 18. Jh. zählte sie unter Piemontesischer Herrschaft etwa 3000 Einwohner, überwiegend Bauern und Schäfer. 1868 erhob sich in der häufig von Gewalt erschütterten Stadt eine Rebellion. Die Bürger protestierten gegen die geplante Privatisierung von öffentlichem Land (sprich die Übereignung an reiche Landbesitzer) und steckten das Rathaus in Brand. Dieses Ereignis, bekannt als Su Connuttu, bestätigte das Vorurteil der neuen italienischen Nation, die Nuoro für ein „Verbrechernest" hielt. Die entsprechende Behandlung der Region schürte wiederum das Misstrauen der Bewohner von Nuoro.

1927 wurde die Stadt zur Provinzhauptstadt ernannt. Sie entwickelte sich schnell zum geschäftigen Verwaltungssitz. Obwohl die Banditen von damals heute nicht mehr ihr Unwesen treiben und sich die Stadt recht positiv präsentiert, dauern die Probleme an. Eine hohe Arbeitslosigkeit zwingt viele junge Leute, die Stadt zu verlassen.

⊚ Sehenswertes & Aktivitäten

LP TIPP ▸ Museo della Vita e delle Tradizioni Sarde   MUSEUM

(☎0784 25 70 35; Via Antonio Mereu 56; Erw./erm. 3/1 €; ☉Sommer tgl. 9–20 Uhr, Winter Di-So 9–13 & 15–18 Uhr) Das Museum hat sich der sardischen Folklore verschrieben und zeigt eine hervorragende Sammlung an filigranem Schmuck, Teppichen, Wandbehängen, edlen Spitzen, Musikinstrumenten, Waffen und Masken. Die eigentliche Hauptattraktion sind aber die Trachten – ihre unterschiedlichen Stile, Farben und Muster verraten viel über die Menschen und ihre Dörfer: Die feuerroten Trachtenröcke stammen beispielsweise aus stolzen, auf ihre Unabhängigkeit bedachten Bergdörfern, den Kleidern mit blau-gelben Seidenbordüren aus Orgosolo und Desulo ist der armenische Einfluss anzumerken, die burkaartigen Gewänder mit Gesichtsschleier trugen einst Damen in Ittiri und Osilo.

In anderen Sälen sind lebensgroße Figuren ausgestellt, die die besonderen Festlichkeiten in dieser Region dokumentieren, so etwa die gruseligen *mamuthones* aus Mamoiada (mit zotteligem Schafsfell und finsteren Masken) und die *boes* aus Ottana: Diese Figuren tragen winzige, antilopenartigen Masken, riesige Umhänge und Pelzstiefel.

Ein kurzer Spaziergang führt vom Museum zum beschaulichen **Parco Colle Sant'Onofrio**: Von seinem höchsten Punkt reicht der Blick bis zum Monte Ortobene und weiter südlich bis nach Oliena und Orgosolo.

Museo d'Arte (MAN)   KUNSTGALERIE

(☎0784 25 21 10; www.museoman.it; Via Satta 15; Erw./erm. 3/2 €; ☉Di–So 10–13 & 16.30–

ENTFERNUNGEN (km)

	Aritzo	Cala Gonone	Nuoro	Orosei
Cala Gonone	85			
Nuoro	53	32		
Orosei	88	20	35	
Tortoli	65	54	72	69

MONTE ORTOBENE

Etwa 7 km nordöstlich von Nuoro erhebt sich der mit Steineichen, Pinien, Tannen und Pappeln dicht bewaldete Granitgipfel **Monte Ortobene** (955 m), auf dem eine 7 m hohe Bronzestatue des Redentore (Christus, des Erlösers) thront. Der mit eigenartigen Granitbrocken übersäte Berg ist ein beliebtes Picknickareal und Zentrum von Nuoros jährlichem Festival **Sagra del Redentore**. Am 29. August pilgern bunt gekleidete Gläubige von der Kathedrale hierher. Unterwegs werden in der **Chiesa di Nostra Signora del Monte** und unterhalb der Statue Messen gefeiert.

Entstanden ist die Statue 1901 unter Papst Leo XIII., der in Italien 19 Christusstatuen als Symbol des Christentums im 19. Jh. errichten ließ. Seitdem wird diese Darstellung Christi, wie er den Teufel zu Boden trampelt, von zahllosen Pilgern verehrt, die ihr Heilungen und andere Wunder zuschreiben.

Der Blick übers Tal bis nach Oliena und Monte Corrasi ist vom Aussichtspunkt unweit des Gipfels sagenhaft schön, und zwar vor allem in der Abenddämmerung, wenn die Kalksteingipfel von den letzten Sonnenstrahlen rosarot beleuchtet werden. Der Gipfel kann mit öffentlichen Verkehrsmitteln besucht werden: Die Buslinie 8 fährt von der Via A Manzoni in Nuoro aus auf den Berg.

20.30 Uhr) Das Museum in einem restaurierten Stadthaus aus dem 19. Jh. ist die einzige ernstzunehmende Galerie für zeitgenössische Kunst der Insel. Die Dauerausstellung umfasst über 400 Arbeiten von bedeutenden Malern des 20. Jhs., darunter Werke von Antonio Ballero, Giovanni Ciusa-Romagna, Mario Delitalia sowie vom abstrakt arbeitenden Künstler Mauro Manca. Auch Arbeiten der einheimischen Bildhauer Francesco Ciusa und Costantino Nivola werden hier gezeigt. Wer die Bronzekopie von Francesco Ciusas *La Madre dell'Ucciso* (Mutter des Getöteten) ansehen möchte – sie wurde 1907 auf der Biennale in Venedig mit einem Preis ausgezeichnet –, sollte der rosafarbenen **Chiesa di San Carlo** (Piazza San Carlo; ☺unterschiedl. Öffnungszeiten) einen Besuch abstatten.

Die Galerie präsentiert abwechslungsreiche Wechselausstellungen, die im Allgemeinen im Erdgeschoss und im obersten Stockwerk gezeigt werden.

Museo Deleddiano   MUSEUM

(☏0784 25 80 88; Via Grazia Deledda 53; Erw./erm. 3/1 €; ☺Sommer tgl. 9–19 Uhr, Winter Di–So 10–13 & 15–17 Uhr) Im ältesten Teil der Stadt wurde das Geburtshaus von Grazia Deledda (1871–1936) zu einem hübschen kleinen Museum umgestaltet. Die liebevoll restaurierten Zimmer voller Erinnerungsstücke an die Schriftstellerin vermitteln einen Eindruck davon, wie ein wohlhabendes Nuoreser Haus im 19. Jh. ausgesehen hat: In der Vorratskammer stapeln sich Säcke mit Weizen, die geräumige Küche ist vollgestopft mit Tiegeln und Pfannen, auch einen kleinen Hof gibt es. Am beeindruckendsten ist jedoch das viele Material, das an Grazia Deleddas Nobelpreisverleihung erinnert: das Glückwunschtelegramm das ihr der König von Italien sandte, zahlreiche Fotos von der Preisverleihung, die diese stolze, winzige Frau inmitten einer Gruppe von Männern in Anzügen zeigen.

Grazia Deledda verbrachte zwar 36 ihrer 65 Lebensjahre in Rom, dennoch war ihr Leben von Nuoro und seinen Irrungen und Wirrungen geprägt. Aus diesem Grund wurde die Schriftstellerin nach ihrem Tod in der schlichten Granitkirche **Chiesa della Solitudine** (Viale della Solitudine) in Nuoro bestattet. Ihr Granitsarkophag steht gleich rechts vom Altar.

Piazza Satta   PIAZZA

Vom Museo d'Arte (MAN) führt ein kurzer Spaziergang die Via Satta hinauf zur Piazza Satta. Der kleine Platz ehrt den großen Dichter Sebastiano Satta (1867–1914), der hier in einem der Häuser zur Welt kam. Anlässlich der Feier des hundertsten Geburtstags des Dichters verlieh der Bildhauer Costantino Nivola 1967 dem Platz neuen Glanz: Er ließ sämtliche Gebäude weiß tünchen, um eine einheitliche Kulisse für sein ungewöhnliches Werk zu schaffen: Auf der Piazza stehen nun mehrere Granitskulpturen – Menhire mit einer Art Nische, in der sich eine Bronzefigurine befindet. Diese Figuren sind eine Anspielung auf die prähistorischen *bronzetti*

Nuoro

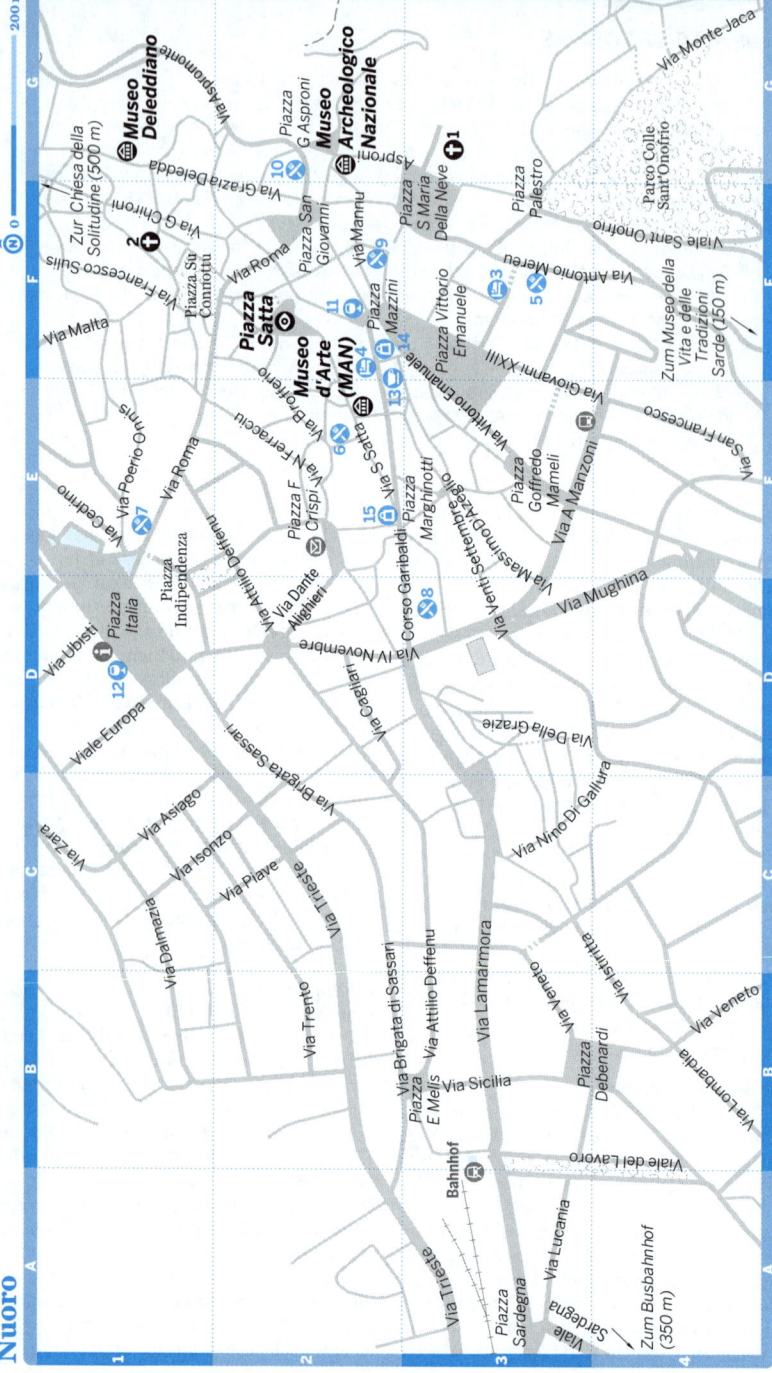

200 m

Museo Deleddiano

Via Aspromonte

Piazza G Asproni

Museo Archeologico Nazionale

Via Grazia Deledda

10

Via Asproni

1

Zur Chiesa della Solitudine (500 m)

Via G Chironi

2

Via Francesco Suils

Piazza Su Conniotti

Via Roma

Piazza San Giovanni

Piazza S Maria Della Neve

Piazza Palestro

Parco Colle Sant'Onofrio

Via Monte Jaca

Viale Sant'Onofrio

Via Malta

Via Mannu

9

Via Mazzini

Via Antonio Mereu

Zum Museo della Vita e delle Tradizioni Sarde (150 m)

Piazza Satta

Museo d'Arte (MAN)

11

Piazza

4

14

3

5

Piazza Vittorio Emanuele

Via Giovanni XXIII

Via Poerio

Via Cedrino

Via Roma

Via N Ferracciu

Via Brofferio

13

6

Via S Satta

Via Vittorio Emanuele II

Piazza Goffredo Mameli

Via San Francesco

Via A Manzoni

Via Mughina

7

Piazza Italia

Piazza Indipendenza

Via Attilio Deffenu

Via Dante Alighieri

Piazza F Crispi

15

Corso Garibaldi

Piazza Marghinotti

8

Via Massimo d'Azeglio

Via Venti Settembre

12

Via Ubisti

Viale Europa

Via IV Novembre

Via Cagliari

Via Della Grazie

Via Zara

Viale Europa

Via Dalmazia

Via Asiago

Via Isonzo

Via Plave

Via Trento

Via Brigate Sassari

Via Trieste

Via Brigata di Sassari

Via Attilio Deffenu

Via E Melis

Via Sicilia

Via Lamarmora

Via Veneto

Via Istrittia

Via Nino Di Gallura

Piazza Debenardi

Via Lombardia

Via Veneto

Bahnhof

Piazza E Melis

Viale del Lavoro

Via Trieste

Piazza Sardegna

Viale Sardegna

Via Lucania

Zum Busbahnhof (350 m)

Nuoro

Hochzeitstorte erinnert. Die Cattedrale di Santa Maria della Neve aus dem 19. Jh. ist eine von rund 300 Kirchen in Italien, die der Madonna della Neve geweiht ist. Wie es zu dem Namen „Maria des Schnees" kam? Angeblich erschien Maria dem Papst Liberius (4. Jh.) im Traum und befahl ihm, an der Stelle eine Kirche zu erbauen, an der am nächsten Morgen Schnee fallen würde. Als es dann am nächsten Tag wirklich schneite, gab der Papst eine Kirche an der Stelle in Auftrag, an der die heutige Basilica di Santa Maria Maggiore in Rom steht. Hinter der imposanten neoklassizistischen Fassade von Nuoros Kathedrale verbirgt sich jedoch nur ein einziges Kirchenschiff. Innen ist das Ölgemälde *Disputa de Gesù Fra i Dottori* (Jesus im Disput mit den Ärzten) sehenswert: Es wird der Schule von Luca Giordano zugeschrieben und hängt zwischen der ersten und der zweiten Kapelle rechts.

🎆 Feste & Events

Die **Sagra del Redentore** (Erlöserfest) in der letzten Augustwoche gilt als das bedeutendste Ereignis in Nuoro. Es zählt zu den ausgelassensten Volksfesten Sardiniens und lockt in Tracht gekleidete Teilnehmer von der ganzen Insel in die Stadt, die dort ein umfangreiches Programm mit Umzügen, Musik und Tanz erleben. Am 28. August findet abends eine Fackelprozession statt, sie beginnt an der Chiesa della Solitudine und schlängelt sich durch die ganze Stadt.

✖ Essen

Die Hauptstraße Nuoros ist der Corso Garibaldi, um den ein Gewirr schmucker Gassen mit mehreren Restaurants und beliebten Cafés liegt.

und stellen jeweils eine Figur aus Sattas Dichtung dar.

Museo Archeologico Nazionale MUSEUM
(📞0784 3 16 88; Via Mannu 1; www.museo archeologiconuoro.it; Erw./erm. 2/1 €; 🕐Di–Sa 9–13, Di–Do auch 15–17.30 Uhr) Das Museum bietet einen guten Überblick über die archäologischen Stätten der Region. Zu den gezeigten Fundstücken aus der Provinz zählen antike Keramik und schöne *bronzetti,* aber auch ein Schädel mit einem Bohrloch (1600 v. Chr.) sowie römische und frühmittelalterliche Artefakte. Jeder, der sich etwas für die Nuraghenkultur interessiert, wird von der Rekonstruktion einer prähistorischen Tempels und eines alten bronzezeitlichen Schmiede begeistert sein.

Cattedrale di Santa Maria della Neve KATHEDRALE
(Piazza Santa Maria Della Neve) Schon so manch einer fühlte sich beim Anblick der weiß-rosafarbenen Kirche an eine große

La Locanda [LP TIPP] SARDISCH €
(📞0784 3 10 32; Via Brofferio 31; Mahlzeiten 15–20 €; 🕐Mo–Sa) In dieser netten, bodenständigen Trattoria dreht sich alles ums Essen. Das Mittagsmenü für 9,20 € ist ein Schnäppchen. Am besten setzt man sich an einen der Tische, und schon geht es los mit der Völlerei: zuerst Antipasti, dann frisch zubereitete Pasta und schließlich gegrillte Steaks, die sich mit einem Liter süffigen Hausweins (6 €) gut hinunterspülen lassen.

Ristorante Il Portico SARDISCH €€
(📞0784 21 76 41; Via Monsignor Bua 13; Mahlzeiten 35 €; 🕐Do–Di) In diesem Restaurant mit abstrakten Gemälden an den Wänden und

Jazz als musikalischer Untermalung werden die Gäste herzlich begrüßt. Hinter der Kulisse zaubert ein eingespieltes Ehepaar ein wahres Feuerwerk an lokalen Speisen auf den Tisch, z. B. *spaghetti ai ricci* (Spaghetti mit Seeigeln) und frische Gnocchi mit Lammragout. Für das köstliche Karamell-Nougat-Semifreddo sollte man im Magen unbedingt ausreichend Platz lassen.

Il Rifugio
SARDISCH €€

(☎0784 23 23 55; Via Antonio Mereu 28–36; Mahlzeiten 30 €; ⊙Do–Di) Das fröhliche Restaurant ist eines der beliebtesten Speiselokale in Nuoro und kann mit seinen kreativen Gerichten aus der Region auf ein treues Stammpublikum zählen. Als typische Gerichte werden Safran-Risotto mit Gemüse und Garnelen und *pecora alla nuorese con cipolline* (Nuoro-Lamm mit Zwiebeln) serviert – zu sehr vernünftigen Preisen.

Premiata Pasticceria Il Golosastro
GEBÄCK & SÜSSIGKEITEN

(Corso Garibaldi 173–175) Die kunstvollen Kuchen sind so fein wie Spitze und *fast* schon zu schön zum Essen. Das preisgekrönte Konditorinnen-Duo Felicina und Antonietta Mele zaubert essbare Bouquets mit Mandelverzierung, zartes Gebäck und nussige *torrone* (Nougat) – einfach himmlisch!

Monti Blu
SARDISCH €€

(☎0784 23 14 43; Via Roma 22; Mahlzeiten 25–40 €; ⊙Di–So) Klare mediterrane Aromen charakterisieren die regionalen Gerichte wie *tagliata di tonno* (Thunfischsteak mit Rauke und Pecorino). Im Teezimmer des stilvollen kleinen Restaurants kann man anschließend das Essen gemütlich ausklingen lassen. Lohnenswert ist auch der Besuch der angeschlossenen Feinkostabteilung: Hier findet man alles von Pecorino über Salami bis hin zu eingelegtem Obst und Gemüse.

Ristorante Tascusì
TRATTORIA €

(☎0784 3 72 87; Via Aspromonte 15; Mahlzeiten 10–25 €; ⊙Mo–Sa) Die Trattoria ist genau die richtige Adresse, wenn man Lust auf eine einfache, aber herzhafte Mahlzeit hat. An den Tischen in der sonnigen, weiß gestrichenen Gaststube werden leckere Pasta, Pizza und einfache Fleischgerichte serviert.

Ausgehen

Nuoro hat eine lebhafte Kaffeehausszene. Die Terrassen im historischen Zentrum bieten sich wunderbar für einen Drink und eine Zwischenmahlzeit an.

Caffè Tettamanzi Bar Mayore
CAFÉ

(Corso Garibaldi 71; ⊙6–15 Uhr, So vormittags geschl.) Die Erfolgsgeschichte des ältesten Cafés der Stadt beginnt bereits 1875, inzwischen ist das Tettamanzi längst eine Institution. Die Räumlichkeiten mit Fresken, Marmortischen und wuchtigen Samtsesseln, in denen man die Romane von Grazia Deledda und Gedichte von Sebastiano Satta lesen kann, erinnern an die glanzvolleren Zeiten des Cafés. Wer lieber Leute beobachten will, schnappt sich einen der Tische im Freien und lässt bei einem *panini* die Passanten vorbeiflanieren.

Bar Nuovo
BAR, CAFÉ

(Piazza Mazzini 6; ⊙7–24 Uhr) Das hervorragende Lokal direkt an der Piazza Mazzini bietet sich an, um bei einem kühlen Bier alle Viere von sich zu strecken und das rege Treiben auf dem Platz zu beobachten. Genau so gut eignet sich die Bar aber auch für die Lektüre der Morgenzeitung, ein mittägliches Eis oder den abendlichen Aperitif.

Café America
BAR, CAFÉ

(Piazza Italia 5; ⊙7–24, Sa 7–2 Uhr) Tagsüber ist das Americana eine gut besuchte Café-Bar; abends strömen die jungen Einheimischen herbei, die in den mit Holz verkleideten Nischen an ihren Drinks nippen und bei gedämpftem Jazz chillen. Gelegentlich wird Livemusik gespielt, auch Partys finden ab und an statt.

Shoppen

Der Corso Garibaldi ist übersät mit italienischen Modeboutiquen. Am zweiten Samstag im Monat findet regelmäßig ein gut besuchter Antiquitätenmarkt statt.

Galleria Il Portico
KUNST

(Piazza del Popolo 3) Die Galerie zeigt Arbeiten zeitgenössischer Künstler wie Antonio Corriga, Vittorio Calvi und Franco Carenti, und zwar überwiegend Ölgemälde und Aquarelle. Die Preise beginnen bei ein paar Hundert Euro aufwärts – für manches Werk werden aber auch mehrere Tausend verlangt.

Coltelli Sardi
ACCESSOIRES

(Corso Garibaldi 53) Nuoros ländlichem Erbe entsprechend – und natürlich auch unter dem Einfluss der vielen Banditen der Region – kreiert Francesco Piredda edle sardische Messer. Zu diesen zählt auch das berühmte Pattada-Messer mit einem gebogenen Griff aus Mufflon- oder Schafbockhorn sowie Verzierungen auf der Klinge.

ⓘ Praktische Informationen

Der Bahnhof und die Bushaltestellen befinden sich unten in der Via Lamarmora, der Verlängerung des Corso Garibaldi.

Banken mit Geldautomaten und Buchläden liegen am Corso Garibaldi. Die **Hauptpost** hat ihre Schalter an der Piazza F Crispi.

Die **Touristeninformation** (✆0784 23 88 78; www.provincia.nuoro.it, nur Italienisch; Piazza Italia 19; ☺Sommer tgl. 8.30–14 & 15.30–19 Uhr, Winter Mo–Fr 8.30–14 & 15.30–19 Uhr) ist eine gute Anlaufstelle und hält eine Fülle nützlicher Informationen über Nuoro und die Umgebung bereit.

ⓘ An- & Weiterreise

Auto & Motorrad

Die SS131DCN, eine zweispurige Schnellstraße von Olbia nach Abbasanta (wo sie auf die in Nord-Süd-Richtung verlaufende SS131 Carlo Felice trifft), führt nördlich an Nuoro vorbei. Die SS129 ist die schnellste Verbindung Richtung Osten nach Orosei und Dorgali. Sieben Straßen führen in Richtung Süden nach Oliena, Orgosolo und Mamoiada.

Bus

Busse von **ARST** (✆0784 29 08 00; www.arst. sardegna.it, auf Italienisch) verkehren vom **Busbahnhof** in der Viale Sardegna zu Zielen in allen gesamten Provinz und den Nachbarprovinzen, darunter Dorgali (3 €, 45 Min., 6-mal tgl.), Orosei (3 €, 1 Std., 10-mal tgl.), La Caletta (4,50 €, 1 Std., 7-mal tgl.), San Teodoro (8 €, 1 Std. 50 Min., 5-mal tgl.), Baunei (6 €, 2 Std., 4-mal tgl.), Santa Maria Navarrese (7 €, 2 Std. 25 Min., 5-mal tgl.) und Tortolì (6 €, 2 Std. 40 Min., 5-mal tgl.). Es fahren regelmäßig Busse nach Oliena (1,50 €, 20 Min.) und Orgosolo (2 €, 35 Min.). Zwei Busse pro Tag fahren ohne Zwischenstopp direkt nach Cagliari (15,50 €, 2½–5 Std.).

Nach Olbia fährt ein ARST-Bus (8,50 €). **Deplano** (✆0784 29 50 30; www.deplanobus. it, auf Italienisch) bietet bis zu fünf Verbindungen am Tag zum Flughafen Olbia (12 €, 1¾ Std.), die Strecke führt über Budoni (6 €, 1 Std.) und San Teodoro (6 €, 1¼ Std.).

Nach Alghero fahren täglich zwei Busse (18 €, 2¼ Std.) von **Redentours** (✆0784 3 03 25; www.redentours.com, nur Italienisch); für sie ist eine Reservierung erforderlich.

Zug

Der **Bahnhof** liegt westlich vom Stadtzentrum an der Ecke Via Lamarmora/Via G Ciusa Romagna. Von Nuoro fahren Züge nach Macomer (3,10 €, 1¼ Std., Mo–Sa 7-mal tgl.), wo Anschluss zur Hauptlinie der Trenitalia-Züge nach Cagliari (von Macomer 10,15 €, 2¼ Std., 9-mal tgl.) besteht.

ⓘ Unterwegs vor Ort

Die Stadtbusse 2 und 3 von **ATP** (✆0784 3 51 95; www.atpnuoro.it, auf Italienisch) sind praktisch, wenn jemand zum Bahnhof oder zum Terminal der ARST-Busse fahren möchte. Buslinie 8 fährt von der Via Manzoni auf den Monte Ortobene (1,50 €) hinauf. Fahrkarten für die Stadtbusse kosten 1 € und sind 90 Minuten gültig.

Ein **Taxi** findet sich meist in der Via Lamarmora – oder man ruft direkt beim Taxiunternehmen an (✆0784 20 33 76).

NÖRDLICH VON NUORO

In der einsamen Landschaft nördlich von Nuoro gibt es ein paar absolut sehenswerte archäologische Stätten. Sie sind für Besucher nicht leicht erreichbar. Selbst Autofahrer werden sich wundern, wohin es sie da verschlagen hat. Aber wer durchhält, wird reich belohnt. Nirgendwo sonst kann man so ungestört den Zauber und die Stille des Inselinneren genießen wie an diesen kaum besuchten Stätten.

Fonte Sacra Su Tempiesu

In der wilden Hügellandschaft unweit der staubigen Ortschaft Orune liegt die **Fonte Sacra Su Tempiesu** (✆328 756 5148; Erw./Kinder 3/2 €; ☺Sommer 9–19 Uhr, Winter 9–17 Uhr), ein kunstvoller Brunnentempel der Nuragher. Seltsamerweise hat der Namen nichts mit dem prähistorischen Ursprung des Bauwerks zu tun, sondern verweist vielmehr auf einen Bauern aus Tempio, der das Heiligtum 1953 entdeckte.

Vom schlüssellochförmigen Eingang des Tempels führen mehrere Stufen in den Brunnenschacht hinab, der am Tag der Sommersonnenwende direkt von der Sonne beleuchtet wird. Das Wasser steht bis an die oberste Stufe und rieselt hinab zu einem weiteren kleinen Brunnen im ursprünglichen, einfacheren Tempel von 1600 v. Chr. Der neuere Tempel wurde etwa 600 Jahre später erbaut und ist ein (teils restauriertes) Meisterwerk. Oberhalb von Brunnen und Stufen erhebt sich ein A-förmiges Bauwerk aus sorgfältig behauenen und ineinander gefügten Basalt- und Trachytsteinen (mit wasserdichter Bleiversiegelung). Die Steine wurden aus so entfernten Orten wie Dorgali hierher gebracht. Der Bau ist inselweit der einzige dieser Art. Er lag seit der Eisenzeit unter einem Erdrutsch verschüttet und wurde erst ab 1981 ausgegraben.

Ohne eigenes Fahrzeug ist er kaum zu erreichen. Man fährt in Richtung Orune, 18 km nordöstlich von Nuoro. Dazu verlässt man die Schnellstraße SS131DCN bei der Abfahrt Ponte Marreri und fährt noch 11 km nach Orune hinauf. Bis hierher fahren auch noch Busse. Ab Orune geht es auf einem teils schwierigen, aber gut ausgeschilderten Feldweg 5 km in Richtung Südosten. Vom Ticketschalter sind es noch 800 m zu Fuße bergab bis zum Tempel. Wer Italienisch versteht, kann sich von einem Fremdenführer begleiten lassen.

Bitti & Complesso Nuragico Romanzesu

Von Orune führt die SS389 12 km weiter zum Hirtendorf **Bitti**, das unlängst durch ein Sängerquartett von sich reden machte, den Tenores de Bitti. Das Männerquartett gilt als der berühmteste Vertreter des traditionellen sardischen Obertongesangs. Wer gern eine Kostprobe hören möchte, legt eine Stippvisite im **Museo Multimediale del Canto a Tenore** (☎0784 41 43 14; Via Mameli 57; Erw./erm. 2,60/2,10 €; ☀Di–So 9.30–12.30 & 15–18 Uhr) ein, wo man diese Gesangstechnik kennenlernen und sich Tonaufnahmen verschiedener Vokalgruppen anhören kann.

Rund 13 km hinter Bitti – auf der Straße in Richtung Budduso – liegt der **Complesso Nuragico Romanzesu** (☎0784 41 43 14; Eintritt 3,10 €, inkl. Museo Multimediale del Canto a Tenore 3,60 €; ☀Mo–Sa 9–13 & 15–19, So 9.30–13 & 14.30–19 Uhr). Das 7 ha große Heiligtum der Nuragher (17. Jh. v. Chr.) liegt in einem dichten Kork- und Steineichenwald und besteht aus mehreren sakralen Gebäuden und diversen runden Dorfhütten. Hauptattraktion ist der heilige Brunnentempel mit einem typischen *tholos* als Dach, einer einzigen Steinplatte, die auf mehreren sich verjüngenden Steinreihen ruht. Der Tempel ist mit einem halbovalen Amphitheater verbunden. Zum besseren Verständnis empfiehlt sich eine Führung, es werden täglich bis zu sechs davon angeboten. Die meisten finden auf Italienisch statt, einige jedoch auch auf Deutsch oder Englisch. Kurz vor der archäologischen Stätte ist an einer Abzweigung der **Agriturismo Romanzesu** (☎0784 41 57 16; Località Romanzesu) ausgeschildert, in dem man nicht übernachten, aber königlich speisen kann (unbedingt reservieren!). Die

Gastgeber bieten Hausmannskost, alle Produkte stammen vom eigenen Hof, darunter Nudeln, Salami, *porceddu* (Spanferkel) und Lamm. Und das für nur 28 €!

SUPRAMONTE

Südöstlich von Nuoro erhebt sich das riesige Kalksteinmassiv des Supramonte wie ein eiserner Vorhang über Oliena. Trotz der relativ geringen Höhe – sein Gipfel Monte Corrasi erreicht nur 1463 m – wirkt die kahle Hochebene mit ihren vielen Schluchten und zerklüfteten Engpässen absolut imposant und wild. Ihr Ruf als Zentrum der sardischen Banditen macht diese ursprüngliche und kompromisslose Landschaft noch aufregender.

Der Supramonte bietet hervorragende Wandermöglichkeiten. Da die Strecken größtenteils über Kalkstein verlaufen, sind die Wege allerdings oft kaum erkennbar. Im Frühling und Herbst sollte man außerdem sehr genau auf die Wettervorhersage achten. In Oliena oder Dorgali kann man auch einen einheimischen Führer engagieren.

Oliena

7440 EW.

Auf Sardinien gibt es nur wenige Anblicke, die so ergreifend sind wie der Blick auf den Monte Corrasi (1463 m) in der Abenddämmerung, wenn sein Kalksteingipfel im letzten Licht förmlich zu glühen scheint. Von Nuoro kann man die bunten Dächer von Oliena sehen, das sich in eine Bergmulde schmiegt. Das Dorf als solches macht mit seinem Zentrum aus grauen Steinhäusern nicht viel her, ist jedoch ein praktischer Standort, um den Supramonte zu erkunden.

Das Dorf wurde vermutlich in römischer Zeit gegründet, sein Name bezieht sich jedoch auf die Ilienser: Nachkommen geflohener Trojaner, die sich hier niederlassen haben sollen. Die besser dokumentierte Ankunft der Jesuiten im 17. Jh. legte den Grundstein für das heutige Dorf. Die eifrigen Jesuiten förderten die örtliche Seidenindustrie und ermunterten die Bauern, die umliegenden Hänge zu bewirtschaften. Mittlerweile ist Oliena für seine Seidenstickereien bekannt, außerdem für den Cannonau-Rotwein Nepente di Oliena. Der in England erfolgreiche Fußballstar Gianfranco Zola wurde 1966 in Oliena geboren.

SICHER & VERANTWORTUNGSVOLL WANDERN

Bevor es zum Wandern losgeht, sollten die folgenden Hinweise berücksichtigt werden, denn schließlich soll der Ausflug ja ein sicheres, vergnügliches Erlebnis werden und zudem mithelfen, die Ökologie und Schönheit Sardiniens zu bewahren.

» Alle Gebühren bezahlen und die Genehmigungen einholen, die von den Lokalbehörden verlangt werden.

» Zuverlässige Informationen über die physischen Belastungen und geografischen Gegebenheiten der geplanten Route einholen (z. B. bei der Parkaufsicht).

» Örtliche Gesetze, Verordnungen und Verhaltensregeln hinsichtlich der Tier- und Umwelt beachten.

» Nur in Gegenden und auf Wegen wandern, die aufgrund der eigenen Erfahrung auch wirklich machbar sind.

» Die Abhänge vieler Hügel und Berge sind vor allem in höheren Regionen stark der Erosion ausgesetzt. Deshalb unbedingt auf den Wegen bleiben und auf Abkürzungen verzichten.

» Ist keine Toilette vorhanden, sollten die Exkremente vergraben werden. Dazu ein kleines, etwa 15 cm tiefes Loch buddeln, das mindestens 100 m von Wasserläufen entfernt liegt.

» Müll ist grundsätzlich mitzunehmen. Er lässt sich reduzieren, indem man von vornherein auf größere Verpackungen verzichtet.

» Wer zelten möchte, sollte immer beim Grundstückseigentümer um Erlaubnis bitten.

» Und Achtung: Wetterbedingungen und Terrain unterscheiden sich von einer Region zur anderen erheblich, manchmal sogar schon von einem Wanderweg zum anderen.

◉ Sehenswertes

Die Piazza Santa Maria mit der **Chiesa di Santa Maria** aus dem 13. Jh. ist Dreh- und Angelpunkt des dörflichen Lebens. Hier findet samstags auch der Markt statt. Gleich in der Nähe steht die wunderbar schlichte **Chiesa di San Lussorio** (Via Cavour) aus dem 14. Jh. Wer die beiden Kirchen besichtigt und auch noch eine Runde durch die steilen grauen Gassen dreht, hat auch schon so ziemlich alle Sehenswürdigkeiten der Ortschaft bewundert. Unterwegs sollte man allerdings noch nach einigen Wandmalereien Ausschau halten: Eine zeigt den berüchtigten Banditen Giovanni Corbeddu Sali (1844–98), der von hier stammt, eine weitere befindet sich an einem rosafarbenen Haus unweit der Via Cavour. Es zeigt eine alte, schwarz gekleidete Frau mit einem Gewehr, das die Salvenschüsse während der Osterfeierlichkeiten S 'Incontru symbolisiert.

🏃 Aktivitäten

Die Landschaft rund um Oliena ist ein herrliches Wanderparadies. Nur 4 km südlich vom Dorf verläuft durch die Wälder von Maccione ein Wanderweg, der direkt auf die höchsten Gipfel des Supramonte führt.

In Serpentinen, bei denen Menschen mit Höhenangst manchmal der Schweiß auf der Stirn steht, geht es über die **Scala 'e Pradu** (Plateaustufen) zum Gipfel der **Punta sos Nidos** (Nestspitze) hinauf.

Zum Wanderweg gelangt man über ein Wanderzentrum, die **Cooperativa Enis** (☎0784 28 83 63; www.coopenis.it; Località Monte Maccione). Das Unternehmen bietet geführte Wanderungen sowie Exkursionen mit dem Jeep an.

Sardegna Nascosta (☎0784 28 85 50; www.sardegnanascosta.it, nur Italienisch) und **Barbagia Insolita** (☎0784 28 60 05; Corso Vittoria Emanuele 48) bieten beide eine ganze Palette an Aktivitäten, u. a. Wanderungen, Kanufahrten, Abseilen, Klettertouren und Ausritte.

 Feste & Events

Settimana Santa　　　　　　　　　KULTUR

Im Dorf geht es am Osterwochenende lebhaft zu: Höhepunkt der einwöchigen Osterfeierlichkeiten ist der S'Incontru („die Begegnung"), eine ausgelassene Prozession am Ostersonntag. Dann wird eine Christusstatue zur Piazza Santa Maria getragen, wo sie der hl. Jungfrau Maria „begegnet".

VALLE DI LANAITTU

Die Karstlandschaft des Supramonte wird durch ein 7 km langes Tal erschlossen, das man entlangwandern oder mit dem Auto bzw. Fahrrad erkunden kann. Das Tal ist an der Straße von Oliena nach Dorgali ausgeschildert. Himmelhoch aufragende Kalkberge mit Klippen und Höhlen wachen über das schmale Tal, das viele Naturwunder und archäologische Highlights bietet. Rosmarin, Mastix, Weintrauben und Oliven ziehen Tiere wie Marder, Wildschweine, Ziegen und Raubvögel an.

Auch Archäologiefans bietet das Tal eine ganze Menge, darunter Siedlungsplätze, die schon seit dem Mittleren Neolithikum bewohnt sind. Skelette und Grabobjekte, darunter Töpfe und Werkzeug aus Knochen, wurden in der **Grotta Rifugio** entdeckt, die das Bonu-Ighinu-Volk (4700–4000 v. Chr.) einst als Beerdigungsstätte nutzte. Die Ausgrabungsarbeiten in den 1970er-Jahren förderten in der vom neolithischen Ozieri-Volk (3800–2900 v. Chr.) bewohnten **Grotta del Guano** die Figuren zweier heidnischer Göttinnen, Keramik und Kochgeräte zutage.

Nicht weit vom *rifugio* (Berghütte) entfernt befindet sich die **Grotta Sa Oche & Su Ventu** (Eintritt 2 €; ☺April–Sept. 9–18 Uhr), die sich niemand entgehen lassen sollte. Zwei Höhlen sind durch eine Art natürlichen Siphon miteinander verbunden: Die erste wilde und überaus sehenswerte Höhle trägt den Namen „Stimmenhöhle", diesen verdankt sie dem in unterirdischen Gängen gurgelnden Wasser. Die zweite Höhle beeindruckt mit ihren sagenhaften Stalaktiten und Stalagmiten; sie diente gegen Ende des 19. Jhs. dem berüchtigten sardischen Banditen Corbeddu als Unterschlupf.

Rund 300 m nördlich des *rifugio* befindet sich die 5 ha große archäologische Stätte **Sa Sedda 'e Sos Carros** (Erw./erm. 5/3 €; ☺April–Sept. 9–18 Uhr) mit Überresten von etwa 150 Nuraghenhütten. Die interessanteste Ruine ist jedoch sicher der runde **Brunnentempel** mit Steinöffnungen, aus denen früher Quellwasser in ein riesiges Becken in der Mitte sprudelte.

Autunno in Barbagia   KULTUR

Von September bis Dezember halten die 27 Bergdörfer der Barbagia ein Wochenende mit verschiedensten Veranstaltungen ab – das Spektrum reicht von Workshops zum Thema Käseherstellung bis hin zu Ausstellungen und Vorführungen, bei denen die Kunsthandwerker ihr Können demonstrieren. Die Anwohner öffnen Gästen an diesem Wochenende ihre Türen und tischen Berge an lokalen Leckereien aus der Region auf – eine gute Gelegenheit, sich mit Lebensmitteln aus der Region einzudecken.

✕ Essen

Zum Su Gologone und zum Agriturismo Guthiddai gelangt man über die Straße, die in Richtung Dorgali führt; von ihr zweigt eine Straße rechts zum Valle di Lanaittu ab (ausgeschildert).

 **Su Gologone**   SARDISCH €€€

(☎0784 28 75 12; www.sugologone.it; Località Su Gologone; Mahlzeiten rund 55 €; ☺März–Nov.) Das rustikale Restaurant am Fuß der Berge ist wirklich sehr hübsch. Die Gäste sitzen an milden Abenden zwischen Bougainvilleen auf der Terrasse, über dem großen offenen Feuer brutzelt ein *porceddu* (Spanferkel), bis es perfekt knusprig gegrillt ist. Und der hiesige Cannonau passt hervorragend zu den klassischen sardischen Gerichten auf der Speisekarte.

Agriturismo Guthiddai   AGRITURISMO €€

(☎0784 28 60 17; www.agriturismoguthiddai.com; Località Guthiddai; Mahlzeiten 30 €; ☺Ostern–Mitte Nov.; ﹡) In dem weiß getünchten *agriturismo* zwischen Weingärten und Olivenhainen werden die Gäste so herzlich willkommen geheißen, als würden sie zur Familie gehören. Wein, Olivenöl und Gemüse stammen aus eigenem Anbau. Spezialität des Hauses ist die aromatische *pecora in cappotto* (Lammeintopf).

Ristorante Masiloghi   SARDISCH €€

(☎0784 28 56 96; Via Galiani 68; Mahlzeiten rund 30 €; ☺tgl.) Das schicke Restaurant in einer sonnendurchfluteten mediterranen Villa (an der Hauptstraße in den Ort hinein) präsentiert in seiner rustikalen Gaststube einheimische Kunst. Spezialitäten wie die selbst gemachte Pasta, aber auch den Lamm- und Wildschweineintopf sollte sich niemand entgehen lassen. Wer gern im Freien isst, findet Tische auf der Veranda.

ℹ An- & Weiterreise

Bus ARST-Busse verkehren häufig von der Via Roma nach Nuoro (1,50 €, 20 Min., Mo–Sa bis zu 12-mal tgl., So 6-mal tgl.).

BARBAGIA

Die Barbagia, Sardiniens geografisches und spirituelles Zentrum, gibt sich rau und gebirgig. Der Name leitet sich vom Lateinischen „Barbaria" ab, das wiederum auf das griechische Wort *barbaros* (Fremder, Barbar) zurückgeht. So nannten die Römer diese Region, nachdem ihre Eroberungsversuche mehrmals gescheitert waren. Das unwegsame Gelände und die zähen Einheimischen mit ihrem introvertierten Stolz hielten die Legionäre ab – und danach auch den Rest der Welt. In den Dörfern der Barbagia sind sardische Dialekte noch weit verbreitet, traditionelle Feste werden mit Begeisterung begangen. In den Straßen trifft man auch heute noch der Tradition entsprechend ganz in Schwarz gekleidete ältere Frauen.

Im Herzen der Region ragen die kahlen, windgepeitschten Berge des Gennargentu-Massivs auf, mit rund 1000 bis 1834 m (Punta La Marmora) sind sie die höchsten Erhebungen der Insel. Hier befindet sich auch das Zentrum des Parco Nazionale del Golfo di Orosei e del Gennargentu, des größten Nationalparks von Sardinien.

Barbagia Ollolai

ORGOSOLO
4440 EW.

Hoch in den Bergen liegt Sardiniens berüchtigtste Stadt. Orgosolo war lange gleichbedeutend mit Gewalt und Banditentum, die diesen Inselteil einst beherrschten. Diese Problematik ist mittlerweile fast vollständig überwunden, und die Stadt bemüht sich – einigermaßen erfolgreich – um einen neuen Ruf als alternatives Touristenziel. Immer häufiger sind Urlaubergruppen in den Gassen anzutreffen, die die bunt bemalten Hauswände fotografieren. Sobald die Tagesausflügler jedoch verschwunden sind, erobern sich die Dörfler ihre Straßen zurück: Alte Männer sitzen vor ihren Häusern und starren allen Fremden misstrauisch nach,

während die Jugendlichen in matschbespritzten Autos durch die Straßen flitzen.

◉ Sehenswertes & Aktivitäten

In Orgosolo gibt es alles: den Zweiten Weltkrieg, die Erfindung der Atombombe, den Bergarbeiterstreik in den Schächten von Iglesiente, die Übel des Kapitalismus, die Frauenbewegung – der Ort gleicht einer Riesenleinwand für emotional aufgeladene Graffiti. Die meisten der **Wandmalereien** finden sich an der Hauptdurchgangsstraße, dem **Corso Repubblica.** Sie gehen auf eine Initiative von Professor Francesco del Casino im Jahr 1975 zurück – ein Schulprojekt, das den 30. Jahrestag der Befreiung Italiens würdigen sollte. Heute gibt es rund 200 solcher Wandmalereien, viele stammen von Professor Casino höchstpersönlich. Als weitere bemerkenswerte Künstler sind Pasquale Buesca und Vincenzo Floris zu nennen.

Stilistisch sind die Gemälde völlig unterschiedlich – die jeweilige Handschrift der Künstler ist unübersehbar. Manche Malereien wirken naturalistisch, andere ähneln Cartoons, und wieder andere, beispielswei-

ℹ ORIENTIERUNG & PRAKTISCHE INFORMATIONEN

Die Region zählt Dutzende von Dörfern und ist um den Gennargentu herum in einzelne Bezirke geteilt: Im Norden befindet sich **Barbagia Ollolai,** im Westen **Mandrolisai,** im Südwesten **Barbagia di Belvi** und im Süden **Barbagia di Seulo**.

Die gesamte Gegend ist relativ dünn besiedelt, und die Verbindungen zwischen den Orten beschränken sich meist auf einzelne, kurvenreiche Straßen. Der öffentliche Nahverkehr spielt hier keine große Rolle; wer sich einigermaßen eigenständig in der Gegend bewegen möchte, sollte sich also besser einen Wagen mieten.

Beste Informationsquellen für Reisende sind die Touristeninformationen in Nuoro, Oliena und Dorgali. An hilfreichem Kartenmaterial empfehlen sich Belletti Editores Parco del Gennargentu (1:100 000; 6 €) und Nuoro (1:200 000; 6,50 €), eine Provinzkarte, die von Litografia Artistica Cartografica herausgegeben wurde.

EIN VERRUFENER ORT

Orgosolos Geschichte ist sehr blutig. Zwischen 1901 und 1950 geschah hier durchschnittlich alle zwei Monate ein Mord, da verfeindete Familien sich wegen strittiger Erbschaften befehdeten. In ihrem Buch *Colombi e sparvieri* beschreibt Grazia Deledda die Bemühungen, diese Feindseligkeiten zu beenden, die beide Familien auszulöschen drohten. In den Nachkriegsjahren verlegte man sich vom Schafdiebstahl auf den lukrativeren Menschenraub. Anführer war der verrufenste Dorfbewohner **Graziano Mesina**, auch bekannt als Scarlet Rose. In den 1960er-Jahren erwarb er sich ein Robin-Hood-Image, indem er die Reichen bestahl und die Armen beschenkte. 1968 wurde er gefasst und auf dem Festland inhaftiert. Doch 1992 musste er nach Sardinien zurückgeflogen werden, um die Verhandlung über die Freilassung des achtjährigen Saudi Farouk Kassam zu unterstützen. Der Junge war an der Costa Smeralda entführt und nahe Siniscola auf dem Monte Albo festgehalten worden.

se die am Fotostudio Kikinu, erinnern an Picasso. Die satirischen Karikaturen zeigen alle wichtigen politischen Ereignisse des 20. und 21. Jhs. und dokumentieren eindringlich den Kampf der Unterprivilegierten gegen das mächtige und oft auch korrupte Establishment. Die politischen Verfehlungen Italiens werden dabei natürlich besonders unter die Lupe genommen, so zum Beispiel die Korruption der Cassa del Mezzogiorno oder auch die Prozesse, die Premier Giulio Andreotti wegen seiner Zusammenarbeit mit der Mafia gemacht wurden. Sprechblasen ironisieren seinen Standardsatz vor Gericht: „Ich kann mich nicht erinnern." Noch interessanter sind die Wandmalereien, die Ereignisse jüngeren Datums zum Inhalt haben. So zeigen Bilder an der Ecke der Via Monni die Zerstörung der beiden Türme des World Trade Centers (datiert mit dem 28. September 2001) und den Fall von Bagdad (datiert mit dem 17. April 2003).

Wer auf dem Corso Repubblica gen Norden spaziert, gelangt zur Via Gramsci, wo farbenfrohe Darstellungen des Revolutionshelden Che Guevara zu bewundern sind, außerdem die Väter des Kommunismus: Marx, Engels und Lenin.

Rund 5 km südlich von Orgosolo führt die SP48 in die Montes-Berge hinauf. 13 km weiter gen Süden befindet sich die **Funtana Bona**, die Quelle des Flusses Cedrino. Unterwegs durchfährt man die gewaltigen Steineichenwälder der **Foresta de Montes**.

✾ Feste & Events

Von seiner schönsten Seite zeigt sich Orgosolo während der **Festa dell'Assunta** (Mariä Himmelfahrt) am 15. August, wenn die Menschen aus der ganzen Barbagia zur vermutlich farbenprächtigsten Prozession der ganzen Region ins Dorf strömen.

✖ Essen

Am Corso Repubblica gibt es ein paar preiswerte Café-Bars und Pizzerias, außerdem den **Cortile del Formaggio** (Corso Repubblica 216; ⏱April–Okt. Mo–Fr 10–13 & 15–20 Uhr), ein winziges Haus mit Hof, in dem frischer, geräucherter oder gebratener *fiore sardo* verkauft wird: Der sardische Pecorino aus roher Schafsmilch muss mindestens drei Monate reifen.

Il Portico   PIZZERIA €
(☎0784 40 29 29; Via Giovanni XXIII; Pizza 3,50–6 €, Mahlzeiten 15–20 €; ⏱tgl.) Die hervorragende Pizzeria mit Restaurant serviert große Holzofenpizzas sowie leckeres Gemüse und Fleisch aus der Region. Die luftige Gaststube und die nette Bedienung tun ein Übriges, dass man sich hier wohlfühlt.

A Dommo   TRATTORIA €
(☎0784 40 29 29; Corso Repubblica 206; Mahlzeiten 10–12 €; ⏱Okt.–April Mittagessen) An den Wänden der modernen Trattoria hängen Schwarzweiß-Fotos von Orgosolo. Auf der Karte finden sich Antipasti aus der Region, selbst gebackenes Brot und viele Gerichten für Fleischliebhaber, z. B. Wildschweinragout.

ℹ An- & Weiterreise

Bus Busse verkehren regelmäßig von und nach Nuoro (2 €, 35 Min., Mo–Sa 6-mal tgl., So 3-mal tgl.).

MAMOIADA
2590 EW.

14 km südlich von Nuoro liegt das unspektakuläre Dorf Mamoiada, das jedoch Sardi-

niens aufregendste Karnevalsfeier veranstaltet. Auftakt ist die **Festa di Sant'Antonio** am 16. und 17. Januar. Einer Sage nach soll Sant'Antonio das Feuer aus der Hölle gestohlen und den Menschen gebracht haben. Zur Erinnerung daran werden überall im Dorf Freudenfeuer entzündet. Was den Feierlichkeiten ihren düsteren Charakter verleiht, ist der Auftritt der *mamuthones*, für die das Dorf berühmt ist. Diese Gruselgestalten tauchen auch am Faschingsdienstag und am Sonntag davor zum **Carnevale** auf. Bis zu 200 Männer hüllen sich jedes Jahr in zottige, braune Schafsfelle und tragen primitive Holzmasken, um als *mamuthones* aufzutreten. Mit bis zu 30 kg schweren *campanacci* (Kuhglocken) sorgen sie für ein unvergessliches und furchterregendes Spektakel. Anthropologen glauben, die *mamuthones* verkörpern die unausgesprochenen Ängste der Bauern, und die rituelle Parade diene der Austreibung dieser Dämonen vor Beginn des neuen Frühjahrs. Die *mamuthones* werden von den in historische Polizeiuniformen gekleideten *issokadores* an langen Leinen aus der Stadt geführt.

Wer keine Gelegenheit hat, Mamoiada während des Karnevals einen Besuch abzustatten, bekommt im **Museo delle Maschere Mediterranee** (✆0784 56 90 18; www.museodellemaschere.it; Piazza Europa 15; Erw./erm. 4/2,60 €; ⊗Di–So 9–13 & 15–19 Uhr) einen recht guten Eindruck, was hier im Karneval abgeht. Die Ausstellung wird durch eine Multimedia-Präsentation ergänzt. Sehenswert sind auch die Puppen im berühmten zottigen Schafsfell.

Im Dorf verkaufen ein paar Geschäfte Holzmasken, wie sie die *mamuthones* tragen; für ein schönes Exemplar werden allerdings mindestens 100 € verlangt.

Wer einen Happen essen möchte, schaut im **La Campagnola** (✆0784 5 63 96; Via Satta 2; Pizza 4,50–6 €, Mahlzeiten rund 25 €; ⊗Di–So) vorbei. Auf der Karte des sonnigen Lokals findet man verschiedene Pizzas und diverse Pastagerichte.

Gelegentlich fahren ARST-Busse nach Nuoro (2 €, 20 Min., Mo–Sa 5-mal tgl., So 1-mal tgl.).

ORANI & OTTANA

Der Hauptgrund für den Besuch des verschlafenen Dorfs Orani mit seinen grauen Steingebäuden ist das **Museo Nivola** (✆0784 73 00 63; www.museonivola.it; Via Gonare 2; Erw./erm. 1 €/frei; ⊗Sommer 9–13 & 16–21 Uhr, Winter 9–13 & 16–20 Uhr). Das Museum zeigt Originalskulpturen und Sandgusstechniken von Costantino Nivola. Der Sohn eines hiesigen Steinmetzes musste 1938 aufgrund der Verfolgung durch die Faschisten aus Sardinien fliehen und arbeitete einen Großteil seines Lebens in Amerika. Während der Recherchen zu diesem Reiseführer war das Museum wegen Renovierungsarbeiten teilweise geschlossen.

5 km südlich von Orani, am Fuß des 1083 m hohen Monte Gonare, liegt Sarule. Das Dorf selbst lohnt kaum einen Stopp, aber östlich davon führt eine schmale Seitenstraße hinauf zum **Santuario di Nostra Signora di Gonare**. Diese Kirche aus dem 17. Jh. steht verlassen auf einem Hügel und ist eine bedeutende Pilgerstätte. Jedes Jahr zwischen dem 5. und 8. September ehren die Dorfbewohner die Madonna di Gonare mit Pferderennen, Gesang und Tanz.

Noch viel ausgelassener geht es bei den Karnevalsfeiern am Faschingsdienstag in **Ottana** zu, das ansonsten als Sardiniens toter Punkt gilt. Die Feierlichkeiten, die fast so spektakulär wie die von Mamoiada sind, gipfeln auch hier in einer Parade. Die *merdules* (die unsere prähistorischen Vorfahren verkörpern) treiben dabei die *boes* (kostümierte und maskierte Rindergestalten) durch die Straßen.

GAVOI
2820 EW.

Das für seinen *fiore sardo* (Pecorino) und für sein Literaturfestival bekannte Gavoi zählt zu den hübschesten Dörfern der Barbagia. Das historische Zentrum mit seinem Labyrinth an Gassen, die von schönen Steingebäuden gesäumt werden, ist gut erhalten. Nur 3 km südlich liegt inmitten von Korkeichen, Stechpalmen und Eichen der **Lago di Gusana.**

Oben in der Dorfmitte steht die **Chiesa di San Gavino**. Wie die schlichte rote Trachytfassade und das herrliche Rosettenfenster belegen, wurde sie im 16. Jh. im gotisch-katalanischen Stil errichtet. Von der Piazza vor der Kirche führen Kopfsteinpflasterstraßen durch den mittelalterlichen *borgo*.

Nicht nur bei Anglern ist der See samt Umgebung beliebt, es bieten sich hier auch viele Gelegenheiten, sich anderweitig sportlich zu betätigen. **Barbagia No Limits** (✆0784 182 0373; www.barbagianolimits.it; Via Cagliari 186) bietet die ganze Palette an spannenden Outdooraktivitäten, darunter Wanderungen, Kajakfahrten, Canyoning, Höhlen- und Jeeptouren.

Im Dorf selbst bietet das rustikale **Ristorante Sante Rughe** (☎0784 5 37 74; Via Carlo Felice 2; Mahlzeiten rund 30 €; ⏱Mo–Sa) leckere sardische Küche. Spezialität des Hauses ist *lu su erbuzzu*, eine herzafte Suppe mit Speck, Würstchen, Käse, Bohnen und Wildkräutern. Weitere Pluspunkte sind die Käseauswahl und die Pizzas (nur abends).

Wochentags fahren täglich vier ARST-Busse nach Nuoro (3 €, 1 Std. 10 Min.), sonntags nur einer.

FONNI & DESULO

Das auf 1000 m gelegene Fonni ist die höchstgelegene Stadt Sardiniens und zugleich eine ansehnliche Landgemeinde. Wanderer nutzen Fonni gerne als Ausgangspunkt für Touren zu den höchsten Gipfeln der Insel: Bruncu Spina (1829 m) und Punta La Marmora (1834 m).

Am höchsten Punkt des Dorfes, direkt an der Piazza Europa, steht die imposante **Basilica della Madonna dei Martiri** aus dem 17. Jh. Sie ist eine der bedeutendsten Barockkirchen der Barbagia. Umgeben von *cumbessias* (Pilgerhütten), ist sie vor allem für ein heiliges Madonnenbildnis bekannt, das angeblich aus den zerstoßenen Knochen von Märtyrern bestehen soll. Im Juni steht es im Mittelpunkt der beiden wichtigsten Festtage von Fonni: der Feste della Madonna dei Martiri am Montag nach dem ersten Sonntag im Juni und der Festa di San Giovanni am 24. Juni.

Die Bäume vor der Kirche wurden zu religiösen Szenen umgestaltet. Einer davon zeigt den gekreuzigten Jesus und die beiden Schächer.

Von Fonni schlängelt sich eine malerische Landstraße (SP7) Richtung Süden durch Parklandschaften und Eichenwälder – mit herrlichen Ausblicken auf die Kalkberge, die tiefe Täler überrragen. Nach 25 km ist **Desulo** erreicht, eine langgezogene Ortschaft, die sich aus drei ehemals eigenständigen Dörfern zusammensetzt. Viel zu sehen gibt es hier eigentlich nicht, aber aufgrund seiner Nähe zum Gennargentu bietet sich der Ort – wie auch Fonni – als praktische Übernachtungsort an.

✖ Essen

Ristorante Albergo Il Cinghialetto　　　SARDISCH €€
(☎0784 5 76 60; Via Grazia Deledda 193; Mahlzeiten 25–30 €; ⏱Mi geschl.) Das Lokal unten im modernen Teil des Dorfes ist einfach und nett, auf den Tisch kommen sardische Fleischgerichte und Pizza. Im Winter sorgt ein offenes Kaminfeuer für wohlige Temperaturen.

ℹ An- & Weiterreise

Bus Von Nuoro verkehren ARST-Busse nach Fonni (3 €, 40 Min., Mo–Sa 8-mal tgl., So 2-mal tgl.) sowie nach Desulo (4,50 €, 1 Std. 20 Min., Mo–Sa 1-mal tgl.).

Barbagia di Belvi

ARITZO
1390 EW.

Das muntere Bergdorf Aritzo lockt schon seit dem 19. Jh. Besucher an. Sein kühles Klima und der alpine Charakter (796 m) begeisterte die Adeligen aus dem Piemont, die in den hiesigen Wäldern auf Wildschweinjagd gingen.

Der Ort florierte jedoch schon, bevor er zum Touristenziel wurde – und zwar dank seines lukrativen Handels mit Schnee. Etwa fünf Jahrhunderte lang hielt das Dorf das „Erntemonopol" für Schnee und belieferte ganz Sardinien damit. So genannte *niargios* (Schneebauern) ernteten die kalte Materie auf der **Punta di Funtana Cungiada**

NICHT VERSÄUMEN

BÜCHER IN DER BARBAGIA

In dem kleinen Dorf Gavoi in der Barbagia würde kein Mensch je damit rechnen, ausgerechnet Schriftstellern wie Jonathan Coe, Nick Hornby und Zadie Smith über den Weg zu laufen. Doch die britischen Bestsellerautoren sind nur einige der hochkarätigen Literaturstars, die dem alljährlichen Literaturfest bereits ihre Aufwartung gemacht haben.

Die unglaubliche Erfolgsgeschichte der **L'Isola delle Storie** begann 2003. Seitdem verwandelt sich das Dorf Anfang Juli alljährlich vier Tage lang in eine literarische Freilichtbühne – mit Lesungen, Konzerten, Theateraufführungen, Filmvorführungen und Seminaren. Weitere Informationen finden sich auf der Website des Festivals: www.isoldellestorie.it (auf Italienisch).

GIPFELSTÜRMER

Es ist relativ einfach, die beiden höchsten Berge Sardiniens zu besteigen, am leichtesten geht es von Fonni und Desulo aus. Die Abzweigung zum **Bruncu-Spina-Pfad** befindet sich 5 km außerhalb von Fonni an der Straße nach Desulo, von hier schlängelt sich eine 10 km lange Straße durch die baumlose Landschaft bis zur Talstation eines Skilifts. Nur 1 km vor diesem Lift entfernt zweigt rechts ein steiler Trampelpfad ab, nach 3 km ist der Gipfel (1829 m) erreicht. Von oben bietet sich ein weiter Panoramablick in alle Richtungen. Wer im Winter hier ist, kann an den Hängen ganz passabel Ski fahren. Die Tageskarte für den Skilift und Leihski kosten rund 30 €. Einzelheiten finden sich unter www.bruncu-spina.com (auf Italienisch).

Wer das Panorama von der noch 5 m höheren **Punta La Marmora** (1834 m) genießen möchte, muss dafür einen Fußmarsch von 1½ Stunden auf sich nehmen. Vom Bruncu Spina sieht die Strecke eigentlich gar nicht so schwierig aus, aber Achtung: Man braucht eine gute Wanderkarte oder einen Führer und muss im Sommer an ausreichend Wasser denken.

(1458 m), lagerten sie in strohgefütterten Holzkisten und schickten sie dann an die Tafeln von Cagliari. Einige dieser Kisten lassen sich im **Museo Etnografico** (☎ 0784 62 98 01; Via Guglielmo Marconi; Eintritt inkl. Sa Bovida Prigione Spagnola Erw./erm. 2,50/2 €; ☺ Di–So 10–13 & 15–18 Uhr) bestaunen. Das kleine Museum in der Grundschule des Dorfes zeigt eine bunte Sammlung traditioneller Trachten und Masken, außerdem verschiedene landwirtschaftliche Geräte und Haushaltsgegenstände, die sehr anschaulich das Leben vergangener Zeiten beleuchten.

Mit der gleichen Eintrittskarte kann auch das **Sa Bovida Prigione Spagnola** (Via Scale Carceri; ☺ wie Museo Etnografico) besucht werden: Das Gefängnis, das aus dem 16. Jh. stammt, liegt gleich an der Hauptstraße. Das grausige Gebäude aus grauem Schiefer diente bis in die 1940er-Jahre als Hochsicherheitsgefängnis.

Nur einen Steinwurf entfernt ragt die **Chiesa di San Michele Arcangelo** auf. Von ihren frühgotischen Ursprüngen blieb allerdings wenig erhalten. Im Kirchenraum befinden sich eine *pietà* aus dem 18. Jh. sowie ein Porträt des hl. Christopherus aus dem 17. Jh. Gegenüber der Kirche sieht man vom Aussichtspunkt den **Monte Texile**, einen Kalksteinberg, der an eine Festung erinnert und deshalb als Naturdenkmal unter Schutz gestellt wurde.

Rund ums Dorf gibt es eine Fülle an markierten Wanderwegen, die sich fast alle ohne Führer erwandern lassen.

In Aritzo finden zwei nette kulinarische Festivals statt. Mitte August sollte man bei der **Festa de San Carapigna** das berühmte Zitronensorbet des Dorfes probieren. Am letzten Sonntag im Oktober füllen sich die Straßen mit zahlreichen Menschen, die sich vergnügen und bei der **Sagra delle Castagne** Kastanien suchen.

Barbagia di Seulo

Im Süden und Osten von Aritzo erstreckt sich die Barbagia di Seulo auf den felsigen Anhöhen des Gennargentu-Nationalparks. Es ist eine einsame Gegend mit kleinen Städtchen und vielen kurvigen Bergstraßen.

Von Aritzo windet sich die Straße südostwärts durch **Seulo** und **Seui**, wo es einige traditionelle Häuser mit schmiedeeisernen Balkonen gibt. Dann geht es weiter bergauf in Richtung Ussassai, bis sich die Straße nach 9 km bei Cantoniera Arcueri gabelt. In Richtung Montarbu folgt nach weiteren 9 km links der Straße Sardiniens größte Nuraghe, die **Nuraghe Ardasai**, auf einer Felsnase über dem tiefen Flumendosa Tal. Die Aussicht lohnt einen kurzen Stopp. 6 km weiter folgt eine Abzweigung zur dichten **Foresta di Montarbu** im Schatten des gleichnamigen Berges (1304 m). Ein paar Kilometer weiter erhebt sich der noch eindrucksvollere, 1293 m hohe **Monte Perda Liana**.

Dann fällt die Straße zum Südufer des **Lago Alto della Flumendosa** ab, dem sie 10 km ostwärts folgt. Sie kreuzt mehrmals die Gleise des *trenino verde* (Touristenzugs) und trifft schließlich auf die Hauptstrecke Nuoro–Lanusei.

SORGONO

Sowohl der Weg nach Sorgono als auch der Aufenthalt in diesem Dorf sind einen Abstecher wert. Sorgono liegt inmitten von ausgedehnten Wäldern mit Stechpalmen, Korkeichen, Kastanien- und Haselnussbäumen im Herzen des Mandrolisai, einer entlegenen Hügellandschaft westlich des Gennargentu. Gleich in der Nähe liegt die archäologische Stätte **Biru 'e Concas**, sie zeigt eine der größten Ansammlungen an Menhiren auf der ganzen Insel. Die **Cantina del Mandrolisai** (☎ 0784 6 01 13; www.mandrolisai.com; Corso IV Novembre 20) zählt zu den bedeutendsten Weinkellereien der Region; berühmt sind ihre fruchtigen Rotweine.

Sorgono liegt auf der Strecke des *Trenino verde*. Wer mit dem Auto unterwegs ist, nimmt von Aritzo die 25 km lange Serpentinenstraße SS295.

SARCIDANO

Südwestlich von Aritzo gehen die zerklüfteten Berge nach und nach in die breite Sarcidano-Ebene über, die viele *nuraghi* und weitere geheimnisvolle prähistorische Stätten birgt.

Laconi

2090 EW.

Im charismatischen Bergdorf an der SS128 in Richtung Süden läuft das Leben noch sehr gemütlich ab. In den Kopfsteinpflasterstraßen verbergen sich einige sehenswerte Attraktionen: ein interessantes archäologisches Museum, das Haus, in dem der einzige Heilige Sardiniens zur Welt kam, sowie ein bewaldeter Park, über dem eine Burg thront. Vom Dorf aus bietet sich ein wunderschöner Blick über die grüne Hügellandschaft.

⊙ Sehenswertes & Aktivitäten

Museo delle Statue Menhir MUSEUM
(☎ 0782 69 32 38; Via Amsicora; Erw./erm. 5/3 €; ⊙ Di–So 10–13 & 15–18 Uhr) Das reizende Museum in einem Palazzo aus dem 19. Jh. zeigt eine Sammlung von 40 Menhiren, die allesamt aus prähistorischen Stätten der Umgebung stammen und eine seltsame Faszination ausüben. Über ihre Funktion ist wenig bekannt, man geht jedoch davon aus, dass diese stehenden Steine mit prähistorischen Bestattungsritualen in Verbindung standen. Indirekt beleuchtet wirken sie noch geheimnisvoller, denn durch die Schatten treten verblasste Reliefs zutage, die einen Hinweis geben, ob es sich um einen „weiblichen" oder um einen „männlichen" Stein handelt. Wer für dergleichen ein besonderes Interesse hat, sollte vielleicht zusätzlich noch einen Abstecher nach Pranu

Mutteddu weiter südlich einplanen: Dort sind Menhire in situ zu bestaunen.

GRATIS **Casa Natale di Sant'Ignazio** SEHENSWERTES GEBÄUDE
(Via Sant'Ignazio 58) In diesem schlichten Haus mit lediglich zwei Zimmern in einer Kopfsteinpflastergasse soll der hl. Ignatius das Licht der Welt erblickt haben (verstorben ist er 1781). Das Hinterzimmer mit einer niedrigen Holzdecke und Steinwänden vermittelt einen guten Eindruck, wie ein ärmliches Dorfhaus im 18. Jh. ausgesehen hat. Das schlichte Grabmal des hl. Ignatius erleuchten Kerzen. Offizielle Öffnungszeiten gibt es nicht, das Geburtshaus ist jedoch die meiste Zeit zugänglich. Sollte es geschlossen sein, einfach in der Touristeninformation nachfragen.

Parco Laconi PARK
(⊙ Sommer 8–19 Uhr, Winter 8–16 Uhr) Vom Haus des Heiligen geht es über die Via Sant'Ignazio ein Stück weiter, dann biegt man links in die erste Querstraße ein, um zu diesem schönen 22 ha großen Park zu gelangen. Neben exotischen Bäumen (darunter einer imposanten Libanonzeder sowie mehreren Eukalyptusbäumen) sowie Quellen, Seen und Grotten beeindrucken hier die Überreste einer Burg aus dem 11. Jh. Vom **Castello Aymerich** genießen die Besucher einen herrlichen Blick, der über den Park und das von der Landwirtschaft geprägte Umland reicht.

✗ Essen

Albergo Ristorante Sardegna SARDISCH €€
(☎ 0782 86 90 33; www.albergosardegna.it; Mahlzeiten 25–30 €; ⊙ tgl.) Am nördlichen Ortseingang befindet sich dieser Familienbetrieb, in dem gute, alte sardische Traditi-

onsgerichte auf den Tisch kommen. Köstlich sind die selbst gemachten *culurgiones* (Ravioli) und das Biorindfleisch aus der Region, probierenswert sind aber auch die jahreszeitlichen Spezialitäten, etwa die Pasta mit *cinghiale* (Wildschweinragout).

🛈 Praktische Informationen

Laconi zählt zu den wenigen Orten der Region, die über eine eigene **Touristeninformation** (📞 0782 86 70 13; Piazza Marconi; ⏰ Mo–Fr 9–13 Uhr) verfügen. Sie befindet sich gegenüber vom neoklassizistischen Municipio (Rathaus) an der Piazza in der Dorfmitte.

🛈 An- & Weiterreise

Bus Busse steuern Laconi eher selten an. Es besteht jedoch eine Verbindung von/nach Isili (2 €, 35 Min., 1-mal tgl.), Aritzo (2,50 €, 40 Min., Mo–Sa 3-mal tgl.) und Barumini (2,50 €, 35 Min., Mo–Sa 2-mal tgl.); die meisten Busse fahren allerdings sehr früh am Morgen oder am späten Nachmittag.

Zug Der *trenino verde* (11 €, 1¼ Std. Di 1-mal tgl.) hält hier auf der Fahrt von Mandas Richtung Norden. Der Bahnhof liegt rund 1 km westlich vom Ortszentrum.

Südlich von Laconi

Rund 20 km südlich von Laconi, unweit vom Sportzentrum in Isili, lohnt sich die Besichtigung der **Nuraghe Is Paras** (📞 0782 80 26 41; Erw./erm. 3/2 €; ⏰ Sommer 10–13 & 16–19 Uhr, Winter 10–13 & 15–17 Uhr, Mo geschl.): Seine auffällige *tholos* (konischer Turm) ist mit 11,8 m die höchste der Insel. Das für seine Klippen und Überhänge berühmte Isili zieht Freunde des Klettersports geradezu magisch an: Zur Auswahl stehen 250 Single-Pitch-Sportrouten mit einem Schwierigkeitsgrad von 5a bis 8b.

Etwa 15 km die Straße hinauf befindet sich hinter dem kleinen Dorf Serri das **Santuario Santa Vittoria** (📞 388 049 2451; Erw./erm. 4/2 €, inkl. Nuraghe Arrubiu & Prano Mutteddu 9/4,50 €; ⏰ Sommer tgl. 9–19 Uhr, Winter tgl. 9–17 Uhr), eine der bedeutendsten Nuraghensiedlungen Sardiniens. Sie liegt am Ende der malerischen Straße mit Blick über die Giara de Gesturi auf der einen und den Gennargentu auf der anderen Seite. Die archäologische Stätte wurde erstmals 1907 erforscht, 1962 begannen archäologische Grabungen. Bis heute wurden von den Forschern jedoch erst 4 ha des insgesamt 22 ha großen Areals komplett freigelegt.

Der heute sichtbare Teil ist in drei Zonen geteilt. Der große Zentrumsbereich **Recinto delle Riunioni** (Treffpunkt) gilt als der einstige Verwaltungssitz. Er ist von einem ovalen Schutzwall umgeben und umfasst mehrere Türme und Wohnbauten.

Dahinter liegt ein religiöser Bereich mit dem **Tempietto a Pozzo** (Brunnenheiligtum), einem zweiten Tempel, der **Capanna del Sacerdote** (Priesterhütte), Wehrgräben und der viel später erbauten kleinen Dorfkirche **Chiesa di Santa Vittoria**, nach der heute die gesamte Stätte benannt ist. Die abseits liegende **Casa del Capo** (Häuptlingshaus) wird vermutlich so bezeichnet, weil sie mit bis zu 3 m hohen, intakten Mauern das am besten erhaltene Wohnhaus darstellt. Der dritte Teil besteht aus mehreren Rundbauten und war wohl der eigentliche Wohnbereich.

Nuraghe Arrubiu

Rund 10 km südlich von Orroli ragt die **Nuraghe Arrubiu** (📞 0782 84 72 69; erw./erm. 4/2 €, inkl. Santuario Santa Vittoria & Prano Mutteddu 9/4,50 €; ⏰ Sommer tgl. 9.30–13 & 15–19.30 Uhr, Winter bis 17 Uhr) aus der Sarcidano-Ebene auf. Ihren sardischen Namen verdankt sie der roten Färbung des Trachytgesteins. Das beeindruckende Bauwerk mit einem massiven Turm in der Mitte weist heute eine Höhe von rund 16 m auf, früher soll er einmal 30 m hoch gewesen sein. Umgeben ist die Anlage von einem Wall mit fünf Türmen, hinter dem die Überreste der Außenmauer und der Siedlung liegen. Die Artefakte, die in dieser Stätte gefunden wurden, legen die Vermutung nahe, dass die Römer sie ebenfalls genutzt haben.

Pranu Mutteddu

In der Nähe des Dorfes Goni liegt **Pranu Mutteddu** (📞 0782 84 72 69; Erw./erm. 4/2 €, zusammen mit Nuraghe Arrubiu & Santuario Santa Vittoria 9/4,50 €; ⏰ Sommer 9.30–13 & 15–19.30 Uhr, Winter bis 17 Uhr), eine einzigartige Begräbnisstätte aus der Zeit der neolithischen Ozieri-Kultur (3.–4. Jahrtausend v. Chr.). Dominierend sind die *domus de janas* (wörtlich „Feenhäuser", in Fels gehauene Grabstätten) und rund 50 Menhire, von denen 20 in Ost-West-Richtung aufgereiht sind, vermutlich entsprechend der Sonnenbahn. Das Bild erinnert an ähnliche Stätten, die auf Korsika gefunden wurden, ist aber auf Sardinien einzigartig.

Wer von der Nuraghe Arrubiu kommt, folgt der Straße 11,5 km südwärts bis Escalaplano und dann 8 km bis Ballao. Die erste Abzweigung gen Westen führt nach Goni (9 km). Die Stätte folgt ein paar Kilometer weiter, nördlich der Straße.

GOLFO DI OROSEI

Der atemberaubend schöne Golf ist Teil des **Parco Nazionale del Golfo di Orosei e del Gennargentu** (www.parcogennargentu. it, nur Italienisch), der auch das Supramonte-Plateau einschließt. Hier am Golf treffen die hohen Berge des Gennargentu-Massivs unvermittelt aufs Meer und bilden einen Halbkreis aus dramatischen Klippen und Fjorden. In den unzähligen hufeisenförmigen Buchten schillert das Wasser türkisblau. Im Sommer sind die Plätze am Strand natürlich heiß begehrt, aber irgendwie kommen dann doch alle unter, vor allem im zerklüfteten, ursprünglichen Hinterland.

Orosei

6790 EW.

Das malerisch am nördlichsten Punkt des Golfs zwischen Steinbrüchen und Obstgärten gelegene Städtchen ist ein noch relativ unbekanntes Kleinod der Insel. Im Lauf der Jahrhunderte setzten die Verschlammung des Flusses Cedrino, das Desinteresse der Spanier, die Malaria und auch Piratenüberfälle dem einst bedeutenden pisanischen Hafen übel zu. Heute bummeln die Besucher im malerischen historischen Zentrum über Kopfsteinpflaster zu den hübschen Steingebäuden, mittelalterlichen Kirchen und begrünten Plätzen.

Sehenswertes & Aktivitäten

Über die Piazza del Popolo wacht die **Chiesa di San Giacomo**, eine spanisch anmutende Kirche mit einer imposanten neoklasssizistischen Fassade und mehreren gekachelten Kuppeln. Von ihrer Terrasse reicht der Blick weit über das Gewirr aus roten Terrakottadächern bis zu den Bergen in der Ferne. Auf der anderen Seite des Platzes steht die ockerfarbene, barocke **Chiesa del Rosario** mit drei Holzkreuzen, die sich in jedem Spaghetti-Western hervorragend machen würde. Eine Gasse führt links von

der Kirche zur Piazza Sas Animas mit der gleichnamigen Steinkirche, die an spanische Kirchen erinnert. Gegenüber ragt die 15 m hohe Ruine der **Prigione Vecchia** auf. Der Turm ist der Rest einer mittelalterlichen Burg und wird deshalb auch als „Castello" bezeichnet. Die schönste der Kirchen in Orosei ist allerdings die bescheidene, aber umso malerische **Chiesa di San Sebastiano**, die aus dem 8. Jh. stammt und an der Piazza San Sebastiano aufragt, sie hat drei Steinbögen und innen eine Reetdecke.

Am Rand des historischen Zentrums steht die **Chiesa di Sant'Antonio**, die größtenteils aus dem 15. Jh. stammt. Den weitläufigen, unebenen Kirchhof umgeben gedrungene *cumbessias* (Pilgerhütten), ein vereinzelter Pisaner Wachturm gehört ebenfalls dazu.

Essen & Ausgehen

Enoteca Osteria Il Portico   OSTERIA €
(📞 0784 99 93 56; Via A de Gasperi 11; Mahlzeiten 20–25 €; ⏱im Sommer tgl., im Winter geschl.) Die *osteria* mit Ziegelgewölbe gruppiert sich um einen ummauerten Garten. Fisch und Fleisch vom Grill schmecken hier hervorragend. Oder man lässt sich zum Wein die Antipasti für zwei Personen (12 €) munden – die *crostini* mit hausgemachter Pastete sind köstlich. Die angeschlossene *enoteca* verkauft gute Weine sowie eingelegtes Obst und Gemüse aus der Region.

La Taverna   SARDISCH €€
(📞 0784 99 83 30; Piazza G Marconi 6; Mahlzeiten 25–30 €; ⏱Mai–Okt. tgl.) In dieser authentischen Taverne können die Gäste frischen Fisch aus dem Golf und herzhafte Fleischgerichte wie Wildschweinbraten genießen. Ein paar Tische stehen zusätzlich auf der Piazza Sas Animas im Schatten von Bäumen.

Yesterday Bar   BAR
(Via Nazionale 48) In dieser künstlerisch angehauchten Bar, die auf einen Song der Beatles anspielt, scheinen alle Probleme der Welt meilenweit weg zu sein. Das Lokal mit einem winzigen Innenhof bietet sich für einen gemütlichen Snack, ein kühles Bier oder einen Cocktail an.

Praktische Informationen

Wer sich in der Stadt an die Schilder zum *centro* hält, gelangt unwillkürlich zur Piazza del Popolo, an der auch die **Touristeninformation** (📞 0784 99 83 67; Piazza del Popolo 13; ⏱tgl. 10–12.30 Uhr) liegt.

❶ An- & Weiterreise

Bus Mehrere Busse fahren täglich von Nuoro (3 €, rund 1 Std., Mo–Sa 5-mal tgl., So 3-mal tgl.) und Dorgali (2 €, 25 Min. Mo–Sa 2-mal tgl., So 1-mal) nach Orosei.

Rund um Orosei

DIE STRÄNDE

Der zu Orosei gehörige Küstenort **Marina di Orosei** liegt 2,5 km östlich des Städtchens. Der Strand markiert das nördliche Ende des Golfo di Orosei, von hier zieht sich der Golf in einem kühnen Bogen Richtung Süden. Der Strand selbst wird im Norden vom Rio Cedrino begrenzt, dahinter beginnen die Lagunen der **Stagni di Cedrino**.

Ein Strandabschnitt mit goldenem Sand am topasblauen Meer erstreckt sich 5 km Richtung Süden und wechselt dabei mehrmals den Namen: **Spiaggia Su Barone**, **Spiaggia Isporoddai** und **Spiaggia Osalla**. Alle Strände sind gleichermaßen hübsch und meist von Pinienhainen gesäumt, sodass die Möglichkeit besteht, im Schatten ein Picknick zu machen oder zu grillen – die entsprechenden Einrichtungen sind unter den Bäumen vorhanden. An einem großen Wellenbrecher entlang führt ein schöner Spaziergang von der Spiaggia Osalla zur **Caletta di Osalla**, einem weiteren Strandabschnitt nach dem Hauptstrand.

Weitere sagenhafte Strände liegen nördlich von Marina di Orosei, darunter die von Pinien gesäumte **Cala Liberotto** sowie die **Cala Ginepro**, die wegen ihres seichten Wassers und des Campingplatzes vor allem für Familien ideal ist. Weiter in Richtung Norden folgt dann **Bidderosa** im gleichnamigen Naturreservat. Da die Zahl der Besucher an diesem Strand begrenzt wird, ist er nie überfüllt. Ein 4 km langer Pfad führt zum Strand hinunter, der mit traumhaft weißem, zuckrigem Sand, kobaltblauem Wasser sowie wild wuchernden Pinien, Eukalyptusbäumen und Wacholder im Hinterland begeistert. Dieser nördliche Strandabschnitt geht dann gleich in den nächsten traumhaften Strand über: **Berchida**.

GALTELLI
2480 EW.

Am Fuß des Monte Tuttavista liegt zwischen Olivenhainen, Weingärten und Weiden, auf denen Schafe grasen, das idyllische Dorf Galtelli. Das winzige mittelalterliche Zentrum besteht aus schmalen Gassen, die zu alten Steinhäusern und verträumten sonnigen Plätzen führen. Wer gerne abseits der üblichen Touristenrouten unterwegs ist, dem wird es hier sicher gefallen.

Informationen bietet die **Touristeninformation** (☎0784 9 01 50; www.galtelli.com; Via Sassari 12; ☉Sommer 9–12 & 16–19 Uhr, Winter Di–So 10–12 Uhr) oben in der Altstadt.

Bekannt wurde das Dorf vor allem durch die Erwähnung in Grazia Deleddas berühmten Roman *Canne al Vento* (*Schilf im Wind*). Die Touristeninformation hat deshalb einen Grazia-Deledda-Rundgang vorbereitet, an dem u. a. folgende Stationen liegen: die **Chiesa di San Pietro**, eine romanisch-pisanische Kirche unweit des Friedhofs, die **Casa delle Dame Pintor** aus dem 17. Jh. sowie das fiktionale Zuhause der beiden Schwestern und Malerinnen in Deleddas Roman *Schilf im Wind*. Der Roman erzählt die leidenschaftliche Geschichte des Niedergangs einer Adelsfamilie.

Eine edle Villa aus dem 18. Jh. beherbergt das **Museo Etnografico Sa Domo 'e sos Marras** (☎0784 9 04 72; Via Garibaldi 12; Erw./erm. 3/2,50 €; ☉Sommer Di–So 9–13 & 16–20 Uhr, Winter 10–12 & 16–18 Uhr) mit einer faszinierenden Sammlung an ländlichen Objekten. Zu sehen sind beispielsweise ein Webstuhl aus Wacholderholz oder ein von einem Esel betriebenes Mühlrad, in einer kleinen Abteilung außerdem Kinderspielsachen. Im Obergeschoss wurden die Zimmer original im Stil des 18. Jhs. eingerichtet.

Bis zu fünf Busse am Tag fahren auf der Strecke Galtelli – Orosei (1,20 €, 10 Min.).

Dorgali
8520 EW.

Dorgali ist ein normales, bodenständiges Dorf vor der prachtvollen Kulisse des Monte Bardia. Bekannt ist der Ort am Fuß des Berges für seine Weingärten und Olivenhaine. Über den pastellfarbenen Häusern entlang schmaler Gassen ragen die Kalkberge auf, deren Gipfel zahlreiche Wanderer und Kletterer anziehen.

Weitere Outdoorabenteuer bieten sich in nächster Nähe am wilden Golfo di Orosei sowie am fantastisch zerklüfteten Supramonte an.

◉ Sehenswertes & Aktivitäten

Dorgali ist berühmt für seine Lederwaren, Keramik, Teppiche und den filigranen Schmuck– beim Einkaufsbummel durch

AUTOAUSFLUG

Eine lohnenswerter Ausflug mit dem Auto ist die abwechslungsreiche 60 km lange Strecke von Dorgali nach Santa Maria Navarrese. Die SS125 mit ihren teilweise haarsträubenden Serpentinen führt hoch oben durch die Berge, die Szenerie ist spektakulär: Auf der rechten Seite ragen die zerklüfteten Kalkfelsen des Supramonte über den Wäldern auf, Schluchten schneiden sich tief ins Gestein, auf der linken Seite fallen die Berge steil zum strahlend blauen Meer hin ab. Sagenhaft ist der Blick vom schwindelerregenden **Genna 'e Silana**, einem 1017 m hohen Pass. Kurz danach folgt unweit der Abzweigung nach Urzulei **Formaggi Gruthas** (📞0782 64 80 08; Località Giustizieri), wo Pecorino frisch vom Hof gekauft werden kann. Der festungsartige Gipfel des 647 m hohen Monte Scoine kommt in Sicht und verrät, dass Santa Maria Navarrese nicht mehr weit ist. Ein toller Abstecher auf der Rückfahrt führt von Lotzorai zunächst nach Talana (ausgeschildert) und dann weiter nach Urzulei.

Die Straße schlängelt sich durch ein schluchtartiges Tal, das wie von einer anderen Welt wirkt, unten am schattigen Talboden fließt ein Fluss. Die Fahrt führt an rötlichem Granitgeröll, Weingärten und mit Kakteen bestandenen Hängen vorbei, bei Urzulei erreicht man wieder die SS125.

Dieser Autoausflug ist im Frühling zur Zeit der Wildblumenblüte am schönsten, dann überzieht der Ginster die Landschaft mit einem goldgelben Teppich. Einmal abgesehen von ein paar flotten Fiats fließt der Verkehr eher spärlich. In der Abenddämmerung muss man jedoch doppelt vorsichtig sein, dann haben Wildschweine, Ziegen, Schafe und Kühe auf der Straße das Sagen, oft treten sie auch oberhalb der Straße Gestein los.

die Geschäfte findet man zahlreiche schöne Beispiele regionaler Handwerkskunst. Sehr viel mehr Attraktionen bietet Dorgali jedoch nicht. Umso faszinierender ist die großartige Karstlandschaft in der Umgebung des Dorfes. Verschiedene Unternehmen bieten Jeepexkursionen, Wanderungen und Höhlentouren an.

Museo Archeologico　　　　MUSEUM
(📞349 442 55 52; Via Vittorio Emanuele; Erw./erm. 3/1,50 €; ⏱9–13 & 15.30–18, Juli & Aug bis 19 Uhr) Das bescheidene Archäologische Museum lässt die Vergangenheit der Region wieder lebendig werden, die ältesten Exponate stammen aus prähistorischen Zeiten, die jüngsten aus dem Mittelalter.

Cooperativa Ghivine　　WANDERUNGEN
(📞0784 9 67 21; www.ghivine.com; Via Lamarmora 69e) Der Laden organisiert so ziemlich die ganze Latte an Aktivitäten, die man sich nur vorstellen kann – von Bootsausflügen über Freeclimbing bis hin zu archäologischen Exkursionen. Zu den Wanderzielen zählen die Gola Su Gorropu (40 €) und Tiscali (40 €).

Atlantikà　　　　GEFÜHRTE TOUREN
(📞328 972 97 19; www.atlantika.it, auf Italienisch; Via Lamarmora 195) Das felsige Hinterland lässt sich mit einem Mitarbeiter von Atlantikà, dem Zusammenschluss einheimischer

Führer, am besten erkunden. Veranstaltet werden Ausflüge in die Gola Su Gorropu und nach Tiscali (beide jeweils 35 €), daneben aber auch Kanufahrten, Rad- und Höhlentouren, Tauchgänge und Canyoningabenteuer.

✕ Essen

Preiswerte Snackbars, Pizzerias und Bäckereien finden sich an der Hauptstraße, der Via Lamarmora.

Ristorante Colibrì　　SARDISCH €€
(📞0784 9 60 54; Via Gramsci 14; Mahlzeiten rund 30 €; ⏱Mo–Sa) Das Restaurant mit zitronengelben Wänden liegt etwas ungünstig in einem Wohngebiet (der Ausschilderung folgen), es ist für Fleischliebhaber aber sehr empfehlenswert. Zu den „Stars" auf der Speisekarte gehören *cinghiale al rosmarino* (Wildschwein mit Rosmarin), *capra alla selvatiza* (Zicklein in Thymian) und *porceddu* (Spanferkel).

❶ Praktische Informationen

Die **Touristeninformation** (📞0784 9 62 43; www.dorgali.it, auf Italienisch; Via Lamarmora 108b; ⏱Mo–Fr 10–13 & 16–20 Uhr, Juli & Aug auch Sa) hält Informationen über Dorgali, Cala Gonone, Läden, die Wanderausrüstung verkaufen und Unterkunftsmöglichkeiten bereit.

❶ An- & Weiterreise

Bus ARST-Busse verkehren nach Nuoro (3 €, 50 Min., Mo–Sa 8-mal tgl.; So 4-mal tgl.) und Olbia (7 €, 2 Std. 50 Min., Mo–Sa 2-mal tgl., So 1-mal tgl.). Bis zu sieben Busse (So 4-mal tgl.) pendeln zwischen Dorgali und Cala Gonone (1,50 €, 20 Min.). Einsteigen kann man an verschiedenen Haltestellen in der Via Lamarmora. Fahrkarten verkauft die Bar an der Kreuzung Via Lamarmora/Corso Umberto.

Nördlich von Dorgali

GROTTA DI ISPINIGOLI
Nördlich von Dorgali führt eine kurze Spritztour zur märchenhaften **Grotta di Ispinigoli** (Erw./erm. 7,50/3,50 €; ☺Führungen zur vollen Stunde im Sommer 9–10 Uhr, im Winter 9–12 & 15–17 Uhr). Die Höhle ist ein regelrechter Wald aus glitzernden Gesteinsformationen, sie birgt u. a. den zweitgrößten Stalagmit der Welt (der größte von 40 m ist 2 m länger und befindet sich in Mexiko).

Im Gegensatz zu anderen Tropfsteinhöhlen dieser Art, die man seitlich betritt, geht es hier einen 60 m tiefen Schacht hinunter – in dessen Mitte gegen prächtiger Stalagmit (38 m) aufragt. Die Höhle birgt bizzare Gesteinsformationen, die zum Teil wie Riesenpilze oder Brokkoli an den Wänden wuchern. Mit einem Erinnerungsfoto wird es allerdings nichts: Fotografieren verboten!

Die Höhle entdeckte ein Hirte 1950, erforscht wurde sie dann allerdings erst in den 1960er-Jahren. Seitdem wurde ein 15 km langes, tiefes Höhlensystem mit acht unterirdischen Flüssen erkundet. Hobbyhöhlenforscher können Führungen buchen, bei denen man bis zu 8 km weit in diese Höhlenwelt vordringt, buchbar sind sie über mehrere Agenturen in Dorgali oder auch in Cala Gonone. Artefakte der Nuragher wurden auf dem Boden des Hauptschachts gefunden, im zweiten Schacht, noch einmal 40 m weiter unten, stieß man auf Schmuck der Phönizier. Wer sich einer Standardführung anschließt, kann jedoch nur einen Blick in das Loch werfen, das zur zweiten Höhle führt – es trägt den spannenden Namen **Abbisso delle Vergini** (Abgrund der Jungfrauen). Der alte Schmuck, der hier entdeckt wurde, veranlasste einige Forscher zur Annahme, die Phönizier hätten hier junge Mädchen als rituelle Menschenopfer in den Abgrund gestoßen.

Es lohnt sich, bis zum Abendessen in der Gegend zu bleiben, um den malerischen Sonnenuntergang zu bewundern. Dazu bietet sich das **Ristorante Ispinigoli** (☎0784 9 52 68; www.hotelispinigoli.com, auf Italienisch; Mahlzeiten rund 30 €; ☺Sa & So in der Nebensaison geschl.) an, es liegt nur ein kleines Stück unterhalb vom Höhleneingang. Das bekannte Speiselokal gehört zum Hotel Ispinigoli und überzeugt mit Köstlichkeiten aus der Region, etwa *fregola con arselle* (sardische Pasta und Muschelsuppe), Zickleinbraten mit Kräutern und einer riesigen Auswahl an *formaggi*.

PARCO MUSEO S'ABBA FRISCA
Etwa 5 km von der Grotta di Ispinigoli entfernt liegt an der Landstraße nach Cala Gonone der **Parco Museo S'Abba Frisca** (☎335 656 9072 www.sabbafrisca.com, auf Italienisch; Erw./erm. 7/4 €; ☺Sommer 9–12 & 15–19 Uhr, Winter nach Vereinbarung), der eine Fundgrube an ethnografischen Schätzen ist. Allein schon die Gärten, in dem jahrhunderte alte Olivenbäume wuchern, sind den Besuch wert. Über allem liegt der Duft der Macchia und von Heilpflanzen. Andere Exponate erwecken das kulturelle Erbe Sardiniens zu neuem Leben – beispielsweise eine Hirtenhütte aus Basalt und Wacholder, alte Oliven- und Weinpressen und ein traditioneller Brotofen, in dem das hauchdünne, knusprige *pane carasau* gebacken wird.

SERRA ORRIOS & S'ENA 'E THOMES
Rund 11 km nordwestlich von Dorgali (und 3 km von der Straße Dorgali – Oliena entfernt) lohnt ein Blick auf die Ruinen von **Serra Orrios** (Erw./erm. 5/2,50 €; ☺Führungen stündl. 9–13 & 15–18 Uhr, im Winter kürzer), ein Nuraghendorf, das von 1500 bis 250 v. Chr. bewohnt war. Die zwischen Olivenhainen versteckt liegenden Relikte bestehen aus einem Konglomerat von etwa 70 hufeisenförmigen Hütten, die sich um zwei Basalttempel gruppieren: den Tempietto A, den angeblich Pilger benutzten, und den Tempietto B, der für die Dorfbewohner gedacht war. Mittlerweile wurde sogar noch ein dritter Tempel entdeckt, was Experten zu der Annahme veranlasste, dass die Stätte einst eine große religiöse Bedeutung besaß. Unweit vom Eingang ist ein Querschnitt der Stätte zu sehen, er hilft beim Verständnis (die Führungen werden nur auf Italienisch abgehalten).

Von Serra Orios bietet es sich an, ein Stück weiter in Richtung Norden zu fahren, um ein schönes Exemplar einer *tomba di gigante* (Gigantengrab, prähistorische

Begräbnisstätte mehrerer Personen) zu besuchen, sie entstand zur Blütezeit der Nuraghenepoche. Hinter der Kreuzung auf der Straße Nuoro – Orosei weist nach 3 km Fahrt Richtung Norden rechts ein Schild den Weg zur S'Ena 'e Thomes (Eintritt frei; Sonnenaufgang bis Sonnenuntergang). Ein schmaler Pfad schlängelt sich durch Felder zur zentralen ovalen Steinstele (3,65 m hoch und 2,10 m breit), die eine prähistorische Grabkammer verschließt.

Südlich von Dorgali

GOLA SU GORROPU

Die Gola Su Gorropu (☎328 897 65 63; www.gorropu.info; Erw./erm. 5/3 €; Führungen tgl. 10.30–15.30 Uhr) wird auch als „Grand Canyon Europas" bezeichnet: Schwindelerregende 400 m fallen die Kalkwände von Schluchtboden ab. Die endemische Pflanze *Aquilegia nuragica* gedeiht ausschließlich hier, und wenn nicht viel los ist, lassen sich sogar Mufflons und Steinadler blicken. Vom Flussbett des Rio Flumineddu besteht die Möglichkeit, 1 km ohne Kletterausrüstung in die mit gewaltigen Felsblöcken übersäte enge Schlucht zu wandern (rechts halten und auf die Steinmarkierungen achten). Nach 500 m ist die schmalste Stelle erreicht: Hier ist die Schlucht gerade einmal 4 m breit! Von dort führt eine anspruchsvolle Kletterroute (Schwierigkeitsgrad 8b) 400 m senkrecht die Felswand hinauf zum **Hotel Supramonte**.

Wer in die Schlucht wandern möchte, benötigt feste Wanderstiefel und ausreichend Wasser. Es gibt zwei Hauptrouten: Die dramatischere beginnt am **Genna 'e-Silana-Pass** (an der SS125, bei Km 183) am Parkplatz gegenüber vom Hotel Silana. Die Wanderung (1¼ Std.) ist ausgeschildert und relativ einfach. Es geht durch Steineichenwälder sowie über mit Felsblöcken übersäte Abhänge und Klippen, die von Höhlen durchsetzt sind. Wer die Schlucht gern aus der Vogelperspektive betrachten möchte, folgt einem Pfad entlang des Schluchtrands. Er führt vom Parkplatz in 1¼ Stunden zur **Punta Cucuttos** (888 m).

Die zweite, etwas einfachere Route zur Gorropu beginnt an der **Sa-Barva-Brücke**, rund 15 km von Dorgali entfernt. Zu dieser Brücke gelangt man über die SS125, wo man rechts (zwischen Km 200 und 201) nach dem Schild zur Gola Su Gorropu und nach Tiscali Ausschau halten muss. Dieser Straße folgt man für rund 20 Minuten bis zum Ende der Asphaltierung. Hier stellt man das Auto ab und überquert die Sa-Barva-Brücke, hinter der links der Pfad in die Schlucht ausgeschildert ist. Die Wanderung dauert rund zwei Stunden und führt am Rio Flumineddu entlang zum Eingang der Schlucht.

Wer lieber mit einem Führer unterwegs ist, wendet sich an Sandra und Franco von der Cooperativa Gorropu (☎0782 64 92 82, 333 850 71 57; www.gorropu.com; Via Sa Preda Lada 2, Urzulei). Die Deutsche und der Sarde bieten verschiedene Ausflüge und Aktivitäten an – von Wanderungen über Canyoning bis hin zu Klettertouren und Kochkursen (Preise s. Website). Ihr Büro haben sie in Urzulei, am Genna 'e-Silana-Pass betreiben sie ein kleines Informationscenter.

NICHT VERSÄUMEN

WANDERUNG NACH TISCALI

Eine Wanderung nach Tiscali führt mitten ins Herz des verkarsteten Supramonte. Die Wanderung beginnt an der **Sa-Barva-Brücke** oberhalb des grünen Rio Flumineddu – der Ausgangspunkt ist der gleiche wie für die Wanderung zur Gola Su Gorropu. Aufgrund einiger (einfacher) ausgesetzter Stellen sind ordentliche Wanderstiefel erforderlich, doch insgesamt ist dieser mit roten Pfeilen markierte Weg einfach zu begehen. Das Blätterdach aus Wacholder und Korkeichen sorgt für schattige Unterbrechungen. Der Weg ist ausgeschildert, die Gehzeit beträgt eineinhalb bis zwei Stunden. Für die gesamte Wanderung inklusive Pausen und der Besichtigung von Tiscali sollte man fünf Stunden einplanen. Bei ausreichender Zeit lohnt auch noch die Besichtigung der Domus de Jana Biduai (Eintritt frei; Sonnenaufgang bis Sonnenuntergang) an der Straße nach Dorgali. Über Trittsteine im Fluss ist das Nuraghengrab erreichbar.

In Oliena, Dorgali und Cala Gonone gibt es mehrere Unternehmen, die geführte Ausflüge nach Tiscali anbieten, in der Regel verlangen sie pro Person rund 40 €; das Mittagessen ist teilweise im Preis inbegriffen.

TISCALI

Das oben in einer Berghöhle, hoch über dem Valle di Lanaittu versteckte, geheimnisvolle Nuraghendorf **Tiscali** (Eintritt Erw./erm. 5/ 2 €; ☼Sommer 9–19 Uhr, Winter 9–17 Uhr) zählt zu den archäologischen Highlights Sardiniens. Das Dorf datiert aus dem 6. Jh. v. Chr. und war bis zur Römerzeit bewohnt. Entdeckt wurde es Ende des 19. Jhs. Damals war es noch relativ intakt, mittlerweile haben allerdings Grabräuber die Stätte so stark geplündert, dass die konischen Steine und Lehmhütten (die ursprünglich Dächer aus Wacholderholz aufwiesen) bis auf die Grundstrukturen abgetragen sind. Der Anblick hat etwas Unheimliches: ein Wirrwarr aus Ruinen zwischen Steineichen und Terpentinbäumen, die sich im Dämmerlicht an die steilen Kalkfelsen klammern. Die Einwohner von Sa Sedda 'e Sos Carros benutzten Tiscali als Versteck: Die Siedlung war so unzugänglich, dass man dort bis gut ins 2. Jh. v. Chr. hinein unentdeckt blieb.

Cala Gonone

1280 EW.

Kletterer, Taucher, Kajakfahrer, Wanderer, aber auch Strandgutsammler kommen in Cala Gonone alle auf ihre Kosten. Weshalb? Majestätische Berge aus Kalkstein bilden den Rahmen für den fantastischen Blick auf den Golfo di Orosei, steile Klippen fallen zum tiefblauen Meer ab, Wanderwege ziehen sich durch smaragdgrüne Schluchten zu perlweißen Stränden hinunter. Sogar die Anfahrt ist ein Abenteuer, denn mit jeder Haarnadelkurve bergab nähert man sich weiter dem Meer, das sich wie ein flüssiger Spiegel vor einem ausbreitet.

Der Ferienort am Meer zieht sich an der von Pinien beschatteten Uferpromenade entlang und lässt ahnen, wie es einst im bescheidenen, familienfreundlichen Fischerdorf zuging. Vom August einmal abgesehen, sind die Strände aber nach wie vor relativ leer und die Zimmerpreise erschwinglich. Von Oktober bis Ostern fällt der Ort in eine Art Winterschlaf – dann hat wirklich alles geschlossen.

⊙ Sehenswertes & Aktivitäten

Cala Gonone bietet sich als perfekter Standort an, um die schönsten Buchten des Golfs zu erkunden, die sich alle hufeisenförmig die Küste entlangziehen. Das Gefühl, hier irgendwie am Ende der Welt zu sein, liegt

wohl auch daran, dass sich die schönsten Strände und Grotten nur zu Fuß oder mit dem Boot erreichen lassen.

Die Strände von Cala Gonone   STRAND
Im Ort selbst bietet sich ein kleiner Kieselstrand, die **Spiaggia Centrale**, für ein kurzes erfrischendes Bad an, die schönsten Strände findet man jedoch weiter im Süden. Ein Stück die Uferpromenade weiter stößt man auf einen schmalen Sandstrand mit einigen Felsen, die **Spiaggia Palmasera.** Achtung: Hier gibt es Seeigel! Zum Plantschen im türkisfarbenen Wasser empfiehlt sich daher eher die **Spiaggia Sos Dorroles,** 1 km weiter südlich; der Strand wird von einer auffällig gelb-orangeroten Felswand begrenzt.

Cala Fuili   STRAND
Rund 3,5 km südlich der Ortschaft (über die Via Bue Marino erreichbar) stößt man auf einen felsigen Fjord, an den sich ein tief eingeschnittenes, grünes Tal anschließt. Hier kann man oben entlang der Klippen rund zwei Stunden (4 km) nach **Cala Luna** zu wandern. Der Pfad führt malerisch durch Wacholder und Mastixbäume und ist leicht zu finden; die dreieckigen und runden Markierungen auf den Felsen weisen den Weg. Kurz vor Cala Luna öffnet sich ein atemberaubender Panoramablick auf die Küste.

Cala Luna   STRAND
Die halbmondförmige Bucht begeistert mit ihrer wilden Schönheit vor allem Kletterer. Hinter der Bucht beginnt eine gewaltige Schlucht mit von zahlreichen Höhlen durchsetzten Klippen, an das türkise Meer brandet. Am schönsten ist es hier, wenn alle Ausflugsboote abgefahren sind und man die Bucht praktisch für sich allein hat. Mit gutem Orientierungsvermögen kann man auf einem schwierigeren, unmarkierten Pfad weiter bis zum beeindruckenden torförmigen **Arco Lupiru** (ca. 1½ Std.) oder zur **Cala Sisine** (4 Std.) weiterlaufen. Wildes Zelten am Strand ist verboten, die Behörden drücken aber häufig ein Auge zu, wenn sich die Camper diskret verhalten.

Cala Cartoe   STRAND
Nördlich vom Ort liegt ein weiterer traumhafter Strand – ein seidiger Streifen feinen weißen Sands zwischen türkisblauem Meer und einem dichten Waldgebiet. Im August ist hier naturgemäß viel los, doch in der Nebensaison ist es hier fast schon einsam. Ohne einen fahrbaren Untersatz lässt sich

TOP FIVE: KLETTERN

» **Cala Fuili** Die Bucht lässt sich einfach erreichen und bietet sich für Anfänger an. Die insgesamt 117 Routen weisen einen Schwierigkeitsgrad zwischen 5a und 8b+ auf, darunter Klippen über dem Strand sowie Dutzende Felsüberhänge in der Schlucht.

» **La Poltrona** Der massive Kalksteinkessel unweit der zentral gelegenen Cala Gonone bietet kompakte Felsen, 75 Routen mit Bohrhaken (Schwierigkeitsgrad 4 bis 8a) sowie eine Maximalhöhe von 175 m. Am Vormittag wird es hier im Sommer sehr heiß, deshalb besser bis zum Spätnachmittag abwarten.

» **Cala Luna** Sagenhafte Kletterrouten über einer wunderschönen Bucht, die sich zu Fuß oder mit dem Boot erreichen lässt. Die 56 Routen liegen im Schwierigkeitsgrad 5c bis 8b+, darunter einige schwierige Single-Pitches in Höhlen mit Überhängen.

» **S'atta Ruia** Das beliebteste Areal in Dorgali besteht aus einer langen Kalksteinklippe mit vertikalen Felswänden und Überhängen. Es gibt 81 Routen im Schwierigkeitsgrad 5a bis 7b. Geklettert werden sollte in den Morgenstunden, dann ist es hier noch schattig.

» **Biddiriscottai** Kurz vor der Bucht Cartoe bietet Biddiriscottai ein sagenhaftes Bergambiente mit dramatischen Ausblicken übers Meer. Klippen und Felsen ragen über einer Höhle auf. Geklettert wird auf 50 guten Routen mit Bohrhaken im Schwierigkeitsgrad 5b bis 8a+.

---

der Strand allerdings nicht erreichen: Man fährt über die Via Marco Polo hinter dem Hafen bis zu einer Abzweigung, an der die Bucht rechts (in nördlicher Richtung) ausgeschildert ist.

Nuraghe Mannu ARCHÄOLOGISCHE STÄTTE
(Erw./erm. 3/2 €; ⊙ Winter 9–12 & 15–18 Uhr, Sommer bis 19 Uhr) Wer sich die gesamte Küste aus der Vogelperspektive anschauen möchte, folgt der Ausschilderung auf der Straße Cala Gonone – Dorgali zu dieser *nuraghe*. Nach 3 km auf einer holperigen Piste erreicht man eine wilde Landspitze, von der aus einem fast die gesamte geschwungene Bucht des Golfes zu Füßen liegt. Von hier schaut man in eine Schlucht mit Olivenbäumen, zwischen denen silbergraue Felsblöcke liegen. Der Turm, der um 1600 v. Chr. erstmals bewohnt wurde, ist eine eher bescheidene Ruine, dafür sind in der Kammer in der Mitte noch Nischen erkennbar. Auch die Römer mochten diesen Platz: Beim Blick auf die Reste ehemaliger Behausungen fällt der Kontrast zwischen den geometrischen Formensprache der Römer und den ovalen Formen ihrer Vorgänger auf.

Grotta del Bue Marino GROTTE
(Erw./erm. 8/4 €; ⊙ Sommer tgl. Führungen zur vollen Std. 9–13 & 15–17 Uhr) Zu dieser hübschen Grotte wandert man von Cala Fuili aus rund 40 Minuten, das Schnellboot ab

Cala Gonone bringt die Besucher ebenfalls zur Grotte. Ihren Namen verdankt sie den seltenen, inzwischen auf der Insel ausgestorbenen Mönchsrobben, die hier ihr letztes Refugium auf Sardinien hatten. Die einheimischen Fischer nannten die Tiere *bue marino* – „Meeresochsen". Die Grotte ist wirklich beeindruckend und bietet schöne Lichtspiele, bizarre Felsformationen und Petroglyphen aus dem Neolithikum. Täglich finden bis zu sieben Führungen statt, auch auf Deutsch und Englisch. Während der Hochsaison empfiehlt es sich, wegen der großen Nachfrage frühzeitig zu buchen.

Acquario di Cala Gonone AQUARIUM
(☎ 0784 9 30 47; www.acquariocalagonone.it; Via La Favorita; Erw./erm. 10/6 €; ⊙ tgl. 9.30–19.30 Uhr; ♿) Das schillernde neue Aquarium – ein Entwurf der Architekten Peter Chermayeff und Sebastiano Gaias – lohnt einen Besuch, bevor man sich selbst in die Fluten stürzt. In 25 Becken leben Seepferdchen, Quallen und Rochen, aber auch verschiedene Anemonenfischarten, die eigentlich in tropischen Gewässern zu Hause sind.

☞ Geführte Touren

In Cala Gonone wartet eine riesige Bootsflotte auf Touristen, um ihnen die herrliche Küste zu zeigen – Schnellboote genauso wie hübsche Segelschiffe. Die Boote sind je nach Nachfrage von März bis Oktober unterwegs. Die Preise wechseln je nach Saison und sind in der absoluten Spitzenzeit – also etwa vom 11. bis zum 25. August – am höchsten. Auskunft erteilen die Reisebüros überall im Ort sowie die Kioske direkt am Hafen.

Prima Sardegna WANDERN, JEEP

(📞0784 9 33 67; www.primasardegna.com; Via Lungomare Palmasera 32; 🕑9–12 & 16–19 Uhr) Wer sich dezidiert über das Thema Klettern informieren will, bekommt hier fachkundige Information und kann auch eine Ausrüstung ausleihen (ab 5 € pro Teil). Es werden geführte Touren nach Tiscali und in die Gorropu-Schlucht (40 €) angeboten, außerdem Wanderungen bzw. Jeep-Safaris im Supramonte. Die Leihgebühr für ein Fahrrad/Motorroller/Einerkajak/Doppelkajak beträgt pro Tag 24/48/30/55 €.

Nuovo Consorzio Trasporti Marittimi BOOT

(📞0784 9 33 05; www.calagononecrociere.it, auf Italienisch; Via Millelire 14) Das Unternehmen bietet verschiedene Touren an, u. a. nach Cala Luna (12 €), Cala Sisine (18 €), Cala Mariolu (26 €) und Cala Gabbiani (26 €). Eine Fahrt zur Grotta Bue Marino kostet 16,50 €, den Eintritt in die Tropfsteinhöhle inbegriffen. Alle Touren verteuern sich im Juli und August um rund 5 €. Genaue Termine finden sich auf der Website.

Argonauta TAUCHEN

(📞0784 9 30 46, 349 473 86 52; www.argonauta.it; Via dei Lecci 10) Das PADI-Tauchzentrum bietet eine Fülle an Wassersportaktivitäten, u. a. Schnorchelausflüge (Erw./Kinder 25/15 €), Tauchkurse für Anfänger (90 €), Tauchgänge zu Höhlen und Schiffswracks (45 €) sowie Canyoning-Touren (40 €).

Cielomar BOOT

(📞0784 92 00 14; Località Palmasera) Das Unternehmen veranstaltet Tagestouren am Golf, die pro Person ab 40 € kosten, außerdem kann man hier *gommone* (Motorjollen) für 80 bis 120 € pro Tag mieten; der Sprit ist nicht inbegriffen und kostet ca. 25 € extra.

Dolmen JEEP

(📞0784 932 60; www.sardegnadascoprire.it; Via Vasco da Gama 18) Dieser zuverlässige Veranstalter bietet Jeeptouren zum Supramonte und Canyoning-Ausflüge in der Gorropu-Schlucht an. Fahrräder, Motorroller und Dinghies werden ebenfalls verliehen. Zeiten und Preise vorher telefonisch erfragen.

🍴 Essen & Ausgehen

Neben den unten aufgeführten Lokalen gibt es zahlreiche Snackbars, Gelaterias und Pizzerias am oder unweit vom Wasser. Die meisten schließen von November bis März.

DER BLAUE HALBMOND

Wer auf Sardinien in der Region Urlaub macht, sollte zumindest einen Bootsausflug unternehmen und den 20 km langen südlichen Ausläufer des Golfo di Orosei entlangfahren. Entlang der imposanten Steilküste mit hohen Kalksteinklippen wechseln sich hübsche Buchten, Strände und Grotten ab, die Kräfte der Natur haben ein Paradies aus Sand, Felsen, Kieselsteinen, Muscheln und kristallklarem Wasser geschaffen. Gegen 15 Uhr zeigen sich die Felsen von ihrer schönsten Seite, denn dann geht hier die Sonne langsam hinter den höheren Klippen in einem beeindruckenden Farbspiel unter.

Vom Hafen Cala Gonone geht es gen Süden zunächst zur **Grotta del Bue Marino**. Der erste Strand nach dieser Höhle ist die halbmondförmige **Cala Luna**, die im Süden von hohen Klippen begrenzt wird. Als nächster größerer Strand folgt die **Cala Sisine**, eine hübsche Bucht, die ebenfalls mit Sand und Kieselsteinen aufwartet, dahinter liegt ein grünes tiefes Tal. Die nächste Bucht ist die **Cala Biriola** – gefolgt von weiteren reizvollen Flecken unter hoch aufragenden Klippen; an einigen Stellen schillert das Wasser himmelblau, ein unvergleichlicher Anblick.

Die **Cala Mariolu** ist zweifelsohne eine der schönsten Buchten an diesem Küstenabschnitt. Eine Felsformation aus hellem Kalkgestein teilt sie in zwei Abschnitte. Sand gibt es praktisch keinen, doch die weißen Kieselsteinchen tun nicht weh. Die Farbe des Meeres reicht von einer Art transparentem Weiß am Ufer bis hin zu einer Fülle von Blauschattierungen, die bisweilen sogar ins Violette spielen.

FÜR DIE PLANUNG

Wer Karten zum Wandern und Klettern oder einen Führer benötigt, sollte im **Namaste** (📞0784 937 23; Via Colombo di Gometz 11; 🕐tgl. 9–13 & 15–19 Uhr) vorbeischauen. Hier kann der umfassende Kletterführer *Pietra di Luna* von Maurizio Oviglia (30 €) gekauft werden, er deckt das Gebiet von Cala Gonone, Jerzu und Baunei ab. Das Buch *Il Sentiero Selvaggio Blu* von Corrado Conca (16 €) informiert über die siebentägige Trekkingtour Selvaggio Blu. Der Führer *La Sardegna in Bicicletta* (13,90 €) beschreibt ausführlich Fahrradrouten auf Sardinien – das gesamte Radnetz der Insel ist 1000 km lang. Auch Wanderkarten und Reiseführer finden sich im Regal.

LP TIPP ▶ **Agriturismo**
Nuraghe Mannu　　　　SARDISCH €
(📞0784 9 32 64; www.agriturismonuraghemannu.com; an der Straße SP26 Dorgali – Cala Gonone; Mahlzeiten 25 €; 🕐Abendessen) Malerisch über dem Golf liegt dieser *agriturismo* versteckt in silbern schimmernden Olivenhainen. Das Essen, das hier auf den Tisch kommt, ist so gut, dass einem das Wasser im Mund zusammenläuft: Pecorino, Salami, Oliven und Weine, gefolgt von Pasta, köstlichem Ziegen- oder Lammbraten und sardischen Süßigkeiten (wow!) sind fast nicht zu schaffen. Alles stammt aus eigenem Anbau und ist hausgemacht.

Il Pescatore　　　　MEERESFRÜCHTE €€
(📞0784 9 31 74; Via Acqua Dolce 7; Mahlzeiten 25–35 €; 🕐tgl.) In diesem authentischen Restaurant dreht sich alles um Meeresfrüchte und Fisch. Am schönsten sitzt man bei einer kühlen Brise auf der Terrasse und lässt sich Köstlichkeiten wie Pasta mit *ricci* (Seeigel) und Spaghetti mit Muscheln und *bottarga* (Meeräschenrogen) schmecken. Dazu schmeckt ein halber Liter fruchtiger weißer Hauswein (5 €).

Road House Blues　　　　ITALIENISCH €€
(📞0784 9 31 87; Lungomare Palmasera 28; Mahlzeiten 20–30 €; 🕐tgl.) Das legere Lokal am *lungomare* (der Uferpromenade) bietet sich für ein schnelles Bier oder auch eine Kleinigkeit zu essen an. Die Pizzas sind nach Rockgruppen benannt – statt Parmaschinken bestellt man hier Pearl Jam. An sardischen Gerichten finden sich hausgemachte Pasta mit Mangold und Pecorino auf der Karte. Der Liter Hauswein für 8 € ist ein echtes Schnäppchen.

Ristorante Acquarius　　PIZZERIA, SARDISCH €€
(📞0784 9 34 28; Lungomare Palmasera 34; Pizza 6–8 €, Mahlzeiten rund 30 €; 🕐tgl.) Das fröhliche Restaurant am *lungomare* ist bei Einheimischen und Urlaubern beliebt und immer gut besucht. Die Holzofenpizza ist vom Feinsten, ebenso das *porceddu* (Spanferkel) mit Rosmarinkartoffeln. Das Myrthe-Sorbet ist ein gelungener und erfrischender Abschluss des Mahls.

Hotel Bue Marino　　　　ITALIENISCH €€
(📞0784 92 00 78; www.hotelbuemarino.it; Via Vespucci 8; Mahlzeiten rund 30 €; 🕐tgl.) Die schicke Bar des eleganten Hotels direkt am Meer lockt am frühen Abend ein gut aussehendes Publikum an. Im Restaurant im 4. Stock werden vor allem Gerichte aus der Region serviert. Den fangfrischen Fisch aus dem Golf von Orosei und die verschiedenen aromatischen Käse aus Dorgali sollte sich niemand entgehen lassen.

🛈 Praktische Informationen

Die hilfreiche **Touristeninformation** (📞0784 9 36 96; www.calagonone.com; Viale Bue Marino 1a; 🕐Sommer 9–13 & 15–19 Uhr, Juli & Aug bis 23 Uhr, Winter Fr–Mi 9.30–11.30 Uhr) in einem kleinen Park rechts am Ortseingang hält viele gute Informationen bereit. Ein Geldautomat befindet sich am Hafen; im **Internet Point** (Piazza Da Verrazzano 3; Std. Internet/Wlan 5/4 €; 🕐Mo–Sa 8.30–12.30 & 16–19.30 Uhr) kann man seine E-Mails lesen und beantworten und auch skypen.

🛈 An- & Weiterreise

BUS Busse fahren zur Cala Gonone von Dorgali (1,50 €, 20 Min., Mo–Sa 7-mal tgl., Do 4-mal tgl.) und Nuoro (3,50 €, 70 Min. Mo–Sa 6-mal tgl., So 3-mal tgl.). Fahrkarten verkauft die **Bar La Pineta** (Viale C Colombo).

OGLIASTRA

Zwischen Nuoro und Cagliari liegt die deutlich kleinere Provinz Ogliastra, die einige der schönsten Landschaften Sardiniens bietet. Das Landesinnere besteht aus unberührten Tälern, verschwiegenen Wäldern und vom Wind erodierten Felswänden. Die Küste präsentiert sich umso dramatischer, je näher der Golfo di Orosei rückt.

Wer sich in dieser Gegend fortbewegen will, braucht Geduld, und zwar vor allem im Landesinneren. Die Entfernungen sind zwar nicht sonderlich groß, doch aufgrund der Topografie sind die Straßen steil und meist sehr kurvenreich. Auch Busse sind unterwegs, entlegenere Ecken lassen sich jedoch nur mit dem Auto erreichen – deshalb ist hier ein Mietwagen von Vorteil.

Tortolì & Arbatax

10 800 EW.

Der erste Eindruck von Tortolì, der lebhaften Provinzhauptstadt von Ogliastra, hängt davon ab, von wo man gerade kommt. Wer vom italienischen Festland mit der Fähre übersetzt, ist vom modernen, städtischen Flair vielleicht enttäuscht. Wer hingegen aus der Abgeschiedenheit des Landesinneren auftaucht, empfindet die fröhlichen Andenkenläden und großen Hotels oft als eine willkommene Abwechslung.

Die Fähren von Cagliari landen am Hafen von Arbatax an, er liegt rund 4 km die Viale Monsignor Virgilio hinunter. Von hier aus starten auch die Bootsausflüge zum Golfo di Orosei. Im Sommer besteht die Möglichkeit, am Bahnhof von Arbatax in den *trenino verde* zu steigen.

◉ Sehenswertes & Aktivitäten

Tortolì und Arbatax sind in erster Linie Ferienorte, dementsprechend rar sind die Sehenswürdigkeiten, die zudem weit auseinanderliegen. Am Hafen starten Bootsausflüge zu den Stränden sowie zu den Grotten des Golfo di Orosei, die Preise liegen in der Regel bei rund 40 bis 50 € pro Person.

Die Strände von Arbatax   STRAND

An beiden Seiten der Ortschaft erstrecken sich schöne Sandstrände am kristallklaren Meer: die **Spiaggia Orri**, die **Spiaggia Musculedda** und die **Spiaggia Is Scogliu Arrubius**, alle rund 4 km südlich vom Porto Frailis (zahlreiche Hotels) gelegen. Noch weiter südlich folgt an der unberührten, von Klippen gesäumten Bucht **Marina di Gairo** die **Spiaggia Cala Francese**.

Rocce Rosse   WAHRZEICHEN

Wenn die Zeit nicht drängt, lohnt in Arbatax ein Abstecher zu den Rocce Rosse (roten Felsen). Dafür wechselt man am Hafen auf die andere Straßenseite und erreicht, um die Shell-Tankstelle herumlaufend, die Felsen. Wie die Ruinen einer Märchenburg stürzen die bizarren, vom Wind geformten Felsen ins Meer, in der Ferne eingerahmt vom südlichen Ogliastra und den majestätischen Klippen des Golfo di Orosei.

✖ Essen

Am Hafen von Arbatax findet sich eine Handvoll Pizzerias und Snackbars, die alle halbwegs brauchbar sind. Fast alle haben jedoch in der Nebensaison von November bis März geschlossen.

Ittiturismo La Peschiera   MEERESFRÜCHTE €€
(☎0782 66 44 15; Spiaggia della Cartiera; Mahlzeiten rund 30 €; ⏰tgl.) Was morgens noch im Mittelmeer herumschwimmt, liegt mittags in diesem Ittiturismo unter der Leitung der Fischereikooperative von Tortolì bereits auf dem Teller. Das bescheidene Lokal abseits vom Schuss ist den Fußmarsch wert: Der Fisch ist wirklich fangfrisch. Am Ortseingang der Beschilderung folgen, der Spazierweg führt fünf Minuten am von Schilf gesäumten Flussufer entlang.

KAJAKFAHREN IN CARDEDU

Was kann man sich Schöneres vorstellen, als mit dem Kajak entspannt durch das türkisblaue Meer zu paddeln, um die Höhlen, Grotten und imposanten Felsformationen von Ogliastra zu erkunden? In Cardedu, 16 km südlich von Tortolì, befindet sich die Firma **Cardedu Kayak** (☎0782 75185; www.cardedu-kayak.com; Località Perda Rubia), wo Kajakguru Francesco Muntoni seine Leidenschaft fürs tiefblaue Wasser mit Kajakfahrern aller Leistungsniveaus teilt. Seine Kurse kosten 150 € (5 Einheiten à 2 Std.). Wer mit eigene Faust lospaddeln möchte, kann sich pro Person ab 25 € pro Tag ein Kajak mieten. Im Sommer unbedingt an die Badesachen denken! Francesco hilft auch bei der Planung von längeren Touren und beim „nautischen Campen". Das ist interessant für alle, die gerne vom Kajak aus fischen oder an einem einsamen Strand übernachten möchten.

La Bitta

ITALIENISCH €€€

(☎0782 66 70 80; Località Porto Frailis; Mahlzeiten 40–55 €; ⏱tgl.) Wenn jemand in Porto Frailis wirklich edel speisen möchte, dann ist das La Bitta die richtige Adresse. Schick angezogen kann man hier zervorragend zubereitete Speisen genießen – z. B. selbst gemachte Pasta mit Rochen und Dill-Pesto oder Macaroni mit Artischocken, Ricotta und *bottarga* (Meeräschenrogen).

❶ Praktische Informationen

In Arbatax befindet sich die **Touristeninformation** (☎0782 66 76 90; Via Lungomare 21; ⏱nur im Sommer) an der Endstation des *trenino verde*.

In der Hauptstraße von Tortolì bucht das Reisebüro **Frailis Viaggi** (☎0782 62 00 21; www. frailisviaggi.it; Via Roma 12; ⏱Mo–Fr 9–13 & 16.30–20 Uhr) Tickets für Fähren, Flüge und Bootsfahrten (50 € pro Pers.) und verleiht Mietwägen (70 € pro Tag).

❶ An- & Weiterreise

BUS ARST-Busse fahren von Tortolì nach Santa Maria Navarrese (1,20 €, 15 Min., Mo–Sa 11-mal tgl., So 2-mal tgl.), Dorgali (5 €, 1 Std. 50 Min., Mo–Sa 1-mal tgl.) und Nuoro (7 €, 2½-3 Std., Mo–Sa 4-mal tgl.) sowie zu vielen kleinen Dörfern im Landesinneren. Die Stadtbusse 1 und 2 verkehren von Arbatax nach Tortolì, der Bus 2 auch zum Strand und zu den Hotels im nahe gelegenen Porto Frailis.

FLUGZEUG Der winzige **Flugplatz** (☎0782 62 43 00; www.aeroportoTortoliarbatax.it) von Arbatax-Tortolì befindet sich rund 1,5 südlich von Tortolì. Er wird im Sommer ausschließlich von Charterunternehmen vom italienischen Festland angeflogen, beispielsweise von Rom und

DIE OUTDOOR-EXPERTEN PETER UND ANNE

Die beiden Eigentümer des Lemon House (S. 237) in Lotzorai, Peter und Anne, erkunden die Wildnis von Ogliastra schon seit den 1990er-Jahren. Peter hat rund 800 Kletterwände in der Region mit Bohrhaken bestückt, außerdem ist er Mitbegründer von Mountain Bike Ogliastra (www.mountainbikeogliastra.it) und hat für den neuen Führer Versante Sud 25 Fahrradtouren entwickelt. Unter www.peteranne.it findet man Tipps, Routenvorschläge und Videos.

Klettern

Am leicht erreichbaren **Vascone** südlich von Cala 'e Luas wartet ein toller Granitfels über dem Meer auf Free-Solo-Kletterer. Die Felsnadel **Aguglia** an der Cala Goloritzè bietet ein beeindruckendes Multi-Pitch-Klettererlebnis, die größte Herausforderung ist ein Überhang mit einem maximalen Schwierigkeitsgrad von 6b+.

Mountainbiken

Die 50 km lange Tour auf einem alten Mauleselpfad vom Golgo-Plateau nach **Cala Sisine** und zur Codula hinauf ist sagenhaft! Auf der technisch interessanten Fahrt geht es schließlich 1000 m die Steilküste bergab. Eine Herausforderung ist auch der zweistündige Freeride von **Locorbu** nach Santa Maria Navarrese.

See-Kajakfahrten

Die roten Granitfelsen an der **Spiaggetta** bei Baunei sind unglaublich eindrucksvoll. Spaß macht es auch, zwischen den Felsen und Höhlen von **Cardedu** nach **Cala e' Luas** zu paddeln und das Erlebnis noch mit einem Badeaufenthalt am Strand zu krönen. Erfahrene Kajakfahrer können Richtung Norden nach **Goloritzè** paddeln, auf der Strecke liegt die herrliche Pedra Longa (eine die 80 m aus dem Meer aufragende Felsnase) sowie 300 m hohen Klippen, an denen sich manchmal sogar Eleonorenfalken blicken lassen.

Wandern

Eine tolle Halbtagestour, die sogar für Familien gut machbar ist, führt von Golgo zur **Cala Goloritzè**. Unterwegs bieten sich sagenhafte Ausblicke über das türkisblaue Meer und die Felsnadel Aguglia. Mit Abstand am schönsten ist jedoch die mehrtägige Wanderung **Selvaggio Blu** entlang der Küste.

Albenga (in Ligurien). Die meisten Passagiere kommen im Rahmen eines Pauschalurlaubs, in dem der Weitertransport bereits inbegriffen ist.

SCHIFF Die größte Reederei, die Arbatax ansteuert, ist **Tirrenia** (📞892 123; www.tirrenia.it). Die Fähren verkehren von/nach Genua (59 €, 18 Std., 2-mal wöchentl.), Civitavecchia (59 €, 18 Std., 2-mal wöchentl.) und von Ende Juli bis August auch von/nach Fiumicino (63 €, 4½ Std., 2-mal wöchentl.). Verbindungen bestehen zudem nach Cagliari (33 €, 5¼ Std., 2-mal wöchentl.) und Olbia (31,50 €, 4½ Std., 2-mal wöchentl.). Fahrkarten und Informationen erhält man am Hafen im Buchungsbüro von Tirrenia – **Torchiani & Co** (📞0782 66 78 41; Via Venezia 10).

Zug Nicht weit vom Hafen befindet sich die Endstation des **Trenino verde** (📞070 58 02 46; www.treninoverde.com), der auf der Strecke Arbatax – Mandas (19 €, 5 Std.) verkehrt. Die Züge fahren von Mitte Juni bis Mitte September zweimal pro Tag (außer Di) und halten in Lanusei, Arzana, Ussassai und Seui. Die Zugstrecke ist die malerischste der sardischen Schienennetzes, denn sie führt durch eine ansonsten schwer zugängliche, raue Berglandschaft.

Nördlich von Tortolì & Arbatax

LOTZORAI
2190 EW.

Das rund 6 km nördlich von Tortolì gelegene Lotzorai ist an sich nicht besonders interessant, liegt jedoch an herrlichen, von Pinien gesäumten Stränden wie der **Spiaggia delle Rose**. Einfach der Ausschilderung zu den drei Campingplätzen folgen, die sich gleich hinter dem Strand befinden.

An der Landstraße in Richtung Talana, 4 km von Lotzorai entfernt, stößt man auf das **Ristorante Sant'Efisio** (📞0782 64 69 21; www.hotel-santefisio.com; Località Sant'Efisio; Mahlzeiten 25–30 €; 🕐tgl. Mittag- & Abendessen; 🅿) im Stil eines Bauernhofs. Die Gäste können in der rustikalen Gaststube oder auf der Terrasse mit vielen Blumen Platz nehmen und dort ganz entspannt die klassischen Gerichte der Region genießen. Besonders lecker sind die selbst gemachten *culurgiones* (Ravioli) mit Frischkäse und Minze, der Wildschweinspieß und die *tacculas* (Wachteln in Myrthe). Ein roter Cannonau darf natürlich auch nicht fehlen.

SANTA MARIA NAVARRESE
Am südlichen Ende des Golfo di Orosei liegt der einfache, aber hübsche Ferienort Santa Maria Navarrese. Schiffbrüchige aus Baskenland errichteten hier 1052 eine kleine Kirche, die sie auf Anordnung der Prinzessin von Navarra, die zu den Überlebenden zählte, der Heiligen Maria di Navarra weihten. Der alte Olivenbaum, in dessen Schatten das Gotteshaus errichtet wurde, steht bis heute.

◉ Sehenswertes & Aktivitäten

Vom hübschen Strand schaut man auf glasklares Wasser (mit weiteren Sandstränden in Richtung Süden), der von Pinien und Eukalyptusbäumen gesäumt wird. Zu den der Küste vorgelagerten kleinen Inseln gehört auch der **Isolotto di Ogliastra,** ein gewaltiger rosa Porphyrfelsen, der 47 m aus dem Wasser ragt. Das vegetationsreiche nördliche Strandende überragt ein Wachturm, den die Bewohner errichteten, um rechtzeitig vor Sarazenenüberfällen warnen zu können.

Etwa 500 m weiter nördlich befindet sich ein kleiner Hafen für Freizeitskipper, von hier aus bieten verschiedene Unternehmen Bootsfahrten entlang der wilden Küste an. Zu diesen gehört auch **Consorzio Marittimo Ogliastra** (📞0782 61 51 73; www.mare ogliastra.com): 30–50 € pro Person kosten die Touren, unterwegs werden Meereshöhlen und mehrere tolle Badestellen wie Cala Goloritzè, Cala Mariolu und Cala Sisine angesteuert. Wer lieber ins blaue Nass abtauchen möchte, ist bei **Nautica Centro Sub** (📞0782 61 55 22) gut aufgehoben: Das Unternehmen organisiert Tauchgänge (ab 35 €) in die örtlichen Unterwasserparadiese.

Wie eine Bischofsmütze ragt der zerklüftete **Monte Scoine** auf. Freunde des Klettersports strömen vor allem im Sommer scharenweise zu den mit Bohrhaken versehenen Routen (Schwierigkeitsgrad 4b bis 6b), denn hier ist es bis weit in den Nachmittag hinein angenehm schattig.

✕ Essen & Ausgehen

Im Ort und am Ufer gibt es Bars und Pizzerias, darunter die **Bar L'Olivastro** (📞0782 61 55 13; Via Lungomare Montesanto 1; 🕐tgl. 8–13 Uhr). Die Gäste sitzen an den Terrassentischen im Schatten, den die knorrigen Äste des berühmten alten Olivenbaums spenden.

ℹ Anreise & Unterwegs vor Ort

BUS Ein paar ARST-Busse verkehren von Santa Maria Navarrese nach Tortolì (1,20 €, 15 Min., Mo–Sa 11-mal tgl., So 2-mal tgl.), Dorgali (4 €, 1½ Std., 2-mal tgl.), Nuoro (7 €, 2½ Std., Mo–Sa 4-mal tgl., So 2-mal tgl.) und Cagliari (9,50 €, 4 Std., Mo–Sa 4-mal tgl.).

Baunei & der Altopiano del Golgo

3780 EW.

Wer an der Küste in Richtung Norden weiterfährt, erreicht nach etwa 9 km das Hirtendorf Baunei. Ein Zwischenstopp lohnt sich eigentlich nicht, doch der 10 km lange Abstecher von hier auf den Altopiano del Golgo – ein seltsam abgeschiedenes Plateau, auf dem Ziegen, Schweine und Esel in der Macchia und in Wäldern grasen – ist den Aufwand wert. Von hier schlängelt sich eine Straße zur Felsnase **Pedra Longa** hinunter, einem Naturdenkmal, an dem auch Sardiniens schönster Küstenwanderweg beginnt, der Selvaggio Blu.

Sehenswertes & Aktivitäten

LP TIPP Cala Goloritzè   STRAND

Der letzte kleine Strand am Golf, die Cala Goloritzè, wetteifert mit den anderen um Platz eins der Hitliste. An ihrem südlichen Ende ragen bizarre Kalkfelsen vor den Klippen auf: Der dramatische Monte Caroddi (auch Aguglia genannt) ist eine 148 m hohe Felsnadel, deren Anblick Freunden des Klettersports das Herz höher schlagen lässt. Von der Cooperativa Goloritzè auf dem Golgo-Plateau aus folgt man der Ausschilderung; bis zur Cala Goloritzè ist man gemütlich laufend rund eine Stunde unterwegs. Für den etwas anstrengenden Aufstieg sollte man 1½ Stunden einkalkulieren. Die einfache Wanderung auf einem alten Mauleselpfad eignet sich auch für Familien und bietet ein herrliches Naturerlebnis; sie führt im Schatten von Wacholder und Steineichen durch einen wunderschönen Kalkstein-Canyon, vorbei an mit Höhlen durchzogenen Klippen, dramatischen Felsbögen, Überhängen und Felsnasen.

Nach etwa 15 Minuten Gehzeit fällt der Blick ein erstes Mal aus schwindelerregender Höhe auf die Bucht und das Meer, das verlockend blau schimmert. Unterwegs zur Bucht liegen ein traditioneller Schafpferch sowie die Felsnadel Aguglia, das Wahrzeichen der Bucht. Ein paar Treppen führen schließlich zur halbmondförmigen Bucht mit weißem Kieselstrand hinunter, der sich perfekt für ein Picknick eignet. Unbedingt die Badesachen einstecken, um sich im herrlich warmen und unglaublich blauen Wasser abzukühlen und für die Wanderstrapazen zu belohnen.

Il Golgo   NATURALDENKMAL

Vom Ort windet sich eine ausgeschilderte 2 km lange Straße in unglaublich steilen Serpentinen aufs Plateau hinauf. Oben angekommen, hält man sich in nördlicher Richtung, nach 8 km folgt man für knapp 1 km dem Schild nach Su Sterru (Il Golgo). Dort parkt man das Auto und läuft die letzten Meter zu Fuß zum fantastischen Naturdenkmal, einem 270 m tiefen Abgrund, der unten gerade einmal 40 m breit ist. Die schlotartige Öffnung wurde inzwischen aus Sicherheitsgründen abgezäunt, doch alleine der Blick in das dunkle Loch reicht schon für einen (kleinen) Höhlenkoller aus.

Chiesa di San Pietro   KIRCHE

Gleich hinter den Ställen der Locanda Il Rifugio ragt die bescheidene Kirche aus dem späten 16. Jh. auf, die an einer Seite von *cumbessias* flankiert wird. In den groben, größtenteils offenen Steinbauten übernachten traditionell Pilger am Tag der Festlichkeiten für den Schutzheiligen.

Cooperativa Goloritzè   WANDERUNGEN

(☎0782 61 05 99; Località Golgo; www.coop goloritze.com, auf Italienisch) Die renommierte Kooperative am Fuß der Locanda Il Rifugio veranstaltet Exkursionen – von Trekking- bis zu Jeeptouren. Viele der Wanderungen führen vom Plateau durch Schluchten hinab zu den Traumstränden am Golfo di Orosei – beispielsweise durch die Codula di Luna oder die Codula de Sisine. Das Personal der Berghütte kann Wanderern auch einen Führer vermitteln und hilft mit Ratschlägen bei der Planung des Selvaggio Blu. Sardiniens anspruchsvollster Fernwanderweg ist das Ziel vieler Bergfreunde, die ihn zumindest einmal im Leben laufen möchten. Interessierte sollten unbedingt weit im Voraus planen. Die Preise der Exkursionen hängen von der jeweiligen Route ab – die natürlich vorher abgesprochen wird – und von der Anzahl der Teilnehmer.

Cooperativa Turistica Golgo   WANDERUNGEN

(☎0782 61 06 75; www.golgotrekking.com; Località Golgo) Die Kooperative veranstaltet – wie auch die Cooperativa Goloritzè – verschiedenste Wanderungen zu den Buchten und Grotten an der Küste.

Essen & Ausgehen

Ristorante Golgo   SARDISCH €€

(☎337 81 18 28; Località Golgo; Mahlzeiten 25–30 €; ☉April–Sept. tgl.) Das Restaurant in einem malerischen Steingebäude zwischen Olivenbäumen bietet einen zauberhaften Blick über die Landschaft. Auf den Tisch kommen Fleischspieße vom Grill. Gegenüber der Abzweigung nach Su Sterru einfach der Ausschilderung folgen.

Locanda Il Rifugio SARDISCH €€

(📞0782 61 05 99; Località Golgo; www.coop goloritze.com, nur Italienisch; Mahlzeiten rund 30 €; ⏲April–Okt. tgl.) In diesem wunderschön umgebauten Bauernhof, den die Cooperativa Goloritzè betreibt, biegt sich der Tisch nur so unter den Schüsseln mit einheimischen Gerichten wie *ladeddos* (Kartoffel-Gnocchi) und gegrilltem Zicklein. Dazu passt der rote Cannonau aus der Region.

Das Hinterland von Ogliastra

JERZU
3240 EW.

Das als *Citta del Vino* (Stadt des Weines) bekannte Jerzu ist für seinen vollmundigen Rotwein Cannonau berühmt. Der Ort liegt dramatisch am Berg, seine Gebäude ziehen sich steil die Hänge hoch. Rund um den Ort ragen imposante Kalksteintürme. Diese werden *tacchi* (Absätze) genannt. in den Himmel. Alljährlich werden auf einer insgesamt rund 800 ha großen Fläche rund 50 000 Doppelzentner Trauben geerntet. In der modernen Weinkellerei von Jerzu, den **Antichi Poderi di Jerzu** (📞0782 7 00 28; www.jerzuantichipoderi.it; Via Umberto 1; ⏲Mo–Fr 8.30–13 & 14–17 Uhr), werden daraus 2 Mio. Flaschen Wein gekeltert.

ULASSAI & OSINI
1550 EW.

Nördlich von Jerzu warten auf der halsbrecherischen Bergstrecke nach Ulassai einige landschaftliche Leckerbissen. Das eher unbedeutende Städtchen wird von den Felsriesen des Bruncu Pranedda und Bruncu Matzei überragt und liegt inmitten der aufregendsten und unzugänglichsten Landschaft der Insel: ein schier grenzenloser Naturspielplatz für Wanderer und Bergsteiger.

Vor allem Freunde des Klettersports kommen hier auf ihre Kosten. Die nackten Felswände der Bruncu-Pranedda-Schlucht und die Lecori-Klippen bieten insgesamt 80 Routen, darunter einige – im wahrsten Sinn des Wortes – harte Brocken. Wanderer können durch die Schlucht wandern oder 7 km in Richtung Südwesten zum wild tosenden Wasserfall **Cascata Lequarci** laufen. Anschließend bietet sich das idyllische **Santuario di Santa Barbara** für ein Pick-

---

SELVAGGIO BLU

Für passionierte Wanderfreunde ist der Selvaggio Blu der Stoff, aus dem die Träume sind: Die siebentägige Tour führt 45 km an der wilden, majestätischen Küste des Golfo di Orosei entlang. Unterwegs geht es durch dicht bewaldete Schluchten, vorbei an bizarren Kalksteinformationen, Höhlen und Steilklippen. Die Szenerie wie auch die Wanderung als solche sind – im wahrsten Sinn des Wortes! – atemberaubend, die Tour zählt zu den schwierigsten Trekkingtouren ganz Italiens.

Die Route folgt den stark verwitterten – und oft nicht mehr erkennbaren – Pfaden der Schafherden und Köhler. Immer wieder werden Klippen umrundet, die dramatisch ins leuchtend blaue Meer stürzen. Aufgrund des sehr unwegsamen Geländes erfordert die Tour eine gute Kondition und auch einiges an Klettererfahrung – stellenweise muss man kraxeln und sich abseilen. In den sieben Tagen ist man täglich sechs bis acht Stunden unterwegs. Ein Schlafsack oder ein leichtes Zelt sind ebenso mitzunehmen wie Kletterausrüstung (darunter zwei 45 m lange Seile), eine Isomatte, Wanderstiefel, ein Kompass, Landkarte und ausreichend Lebensmittel und Getränke.

Wegen der beschriebenen Schwierigkeiten empfiehlt es sich, einen lokalen Führer anzuheuern, denn der Pfad ist schlecht markiert, und es fehlt unterwegs an Wasserquellen (Führer lassen das Wasser per Boot zu den Übernachtungsplätzen bringen). Einen guten Eindruck bietet die Website www.selvaggioblu.it (auf Italienisch).

Der Autor von *Arrampicare a Cala Gonone* (18 €) und *Il Sentiero Selvaggio Blu* (16 €) – **Corrado Conca** (📞347 2 90 31 01; corrado@segnavia.it) – ist der Wander- und Kletterguru Sardiniens und der geniale Führer für diesen Fernwanderweg. Pro Person verlangt er allerdings rund 500 €. Da Corrado oft in den Bergen unterwegs beim Klettern ist, sollte man sich frühzeitig mit ihm wegen eines Termins in Verbindung setzen.

nick an. Die Website www.ulassai.net ist eine nützliche Informationsquelle.

In einem alten Bahnhof, der sehr sehenswerten **Stazione dell'Arte Maria Lai** (☎0782 78 70 55; www.stazionedellarte.it; Erw./erm. 5/3 €; ☼Sommer tgl. 9–21 Uhr, Winter bis 19 Uhr), sind die bewegenden Kunstwerke von Maria Lai ausgestellt. Die 1919 in Ulassai geborene Maria zählt zu den bedeutendsten zeitgenössischen Künstlerinnen Sardiniens – und war während der Recherchen zu diesem Reiseführer im zarten Alter von 92 Jahren noch immer fleißig am Werk!

Wer gern einen der von Maria Lai entworfenen Läufer, Handtücher, Vorhänge oder Bettüberwürfe erwerben will, findet ihre Arbeiten in den **Su Marmuri Cooperative Tessile Artigiana** (☎0782 7 90 76 Via Funtana Serì; ☼Sommer Mo–Sa 8–12 & 14–19 Uhr, Winter Mo–Fr 8–12 & 14–18 Uhr). Hier pflegt eine Gruppe von Frauen die traditionellen Handwebtechniken; man kann ihnen bei der Arbeit an den laut ratternden Webstühlen zusehen. Handtücher kosten rund 20 €.

Hoch über Ulassai befindet sich die riesige **Grotta di Su Marmuri** (☎0782 7 98 59; Erw./erm. 10/6 €; ☼Sommer Führungen um 11, 14, 16 & 18 Uhr, Winter um 11, 14.30 & 17 Uhr), ein 35 m hohes Höhlensystem, das nur im Rahmen einer Führung besichtigt werden darf (Mindestteilnehmerzahl: 4 Pers.). Eine Stunde und 1 km lang geht es durch ein unterirdisches Wunderland aus bizarr geformten Stalaktiten und Stalagmiten. Beim Parkplatz mit dem Kartenschalter befindet sich eine gute Trattoria: **Su Bullicciu** (☎0782 7 98 59), hier empfiehlt sich z. B. der köstliche Braten (20 €).

Etwas nördlich, über Osini erreichbar, liegt die **Scala di San Giorgio**. Diese Schlucht wurde nach dem Heiligen benannt, der den Fels 1117 gespalten haben soll, um hier zu missionieren. Von oben eröffnet sich ein fantastischer Blick über das Tal und die verlassenen Dörfer Osini Vecchio und Gairo Vecchio, die 1951 durch einen Erdrutsch zerstört wurden.

Auch die weitläufige Ruinenstätte des **Complesso Nuragico di Serbissi** mit ihrem ungewöhnlichen unterirdischen Komplex, der einst als Vorratslager genutzt wurde, lohnt einen Besuch. Man kann die Gegend auf eigene Faust erkunden. Doch all die interessanten Informationen, die ein Führer beisteuern kann, bleiben einem dann vorenthalten. Geführte Touren bietet der örtliche Verband **Archeo Taccu** (☎329 764 33 43; Via Eleonora D'Arborea).

Unterkünfte

Schön übernachten

» Il Cagliarese (S. 222)
» Mandra Edera (S. 228)
» Villa Las Tronas (S. 229)
» The Lemon House (S. 237)

Die besten B&Bs

» B&B Lu Pastruccialeddu (S. 232)
» La Babbajola B&B (S. 224)
» Silvia e Paolo (S. 234)

Die besten Boutiquehotels

» Hotel Panorama (S. 230)
» Corte Fiorita (S. 228)
» Hotel Lucrezia (S. 227)
» Hotel Su Gologone (S. 235)

Wohin zum Schlafen?

Was darf es denn sein? Ein B&B in einem restaurierten Palazzo in Nuoro, ein schickes Apartment in Castello, der Altstadt von Cagliari, oder ein Zimmer in einem *agriturismo* (Unterkunft auf dem Bauernhof) in den Eichenwäldern von Gallura? Sardinien bietet eine Menge schöner und ungewöhnlicher Unterkünfte.

Auch wer nur einen Strandurlaub machen möchte, ist hier richtig: Von der heiteren Costa Verde im Südwesten, den Sandstränden der Costa del Sud im Süden bis hin zur Costa Smeralda im Nordosten findet jeder etwas Passendes. Ausgangspunkt für Outdoor-Freunde, die gerne klettern, bergwandern oder Wassersport und spektakuläre Küstenwanderungen lieben, sind die Orte Cala Gonone, Dorgali oder Santa Maria Navarrese im Osten der Insel.

Außerhalb der Hochsaison (Mitte Juni bis August) fallen die Preise oft um bis zu 50 %. Je weiter man sich von der Küste entfernt, desto günstiger sind die Unterkünfte. Viele Hotels haben von Mitte Oktober bis Ostern geschlossen.

In diesem Kapitel haben die Autoren günstig gelegene, unabhängige Unterkünfte aufgeführt, die reizvoll und preisgünstig sind. Die Reihenfolge spiegelt die Rangfolge wider, auf die sich die Autoren dieses Buches verständigt haben.

Preise

Die Preisangaben in diesem Buch beziehen sich auf die Kosten für ein Doppelzimmer mit eigenem Bad und Frühstück. Bei Unterkünften mit Halbpension (Frühstück und Abendessen) oder Vollpension (Frühstück, Mittag- und Abendessen) wird auf diese Leistung hingewiesen.

KATEGORIE	PREIS
€ Budget	< 100 €
€€ Mittelklasse	100–200 €
€€€ Spitzenklasse	> 200 €

Agriturismi

Wer Spaziergänge auf dem Land und Sundowner unter Olivenbäumen liebt oder nichts dagegen hat, von Eselsschreien geweckt zu werden, fühlt sich auf einem *agriturismo* sicher pudelwohl. Diese familienfreundlichen Bauernhöfe, die oft mitten im Grünen an einsamen Feldwegen liegen, sind ideal für all jene, die eine friedliche Atmosphäre einer luxuriösen Unterkunft vorziehen.

Die in einem alten *stazzo* (Bauernhof) oder Steinhaus gelegenen Zimmer sind einfach und gemütlich und kosten zwischen 70 und 100 € pro Doppelzimmer. Das Frühstück ist reichhaltig. Viele *agriturismi* bieten auch Halbpension (60–80 € pro Pers.) und zum Abendessen gibt es frisches Gemüse vom Bauernhof, Käse, Fleisch und Wein. Der einzige Haken ist häufig die schlechte Erreichbarkeit. Ohne eigenes Fahrzeug ist man praktisch hilflos.

Eine Liste mit Unterkünften, geordnet nach Regionen, gibt es unter www.agriturismodisardegna.it, www.agriturismo.it und www.tuttoagriturismo.net (auf Italienisch).

B&Bs

Ähnlich wie die *agriturismi* bieten auch die B&Bs oft preisgünstige Unterkunftsmöglichkeiten, besonders im Vergleich zu Hotels. Auf der Insel gibt es keinen Dachverband für B&Bs, aber die Touristeninformation hilft gern mit Kontaktadressen aus. **Domus Karalitanae** (www.domuskaralitanae.it) in Cagliari verfügt über eine umfangreiche Liste mit B&Bs in der Stadt. Siehe auch www.bed-and-breakfast.it.

Im Durchschnitt kostet die Übernachtung in einem B&B zwischen 25 und 45 € pro Person.

Camping

Sardinien hat Campern einiges zu bieten. Die meisten Campingplätze liegen an der reizvollen Küste und besitzen eine erstklassige Infrastruktur mit Pools, Restaurants, Supermärkten und Kinderclubs. Wer nicht auf einer Luftmatratze schlafen möchte, ist in den gut ausgestatteten Bungalows besser aufgehoben. Im Juli und August sind die Preise überraschend hoch und es empfiehlt sich, deutlich im Voraus die Reise zu buchen. Ein Stellplatz kostet zwischen 30 und 40 € für zwei Personen, Auto und Zelt. Duschen und Strom kosten extra. Die meisten Campingplätze sind von Ostern bis Mitte Oktober geöffnet.

UNTERKÜNFTE ONLINE BUCHEN

Weitere Hotelempfehlungen und kritische Kommentare von Lonely Planet Autoren bietet der Online-Buchungsservice unter hotels.lonelyplanet.com. Dort sind Insider-Tipps für die besten Übernachtungsmöglichkeiten abrufbar. Die Angaben sind unabhängig und sorgfältig recherchiert. Und das Beste: Es besteht die Möglichkeit, sofort online zu buchen.

Freies Campen ist offiziell nicht gestattet. Außerhalb der Sommersaison und abseits der großen Resorts wird es trotzdem oft geduldet, wenn kein Lärm und kein Feuer gemacht wird. Auf Privatgrundstücken sollte man aber unbedingt die Zustimmung des Eigentümers einholen.

Campingverzeichnisse gibt es bei den örtlichen Touristeninformationen oder online unter www.campeggi.com bzw. www.camping.it.

Hostels & Jugendherbergen

Die sechs Jugendherbergen auf Sardinien unterstehen dem **Italienischen Jugendherbergsverband** (Associazione Italiana Alberghi per la Gioventù; ☎06 487 11 52; www.aighostels.com), der dem Dachverband **Hostelling International** (HI; www.hihostels.com) angegliedert ist. Um hier zu übernachten, braucht man eine HI-Mitgliedskarte (18 €). Ein Bett im Schlafsaal mit Frühstück kostet 15 bis 25 €. Sämtliche dieser Herbergen bieten auch Privatzimmer für rund 20 € pro Person.

Hotels

Die Unterschiede zwischen den Hotels (und den Preisen) auf Sardinien variieren enorm. Es gibt beispielsweise kleine, familiengeführte *pensioni* (Gästehäuser) mit einigen wenigen einfachen Zimmern. Die riesigen Anlagen an der Küste bieten dagegen Privatstrände, Tennisplätze und Wellnesseinrichtungen. Die Qualität schwankt enorm und das offizielle Sternesystem bietet nur vage Anhaltspunkte.

Das „Charme e Relax"-Symbol garantiert Komfort und Ambiente (www.charme-relax.it). Dieser italienische Verband hat sich auf kleine bis mittlere Hotels spezialisiert, die meist in außergewöhnlichen

Gebäuden (Klöster, Schlösser, alte Gasthäuser usw.) untergebracht sind oder an besonderen Orten liegen.

Die Touristeninformationen haben Broschüren über alle örtlichen Unterkünfte mit Preisangaben.

CAGLIARI & DAS SARRABUS

Cagliari

Cagliaris B&Bs übertreffen in puncto Charme, Preis-Leistungsverhältnis und freundliches Ambiente die mittelprächtigen Hotels der Stadt bei weitem. Viele Innenstadt-Unterkünfte liegen im Viertel Marina und Il Castello. Etwas weiter außerhalb, in Villanova, ist es preiswerter.

LP TIPP **Il Cagliarese** B&B €

(Karte S. 40f.; ☏070 81 03 46; www.ilcagliarese.com; Via Vittorio Porcile 19; EZ 40–70 €, DZ 60–90 €; ❄️🛜) Dieses gemütliche B&B liegt

mitten im Marina-Viertel. Mauro tut wirklich alles, um seine Gäste zufriedenzustellen, und seine Schwester Titziana serviert zum Frühstück leckeres Gebäck und Tiramisu. Die Zimmer sind tadellos und mit bestickten Stoffen sowie mit beschnitztem Holzmobiliar ausgestattet.

Hostel Marina HOSTEL €

(Karte S. 40f.; ☏070 67 08 18; Scalette San Sepolcro; B/EZ/DZ 22/40/60 €; ❄️@) Das in einem wunderschönen 800 Jahre alten ehemaligen Kloster untergebrachte Hostel hat eine Menge historischen Charme und verfügt noch über die alten Deckenbalken. Viele der geräumigen, gepflegten Schlafsäle bieten einen Blick auf die Stadt. Zum Frühstück gibt es frisches Brot, Obst und Kaffee. Wer möchte, kann sich ein Fahrrad ausleihen, Segelstunden oder Italienischunterricht nehmen. Einfach nachfragen.

La Peonia B&B €

(☏070 51 31 64; www.lapeonia.com; Via Riva Villasanta 77; EZ 50–60 €, DZ 72–88 €; ❄️🛜) Die Gastgeber in diesem romantischen, neogo-

---

FERIENHÄUSER & -WOHNUNGEN

Wer eine Woche oder länger an einem Ort bleiben möchte, mietet am besten eine Ferienwohnung. Die Preise für ein 2- bis 4-Zimmer-Apartment liegen in der Nebensaison zwischen 350 und 600 € pro Woche und zwischen 500 bis 900 € in der Hauptsaison. Eine luxuriöse Villa mit Swimmingpool und Meerblick kostet das Doppelte. Es empfiehlt sich immer, auch das Kleingedruckte zu lesen, denn manchmal gibt es Aufpreise für Strom, Wasser, Bettwäsche und die Endreinigung.

Die Apartments sind oft zentral gelegen und mit einer kleinen Küche und einer Terrasse oder einem Balkon ausgestattet. Der Mindestaufenthalt beträgt in der Regel sieben Nächte. Einige Apartments haben feste Abreisetage. Bei der Buchung ist manchmal eine Anzahlung von ungefähr 30 % per Kreditkarte oder Banküberweisung fällig. Bei einigen Wohnungen muss der Restbetrag vor Ankunft gezahlt werden.

Eine Liste mit Ferienhäusern- und -wohnungen gibt es bei der Touristeninformation oder auf den nachstehenden Webseiten:

» **Costa Smeralda Holidays** (www.costasmeralda-holidays.com) vermietet Ferienwohnungen an der Costa Smeralda mit Luxusausstattungen wie Tennisplätzen, Swimmingpools, Zitrusplantagen oder Privatstränden.

» **Holiday Lettings** (www.holidaylettings.co.uk) Hervorragende Auswahl an preisgünstigen Ferienwohnungen auf der Insel, nach Regionen sortiert.

» **HomeAway** (www.holiday-rentals.co.uk) bietet ungefähr 1500 Ferienwohnungen, von ländlichen Unterkünften in der Nähe von Alghero bis zu Stadthäusern in Olbia.

» **Owners Direct** (www.ownersdirect.co.uk) Eine gut strukturierte Website mit einer großen Vielfalt an Ferienwohnungen und -häusern für alle Preisklassen.

» **Rent Sardinia** (www.rent-sardinia.com) 1000 Ferienhäuser und -wohnungen auf der ganzen Insel, sortiert nach Lage und anderen Kriterien.

» **Sardegne.com** (www.sardegne.com/residence) Ferienwohnungen, B&Bs, agriturismi und Hotels.

tischen B&B heißen Antonello und Vanna. Die Inneneinrichtung im Stil der Jahrhundertwende mit den polierten Holzmöbeln bildet einen auffälligen Gegensatz zu den schicken, in Schwarzweiß gehaltenen Bädern. Der Bus M fährt an der Piazza Matteotti ab und hält vor dem B&B, das 2,5 km nordöstlich der Stadt liegt.

T Hotel HOTEL €€
(☎070 4 74 00; www.thotel.it; Via dei Giudicati; EZ/DZ/Suite/FZ 139/159/199/249 €; P✳ 🛌🐾) Der kaum zu übersehende Turm aus Stahl und Glas ist eine zeitgenössische Bereicherung für Cagliaris Skyline. Die Zimmer sind klar und modisch eingerichtet. Der Wellnessbereich wartet mit einem Hydrotherapie-Pool, Düsen und Massagen auf. Von der Piazza Matteotti fährt der Bus M nach Via Bacaredda, von dort sind es zu Fuß nur noch 200 m.

Residenza Kastrum B&B €
(Karte S. 40f.; ☎070 66 23 04; www.kastrum.eu; Via Canelles 78; DZ 70–90 €, 3BZ 90–120 €, 4BZ 120–160 €; ✳🛜🐾) Dieses gemütliche, charaktervolle B&B bietet von seiner Lage oben auf dem Castello fantastische Ausblicke auf die Dächer der Stadt und auch bis weit hinüber zum Hafen. Die einfachen, makellosen Zimmer sind für Familien bestens geeignet (Kinderbetten). Von der Terrasse des Hauses kann man den spektakulären Sonnenuntergang betrachten.

La Ghirlanda B&B €
(Karte S. 40f.; ☎070 20 40 610; www.laghirlandacagliari.it; Via Baylle 7; EZ 48–60 €, DZ 75–90 €, 3BZ 100–120 €; ✳🛜) In diesem attraktiven, im Marina-Distrikt gelegenen Stadthaus aus dem 18. Jh. mit seinen vielen antiken Möbeln und Fresken wird man in eine andere Zeit versetzt. Die hellen Zimmer mit den hohen Decken sind geschmackvoll in Pastellfarben dekoriert und haben alle einen Holzboden. Das Frühstück, das in einer Bar in der Nähe eingenommen wird, ist im Preis inbegriffen.

Suite Sul Corso B&B €€
(Karte S. 40f.; ☎349 446 9789; www.lesuitesulcorso.it; Corso Vittorio Emanuelle 8; EZ 70–90 €, DZ 90–120 €, 3BZ 130–160 €, Suite 130–170 €; ✳🛜) In diesem B&B im Boutique-Stil in der Nähe der Piazza Yenne kann man wirklich stilvoll übernachten. Steinwände, fließende Stoffe und schöne Glasmosaiken verleihen den minimalistisch eingerichteten Zimmern, die allesamt mit Flachbild-TV und Wasserkesseln ausgestattet sind, eine be-

TOP TEN: AGRITURISMI

Authentisches sardisches Essen probiert man am besten in einem *agriturismo* (Bauernhof mit Übernachtungsmöglichkeit). Auf der gesamten Insel gibt es Hunderte davon. Nachstehend die Favoriten der Autoren:

» **Agriturismo Ca' La Somara** (S. 232) Dieser Bauernhof besticht durch wunderschöne Gärten, selbst angebautes Gemüse und freundliche Esel.

» **Su Pranu** (S. 227) Ein bewirtschafteter Hof auf der wilden, friedlichen Halbinsel Sinis. Gemüse und Früchte werden selbst angebaut.

» **Porticciolo** (S. 229) Ein freundlicher, 24 ha umfassender Bauernhof mit 100 Schweinen in der Nähe von Alghero.

» **Rena** (S. 233) Ländliches Refugium mit genügend Abstand vom Massentourismus an der Costa Smeralda und mit eigener Käse-, Fleisch- und Weinproduktion.

» **Agriturismo Su Boschettu** (S. 226) Ein herrlich ruhiger Bauernhof inmitten von Oliven- und Obstbäumen.

» **Bio Agriturismo Bainas** (S. 228) Ein einfacher Bauernhof, umgeben von Oliven- und Orangenplantagen.

» **Guthiddai**(S. 235) Zauberhafter, weiß gekalkter Schlupfwinkel in den Felsen des Supramonte.

» **Nuraghe Mannu** (S. 236) Ein echtes Juwel mit Terrasse und Ausblick auf die Küste von Orosei.

» **Li Licci** (S. 234) Verborgen zwischen Eichen im grünen Herzen der Gallura.

» **Agriturismo L'Aquila** (S. 224) Gemütlicher Bauernhof; aufgetischt wird hier ein wahres Festessen aus selbst angebauten Produkten.

haglische Atmosphäre. Das Dreibettzimmer verfügt sogar über einen eigenen Whirlpool. Der Flur wird durch die skurrilen Fotos des Eigentümers aufgepeppt.

Il Girasole
B&B €

(Karte S. 40f.; ☏070 81 03 46; www.ilgirasole sardegna.it; Vico Barcellona 6; DZ 70–85 €; ✳🔄) Das B&B, das genauso hell und fröhlich ist wie die namengebende *girasole* (Sonnenblume), ist mit reichlich ethnischem Krimskrams und afrikanischer Kunst vollgepackt. Das Frühstück wird von Luca, dem stets gut gelaunten Besitzer, höchst persönlich serviert. Die Gäste können die Küche des Hauses benutzen und sich im Salon oder auf der Terrasse entspannen.

Hotel Due Colonne
HOTEL €€

(Karte S. 40f.; ☏070 65 87 10; www.hotel2 colonne.it; Via Sardegna 4; EZ 68–95 €, DZ 110–140 €, 3BZ 145 €; ✳@) Dieses Boutiquehotel liegt an einer der belebtesten Straßen des Marina-Viertels. Die Satin-Bettwäsche verleiht den Zimmern einen Hauch von Luxus. Die Badezimmer sind makellos sauber. In unmittelbarer Nähe des Hotels gibt es jede Menge Restaurants und Cafés.

B&B La Marina
B&B €

(Karte S. 40f.; ☏070 67 00 65; www.la-marina.it; Via Porcile 23; DZ 70–75 € ; ✳🔄) Das im Viertel am Yachthafen gelegene stimmungsvolle B&B weist ein gutes Preis-Leistungsverhältnis auf. Sein nicht mehr ganz junges Besitzerehepaar hält alles gut in Schuss. Die vier Zimmer mit Deckenbalken sind makellos. Den Gästen stehen zwei Gemeinschafts-Frühstückszimmer mit Kühlschrank zur Verfügung.

La Terrazza sul Porto
B&B €

(Karte S. 40f.; ☏070 65 89 97; www.laterrazza sulporto.com; Largo Carlo Felice 36; EZ 50–60 €, DZ 70–100 €; ✳@) Franco, der Eigentümer, hat seine Obergeschosswohnung aus dem 19. Jh. in dieses umwerfend exzentrische, schwulenfreundliche B&B umgewandelt. Die Zimmer mit den hohen Decken haben nichts von ihrem alten Charme verloren. Zum B&B gehören eine voll ausgestattete Küche und eine sonnige Dachterrasse. Ein weiterer Pluspunkt ist das Frühstück ohne zeitliche Beschränkung.

Il Profumo del Mare
B&B €

(☏338 1 44 82 75; Viale Poetto 196; DZ 55–80 €; P✳) Von der langweilen Fassade einmal abgesehen, ist dieses B&B in

SCHNÄPPCHEN

Auf den nachstehend genannten Websites findet man gute und dennoch preiswerte Last-Minute-Unterkünfte auf Sardinien:

» www.alpharooms.com
» www.lastminute.com
» www.laterooms.com
» www.priceline.com
» www.travelsupermarket.com

der Nähe vom Poetto-Strand ein echtes Schnäppchen. Die luftigen Zimmer sind himmelblau gestrichen. Von der Terrasse hat man einen wunderschönen Blick aufs Meer. Antonio gibt gerne Auskünfte und Tipps für Unternehmungen in Cagliari. Von der Piazza Matteotti fahren die Busse PF oder PQ hierher.

Villasimius

Hotel Mariposas
HOTEL €€

(☏070 79 00 84; www.hotelmariposas.it; Viale Matteotti; EZ 74–167 €, DZ 96–216 €, FZ 129–291 €; P✳🔄💺🚶) Das niedrige Hotel in unmittelbarer Strandnähe liegt in einem herrlichen Garten, der voller Blumen erstrahlt. Die geräumigen Zimmer verfügen alle über eine Terrasse oder einen Balkon. Zum Hotel gehört auch ein hübscher Pool, der sich für ein erfrischendes Bad anbietet.

Stella Maris
HOTEL €€€

(☏070 79 71 00; www.stella-maris.com; Località Campulongu; HP 155–255 € pro Pers.; P✳💺🚶) Das schöne Resort-Hotel an der Straße zum Porto Turistico liegt in einem Kiefernwäldchen mit herrlichem weißen Sandstrand. Die Zimmer sind mit sardischen Stoffen und geschmackvollen Möbeln ausgestattet. Garten und Pool laden zum Entspannen ein.

Spiaggia del Riso
CAMPINGPLATZ €

(☏070 79 10 52; www.villaggiospiaggiadelriso.it; Località Campulongu; 2 Pers., Auto und Zelt 21–40 €, Bungalow für 4 Pers. 80–160 €; P) Dieser große, in der Nähe des Porto Turistico in einem Pinienwald gelegene Campingplatz bietet Zeltplätze, Bungalows, einen Supermarkt und einen Kinderspielplatz. Im Sommer unbedingt im Voraus buchen.

Costa Rei

Albaruja Hotel
HOTEL €€

(☏070 99 15 57; www.albaruja.it; Via Colombo; DZ 98–198 €, HP 65–119 € pro Pers.; P ❄ ⛵ 👪) Das Albaruja ist eine Stufe besser als die meisten Hotels an der Costa Rei. Es bietet schöne, villenartige Wohnungen in einem Blumengarten, einen Kinderspielplatz und einen palmengesäumten Pool. Das Hotel liegt nur zwei Minuten vom Strand entfernt.

Camping Capo Ferrato
CAMPINGPLATZ €

(☏070 99 10 12; www.campingcapoferrato.it; Costa Rei; 2 Pers., Auto & Zelt 16–37,50 €, Bungalow für 4 Pers. 59–124 €; 👪) Der Campingplatz am Meer liegt inmitten von Eukalyptus- und Mimosenbäumen. Er verfügt über einen Miniclub (nur im Sommer geöffnet) und einen Kinderspielplatz.

IGLESIAS & DER SÜDWESTEN

Iglesias

LP TIPP 🐞 La Babbajola B&B
B&B €

(Karte S. 62; ☏347 614 46 21; www.lababbajola. com; Via Giordano 13; 27–30 € pro Pers.; 👪) Ein ruhiges, gemütliches B&B in einem wunderschönen alten Herrenhaus im *centro storico*. Geleitet wird La Babbajola (Marienkäfer) von der freundlichen Carla Cani und ihrer Mutter. Angeboten werden ein Miniapartment und drei große Doppelzimmer mit alten gemusterten Bodenfliesen, kräftigen Farben und geschmackvollen Möbeln. Gästen stehen eine Küche und ein Fernsehzimmer zur Verfügung. Zwei der drei Doppelzimmer haben ein Gemeinschaftsbad.

Eurohotel
HOTEL €€

(Karte S. 62; ☏078 12 26 43; www.eurohotel iglesias.it, auf Italienisch; Via Fratelli Bandieri 34; EZ 60–80 €, DZ 85–110 €; P ❄) Das Eurohotel, kitschige Kopie einer pompejanischen Villa, ist kaum zu übersehen. Mit seinem pompösen Eingangsportal und den geschwungenen Balkonen sticht es unter den stinknormalen Gebäuden drumherum sofort ins Auge. Im Innern wird die Sache konsequent weitergeführt: Die Zimmer sind mit einem bunten Mix aus unechten goldenen Stühlen, Murano-Leuchtern und finsteren Ölgemälden ausstaffiert.

Das Iglesiente

Hotel Golfo del Leone
HOTEL €

(☏0781 5 49 52; www.golfodelleone.it; Localita Caburu de Figu; EZ 48–58 €, DZ 63–90 €) Das freundliche rosafarbene Hotel, 1 km vom Strand von Portixeddu entfernt, bietet helle Zimmer mit Meerblick. Der Service ist freundlich, das nette Personal hilft bei der Organisation von Reitausflügen. Im angrenzenden Restaurant gibt es leckeres einheimisches Essen für etwa 25 € pro Person.

Ostello Su Mannau
HOTEL €

(☏347 009 53 67; www.ostellosumannau.com; Grotta de Su Mannau; Zi. 50–70 €) Das ruhige 3-Sterne-Hotel liegt etwa 200 m vom Parkplatz an der namenlosen Straße nach Grotta de Su Mannau. Die Zimmer sind hell und sauber, die Umgebung ist einfach idyllisch: Das von Grünanlagen eingefasste Hotel befindet sich mitten in einem ruhigen Wald.

Costa Verde

Agriturismo L'Aquila
URLAUB AUF DEM BAUERNHOF €

(☏347 822 24 26; www.aglaquila.com; Localita Is Gennas Arbus, Montevecchio; Zi. 30 € pro Pers., HP 42–55 € pro Pers.; 👪) Auf diesem Bauernhof kann man die einheimische Küche kennenlernen. Die Zimmer sind einfach, bequem und rustikal eingerichtet. Hauptattraktion ist das hausgemachte Essen. Die Zutaten stammen alle direkt vom Hof. Beim Wegweiser von der SP 65 abbiegen und rund 2,5 km weit dem Feldweg folgen.

Verdemare
B&B €€

(☏070 97 72 72; www.verdemare.com; Via Colombo, Torre dei Corsari; EZ 46–68 €, DZ 70–104 €; ⊙Ostern–Nov.; ❄) Das B&B mit hübschem Garten hat eine Terrasse mit Meerblick und helle, kühle Zimmer. Die Klimaanlage kostet 3 € extra, aber man kann sich zum Schlafen auch unter das Moskitonetz legen.

Hotel Caletta
HOTEL €

(☏070 97 71 33; www.lacaletta.it; Torre dei Corsari; HP 58–98 € pro Pers.; ⊙Ende April–Sept.; P ❄ ⛵) Großes, auf einer Anhöhe gelegenes 3-Sterne-Hotel mit Seeblick. Die Zimmer sind mit allem Komfort ausgestattet, der Pool hat die Form eines Bumerangs. Zum Hotel gehört auch eine kleine Diskothek. In der Urlaubszeit (Ferragosto, um den 15.

TOP CHOICE **Mandra Edera** HOTEL €

Aug.) beträgt der Mindestaufenthalt in diesem Hotel zwei Wochen.

Carbonia & Umgebung

La Ghinghetta
HOTEL €€

(☎078 150 81 43; www.laghinghetta.com; Via Cavour 26, Portoscuso; EZ 130–135 €, DZ 130–140 €, HP 130–175 €; ☺Mai–Okt.; 🍴) Hübsches Hotel am Meer mit Flair, Komfort, Meerblick und guter Küche. Die hübschen, maritim eingerichteten Zimmer sind in einem weiß getünchten Fischerhaus untergebracht. Das renommierte Restaurant ist auf Meeresfrüchte spezialisiert – Menüs ab 65 €.

Narcao

Agriturismo Santa Croce
URLAUB AUF DEM BAUERNHOF €

(☎349 879 11 39; Localita Santa Croce; EZ 22–35 €, DZ 42–60 €) Der rosafarbene Bungalow außerhalb von Narcao bietet einfache Zimmer und ein ausgezeichnetes Restaurant (Gerichte 10–22 €; Abendessen nach Voranmeldung). Es gibt herzhafte einheimische Kost; zu den besten Gerichten gehören Lamm und Schwein, natürlich aus eigener Schlachtung.

Inseln im Südwesten

ISOLA DI SAN PIETRO

🔲 Hotel Riviera
HOTEL €€

(☎0781 85 41 01; www.hotelriviera-carloforte. com, auf Italienisch; Corso Battellieri 26, Carloforte; EZ 75–120 €, DZ 120–190 €, Suite 250–370 €; ❄) Das elegante, aber dennoch recht lockere 4-Sterne-Hotel direkt an der Küste strahlt städtischen Chic aus. Die gefliesten Zimmer sind kühl und modern und mit Himmelbetten und beigefarbenen Möbeln ausgestattet. Die Bäder sind marmorverziert. Einige Zimmer haben Meerblick und einen Balkon und können dann bis zu 30 € extra kosten.

Hotel Hieracon
HOTEL €€€

(☎0781 85 40 28; www.hotelhieracon.com; Corso Cavour 63, Carloforte; DZ mit Ausblick 150–250 €, ohne Ausblick 100–170 €; ❄) Diese Villa am Meer ist im Art-Nouveau-Stil restauriert worden – ein fantastisches Hotel. Stilmöbel und Originalgemälde schmücken die Zimmer und in dem ruhigen Garten kann

man sich unter Palmen erholen. Das Essen im Hotelrestaurant kostet mindestens 30 €.

Hotel California
PENSIONE €

(☎078 185 44 70; www.hotelcaliforniacarloforte. com; Via Cavallera 15, Carloforte; EZ 35–50 €, DZ 45–100 €; 🍴) Die freundliche familiengeführte *pensione* liegt in einem Wohngebiet einige Blocks hinter der *lungomare* (Strandpromenade). Sie ist ziemlich einfach, aber die geräumigen, sonnendurchfluteten Zimmer sind mehr als angemessen. Die ruhige Lage trägt dazu bei, dass man nachts gut schlafen kann.

Hotel La Valle
HOTEL €€

(☎078 185 70 01; www.hotellavalle.com; Localita Commende, Carloforte; EZ 60–100 €, DZ 120–200 €; P ❄ ♨ 🍴) An der Abzweigung nach Capo Sandalo weist ein Schild auf das schöne lachsfarbene Hotel hin, das am Ende eines langen schmutzigen Feldwegs liegt. Das Hotel ist von dichtem Buschwerk umgeben. Es besitzt einen Tennisplatz, einen Pool und helle Zimmer – ein wunderbarer Ort, um dem Alltag zu entfliehen.

ISOLA DI SANT'ANTIOCO

SANT'ANTIOCO

Hotel del Corso
HOTEL €

(☎0781 80 02 65; www.hoteldelcorso.it; Corso Vittorio Emanuele 32; EZ 44–60 €, DZ 69–100 €; ❄) Dieses elegante 3-Sterne-Hotel liegt über dem Cafè del Corso, einer der beliebtesten Bars des Ortes. Die Zimmer sind gut ausgestattet, lassen aber individuellen Stil vermissen.

Hotel L'Eden
HOTEL €

(☎078 184 07 68; www.ledenhotel.com; Piazza Parrocchia 15; EZ 45 €, DZ 65 €; ❄) Zum Hotel gehört sogar eine eigene Katakombe! Der freundliche Besitzer ist gerne bereit, seinen Gästen die Schädel und Knochen zu zeigen, die in den feuchten Grotten lagern. Das Hotel ist eher gemütlich als elegant und die relativ kleinen Zimmer könnten mal einen neuen Anstrich vertragen.

AUF DER INSEL

Hotel Luci del Faro
HOTEL €€

(☎0781 81 00 89; www.hotelucidelfaro.com; Localita Mangiabarche; EZ 50–109 €, DZ 100–218 €; P ❄ @ 🍴) Nur wenige Kilometer von Calasetta entfernt, liegt dieses gut ausgeschilderte Hotel einsam auf einer weiten Ebene in der Nähe des Spiaggia Grande, des bekanntesten Strandes der Insel. Das familienfreundliche Hotel ist bei Radfahrern sehr beliebt. Es bietet einfache, sonnige Zimmer, atemberaubende Ausblicke und eine entspannte Atmosphäre.

Campeggio Tonnara CAMPINGPLATZ €
(☎078 180 90 58; www.campingtonnara.it; Localita Cala Saboni; 2 Pers., Zelt & Auto 50–110 €; ⏰April–Sept.) Bevor man den Strand erreicht, kommt man an diesem gut ausgestatteten und herrlich ruhig gelegenen Campingplatz vorbei.

Südküste

VON PORTO BOTTE NACH PORTO DI TEULADA
Camping Sardegna CAMPINGPLATZ €
(☎/Fax 0781 96 70 13; 2 Pers., Zelt & Auto 35 €, Bungalow für 4 Pers. 50–65 €; ⏰Mitte Mai–Sept.; ♿) Der Campingplatz in der Nähe der Hauptstraße nach Porto Pino besitzt nur eine Basisausstattung. Er liegt in einem Pinienwald direkt am Strand.

Hotel Cala dei Pini HOTEL €
(☎0781 50 87; www.cortehotels.com; Localita Porto Pino; B&B 40–50 € pro Pers., VP 400–990 € pro Pers. & Woche; P❄☀) Dieses große, moderne Hotel ist bei Reiseveranstaltern beliebt. In der Nebensaison ist es sicherlich keine schlechte Wahl, aber von Juni bis September beträgt der Mindestaufenthalt sieben Tage.

VON CHIA NACH SANTA MARGHERITA DI PULA
LP TIPP B&B S'Olivariu B&B €
(☎339 367 40 88; www.solivariu.it; SS195, km 33, Santa Margherita di Pula; 30–50 € pro Pers.; ❄♿) Schlichtes B&B auf dem Bauernhof mit drei kühlen Zimmern und vier farbenfrohen Mini-Apartments. Es liegt recht malerisch inmitten von Obstplantagen und ist nur 500 m vom Strand entfernt. Im Winter gibt es Orangen frisch vom Baum. Das Haus bietet nicht viele Extras, aber dafür wird man nach sardischer Art freundlich aufgenommen. Das Bauernfrühstück mit Pecorino, Käse und Obst ist bestens.

Forte Village HOTEL €€€
(☎070 92 15 16; www.fortevillage.com; EZ 290–1910 €, DZ 380–2158 €, HP 220–1110 € pro Pers.; Santa Margherita di Pula; P❄@☀) Abseits der SS195 liegt in einem Wald das außergewöhnlichste aller südsardinischen Resorts: Das 250 km² große Gelände ist von der Außenwelt durch hohe Sicherheitstore abgeschirmt, eine Luxusbastion mit sieben Hotels, zehn Pools, Shoppingzentren, Bowlingbahnen, Diskos und einer bis zu 1 km langen Strandfassade.

Camping Flumendosa CAMPINGPLATZ €
(☎070 920 83 64; www.campingflumendosa.it; SS195km 33, Santa Margherita di Pula; pro Pers./Zelt/Auto 8,50/8,50/2,50 €; ♿) Dieser ganz ordentlich ausgestattete Campingplatz liegt etwa 50 m vom Strand entfernt.

PULA
LP TIPP Hotel Baia di Nora HOTEL €€
(☎070 924 55 51; www.hotelbaiadinora.com; Localita Su Guventeddu; HP 95–205 € pro Pers.; ⏰April–Okt.; P❄☀) Ein todschickes 4-Sterne-Hotel mit allem Drum und Dran. Am liebsten möchte man als Gast gleich für immer hierbleiben und nur noch genießen! Zum Hotel gehören ein hübsch angelegter Garten, eine Poolbar und ein gepflegter Privatstrand.

La Marmilla

VILLANOVAFORRU & NURAGHE GENNA MARIA
LP TIPP Agriturismo Su Boschettu URLAUB AUF DEM BAUERNHOF €
(☎070 93 96 95, 3334797401; www.suboschettu.it; Localita Pranu Laccu; B&B 35 € pro Pers., Gerichte um 20–25 €; ♿) Ein bezaubernder Bauernhof inmitten von Obst- und Olivenbäumen. Die Zimmer sind einfach, die Lage ist dafür herrlich ruhig und die Regionalküche absolut köstlich.

Hotel Funtana Noa HOTEL €
(☎070 933 10 19; www.residencefuntananoa.it; Via Vittorio Emanuele III 66–68; EZ/DZ 45/65 €, HP 55 € pro Pers.; ❄) Ein geschmackvolles 3-Sterne-Hotel in einem großen, luftigen Palazzo nur einen Steinwurf vom Dorfzentrum entfernt. Die Ausstattung ist rustikal mit viel schwerem Holz, antiken Möbeln und Backsteinbögen. Zum Hotel gehört ein hübscher Innenhof; dort sitzt man an lauen Sommerabenden und entspannt sich bei einem Getränk.

BARUMINI
Albergo Sa Lolla GÄSTEHAUS €
(☎070 936 84 19; Via Cavour 49; EZ 42–47 €, DZ 55–65 €, HP 55–60 € pro Pers.; P☀♿)

Sa Lolla ist ein geschmackvoll restaurierter Landgasthof mit sieben schönen Zimmern und einem guten Restaurant (Gerichte 25 €). Das Frühstück kostet 6 €. Im Juli und August sollte man vorher reservieren.

ORISTANO & DER WESTEN

Oristano

LP
TIPP **Eleonora B&B**   B&B €

(Karte S. 94; ✆0783 7 04 35; www.eleonora-bed-and-breakfast.com; Piazza Eleonora d'Arborea 12; EZ 35–50 €, DZ 60–70 €, Apt. 80 €; ✳🛜) Das Eleonora ist wohl eines der hübschesten B&Bs auf der ganzen Insel. Es ist in einem mittelalterlichen Palazzo am Hauptplatz von Oristano untergebracht. Die Zimmer sind geschmackvoll mit antiken Möbeln eingerichtet. Der Fußboden ist mit hübschen alten Kacheln gefliest. Sogar WLAN ist hier vorhanden. Ideal geeignet für einen längeren Aufenthalt ist das Zweizimmer-Apartment unter dem Dach.

Duomo Albergo   HOTEL €€

(Karte S. 94; ✆0783 77 80 61; www.hotelduomo.net; Via Vittorio Emanuele II 34; EZ 70–80 €, DZ 108–130 €; ✳@) Oristanos diskretes 4-Sterne-Tophotel ist innen und außen eine wahre Pracht. Hinter einer makellosen Fassade liegen schöne, ruhige Gästezimmer, die alle in Weiß gehalten und mit hellen Stoffen und schlichten Möbeln ausgestattet sind.

B&B L'Arco   B&B €

(Karte S. 94; ✆0783 7 28 49; www.arcobedandbreakfast.it; Vico Ammirato 12; EZ/DZ ohne Bad 40/65 €) Das B&B liegt in einer ruhigen Sackgasse in der Nähe der Piazza Martini. Die beiden Zimmer sind geräumig und geschmackvoll mit Holzbalken, Terrakottafliesen und dunklen Holzmöbeln ausgestattet. Das Frühstück wird in der Küche der Familie eingenommen. Im oberen Stockwerk befindet sich eine kleine Terrasse.

Südlich von Oristano

ARBOREA

Horse Country Resort   HOTEL €€

(✆0783 80 51 73; www.horsecountry.it; Strada a Mare 24; HP 71–128 € pro Pers.; P✳@🏊🐎)

Dies ist Sardiniens größter Pferdehof – mit 1000 Betten, zwei Pools und weiteren ausgezeichneten Sportanlagen. Hier kann man Reiten lernen, seine vorhandenen Kenntnisse vertiefen oder Tagesausflüge nach Marceddi, Tharros und zur Costa Verde unternehmen.

Halbinsel Sinis

SAN SALVATORE

LP
TIPP **Agriturismo Su Pranu**   URLAUB AUF DEM BAUERNHOF €

(✆0783 39 25 61; www.agriturismosupranu.com; Localita San Salvatore; HP 52–65 € pro Pers.; ✳🐎) Der authentische Bauernhof betreibt sechs helle, hübsch eingerichtete Gästezimmer. Die Gemeinschaftsterrasse mit Blick auf den Garten eignet sich hervorragend für einen *aperitivo* am Nachmittag.

Agriturismo Sinis   URLAUB AUF DEM BAUERNHOF €

(✆0783 39 25 61; www.agriturismoilsinis.it; Localita San Salvatore; HP 52–65 € pro Pers.; ✳🐎) Der Bauernhof direkt gegenüber wird von derselben Familie geleitet wie Agriturismo Su Pranu (siehe oben); er hat insgesamt sechs wunderschöne Zimmer, die zwar einfach, aber sauber und luftig sind. Von der Terrasse hat man einen schönen Ausblick auf den Garten und kann in aller Ruhe ausspannen.

RIOLA SARDO

LP
TIPP **Hotel Lucrezia**   HOTEL €€

(✆0783 41 20 78; www.hotellucrezia.it; Via Roma 14 a, Riola Sardo; EZ 75–90 €, DZ 120–150 €; ✳@🐎). Das Hotel liegt in einem historischen *cortile* (Haus mit Innenhof), das einst dem Großvater des Besitzers gehörte. Die Zimmer blicken alle auf einen Hof mit Feigen- und Zitrusbäumen sowie einer Pergola, die mit Blauregen zugewachsen ist. Die Einrichtung ist richtig rustikal: Die Zimmer sind mit wuchtigen Holzmöbeln ausgestattet, die hohen Betten stammen noch aus dem 18. Jh. Fahrräder stehen den Gästen kostenlos zur Verfügung und die freundlichen Mitarbeiter organisieren Koch-, Mal- und Weinkurse.

Francesca's House   APARTMENT €

(✆0783 41 14 56, 340 501 74 64; www.francescahouse.net; Via Marconi 11, 2 Pers. pro Woche 280–350 €; ✳@🐎) Schönes, in sich abgeschlossenes Ein-Zimmer-Haus mit Garten – perfekt für Gäste, die etwas länger dort bleiben und sich selbst versorgen wollen. Das kleine blaue Gebäude grenzt an das hübsche Lehmziegelhaus von Francesca, der Eigentümerin. Beide Häuser wurden von Grund auf renoviert.

Nördlich von Oristano

BOSA

Corte Fiorita
`LP TIPP` HOTEL €€

(Karte S. 102; ☎0785 37 70 58; www.albergo-diffuso.it; Via Lungo Temo de Gasperi 45; EZ 45–90 €, DZ 65–115 €; ❄@) Corte Fiorita, eine sogenannte *albergo diffuso*, besitzt wunderschöne, geräumige Zimmer, die auf vier restaurierte Palazzi in der ganzen Stadt verteilt sind: einer liegt am Flussufer und drei liegen im historischen Zentrum. Die Zimmer sehen alle völlig unterschiedlich aus, gemeinsam ist ihnen aber das rustikale Ambiente mit freigelegten Mauern, Holzbalken sowie Gewölbedecken. Die Rezeption befindet sich in Le Palme. Von dort bringt der Besitzer seine Gäste in einem elektrischen Buggy zu ihren Zimmern – eine gute Art und Weise, um einen ersten Eindruck vom *centro storico* zu bekommen.

Bio Agriturismo Bainas
URLAUB AUF DEM BAUERNHOF €

(☎339 209 09 67, 0785 37 31 29; www.agriturismobainasbosa.com; Via San Pietro; EZ 30–45 €, DZ 60–75 €, 4BZ 118–136 €, Gerichte 20 €) Bescheidener *agriturismo* ohne große Extras 1 km außerhalb der Stadt und inmitten von Artischockenfeldern, Oliven- und Orangenbäumen. Die Gästezimmer sind sauber und ordentlich. Von der Veranda blickt man in eine ländliche Idylle.

La Torre di Alice
B&B €

(Karte S. 102; ☎0785 850 404; www.latorredialice.it; Via del Carmine 7; EZ 30–40 €, DZ 50–70 €; @) Das B&B ist in einem wunderschönen alten Haus im historischen Zentrum von Bosa untergebracht. Man erkennt es sofort an seinem hellen Anstrich und dem witzigen Schild vor der Tür. Ein freundliches Paar leitet das B&B; Alice ist der Name der Ehefrau. Die Zimmer mit den schmiedeeisernen Betten sind sauber, gemütlich und geschmackvoll eingerichtet. In der Küche im unteren Stockwerk stehen ein Bauerntisch für mehrere Personen sowie haufenweise buntes Geschirr. Gutes, preiswertes B&B direkt im Zentrum.

Monti Ferru & Lago Omodeo

SANTU LUSSURGIU

Antica Dimora del Gruccione
`LP TIPP` HOTEL €

(☎0783 55 20 35; www.anticadimora.com; Via Michele Obinu 31; Zi. pro Pers./HP 45/70 €; ❄) Diese in einem wunderschön restaurierten Palazzo aus dem 17. Jh. untergebrachte und von vielen historischen Gebäuden umstandene *albergo diffuso* verströmt eine Menge Charme. Die Zimmer sind auf mehrere Gebäude im historischen Zentrum verteilt. Die besten liegen im 1. Stock des Haupthauses mit Doppeltreppe, knarzenden Dielen und fantastischem Steingewölbe.

NURAGHE LOSA & UMGEBUNG

Mandra Edera
`TOP CHOICE` HOTEL €

(☎320 151 51 70; www.mandraedera.com; Zi. 49–59 € pro Pers, Suite 59–69 €, HP 69–89 € pro Pers.; ☺Ende April–1. Okt.-Woche; P❄🏊🐾) Der kinderfreundliche Landgasthof Mandra Edera liegt inmitten von gigantischen Eichen und Obstgärten. Die Zimmer sind auf mehrere Bungalows verteilt, die auf hübschen Rasenflächen stehen. Zu der Anlage gehört auch ein gutes Restaurant (Gerichte um die 23 €).

ALGHERO & DER NORDWESTEN

Alghero

Angedras Hotel
`LP TIPP` HOTEL €€

(Karte S. 116; ☎079 973 50 34; www.angedras.it; Via Frank 2; EZ 60–140 €, DZ 75–150 €; ❄🛜🐾) Ein weiß getünchtes Hotel im Mittelmeer-Stil, wie es im Buche steht. Das Angedras hat kühle, luftige Zimmer mit großen Flügeltüren, die auf sonnige Veranden hinausgehen. Die schicke Terrasse, auf der im Sommer das Frühstück serviert wird, ist ein herrlicher Ort für eisgekühlte Getränke an heißen Sommerabenden. Gäste erhalten im Restaurant an der Bastioni Marco Polo (S. 122) 10 % Rabatt.

Camping La Mariposa
CAMPINGPLATZ €

(Karte S. 116; ☎079 95 03 60; www.lamariposa.it; Via Lido 22; 2 Pers., Zelt & Auto 39 €, Bungalow für 4 Pers. 50–80 €; ☺April–Okt.; @🐾) Rund 2 km nördlich der Innenstadt liegt dieser

Campingplatz direkt am Strand zwischen Pinien und Eukalyptusbäumen. Dieser Lage sowie den hervorragenden Einrichtungen, darunter Windsurfschule und Tauchzentrum, verdankt er seine Popularität.

Villa Las Tronas
HOTEL €€€
(Karte S. 116; ☎ 079 98 18 18; www.hotel villalastronas.it; Via Lungomare Valencia 1; EZ 150–250 €, DZ 190–410 €; P ✳ @ ☀) Dieses umwerfende Hotel in einem Jugendstil-Palast aus dem 19. Jh., einem ehemaligen Ferienhaus italienischer Adliger, liegt inmitten seiner eigenen gepflegten Grünanlagen auf einer privaten Landzunge. Die Zimmer sind pures *fin de siècle* mit massenhaft Brokat, eleganten Antiquitäten und stimmungsvollen Ölgemälden. Ein Beauty-Zentrum mit Schwimmbad, Hamam und Massage- sowie Fitnessraum verleiht dem Ganzen einen noch stärkeren Hauch von Luxus.

Mario & Giovanna's B&B
B&B €
(Karte S. 116; ☎ 339 890 35 63; www.mario andgiovanna.com; Via Canepa 51; DZ 55–80 €) Kunterbunt eingerichtetes B&B mit viel Krimskrams, Gemälden und Giovannas liebevoll gepflegter Sammlung englischen Porzellans. Die drei sonnigen Zimmer samt kleinem Hofgarten liegen im langweiligeren modernen Teil der Stadt, rund 15 Minuten zu Fuß vom historischen Zentrum entfernt. Mario vermietet auch Apartments an Selbstversorger.

Hotel San Francesco
HOTEL €€
(Karte S. 118; ☎ 079 98 03 30; www.san francesco-hotel.com; Via Ambrogio Machin 2; EZ 52–63 €, DZ 82–101 €; ✳ @ ☎) Wer ein Zimmer im einzigen Hotel in Algheros *centro storico* beziehen möchte, muss besonders in den Sommermonaten frühzeitig buchen. Die Zimmer im einstigen Kloster – die Mönche wohnen noch immer im 3. Stock – sind schnörkellos, aber sehr bequem und haben weiße Wände, Kiefernmöbel und braun gekachelte Fußböden. Wenn möglich, sollte man sich ein Zimmer mit Blick auf den mittelalterlichen Kreuzgang sichern.

Riviera del Corallo

NÖRDLICH VON CAPO CACCIA

 Agriturismo Porticciolo
URLAUB AUF DEM BAUERNHOF €
(☎ 079 91 80 00; www.agriturismoporticciolo.it; Localita Porticciolo; B&B 30–45 € pro Pers., Apt.

für 4 Pers. 600–1000 € pro Woche; ✳ ☛) Dieser freundliche 24 ha große Bauernhof mit 100 Schweinen bietet schöne Zimmer in kleinen Apartments. Das in einer großen Scheune mit schwerer Holzdecke und riesigem Kamin untergebrachte Restaurant serviert leckere Hausmannskost.

[LP TIPP] Hotel El Faro
HOTEL €€€
(☎ 079 94 20 30; www.elfarohotel.it; Porto Conte; EZ 160–420 €, DZ 232–920 €; P ✳ @ ☀) Am südlichen Zipfel der Bucht, wo die Straße an einem Leuchtturm endet, steht der hübsche gepflegte Hotelkomplex, der über zwei Pools, einen privaten Anlegesteg und elegante Zimmer verfügt. Ein großartiger Ort, um den Alltag hinter sich zu lassen.

Die Nordküste

Wenn möglich sollte man nicht unbedingt in Porto Torres übernachten. Wer unbedingt hier bleiben will, findet einige einfache Unterkünfte am Hafen.

WESTLICH VON PORTO TORRES

Albergo Silvestrino
HOTEL €€
(☎ 079 52 34 73; www.hotelsilvestrino.it; Via XXI Aprile 4, Stintino; EZ 35–67 €, DZ 70–150 €; ✳) Das elegante 3-Sterne-Hotel an der Seeseite der Hauptstraße ist kaum zu verfehlen. Die Zimmer sind mit kühlen Fliesenböden und zweckmäßigen Möbeln ausgestattet. Im Restaurant, dem besten in Stintino, werden leckere Meeresfrüchte aufgetischt (Gerichte 35–40 €).

La Pelosetta Residence Hotel
HOTEL €€
(☎ 079 52 71 88; www.lapelosetta.it; Capo del Falcone; DZ HP 60–170 pro Pers.; ☺ Mai–Sept.; ☛) Eines der besten Hotels in dieser Gegend ist das wunderschön gelegene La Pelosetta. Das elegante Restaurant (Gerichte 40 €) liegt direkt an der Spiaggia della Pelosa. Das Hotel verfügt über unterschiedliche Zimmerkategorien (auch für Aufenthalte von nur einer Nacht) und Apartments für Selbstversorger (pro Woche buchbar). Alle haben Meerblick. Halbpension ist hier Pflicht.

ÖSTLICH VON PORTO TORRES

Casa Doria
B&B €
(☎ 349 355 78 82; www.casadoria.it; Via Garibaldi 10, Castelsardo; Zi. 55–80 €; ✳) Das B&B liegt im mittelalterlichen Zentrum und weist alle Eigenschaften eines rustikalen Gästehauses auf: Stilmöbel, schmiedeeiserne Betten, Holzdecken. Die drei Zimmer sind einfach

eingerichtet und vom Frühstücksraum genießt man fantastische Ausblicke.

Sassari

Casa Chiara
B&B €

(Karte S. 138f.; ☎079 200 50 52, 333 695 71 18; www.casachiara.net; Vicolo Bertolinis 7; EZ/DZ 35/70 €; @) Entspanntes B&B im quirligen Univiertel mit netter, gemütlicher Atmosphäre. Mit seinen drei farbenfrohen Schlafzimmern, einem Esszimmer und der mit allem möglichen Krimskrams liebevoll ausgestatteten Küche hat das Haus ein wenig von einer gepflegten Studenten-WG.

Hotel Vittorio Emanuele
HOTEL €

(Karte S. 138f.; ☎079 23 55 38; www.hotelvittorioemanuele.ss.it, auf Italienisch; Corso Vittorio Emanuele II 100–102; EZ 50–70 €, DZ 70–89 €; ✳@) Das schicke, in einem renovierten mittelalterlichen Palazzo untergebrachte 3-Sterne-Hotel bietet erschwinglichen Komfort. Die in unaufdringlichen Farben gehaltenen Zimmer sind geräumig und hell.

OLBIA, DIE COSTA SMERALDA & DIE GALLURA

Olbia

☐ Hotel Panorama
HOTEL €€

(Karte S. 150; ☎0789 2 66 56; www.hotelpanoramaolbia.it; Via Mazzini 7; EZ 65–119 €, DZ 79–159 €; P✳☎) Die einladende Dachterrasse in diesem freundlichen, zentral gelegenen Hotel bietet einzigartige Ausblicke über die Dächer von Olbia bis weit hinüber zum Meer und zum Monte Limbara. Die Zimmer sind neu und elegant eingerichtet und erfreuen die Gäste mit blankpolierten Holzböden und schönen, sauberen Marmorbädern. Es gibt auch einen Whirlpool und eine Sauna zum Entspannen.

La Locanda del Conte Mameli
B&B €€

(Karte S. 150; ☎0789 20 30 40; www.lalocandadelcontemameli.com; Via delle Terme 8; Zi. 80–140 €, Suite 100–180 €; ✳☎) Äußerst elegant ist dieses Boutiquehotel, das in einer *locanda* (Gasthof) aus dem 18. Jh. untergebracht ist, die ursprünglich für Graf Mameli gebaut wurde. Eine gewundene Treppe mit schmiedeeisernem Geländer führt zu den schicken,

in karamellfarben gehaltenen Zimmern mit Badezimmern aus Orosei-Marmor. Den Frühstücksraum ziert ein echter Brunnen aus der Römerzeit.

Ciro's House
B&B €

(außerhalb von Karte S. 150; ☎0789 2 40 75; www.bbolbia.com; Via Aspromonte 7; EZ 25–55 €, DZ 50–90 €; ☎) In diesem hinreißenden kleinen B&B 1,5 km westlich vom Stadtzentrum werden die Gäste von Eduardo mit einem Lächeln begrüßt. Die einfachen, aber gemütlichen Zimmer sind alle in einem kunterbunten Stilmix unterschiedlich eingerichtet und besitzen farbig gekachelte Badezimmer. Für Gäste, die einen leichten Schlaf haben, ist die Straße wohl etwas zu laut.

B&B Lu Aldareddu
B&B €€

(☎335 6 85 15 08; www.lualdareddu.com; Località Monte Plebi; Zi. 70–100 €; ✳) Dieses hübsche, rustikale B&B steckt in einem Bauernhaus aus dem 18. Jh., das auf den bewaldeten Hängen des Monte Plebi liegt, einem tiefliegenden Hügel etwa 10 km nördlich von Olbia (abseits der SS125 Richtung Arzachena). Die vier Zimmer sind im fröhlichen Landhausstil gehalten. Mit dem Fahrrad gelangt man rasch zu den schönsten Stränden der Costa Smeralda.

Rund um Olbia

GOLFO ARANCI

La Lampara
HOTEL €€

(☎0789 61 51 40; www.lalamparahotel.com; Via Magellano; DZ 75–130 €, 3BZ 90–145 €; ☉März–Okt. ✳☎) La Lampara ist ein freundliches, familiengeführtes Hotel direkt an der Hauptstraße. Seine zehn sommerlichen Zimmer erstrahlen in Blau und Weiß, dazu passen die kühlen gefliesten Böden und die schlichten, schnörkellosen Möbel.

Hotel Gabbiano Azzurro
HOTEL €€

(☎0789 4 69 29; www.hotelgabbianoazzurro.com; Via dei Gabbiani; HP 93–180 € pro Pers.; P✳☎) Das Gabbiano Azzurro mit Blick auf das herrlich aquamarinfarbene Wasser der Spiaggia Terzo ist ein riesiges, anonymes Hotel. Aber davon sollte man sich nicht abschrecken lassen, denn es hat durchaus auch viele Vorzüge, wie z. B. einen Pool mit Düsen, ein Restaurant mit Meerblick und einen schönen Privatstrand. Kochkurse, Weinproben, für die Gäste vom Hotel. Sportfischen und Wanderungen werden auf Wunsch organisiert.

Die Südküste

Hotels, *agriturismi* und Apartments findet man im Internet unter www.visitsanteodoro.com. Auf der Website www.bbsanteodoro.com sind 22 B&Bs in dieser Gegend aufgeführt.

Agriturismo L'Aglientu
AGRITURISMO €€
(☎0789 4 10 91; www.turismorurale.org; Via l'Aglientu 1, Porto San Paolo; EZ 50–75 €, DZ 70–100 €, 3BZ 90–130 €; P ❄ ♨) Dieser in einer schönen grünen Landschaft gelegene Bauernhof eignet sich hervorragend zum Entspannen. Hier kann man sogar selbst angebautes Biogemüse kaufen. Die Zimmer für die Gäste sind hell und gleichzeitig rustikal eingerichtet. Die vorherrschenden Farben sind Zitronengelb, Oliv und Lila. Im Aufenthaltsraum mit zahlreichen Büchern und Spielen herrscht eine entspannte Atmosphäre.

Hotel L'Esagono
HOTEL €€
(☎0784 86 57 83; www.hotelesagono.com; Via Cala d'Ambra 141, San Teodoro; HP 50–122 € pro Pers.; 🛜♨) Die elegante Hotelanlage am Strand überzeugt durch einen Pool, die von Palmen gesäumten Gärten und ein Restaurant mit Meerblick. Die in niedrigen Häuschen mitten im Grünen untergebrachten Zimmer sind hell und sonnig; besonders hübsch sind die im sardischen Stil bestickten Bettdecken.

Camping San Teodoro La Cinta
CAMPINGPLATZ €
(☎0784 86 57 77; www.campingsanteodoro.com; Via del Tirreno, San Teodoro; 2 Pers., Auto & Zelt 18,50–35,50 €, Bungalow für 4 Pers. 70–118 €; 🛜) Der ziemlich beliebte Campingplatz liegt rund 800 m von der Innenstadt entfernt auf einem riesigen, baumbestandenen Gelände direkt am Südende vom Strand La Cinta.

Die Costa Smeralda & Umgebung

SÜDLICH VON PORTO CERVO

La Villa Giulia
B&B €
(☎348 511 12 69; www.lavillagiulia.it; Monticanaglia; DZ 65–89 €) Das in einer rustikalen Steinvilla untergebrachte schöne B&B liegt am oberen Ende eines Feldwegs und stellt insgesamt sechs Gästezimmer bereit. Die Wände sind zitronengelb getüncht und die

ZIMMER MIT AUSSICHT

Hotel L'Oasi, Cala Gonone

Ostello Bellavista, Santa Maria Navarrese

Hotel El Faro, Porto Conte

Hotel Panorama, Olbia

La Villa Giulia, Costa Smeralda

Il Profumo del Mare, Cagliari

Verdemare, Costa Verde

Casa Solotti, Nuoro

Agriturismo Guthiddai, bei Oliena

La Pelosetta Residence Hotel, Capo del Falcone

in fröhlichen Farben gekachelten Badezimmer wurden erkennbar mit viel Liebe zum Detail ausgestattet. Die bezaubernde Landschaft, die Gastfreundschaft der Hausherren und die spektakulären Preise machen La Villa Giulia zu einem echten Knüller. Es besteht auch die Möglichkeit, hier ein Apartment mit Küche und Kamin zu mieten. Die Villa liegt ca. 2 km von Spiaggia Liscia Ruia entfernt und ist an der Hauptküstenstraße gut ausgeschildert.

Villaggio Camping La Cugnana
CAMPINGPLATZ €
(☎0789 3 31 84; www.campingcugnana.it; Località Cugnana; 2 Pers., Auto & Zelt 20,50–30 €, Bungalow für 2 Pers. 190–599 € pro Woche; ♨♨) Der Campingplatz direkt am Meer liegt an der Hauptstraße nördlich von Porto Rotondo. Mitreisende Kinder kommen hier voll auf ihre Kosten: Es gibt einen Pool, einen Spielplatz und viele gut organisierte Aktivitäten. Ein kostenloser Shuttlebus fährt zu den noch etwas hübscheren Stränden an der Costa Smeralda.

Hotel Capriccioli
HOTEL €€
(☎0789 9 60 04; www.hotelcapriccioli.it; Località Capriccioli; HP 90–170 € pro Pers.; P ❄ ♨♨) In einer von Luxushotelketten dominierten Gegend ist es eine echte Freude, eine freundliche, familiengeführte Unterkunft wie das Hotel Capriccioli zu finden. Es liegt direkt am Strand; die Zimmer sind hell und im typisch sardischen Stil mit schmiedeeisernen Betten und klassischen Inseltextilien ausgestattet.

PORTO CERVO & UMGEBUNG

Es gibt hier kaum Schnäppchen, aber wer außerhalb des teuren Porto Cervo wohnt, bekommt sicherlich mehr für sein Geld.

LP TIPP B&B Costa Smeralda   B&B €€

(📞0789 9 98 11; www.bbcostasmeralda.com; Lu Cumitoni; DZ 80–130 €; ❄️📶) Das in die Hügel über dem fjordartigen Hafen von Poltu Quatu 3 km nördlich von Porto Cervo eingebettete B&B verströmt eine Menge Atmosphäre. Die blau-weiß gehaltenen Zimmer sind angenehm sonnendurchflutet. Zum Frühstück kann man auf der Terrasse Lucianas frisch gebackenes Brot und Gebäck probieren. Der Ausblick aufs Meer ist einfach umwerfend.

Hotel Le Ginestre   HOTEL €€€

(📞0789 9 20 30; www.leginestrehotel.com; Località Porto Cervo; HP 115–250 € pro Pers.; 🅿️❄️📶♨️) Das Hotel verfügt über Zimmer im typischen Costa-Stil, die in niedrigen, ockerfarbenen Gebäuden inmitten von perfekt gepflegten Rasenflächen, Palmen und Bougainvillea untergebracht sind. Adrett uniformiertes Personal sorgt für einen makellosen Service. Die Zimmer sind hell und elegant. Es gibt einen Pool und ein Beautycentre. Das Hotel liegt 1 km südlich von Porto Cervo.

La Murichessa   HOTEL €

(📞339 5 31 65 32; www.lamurichessa.it; Località Vaddimala; DZ 50–100 €, 3BZ 70–130 €; 🅿️📶) Das idyllische Landhaus mit Blick auf die Berge, die uralten Olivenbäume und das herrlich glitzernde Meer bietet Entspannung pur. Die großen, sonnigen Zimmer sind mit muschelförmigen Lampen ausgestattet. Anna Lisa ist eine großartige Köchin – die selbst gemachte Zitrusmarmelade zum Frühstück ist einfach köstlich. Zum Landhaus gelangt man über die Straße SP 59 von Porto Cervo nach Arzachena; unterwegs nach dem Holzschild Ausschau halten.

La Rocca Resort & Spa   HOTEL €€€

(📞0789 93 31 31; www.laroccaresort.com; Località Pulicino, Baia Sardinia; HP 125–240 €; 🅿️❄️♨️) Ein wahres Postkartenidyll mit hellrosa Villen, grünen Rasenflächen und blumengesäumten Fußwegen. La Rocca ist ein Luxusresort mit kühlen, sommerlichen Zimmern und ausgezeichneten Einrichtungen. Der Pool verfügt über einen naturbelassenen Felsbrunnen. Der kostenlose Shuttlebus bringt die Gäste zum Privatstrand ins 800 m entfernte Cala di Ginepre.

Das Hinterland der Costa Smeralda

SAN PANTALEO

LP TIPP Agriturismo Ca' La Somara   AGRITURISMO €€

(📞0789 9 89 69; www.calasomara.it; Zi. 58–116 €, HP 20 € extra pro Pers.; 🅿️♨️) Esel geleiten die Gäste schon an der Straße nach Arzachena zu diesem freundlichen *agriturismo*. Das etwas marode Bauerngehöft hat zwölf schlichte Gästezimmer und viele ruhige Ecken, wo man sich in einer Hängematte entspannen, im Garten spazieren gehen oder die Wellness-Behandlungen genießen kann. Im rustikalen Speisesaal werden vegetarische Gerichte aus selbst angebauten Gemüsesorten serviert. Kreditkarten (und Kinder) werden nicht akzeptiert.

Hotel Sant'Andrea   HOTEL €€

(📞0789 6 52 98; www.giagonigroup.com, auf Italienisch; Via Zara 43; EZ 72–105 €, DZ 120–180 €, HP 30–50 € extra pro Pers.; 🅿️❄️📶♨️) Das ruhige Hotel am Dorfeingang überzeugt mit hellen, gepflegten Zimmern und einem von Bougainvillea gesäumten Pool. Das hoch angesehene Ristorante Giagoni (S. 160) wird von derselben Familie geführt, daher ist das Frühstück, das u. a. selbst gebackene Kuchen und Gebäck umfasst, ausgezeichnet.

Hotel Arathena   HOTEL €€

(📞0789 6 54 51; www.arathena.it; Via Pompei; DZ 120–256 €; 🅿️❄️@♨️) Knorrige, bucklige Holzbalken und ockerfarben gestrichene Steinwände bestimmen den Ton in diesem attraktiven Hotel. Die Zimmer sind mit Terrakottafliesen, Holz und Naturtextilien versehen. Vor der erhabenen Kulisse grüner Berge glitzert ein riesiger Pool.

ARZACHENA & UMGEBUNG

Zu den beiden erstgenannten Unterkünften gelangt man, wenn man hinter dem Supermarkt Galmarket am nördlichen Ende der Stadt rechts abbiegt.

B&B Lu Pastruccialeddu   B&B €€

(📞0789 8 17 77; www.pastruccialeddu.com; Località Lu Pastruccialeddu, Arzachena; EZ 50–100 €, DZ 75–120 €; 🅿️♨️🐾) Das umwerfende B&B ist in einem landestypischen Bauerngehöft aus Stein beheimatet. Es besitzt tadellose Zimmer, einen hübschen Pool und zwei Esel. Die Pension wird von der unglaublich gastfreundlichen Caterina Ruzittu geführt, die auch das opulente Frühstück zubereitet – eine Riesenauswahl an Gebäck, Joghurt, frisch gebackenen Kuchen, Salami, Käse und Cerealien.

Agriturismo Rena
AGRITURISMO €
(☎0789 8 25 32; www.agriturismorena.it; Località Rena; HP 45–60 € pro Pers.; 🅿🐾) In diesem am Hang gelegenen *agriturismo* gibt es nur Halbpension, aber das ist überhaupt nicht tragisch, denn das Essen ist trotzdem einfach köstlich – Käse, Honig, Fleisch und Wein stammen aus eigener Produktion. Die Zimmer sind rustikal mit schweren Holzmöbeln und dicken Balken ausgestattet, die die 100 Jahre alten Decken stützen.

Hotel del Porto
HOTEL €€
(☎0789 89 20 55; www.hoteldelporto.com, auf Italienisch; Via Nazionale 94, Cannigione; DZ 90–206 €, HP 59–123 € pro Pers.; ❄@) Das zentral gelegene Hotel mit Blick auf den Yachthafen von Cannigione ist eine ausgezeichnete Wahl. Die hellen Zimmer sind mit traditionellen sardischen Textilien und glänzenden Fliesen geschmückt.

Nordküste

SANTA TERESA DI GALLURA

B&B Domus de Janas
B&B €€
(Karte S. 164; ☎338 4 99 02 21;www. bbdomus dejanas.it; Via Carlo Felice 20 a; DZ 60–120 €, 3BZ 80–140 €; ❄) Daria und Simon heißen die freundlichen Gastgeber in diesem reizenden B&B direkt im Stadtzentrum. Von der Terrasse bieten sich großartige Meerblicke. Die Zimmer sind freundlich und mit Gemälden und allem möglichen Krimskrams dekoriert.

Hotel Moderno
HOTEL €€
(Karte S. 164; ☎0789 75 42 33, 0789 75 51 08; www.modernohotel.eu; Via Umberto 39; EZ 50–80 €, DZ 65–140 €; ❄) Ein gemütliches, familiengeführtes Hotel in der Nähe der Piazza. Die Zimmer sind hell und luftig, das Dekor beschränkt sich auf klassisch blauweiße galluresische Bettüberwürfe. Die Balkone sind eher winzig.

Camping La Liccia
CAMPINGPLATZ €
(☎0789 75 51 90; www.campinglaliccia.com; SP nach Castelsardo km59; 2 Pers., Auto & Zelt 18–35 €, Bungalow für 2 Pers. 50–96 €; 📶🐾) Der umweltfreundliche Campingplatz liegt 5 km westlich der Stadt an der Straße nach Cas-

telsardo. Zu den Einrichtungen gehören ein Spielplatz und ein Sportplatz.

Hotel Marinaro
HOTEL €€
(Karte S. 164; ☎0789 75 41 12; www.hotel marinaro.com; Via Angioi 48; EZ 40–110 €, DZ 60–140 €; ❄@🐾) Frische, schnörkellose Zimmer, darunter miteinander verbundene Zimmer für Familien machen dieses unverwüstliche Hotel zu einer recht begehrten Adresse. Die Mitarbeiter sind freundlich und die Lage – nur für einen Katzensprung vom Hauptplatz entfernt – ist für diejenigen, die in Reichweite des pulsierenden Lebens absteigen möchten, einfach ausgezeichnet.

PALAU

L'Orso e Il Mare
B&B €
(☎331 22 22 000; www.orsoeilmare.com; Vicolo Diaz 1, Palau; DZ 60–100 €, 3BZ 70–120 €; ❄) In diesem wenige Schritte von der Piazza Fresi entfernten B&B heißt Pietro seine Gäste herzlich willkommen. Die geräumigen Zimmer weisen kühle blauweiße Farben auf. Zum Frühstück gibt es verschiedene Kuchensorten, Gebäck und frischen Obstsalat.

Camping Baia Sardegna
CAMPINGPLATZ €
(☎0789 70 94 03; www.baiasaraceno.com; Località Punta Nera, Palau; 2 Pers., Zelt & Auto 16–37 €, Bungalow für 2 Pers. 90–174 €) Der wunderschöne, von Pinien umstandene Campingplatz am Strand von Palau besitzt eine Pizzeria, einen Spielplatz für Kinder und ein Tauchzentrum.

Hotel La Roccia
HOTEL €€
(☎0789 70 95 28; www.hotellaroccia.com; Via dei Mille 15, Palau; EZ 50–90 €, DZ 80–150 €; 🅿❄) Das einladende 3-Sterne-Hotel verfügt über helle, geräumige Zimmer und bietet ein ausgezeichnetes Preis-Leistungsverhältnis. Das blauweiße Seemannsdekor verleiht mediterranes Flair. Von den Balkonen genießen die Gäste fantastische Ausblicke.

Parco Nazionale dell'Arcipelago di La Maddalena

LP TIPP ▷ B&B Petite Maison
B&B €€
(Karte S. 169; ☎0789 73 84 32; www.lapetit maison.net; Via Livenza 7, La Maddalena; DZ 70–110 €) Das mit Gemälden und Art-Deco-Möbeln ausgestattete B&B ist nur fünf Minuten zu Fuß vom Hauptplatz entfernt. Das von Miriam geradezu künstlerisch gestaltete

Frühstück mit frischen selbst gemachten Köstlichkeiten wird in einem Garten voller Bougainvillea serviert. Kreditkarten (und Kinder) werden nicht akzeptiert.

Camping Abbatoggia
CAMPINGPLATZ €

(Karte S. 169; ☏0789 73 91 73; www.campingabbatoggia.it, auf Italienisch; 2 Pers., Auto & Zelt 17,50–23 €) Die Ausstattung dieses spartanischen Campingplatzes ist nicht gerade luxuriös, aber die Lage in der Nähe zweier wunderschöner Strände macht das mehr als wett. Auf dem Platz kümmert man sich auf Wunsch auch um den Verleih von Kanus und Windsurfausrüstung.

Das Hinterland

LP TIPP ❯ Li Licci
AGRITURISMO €€

(☏079 66 51 14; www.lilicci.com; Località Valentino; DZ 90–100 €, HP 65–75 € pro Pers.; ⛹) Wer die Stille erfahren möchte, die über dieser Gegend liegt, sollte ein oder zwei Nächte in Li Licci bleiben, einem der besten *agriturismi* der Gegend. Das hübsche Steinhaus, das mitten in einem Eichenwald liegt, bezaubert mit einfachen Zimmern und einem renommierten Restaurant (s. S. 175). Jane Ridd, die freundliche englische Eigentümerin, organisiert Ausflüge für ihre Gäste und gibt Auskünfte über Wandermöglichkeiten, Reiten und Felsklettern. Li Licci ist an der SP38 zwischen Olbia und Sant'Antonio di Gallura ausgeschildert.

✈ Agriturismo Muto di Gallura
AGRITURISMO €

(☏079 62 05 59; www.mutodigallura.com; Località Fraiga, Aggius; DZ 96 €, HP 84 pro Pers.; P⛷⛹) Frei herumlaufende Esel, Kühe, Ziegen, Schafe und Hühner, hübsche Steinhäuser in einem Korkeichenwald, bezaubernde Ausblicke, ein ruhiger Pool – was braucht man mehr? Nichts, ausgenommen vielleicht den köstlichen selbst gemachten Biokäse, Fleisch, Gemüse, und Wein, die zum Abendessen serviert werden. Die Gäste können reiten sowie Ausflüge im Geländewagen oder per Esel unternehmen.

Tenuta Lochiri
AGRITURISMO €

(☏339 1 19 72 66; www.tenutalochiri.com; Zi. 40–45 € pro Pers., Apt. 600–700 € pro Woche; P) Schöner *agriturismo* mit atemberaubendem Ausblick auf den Monte Acuto. Tenuta Lochiri liegt am Ende eines 3 km langen Feldwegs abseits der Straße von Berchidda

nach Oschiri. Hier gibt es Olivenöl, Wein, Honig und Likör aus eigener Herstellung. All diese Produkte können abends im Restaurant mit Panoramablick verkostet werden (Gerichte 35–40 €).

Il Gallo di Gallura
B&B €

(☏079 481 21 67; www.ilgallodigallura.com; Corso Matteotti 28, Tempio Pausania; DZ 60–80 €; P⛷@) Das familiengeführte B&B liegt in der historischen Innenstadt von Tempio Pausania in einem Palazzo aus dem frühen 19. Jh. In den hübschen, sonnigen Zimmern überwiegen Blau- und Gelbtöne sowie traditionelle sardische Textilstoffe. Zum Frühstück gibt es frisch gepresste Säfte, Gebäck und Konfitüre. Gäste sollten nach dem Schild mit dem Hahn Ausschau halten.

NUORO & DER OSTEN

Nuoro

LP TIPP ❯ Silvia e Paolo
B&B €

(Karte S. 190; ☏0784 312 80; www.silviaepaolo.it, Corso Garibaldi 58; EZ 30–35 €, DZ 50–60 €, 3BZ 70 €; ⛷@) Das hübsche B&B führen Silvia und Paolo. Die hellen, geräumigen Zimmer sind mit Puppen und alten Lederkoffern ausstaffiert. Von der Dachterrasse kann man tagsüber das Geschehen auf dem Corso Garibaldi verfolgen und nachts die Sterne betrachten. In dem geschmackvoll eingerichteten Aufenthaltsraum gibt es Filme, Bücher und Karten über Sardinien.

Casa Solotti
B&B €

(☏0784 3 39 54; www.casasolotti.it; 26–35 € pro Pers.; P⛷⛷) Das von Eichenwäldern und Wanderpfaden umgebene freundliche B&B liegt in einem weitläufigen Garten am Monte Ortobene. Die Atmosphäre ist entspannt, die rustikalen Zimmer sind mit Steinen und Balken ausgestaltet – einige haben sogar einen Kamin. Reitausflüge, dazugehörige Lunchpakete sowie geführte Wanderungen im Supramonte organisiert man hier gern für die Gäste. Der örtliche Bus 8 fährt von der Via A Manzoni hierher. Das B&B liegt 7 km östlich von Nuoro.

Nuraghe Oro
B&B €

(Karte S. 190; ☏0784 182 32 55; www.nughe oro.it; Via Matteotti 14; EZ 30–45 €, DZ 50–70 €, 3BZ 85–95 €; ⛷⛷⛹) Das im 6. Stock eines eleganten Stadthauses untergebrachte B&B

bietet seinen Gästen helle, geräumige und gepflegte Zimmer. Von der Veranda sind die Ausblicke auf die Stadt besonders schön. Max und Clara, die freundlichen Gastgeber, servieren zum Frühstück Obst aus der Gegend sowie Kuchen und Molkereiprodukte. Kinderbetten sind vorhanden.

Agriturismo Testone
AGRITURISMO €

(☎0784 23 05 39; www.agriturismotestone.com, auf Italienisch; Via Giuseppe Verdi; Zi. 76–90 €, HP 55–65 € pro Pers.; P) Der rustikale Bauernhof ca. 20 km vor Nuoro liegt mitten in einem Korkeichenwald. Innen sind die Mauern teilweise freigelegt, zum Dekor gehören außerdem schwere Holzmöbel und von der Decke herabhängende Töpfe und Pfannen. Um hierher zu kommen, einfach auf der SS-131DCN die Ausfahrt SS389 nach Bitti nehmen und 10 km weiter bis zur Abzweigung nach Benetutti fahren, dann nach links und nach weiteren 3 km rechts abbiegen und den Schildern folgen.

Supramonte

OLIENA

LP TIPP ◢Agriturismo Guthiddai
AGRITURISMO €€

(☎0784 28 60 17; www.agriturismoguthiddai. com; Nuoro-Dorgali bivio Su Gologone; HP 60–75 € pro Pers.; 🚶) Dieses weiß getünchte Gehöft an der Straße nach Su Gologone liegt idyllisch am Fuße zerklüfteter Berge und ist von Feigen-, Oliven- und Obstbäumen umgeben. Das Olivenöl, der Cannonau-Wein sowie das Obst und Gemüse stammen alle aus eigener Produktion. Die stilvollen Zimmer sind in hellen Grüntönen und in Kobaltblau gefliest.

Hotel Su Gologone
HOTEL €€€

(☎0784 28 75 12; www.hotelsugologone.com; EZ 105–160 €, DZ 140–240 €, Suite 340–440 €; P ❄ ☷) Das luxuriöse Hotel liegt in einer wunderschönen Landschaft 7 km östlich von Oliena. Die Zimmer zieren Originalgemälde und kunstgewerbliche Artikel. Zu den Attraktionen des Hauses gehören ein Pool, ein Weinkeller sowie ein Restaurant, das zu den besten Sardiniens zählt (Gerichte um die 55 €).

Hotel Monte Maccione
HOTEL €

(☎0784 28 83 63; www.coopenis.it; EZ 39–49 €, DZ 66–80 €; P) Das von der Cooperativa Enis geleitete kleine Hotel verfügt über einfache, rustikal eingerichtete

Zimmer und bietet naturgemäß einen schönen Ausblick von seiner Berglage 4 km oberhalb von Oliena.

Hotel Cikappa
HOTEL €

(☎0784 28 80 24; www.cikappa.com; Corso Martin Luther King 2–4; EZ/DZ/3BZ 40/70/85 €; ❄ 🛜) Gutes, einfaches Hotel über einem beliebten Restaurant im Zentrum von Oliena (Gerichte 25–45 €). Die besten Zimmer haben einen Balkon mit schönem Blick auf die Berge.

Barbagia

BARBAGIA OLLOLAI

Hotel Sa Orte
HOTEL €

(☎0784 5 80 20; www.hotelsaorte.it; Via Roma 14; EZ 35–40 €, DZ 60–80, 3BZ 85–110 €; ❄) Das schön restaurierte Palazzo in der historischen Innenstadt gehört zu den besten in Fonni. Die Fassade ist aus Granit. Die Innendekoration ist modern, sie besteht aus mandarinfarbenen Wänden, Parkettböden und hellen Holzmöbeln.

Hotel Sa Valasa
HOTEL €

(☎0784 5 34 23; http://hotelsavalasa.com; Località Sa Valasa; EZ/DZ 25/60 €, HP 40–45 € pro Pers.; P) Das große, weitläufige 2-Sterne-Hotel hat sogar seinen eigenen kleinen See. Die mit Kiefernmöbeln ausgestatteten Zimmer sind recht schlicht, und die herrliche Ruhe sorgt für einen erholsamen Schlaf. Empfehlenswert ist die Pizzeria im Erdgeschoss des Hotels.

BARBAGIA DI BELVI

Sa Muvara
HOTEL €€

(☎0784 62 93 36; www.samuvarahotel.com; Aritzo; EZ/DZ/FZ 85/130/200 €, HP 90–150 € pro Pers.; ☷ 🚶) Das in den Bergen gelegene Hotel ist perfekt für Wanderer und Radfahrer geeignet. Die Zimmer sind groß und luftig, die Möbel aus beschnitztem Holz. Der mit Quellwasser gespeiste Pool, die üppigen Gärten und der kleine Wellnessbereich versprechen Erholung pur. Im Restaurant werden verschiedene einheimische Gerichte serviert (Gericht ca. 40 €).

Hotel La Capannina
HOTEL €

(☎0784 62 91 21; www.hotelcapannina.net; Via A Maxia 36, Aritzo; EZ/DZ 50/70 €, HP 60 €) Elegantes chaletartiges Hotel mit einfachen Zimmern und weißem Licht. Es liegt wenige Kilometer vom Dorfzentrum entfernt.

SARCIDANO

Antico Borgo
B&B €

(📞0782 86 90 47; www.anticoborgoweb.it; Via Sant'Ambrogio 5, Laconi; EZ/DZ 45/70 €; ❄) In diesem B&B, das einen restaurierten Palazzo aus dem 18. Jh. gegenüber der Kirche bezogen hat, werden die Gäste von Peppe und Tomasina herzlich begrüßt. Das B&B verströmt eine Menge Wärme und Atmosphäre: Es verfügt über einen Kamin, Stilmöbel und gemütliche Zimmer. Das Frühstück ist ein Genuss: Es gibt frisches Obst, Saft, Brot und selbst gemachte Süßigkeiten.

Golfo di Orosei

OROSEI & UMGEBUNG

🔖 Albergo Diffuso Mannois
B&B €€

(📞0784 99 10 40; www.mannois.it; Via G Angioy 32; EZ 40–85 €, DZ 70–140 €; ❄🛜) Das über drei wunderschön restaurierte Gebäude im historischen Zentrum von Orosei verteilte Albergo Diffuso Mannois ist etwas ganz Besonderes. Keines der lichtdurchfluteten, in Pastelltönen dekorierten Zimmer gleicht dem anderen. Alle sind mit frei liegenden Mauern, sardischen Textilstoffen und Balken aus Wacholderholz ausgestattet. Ausflüge, Exkursionen zu Pferd und Tauchgänge werden auf Wunsch organisiert.

Anticos Palathos
HOTEL €€

(📞0784 9 86 04; www.anticospalathos.com; Via Nazionale 51; EZ 85–135 €, DZ 120–180 €; ❄) Das auf einen schönen Innenhof hinausgehende Stadthaus aus Stein mit rustikalem Anstrich besitzt einen gewölbeartigen Frühstücksraum, gemütliche Zimmer mit schmiedeeisernen Betten und einen verzierten Kamin. Zum Frühstück gibt es frisch gebackenes Brot und Gebäck.

Antico Borgo
HOTEL €

(📞0784 9 02 88; www.borgodigaltelli.it; Via Sassari, Galtelli; EZ/DZ 35/70 €, HP 65 pro Pers.; ❄) Das in einer ruhigen Gasse in dem wunderschönen Dorf Galtelli gelegene Hotel wurde um einen Innenhof herum errichtet. Die Zimmer sind geschmackvoll mit Holzdecken, Ziegelböden und schmiedeeisernen Betten ausgestattet.

DORGALI

Wer in Dorgali übernachten möchte, wendet sich am besten an **Cala 'e Luna Bookings** (📞0784 92 80 87; www.calaeluna.com; Via Lamarmora 4), den örtlichen Buchungsservice.

🏊 Hotel Il Querceto
HOTEL €€

(📞0784 9 65 09; www.ilquerceto.com; Via Lamarmora 4; EZ 43–124 €, DZ 67–140 €, HP 19 € extra pro Pers.; 🅿❄🏊) Dieses umweltfreundliche Hotel setzt auf Sonnenenergie und Geothermie. Es bietet nette, einfache Zimmer mit cremefarbener Bettwäsche und honigfarbenen Fliesen. Die Pools und der von Eichen beschattete Garten laden zum Relaxen ein. Das Restaurant bringt frische Gerichte der Saison auf den Tisch. Das Hotel befindet sich im Südwesten der Stadt.

Sa Corte Antica
B&B €

(📞0784 9 43 17; www.sacorteantica.it, auf Italienisch; Via Mannu 17; DZ 50–60 €, 3BZ 65–75 €; ❄) Das B&B ist in einem Stadthaus aus dem 18. Jh. mit Innenhof untergebracht und verströmt eine Menge Charme. Die traditionell eingerichteten Zimmer sind ruhig; schön sind die Decken aus Schilf und die schmiedeeisernen Betten. Zum Frühstück gibt es selbst gebackenes Brot und Biscotti.

Hotel S'Adde
HOTEL €€

(📞0784 9 44 12; Via Concordia 38; EZ 40–70 €, DZ 70–110 €, HP 60–80 € pro Pers.; 🅿❄🛜) Ein kurzer, beschilderter Fußweg führt von der Hauptstraße zu dieser rosafarbenen Berghütte. Die Zimmer sind mit Kiefernholz vertäfelt und haben Terrassen mit Blick ins Grüne. Das Pizzeria-Restaurant (Gerichte 25–30 €) geht auf eine Terrasse im 1. Stock hinaus. Das Frühstück kostet 5 € extra.

CALA GONONE

🔖 Hotel L'Oasi
B&B €€

(📞0784 9 31 11; www.loasihotel.it; Via Garcia Lorca 13; EZ 53–79 €, DZ 68–136 €; 🅿❄🛜) Das auf den Felsen über Cala Gonone in einem schönen Blumengarten angesiedelte B&B bietet atemberaubende Ausblicke aufs Meer. Es lohnt sich, 15 € mehr für Halbpension zu zahlen, denn das Drei-Gänge-Abendessen wird mit frischen Produkten aus der Gegend zubereitet. Die freundliche Familie Carlesso gibt gerne Auskunft über Aktivitäten wie Klettern und Tauchen. Vom nur 700 m entfernten Hafen geht es zu Fuß bergauf zum L'Oasi.

🏊 Agriturismo Nuraghe Mannu
AGRIT

(📞0784 9 32 64; www.agriturismonuraghemannu. com; auf der SP26 zwischen Dorgali und Cala Gonone; DZ 54–68 €, HP 43–48 € pro Pers.; 🚶) Dieser authentische, umweltfreundliche Bauernhof mitten im Grünen und mit fantastischem Meerblick hat vier einfache Zimmer und ein

Restaurant auch für Tagesgäste. Zum Frühstück gibt es selbst gemachtes Brot, Milch, Ricotta und Süßigkeiten. Campern stehen fünf Zeltplätze zur Verfügung, die pro Person 9–12 € kosten.

Hotel Villa Gustui Maris
HOTEL €€
(✆0784 92 00 76; www.villagustuimaris.it; Via Marco Polo 57; EZ 80–160 €, DZ 98–188 €, 3BZ 180–305 €; ✱@✈⛵) Von diesem villenähnlichen Hotel bieten sich atemberaubende Ausblicke über den Golfo di Orosei. Vom Stadtzentrum geht es 800 m zu Fuß steil bergauf. Die crème- und terrakottafarben eingerichteten Zimmer sind hell und geräumig und haben gefliese Fußböden, einen Balkon oder eine Terrasse. Zum Hotel gehört auch ein Pool.

Hotel Costa Dorada
HOTEL €€
(✆0784 9 33 32; www.hotelcostadorada.it; Lungomare Palmasera 45; EZ 74–120 €, DZ 108–190 €; ✱🛜) Das weinumrankte Costa Dorada bietet einen großartigen Meerblick und geschmackvolle, pastellfarbene Zimmer mit bemalten Holzmöbeln und sardischem Kunsthandwerk. Das Haus liegt am südlichen Ende des *lungomare* gegenüber dem Strand. Im Blumengarten tummeln sich Vögel und Schildkröten.

Hotel Nettuno
B&B €
(✆0784 9 33 10; www.nettuno-hotel.it; Via Vasco de Gama 26; EZ 40–75 €, DZ 55–100 €, 3BZ 75–140 €, 4BZ 80–155 €; ✱🛜⛵) Das familiengeführte B&B direkt im Zentrum ist nur eine Minute vom Strand entfernt. Die einfachen, gefliesten Zimmer sind blitzblank. Ein Zimmer mit Balkon kostet 10 € extra pro Nacht. Im schattigen Garten kann man sich bei einem kühlen Drink herrlich entspannen.

Hotel Miramare
HOTEL €€
(✆0784 931 40; www.htlmiramare.it; Piazza Giardini 12; EZ 40–75 €, DZ 60–140 €; ✱@) Das adrette weiße Hotel beim Hafen ist das älteste in Cala Gonone (1955 eröffnet). Die schlichten Zimmer mit den gefliesten Böden werden von der Meeresbrise gekühlt. Die besseren Zimmer verfügen über eine Terrasse mit Blick aufs Mittelmeer, die preiswerteren schauen auf die Kirche und die Berge. Auf der Dachterrasse stehen Liegen zum Entspannen bereit.

Camping Cala Gonone
CAMPINGPLATZ €
(✆0784 9 31 65; www.campingcalagonone.it; Via Collodi; 2 Pers., Auto & Zelt 30–39 €, Bungalow für 2 Pers. 51–105 €; 🛜⛵) Ein schöner, ziemlich schattiger Campingplatz an der Hauptstraße von Dorgali am Rande der Stadt gelegen. Die Ausstattung und Infrastruktur dieses Campingplatzes ist hervorragend und umfasst einen Tennis- und einen Grillplatz, einen Minimarkt, eine Pizzeria und einen Pool.

Ogliastra

TORTOLI & ARBATAX
Wer Resorthotels direkt am Meer vorzieht, fährt am besten weiter nach Porto Frailis bei Arbatax.

La Bitta
HOTEL €€€
(✆0782 66 70 80; www.hotellabitta.it; Località Porto Frailis; HP 59–178 € pro Pers.; P✱⛵) Dieses luxuriöse Hotel liegt direkt am Strand von Porto Frailis. Es bietet palastartige Zimmer (Zimmer mit Meerblick kostet extra), einen zum Meer hin gelegenen Pool sowie verschiedene Wellnessanwendungen von Shiatsu bis Lymphdrainage. Bei einem Drink in der schicken neuen Lounge Bar kann man die Fische in dem Riesenaquarium beobachten und Entspannen.

La Vecchia Marina
HOTEL €€
(✆0782 66 70 20; www.hotellavecchiamarina. com; Via Praga 1, Località Porto Frailis; DZ 70–140 €; P✱🛜) Deckenbalken, Terrakottaböden und palmengesäumte Gärten verleihen dem niedrigen, weiß getünchten Hotel eine fast koloniale Atmosphäre. Die großen, hellen Zimmer sind mit handgefertigten Möbeln ausgestattet. Das Hotel liegt in einer ruhigen Gegend fünf Minuten zu Fuß vom Strand entfernt.

NÖRDLICH VON TORTOLI & ARBATAX

🔲 The Lemon House
B&B €
(✆0782 66 95 07; www.peteranne.it; Via Dante 10, Lotzorai; 30–42 € pro Pers.; 🛜) Peter und Anne leiten dieses zitronengelbe B&B, einen hervorragenden Ausgangspunkt für Ausflüge. Für die ganz Sportlichen gibt es eine Kletterwand sowie eine Dachterrasse zum Ausruhen. Das sportbegeisterte Paar schafft Leihfahrräder herbei und organisiert einen Abholservice für die Gäste, verleiht ein GPS-Gerät und gibt hervorragende Tipps über Wandermöglichkeiten, Klettern, Mountainbiken und Kajakfahren. Zum Frühstück unbedingt die hausgemachte Zitronenmarmelade probieren!

Ostello Bellavista　　　HOTEL €

(☎0782 61 40 39; www.ostelloinogliastra.com; Via Pedra Longa, Santa Maria Navarrese; EZ 35–65 €, DZ 50–100 €; ❋ 📶) Der Name sagt schon alles: Das „Hostel mit der schönen Aussicht" ist eher ein Hotel als eine Herberge und steht auf einem Hügel mit erstklassiger Sicht. Die einfachen Zimmer haben zum Teil einen Balkon und sind auf mehrere übereinander gestaffelte Gebäude am Hang verteilt. Je höher das Zimmer, desto besser die Aussicht.

Albergo Santa Maria　　　HOTEL €€

(☎0782 61 53 15; www.albergosantamaria.it; Via Plammas 30, Santa Maria Navarrese; HP 64–95 € pro Pers.; P ❋ 📶) Vom Strand sind es nur wenige Meter bis zu diesem niedrigen, weiß getünchten Hotel, das seinen Gästen einen herzlichen Empfang bereitet. Die farbenfrohen Zimmer haben einen Balkon mit Blick auf den Innenhof oder den blumenübersäten Garten. Weitere Pluspunkte des Hauses sind das reichhaltige Frühstück sowie ein Fitnessstudio.

ULASSAI

LP TIPP 〉**Hotel Su Marmuri**　　　HOTEL €

(☎0782 7 90 03; www.hotelsumarmuri.com; Corso Vittorio Emanuele 20; EZ 30–50 €, DZ 60–80 €, 3BZ 75–95 €) Das bekannte Hotel wird von dem unverwüstlichen Tonino Lai und seiner Frau geleitet. Es bietet einfache, saubere Zimmer und hervorragende Ausblicke. Tonino gibt seinen Gästen gern Auskunft über die Gegend und zeigt ihnen unbekannte Ecken – von ganz in der Nähe gelegenen Höhlen bis zu landschaftlich reizvollen Picknickplätzen.

Sardinien verstehen

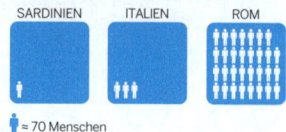

Bevölkerung pro km²

SARDINIEN   ITALIEN   ROM

≈ 70 Menschen

Sardinien aktuell

Von links nach rechts

Bei den Regionalwahlen in Sardinien 2009 wurde der Regionalpräsident der Mitte-Links-Partei Renato Soru vom Kandidaten der Mitte-Rechts-Partei Berlusconis „Volk der Freiheit" (Popolo della Libertà, PDL), Ugo Cappellacci, abgelöst. Cappellaccis Wahlsieg mit 51,9 % der Stimmen war für die Demokratische Partei (PD) ein harter Schlag.

Die Wahlen leiteten eine politische Wende ein. Während manche die Niederlage Sorus bedauerten, waren andere seine Robin-Hood-Methoden einfach leid. Soru hatte das umstrittene Küstenschutzgesetz *salvacoste* durchgesetzt, das strenge Auflagen für die Bebauung an der sardischen Küste vorsieht. Zwar lobte der WWF das Gesetz als eines der ersten vorausschauenden Naturschutzgesetze Italiens, aber die Investoren waren weniger erfreut. Der Bauboom lässt noch immer auf sich warten.

Als Reaktion auf die rapide gestiegenen Fährpreise, die zu einem Rückgang des Tourismus um 30 % im Sommer 2011 führten, hat Cappellacci die Gründung der *flotta sarda* durchgesetzt, eine eigene staatliche Fährgesellschaft. Ein Streit ist mit der Zentralregierung über Steuerüberweisungen eskaliert, und aus Protest hat Cappellacci öffentlich seinen Mitgliedsausweis in Berlusconis Partei zurückgegeben; mehr als 20 PDL-Politiker auf Sardinien sind seinem Beispiel gefolgt. Die Regierung in Rom wird also wohl Zugeständnisse machen müssen, damit die PDL die Insel nicht aus der Hand geben muss.

» Bevölkerung: 1,67 Mio.

» Fläche: 24 909 km²

» Bruttoinlandsprodukt pro Kopf: 15 895 €

» Wachstumsrate des Bruttoinlandsprodukts: 1,3 %

» Inflation: 2,4 %

» Arbeitslosigkeit: 13,6 %

Wirtschaftliche Konflikte

Trotz Ugo Cappellaccis erklärtem Ziel, die Arbeitslosenrate zu senken, bleiben die wirtschaftlichen Aussichten für Sardinien eher düster. 2010 erreichte die Inflationsrate einen Rekordwert von 2,4 %, die Arbeitslosigkeit pendelte sich auf dem beunruhigenden Niveau von 13,6 % ein.

Etikette

» Zeichen der Gastfreundschaft sollte man nie zurückweisen.
» Man sollte seine Kenntnisse über Sardinien zeigen – etwa, dass Grazia Deledda den Nobelpreis für Literatur gewonnen hat.
» Nie davon ausgehen, dass die Leute Englisch sprechen oder gar Deutsch. Mit ein paar Brocken Italienisch kann man einiges erreichen.
» Wer in Bergregionen unterwegs ist, sollte sich nicht zu freizügig kleiden.
» Niemals behaupten, Sardisch sei ein italienischer Dialekt; es ist eine eigenständige Sprache.

Top-Filme

Padre Padrone (*Mein Vater, mein Herr;* 1977) Die wahre Geschichte vom Leben Gavino Leddas als Hirte.

Ballu a Tre Passi (*Tanz in drei Schritten;* 2003) Vier Episoden aus dem Leben der Sarden mit schönen Bildern von der Costa del Sud.

Das Land
(%)

Hochland	Tiefland	Gebirge
69	18	13

Sprachzugehörigkeit
(% der Bevölkerung)

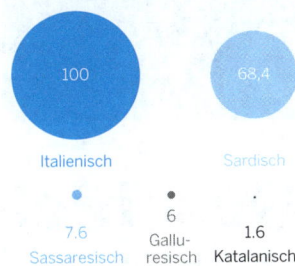

Italienisch 100

Sardisch 68,4

Sassaresisch 7.6

Gallu-resisch 6

Katalanisch 1.6

Die Chemieindustrie bei Porto Torres steckt in der Krise. Arbeiter besetzten im Februar 2010 das verlassene Hochsicherheitsgefängnis auf Asinara, aber ihr Protest wurde kaum wahrgenommen. Inzwischen steht auch die Schafzucht kurz vor dem Kollaps, weil die Preise für Schafsmilch niedriger sind als die Produktionskosten. Die Bauern leiden unter Schulden. Deshalb haben sie kürzlich an den Fährhäfen und in Rom gegen die Einfuhr von Vieh protestiert. Am meisten Gehör verschaffte sich die Movimento Pastori Sardi (MPS; sardische Bauernbewegung).

Offenbar haben die Probleme bei der Erzeugung von Schafsmilch nichts mit mangelnder Wettbewerbsfähigkeit einzelner Hersteller zu tun; vielmehr fehlt eine Strukturreform und eine Modernisierung eines Landwirtschaftszweiges, dessen Vertreter in kleinen und wenig effizienten Betrieben wirtschafteten, aber jahrelang von der Regierung unterstützt wurden. Anderen Branchen in der Landwirtschaft, den Winzern oder den Haltern von Milchkühen, scheint es besser zu gehen, und so bleibt zu hoffen, dass die Schäfer einen Weg aus der Krise finden werden.

Von den 20 Regionen Italiens haben fünf Autonomierechte: Sardinien, Sizilien und die Alpenregionen Valle d'Aosta, Trentino-Alto Adige und Friuli-Venezia Giulia.

Grüne Zukunft

Die Tourismuswirtschaft hat sich stabil entwickelt. Um mehr Nachhaltigkeit zu erreichen, hat Sardinien begonnen, sich als ganzjähriges Urlaubsziel zu präsentieren. Die aktuellen Bestrebungen zur Gründung eines gemeinsamen französisch-italienischen Meeresparks, des Parco Marino Internazionale delle Bocche di Bonifacio, sollten weiter dazu beitragen, das gefährdete Ökosystem der schönsten Inselgruppe Sardiniens, La Maddalena, zu schützen.

Bei einer Volksabstimmung im Mai 2011 stimmten 98 % der Sarden gegen die Atomkraft. Umweltschützer freuten sich aber auch darüber, dass bei Portoscuso ein 90-Megawatt-Windpark genehmigt wurde.

Top-Websites

La Destinazione (*Der Bestimmungsort;* 2003) Geschichte eines jungen italienischen Polizisten, der in ein abgelegenes sardisches Dorf in der Barbagia geschickt wird, um den Mord an einem Hirten aufzuklären.

Get Around Sardinia (www.getaroundsardinia.com) Ausgezeichnete Tipps für Leute, die in Sardinien mit öffentlichen Verkehrsmitteln reisen wollen.
Sardegne.com (www.sardegne. com) Ausführliche Informationen über Unterkünfte, Restau-

rants, Verkehrsmittel und das Wetter auf Sardinien.

Sardegna Turismo (www. sardegnaturismo.it) Offizielle und übersichtliche Website des sardischen Fremdenverkehrsverbands.

Geschichte

In der Bibliothek der Weltgeschichte gehört Sardinien zu den spannendsten Themen in der Abteilung „Mittelmeerinseln". Reich an Bodenschätzen und strategisch günstig gelegen zwischen Europa und Afrika, lockte es eine Flutwelle machthungriger Eroberer nach der anderen an seine Küsten, während sich Generationen von Inselbewohnern von den Steinzeitmenschen bis zu den Banditen des 19. Jhs. in den rauen, unzugänglichen Gebirgsregionen verschanzten. Ein gewisser introvertierter Stolz und die Neigung zu Nostalgie ließen die Sarden ihre Traditionen hartnäckig gegen die Zeichen der Zeit und alle Widrigkeiten verteidigen. Und so können die Reisenden heute beim Besuch von Felsengräbern, Festungstürmen und Kirchen problemlos in die verschiedenen Kapitel der Inselgeschichte eintauchen.

Am weitesten zurück führen die Überreste der jungsteinzeitlichen Ozierikultur, deren Menhire und Felsengräber teilweise über 5000 Jahre alt sind. Rund ein Jahrtausend später entstanden die bronzezeitlichen nuraghi (Festungstürme und befestigte Wohnbauten), von denen 7000 noch heute über die ganze Insel verstreut sind. Ihre Erbauer, von der Nachwelt als Nuraghier bezeichnet, geben der Forschung manches vertrackte Rätsel auf. Ihnen folgten nacheinander das rührige Seefahrervolk der Phönizier, die Karthager und die Römer, die die Insel mit Straßen und Städten erschlossen. Als das Römische Reich zerbrach, fiel Sardinien erst an die Vandalen, danach an Byzanz und später zur Hälfte an die Araber. Das Hochmittelalter brachte der Insel unter der Oberhoheit von Pisanern und Genuesen einen gewissen Wohlstand, dann Armut und Ausbeutung unter der Herrschaft Aragóns und Spaniens. Anfang des 18. Jhs. wechselte Sardinien mehrfach zwischen Spanien, Österreich und verschiedenen anderen Mächten, bevor es schließlich an das Herzogtum Savoyen fiel. Feudale Besitzverhältnisse und erdrückende Abgaben, Banditentum und Malaria blieben der Insel jedoch noch lange erhalten und sorgten bis weit ins 20. Jh. für elende Lebensbedingungen. Die beiden

In seinem Buch *Atlantika. Eine detektivische Untersuchung des antiken Mittelmeerraums* siedelt Sergio Frau die versunkene Kultur von Atlantis auf Sardinien an. Diese Theorie gehört zu den zahlreichen Mutmaßungen über die Anfänge der Inselgeschichte, die für die historische Forschung noch weitgehend im Dunkeln liegen.

ZEITACHSE	350000 v. Chr.	4000–2700 v. Chr.	1800–1500 v. Chr.
	Einfache Steinwerkzeuge kunden von einer ersten menschlichen Zivilisation auf Sardinien.	Rund um Ozieri entstehen blühende Siedlungen. Kupfer wird als Handelsware getauscht. Die ersten *domus de janas* (Felsengräber) werden angelegt.	Rund 30 000 sardische Nuraghen werden überall auf Sardinien errichtet.

Weltkriege kosteten zudem einen hohen Blutzoll und brachten Tod und Elend. Erst in den letzten Jahrzehnten, Ende des 20. Jhs. und zu Beginn des 21. Jhs. begann mit EU-Fördermitteln und dem Aufschwung des Tourismus ein deutlicher Anstieg des Lebensstandards, und das wachsende Umweltbewusstsein der Reisenden verspricht für die wirtschaftliche Lage der urwüchsigen Insel hoffnungsvolle Aussichten.

Geheimnisse der Frühzeit

Alt- und Jungsteinzeit

Wann kamen die ersten Siedler eigentlich auf die Insel? Und vor allem: Woher kamen sie? Mit diesen Fragen beschäftigen sich Forscher schon seit Jahrhunderten. Die wahrscheinlichste Hypothese besagt, dass sie im Altpaläolithikum an der sardischen Nordküste landeten. Seitdem 1979 bei Perfugas Steinwerkzeuge entdeckt wurden, diskutieren Archäologen begeistert über Frühmenschen, die bereits um 350 000 v. Chr. vom italienischen Festland hierhergekommen sein sollen. Es wird vermutet, dass sie aus der Toskana stammten, auch wenn es weitere Zuwanderungswellen aus Nordafrika und von der Iberischen Halbinsel über die Balearen gegeben haben könnte. Genetiker wollen dem Rätsel auf die Spur kommen. Dabei sind sie in bestimmten Regionen des Inselinneren auf eine verbreitete Mutation gestoßen, die sonst nur in Skandinavien, Bosnien-Herzegowina und Kroatien zu finden ist. Eine Erklärung für dieses Phänomen hat die Forschung freilich noch nicht gefunden.

Woher die frühen Siedler auch gekommen sind, offenbar fühlten sie sich auf der Insel wohl. In der Jungsteinzeit (8000 bis 3000 v. Chr.) lebten auf Sardinien mehrere erfolgreiche Stammesgemeinschaften, und die Insel muss für sie ein wahres Paradies gewesen sein. Es gab dichte Wälder mit zahlreichen Tieren, Höhlen für Unterschlupfe und reichlich Weide- und Ackerland. Zudem barg die sardische Erde üppige Obsidianvorkommen. Dieses dunkle Vulkangestein, das für die Herstellung von Werkzeugen und Pfeilspitzen genutzt wurde, avancierte schnell zum begehrtesten Handelsgut des Mittelmeerraums. Sogar in Frankreich wurden Bruchstücke des „schwarzen Goldes" aus Sardinien gefunden.

Das meiste, was wir heute über diese frühe Inselbevölkerung, die sogenannte Ozieri-Kultur (oder San-Michele-Kultur), wissen, verdanken wir Höhlenfunden aus der Gegend um Ozieri und im Valle Lanaittu. Tonscherben, Werkzeuge und Kupferbarren belegen Kenntnisse über Erzverhüttung und die künstlerische Begabung dieser Menschen. Ihre domus de janas (wörtlich „Feenhäuser"; in Fels gehauene Grabstätten) bezeugen zudem komplexe Totenrituale.

**Sehens-
wertes
aus der
Steinzeit**

» Pranu Muttedu, Goni

» Museo delle Statue Menhir, Laconi

» Höhlen im Valle Lanaittu, Provinz Nuoro

» Museo Archeologico, Ozieri

» Dolmen Sa Coveccada, Mores

Einige Historiker vermuten, dass die sardischen Nuraghier mit den Shardana gleichzusetzen sind, einem Piratenvolk, das in frühen ägyptischen Inschriften erwähnt wird.

GESCHICHTE GEHEIMNISSE DER FRÜHZEIT

1500 v. Chr.

Im Landesinneren entsteht der größte Nuraghenkomplex Sardiniens, die Nuraghe Su Nuraxi (heute beim Ort Barumini).

1100 v. Chr.

Die Phönizier gründen die Stadt Nora an der Südwestküste. Neben Karalis (Cagliari) und Tharros zählte sie zu den wichtigsten Handelsorten.

» Festungsturm in Nora

DAS LETZTE LÄCHELN

Wenn Homer seinen Helden Odysseus „sardonisch" grinsen lässt, als einer der Freier seiner Frau ihn attackiert, dann meint er damit wohl ein siegesgewisses Lächeln im Angesicht höchster Gefahr. Heute bezeichnet der aus dem griechischen Wort *sardánios* stammende Begriff eher verächtlichen Spott oder hinterlistige Schadenfreude.

Neueren Forschungsergebnissen zufolge war jedoch Homers Kombination von Lächeln und tödlicher Gefahr womöglich gar nicht so weit von der Wirklichkeit entfernt. Wissenschaftler der Universität Ostpiemont entdeckten 2009, dass das sardonische Grinsen vermutlich aus Sardinien stammt (woher auch sonst?) und auf die Verwendung der giftigen Safranrebendolde (*Oenanthe crocata*) zurückzuführen war. Denn in vorrömischer Zeit wurde das toxische Kraut vermutlich bei rituellen Hinrichtungen eingesetzt. Alte, Behinderte, ja, alle, die die Gesellschaft als Belastung empfand, bekamen einen Sud aus Safranrebendoldensaft verabreicht, der ihre Muskeln verkrampfen ließ und das Gesicht zu einem irren Grinsen verzerrte; danach stieß man sie von einer Felsklippe oder prügelte sie zu Tode.

Gleichgültig, ob sich das Wort „sardonisch" tatsächlich auf diese grausige prähistorische Praxis bezieht, könnte deren Entdeckung sich heute sogar als heilsam erweisen. Der Leiter des Botanischen Instituts der Universität Cagliari, Mauro Ballero, glaubt nämlich, dass sich der Wirkstoff der Safranrebendolde so verändern lässt, dass sein Effekt sich ins Gegenteil verkehrt und er als Muskelrelaxans (krampflösendes Medikament) zur Behandlung von Gesichtslähmungen eingesetzt werden könnte.

Glanzlichter der Nuraghenkultur

» Nuraghe Su Nuraxi

» Tiscali

» Nuraghe Losa

» Santuario Santa Vittoria

» Nuraghe di Palmavera

» S'Ena 'e Thomes und Serra Orrios

Einen recht guten Einblick in die jungsteinzeitliche Ozierikultur bietet das Gräberfeld Pranu Muttedu südlich des Hochlands Sarcidano im Landesinneren mit seinen zahlreichen *domus de janas* und den rund 50 Menhiren. Ähnlich eindrucksvoll ist die Anlage Biru 'e Concas in der Barbagia Mandrolisai, eine der größten Ansammlungen von Menhiren auf Sardinien. Etwa 200 Steine stehen dort bis heute an ihrem ursprünglichen Platz – rund 30 davon in Ost-West-Richtung aufgereiht, vermutlich um den Lauf der Sonne nachzuzeichnen.

Die Kultur der Nuraghen

Sardinien ist mit Tausenden von Steintürmen – *nuraghi* – übersät, die zumeist aus der Zeit zwischen 1800 und 500 v. Chr. stammen. In der Bronzezeit gehörten sie wahrscheinlich als Wachtürme zu befestigten Siedlungen mit Versammlungsplätzen und Kultstätten für religiöse Rituale. Heute sind sie eine wichtige Quelle für die spärlichen Kenntnisse über ihre Erbauer. Mehr über die Nuraghen siehe Kasten S. 88.

Funde mykenischer Keramik auf Sardinien und nuraghischer Töpferwaren auf Kreta weisen auf frühe Kontakte und regen Handel mit ande-

1000 v. Chr	650 v. Chr.	227 v. Chr.	216 v. Chr.
Die Nuragher beginnen mit dem Bau anspruchsvoll konstruierter, meisterlich ausgeführter *pozzi sacri* (Brunnenheiligtümer).	Nach Kämpfen mit der ansässigen Bevölkerung bauen die Phönizier auf dem Monte Sirai ihre erste Festung im Binnenland.	Mehr als zehn Jahre nach Roms Sieg im Ersten Punischen Krieg (264–241 v. Chr.) wird Sardinien römische Provinz.	Karthago ist erneut besiegt. Die Römer bauen Straßen und errichten in Karalis (Cagliari), Nora, Sulcis, Tharros, Olbia und Turris Libisonis (Porto Torres) neue Gebäude und Siedlungen.

ren Kulturen hin. Für die Existenz einer heidnischen Naturreligion auf Sardinien sprechen die *pozzi sacri* (Brunnenheiligtümer). Sie wurden ab etwa 1000 v. Chr. erbaut und so angelegt, dass sie jedes Jahr zur Sonnwende das Licht einfingen. Eines der herausragendsten Beispiele ist das Brunnenheiligtum Santa Cristina.

Die wahrscheinlich aufschlussreichsten Erkenntnisse über die Nuraghenkultur liefern die *bronzetti* (Bronzefiguren), die in vielen archäologischen Museen auf Sardinien zu sehen sind – besonders in Cagliari und Sassari. Wissenschaftler glauben, dass diese primitiven Darstellungen von Schäferkönigen, Kriegern, Bauern und Seeleuten dekorative Opfergaben in Nuraghentempeln waren.

Feststeht jedoch eigentlich nur, dass die geheimnisvollen wehrhaften *nuraghi* von einer damals sehr fortgeschrittenen Kultur geschaffen wurden. Die Nuragher waren, wie man den zahlreichen Gebäuderesten entnehmen kann, raffinierte Baumeister, die ihre Gebäude aus präzise behauenen Steinen ohne Mörtel errichteten, weit herumkamen, Tauschhandel trieben (wie die Entdeckung von orientalischen Siegeln und Muschelschalen im Landesinneren zeigt) und über Mittel, Fähigkeiten und die nötige Zeit verfügten, um Dörfer anzulegen, Töpferwaren herzustellen und Schmuck aus Edelsteinen anzufertigen.

Die Herren des Mittelmeers

Die Phönizier

Aufgrund der strategischen Position, seiner reichen Bodenschätze (Silber und Blei) und des fruchtbaren Bodens war Sardinien lange Zeit ein Spielball der großen Mittelmeermächte.

Die ersten, die kamen, waren die Phönizier (aus dem heutigen Libanon). Diese Meister der Seefahrt hatten bereits Kolonien auf Sizilien, Malta, Zypern und Korsika errichtet, sodass Sardinien für sie als weiterer Stützpunkt naheliegend war. Der genaue Zeitpunkt ihrer Ankunft ist nicht bekannt, semitische Inschriften deuten jedoch darauf hin, dass die ersten Phönizier bereits um 1100 v. Chr. aus Spanien in Nora eintrafen.

Zunächst lebten sie relativ harmonisch mit dem dort ansässigen Nuraghenvolk zusammen, das den Neuankömmlingen die Küste offenbar gerne überließ. Die Phönizier gründeten dort Siedlungen wie Karalis (Cagliari), Bithia (nahe dem heutigen Chia), Sulcis (heute Sant'Antioco), Tharros und Bosa. Als sie landeinwärts vorstießen, um sich die lukrativen Silber- und Bleiminen im Südwesten unter den Nagel zu reißen, setzten sich die dort ansässigen Nuragher zur Wehr. Es folgten Kämpfe und 650 v. Chr. der Bau der ersten phönizischen Inlandsfestung am Monte Sirai – nicht ohne Grund, wie sich bald zeigte: Bereits 509 v. Chr. attackierten aufgebrachte Sarden mehrere phönizische Lager.

Phönizische & römische Ruinen

» Tharros, Halbinsel Sinis
» Nora, Pula
» Villa di Tigellio, Cagliari
» Sant'Antioco, Isola di Sant'Antioco
» Monte Sirai, Carbonia
» Anfiteatro Romano, Cagliari

GESCHICHTE DIE HERREN DES MITTELMEERS

177 v. Chr.	456 n. Chr.	456–534	600
Nach einem Aufstand töten die Römer rund 12 000 Sarden und führen rund 50 000 in die Sklaverei nach Rom.	Der Niedergang des Römischen Reiches treibt die Vandalen nach Sardinien.	Sardinien gehört zum Reich der Vandalen. Byzantinische Chronisten charakterisieren die rund 80 Jahre (nicht ganz objektiv) als eine Zeit des Elends.	Die Bewohner der Barbagia unterwerfen sich der christlichen Mission der Byzantiner und lassen sich taufen. Damit ist Sardinien vollständig christianisiert.

MALARIA

Jahrtausendelang hatte Sardinien unter Eroberungskriegen und Fremdherrschaft zu leiden, doch für die Insulaner war der schlimmste Feind bis 1946 die Malaria.

Zwar gehen die Historiker davon aus, dass es die Krankheit auf der Insel schon in vorgeschichtlicher Zeit gegeben hat – einige vermuten gar, die Nuraghen seien vor allem zum Schutz gegen Moskitos errichtet worden –, doch erst mit Ankunft der Karthager im 5. Jh. v. Chr. wurde sie zum ernsthaften Problem. Um Ackerland für den Anbau von Weizen zu gewinnen und so die Insel gewinnbringend zu nutzen, holzten die karthagischen Siedler in den Küstenebenen ganze Waldgebiete ab. Das führte zu häufigen Überschwemmungen, die ausgedehnte stehende Gewässer hinterließen – die besten Brutstätten für Stechmücken. Die Ansiedlung nordafrikanischer Soldaten, von denen viele bereits infiziert waren, verschärfte die Situation zusätzlich.

Als Sardinien im 3. Jh. v. Chr. an die Römer fiel, hatte die Seuche sich längst festgesetzt; dafür verantwortlich war, wie man noch lange glaubte, die „schlechte Luft" (italienisch *mal'aria*) der Tiefebenen. Trotzdem folgten die neuen Herren dem Beispiel der Karthager und nutzten das Flachland für den Weizenanbau. Die Ebene des Campidano gehörte wie Sizilien und Nordafrika zu den Kornkammern des ganzen Reiches.

Ein Großteil der Überreste der phönizisch-römischen Hafenstadt Nora liegt heute unter Wasser. Wer ganz in die Geschichte eintauchen möchte, wendet sich an einen der örtlichen Anbieter von Tauchtouren durch die versunkenen Ruinen.

Die Phönizier baten Karthago um Unterstützung. Die Karthager gewährten diese Hilfe gern und eroberten gemeinsam mit den Phöniziern große Teile der Insel – aber nicht alle. Denn wie sie zu ihrem Leidwesen feststellen mussten – und die Römer später auch –, war in der rauen Bergregion der heutigen Barbagia der Widerstand heftig.

Die archäologischen Überreste der um 730 v. Chr. gegründeten phönizischen Hafenmetropole Tharros vor der glitzernden Kulisse des Mittelmeers gehören zu Sardiniens schönsten Sehenswürdigkeiten. Besser erkennbar sind die Spuren der Phönizier jedoch in der Nekropolis nahe der Altstadt von Sant'Antioco mit Grabhöhlen und einem intakten Tofet, einem Heiligtum, in dem Phönizier und Karthager totgeborene Säuglinge bestatteten oder gar ihre Erstgeburten den Göttern opferten. Eine phönizische Festungsstadt aus der Zeit um 650 v. Chr. ist auf dem Monte Sirai bei Carbonia zu besichtigen.

Karthager & Römer

Es waren weniger die Phönizier als die Karthager, die Sardinien zum Zankapfel der Mittelmeermächte machten. Im 6. Jh. v. Chr. begannen die nordafrikanischen Karthager, den Griechen die Vorherrschaft über den Mittelmeerraum streitig zu machen. Als die Griechen einen Stützpunkt auf Korsika errichteten, kam es den Karthagern gerade recht, dass die Phönizier sie um Hilfe bei der Unterwerfung der aufständischen

1000–1400	1015	1297
Sardinien wird in vier *giudicati* (Provinzen) aufgeteilt. Die bekannteste ist Giudicato d'Arborea mit Oristano als Zentrum. Die *giudicati* werden später dem Reich der Pisaner und Genuesen einverleibt.	Streitkräfte aus Pisa und Genua kämpfen jahrelang um die Kontrolle über Sardinien. Ende des 13. Jhs. werden drei Viertel der Insel vom Festland aus regiert.	Unter katalanischem Druck gründet Papst Bonifatius VIII. das Regnum Sardiniae et Corsicae (Königreich von Sardinien und Korsika) und erklärt Jakob II. von Aragón zum König.

» Oristano

Inselbewohner baten. Das ermöglichte es ihnen, nämlich die Insel zu kontrollieren und ihre Verteidigung gegen die wachsende römische Bedrohung auszubauen.

Die ambitionierte Römische Republik strebte die Kontrolle des gesamten südlichen Mittelmeerraums an und musste sich dabei zwei großen Herausforderern stellen: den Griechen und den Karthagern. Nachdem sie die Griechen geschlagen hatten, wandten sie sich 241 v. Chr. dem von Karthago kontrollierten Sardinien zu.

Bestärkt vom Sieg über Karthago im Ersten Punischen Krieg (264–241 v. Chr.) fielen sie auf der Insel ein. Was die Legionäre jedoch für leichtes Spiel gehalten hatten, erwies sich schnell als ziemlich böse Überraschung. Sowohl die Sarden als auch deren einstige Gegner, die Karthager, machten ihnen das Leben zur Hölle. Immer wieder mussten sich die Römer gegen Aufrührer behaupten – vor allem in der Bergregion von Gennargentu, die sie wegen des erbitterten blutigen Widerstands des dortigen Hirtenvolkes „Barbaria" nannten.

215 v. Chr. schlossen sich die Sarden unter ihrem Häuptling Ampsicora den Karthagern an und zogen mit ihnen in den Zweiten Punischen Krieg gegen die römische Herrschaft. Die Rebellion war jedoch nur von kurzer Dauer. Schon im Jahr darauf wurde sie in der zweiten Schlacht von Cornus niedergeschlagen.

Die Römer gestalteten nun die neu eroberte Insel nach ihren Vorstellungen. Trotz der grassierenden Malaria und häufigen Angriffe durch die Einheimischen bauten sie die Karthagerstädte weiter aus, schufen ein Straßennetz und organisierten ein effizientes Landwirtschaftssystem. Die Zahl der ursprünglichen Inselbewohner schrumpfte unter ihrer Herrschaft dramatisch. 177 v. Chr. wurden rund 12 000 Sarden getötet und weitere 50 000 als Sklaven nach Rom verschleppt. Viele Adelsfamilien überlebten, wurden römische Staatsbürger und sprachen nun Latein. Insgesamt blieb die Insel jedoch ein unterentwickeltes, ausgebeutetes und unterjochtes Territorium.

Unterwerfung & Widerstand: Sardinien im Mittelalter

Pisa gegen Genua

Im 9. Jh. entwickelten sich die Araber zu einer der führenden Mächte im Mittelmeerraum. Nachdem sie große Teile Spaniens, Nordafrikas und Siziliens erobert hatten, attackierten sie im 9. und 10. Jh. immer wieder das von den abwesenden Byzantinern regierte Sardinien mit seinen reichen Bodenschätzen. Als die Macht der Araber Anfang des 11. Jhs. allmählich schwand, gewann das Christentum an Einfluss. 1015 bat Papst Benedikt VIII. Pisa und Genua, Sardinien im Kampf gegen die gemein-

1323	1392	1400–1500	1478
Aragón besetzt die Südwestküste Sardiniens und beginnt mit der vollständigen Eroberung der Insel.	Eleonora d'Arborea, die sardische Volksheldin und Herrscherin über Arborea, erlässt die Carta de Logu, das erste Gesetzbuch der Insel.	Unter katalanisch-aragonischer Herrschaft führen Landbesitzer, die außerhalb Sardiniens residieren, hohe Steuern ein. Hungersnöte und die Pest raffen 50% der Inselbewohner dahin.	Am 19. Mai wird bei Macomer der sardische Widerstand gegen die aragonische Herrschaft niedergeschlagen. Die sardische Streitmacht ist der spanischen Armee nicht gewachsen.

same islamische Bedrohung zu unterstützen. Die ehrgeizigen Prinzen von Pisa und Genua witterten eine Chance und erfüllten diesen Wunsch des Papstes gerne.

Damals war Sardinien in vier autonome *giudicati* (Provinzen) aufgeteilt. In den 300 Jahren zwischen dem 11. und 14. Jh. stritten fast ständig rivalisierende Festlandsmächte um den Besitz dieser Insel. Zunächst gewannen die Pisaner im Norden der Insel die Oberhand. Die Genuesen beherrschten den Süden – vor allem die Gebiete um Cagliari und Porto Torres. Die *giudicati* wechselten dagegen die Seiten, wie es ihnen gerade passte. Doch trotz der Intrigen und Rivalitäten war dies eine Zeit erstaunlicher Blüte. Sardinien übernahm die mittelalterliche Kultur des Festlands, und einflussreiche Klöster sorgten mit aller Macht dafür, dass die Sarden am römisch-katholischen Glauben fanden. Die romanischen Basaltkirchen der Pisaner im Nordwesten sind bis heute ein eindrucksvolles Vermächtnis jener Epoche.

Selbstbehauptung & Fremdherrschaft

Als Lichtgestalt in der mittelalterlichen Geschichte Sardiniens gilt Eleonora d'Arborea (1340–1404). Bis heute betrachten die Einheimischen die Fürstin als Verkörperung ihres tief verwurzelten Kampfgeistes, bewundern ihre Weisheit, Besonnenheit und aufgeklärte Menschlichkeit und verehren sie wie die Franzosen ihre Jeanne d'Arc. Die sardische Herrscherin war die Königin von Arborea, einem der vier *giudicati* der Insel – neben Cagliari, Logudoro (oder Torres) im Nordwesten und Gallura im Nordosten.

Ende des 13. Jhs. war Arborea der einzige *giudicato*, der nicht den Pisanern oder Genuesen unterstand. Seine unerschütterlichen Einwohner weiteten ihr Einflussgebiet sogar noch aus. Zu seiner Blüte unter Mariano IV. (1329–1376) und Eleonora umfasste das Reich die heutigen Provinzen Oristano und Medio Campidano sowie große Teile des Barbagia-Berglands.

Als das Königreich Aragón 1323 Cagliari und Iglesias eroberte, standen die Herrscher der Arborea ihm zur Seite; als sich jedoch herausstellte, dass ihre neuen Alliierten sich die ganze Insel unterwerfen wollten, fand die Freundschaft ein schnelles Ende. Eleonora trat 1383 als *giudicessa* der Arborea die Nachfolge ihres korrupten Bruders Hugo III. an, der gemeinsam mit seiner Tochter einem Mordanschlag zum Opfer gefallen war. Umgeben von inneren wie äußeren Feinden und ohne ihren Ehemann (der in Aragón gefangen war), gelang es ihr, die Rebellen in ihrer Umgebung zu befrieden und die Unabhängigkeit ihres Territoriums 20 Jahre lang gegen alle Angriffe zu verteidigen, die das Königreich Aragón wieder und wieder unternahm.

Meisterwerke des Mittelalters

» Torre dell'Elefante, Cagliari

» Basilica della Santissima Trinità di Saccargia, Logudoro

» Chiesa di San Simplicio, Olbia

» Castello Malaspina, Bosa

» *Centro storico,* Iglesias

» Torre Porta a Terra, Alghero

1700	1708	1720	1795–1799
Nach dem Tod des kinderlosen spanischen Königs Carlos II. aus dem Hause Habsburg gehört Sardinien zur streitigen Erbmasse.	Während des spanischen Erbfolgekriegs – einem europaweiten Kampf um das führerlose Königreich Habsburg – nehmen englische und österreichische Truppen König Felipe V. Sardinien ab.	Viktor Amadeus II. von Savoyen wird König von Piemont und Sardinien. Vorher gehörte die Insel den Österreichern, dann den Spaniern, dann wieder Österreich, Spanien und schließlich Savoyen.	Als die Piemonteser Machthaber ein Ersuchen nach mehr Selbstbestimmung ablehnen, töten Aufständische in Cagliari hohe savoyische Beamte. 1799 geht der Revolution die Luft aus.

Bis 1404 leistete Eleonora den Aragoniern heftig und äußerst erfolgreich Widerstand. Aber sie konnte nicht ewig leben, und nach ihrem Tod war es mit der Eigenständigkeit Sardiniens bald vorbei. 1409 wurden die Sarden in der Schlacht von Sanluri geschlagen, 1410 fiel Oristano, die Hauptstadt der Arborea, und 1420 gaben die zermürbten Herren des giudicato den Kampf endgültig auf. Aragón hatte den Krieg um Sardinien gewonnen.

Spanier & Savoyer

Invasion aus Aragón

Die Zeit der spanischen Herrschaft gehört im Buch der sardischen Geschichte zu den traurigsten Kapiteln. Das Engagement der Spanier auf der Insel begann bereits Anfang des 14. Jhs.: Papst Bonifatius VIII. kreierte 1297 das Regnum Sardiniae et Corsicae (Königreich Sardinien und Korsika) und verlieh es an die katalanischen Könige von Aragón als Ausgleich für den Verzicht auf die Krone Siziliens. Allerdings existierte das neue Königreich zunächst nur auf dem Papier, und die Aragonier sahen sich gezwungen, ihr neues Besitztum den störrischen Insulanern mit Gewalt abzuringen. 1323 landeten sie an der Südwestküste und legten den Grundstein für ein Regime, das fast 400 Jahre andauern sollte.

ELEONORAS CARTA DE LOGU

Eleonoras wichtigstes Vermächtnis war die 1392 erlassene Carta de Logu. Dieses fortschrittliche Gesetzbuch basierte auf dem römischen Recht und war den meisten Rechtsordnungen des Mittelalters weit voraus. Einen entsprechenden Entwurf ihres Vaters Mariano hatte Eleonora überarbeitet und ergänzt. Zur Freude der Sarden war das Regelwerk auf Sardisch abgefasst und wurde so zu einer wichtigen Stütze des aufkeimenden Nationalbewusstseins. Erstmals gab es genaue Bestimmungen zum heiß umstrittenen Thema der Landnutzung und eine Garantie des Rechts auf Einspruch gegen Entscheidungen der Obrigkeit. Die Stellung der Frauen wurde enorm verbessert, vor allem durch Eigentumsrechte, die für ein Überleben in der bäuerlichen Gesellschaft unverzichtbar waren, aber auch durch das Recht, eine Verheiratung zu verweigern. Aragóns König Alfonso V. war so beeindruckt, dass er 1421 das Gesetzbuch für ganz Sardinien als verbindlich anerkannte – auch wenn die neuen Herren sich in der Praxis keineswegs daran hielten; formell blieb die Carta de Logu dennoch bis 1871 in Kraft.

Eleonora sollte den Erfolg ihres Gesetzeswerks nicht mehr erleben. Sie starb 1404 an der Pest, und nur 16 Jahre später musste ihre Heimat sich den Eroberern aus Aragón unterwerfen. Aber noch heute gilt die *giudicessa* als sardische Nationalheldin und wird auf der Insel hoch verehrt.

1823	1840	1847	1895–1861
Um den Landbesitz zu fördern, wird das Gesetz „Delle Chiudende" erlassen. Land wird nun dem zugesprochen, der es einzäunt, Nutzungsrechte werden aufgehoben, was zu Aufständen führt.	Das Staat (d. h. das savoyische Königshaus) sichert sich durch Gesetz die Kontrolle über die unterirdischen Bodenschätze und fördert den Aufschwung des Bergbaus.	Das bis dahin unabhängige, von einem Vizekönig regierte Sardinien wird mit dem Königreich Piemont vereinigt. Ab diesem Zeitpunkt wird die Insel von Turin aus regiert.	In einer Serie von Feldzügen erobern die Truppen Piemont-Sardiniens und die Freischärler Giuseppe Garibaldis den größten Teil der Apenninhalbinsel und Sizilien. Vittorio Emanuele II. wird König von Italien.

Die zunehmend verarmten Sarden blieben unter den katalanisch-aragonischen, später spanischen Herren weitgehend sich selbst überlassen – solange sie die drückend hohen Steuern zahlten –, und die Insel entwickelte sich nach und nach zum Armenhaus. Erst mit dem Niedergang der spanischen Großmachtstellung in der zweiten Hälfte des 17. Jhs. und schließlich dem Tod des kinderlosen Habsburgerkönigs Carlos II. im Jahre 1700 kam für Sardinien ein allmählicher Wechsel der Verhältnisse in Gang.

Auf ihrer Website www.sardegnaturismo.it empfiehlt die sardische Fremdenverkehrsbehörde Reiserouten mit verschiedenen historischen, künstlerischen und archäologischen Schwerpunkten, die wahlweise den wichtigsten Spuren z. B. der Nuragher, Phönizier, Römer oder der *giudicati* nachgehen.

Sardinien unter den Savoyern

Als Spaniens König Carlos II. kinderlos starb und damit die spanische Linie des Hauses erlosch, begann der Spanische Erbfolgekrieg, in dem Österreichs Habsburger und Frankreichs Bourbonen um die Besetzung des Throns in Madrid und die umfangreichen spanischen Besitzungen stritten. Sardinien wurde 1708 mit Unterstützung der britischen Flotte von Österreich besetzt und wechselte im Lauf des Krieges zwischen Habsburgern und Bourbonen hin und her, bis es mit dem Friedensschluss im Jahre 1718 schließlich an die Herzöge von Savoyen fiel.

Unter den neuen Herren in Turin wurden die Lebensbedingungen für die Sarden nur wenig besser, doch anders als ihre Vorgänger zeigte die savoyisch-piemontesische Regierung immerhin Präsenz. In Cagliari residierte ein Vizekönig, der mit den feudalen Landbesitzern um die Kontrolle der Insel stritt und gelegentlich vorsichtige Reformversuche unternahm.

Die staatsrechtliche Trennung Sardiniens von Piemont, die dieser Vizekönig verkörperte, wurde erst 1847 aufgehoben. Unter dem Eindruck liberaler Reformen auf dem Festland wandte sich eine Delegation des sardischen Ständeparlaments an König Carlo Alberto und bat um die „vollständige Vereinigung" der Insel mit Piemont, um die erhofften gerechteren Verhältnisse auch ihrer Heimat zugutekommen zu lassen. Der König kam der Bitte nach, doch schon im nächsten Jahr begann für ganz Italien ein Veränderungsprozess, der sehr viel weiter ging. In einer Reihe gewagter kriegerischer Unternehmungen eroberten das Königreich Piemont-Sardinien und die von ihm unterstützten Freischärler Giuseppe Garibaldis 1859/60 den größten Teil der Apenninhalbinsel samt Sizilien und konnten so 1861 das Königreich Italien proklamieren.

Der spanische Einfluss auf Sardinien macht sich heute vor allem in der Stadt Alghero bemerkbar, die 1353 nach 30-jährigem Widerstand von den Truppen Aragóns eingenommen wurde. Hier wird bis heute Katalanisch gesprochen, Straßen sind zweisprachig beschildert, und katalanische Gerichte stehen in vielen Lokalen auf der Speisekarte.

1915	1921	1928–1938	1943
Die Brigata Sassari (Sassari-Brigade) wird gegründet und in den Ersten Weltkrieg entsandt. Die Soldaten schlagen sich heldenhaft, müssen aber schwere Verluste einstecken: 2164 Tote und 12 858 Verletzte.	Gründung des Partito Sardo d'Azione (PSd'Az; Sardische Aktionspartei) durch die Brigata Sassari. Ihr Ziel ist die regionale Autonomie und die Politisierung der sardischen Bevölkerung.	Mussolinis Plan, Italien wirtschaftlich unabhängig zu machen, beschert Sardinien, Infrastruktur- und Landsanierungsprojekte sowie Neugründungen von Städten.	Alliierte Bombenangriffe zerstören drei Viertel der Inselhauptstadt Cagliari.

Reichtum im Untergrund

Der Bergbauboom

Die Bodenschätze sind zwar heute fast völlig erschöpft, aber in der sardischen Geschichte spielte der Bergbau eine maßgebliche Rolle. Im Südwesten der Insel erinnern unzählige verlassene Minen und Schächte an die einst blühende Industrie.

Sardiniens ehemals reiche Bodenschätze wurden bereits im 6. Jh. v. Chr. ausgebeutet. Obsidian war eine Haupteinnahmequelle der frühen Ozieri-Kultur und ein überaus gefragtes Handelsgut. Später erschlossen die Römer und Pisaner bei Iglesias und Sarrabus große Blei- und Silbervorkommen.

Die Blüte des Bergbaus auf der Insel begann Mitte des 19. Jhs. 1840 wurde ein Gesetz erlassen, das dem Staat (den regierenden Savoyern) die Rechte an sämtlichen Bodenschätzen zusprach, während das Land an der Erdoberfläche in Privatbesitz blieb. Zusammen mit dem wachsenden europäischen Rohstoffbedarf für die industrielle Expansion führte dieses Gesetz zu einem Boom.

Ende der 1860er-Jahre gab es auf Sardinien 467 Blei-, Eisen- und Zinkminen, und auf dem Höhepunkt des Booms deckte die Insel 10 % des Weltbedarfs an Zink. Investitionen aus dem Ausland ermöglichten den Bau von Schulen, Krankenhäusern und sogar ganzen Städten. Außerdem wurde die Elektrizität eingeführt.

Doch auch wenn die materiellen Bedingungen verbessert wurden, blieb das Leben der Kumpel unverändert hart, und nicht selten kam es zu Arbeiterunruhen. 1903 wurde in Montevecchio im Südwesten Sardiniens gestreikt und ein Jahr später in Buggerru. Die Sozialistenbewegung nach dem Ersten Weltkrieg versuchte daraufhin, die sardischen Minenarbeiter stärker zu politisieren – allerdings ohne großen Erfolg.

Ausbau & Niedergang

Nach der weltweiten Rezession infolge des Börsencrashs von 1929 erlebte die sardische Bergbauindustrie unter den Faschisten so etwas wie eine neue Blüte. Die Förderung in Montevecchio wurde gesteigert, und die Kohleminen von Sulcis stießen an ihr Limit. 1938 wurde für die Arbeiter des Kohlereviers Sirai-Serbariu im Südwesten der Insel die Stadt Carbonia erbaut.

Während der Boomjahre nach dem Zweiten Weltkrieg blieb die Produktivität der Bergwerke konstant, doch die Nachfrage ging rapide zurück. Regelmäßige Finanzspritzen konnten den Verfall nicht stoppen. Hohe Produktionskosten, niedrige Rohstoffqualität und sinkende Metallpreise verschlimmerten die Lage. Eine Mine nach der anderen

GIUSEPPE GARIBALDI

Italiens revolutionärer Nationalheld Giuseppe Garibaldi starb am 2. Juni 1882 auf seiner Privatinsel Caprera, die zum Archipel von La Maddalena gehört. Sein Landgut, das Compendio Garibaldino, ist heute zu besichtigen und bietet interessante Einblicke in das Privatleben des Mannes, der wesentlich zur Einigung Italiens beitrug.

1948

Sardinien wird zur halbautonomen Region unter der Regionalversammlung Giunta Consultativa Sarda. Sie kontrolliert weiter die Bereiche Land- und Forstwirtschaft, Tourismus und Polizei.

1946–1951

Mit dem Sardinienprojekt gelingt es, die Malaria auf der Insel auszurotten. Die US-Armee versprüht 10 000 t DDT. Die Auswirkungen sind bis heute nicht vollständig erforscht.

» Hafen und Innenstadt von Cagliari

wurde geschlossen. 2008 war schließlich nur noch das Bergwerk Nuraxi Figus bei Carbonia in Betrieb.

Die Bergleute im Iglesiente streikten stets nur im September. Dann waren nämlich die Früchte des wilden Feigenkaktus reif, sodass die Arbeiterfamilien auch dann zu essen hatten, wenn es für die Männer keinen Lohn gab.

Soldaten, Banditen & Regionalpatrioten

Die Helden des Ersten Weltkriegs

Der Kampfgeist der Sarden bewährte sich im 20. Jh. vor allem fern der heimatlichen Insel. Ihr Einsatz auf den Schlachtfeldern des Ersten Weltkriegs trug ihnen in Italien einen legendären Ruf ein. Den größten Ruhm erwarb sich die Brigata Sassari, in der ausschließlich Sarden dienten. 1915 neu geschaffen, wurde sie sofort an die Nordostfront in den Alpen entsandt und bewies im gnadenlosen Stellungskrieg ihre Qualitäten. Die Einheit erhielt vier goldene Medaillen, doch ihre Heimat zahlte einen hohen Preis: Schätzungen zufolge war unter den Soldaten aus Sardinien der Anteil der Gefallenen höher als unter den Angehörigen aller anderen Regionen Italiens.

Die Insel der Entführer

Einen weit weniger schmeichelhaften Ruhm genießt Sardinien für die Tradition des Banditentums, das in der zweiten Hälfte des 19. und Anfang des 20. Jhs. seinen Höhepunkt erreichte. Die *New York Times* bewertete die Lage im Mai 1899 so: „Erst jetzt erkennt die italienische Regierung, dass die Zunahme des Brigantentums in einigen Teilen Sardiniens und insbesondere der Provinz Sassari ernsthafte Ausmaße annimmt, und die Behörden unternehmen Schritte, um die Banditen vor Gericht zu bringen." Doch diese Kreuzzüge der Regierung führten angesichts anhaltender Armut und der unwirtlichen Landschaft meist nur für kurze Zeit zum Erfolg, und das Banditentum flackerte während des gesamten 20. Jhs. immer wieder auf.

VON DER ISOLATION ZUR AUTONOMIE

Der Zweite Weltkrieg machte um Sardinien keinen Bogen. Zwar fanden auf der Insel keine Kämpfe statt, doch durch die Bombenangriffe der Alliierten wurde Cagliari 19 zu drei Vierteln zerstört. Dazu kam, dass die Verbindung zur Außenwelt immer wie unterbrochen war. Der Fährverkehr zwischen dem Festland und Olbia wurde einge und kehrte erst 1947 wieder zum täglichen Rhythmus zurück. Die Isolation stärkte Autonomiebewegung, während heftige Kämpfe um die künftige Ausrichtung des L des italienische Politik bestimmten. 1946 stimmte die Mehrheit der Bevölkerun einem Referendum für die Abschaffung der Monarchie zugunsten einer Republik, c Verfassung Sardinien 1948 den Status einer autonomen Region bescherte.

1950–1970	1962	1985	1999
Sardinien erhält umfangreiche Mittel aus der Cassa per il Mezzogiorno, dem staatlichen Entwicklungsfonds für Süditalien. Trotz Fortschritten verlassen Zehntausende von Sarden ihre Heimat	Der Aga Khan gründet das Consorzio della Costa Smeralda und erschließt einen schmalen Küstenstreifen im Nordosten. Die Smaragdküste bringt der Insel einen Touristenboom.	Der in Sassari geborene Francesco Cossiga wird zum italienischen Staatspräsidenten gewählt. Der Politiker war Innenminister, als die Roten Brigaden 1978 Ex-Premier Aldo Moro töteten.	Die Europäische Union erklärt Sardinien zu einer der wenigen Regionen mit besonders dringendem Investitionsbedarf zur Entwicklung und Strukturverbesserung.

Als Hochburg der Gesetzlosigkeit machte wiederholt das Städtchen Orgosolo im Bergland der Barbagia von sich reden. Bis in die 1990er-Jahre waren in dieser unwegsamen Gegend Entführerbanden tätig. Von 1960 bis 1992 wurden in Sardinien 178 Menschen entführt – 621 waren es in ganz Italien.

Die Partei der Autonomisten

Der Erste Weltkrieg bedeutete für viele Sarden einen Wendepunkt. Die hohe Zahl der Gefallenen und die grausigen Erfahrungen an der Front weckten bei vielen Soldaten ein politisches Bewusstsein. Die Männer, die 1918 nach Sardinien zurückkehrten, waren nicht mehr die ungebildeten Bauern, die drei Jahre zuvor in den Krieg gezogen waren. Als 1921 mehrere Mitglieder der Brigata Sassari (des sardischen Regiments, das sich große Verdienste an der Front erworben hatte) unter der Führung von Emilio Lussu in Oristano die Sardische Aktionspartei (Partito Sardo d'Azione; Psd'Az) gründeten, schlossen sich viele Veteranen an.

Der Ruf nach Autonomie war jedoch nur einer der Ecksteine im politischen Programm dieser Partei. Darin finden sich ansonsten eher soziale Themen (etwa in der Forderung nach sozialer Gerechtigkeit oder dem Ausbau landwirtschaftlicher Genossenschaften), durchaus verbunden mit dem Konzept der freien Marktwirtschaft (gefordert werden eine freie Wirtschaftsordnung und ein Abbau staatlicher Vorschriften). Das Gedankengut trägt durchaus sozialdemokratische Züge.

90 Jahre nach ihrer Gründung ist die Partei der Autonomisten nach wie vor lebendig und aktiv. Bei den Regionalwahlen 2009 trat sie alleine gegen die großen Parteienbündnisse Italiens an und gewann 4,3 % der Wählerstimmen.

Sonne, Seeluft, Sexskandale

Die Touristen kommen

Bis zur Ausrottung der Malaria um 1950 waren Besucher auf Sardinien (zumindest solche mit friedlichen Absichten) eine seltene Erscheinung und traten fast nie in größeren Gruppen auf. Der englische Schriftsteller David Herbert Lawrence erkundete die Insel 1921 und kommentierte säuerlich-amüsiert, was er dabei erlebte. Sein Reisebericht zeichnet ein ziemlich tristes Bild von Armut und Unterentwicklung. Käme er heute wieder nach Sardinien, würde er es kaum wiedererkennen. Armut und Unterentwicklung gibt es zwar immer noch, vor allem im ländlichen Inselinneren, die Arbeitslosigkeit ist nach wie vor ein drückendes Problem (2010 lag sie bei 13,6 %), doch insgesamt hat sich die Insel sehr verändert.

Bevor der Aga Khan Ende der 1950er-Jahre die Costa Smeralda „entdeckte" und in den folgenden Jahren gemeinsam mit einem Konsortium

Der Schriftsteller David Herbert Lawrence durchquerte 1921 Sardinien in sechs Tagen von Cagliari bis Olbia. In seinem Reisebericht *Sea and Sardinia* (Das Meer und Sardinien) berichtete er höchst kritisch, aber amüsant über Erlebnisse und Beobachtungen auf der damals noch wenig bekannten Insel.

2004	2008	2009	2011
Der Selfmademilliardär Renato Soru wird zum Regionalpräsidenten gewählt. Mit dem Verbot von Neubauten in Küstennähe und einer Luxussteuer auf Ferienhäuser und große Yachten erregt er großes Aufsehen	Die US-Marine verlässt La Maddalena. Gegner hatten stets auf die Gefahren durch nuklear angetriebene U-Boote hingewiesen. Unterstützer auf die Einnahmen für die örtliche Wirtschaft.	Bei den Regionalwahlen im Februar verliert Renato Soru gegen den Kandidaten der Rechten, Ugo Cappellacci.	Bei einem Referendum im Mai stimmen 98 % der Sarden gegen die Nutzung der Kernkraft. Die Elektrizitätsgesellschaft ENEL erhält die Baugenehmigung für einen 90-Megawatt-Windpark in Portoscuso.

ADDIO, SORU

Renato Soru hat die Entwicklung Sardiniens in den letzten Jahren entscheidend mitgeprägt. Der Selfmademilliardär ist eine Art sardischer Bill Gates. 1998 gründete er den Internetanbieter Tiscali, 2003 ging er in die Politik, und ein Jahr später wählten ihn die Sarden zum Regionalpräsidenten – ein Amt, das er im Februar 2009 wieder abgeben musste. Aufsehen erregte er unter anderem mit einer Luxussteuer für auswärtige Gäste und dem *salvacoste*-(„Küstenrettungs"-)Gesetz, das die Erschließung unbebauter Ufer untersagt. Zu seinen bleibenden Errungenschaften gehört jedoch vor allem der Abzug nuklear betriebener U-Boote der USA aus dem Archipel von La Maddalena, die 35 Jahre lang in der ökologisch sehr empfindlichen Region stationiert gewesen waren. Die Maßnahme stieß vor Ort auf ein geteiltes Echo: Während Sorus Anhänger und Umweltaktivisten begeistert reagierten, trauerten Geschäftsleute über den Fortzug spendierfreudiger amerikanischer Seeleute.

von Finanzmagnaten für den Tourismus erschloss, war die Nordostküste der Gallura eine felsige Ödnis, die nicht einmal den wenigen ansässigen Schafhirten ein auskömmliches Leben bot. Heute ist die „Smaragdküste" eine der luxuriösesten Urlaubsregionen der Welt, und an den Stränden tummeln sich russische Oligarchen, gold- und juwelenbehängte Fußballstars und andere Prominente wie der einstige Formel-Eins-Manager Flavio Briatore.

Berlusconis Inselidyll

Vittorio de Setas Filmklassiker *Banditi a Orgosolo* (Die Banditen von Orgosolo) aus dem Jahr 1961 schildert höchst eindrucksvoll und treffend die harte Wirklichkeit des Landlebens auf Sardinien Mitte des 20. Jhs.

Mit dem Sexskandal um Italiens Regierungschef Silvio Berlusconi rückte Ende 2010 auch Sardinien ins Scheinwerferlicht der Medien, denn an der Costa Smeralda liegt das extravagante 450-Mio.- Euro-Urlaubsdomizil des Politikers, die Villa Certosa – nach Aussagen der 28-jährigen Hostess Nadia Macri Schauplatz einiger „Bunga-Bunga"-Partys mit dem Hausherrn und seinen Freunden. Die ominösen Privatfeiern beschäftigten jedoch nicht nur die Presse, sie wurden auch zum Thema eines Gerichtsverfahrens gegen Berlusconi wegen Beteiligung an der Prostitution Minderjähriger und Amtsmissbrauchs zugunsten der jugendlichen Bauchtänzerin Karima al-Mahroug, die unter dem Künstlernamen Ruby Rubacuori („Herzdiebin") auftrat. Bei Redaktionsschluss war das Verfahren noch im Gang; Berlusconi, der seine Unschuld beteuert, könnte bei einem Schuldspruch zu bis zu 15 Jahren Haft verurteilt werden, würde die Strafe jedoch wegen seines Alters in einer seiner Villen absitzen können.

Die Villa Certosa auf Sardinien allerdings steht seit August 2011 zum Verkauf, nachdem Berlusconis Unternehmensholding Fininvest im Juli zur Zahlung von 560 Mio. Euro Schadenersatz an die Konkurrenzgesellschaft CIR wegen Bestechung eines Richters im Streit um die Kontrolle über Italiens größtes Verlagshaus Mondadori verurteilt wurde. Auch in diesem Fall beharrt Berlusconi auf seiner Unschuld und bezichtigt die italienische Justiz der politischen Verfolgung.

2009 weckte die Villa an der Costa Smeralda aus ganz anderen Gründen öffentliches Interesse. Eine Hostess berichtete, dass Berlusconi ihr von phönizischen Gräbern unter dem künstlichen See auf seinem Grundstück erzählt habe. Sollten die Gräber tatsächlich existieren, wäre das für die früher abgelegene Gegend eine kleine archäologische Sensation.

So lebt man auf Sardinien

Der Schriftsteller D. H. Lawrence beschrieb Sardinien als Insel, „verloren zwischen Europa und Afrika, nirgends wirklich zugehörig". Das trifft aber eigentlich gar nicht zu, denn Sardinien gehört natürlich – den Sarden. Aufgrund der Geschichte könnte man andere Schlüsse ziehen, aber die Jahrhunderte kolonialer Unterdrückung haben dem ausgeprägten Stolz der Sarden und ihrer geduldigen, melancholischen Unbeugsamkeit wenig anhaben können. Nach außen zeigen die Sarden nichts von der Lebhaftigkeit, Gewandtheit und Leichtigkeit, die man den Italienern sonst nachsagt. Sie wirken nett und gastfreundlich, aber auch bescheiden, ruhig und zurückhaltend. Im Unterschied zu anderen Insulanern ist ihr Blick nicht in die Ferne gerichtet, ihnen steht der Sinn nicht nach Flucht und einem Leben jenseits des Wassers. Sie scheinen verwurzelt in der Vergangenheit und bestimmt von einer innerlichen Stärke.

Ein starkes Gemeinschaftsgefühl, Respekt vor Traditionen und Begeisterung für eine gute *festa* – das sind Dinge, die Sarden verbinden. Wer aber von der regionalen Identität Sardiniens spricht, muss die Topographie der Insel berücksichtigen.

Sardinien ist eine Insel der Hirten, auf der etwa vier Mio. Schafe gehalten werden (ca. 2,5 pro Einwohner).

Isolation & Zurückhaltung

„Wir kannten das Meer gar nicht, obwohl es über die damaligen Straßen nur 150 km entfernt war", sagt Maria Antonietta Gotti. Sie lebt heute in Cagliari und verbrachte ihre frühe Kindheit in Bitti, einer staubigen Stadt nördlich von Nuoro. Aufgrund besserer Verkehrsverbindungen sind es von Bitti heute nur 50 km zum Meer; dennoch war der Ort noch vor nicht allzu langer Zeit eine eigene Welt, abgeschnitten vom Rest der Insel durch unzugängliche Berge und eine schlechte Infrastruktur.

Das Gleiche gilt für Hunderte von Städten im Hinterland, die ganz auf sich allein gestellt waren, da die Zentralverwaltung sich außerstande sah (und auch kein Interesse daran zeigte), eine verbindende Infrastruktur zu schaffen. Diese Isolation förderte die Bezogenheit auf sich selbst und die Zurückhaltung gegenüber Fremden. Gleichzeitig blieben die lokalen Bräuche erhalten. Man sprach weiter den eigenen Dialekt, kochte eigene Gerichte und feierte Feste, die sich unbeeinflusst von außen entwickelt hatten. So vertiefte sich die Kluft zwischen der Küste und dem Inselinneren immer mehr. Der Tourismus und die industrielle Entwicklung haben in den Küstenorten viel tiefere Spuren hinterlassen als im Hinterland. Welten liegen zwischen den modern ausgerichteten Städten Alghero, Sassari, Olbia und Cagliari und dem traditionellen Lebensstil der menschen in den Dörfer im Inselinnern.

Doch trotz der Härte, die dieses isolierte Leben mit sich gebracht hat, hat Sardinien einzigartige Vorzüge bewahrt. Seit einigen Jahren kommen Wissenschaftler scharenweise, um den unvermischten Genpool auf

2007 starb die älteste Frau Italiens, Raffaela Monni, in Arzana in der Provinz Ogliastra im Alter von 109 Jahren. Fünf Jahre später starb der damals älteste Mensch der Welt, der 112-jährige Antonio Todde, in Tiana in der Provinz Nuoro.

der Insel zu erforschen. Auch Musikwissenschaftler haben schon lange ein besonderes Interesse an der ungewöhnlichen und einzigartigen Musiktradition der Insel.

Geruhsamer Lebensstil

Möglicherweise trägt auch der entspannte, geruhsame Lebensstil der Insel dazu bei, dass die Menschen hier besonders alt werden. Denn was bedeutet es schon in kosmischen Dimensionen, ob hier auf Erden alles pünktlich abläuft oder verspätet? Es gibt schließlich Wichtigeres im Leben, z.B. Freunde und Familie, das Genießen der Freizeit oder ein Plausch mit dem Bäcker, dem Zeitungsverkäufer, dem Nachbarn, der seinen Hund ausführt, und überhaupt mit jedem, der gerade vorbeikommt. Freundlich zu sein ist schließlich am allerwichtigsten.

Das gemächliche Lebenstempo entspricht so ganz dem Charakter der Sarden. Wen kümmert's hier, wenn Massimo zum hundertsten Mal am Tag über die Wirtschaftslage lamentiert, während die Schlange in seinem Lebensmittelladen länger und länger wird. Schließlich hat er für jeden ein freundliches Lächeln parat. Und es stört auch niemanden, wenn Silvia hinter ihrem Postschalter mit einem Kunden in ein unendliches Gespräch vertieft ist – so ist sie eben, das weiß man halt. Und der Tourist vor einem, der mit 30 km/h auf der SS125 entlang fährt, und der jetzt – *incredibile*! – anhält, um einen Hirten mit seiner Schafherde zu fotografieren: Frustrierend ist es schon, aber deshalb hupt man nicht gleich; das tun nur Italiener. Geduld ist schließlich eine sardische Tugend.

The Island of the Ancients von Ben Hills enthält Interviews mit den bemerkenswertesten Hundertjährigen aus Sardinien; sie verraten darin auch, was sie so jung hält.

La Famiglia

„Mein 32-jähriger Sohn ist zu dick. Soll ich ihn auf Diät setzen?" Das ist eine typische Frage an die Kummerkastentante in den Zeitungen

SIND ES DIE GENE?

A kent'annos, „100 Jahre sollst du leben" lautet ein traditioneller Gruß. Das klingt nach Wunschdenken, aber vielleicht auch nicht, denn die Chancen stehen gar nicht so schlecht auf Sardinien. Fitmacher, makrobiotische Diäten und Verjüngungsmittel kann man getrost vergessen, denn das Geheimnis eines langen Lebens scheint offenbar auf der Insel zu finden zu sein. Schließlich gibt es hier etwa 150 über Hundertjährige bei einer Bevölkerung von nur 1,67 Mio., der Anteil an Hundertjährigen liegt demnach doppelt so hoch wie anderswo. Fünf dieser Menschen leben im winzigen Dörfchen Ovadda (1700 Ew.). Fragt man einen Sarden nach dem Geheimnis, bekommt man jedes Mal eine andere Antwort: die Luft, das Leben in der freien Natur, gutes Essen und Trinken ...

Bisherige Studien hatten Umweltbedingungen und die Lebensweise als Hauptursachen für die Langlebigkeit im Blickfeld (die regionalen Cannonau-Weine sind reich an Procyanidinen, die Herzerkrankungen vorbeugen). Forscher der Universität Sassari sind allerdings überzeugt, dass ein bestimmtes genetisches Merkmal die Erklärung liefert. Die Einwohner in der Bergregion Ogliastra waren lange von der Außenwelt abgeschnitten, man heiratete untereinander und der Genpool wurde kaum vermischt. Das ist so etwas wie eine Goldgrube für Genetiker.

Ein Forschungsteam unter der Leitung von Professor Luca Deiana berichtete auf einer Konferenz im Mai 2011 in Pavia und Bareggio über eine Kent'Annos-Studie (AkeA). Deiana machte deutlich, dass einige (aber nicht alle) der hundertjährigen Sarden gemeinsame genetische Merkmale aufweisen, aber auch, dass es andere Übereinstimmungen gibt. Viele Hundertjährige seien ausgeglichene Optimisten, eingebunden in ein verlässliches soziales und familiäres Netz und dazu noch mit einem ausgeprägten Selbstbewusstsein gesegnet. Nahezu alle bevorzugten eine Ernährungsweise, die reich an Antioxidantien ist.

Sardisch (oder *limba sarda*) ist erste Sprache auf der Insel und die größte Minderheitensprache Italiens. Die vier wichtigsten Dialekte, Logudoresisch (im Nordwesten), Campidanesisch (im Süden), Galluresisch (im Nordosten) und Sassaresisch (in der Gegend von Sassari) haben ihre Wurzeln im Lateinischen, das die Römer im 3. Jh. v. Chr. mitbrachten. Noch komplizierter wird es für Außenstehende durch unterschiedliche regionale Einflüsse. In Alghero spricht man z. B. eine Variante des Katalanischen, und auf der Isola di San Pietro benutzen die Einheimischen bis heute den Genueser Dialekt des 16. Jhs. Im Galluresischen und Sassaresischen macht sich überdies die Nähe zu Korsika bemerkbar.

Neueste Studien zum Gebrauch des Sardischen haben ein paar amüsante Fakten ans Licht gebracht. Offenbar benutzen 60,2 % ihre Muttersprache, wenn sie wütend sind, und 64 %, wenn sie witzig sein wollen, aber nur 26,5 % bei Gesprächen über Politik und lediglich 16,5 %, wenn sie über Kinder sprechen.

und Zeitschriften der Insel. Paolo ist vielleicht 32 Jahre alt, aber in den Augen seiner liebevollen *mamma* bleibt er zeitlebens der kleine Junge. Wie anderswo in Italien hat auch die sardische Gesellschaft einen Hang zum Matriarchalischen. Etwa 25 % der Männer wohnen zu Hause, bis sie deutlich über 30 sind, und ein kleinerer Prozentsatz der Frauen verhält sich ähnlich. Diese Sitte, das heimische Nest erst spät zu verlassen, üblicherweise nicht vor der eigenen Hochzeit, liefert zwar manchen Anlass zum Spott, entspringt aber oft genug einfach wirtschaftlichen Notwendigkeiten: Viele junge Leute können es sich bei einer Arbeitslosigkeit von 13,6 % schlicht und einfach nicht leisten, von zu Hause auszuziehen.

Wie dem auch sei, in Sardinien dreht sich tatsächlich alles um die Familie. Deshalb ist es auch so erstaunlich, dass die Geburtenrate so unglaublich niedrig liegt: bei 1,1 % (zum Vergleich der EU-Durchschnitt beträgt 1,6 %). Die jüngsten Zahlen belegen zudem, dass Sarden sich mit der Familiengründung immer länger Zeit lassen: Im Durchschnitt ist eine Frau bei der Geburt ihres ersten Kindes 32,5 Jahre alt.

La Donna

Il Corpo Delle Donne ist eine beliebte Fernsehsendung: Leichtbekleidete Frauen hüpfen auf der Bühne im Scheinwerferlicht umher, die Musik dröhnt und das Publikum jubelt. Draußen steigt zur gleichen Zeit eine Frau, in traditionelles Schwarz gekleidet, den Hügel hinauf. Zwei unterschiedliche Frauen also, die eine *molto sexy*, die andere ist die Mutter, Ehefrau und Versorgerin, der man Respekt entgegenbringen muss. Das sind natürlich zwei Extreme und in gewisser Weise Stereotypen. Sie spiegeln aber das gespaltene Verhältnis der sardischen Männer zu Frauen wider, das sich im Wesentlichen auch bei ihren italienischen Landsleuten so wiederfindet.

Die Grundeinstellungen verändern sich allmählich, aber viele Familien leben immer noch nach dem klassischen Modell. Die Frauen bleiben zu Hause und die Männer verdienen das Geld, eine Rollenverteilung, die ursprünglich praktische Gründe hatte: Die Männer verließen das Haus, um das Vieh zu hüten, und die Frauen kümmerten sich inzwischen um den Haushalt und die Kinder. Heutzutage geht es eher um Tradition und Konvention als um Zwänge des Alltags.

„Es ist nicht mehr wie früher, als die Mädchen nach 8 Uhr abends nicht mehr auf der Straße sein durften", sagt Maria Angela Tosciri aus

Baunei. „Seit Sardinien sich dem Tourismus und den modernen Medien geöffnet hat, sind Männer und Frauen in vieler Hinsicht gleichberechtigt." Maria Antoinetta Goddi meint auch, dass es im Inselinneren viel weniger Chauvinismus gibt als sonst auf Sardinien, weil die Frauen sich dort stärker durchsetzen und erwarten, dass man sie respektiert.

Glaube & Feste

Die Sarden sind konservativ und fast das ganze Jahr über höflich und zurückhaltend, aber bei großen Festen sieht alles ganz anders aus. Die Stimmung ist ausgelassen bei diesen spektakulären Ereignissen, bei denen sich althergebrachte Überzeugungen, Mythen, Religion und Folklore vermischen.

Religion ist auf Sardinien tief verankert. Die Brunnenheiligtümer, die *sacri pozzi* in den Nuraghensiedlungen belegen z. B. Rituale einer Naturreligion, die ins 2. vorchristliche Jahrtausend zurückreichen. Das Christentum kam im 6. Jh. auf die Insel und setzte sich schnell durch. Heute manifestiert sich der Glaube der Sarden auf unterschiedliche Weise, bei Straßenfesten ebenso wie in den Gottesdiensten. Viele der bedeutenden Feste gelten Heiligen, die man ganz besonders verehrt. Am wichtigsten ist der hl. Ephysius, ein frühchristlicher Märtyrer und der Schutzheilige Sardiniens, der im Mittelpunkt der großartigen Prozession in Cagliari Anfang Mai steht.

An anderen Orten findet man auf dem Land immer mal wieder kleine Kirchen, *chiese novenari*, die nur wenige Tage im Jahr für die Feiern zu Ehren eines bestimmten Heiligen geöffnet sind. Zu diesen Kapellen gehören oft einfache Unterkünfte, *cumbessias* (auch: *muristenes*), für die Pilger, die eigens zu Ehren des hier verehrten Heiligen anreisen.

Ostern ist auch auf Sardinien ein bedeutender Feiertag; überall auf der Insel finden Feiern statt, in denen häufig spanische Einflüsse spürbar werden. Bei den spätabendlichen Prozessionen in Castelsardo, Iglesias und Tempio Pausania marschieren mit Kapuzen bekleidete Mitglieder religiöser Bruderschaften durch die Straßen, wie man sie sonst eher aus Spanien kennt.

Kunst & Kultur

Musik

Abgeschnitten von der Außenwelt, ist auf der Insel eine Musiktradition entstanden, die als einzigartig gilt. Sie inspiriert heute einen innovativen Stilmix von besonderer Ausdruckskraft.

Canto a Tenore

Falls eine Musik die sardische Seele, die rauen Berge und den Geist der bukolischen Landschaft erfassen kann, so ist es der *canto a tenore*. Dieser traditionelle Männergesang ist eine der ältesten Formen mehrstimmiger Vokalmusik. Sie wird von einem Chor aus vier Männern, den *tenores*, gesungen. Die Stimmen heißen *sa oghe* (der Solist), *su bassu* (Bass), *sa contra* (Alt) und *sa mesu oghe* (Countertenor). Wenig ist bekannt über die Ursprünge des *canto*, aber man nimmt an, dass die Stimmen ursprünglich von Naturlauten inspiriert waren. Der *contra* erinnert an das Blöken der Schafe, der *bassu* an das Muhen der Kühe und *mesu oghe* an das Pfeifen des Windes. Die Chormitglieder stehen dicht beieinander, während der Solist ein Lied vorträgt, bei dem die anderen ihn begleiten.

Der *canto a tenore* ist besonders im Zentrum und Norden der Insel verbreitet. Die meisten bekannten Gruppen kommen aus der Region Barbagia. Am berühmtesten sind die Tenores di Bitti (S. 194), die sogar für Peter Gabriels Label Real World Aufnahmen eingespielt haben und auf Weltmusik-Festivals vertreten waren. Weitere gefragte Chöre kommen aus Oniferi, Orune und Orgosolo.

Ein ähnlicher, aber eher liturgischer Gesang ist der *canto a cuncordu* ebenfalls mit vier Männerstimmen. Zu hören ist er in Castelsardo, Orosei und Santu Lussurgiu.

Launeddas

Die *launeddas* sind Sardiniens Nationalinstrument. Besonders beliebt ist dieses schlichte Blasinstrument aus drei Schilfrohren bei Dorffesten im Süden; üblicherweise wird das Instrument zweistimmig gespielt. Wer keines der Feste besuchen kann, sollte sich die legendäre CD *Launeddas,* von Efisio Melis und Antonio Lara zulegen. Weitere große Namen auf diesem Gebiet sind Franco Melis, Luigi Lai, Andria Pisu und Franco Orlando Mascia.

Einen interessanten Einblick in die sardische Musik bietet die Webseite zur Sardegna Cultura www.sardegnacultura.it (auf Italienisch) mit Aufnahmen traditioneller sardischer Musik.

Dichtung

Wie die meisten Kunstformen Sardiniens war auch die Poesie nie ein Teil der populären Kultur. Sie ist ein Teil der gehobenen regionalen Kultur und brachte im 19. Jh. eine frühe Form von Sprechgesangwettbewerben hervor: die sogenannten *gare poetiche* (Dichterwettstreit). Bei Dorffes-

Mehr Informationen über Sardiniens bekannteste Gruppe und Hörproben ihrer Musik sind im Internet unter www. tenoresdibitti. com zu finden.

Es gibt einige sehr gute sardische Sängerinnen, vor allem natürlich die legendäre Maria Carta, aber auch die folkloristischen Lieder von Elena Ledda sind ziemlich bekannt geworden.

Sardiniens wilde, ungezähmte Landschaften, das Gefühl von freiem Raum und die uralten Traditionen inspirierten einen der großen Schriftsteller des 20. Jhs., D. H. Lawrence. Neun Tage lang bereiste er die Insel mit seiner Frau Frieda und schrieb einen leidenschaftlichen Reisebericht, „Das Meer und Sardinien", den er selbst für ungewöhnlich treffend und glaubwürdig hielt.

Die beiden reisten mit dem Trenino Verde und besuchten Cagliari, Mandas, Sorgono und Nuoro, bevor sie mit dem Schiff nach Sizilien zurückkehrten, wo Lawrence in nur sechs Wochen das Buch aus der Erinnerung heraus schrieb. Seine begeisterte Beschreibung erfasst auf wunderbare Weise die Eigenart der Insel, die er als Ort bezeichnet, der „außerhalb der Zeit und der Geschichte liegt" und der „die Freiheit selbst ist". Das Buch ist eine perfekte Reiselektüre für Leute, die eine gemütliche Reise mit der Schmalspurbahn planen. Wer den Spuren von Lawrence folgen will, findet Tipps für die Reiseroute auf der entsprechenden Seite unter www.sardegnaturismo.it.

In den 1930er-Jahren verboten die Faschisten die sardischen *cantadores* (Dichter), deren Kritik an der Kirche und dem Staat in ihren Augen gefährlich und subversiv war.

ten traten zwei Gegenspieler zum improvisierten rhythmischen Wortwechsel an, der sarkastisch, ironisch oder auch beleidigend ausfallen konnte. Die Zuhörer waren begeistert und steuerten gern ihre eigenen Verbalattacken bei. Aufgeschrieben wurde kaum etwas, aber es gibt CDs von Remundo Piras und Peppe Sozu, einem klassischen Duo aus der Mitte des 20. Jhs.

Bis heute finden in vielen Bergdörfern solche bardischen Wortwechsel statt, und es gibt zwei bedeutende Dichterwettbewerbe auf der Insel: Ozieris Premio di Ozieri (S. 145) und Seneghes Settembre dei Poeti (S. 106).

Der bekannteste sardische Lyriker ist Sebastiano Satta (1867–1914), der in seinen Werken *Versi Ribelli* und *Canti Barbaricini* die raue Schönheit seiner Heimat preist.

Tänze & Feste

Ballo Sardo

Ein sardisches Fest ist nicht vorstellbar ohne Volkstanz, der *ballo sardo* (sardischer Tanz) oder *su ballu tundu* (Tanzen im Kreis) genannt wird und in jeder Region geringfügig vom Tanz der Nachbarregion abweicht. Meist sieht man eine Gruppe von Tänzern oder Paaren in einer Reihe oder im Kreis, die sich an den Händen halten oder unterhaken und sich anmutig mit schnellen Schritten bewegen, drehen und umwenden. Ihre Bewegungen steigern sich mit dem Tempo der Musik.

Die Rubrik „Kunst und Kultur" von www.marenos trum.it bietet genaue Informationen zu anstehenden kulturellen Events und Festen, auch zu Kunstausstellungen und Kinofilmen.

Zu den Tänzen wird oft die *launeddas* gespielt und ein *canto a tenore* singt manchmal zu den langsameren Stücken. Man nimmt an, dass der *ballo sardo* ebenso wie die *launeddas* aus der Zeit der Nuragher stammt. Es ist viel spekuliert worden über die Verbindung zwischen *ballo sardo* und dem sehr ähnlichen *sardana* (Rundtanz) in Katalonien im Nordosten Spaniens.

Die Kunst des Feierns

Bei den prächtigen und bunten Festen tanzen die Sarden ihre Tänze zu ihrer Musik und tragen die alten aufwendig bestickten Trachten. Sie drücken damit aus, dass ihnen kulturelles Erbe, Geschichte, Glaube und Identität Sardiniens wichtig sind.

Viele Feste haben einen religiösen Hintergrund, etwa die zahlreichen Feiertage, die feierlichen Prozessionen zu Ostern oder anlässlich Festa di Sant'Efisio in Cagliari und die Festa del Redentore in Nuoro. Auf einer von der Landwirtschaft geprägten Insel sind je nach Jahreszeit auch

Nahrungsmittel ein Grund zum Feiern (und zum ausgiebigen Schlemmen), z. B. Kirschen, Spargel, Kastanien, Wein und Thunfisch.

Im Westen lassen Pferderennen und Paraden historische Siege lebendig werden, z. B. die temperamentvolle Cavalcata Sarda in Sassari, die an den Sieg über die Sarazenen 1000 n. Chr. erinnert, oder das ungestüme Pferderennen S'Ardia in Sedilo, das den Sieg des römischen Kaisers Konstantin über Maxentius im Jahr 312 n. Chr. feiert.

Mehr Informationen über Feste siehe S. 19.

Jeder der 370 Orte auf der Insel hat eine eigene Tracht.

Literatur

Die ländliche sardische Gesellschaft besitzt keine große Literaturtradition. Erst Anfang des 20. Jhs. gab es einen Wendepunkt, als 1926 Grazia Deledda (1871–1936) den Nobelpreis gewann. In der Folge tauchten immer mehr talentierte Autoren wie aus dem Nichts auf. Ihre Texte sind unsentimentale Beschreibungen des Insellebens und zeigen, wie sich die Sarden selbst sahen und sehen.

Unbestrittener Star der sardischen Literatur ist Grazia Deledda. Ihr Werk ist inspiriert von den Eifersüchteleien und dem harten Alltag in Nuoro, wo sie ihre Kindheit verbrachte. Alle ihre Werke sind stark von der unmittelbaren Umgebung der Autorin geprägt. So auch ihr bekanntester Roman *Canne al vento* (Schilf im Wind), der den Abstieg der Aristokratenfamilie Pintor in die Armut beschreibt.

Der ebenfalls aus Nuoro stammende Salvatore Satta (1902–1975) wurde vor allem mit *Il giorno del giudizio* (Der Tag des Gerichts) berühmt, einer satirischen Schilderung des Kleinstadtlebens, die häufig mit Giuseppe di Lampedusas sizilianischem Klassiker *Il gattopardo* (Der Leopard) verglichen wird.

Ein Zeitgenosse Sattas, Giuseppe Dessì (1909–1977), wurde mit *Il disertore* bekannt. Darin beschreibt er die Geschichte eines Schäfers, der im Ersten Weltkrieg von der Armee desertiert, in seine sardische

Ausführliche Informationen über das wichtigste Literaturereignis Sardiniens, die Festa Letterario di Sardegna in Gavoi, findet man unter www.isola dellestorie.it.

SARDISCHES KUNSTHANDWERK

» **Filigranschmuck** Besonders kunstvoll gearbeitete *filigrana* (Filigranschmuck) aus Gold und Silber kauft man am besten in Cagliari, Alghero und Dorgali.

» **Rote Korallen** Erstklassige Korallen werden vor Alghero an der Riviera del Corallo (Korallenküste) geerntet. Häufig wird Koralle zusammen mit Filigranschmuck verarbeitet.

» **Keramik** Die Orte Oristano, Sassari und Assemini (nördlich von Cagliari) sind berühmt für Keramik, die blau, weiß oder gelb und grün glasiert und mit Motiven aus der Natur verziert ist.

» **Wollteppiche** In Aggius und Tempio Pausania gibt es eine heimische Produktion für Wollteppiche mit traditionellen geometrischen Mustern.

» **Korbflechterei** Im Norden, rund um Castelsardo und in Oristano, fertigen Frauen immer noch wie früher Körbe aus Affodill, Binsen, Weide und Blättern der Zwergpalme.

» **Masken** Die Festmasken aus der Gegend um Nuoro sind echte Kunstwerke. Besonders interessant sind die *mamuthones* aus Mamoiada sowie *boes* und *merdules* aus Ottana.

» **Textilien** Auf traditionelle Art handgewebte Stoffe werden in Ulussai zu Unikaten verarbeitet, z. B. zu Handtüchern, Vorhängen und Tagesdecken.

» **Kork** In Gallura wird alles Mögliche aus Kork hergestellt, dekorative Schalen, Hocker, Schneidbretter usw.

» **Taschenmesser** In Pattada und Arbus gibt es noch einige wenige Handwerksmeister, die Messer mit geschnitzten Griffen aus Horn anfertigen können.

Heimat zurückkehrt und dort in den Konflikt zwischen Pflichtgefühl und eigener Moral gerät.

Eines der berühmtesten Nachkriegswerke ist *Padre Padrone*, Gavino Leddas nüchterne, autobiografische Beschreibung seiner Kindheit als Schafhirte. Später gab es dazu eine von Kritikern gelobte aber wenig erfolgreiche Verfilmung durch die Brüder Taviani, in der sie die Bitterkeit von Armut und Elend darstellen.

Die Wirren des politischen und sozialen Lebens im Nachkriegsitalien sind das zentrale Thema in *Il figlio di Bakunin* (Bakunins Sohn), dem einzigen übersetzten Buch von Sergio Atzenis (1952–1995). Wie Deledda vor ihm beschreibt dieser große Autor der jüngeren sardischen Literaturgeschichte eine Gesellschaft, die sich nicht mit bequemen Moralvorstellungen und simplen politischen Annahmen greifbar machen lässt.

In jüngerer Zeit hat Sardinien auch eine Reihe guter Krimiautoren hervorgebracht. Einer von ihnen ist Flavio Soriga (geb. 1975), der mit *Diavoli di Nuraio* im Jahr 2000 den Preis Premio Italo Calvino gewonnen hat.

Traditionelles Kunsthandwerk

Auf einer Insel, in der Landwirtschaft die Hauptrolle spielt, hat auch das Kunsthandwerk eine lange Tradition. Dies betrifft überwiegend die Verarbeitung lokaler Materialien, z.B. von Korkeiche oder Korallen. Während früher meist für den Alltagsgebrauch gearbeitet wurde, wird heute vieles zu Dekorationszwecken hergestellt. Die Kunstschmiede bei Santu Lussurgiu z. B. haben sich angepasst und stellen heute dekorative Lampen, Tore und Bettgestelle her – statt der landwirtschaftlichen Geräte, von denen sie früher hauptsächlich lebten.

Die Qualität ist allerdings immer noch hoch, und man kann ausgezeichnete Dinge bekommen. Wer sicher sein will, dass Preis und Qualität stimmen, sollte in einen Laden des Istituto Sardo Organizzazione Lavoro Artigiano (ISOLA) gehen, wo man für jedes Stück eine Qualitätsbescheinigung erhält.

Die sardische Küche

Oliven und Zitronen reifen in der Sonne, der Duft von wildem Thymian, Rosmarin, Wacholder und Myrte vermischt sich mit der Brise des Meeres, Schäfer führen ihre Herden heimwärts, um Ricotta herzustellen, und Fischer holen bei Tagesanbruch die frisch gefangenen Meeräschen und Hummer an Land. Keine romantische Verklärung, sondern Wirklichkeit. Slow-Food-Anhänger haben es auf Sardinien deshalb leicht.

Das wirklich Schöne an der regionalen Küche ist ihre Schlichtheit und Frische. Was könnte besser schmecken als ofenwarmes *pane carasau,* mit bestem Olivenöl beträufelt, der unverfälschte Geschmack hausgemachter Antipasti oder knusprig gebratenes Spanferkel? Dazu gönnt man sich eine schöne Aussicht auf die Berge oder das Meer, einen regionalen Wein, Cannonau oder Vermentino zum Beispiel, und das kulinarische Erlebnis ist perfekt – einfach, aber großartig.

Na ja, würden die Sarden vielleicht einwenden, so einfach ist unsere Küche nun auch wieder nicht. Der Teufel steckt mal wieder im Detail. Und in der Tat findet man nirgendwo sonst in Italien eine derartige Auswahl an Brotsorten (darunter manche geradezu kunstvoll gestalteten) und Pecorino (Schafskäse; darunter auch der von Maden durchlöcherte *casu marzu*). Und glaubt man einmal, nun habe man endlich alles begriffen, kommen noch ein paar ganz spezielle Dinge mit in den Topf. Die mit Ricotta gefüllten Teigtaschen, die man gerade isst, sind keine Ravioli, sondern *culurgiones*. Die muschelförmigen Klößchen in der Tomaten-Kräutersauce, die so gut schmecken, sind keine Gnocchi, sondern *malloreddus*. Ach, übrigens, die körnige, nussartige Pasta mit den knubbeligen Venusmuscheln ist kein Couscous, das ist *fregola*. Alles klar? *Bravo. Buon appetito!*

Für ein 3-Gänge-Menü mit Hauswein bezahlt man

» **€** unter 25 €
» **€€** 25–45€
» **€€€** über 45 €

BESONDERS GUT IN …

» **Cagliari** *Burrida,* Katzenhai, mariniert in einer Sauce aus Walnüssen, Knoblauch, Weinessig und Gewürzen.

» **Gallura** *Zuppa cuata* oder *zuppa gallurese,* ein herzhafter Auflauf aus geschichtetem Brot, Käse und Fleischragout, mit Brühe übergossen und knusprig gebacken.

» **Olbia** *Zuppa di cozze* e *vongole* (Venus- und Miesmuschelsuppe mit Knoblauch), *ricci* (Seeigel) und *ortidas* (gebratene Seeanemonen).

» **Barbagia** *Pecora in capoto,* deftiger, kräftig gewürzter Eintopf mit Schafsfleisch.

» **Alghero** *Aragosta alla catalana,* Hummer mit Tomaten und Zwiebeln.

» **Cabras** *Muggini* (Meeräsche) und *bottarga* (Meeräschenrogen).

» **Nuoro & Ogliastra** *Fioro sardo pecorino,* (ein spezieller Pecorino), außerdem Fleisch vom Lamm, Schwein und Wildschwein.

Wie die meisten Italiener nehmen sich auch die Sarden keine Zeit für die *colazione* (Frühstück). Ein Cappuccino und ein *cornetto* (Hörnchen) im Stehen an der Bar genügen ihnen vollkommen. Die Hirten draußen in der freien Natur essen eher ein wenig Brot und ein Stückchen Hartkäse.

Pranzo (Mittagessen) ist allerdings ein Ritual, an dem die meisten festhalten. Berufstätige können dann nicht immer nach Hause gehen, aber auf der ganzen Insel bleiben die Läden drei bis vier Stunden geschlossen, damit genug Zeit bleibt für ein ordentliches Essen. Zu einer kompletten Mahlzeit gehören ein *antipasto* (Vorspeise), danach ein *primo*, meist eine kräftige Suppe, Pasta oder Risotto, schließlich ein *secondo* aus Fleisch oder Fisch. Im Inselinneren bevorzugen viele Menschen Fleisch, gebraten oder als Schmortopf. Ein Abschluss der Mahlzeit *alla sarda* (auf sardische Art) bedeutet: Käse und ein *digestivo*, z.B. ein Gläschen Grappa. Mittlerweile wird das Essen aber meist im üblichen Stil mit Dessert und Kaffee beendet.

Cena (Abendessen) war traditionell eine weniger aufwendige Angelegenheit. Da sich die Arbeitsgewohnheiten aber ändern und weniger Leute mittags zu Hause essen können, wird das Abendessen für immer mehr Sarden zur Hauptmahlzeit.

Sardische Koch-bücher

» *The Foods of Sicily & Sardinia* von Giuliano Bugialli, *1996*

» *Sweet Myrtle & Bitter Honey: The Mediterranean Flavours of Sardinia,* von Efisio Farris, 2007

» Sarah Wiener – *Karwoche auf Sardinien (DVD),* 2008

Sardische Kochkunst

Das tägliche Brot

Es macht Spaß, morgens in die nächste *panetteria* zu laufen, den Duft von frisch gebackenem Brot zu inhalieren und sich dort etwas Leckeres auszusuchen. Die Sarden wissen einen schlichten Laib Brot immer noch zu schätzen und deshalb gibt es eine Vielzahl von Brotsorten, die oft typisch sind für eine Region oder einen Ort. Traditionelle Bäckereien sind stolz darauf, dass sie nur erstklassigen Hartweizen verwenden und die alten Verarbeitungstechniken kennen.

Das verbreitete *civraxiu*, ein großes, rundes Weißbrot mit knuspriger Kruste und weichem Inneren, stammt aus der Region Campidano. Eine weitere verbreitete Sorte ist das an nahöstliches Fladenbrot erinnernde *spianata* oder *spianada*. In Sassari bieten die Imbisslokale *fainè*, ein Fladenbrot aus *farinata* (Kichererbsenmehl), das vor Jahrhunderten durch die Ligurer aus dem Nordwesten Italiens eingeführt wurde. Von den Spaniern stammen *panadas,* leckere kleine Pasteten mit Füllungen von gehacktem Lamm oder Schwein bis hin zu Aal.

Zu ganz besonderen Anlässen, bei Hochzeiten und an kirchlichen Feiertagen, wird die Broterstellung in den Bäckereien der Insel fast eine

Civraxiu geht auf das Wort cibaria zurück, die Bezeichnung für Mehl während der Römerherrschaft, als Sardinien für Rom einer der wichtigsten Getreidelieferanten war.

NOTENPAPIER

So knusprig wie ein Cracker, so leicht wie eine Oblate und dabei so dünn, dass die Sonne hindurchscheinen kann, das ist das bekannteste Brot auf Sardinien, *pane carasau* oder *carta da musica* (Notenpapier). Es wird überall auf dem Land angeboten, besonders in den Regionen Gallura, Logudoro und Nuoro, wo es immer noch von Hand aus den einfachsten Zutaten zubereitet wird – Hartweizen, Wasser und etwas Salz. Das Brot kommt beim Backvorgang zweimal in einen mit Holz geheizten Ofen, damit es ganz besonders knusprig wird. Seit Jahrhunderten ist dieses haltbare Brot ideal für die Schäfer draußen auf den Weiden.

Mit Olivenöl bepinselt und mit Salz bestreut, heißt es nicht mehr *pane carasau*, sondern *pane guttiau* und ist dann ein leckerer Snack. Etwas aufwendiger ist die Variante *pane frattau*, bei der das „Notenpapier" mit Tomatensauce, geriebenem Pecorino und einem weichgekochten Ei belegt wird.

MAG JEMAND KÄSE MIT MADEN?

Fragt man Sardinier nach dem berüchtigten *casu marzu*, „verdorbenem" Käse mit Maden, ziehen sie kennerhaft die Augenbrauen hoch, kichern über witzige Erlebnisse beim Probieren oder wechseln einfach das Thema. Es scheint, als ob hier jeder eine Geschichte oder eine Meinung hat zum *formaggio che salta* (Käse, der hüpft). Er ist cremiger und würziger als alles, was man je probiert hat, sagen die einen, und andere warnen, dass er Übelkeit verursacht und im Darm gärt.

Selbst einem Autor von Drehbüchern für Horrorfilme mit einer Schwäche für Pecorino wäre so etwas wohl kaum eingefallen: Pecorino wird absichtlich mit Eiern der Käsefliege piophila casei verunreinigt. Durch den Verdauungsprozess der Maden wird das Fett im Käse aufgebrochen, der Fermentierungsprozess wird beschleunigt und der Käse zersetzt sich sehr schnell. Die stechend riechende Flüssigkeit, die aus dem Käse dringt, nennt man *lagrima* (Träne). Einheimische halten beim Essen eine Hand über den Käse, damit die munteren Tierchen ihnen nicht ins Gesicht springen. Angeblich schaffen die Maden bis zu 15 cm ... Andere stecken den Käse erst in eine Papiertüte, sodass die Maden aus Mangel an Sauerstoff absterben.

Falls jemand der Versuchung nicht widerstehen kann, muss er allerdings ziemlich intensiv nach diesem Produkt suchen. Zwar gilt casu marzu als „traditionelles Lebensmittel" und unterliegt damit nicht den EU-Gesundheitsrichtlinien, es ist aber trotzdem verboten, ihn zu verkaufen und zu servieren. Er wird also überwiegend für den privaten Verbrauch hergestellt. Die Tatsache, dass er so schwer zu finden ist, macht die Suche allerdings noch spannender. Fragt man einen Sarden danach, macht er vielleicht eine weit ausholende Bewegung mit dem Arm und sagt: „In den Bergen ... vielleicht." Im Sommer kann man in der abgelegenen Barbagia mit etwas Glück vielleicht einen Bauern finden, der von seinen geheimen Vorräten etwas abgibt.

Art Kunstform, *su coccoi* genannt. Die aufwendigen Blumenkränze, Herzen und Tierformen sind sehr fein gearbeitet und ehrlich gesagt, fast zu hübsch zum Aufessen.

Antipasti

Antipasti sind ein willkommener und leckerer Import vom italienischen Festland, stehen auf *fast* jeder Speisekarte und kommen vor den *primi* (erster Gang). *Antipasti di terra* (aus der Erde) sind oft eine köstliche Auswahl aus selbst gebackenem Brot, rohem Schinken, scharfer sardischer Salami, Oliven und diversen gekochten, rohen oder marinierten Gemüsesorten, z.B. Artischocken und Auberginen. Manchmal gibt es auch *fritelle di zucchine*, Puffer aus Zucchini mit Semmelbröseln und Käse. Vor allem am Meer werden auch *antipasti di mare* angeboten, z.B. dünn geschnittene *bottarga* (Meeräschen- oder Thunfischrogen), die am besten in Cabras schmeckt. Cagliari ist berühmt für seine *burrida* (marinierter Katzenhai).

Käse, herrlicher Käse

Sardinien ist eine Insel der Hirten und deshalb ist es auch wenig erstaunlich, dass die Kunst der Käseherstellung ein hohes Niveau erreicht. Seit fast 5000 Jahren wird hier Käse gemacht, und Sardinien ist allein für 80 % des italienischen Pecorino zuständig. Schlemmer werden begeistert sein über die vielen Käsesorten, vom kräftigen *pecorino sardo* bis hin zu geräucherten Varianten, cremigem Ziegenkäse (z.B. *ircano* und *caprino*), Ricottasorten und Käsespezialitäten wie *canestrati* mit Pfefferkörnern und Kräutern.

Fiore sardo wird nach einem jahrhundertealten Rezept hergestellt und frisch, geräuchert oder gebraten verzehrt. Traditionell besteht dieser beliebte Käse aus Schafsmilch, es gibt aber auch Varianten aus Kuhmilch

**Top Five:
Gut essen**

» **La Botteghina**, Alghero

» **Su Gologone**, bei Oliena

» **Peschiera Pontis**, Cabras

» **Pintadera**, Iglesias

» **Ristorante Gallura**, Olbia

wie *fresa* oder *peretta*. Die gefragtesten Ziegenkäse sind *caprino* und der *crema del Gerrei* aus Ziegenmilch und Ricotta.

Nur die unerschrockensten Feinschmecker werden sich an *formaggio marcio* oder *casu marzu* heranwagen, wörtlich „Gammelkäse" – inklusive Maden!

Sardische Pasta

Sardinien geht alles auf ganz eigene Art an – so auch seine Pastarezepte.

Die schweren, muschelförmigen *malloreddus* bestehen aus Grieß und sind mit Safran gewürzt. Sie werden gewöhnlich zu *salsa alla campidanese* (Würstchen und Tomatensauce) serviert und sind auch unter dem Namen *gnocchetti sardi* bekannt. Eine weitere typisch sardische Kreation sind *fregola*, körnige, an Couscous erinnernde Nudeln, die häufig in Suppen Verwendung finden.

Damit man ihnen nichts nachweisen konnte, rösteten ursprünglich Viehdiebe gestohlene Schweine langsam in einem Erdloch, über dem ein Feuer brannte. Die Technik heißt *su carraxiu* .

Die Ravioli-ähnlichen *culurgiones* (für die es unzählige Schreibweisen gibt) sind typischerweise mit Ricotta oder *pecorino* gefüllt und werden in einer Tomaten-Kräutersauce serviert. *Culurgiones de l'Ogliastra* aus Nuoro sind mit Kartoffelpüree und manchmal auch mit Fleisch und Zwiebeln gefüllt. Gereicht werden sie meist in Tomatensauce mit etwas *pecorino*, Olivenöl, Knoblauch und Minze.

Bei *maccarones furriaos* handelt es sich um zusammengeklappte Pastaplatten mit einer Sauce (häufig aus Tomaten) und überbackenem Käse. Der Teig für *maccarones de busa* oder einfach nur *busa* wird um Stricknadeln gewickelt, um seine typische Form zu bekommen.

Andere verbreitete Pastasorten sind *pillus* (feine Bandnudeln) und dünne *filindeu*, die als Suppennudeln dienen.

Am Spieß

Auch Sardiniens fleischliche Genüsse haben ihren eigenen Stil. Drei Spezialitäten sind besonders zu erwähnen: *porceddu* (Spanferkel), *agnello* (Lamm) und *capretto* (Ziegenkitz). Sie werden mit mediterranen Kräutern gewürzt und am Spieß gebraten. Am bekanntesten ist *porceddu* (oder *porcheddu*), das bei schwacher Hitze so lange geröstet wird, bis die Haut aufplatzt und das Fleisch ganz zart schmeckt. Dann lässt man es eine Weile auf einem Bett aus Myrtenblättern ruhen.

Agnello ist besonders im Dezember beliebt, wird aber das ganze Jahr über angeboten. *Capretto* findet man seltener auf Speisekarten, etwas häufiger aber in den Bergen, wo es mit Thymian gewürzt wird.

Ein bodenständiger Klassiker und schwer zu bekommen ist *su carraxiu* (wörtlich: vergrabenes Fleisch). Das Fleisch wird zwischen zwei Schichten aus heißen Steinen gelegt, mit Myrte bedeckt und in einem Erdloch langsam gegart.

Die Sarden haben zudem eine Vorliebe für Federwild, Kaninchen und Wildschwein. Eine wunderbar würzige Sauce mit roter Myrte, die zu jedem Fleischgericht passt, heißt *al mirto*.

Fisch & Meeresfrüchte

Die Sarden betonen, dass sie traditionell *pastori, non pescatori* (Schafhirten, keine Fischer) sind. Cagliari, Alghero, Cabras und einige andere Küstenstädte ernten traditionell auch Meeresfrüchte; andernorts kommen sie von außerhalb.

Ganz oben auf der Liste der Spezialitäten steht Hummer (von März bis August zum Fang freigegeben), besonders in Alghero, wo er als *aragosta alla catalana* mit Tomaten und Zwiebeln serviert wird. *Muggine* (Meerbarbe) ist an der Küste von Oristano besonders beliebt und *tonno* (Thunfisch) auf der Isola di San Pietro. *Cassola* ist eine herzhafte Fischsuppe ähnlich der *zuppa alla castellanese* von Castelsardo – nur mit mehr Tomaten.

Auch in Cagliari haben Fisch und Meeresfrüchte eine lange Tradition. Hier gibt es Spezialitäten von Seebrasse bis Barsch. Die bekanntesten basieren auf dem *gattucio di mare* (Katzenhai). Venus- und Herzmuscheln, Tintenfisch und Krebse stehen ebenfalls auf der Speisekarte – und im Marschland von Cabras auch Aal. Etwas abenteuerlicher und exotischer wirken *orziadas* (frittierte Seeanemonen mit Grießpanade) und *ricci* (Seeigel).

Noch Platz für ein Dessert?

Die Dessertauswahl war schon immer etwas eingeschränkt und wurde von den natürlichen Aromen der Insel bestimmt. Für das Rezept von *amarettes* (Mandelplätzchen) z.B. braucht man gerade einmal drei Zutaten, Mandeln, Zucker und Eier, aber sie sind wunderbar locker und recht saftig.

Zwar gab es *pardulas* (auch *casadinas* oder *formagelle*) traditionell zu Ostern, aber sie sind mittlerweile auch zu anderen Jahreszeiten in den Geschäften zu finden. Die leckeren Mini-Käsekuchen werden mit Ricotta oder Pecorino zubereitet, mit Safran gewürzt und zu einem knusprigen Törtchen gebacken.

Andere Süßigkeiten und Plätzchen gibt es wirklich nur zu bestimmten Zeiten. *Ossus de mortu* (Totenknochen) sind Plätzchen, die mit viel Zimt gewürzt und mit Mandeln bestreut werden und zu Allerheiligen am 1. November gebacken werden. Nach der Weinlese sieht man immer häufiger *papassinos de Vitzi* (Mandel-Rosinenplätzchen) und *papassinos cun saba* mit Mandeln, Honig, kandierten Früchten und Traubenmost. Bei Festen werden auch oft *sospiri di Ozieri* angeboten, saftiges Gebäck aus gehackten Mandeln, Zucker, Honig und Zitrone mit Zuckerguss oder *coffettura*, kleine Körbchen aus fein geschnittener Orangenschale und mit Honig kandierten Mandeln.

Das berühmteste Dessert der Insel sind allerdings *seadas* (oder *sebadas*), köstliche Teigtaschen, gefüllt mit Ricotta oder Frischkäse und Orangenschalen und übergossen mit *miele amaro* (Bitterhonig).

Sardische Getränke

Kaffee

Espresso ist ähnlich wie anderswo in Italien der meistgetrunkene Kaffee und deshalb ordert man oft einfach nur *un caffè*. Ein *doppio espresso* ist die doppelte Menge und ein *caffè americano* ist eine verlängerte Version, die deutschem Kaffee am nächsten kommt. Wer Kaffee mit Milch möchte, hat verschiedene Wahlmöglichkeiten. *Caffè latte*, der von den Einhei-

---

NUR MUT ...

» *Casu marzu* – „Verdorbener" Pecorino mit lebenden Maden, der aber schwer zu finden ist.

» *Cordula* – Lammkutteln, gegrillt, gebraten oder mit Erbsen geschmort.

» *Granelle* –in Scheiben geschnittene Kalbshoden im Teigmantel, kurz gebraten.

» *Salsiccia* oder *salame di cavallo/d'asino* – Würstchen aus Pferde- oder Eselsfleisch.

» *Tataliu* oder *trattalia* – Nieren, Leber und andere Innereien vom Kalb, Lamm, Zicklein oder Ferkel werden geschmort oder auf Spießen gegrillt.

» *Zimino russo* – Verschiedene gebratene Innereien, meist vom Kalb, u.a. Herz, Zwerchfell, Leber, Niere und dergleichen.

» *Zurrette* – eine Blutwurst aus Schafsblut, die, ähnlich wie der schottische haggis, in einem Schafsmagen gekocht und mit Kräutern und Fenchel gewürzt wird.

Süßigkeiten, Torten, Kuchen und Plätzchen – Sardiniens Dessertangebot ist überaus vielseitig. Neben den Inselspezialitäten bietet jeder Ort auch noch seine ganz eigenen Leckereien.

„Jede Stadt hat ihre eigenen Rezepte", erklärt Maria Antonietta Goddi, eine von vier Schwestern, die zusammen mit ihrer Mutter, der formidablen Signora Maurizia, in Cagliaris Hafenviertel den traditionellen Süßwarenladen Durke betreiben.

„So wird der *dolce* (Nachtisch) *papassino* (von *papassa*, Rosine) auf ganz Sardinien zubereitet, aber überall anders. Sehr unterschiedliche Beispiele kommen aus Torralba, Benetutti, Bitti und Selargius in der Provinz Cagliari. In Selargius wird er zum Beispiel mit Zimt und *vino cotto* (Glühwein) hergestellt."

Diese Variationen reflektieren häufig die Geschichte der jeweiligen Gegend, in der sich traditionelle Rezepte mit ausländischen Einflüssen mischten. „Das Zentrum und der Süden der Insel sind stark arabisch beeinflusst – hier kommen Orangenblüten, Zimt und Vanille zum Einsatz. Im Norden wird viel *vino cotto* und *vino selvatico* (Wein aus Wildpflanzen) verwendet. Für *casatinas* nimmt man in Zentralsardinien den intensiven Pecorino, während wir hier in Cagliari gerne Ricotta verwenden – häufig mit Safran."

„Dann wäre da noch *torrone* (Nougat), das es auch auf Sizilien gibt. Doch in Sardinien wird es völlig ohne Zuckerzusatz hergestellt und enthält nur Honig, Eiweiß, Mandeln und Walnüsse."

Mehr Informationen zu Durke auf S. 52.

mischen oft zum Frühstück getrunken wird, ist Kaffee mit viel Milch. *Caffè macchiato* ist ein Espresso mit einem Schuss heißer Milch und *latte macchiato* ist ein Glas heiße Milch mit etwas Espresso. Der Cappuccino ist eine schaumige Variante des *caffè latte*.

Wein

Sardische Weine haben vielleicht einen nicht ganz so großartigen Ruf wie die italienischen, aber die Zeiten ändern sich. Viele Winzer sind heute sehr bemüht, ihre Standards anzuheben, und die Qualität wird immer besser. Modernen Produzenten ist es gelungen, den hohen Alkoholgehalt zu reduzieren, so dass es jetzt auch leichte trockene Weißweine und kultiviertere Rotweine gibt.

Die für Besucher interessantesten Weinbaugebiete sind die Gallura für Vermentino-Weißweine, Ogliastra, Baronia, Barbagia und Mandrolisai für die Cannonau-Rotweine und Sulcis im Südwesten für Carignano-Rotweine und Rosès.

Im Allgemeinen sind die Preise für sardische Weine vernünftig, und gute Markenweine gibt es häufig für 10 bis 15 € pro Flasche. Wein kann man direkt beim Produzenten kaufen oder bei einer *cantina sociale* (Winzergenossenschaft), die oft auch eine *degustazione* (Weinprobe) anbieten. Viele *agriturismi* (Höfe für Urlaub auf dem Bauernhof) keltern ebenfalls ihren eigenen Wein, der häufig erstaunlich gut ist.

WEINE IM INTERNET

Auf www.wine country.it findet man fundierte Informationen und Zahlenangaben zu den wichtigsten Weinen Sardiniens.

Vermentino-Weißweine

Die Vermentino-Rebe wurde im 18. Jh. auf Sardinien eingeführt; sie gedeiht gut auf den sandigen Granitböden im Nordosten der Insel. Der beste Wein der Region ist der Vermentino di Gallura, der einzige DOCG-Wein der auf Sardinien angeboten wird. Es ist ein fruchtiger, aromatischer Wein mit einer leichten Bittermandelnote, der am besten vor dem Essen oder zu Fisch getrunken wird.

Aber Vermentino wird nicht nur im DOCG-Gebiet Gallura angebaut, sondern auch anderswo; dort ist er dann in der Qualitätsstufe als DOC-Wein eingestuft.

Cannonau Rotweine

Die bekanntesten sardischen Rotweine werden aus der Cannonau-Traube gekeltert. Sie wird mit guten Einträgen auf der ganzen Insel angebaut, ist aber in den Bergen um Oliena und Jerzu besonders verbreitet.

Es sind schwere, kräftige Weine, die sehr gut zu gebratenem Fleisch passen und die die Einheimischen seit Jahrhunderten trinken. Untersuchungen haben ergeben, dass Cannonau-Weine reich an Procyanidinen sind, die gut für Herz und Kreislauf sein sollen. Wer weiß, vielleicht tragen die Rotweine ja auch dazu bei, dass die Menschen in der Provinz Nuoro so ungewöhnlich alt werden.

Vernaccia & Malvasia

Der Vernaccia, der bereits seit römischer Zeit auf den Schwemmland-ebenen um Oristano angebaut wird, gehört zu den berühmtesten Weinen Sardiniens. Am bekanntesten ist ein sherryähnlicher bernsteinfarbener Wein, der oft als Aperitif getrunken wird oder zu Gebäck, z. B. *mustazzoli* angeboten wird. Tatsächlich aber gibt es neun Sorten von Vernaccia, trockene helle Weine bis hin zu alten Dessertweinen.

Malvasia (Malmsey), der in den Hügeln von Planaragia bei Bosa erzeugt wird, aber auch in der Nähe von Cagliari (Malvasia di Cagliari) gedeiht, ist ebenfalls ein ausgezeichneter Tropfen. Der Malvasia di Bosa ist ein exzellenter honigfarbener Dessertwein, der überall in der Gegend um Bosa herum angeboten wird.

Hochprozentiges

Mirto ist das sardische Nationalgetränk, ein weicher, kräftiger Branntwein, der aus den duftenden violetten Früchten des Myrtestrauchs destilliert wird. Am weitesten verbreitet ist eine rötliche Sorte, aber es gibt auch eine seltenere weiße Variante.

WEINPROBEN

Sardische Weine kann man natürlich in jeder Enoteca kaufen und trinken, aber eine richtige Weinprobe ist doch lohnender. Hier eine Auswahl der besten Weingüter, die Weinverkostungen durchführen.

» **Sella e Mosca** (S. 127) Der Spitzenproduzent sardischer Weine bietet Führungen durch das hauseigene Museum an. Probiert werden z. B. helle, fruchtige Vermentinos und rubinrote Cannonaus mit leichter Eichenote.

» **Cantine Surrau** (s. Kasten S. 158) Ein besonders modern gestaltetes Weingut bei Arzachena mit Führungen, Kunstausstellungen und Verkostungen. Unbedingt probieren: die kräftigen, fruchtigen Cannonau-Rotweine und die mineralstoffreichen Vermentino-Weißweine.

» **Cantina del Vermentino** (S. 176) In dieser Weinkellerei kann man einige der besten weißen Vermentinos der Gallura probieren und kaufen.

» **Antichi Poderi di Jerzu** (S. 217) Inmitten einer eindrucksvollen Landschaft in der sogenannten Città del Vino (Stadt des Weines) bietet sich die Chance, kräftige Cannonau-Rotweine zu probieren.

» **Cantina del Mandrolisai** (s. Kasten S. 107) Das Weingut im Herzen des hügeligen Mandrolisai ist berühmt für kräftige Rotweine.

» **Cantine Argiolas** (s. Kasten S. 55) Das preisgekrönte Weingut liegt nur einen kurzen Abstecher nördlich von Cagliari in der Serdiana, wo überall Wein angebaut wird. Eine Führung mit Weinprobe lohnt sich.

» **Cantina Santadi** (S. 76) Das größte Weingut im Südwesten, das hochklassige Rotweine wie Roccia Rubia und Grotta Rossa herstellt. Ein Besuch kann auch per Internet gebucht werden.

Mirto ist aber nur die Spitze des Eisbergs. Die Sarden produzieren eine breite Palette an Branntweinen, die oft aus Zutaten hergestellt werden, die leicht zu finden sind, z. B. *corbezzolo* (Erdbeerbaum; eine Herbstpflanze, deren Früchte an wilde Erdbeeren erinnern), Kaktusfeigen oder Basilikum. Es gibt auch sardischen *limoncello*, einen süßen Zitronenlikör; er ähnelt der bekannteren Version von der Amalfi-Küste.

Ein Erlebnis garantiert auch das recht merkwürdig benannte *filu e ferru* (Eisendraht). Der Hochprozentige wird, ähnlich wie Grappa, aus den Schalen von Trauben destilliert. Der Alkoholgehalt liegt bei rund 40 %, bei selbst gebrannten Flaschen erreicht er gelegentlich sogar 60 %. Das treibt dann auch dem abgebrühten Zecher die Tränen in die Augen.

Die gut verbreitete Marke Zedda Piras steht für anerkannt guten *mirto* und *filu e ferru*.

Vini d'Italia ist der ultimative Führer zu italienischen Weinen, der jedes Jahr von Gambero Rosso (früher zusammen mit Slow Food Editore) herausgegeben wird. Die Bewertungen der Weinerzeuger und ihrer Weine sind äußerst detailliert.

Essen gehen auf Sardinien

Das einfachste -Lokal mit Sitzplätzen ist die *tavola calda* (wörtlich: warme Tafel), wo man schnell eine Kleinigkeit zu essen bekommt. Für eine vollständige Mahlzeit geht man entweder in eine *trattoria* oder ein *ristorante*. Ursprünglich waren Trattorias Familienbetriebe, in denen es ein überschaubares Angebot regionaler Gerichte zu einem günstigen Preis gab. Das gilt, Gott sei Dank, für einige auch heute noch. *Ristoranti* bieten eine größere Auswahl, häufig eine umfangreiche Weinkarte und stilvolleren Service. Als günstigste Möglichkeit wird fast immer ein Hauswein für 5 bis 10 € pro Liter angeboten. Die Karaffen fassen einen viertel, halben oder ganzen Liter. Auf Nachfrage bekommt man in manchen Restaurants auch *acqua di rubinetto* (Leitungswasser), aber die Einheimischen bevorzugen *acqua frizzante* (Mineralwasser mit Kohlensäure) zum Essen. Auch in Sardinien gilt in allen Lokalen ein offizielles Rauchverbot.

Auf der Rechnung steht in der Regel ein Betrag für *pane e coperto* (Gedeck und Brot). Das ist allgemein üblich und wird auch so gehandhabt, wenn man gar kein Brot haben möchte. Meist ist es ein Betrag zwischen 1 € und 4 €. *Servizio* (Bedienung) von 10 bis 15 % kann in der Rechnung enthalten sein oder auch nicht. Falls nicht, wird von Touristen erwartet, dass sie zumindest aufrunden oder ein Trinkgeld von üblicherweise 10% geben, was aber auch nur einen Richtwert darstellen.

Um Steuern zu sparen, versteckten die Sarden früher ihren hausgebrannten *acquavite*. Das Versteck markierten sie mit einem Eisendraht (*filu e ferru*), von dem sich später der Name des Getränks ableitete.

Vegetarier & Veganer

Vegetarier werden es auf Sardinien schwer haben, denn die Küche ist eindeutig fleischlastig. Das Gute ist aber, dass das Gemüse meist von hoher Qualität ist und sehr häufig als Bestandteil der *antipasti* oder *contorni* (Beilagen) dient. Zu beachten ist allerdings, dass scheinbar fleischfreie Speisen, etwa Risottos oder Suppen, oft mit Fleischbrühe zubereitet werden. Für Veganer wird es noch schwieriger, weil so viele Gerichte ein tierisches Produkt enthalten: Milchprodukte, Eier oder eben Fleischbrühe.

Kochkurse

In Sardinien gibt es nicht so viele Kochschulen wie sonst in Italien, aber doch ein paar Orte, an denen man hinter dem Herd stehen kann. Dazu gehören die Cooperativa Gorropu (S. 208) im Hochland bei Dorgiali, das Hotel Gabbiano Azzurro (S. 230) in Golfo Aranci direkt am Meer und das Hotel Lucrezia (S. 227) im Flachland nördlich von Oristano. In der Cantine Argiolas (s. Kasten S. 55) lernen Besucher, sardische Spezialitäten, z.B. *fregola*, zu kochen, die dann zum Wein verspeist werden.

Es gibt einige spezialisierte Veranstalter, die Ferienkochkurse in Sardinien anbieten. Einer davon ist **Ciao Laura** (www.ciaolaura.com), ein amerikanischer Anbieter, der kulinarische Reisen nach Orisei (S. 204) an der Ostküste organisiert. Ein 4-Tage-Kurs kostet 625 € einschließlich Unterkunft.

SARDEN WÜRDEN NIEMALS ...

» die Restaurantrechnung aufteilen. Das tut man einfach nicht. Wer eingeladen hat, zahlt auch.

» Cappuccino nach dem Essen trinken; nach 12 Uhr mittags muss es ein Espresso sein.

» im Gehen essen (außer es handelt sich um Eis).

» das Essen nachwürzen, ohne es vorher probiert zu haben.

» das ganze Brot aufessen, bevor das Essen kommt; es ist zum Auftunken der Soße gedacht.

Saisonale Feste

Jahrhunderte ländlicher Abgeschiedenheit haben dazu geführt, dass viele sehr stolz sind auf traditionelle Bräuche. Das spiegelt sich in aufwendigen Feierlichkeiten wider und auch in den *sagre* (Festen), bei denen ein bestimmtes Nahrungsmittel im Zentrum steht. Traditionell richteten sich diese Ereignisse nach dem Kalender der Bauern; sie waren eine der seltenen Gelegenheiten, um zusammenzukommen, die wunderschönen Trachten vorzuführen und die leckersten Gerichte zu essen. Hier eine Auswahl der schönsten Feste:

Sagra del Bogamarì (S. 121) In Alghero; Fest zu Ehren des bescheidenen *ricco* (Seeigel) an verschiedenen Wochenenden im März.

Sagra degli Agrumi (S. 57) Volkstümliches Zitronenfest in Muravera am zweiten oder dritten Wochenende im April.

Sagra del Torrone (S. 197) Ein süßer Tribut an den Honignougat. Das Fest in Tonara in der Barbagia di Belvi findet am Ostermontag statt.

Girotonno (S. 77) Das Fest in Carloforte Anfang Juni dauert vier Tage und gilt der berühmten *mattanza* (Thunfischfang).

Sagra delle Castagne (S. 206) Kastanienfest im Herbst im Bergdorf Aritzo am letzten Sonntag im Oktober.

Rassegna del Vino Novello (S. 106) Mitte November in Milis; eines der schönsten Weinfeste, wo die neuen Weine geschnüffelt, probiert und verkauft werden.

Mehr über die Feinheiten der sardischen Küche findet man im Internet unter www.sarnow.com und www.sardegnaturismo.it mit einem sehr guten Überblick über regionale Spezialitäten.

Praktische
> # Informationen

Allgemeine Informationen

Arbeiten auf Sardinien

» EU-Bürger dürfen in ganz Italien arbeiten, nur wenige machen jedoch auf Sardinien von dieser Möglichkeit Gebrauch.

Arbeit suchen

EU-Bürger können ohne bürokratische Hindernisse Saisonjobs in Restaurants, Bars oder Hotels annehmen.

Botschaften & Konsulate

Die meisten Länder haben ihre Botschaft in Rom, einige unterhalten zusätzlich ein Honorarkonsulat in Cagliari. Für die Ausstellung von Pässen sind die Konsularabteilungen in Rom zuständig:

Deutschland (Botschaft Rom ☎ 06 492 13 11; www.rom. diplo.de; Via San Martino della Battaglia, 4; Honorarkonsulat Cagliari ☎ 070 30 72 29; Via Rafa Garzia 9)

Österreich (Botschaft Rom ☎ 06 841 82 12; www.bmeia. gv.at; Viale Liegi 32)

Schweiz (Botschaft Rom ☎ 06 809 571; www.eda.

admin.ch/roma; Via Barnaba Oriani 61)

Ermäßigungen

» Ermäßigungskarten bieten fantastische Einsparmöglichkeiten und sind ihr Geld wert.

» Bei der Ausstellung wird häufig eine Gebühr gefordert, außerdem ein Passfoto und ein Identitätsnachweis (Reise- oder Personalausweis), um die Altersangabe überprüfen zu können.

» Personen über 60 oder 65 Jahren erhalten in Museen und öffentlichen Verkehrsmitteln ebenfalls eine Ermäßigung.

» Mit der **International Student Identity Card** (ISIC; www.isic.org; 12 €), dem international gültigen Studentenausweis, erhält man in Cagliari, Sassari und Nuoro Ermäßigungen in Läden, Unterkünften und Museen. Eine vergleichbare Karte für Lehrer ist die **International Teacher Identity Card** (ITIC; www.isic.org; 12 €). Für Nicht-Studenten unter 26 Jahren empfiehlt sich die **International Youth Travel Card** (IYTC; www.isic.org; 12 €).

» Daneben wird noch die **European Youth Card**

(Euro<26 Card; www.euro26. org) angeboten, die verschiedenste Vergünstigungen in ganz Europa gewährt.

» Studentenkarten verkaufen die Studentenvertretungen, Jugendherbergen und einige Jugend-Reisebüros. In Cagliari stellt das Jugendreisebüro **Centro Turistico Studentesco e Giovanile** (www.cts.it, auf Italienisch) die ISIC- und ITIC-Karten und die European Youth Card (Euro<26 Card) aus.

Essen

Die im Buch genannten Preise beziehen sich auf ein dreigängiges Menü mit Wein:

€	unter 25 €
€€	25–45 €
€€€	über 45 €

Auf S. 264 finden sich Informationen zur sardischen Küche.

Feiertage

Die Mehrzahl der Italiener nimmt den Jahresurlaub im August; die Italiener verlassen dann die heißen Städte und suchen Erholung an der Küste oder in den kühlen Urlaubsorten in den Bergen. Da Sardinien zu den Top-Stranddestinationen des Mittelmeerraums zählt, geht es in dieser Zeit hier entsprechend lebhaft zu.

Im Juli und August bevölkern Hunderttausende Italiener und Ausländer die Insel; auch die Stadtbewohner aus Sardinien zieht es dann in ihre Ferienhäuser an der Küste. Aus diesem Grund sind viele Geschäfte und sonstige Dienstleister für ein paar Wochen (meist rund um Ferragosto – Mariä Himmelfahrt am 15. August) geschlossen. Eine weitere beliebte Urlaubswoche der Italiener ist die Settimana Santa (Karwoche).

In Italien gelten folgende Nationalfeiertage:

Capodanno (Neujahr) 1. Januar

Epifania (Heilige Drei Könige) 6. Januar

Pasqua (Ostersonntag) März/April

Pasquetta (Ostermontag) März/April

Giorno della Liberazione (Tag der Befreiung) 25. April

Festa del Lavoro (Tag der Arbeit) 1.Mai

Festa della Repubblica (Tag der Republik) 2. Juni

Ferragosto (Mariä Himmelfahrt) 15. August

Ognissanti (Allerheiligen) 1. November

Immacolata Concezione (Mariä Empfängnis) 8. Dezember

Natale (Weihnachten) 25. Dezember

Festa di Santo Stefano (2. Weihnachtstag) 26. Dezember

Frauen unterwegs

» Sarden behandeln Frauen generell sehr höflich, und es kommt sehr viel seltener zu Belästigungen als in weiten Teilen des italienischen Festlands. Wer aber dennoch unfreiwillig männliche Aufmerksamkeit auf sich zieht, ignoriert diese am besten. Falls das nicht hilft, sollte man höflich darauf hinweisen, dass der *marito* (Ehemann) oder *fidanzato* (Freund) in der Nähe ist; notfalls einfach weggehen. Keinesfalls aggressiv sollte man reagieren, da dies nur zur Konfrontation führt! Wenn gar nichts weiter hilft, Polizei oder *carabinieri* um Hilfe bitten.

» Es ist ratsam – und darüber hinaus natürlich auch respektvoll –, sich im Inselinneren angemessen zu kleiden. Die Menschen hier sind sehr konservativ und ältere Frauen tragen oft noch traditionelle, lange Faltenröcke und Umhängetücher. Bei der Wahl der eigenen Kleidung sollte man sich hier am besten an den Einheimischen orientieren.

Freiwilligen-arbeit

Webseiten wie www.volunteerabroad.com und www.transitionsabroad.com bieten eine begrenzte, aber interessante Auswahl an Freiwilligenstellen auf Sardinien, u.a. Einsätze zum Schutz der Singvögel vor Jägern.

Weitere interessante Freiwilligendienste:

World Wide Opportunities on Organic Farms (WWOOF; www.wwoof.org oder www.wwoof.it) Bietet Arbeitseinsätze auf kleinen Höfen oder Bio-Unternehmen (Olivenernte, Mithilfe in der Bienenzucht, Pflege von Gemüsefeldern, Hilfe beim Melken oder bei der Käseproduktion etc.).

Volunteers for Peace (www.vfp.org) Diese gemeinnützige amerikanische Organisation hilft bei der Vermittlung von Arbeitseinsätzen im sozialen Bereich sowie in den Bereichen Umwelt, Bildung und Kunst.

Geld

» Auf Sardinien bezahlt man wie in Deutschland und Österreich mit Euros (€). Der Wechselkurs für Schweizer Franken steht auf der vorderen Umschlaginnenseite dieses Buches oder kann aktuell unter www.oanda.com abgefragt werden. Eine Kostenübersicht gibt's auf S. 14.

» Geld wechseln kann man bei Banken, Postämtern und Wechselstuben. Am günstigsten sind grundsätzlich die Banken. Da sich die Kurse jedoch ständig ändern, kann ein Vergleich nicht schaden.

Bargeld

» Geldautomaten mit Bargeld gibt es auf der ganzen Insel. Es ist also nicht nötig größere Summen mitzunehmen. Etwas Bargeld sollte man stets bei sich führen, denn Kreditkarten werden

nicht überall akzeptiert – z. B. in B&Bs und billigen Trattorias.

Geldautomaten

» Auf Sardinien findet man problemlos überall einen Geldautomaten (Italienisch *bancomat*). Mit ihnen kommt man am einfachsten (und sichersten) an Bargeld. Die meisten akzeptieren Visa, Mastercard, Cirrus- und Maestro-Karten; immer schauen, ob das entsprechende Logo am Automaten abgebildet ist! Das Tageslimit für Barabhebungen beträgt 250 €. Es wird eine Transaktionsgebühr erhoben, die gewöhnlich um 1,5 % beträgt.

» An Geldautomaten funktionieren nur Kreditkarten mit vierstelliger PIN-Nummer.

Kreditkarten

» Mit einer Plastikkarte lässt sich die Urlaubskasse am besten verwalten: Man muss keine großen Barbeträge herumschleppen und kann sie so auch nicht verlieren. Außerdem kann man mit Bank- und Kreditkarten auch außerhalb der Geschäftszeiten Geld abheben und der Wechselkurs ist oft der beste.

» Die großen Karten wie Visa, Mastercard, Eurocard, Cirrus und Eurocheque werden auf Sardinien allgemein akzeptiert. Es fallen jedoch Gebühren an, die vor Abreise bei der Hausbank erfragt werden können. Die meisten Banken berechnen rund 3 % für jede Transaktion im Ausland und rund 1,5 % für Barabhebungen.

» Wenn die Karte abhandenkommt oder der Automat sie nicht mehr hergibt, kann man sie unter folgenden gebührenfreien Rufnummern sperren lassen:

Amex (📞800 914 912)
MasterCard (📞800 870 866)
Visa (📞800 81 90 14)

Trinkgeld

Wenn die Bedienung in der Restaurantrechnung enthalten ist, wird kein zusätzliches Trinkgeld erwartet. Wer zufrieden war, kann natürlich trotzdem aufrunden oder etwas extra geben – 10 % sind angemessen. In Bars lassen Italiener häufig Kleingeld (0,10/0,20 €) liegen. Taxifahrern Trinkgeld zu geben, ist nicht üblich; Gepäckträger in teuren Hotels hingegen erwarten es.

DIENST-LEISTER	TRINKGELD
Bar	Aufrunden
Reinigungspersonal im Hotel	1 € pro Tag
Hotelportier	1–1,50 € pro Gepäckstück
Restaurant	Nicht üblich; wenn ja: 10 %
Taxi	Nicht üblich

Gesundheit

Die medizinische Versorgung ist auf der ganzen Insel ausreichend, allerdings regional unterschiedlich gut. Apotheken verkaufen Medikamente für leichte Erkrankungen und können auch sonst mit ihrem Wissen weiterhelfen. Sie weisen auch darauf hin, wenn ein Spezialist hinzugezogen werden sollte, und vermitteln in diesem Fall die Adressen.

Vor der Reise

» Wer bei bestehenden Vorerkrankungen vor dem Urlaub die nötigen Vorsichtsmaßnahmen ergreift, erspart sich unterwegs unnötige Aufregung.

» Dazu gehört es, die medizinisch notwendigen Originalmedikamente in ausreichender Menge für den Urlaub mitzunehmen.

» Ein unterschriebenes und datiertes Begleitschreiben des behandelnden Arztes mit einer Beschreibung des medizinischen Befundes und der Medikation kann im Notfall sehr hilfreich sein.

» Wer Spritzen und Nadeln benötigt, sollte sich vom Arzt eine schriftliche Bestätigung über die medizinische Notwendigkeit ausstellen lassen.

» Wer einen langen Auslandsaufenthalt plant, sollte sicherstellen, dass die Zähne in Ordnung sind – Zahnarztbehandlungen sind in Italien teuer. Ein Beleg mit den benötigten optischen Werten hilft bei der Beschaffung einer Ersatzbrille.

Medizinische Versorgung & Gesundheitskosten

» Krankenwagen ruft man unter der Notfallnummer 📞118. Bei akuter Erkrankung sollte man sich direkt in die Ambulanz – *pronto soccorso* – des öffentlichen Krankenhauses begeben. Dort werden in der Regel auch akute Zahnbeschwerden behandelt.

» Die Guardia Medica ist ein ärztlicher Service, der an Wochenenden und an staatlichen Feiertagen nachts (20–8 Uhr) eine medizinische Grundversorgung anbietet. Er ist jedoch nicht für Akutfälle zuständig (dafür geht man in die Ambulanz – *pronto soccorso* – des nächstgelegenen Krankenhauses). In medizinischen Notfällen machen die Mitarbeiter auch Hausbesuche. Der Service der Guardia Medica wird in den meisten größeren Städten angeboten.

Bisse, Stiche & Krankheiten durch Insekten stiche

» Mücken sind in den tief gelegenen Sumpfgebieten um Cabras und Olbia ein ernstzunehmendes Problem – das sollte man wissen, falls man einen Zelturlaub in der Region plant. Im Sommer sollte man unbedingt ausreichend Mückenschutz auftragen, um geschützt zu sein.

» Die sardischen Strände werden regelmäßig von Quallen heimgesucht – ihre Berührungen sind schmerzhaft, aber nicht gefährlich. Handelt es sich nicht um Feuerquallen, lässt sich der Schmerz mit Essig lindern. Galmei-Lotion, Antihistamine und Schmerzmittel helfen, die allergische Reaktion zu verringern und die Schmerzen erträglich zu halten.

» In trockenen Gebieten ist es dagegen recht sicher, denn auf Sardinien gibt es keine giftigen Schlangen.

Internetzugang

» Alle Unterkünfte, die ihren

EUROPÄISCHE KRANKENVERSICHERUNGSKARTE

Mit der Europäischen Krankenversicherungskarte (EHIC) haben Deutsche, Österreicher und Schweizer ein Anrecht auf eine kostenlose oder zumindest günstige medizinische Versorgung in Italien.

Die EHIC-Karte gilt nicht für die Behandlung durch Privatärzte, sondern nur in öffentlichen Krankenhäusern oder bei Kassenärzten. In der Regel zahlt man sofort vor Ort und füllt ein Behandlungsformular aus, das nach der Rückkehr bei der Krankenkasse eingereicht werden kann. Wie hoch der Erstattungsbeitrag ist, hängt von der jeweiligen Krankenkasse ab.

Klima

Cagliari

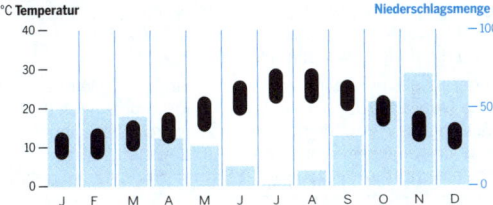

Olbia

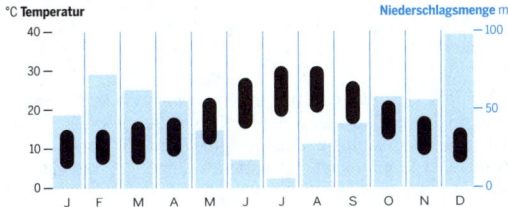

Oristano

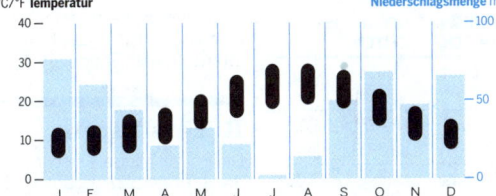

Gästen einen Internetzugang ermöglichen, sind mit dem Computer-Symbol @ gekennzeichnet; das Icon 🛜 weist auf einen WLAN-Zugang hin. Am einfachsten ist der Besuch eines Internet-Cafés; solche Cafés findet man in allen großen Urlaubsorten und sporadisch auch an anderen Orten der Insel (im Buch wird darauf hingewiesen).

» In kleineren Städten und Dörfern sind Internet-Cafés häufig die einzigen Anbieter, die einen Internetzugang zur Verfügung stellen. Sie verlangen für ihre Dienste aber oft hohe Preise – etwa 5 € pro Stunde.

» In der Regel muss man sich in jedem Internet-Café vor der Benutzung der Computer ausweisen.

» Viele Hotels bieten ihren Gästen einen Internetzugang, immer häufiger auch über WLAN.

» Italiens Telefonunternehmen **Telecom Italia** (www.tim.it, auf Italienisch) und **Wind** (www.wind.it, auf Italienisch) ermöglichen einen Internetzugang über die Mobiltelefonnetze. Diese Flatrate-Angebote sind relativ günstig und kosten rund 25 € pro Monat bei einer Laufzeit von mindestens 12 Monaten; für einen Kurzaufenthalt lohnt sich das also nicht.

Nationalparks

Neben den drei sardischen Nationalparks gibt es zwei Regionalparks und zahlreiche Meeresschutzgebiete. Nähere Details finden

sich auf der Website www.parks.it.

Parco Nazionale del Golfo di Orosei e del Gennargentu (S. 204) Sardiniens größter Nationalpark liegt in der Provinz Nuoro und umfasst die Küste des Golfo di Orosei und Teile von Barbagia und Supramonte.

Parco Nazionale dell'Arcipelago di La Maddalena (S. 168) Hier stehen die Inseln des im Nordwesten von Sardinien gelegenen Archipels unter Schutz. Die Insel Isola Caprera, die mit der Isola Maddalena über einen schmalen Damm verbunden ist, ist ein eigenständiges Naturschutzgebiet außerhalb des Nationalparks.

Parco Nazionale dell'Asinara (S. 133) Die eindrucksvolle wilde Küste der Nordwestspitze Sardiniens wurde nach dem hier heimischen *asino bianco* (Albino-Esel) benannt.

Öffnungszeiten

» In den meisten touristischen Zentren bleiben die Läden im Sommer länger geöffnet, meist bis 23 Uhr. Die mittägliche Siesta dauert drei bis fünf Stunden.

» In großen Städten haben die wichtigsten Kaufhäuser und einige Supermärkte Montag bis Samstag von 9 (manchmal 10) Uhr bis 19.30 Uhr geöffnet.

» Lebensmittelläden haben häufig am Donnerstagnachmittag geschlossen, einige andere Läden am Montagvormittag.

» Alle Postämter schließen am letzten Werktag des Monats mindestens zwei Stunden früher als üblich (das gilt nicht für den Samstag).

» *Farmacie* (Apotheken), die geschlossen haben, müssen an der Tür die Adressen der nächstgelegenen diensthabenden Apotheken aushängen.

» DVDs werden im PAL-System angeboten.

» Die üblichen Stecker (Typ F, Abbildung S. 280) besitzen zwei runde Stifte, die Stromspannung liegt bei 230 V, 50 Hz. Auf Sardinien findet man außerdem Stecker vom Typ C und L (drei Stifte). Bei Bedarf sind die nötigen Adapter vor Ort erhältlich.

» Die zwei wichtigsten Zeitungen der Insel sind die in Cagliari erscheinende L'Unione Sarda und die in Sassari verlegte La Nuova Sardegna, als drittes Blatt kommt noch Il Sardegna hinzu. Alle genannten Zeitungen beschäftigen sich vor allem mit Sardinienspezifischen Themen, bieten aber auch Neuigkeiten aus dem In- und Ausland. Englische und deutsche Zeitungen und Zeitschriften werden in den Sommermonaten in den Urlaubsregionen mit ein bis zwei Tagen Verspätung verkauft.

» Radio Sardegna und Radiolina sind die beliebtesten lokalen Rundfunkstationen. Die landesweit ausgestrahlten Sender RAI-1, RAI-2 und RAI-3 bieten einen Mix aus Telefonanrufen, Sport, Nachrichten und Musik. Die Frequenzen wechseln je nach Region. Der BBC World Service ist auf Mittelwelle 648 kHz und auf Langwelle 198 kHz zu empfangen.

» Die lokalen Fernsehsender Videolina und Sardegna 1 bieten eine etwas öde Mischung aus Neuigkeiten, Fußball und traditionellen Folkloretänzen. Ebenfalls zu empfangen sind die italienischen kommerziellen Sender Canale 5, Italia 1, Rete 4 und La7 sowie die Staatssender RAI-1, RAI-2 und RAI-3. Der Empfang ist nicht überall gleich gut; das gilt vor allem für RAI-2 im Südwesten der Insel.

» Bars und Cafés, in denen DJs auflegen oder Livemusik gespielt wird, schließen Freitag und Samstag frühestens um 2 Uhr.

» Im Sommer (Juni bis September) hat die Mehrzahl der Restaurants sieben Tage die Woche mittags und abends geöffnet. Viele Restaurants in Urlaubsorten schließen in der Nebensaison gleich für mehrere Monate. Alle anderen schließen zumindest an einem Tag der Woche.

» Soweit nicht anderes vermerkt, gelten die folgenden Öffnungszeiten.

EINRICH-TUNGEN	ÖFFNUNGS-ZEITEN
Apotheke	Mo–Fr 9–13 & 16–19.30, Sa 9–13 Uhr
Bank	Mo–Fr 8.30–13.30 & 14.45–16.30 Uhr
Bar	Mo–Sa 7–1 Uhr
Cafe	Mo–Sa 7/8–22/23 Uhr
Club	Di–Sa 10–3, 4 oder 5 Uhr

EINRICH-TUNGEN	ÖFFNUNGS-ZEITEN
Geschäft	Mo–Sa 9–13 & 16–20 Uhr
Postamt	Mo–Fr 8–18.50, Sa 8–13.15 Uhr
Restaurant	Mittags 12–14.30/15 Uhr, Abendessen 19–22/23 Uhr

Post

» Die italienische – und damit auch sardische – **Post** (☎ 80 31 60; www.poste.it) ist mit ihren angebotenen Dienstleistungen nicht gerade die effizienteste, hat sich jedoch in den letzten Jahren verbessert. Leider macht die Distanz zwischen Sardinien und dem Festland die Sache nicht besser.

» Briefmarken (*francobolli*) gibt's in Postämtern und Tabakgeschäften (*tabacchi*). Letztere sind an ihrem offiziellen Symbol – einem großen, weißen „T" vor schwarzem Hintergrund – zu erkennen. Da Briefe eigentlich gewogen werden müssen, bezahlt man hier

nicht immer die genaue offizielle Luftpostgebühr für internationale Sendungen.

Rechtsfragen

Die Polizei gliedert sich in drei große Abteilungen: die *polizia* in dunkelblauen Jacken, die *carabinieri* in schwarzer Uniform mit roten Streifen und die grau gekleidete *guardia di finanza*, die für Steuerhinterziehung und Drogenschmuggel zuständig ist.

Wer in Schwierigkeiten gerät, wird am ehesten mit der *polizia* oder den *carabinieri* zu tun haben. Für Strafzettel ist eine vierte Einheit zuständig: die örtliche *vigili urbani* (Verkehrspolizei).

Wer einer Straftat bezichtigt wird, muss innerhalb von 24 Stunden mündlich und schriftlich über die Vorwürfe informiert werden. Verdächtige haben bei einer Verhaftung kein Recht zu telefonieren, können jedoch bis zum Eintreffen eines Anwalts jegliche Auskünfte verweigern.

Bei Kapitalverbrechen können Verdächtige ohne

Prozess bis zu zwei Jahre festgehalten werden.

Seit Februar 2006 gilt in Italien ein strenges Antidrogengesetz, das nicht mehr zwischen harten und weichen Drogen unterscheidet. Somit steht Cannabis auf einer Stufe mit Kokain, Heroin und Ecstasy. Wer mit einer Menge erwischt wird, die die Polizei nicht mehr als Eigenbedarf einstuft, riskiert bis zu 260 000 € Geldstrafe oder 6 bis 20 Jahre Gefängnis.

Das Limit für Alkohol am Steuer liegt auf Sardinien bei 0,5 Promille. Als Reaktion auf eine Reihe dramatischer Unfälle 2007 wird mittlerweile hart gegen Alkoholsünder vorgegangen.

Reisen mit Behinderung

Sardinien ist auf Reisende mit Behinderungen nicht allzu gut eingestellt. Museen und Denkmäler sind selten rollstuhlgerecht. Eine löbliche Ausnahme ist das Museo Archeologico Nazionale von Cagliari.

Nach europäischem Gesetz sind Flughäfen dazu verpflichtet, Passagieren mit Behinderung Hilfe zu gewähren. Wer also unterwegs oder bei Ankunft Hilfe benötigt, sollte dies bereits beim Ticketkauf angeben. Die Airline leitet diese Infos dann an den Flughafen weiter, der die Hilfe organisiert. Informationen zum Serviceangebot der beiden Flughäfen in Rom gibt es online unter www.adrassistance.it, nur auf Italienisch.

Wer Unterstützung bei Bahnreisen benötigt, kann sich an Trenitalia wenden; die Servicenummer ☎199 30 30 60 ist täglich zwischen 7 und 21 Uhr erreichbar.

Die Auslandsfilialen der italienischen Tourismusbehörde kennen Adressen italienischer Behindertenverbände und informieren über die Hilfsangebote.

Unter www.reiselinks.de/behindertenreisen.html finden sich zahlreiche Anbieter spezieller Behindertenreisen in verschiedene Länder.

Folgende Organisationen helfen gerne weiter:

Accessible Italy (☎378 94 11 11; www.accessibleitaly.com) In San Marino ansässiges Unternehmen, das auf Behindertenreisen spezialisiert ist (von Touren bis zur Vermietung behindertengerechter Autos).

Associazione Italiana Assistenza Spastici (☎070 37 9101; www.aiasnazionale.it, auf Italienisch; Viale Poetto 312, Cagliari) Die Seite der italienischen Spastikerhilfe mit Niederlassung in Cagliari.

Lonely Planet (www.lonelyplanet.com) Im Thorn Tree Forum gibt es auch einen Bereich für Reisende mit Behinderungen.

Reiseservice des BSK (☎06294 4281 50; www.bsk-ev.org) Gemeinnütziger Verband, der Reiseangebote für Behinderte sowie Tipps und Information rund ums Reisen mit Behinderung bietet.

Schwule & Lesben

Diskretion ist alles. Obwohl Homosexualität legal ist, ist Sardinien kein zweites Mykonos und recht konservativ eingestellt. Es gibt auf der Insel keine offene Schwulenszene und Zärtlichkeiten zwischen gleichgeschlechtlichen Partnern können als provokant empfunden werden, v. a. im ländlichen Inselinneren. Nur in den beiden größten Städten Sassari und Cagliari beginnt sich das derzeit etwas zu ändern.

Die wichtigste Schwulenorganisation ist **Movimento Omosessuale Sardo** (☎079 21 90 24; www.movimentomosessualesardo.org, auf Italienisch; Via Rockfeller 16/c) in Sassari. Auch Cagliaris **Associazione Arc** (Via Leopardi 3) und der nationale Schwulenverband **Arcigay** (www.arcigay.it/Sardegna, auf Italienisch) sind hilfreiche Anlaufstellen.

Online bietet die mehrsprachige Website www.ourakcha.com interessante weltweite Reisetipps für Schwule.

Sicherheit

Trotz des notorischen Gerüchts, man befinde sich hier in einem Zentrum der Kriminalität und des Kidnappings, ist Sardinien in Wirklichkeit eine ziemlich friedliche Insel.

Viel seltener als in vielen Städten auf dem italienischen Festland werden Urlauber hier Opfer von Kleinkriminellen. Nur selten hört man von Diebstählen, Handtaschenraub vom Moped aus oder Preiswucher in den Hotels – einem ungestörten Urlaub steht also wirklich nichts im Weg.

Diebstahl

Auch wenn Diebstahl kein großes Problem ist, sollte man grundsätzlich gewisse Vorsichtsmaßnahmen einhalten.

» Wichtige Dokumente (Pässe, Führerschein, Bargeld und Kreditkarten) sollten in einem Geldgurt aufbewahrt werden. Für die täglichen Ausgaben empfiehlt sich eine normale Geldbörse mit dem Tagesbedarf an Bargeld.

» Kameras sollten am besten in Kamerataschen stecken, die man sich sicher umhängen kann (unterwegs nach Möglichkeit immer straßenabgewandt tragen).

» In Straßencafés sollte man seine Tasche bzw. den Rucksack niemals auf einen leeren Stuhl an der Straße stellen, wo man sie/ihn nicht mehr im Blick hat.

» Wertsachen sollten nicht offen in Hotelzimmern herumliegen.

» Gleiches gilt für Wertsachen im Auto: Am sichersten ist es, gar nichts im Auto zurückzulassen, schon gar nicht über Nacht. Die Extraausgaben für die Nutzung eines überwachten Parkplatzes zahlen sich auf jeden Fall aus.

» Im Falle eines Verlustes oder Diebstahls sollte man den Vorfall innerhalb von 24 Stunden bei der *questura* (Polizeiwache) melden. Die Meldung muss für mögliche Schadensersatzansprüche (Reiseversicherung) schriftlich festgehalten werden.

» Notfallnummern werden in den jeweiligen Kapiteln genannt.

Frauen unterwegs

Sarden behandeln Frauen generell sehr höflich, und es kommt sehr viel seltener zu Belästigungen als in Teilen des italienischen Festlands. Wer unfreiwillig männliche Aufmerksamkeit auf sich zieht, ignoriert diese am besten. Falls das nicht hilft, sollte man höflich darauf hinweisen, dass der *marito* (Ehemann) oder *fidanzato* (Freund) in der Nähe ist; notfalls einfach weggehen. Keinesfalls aggressiv reagieren, da dies nur zur Konfrontation führt! Wenn gar nichts hilft, Polizei oder *carabinieri* um Hilfe bitten.

Es ist ratsam – und respektvoll –, sich im Inselinneren angemessen zu kleiden. Die Menschen hier sind sehr konservativ und ältere Frauen tragen oft noch traditionelle, lange Faltenröcke und Umhängetücher. Bei der Wahl der eigenen Kleidung sollte man sich hier am besten an den Einheimischen orientieren.

Verkehr

Das Autofahren auf Sardinien ist nicht ganz so abenteuerlich wie im restlichen Italien, denn die Sarden halten sich in der Regel an die Verkehrsordnung.

» Im Juli und August kosten das Autofahren auf kleinen Landstraßen und die Suche nach einem Parkplatz viel Zeit und Nerven.

» In den größeren Städten sollte man mit erhöhter Vorsicht fahren – vor allem natürlich immer dann, wenn man in langsamem Tempo nach Straßennamen oder einem freien Parkplatz sucht.

» Als Fußgänger sollte man doppelt vorsichtig unterwegs sein.

Strom

230V/50Hz

Telefon

Mobiltelefone

» Wer ein GSM-, Dual- oder Tri-Band-Handy ohne SIM-Lock besitzt (beim Provider erfragen), kann eine italienische *prepagato-* (Prepaid-) Karte nutzen. SIM-Karten verkaufen die inselweit vertretenen Anbieter **TIM** (www.tim.it), **Wind** (www.wind.it) und **Vodafone** (www.vodafone.it). Aufladen kann man die Karten in den Filialen dieser Firmen oder mit einer *ricarica* (Guthabenkarte) vom nächsten *tabacchi*. Die Gebühren variieren je nach Angebot, liegen jedoch für Anrufe ins italienische Festnetz meist um 0,20 € pro Minute

und für innereuropäische Verbindungen bei 0,50 bis 3 €.

» Beim Kauf der Karten wird manchmal ein Ausweis verlangt.

Telefonvorwahlen

Von öffentlichen Telefonen oder günstigen Telefonzentren kann man direkt ins Ausland telefonieren.

Vom Ausland nach Italien Nach der internationalen Vorwahlnummer 📞 0039 (Italiens Ländervorwahl) folgt die Teilnehmernummer. Die Ortsvorwahl ist ein fester Bestandteil der eigentlichen Telefonnummer und muss auch bei Ortsgesprächen mitgewählt werden.

Von Italien ins Ausland Zunächst wird die internationale Vorwahl gewählt (Deutschland 📞 0049, Österreich 📞 0043, Schweiz 📞 0041), dann die Ortsvorwahl (ohne 0) und schließlich die Nummer des Teilnehmers.

Handynummern Diese beginnen alle mit einer dreistelligen Vorwahl, z.B. 330 oder 339.

Kostenlose Nummern Diese heißen in Italien *numeri verdi* und beginnen in der Regel mit einer 800.

Landesweite Rufnummern starten mit einer 848 oder 199.

Auskunft 📞 1254.

Notrufnummern können ohne Telefonkarte von allen öffentlichen Telefonen aus angewählt werden (s. vordere Umschlaginnenseite).

Internationale Auskunft Für Auskünfte außerhalb Italiens wählt man 📞 11 87 00.

Touristeninformationen

Touristeninformationen finden sich in ganz Sardinen, allerdings in unterschiedlich guter Qualität. Effizient arbeiten die Informationen in den großen touristischen Zentren wie Alghero, Cala Gonone,

Santa Teresa di Gallura und Villasimius, hier findet man meist auch Englisch sprechende Mitarbeiter.

Neben den „offiziellen", gibt es auch zahllose private Agenturen, die neben Infos auch Touren und Unterkünfte anbieten. In manchen Fällen sind sie sogar hilfreicher als die offiziellen Stellen (und stehen dann auch in diesem Reiseführer).

Büros der Azienda Autonoma di Soggiorno e Turismo (AAST) informieren über örtliche Fragen wie Busfahrpläne oder Museumsöffnungszeiten. Die Einrichtungen von Azienda di Promozione Turistica (APT) oder Ente Provinciale per il Turismo (EPT) bieten ebenfalls Infos zur jeweiligen Stadt, aber auch über die betreffende Provinz.

In Kleinstädten und Dörfern gibt es gewöhnlich nur die Pro Loco der Gemeinde, die nur mit begrenzten Lokalinfos dienen kann.

Touristeninformationen haben normalerweise von Montag bis Freitag zwischen 9 und 12.30 oder 13 Uhr sowie von 16 bis 18 Uhr geöffnet, im Sommer aber meist länger. Einige öffnen dann sogar samstags und sonntags.

Die meisten Büros beantworten die Fragen auch telefonische oder schriftliche Anfragen.

Hervorragende Informationen gibt es auch im Internet unter www.sardegnaturismo.it (auch auf Deutsch) oder auf der Website des **Italienischen Fremdenverkehrsamts** (ENIT; www.enit.it, auch auf Deutsch).
Nützliche Internetseiten:
Sardegna Turismo (www.sardegnaturismo.it) Hervorragende Informationsquelle über Sardinien.

Italian State Tourist Board (ENIT; www.enit.it) Gute Informationsquelle, auch für Sardinien.

Versicherung

» Die Reiseversicherung greift im Falle von Diebstahl, Verlust und medizinischen Problemen (Rücktransport).

» Einige Policen schließen explizit „gefährliche Sportarten" wie Tauchen, Motorradfahren, Skifahren und teilweise auch Wandern aus; unbedingt bei Vertragsabschluss das Kleingedruckte genau lesen.

» Genau überprüfen, ob die Police eine medizinische Versorgung und ggf. auch einen medizinisch begründeten Heimtransport per Flugzeug beinhaltet.

» Mit der Versicherung klären, ob bei Bedarf die Kosten direkt übernommen oder erst vorgestreckt werden müssen.

» Wenn die Kostenerstattung erst nach der Heimreise möglich ist, müssen alle notwendigen Unterlagen dafür gesammelt werden.

» Wird das Flugticket mit einer Kreditkarte bezahlt, hat man häufig schon dadurch einen bedingten Versicherungsschutz – das Kreditkarteninstitut gibt Auskunft, welche Kosten gedeckt werden.

» Ein weltweiter Versicherungsschutz kann online über www.lonelyplanet.com/travel_services erworben werden. Die entsprechende Versicherung kann jederzeit abgeschlossen und erweitert werden – auch wenn man schon unterwegs ist.

Visa

» EU-Bürger und Schweizer benötigen für die Einreise kein Visum, ein gültiger Reisepass oder Personalausweis genügen.

Zeit

» Sardinien liegt in der gleichen Zeitzone wie Deutschland, Österreich und Italien; die Sommerzeit beginnt am letzten Sonntag im März und endet am letzten Sonntag im Oktober.

Zoll

» Besucher aus EU-Ländern dürfen 10 l Spirituosen, 90 l Wein und 800 Zigaretten zollfrei nach Italien einführen. Wer aus Ländern kommt, die nicht zur EU gehören, darf 1 l Spirituosen, 2 l Wein, 50 ml Parfüm, 250 ml Eau de Toilette, 200 Zigaretten und weitere Waren bis zu einem Gesamtwert von 175,50 € kostenlos einführen. Alles, was darüber hinausgeht, muss auf jeden Fall angemeldet und verzollt werden. Nicht-EU-Bürger können sich die bezahlte Mehrwertssteuer für größere Anschaffungen beim Verlassen der Union erstatten lassen (Näheres unter www.globalrefund.com). Maximal dürfen 10 000 € in Bargeld nach Italien eingeführt werden.

Verkehrsmittel & -wege

AN- & WEITERREISE

Flüge, Touren und Bahntickets können online über www.lonelyplanet.com/travel-services gebucht werden.

Anreise

Am einfachsten und schnellsten erreicht man die Insel mit dem Flugzeug. Dank des Konkurrenzdrucks unter den Fluggesellschaften sind die Flüge relativ billig. Es gibt zahlreiche günstige Direktflüge von europäischen Flughäfen.

» Die meisten italienischen Flughäfen bieten Verbindungen nach Sardinien an, am häufigsten von Rom und Mailand.

» Die günstigere, aber auch zeitintensivere Alternative zum Flug sind die Fähren, die von Genua, Livorno, Civitavecchia und Neapel nach Sardinien ablegen.

» Das Buchen der Fähren ist einfach, für Fahrten (mit dem Auto) in der Hauptsaison sollte man jedoch frühzeitig Plätze reservieren.

» EU-Bürger brauchen für Fahrten nach Italien nur einen Personalausweis, alle Nicht-EU-Bürger müssen einen gültigen Reisepass vorzeigen können.

Flugzeug

Die Hauptsaison in Sardinien dauert von Juni bis September; auch in den Osterferien ziehen die Preise kräftig an.

Flughäfen & Fluglinien

Alle Flugzeuge vom italienischen Festland und von europäischen Flughäfen landen auf den drei großen Flughäfen der Insel. Die Flugpläne findet man auf den Homepages der drei Flughäfen.

Elmas (CAG; ☎070 21 12 11; www.sogaer.it) In Cagliari.

Fertilia (AHO; ☎079 93 52 82; www.algheroairport.it) In der Nähe von Alghero im Nordwesten der Insel.

Aeroporto Olbia Costa Smeralda (OLB; ☎0789 56 34 44; www.geasar.it) In Olbia im Nordosten der Insel.

Flugplatz Arbatax-Tortoli (☎0782 62 43 00; www.aeroportotortoliarbatax.it, auf Italienisch) Der kleine Flugplatz liegt an der Südküste von Nuoro (rund 1,5 km südlich von Tortoli); er öffnet nur im Sommer für Charterflüge.

FLUGLINIEN VON/NACH SARDINIEN

Eine zunehmende Zahl an Airlines hat Sardinien im Flugplan; u. a. gibt es Flüge ab Basel, Berlin, Düsseldorf, Frankfurt, Friedrichshafen, Genf, Hamburg, Hannover, Köln/Bonn, Lugano, München, St. Gallen, Stuttgart, Wien und Zürich. Manche Verbindungen werden jedoch nur in der Urlaubssaison angeboten.

Zu den internationalen und nationalen Fluggesellschaften zählen:

Air Berlin (AB; ☎199 400737; www.airberlin.com)

Air Dolomiti (EN; ☎045 288 61 40; www.airdolomiti.it)

Air One (AP; ☎199 207080; www.flyairone.it)

Alitalia (AZ; ☎06 22 22; www.alitalia.it)

Austrian Airlines (OS; ☎02 896 34 296; www.aua.com)

easyJet (U2; ☎899 234589; www.easyjet.com)

Lufthansa (LH; ☎199 400044; www.lufthansa.com)

Meridiana (IG; ☎892928; www.meridiana.it)

MyAir (8I; ☎848 868120; www.myair.com)

Ryanair (FR; ☎899 678910; www.ryanair.com)

Transavia (HV; ☎899 009901; www.transavia.com)

TUIfly (X3; ☎199 192692; www.tuifly.com)

Tickets

» Die günstigsten Flugtickets findet man über die Websites der genannten Fluglinien.

» Tickets zu Schnäppchenpreisen bekommt man auch in einigen ausgewählten Reisebüros und bei auf günstige Flugreisen spezialisierten Agenturen.

» Die Alternative zu Online-Buchungen bei den Fluggesellschaften sind die Internet-Reisebüros.

ÜBRIGES EUROPA

Von zahlreichen europäischen Städten gibt es gute Flugverbindungen nach Sardinien – insbesondere nach Alghero und Olbia (im Winter allerdings deutlich weniger).

» Besonders aus Deutschland aus werden zahlreiche Flüge angeboten. TUIfly steuert Cagliari von Stuttgart, Köln und München aus an und Olbia ab Hamburg, Hannover, Köln, Frankfurt, Stuttgart und München. Im Sommer bietet Ryanair Flüge nach Alghero ab Bremen, Hamburg und Frankfurt. EasyJet fliegt von Berlin Richtung Olbia und Lufthansa fliegt von Frankfurt und Düsseldorf nach Olbia sowie von München nach Cagliari.

» Wenn man über das italienische Festland anreisen möchte, hat man die Auswahl zwischen allen nationalen Fluggesellschaften.

ITALIEN

Inlandsflüge vom italienischen Festland nach Sardinien werden von vielen internationalen Fluggesellschaften wie beispielsweise Ryanair oder easyJet angeboten. Die größten italienischen Fluggesellschaften sind Alitalia, Meridiana und Air One.

» Flüge nach Sardinien vom Festland kosten 70–160 € ab Rom und 130–180 € ab Mailand.

» Dazu kommen Flüge ab Bergamo, Bologna, Brescia, Florenz, Neapel, Palermo, Parma, Perugia, Pisa, Rimini, Triest, Turin, Venedig und Verona.

Auf dem Landweg

Sardinien ist die abgelegenste Insel im Mittelmeer: Sie liegt rund 200 km westlich vom Festland. Wer auf dem Landweg anreist, muss also immer eine Fähre nehmen; siehe dazu S. 284.

» Die kürzeste Fährverbindung führt von Civitavecchia (nördlich von Rom) nach Olbia an der Nordostküste Sardiniens, daneben gibt es aber zahlreiche weitere Fährverbindungen.

» Die drei anderen wichtigen Hafenstädte für Fahrten nach Sardinien sind Genua, Livorno und Neapel.

» Im Sommer fahren zahlreiche Fähren von Marseille aus zur Insel.

Auto & Motorrad

Viele Urlauber reisen mit dem eigenen Pkw oder Motorrad an.

» Der nächstgelegene Hafen für Österreicher, Schweizer und Deutsche ist Genua. Wer ein paar Stunden weiter Richtung Süden fährt, kann in Livorno die Fähre besteigen, von dort ist die Überfahrt kürzer.

Bei Pannen hilft der italienische Automobilclub Automobile Club d'Italia rund um die Uhr; er ist der Partnerclub von ADAC, ÖAMTC und ACS:

» **ACI** (☎0039 06 529991; www.aci.it) Mit einem Auslandsschutzbrief erhalten Mitglieder von ADAC, ÖAMTC und ACS auch im Ausland Unterstützung.

ADAC (Allgemeiner Deutscher Automobil-Club (aus dem Ausland: ☎0049 89 22 22 22, www.adac.de)

ÖAMTC (Österreichischer Automobil-, Motorrad- und Touring Club (aus dem Ausland: ☎0043 1 25 120 00, www.oeamtc.at)

ACS (Automobil Club der Schweiz (aus dem Ausland: ☎041 44 628 88 99, www.acs.ch)

AVD (Automobilclub von Deutschland (☎0049 69 6606 600, www.avd.de)

ACE Auto Club Europa (☎0049 1802 34 35 36, www.ace-online.de) Informationen zur Straßenverkehrsordnung und dem Fahren auf Sardinien finden sich auf S. 287.

Bus

» **Eurolines** (☎055 35 70 59; www.eurolines.com) Dieser Zusammenschluss von 32 europäischen Busgesellschaften bietet Fahrten durch ganz Europa an; die Gesellschaft ist mit Büros in allen größeren Städten vertreten.

» Die Busse fahren in der

GRENZÜBERGÄNGE

Die wichtigsten Zugänge nach Italien sind der Große-Sankt-Bernhard-Tunnel von der Schweiz aus (SS27) mit Anschluss an die A5, der Gotthardtunnel (ebenfalls von der Schweiz) und der Schweizer Lötschbergtunnel mit Anschluss an den hundert Jahre alten Simplontunnel nach Italien, der Brennerpass von Österreich (A13) mit Anschluss an die A22 nach Bologna sowie der Mont-Blanc-Tunnel von Chamonix in Frankreich mit Anschluss an die A5 nach Turin und Mailand. Alle sind ganzjährig geöffnet.

Die Alpenpässe sind im Winter meist geschlossen, oft auch im Frühjahr und Herbst. Die Tunnel sind zwar längst nicht so reizvoll – aber weitaus praktischer. Wer über einen Pass fahren will, muss im Winter auf jeden Fall Schneeketten dabei haben.

Weitere Hinweise zum Reisen in Italien findet man unter www.lonelyplanet.com/italy/transport/getting-there-away.

Regel nach Ancona, Florenz, Rom, Siena und Venedig.

» Auf der mehrsprachigen Homepage finden sich alle notwendigen Informationen zu Preisen, Sonderangeboten, Ermäßigungen und die Adressen der Filialen, in denen die Fahrkarten gekauft werden können.

Fahrrad

» Die Mitnahme eines Fahrrads ist kein Problem.

» Die verschiedenen Airlines handhaben den Transport eines Fahrrads sehr unterschiedlich; in der Regel müssen die Räder in einem Pappkarton oder einer speziellen Tasche verstaut werden. Teilweise gibt es weitere Vorschriften, wie etwa eine zum Fixieren

FÄHREN NACH SARDINIEN

Die Tabelle gibt eine Übersicht über die wichtigsten Fährverbindungen nach Sardinien, nennt die Fährgesellschaften und Details zur Route. Die genannten Preise sind Richtwerte für die Hochsaison für eine Fahrt in der 2. Klasse auf einer poltrona (Liegesitz). Kinder zwischen 4 und 12 Jahren zahlen den halben Preis, Kinder unter 4 Jahren fahren gratis.

VON	NACH	GESELL-SCHAFT	FAHR-PREIS	AUTO	FAHRZEIT (STD.)	HÄUFIGKEIT
Civitavecchia	Arbatax	Tirrenia	49 €	100€	10½	2-mal wöchentlich
Civitavecchia	Cagliari	Tirrenia	61 €	106 €	14½	täglich
Civitavecchia	Olbia	Moby	63 €	115 €	4½-10	Mitte März–Mai 4-mal wöchentlich, Juni–Sept. täglich
Civitavecchia	Olbia	SNAV	59 €	119 €	7½	täglich
Civitavecchia	Olbia	Tirrenia	45 €	103 €	7	täglich
Civitavecchia	Golfo Aranci	Sardinia F	54 €	inkl.	6¾	Mitte März–Mai 3-mal wöchentlich, Juni–Sept. täglich
Civitavecchia	Golfo Aranci+	Sardinia F	79 €	135 €	3½	Mitte März–Mai 3-mal wöchentlich, Juni–Sept. täglich
Fiumicino	Arbatax+	Tirrenia	63 €	109 €	4½	Ende Juli–Aug. 2-mal wöchentlich
Fiumicino	Golfo Aranci+	Tirrenia	63 €	110 €	4	Ende Juli–Aug. täglich
Genua	Arbatax	Tirrenia	59 €	107 €	18	2-mal wöchentlich
Genua	Olbia	GNV	95 €	156 €	8-10	Mitte Mai–Mitte Sept.täglich
Genua	Olbia	Moby	88 €	135 €	10	Mitte Mai–Mitte Okt. täglich
Genua	Olbia	Tirrenia	62 €	109 €	13¼	3-mal wöchentlich, Juli–Aug. 5-mal wöchentlich

von Pedalen und Lenkrad. Manchmal muss auch die Luft aus den Reifen gelassen werden.

» Für den Transport des Rads fallen Zusatzkosten von 25–40 € an.

» Die Mitnahme der Fahr-rads auf den Fähren kostet 3–10 €.

Zug

» Züge fahren nach Marseille (im Sommer Fähren nach Porto Torres), Genua (Fähren nach Olbia, Arbatax und Por-to Torres) sowie nach Livorno (Fähren nach Olbia und Golfo Aranchi).

» Aktuelle Zugpreise finden sich auf den Homepages der Deutschen Bahn (www.bahn. de), des ÖBB (www.oebb. at) und der Schweizerischen

VON	NACH	GESELL-SCHAFT	FAHR-PREIS	AUTO	FAHRZEIT (STD.)	HÄUFIGKEIT
Genua	Palau	Enermar	73 €	121 €	11	5-mal wöchentlich (Juni–Sept.)
Genoa	Porto Torres	GNV	92 €	155 €	11	4-mal wöchentlich, Mitte Mai–Mitte Sept. täglich
Genoa	Porto Torres	Moby	86 €	132 €	10	Mitte Mai–Sept. 6-mal wöchentlich
Genua	Porto Torres+	Tirrenia	107 €	183 €	10	täglich
Livorno	Golfo Aranci	Sardinia F	53 €	inklusiv	10	März–Okt. täglich
Livorno	Golfo Aranci+	Sardinia F	76 €	133 €	6	März–Okt. täglich
Livorno	Olbia	Moby	68 €	124 €	7-9	täglich
Neapel	Cagliari	Tirrenia	54 €	94 €	16¼	1-mal wöchentlich, Aug. 2-mal wöchentlich
Palermo	Cagliari	Tirrenia	53 €	93 €	14½	1-mal wöchentlich
Piombino	Olbia	Moby	65 €	118 €	6½	6-mal wöchentlich, Mitte Mai–Sept. täglich
Trapani	Cagliari	Tirrenia	52 €	94 €	11	1-mal wöchentlich

+ Hochgeschwindigkeitsfähre

Fährgesellschaften

Enermar (☎899 200001; www.enermar.it) Von Genua nach Palau.

Grandi Navi Veloci (☎010 209 45 91; www.gnv.it) Von Genua nach Olbia und Porto Torres.

Moby Lines (☎199 303040; www.mobylines.it) Fähren von Civitavecchia, Genua, Livorno und Piombino nach Olbia und von Genua nach Porto Torres.

Sardinia Ferries (☎199 400500; www.sardiniaferries.com) Von Civitavecchia und Livorno nach Golfo Aranci.

SNAV (☎081 428 55 55; www.snav.it) Von Civitavecchia nach Olbia.

Tirrenia (☎892123; www.tirrenia.it) Von Civitavecchia, Neapel, Palermo und Trapani nach Cagliari, von Civitavecchia und Genua nach Olbia, von Civitavecchia, Fiumicino und Genua nach Arbatax, von Fiumicino nach Golfo Aranci und von Genua nach Porto Torres.

Bundesbahnen SBB (www.sbb.ch).

Übers Meer

» Fähren verkehren von den italienischen Festlandshäfen Genua, Livorno, Piombino, Civitavecchia, Fiumicino und Neapel sowie von Palermo und Trapani auf Sizilien.

» Weitere Verbindungen existieren von Bonifacio und Porto Vecchio auf Korsika. Die französischen Linien von Marseille und Toulon nach Sardinien legen manchmal unterwegs auch in den korsischen Häfen Ajaccio und Propriano an.

» Ankunftshäfen auf Sardinien sind Olbia, Golfo Aranci, Palau, Santa Teresa di Gallura und Porto Torres im Norden sowie Arbatax an der Ostküste und Cagliari im Süden.

» Auf diesen Routen verkehren zahlreiche Gesellschaften – am häufigsten zwischen Mitte Juni und Mitte September. Für diese Zeit sind rechtzeitige Reservierungen ratsam.

» Die Fährpreise sind saisonabhängig und zwischen Juni und September am höchsten. Tickets kann man bei Agenturen in ganz Italien und im Ausland sowie online buchen. Die Büros und Telefonnummern der Fährgesellschaften sind in den Abschnitten zur Anreise in den jeweiligen Kapiteln der Hafenstädte aufgelistet.

» Eine nützliche Website ist www.traghettiweb.it mit Infos (auch auf Deutsch) zu allen Fährgesellschaften im Mittelmeer. Www.traghettionline.com listet alle Routen nach Sardinien auf und bietet Links zu den jeweiligen Gesellschaften.

Nützliche Online-Portale für Buchungen und Preisvergleiche:

Traghetti Web (www.traghettiweb.it) Informiert über alle Fährgesellschaften, die im Mittelmeer unterwegs sind.

Traghetti Online (www.traghettionline.com) Nennt alle Fährverbindungen nach Sardinien und bietet Links zu den jeweiligen Fährgesellschaften.

Korsika

Zwischen Santa Teresa di Gallura und Bonifacio auf Korsika bestehen regelmäßige Fährverbindungen.

Saremar (☎892123; www.saremar.it) Die Fähren von Tirrenia fahren 3-mal täglich in jede Richtung (zwei an den Wochenenden zwischen Okt. und Mitte März). Die einfache Fahrt für einen Erwachsenen kostet in der Hochsaison 10 €, ein Kleinwagen um die 37 €. An Steuern fallen zusätzlich 8 € an. Die Fahrzeit liegt bei einer Stunde.

Moby Lines (☎199 303040; www.mobylines.it) Bietet zwischen Ende März und Ende September vier Fahrten täglich. Die Fahrkarte für einen Erwachsenen kostet 9–13,50 € plus 4,20 € Steuer. Ein Kleinwagen kostet 22–63 € plus 2,80 € Steuer.

Sardinia Ferries (☎199 400500; www.sardiniaferries.com) Fährt zwischen April und September 3-mal täglich, in den restlichen Monaten seltener. Die Fahrkarte für einen Erwachsenen kostet 10 € plus 4,10 € Steuer, ein Wagen kostet 37 € plus 2,50 € Steuer.

SNCM (in Frankreich ☎08 91 70 18 01, auf Sardinien ☎079 51 44 77; www.sncm.fr) Die Fähren zwischen Porto Torres und dem französischen Festland (Marseille, Toulon) halten in Propriano oder (seltener) in Ajaccio.

Die Fahrkarte für einen Erwachsenen nach Propriano kostet 32,30 € bzw. mit einem Kleinwagen 73,90 €. Nach Ajaccio zahlt ein Erwachsener 33,70 € bzw. mit Auto 79 €.

Frankreich

Sowohl **SNCM** (☎Frankreich 0825 88 80 88; www.sncm.fr) als auch **CMN La Méridionale** (☎Frankreich 0810 20 13 20; www.cmn.fr) lassen Fähren von Marseille via Korsika nach Porto Torres fahren.

Wöchentlich legen zwei bis vier Fähren ab, im Juli und August fahren einige in Toulon ab. Die Überfahrt dauert 15–17 Stunden (12½ Std. ab Toulon). Ein Liegesitz kostet 78 €, ein Kleinwagen 148 €.

Über das Reisebüro **Agenzia Paglietti** (☎079 51 44 77; Fax 079 51 40 63; Corso Vittorio Emanuele 19) kommt man an Tickets und Informationen.

Italien

Gleich mehrere Gesellschaften betreiben Fähren unterschiedlicher Art und Geschwindigkeit. Sie verkehren zwischen Häfen auf dem italienischen Festland und Sardinien.

» Infos über die Routen, Preise und Gesellschaften enthält der Kasten unten. Auf manchen Fahrten gibt es Kabinen, deren Preis je nach Bettenzahl (meist vier) und Lage (mit oder ohne Fenster) variiert. Die meisten Gesellschaften bieten ermäßigte Rückfahrttickets sowie andere Ermäßigungen. Nachfragen lohnt sich auf jeden Fall. Für Nachtfahrten kann ein Schlafabteil interessant sein, das etwa so viel wie ein Doppelzimmer kostet.

UNTERWEGS VOR ORT

Wenn irgend möglich, ist es empfehlenswert, Sardinien mit dem eigenen Fahrzeug zu bereisen. Die Insel mit öffentlichen Verkehrsmitteln zu erkunden, ist zwar machbar, aber zeitraubend und kompliziert. Meist ist der Bus dann der Bahn vorzuziehen, die fast immer langsamer fährt und oft langwieriges Umsteigen erforderlich.

Die Website www.geta roundsardinia.com bietet hilfreiche Tipps und Routenvorschläge für Sardinienreisen ohne eigenes Fahrzeug.

Auto & Motorrad

Das Fahren auf Sardinien ist relativ stressfrei. Außerhalb der Stadtzentren von Cagliari, Sassari und Olbia sowie in der Nebensaison ist der Verkehr selten dicht und die einheimischen Autofahrer sind meist rücksichtsvoll. Eher problematisch sind da schon die Schafherden und die Ablenkung durch die grandiose Landschaft.

Die Hauptstraßen sind in der Regel gut ausgebaut, doch um die Insel wirklich kennenzulernen, muss man das Netz der Provinzstraßen (strade provinciali) nutzen, die auf den Straßenkarten mit P oder SP gekennzeichnet sind. Manchmal sind das nur schmale Landsträßchen, doch sie erschließen die schönsten Landschaften und viele kleine Städtchen und Dörfer. Die schönsten Strände sind oft nur über unbefestigte Pisten erreichbar.

» Das Motorradfieber hat Sardinien zwar noch nicht erfasst, doch die Insel ist bei deutschen und österreichischen Bikern sehr beliebt, die den Reiz der malerischen und kurvenreichen Inselsträßchen entdeckt haben. Einen Helm zu tragen, ist auch auf Sardinien Pflicht.

Automobilclubs

Der italienische Automobilclub **Automobile Club d'Italia** (ACI; www.aci.it) ist eine hervorragende Informationsquelle und bietet seine Pannenhilfe rund um die Uhr an (☎803116 oder ☎800 116800 bei Anruf von einem ausländischen Handy).
Ausländer müssen nicht unbedingt Mitglied beim ACI sein, zahlen aber für die Pannenhilfe eine Gebühr

(100–120 €, Wochenend- und Ferienzuschlag 20 %). Auch die deutschen, österreichischen und schweizerischen Automobilclubs bieten Pannenhilfe vor Ort, wenn man einen Auslandsschutzbrief besitzt.

Führerschein

Der nationale Führerschein aller EU-Länder gilt auch in Italien (inklusive Sardinien). Wer keinen EU-Führerschein hat, muss sich zusätzlich eine International Driving Permit (IDP) ausstellen lassen. Er wird von den nationalen Automobilclubs ausgestellt und gilt zwölf Monate lang.

Mietwagen

Mietwagen sollten vor der Ankunft auf Sardinien gebucht werden. Die großen Autovermieter unterhalten Schalter an den Flughäfen, wo man den Wagen übernehmen und am Ende der Reise wieder abgeben kann.

Zu den bekannten nationalen und internationalen Autovermietern zählen:
Avis (☎06 452 10 83 91; www.avis.com)
Budget (☎800 283438; www.budgetautonoleggio.it)
Europcar (☎199 307030; www.europcar.com)
Hertz (☎199 112211; www.hertz.com)
Italy by Car (☎091 639 31 20; www.italybycar.it)
Maggiore (☎199 151120; www.maggiore.com)
» Wer nur für ein paar Tage einen Wagen benötigt oder ihn spontan während des Aufenthaltes auf der Insel mieten will, findet Mietwagenfirmen in den meisten Küstenorten. Die großen internationalen Autoverleiher unterhalten Büros in den großen Städten.
» Das Mindestalter variiert von Firma zu Firma, liegt in der Regel aber bei mindestens 21 Jahren.
» Wer unter 25 Jahren ist, muss möglicherweise einen

Aufschlag für Fahranfänger zahlen.
» Für das Mieten benötigt man eine Kreditkarte.
» In den touristischen Hochburgen (wie Santa Teresa di Gallura und Alghero) bieten einige wenige Verleiher auch Motorräder und Vespas an.
» Viele Firmen verleihen keine Motorräder an Personen unter 18 Jahren.
» Viele Mietwagenfirmen verlangen eine hohe Kaution, teilweise muss man im Fall eines Diebstahls einen Teil des Neukaufs übernehmen.

Straßenzustand

Sardiniens Straßennetz ist von der Topografie der Insel geprägt. Im gebirgigen Inneren der Insel gibt es oft keine Teerstraßen, und in der Regel sind die Strecken in Nord-Süd-Richtung besser als zwischen dem Osten und Westen der Insel.

» Hauptverkehrsader ist die überwiegend doppelspurige Schnellstraße SS131 Carlo Felice von Cagliari nach Sassari (und weiter nach Porto Torres) über Oristano und Macomer. Bei Abbasanta zweigt davon die SS131 ab, die über Nuoro nach Olbia führt.
» Die SS130 führt von Cagliari westwärts nach Iglesias. Die teils doppelspurige Schnellstraße SS291 verbindet Sassari mit Alghero; eine Abzweigung führt nach Porto Torres.
» Entlang der Nordküste verläuft die SS200 von Porto Torres nach Santa Teresa di Gallura und nahe Castelsardo. Eine weitere Hauptstrecke ist die SS125 oder Orientale Sarda, die vom nahen Palau auf der Ostseite der Insel nach Cagliari führt.
» Diese Strecken und weitere Straßen in touristischen Gegenden sind meist in gutem Zustand, können aber schmal und kurvig sein. Auf vielen davon sind zur Touristenzeit im Sommer Staus an der Tagesordnung. Besonders berüchtigt ist

die Gegend zwischen Olbia und Santa Teresa di Gallura. Im Inneren der Insel ist der Straßenzustand sehr unterschiedlich. Die Hauptstrecken sind meist gut, aber eng und kurvenreich. Nebenstraßen sind oft in ziemlich einem beklagenswerten Zustand.

» Auch der Stadtverkehr – besonders in Cagliari und Sassari – kann die Nerven auf eine harte Probe stellen, wenn alle Zufahrtstraßen mehr oder weniger verstopft sind.

» Überraschend ist auch die Zahl ungeteerter Straßen auf der Insel – und wer in seinem teuren Mietwagen so eine Straße hinunterholpert, wird sich nicht sehr wohlfühlen. Doch viele gute *agriturismi* (Unterkünfte auf dem Bauernhof), prähistorische Stätten oder empfehlenswerte Landrestaurants liegen am Ende solcher Erdstraßen.

Treibstoff

Auf Sardinien bezahlt man etwa 1,15 € für einen Liter *benzina senza piombo* (Bleifrei) und etwa 1 € pro Liter *gasolio* (Diesel). In den Städten und an Hauptstrecken gibt es genügend Tankstellen.

Unterwegs mit dem eigenen Fahrzeug

Wer mit dem eigenen Fahrzeug nach Italien einreist, braucht ein gültiges internationales Kennzeichen und den Kfz-Schein. Außerdem sollte man stets einen Nachweis darüber bei sich führen, dass man Besitzer des Fahrzeugs ist. Ein Warndreieck ist Pflicht und wer bei einer Panne sein Fahrzeug verlässt, muss eine Schutzweste in fluoreszierendem Orange oder Gelb tragen. Ein Erste-Hilfe-Kasten, ein Feuerlöscher und ein Satz Reserveglühbirnen sind ebenfalls empfehlenswert.

Verkehrsregeln

» In Sardinien wird wie auf dem Festland rechts gefah-

ren und links überholt. Wenn nicht anders angegeben, hat rechts Vorfahrt. Es herrscht Gurtpflicht auf den vorderen Sitzen – und auch auf den hinteren, sofern sie mit Gurten ausgestattet sind. Wer nicht angeschnallt erwischt wird, muss auf der Stelle ein Bußgeld entrichten.

» Die Polizei führt Alkoholtests durch. Wer unter Alkoholeinfluss an einem Unfall beteiligt ist, muss mit schweren Strafen rechnen. Die Blutalkoholgrenze liegt bei 0,5 ‰.

» Die zulässige Höchstgeschwindigkeit auf den Schnellstraßen (*autostrade* gibt es auf Sardinien nicht) liegt bei 110 km/h, auf Landstraßen bei 90 km/h und innerhalb von Ortschaften bei 50 km/h. Die Bußen für Verstöße entsprechen den EU-Richtlinien. Sie können bis zu 1433 € und Führerscheinentzug reichen. Seit 2002 muss auf den Schnellstraßen zu jeder Zeit mit Licht gefahren werden.

» Krafträder bis 50 cm³ sind führerscheinfrei, doch der Fahrer muss mindestens 14 Jahre alt sein, er darf niemanden mitnehmen und nicht auf Schnellstraßen fahren. Die Geschwindigkeitsgrenze für diese Zweiräder liegt bei 40 km/h. Wer ein Motorrad oder einen Roller von bis zu 125 cm³ fahren will, muss mindestens 16 Jahre alt sein und einen entsprechenden Führerschein besitzen (der Autoführerschein genügt nicht). Für Motorräder über 125 cm³ ist ein Motorradführerschein erforderlich. Helmpflicht gilt für alle Krafträder.

» Mit Krafträdern kann man gewöhnlich in die autofreien Zonen der Innenstadt fahren und die Polizei drückt meist ein Auge zu, wenn Krafträder auf dem Gehsteig geparkt sind. Motorradfahrer sind nicht dazu verpflichtet, am Tag mit Licht zu fahren.

» Achtung: Wer nicht in der Altstadt von Alghero

wohnt, darf dort auch nicht mit dem Auto unterwegs sein (s. S. 127).

Versicherung

» Jedes Fahrzeug in Italien muss eine Haftpflichtversicherung haben. Wer mit dem eigenen Fahrzeug reist, sollte daher die Grüne Versicherungskarte (Carta Verde) bei sich tragen. Ein internationaler Unfallbericht (den man von seinem Versicherungsanbieter bekommt) kann bei einem Unfall die Schadensregulierung vereinfachen. Im Falle einer Panne ist es gut, einen Auslandsschutzbrief zu haben.

Boote & Fähren

» Das Angebot an Bootsfahrten in den Wintermonaten ist bescheiden. Wer im Sommer mit dem Auto auf eine Fähre will, sollte frühzeitig reservieren, da die Schiffe schnell voll sind. In den Sommermonaten werden Schiffsreisen von verschiedenen Hafenorten entlang der Küste angeboten. Sie sind eine hervorragende Möglichkeit, die nur schlecht zugänglichen Schönheiten der sardischen Küste unbeschwert zu genießen.

» Zu den beliebtesten Strecken zählen die Fahrten entlang des majestätischen Golfo di Orosei ab Cala Gonone und Santa Maria Navarrese. Beliebt sind auch die Fahrten rund um den Maddalena-Archipel.

» Regelmäßig fahren Schiffe ab Porto San Paolo (S. 153) südlich von Olbia rund um die Isola Tavolara und entlang der nahe gelegenen Küste. Auch von Alghero und von der Halbinsel Sinis werden Fahrten angeboten.

» Bei den Ausflugsfahrten kommen meist Motorboote und kleine Ausflugsfähren zum Einsatz, daneben sind aber auch Ausflüge auf Segelbooten möglich.

» Weitere Informationen finden sich in den einzelnen Regionalkapiteln.

» **Enermar** (☎ 899 200001; www.enermar.it) und **Saremar** (☎ 892123; www.saremar.it) schicken Fähren von Palau zur Isola di La Maddalena. Im Sommer starten die Autofähren alle 15 Minuten (20 Min., Erw. 5 €, Auto 13 €).

» **Saremar** (☎ 892123; www.saremar.it) bietet bis zu 17 Fahrten täglich von Portovesme nach Carloforte auf der Isola di San Pietro an. Saremars Fähren verkehren auch von Carloforte zur Isola di Sant'Antioco. Im Sommer stehen täglich neun Überfahrten zwischen 7.35 und 20.20 Uhr auf dem Fahrplan.

» **Delcomar** (☎ 0781 85 71 23; www.delcomar.it) Nachtfähren nehmen die Route von Portovesme nach Carloforte auf der Isola di San Pietro sowie von Carloforte nach Calasetta auf der Isola di Sant'Antioco.

Bus

Die größte Busgesellschaft der Insel ist die **Azienda Regionale Sarda Trasporti** (ARST; ☎ 800 865042; www.arst.sardegna.it, auf Italienisch), unter deren Regie die Mehrzahl der Lokal- und Überlandbusse fährt. ARST betreibt auch ein kleines Netz an privaten Schmalspurbahnen, am bekanntesten ist der Trenino Verde (s. S. 290).

» Alle großen Inselstädte haben einen ARST-Busbahnhof, der meist zentral gelegen ist.

» In kleineren Orten und Dörfern gibt es häufig nur eine einzige Bushaltestelle (*fermata*) für die Intercity-Busse – ihre Lage ist nicht immer sofort erkennbar.

» Busfahrkarten müssen vor Fahrtantritt am Busbahnhof oder in ausgewiesenen Bars, *tabacchi* (Tabakläden) bzw. Zeitungskiosken unweit der Haltestellen erworben werden.

» Die Fahrpläne hängen in der Nähe der Haltestellen aus.

» Die Touristinformationen in den größeren Städten halten Fahrpläne für die Region bereit.

» In kleineren Orten kann man sich dort informieren, wo die Fahrkarten verkauft werden.

» Auch auf Strecken, die an den Wochentagen relativ gut bedient werden, können die Verbindungen an Sonn- und Feiertagen stark ausdünnen – häufig fährt maximal ein Bus zwischen den kleinen Orten (oder gar keiner).

» Wer auf die öffentlichen Busse angewiesen ist, muss also aufpassen, dass er nicht plötzlich in einem kleinen Ort festsitzt (vor allem an den Wochenenden).

Fahrrad

» Sardinien eignet sich gut zum Radfahren, man sollte allerdings bedenken, dass das Radfahren anstrengend ist und die hügelige (teilweise auch bergige) Landschaft eine sportliche Herausforderung darstellt.

» Außerhalb der Hochsaison ist auf den Straßen nicht viel los, die Szenerie ist traumhaft und es regnet eher selten.

» In vielen größeren Städten und in den Touristenhochburgen können Räder ausgeliehen werden, u.a. in Alghero, Santa Teresa di Gallura, La Maddalena, Palau und Olbia.

» Die Mietpreise liegen bei etwa 10 € pro Tag, für ein Mountainbike werden maximal 25 € verlangt. Weitere Informationen finden sich in den Abschnitten „Unterwegs vor Ort" in den jeweiligen Kapiteln.

» Auf den Autobahnen ist das Radfahren verboten.

» Wer im (extrem) heißen Sommer unterwegs ist, sollte an ausreichend Trinkwasser und Sonnenschutzmittel denken.

» Räder dürfen in der Regel auch in den Zügen mitgenommen werden, sie werden in speziellen Waggons transportiert. Die Mitnahme kostet unabhängig vom Fahrziel 5 €.

Flugzeug

Sardinien ist so klein, dass sich Flüge von einem zum anderen Punkt der Insel nur selten lohnen. Wer dennoch ein Flugzeug benötigt: Die italienische Fluggesellschaft **Meridiana** (☎ 892928; www.meridiana.it) bietet täglich einen Flug von Cagliari nach Olbia (35 Min., 30–90 €).

Geführte Touren

Überall auf der Insel bieten lokale Veranstalter verschiedene Ausflüge und geführte Touren an. Zu den empfehlenswerten zählen die folgenden:

Archeo Tours (☎ 329 7643343; Via Eleanora d'Arborea, Osini) Die kleine Firma bietet archäologische und Naturexkursionen ins Landesinnere um Osini und Ulassai an.

Atlantikà (☎ 328 9729719; www.atlantika.it; Via Lamarmora 195, Dorgali) Dieser Zusammenschluss von Führern in Dorgali bietet ein breites Spektrum an Aktivitäten – von Tageswanderungen über Canyoning bis hin zu Kajaktouren in Gennargentu.

Barbagia No Limits (☎ 0784 5 29 06; www.barbagianolimits.it; Via Cagliari 85, Gavoi) Der Veranstalter organisiert verschiedenste Outdoor-Aktivitäten, u.a. Höhlenbesuche, Jeepfahrten und Survivalkurse. (☎ 0785 37 42 58; www.esedrasardegna.it; Corso Vittorio Emanuele 64, Bosa) Bietet Exkursionen in und um Bosa, aber auch zu anderen Inselteilen.

Esedra Sardegna (☎ 0785 37 42 58; www.esedrasardegna.it; Corso Vittorio Emanuele 64, Bosa) Bietet Exkursionen in und um Bosa, aber auch zu anderen Inselteilen.

Gallura Viaggi Avventura (☎ 079 63 12 73; c/o Pro Loco Tourist Office, Piazza Gallura 2, Tempio Pausania) Der kleine Veranstalter organisiert Radtouren und Wanderungen am Monte Limbara.

Mare e Natura (☎393 9850435; www.marenatura. it; Via Sassari 77, Stintino) Hat sich auf Touren im Parco Nazionale dell'Asinara spezialisiert.

Sardinia Hike & Bike (☎070 924 32 329; www. sardiniahikeandbike.com; Loc Pixina Manna, Pula) Der Wander- und Radspezialist an der Südküste veranstaltet Wanderungen und Radtouren in allen Schwierigkeitsgraden.

» Abgesehen von diesen Spezialisten kann man aber auch bei Hunderten von anderen Anbietern Bootsfahrten entlang der sardischen Küste buchen.

» Beliebte Ausgangspunkte sind Alghero, Cala Gonone, Stintino, Santa Maria Navarrese und Porto San Paolo.

Nahverkehr

Bus und Bahn sind die wichtigsten öffentlichen Verkehrsmittel, mit denen man die Insel bereisen kann.

» Alle größeren Städte verfügen über recht gute städtische Busverbindungen.

» In der Regel braucht man sie aber gar nicht, da die Innenstädte kompakt sind und Sehenswürdigkeiten, Bushaltestellen bzw. Bahnhöfe sowie Unterkünfte gut zu Fuß erreichbar sind.

» Busfahrkarten (rund 1 €) müssen vor Fahrtantritt an einem Zeitungskiosk oder *tabacchi* gekauft und im Bus abgestempelt werden.

» Alle drei Flughäfen der Insel haben Busverbindungen zur nächsten Stadt.

Trampen

» Trampen ist in keinem Land der Welt völlig sicher und deshalb nicht unbedingt zu empfehlen. Wer per Anhalter reist, muss wissen, dass er damit ein Risiko eingeht.

» Zudem ist Trampen auf Sardinien kaum üblich.

Die Sarden zögern, Unbekannte im Auto mitzunehmen, sodass das Reisen per Anhalter recht frustrierend sein kann. Wer es dennoch versucht, sollte Stellen wählen, an denen die Fahrer ihn von weitem sehen und anhalten können, ohne andere zu behindern. Ordentliche Kleidung, möglichst wenig Gepäck und ein Schild mit dem Zielort können hilfreich sein. Nicht mit dem Daumen anzeigen, dass man mitgenommen werden möchte – das kann hier als Beleidigung missverstanden werden. Alleinreisende Frauen sollten nie per Anhalter fahren.

Zug

» Mit dem Zug ist man auf Sardinien langsam, aber gefahrlos und preiswert unterwegs.

» Der Fahrplan (*orario*) hängt an den Bahnhöfen aus. *Partenze* (Abfahrten) und *arrivi* (Ankünfte) sind klar getrennt. Es gibt jedoch zahlreiche Umstellungen, und an Sonntagen verkehren deutlich weniger Züge. Hilfreich sind die Stichworte *feriale* (Montag bis Samstag) und *festivo* (nur an Sonn- und Feiertagen).

» Es gibt nur eine Kategorie von Zügen auf der Insel: den einfachen *regionale*. Meist handelt es sich dabei um Bummelzüge, die in scheinbar jedem Dorf entlang der Strecke halten und für die man viel Geduld mitbringen muss.

» Einige Züge bieten eine 1. und 2. Klasse, bei genauerem Hinsehen besteht zwischen beiden aber kein großer Unterschied. Aus diesem Grund sind auch nur wenige Reisende bereit, den Aufpreis für die 1. Klasse zu zahlen.

» Es lohnt sich nicht, einen Eurail- oder InterRail-Pass ausschließlich für Fahrten auf Sardinien zu kaufen.

» Die folgenden Gesellschaften betreiben Bahnlinien auf der Insel:

Trenitalia (☎892021; www. trenitalia.com) Die Staatsbahn betreibt den Großteil des kleinen Schienennetzes der Insel. Die Hauptstrecke führt von Cagliari nach Oristano und weiter nach Chilivano-Ozieri, wo sie sich in zwei Linien verzweigt. Eine führt Richtung Nordwesten nach Sassari und Porto Torres, die andere verläuft in Richtung Nordosten nach Olbia und Golfo Aranci. Macomer ist ein weiterer wichtiger Bahnknotenpunkt mit Anschlüssen nach Nuoro.

Azienda Regionale Sarda Trasporti; (ARST; ☎800 865042; www.arst.sardegna.it, auf Italienisch) ARST betreibt ein kleines Streckennetz privater Schmalspurbahnen (*servizi ferroviari*) sowie den Trenino Verde.

Trenino Verde (☎800 460120; www.treninoverde. com, auf Italienisch) Der Touristenzug unter der Regie von ARST fährt zwischen Mitte Juni und Anfang September. Insgesamt gibt es vier Bahnstrecken: von Arbatax nach Mandas (mit Anschluss an die Linie Mandas–Cagliari), von Isili nach Sorgono, von Bosa Marina nach Macomer (mit Anschluss an die Bahnlinie Macomer–Nuoro) sowie von Palau via Tempio Pausania nach Nulvi (mit Anschluss an die reguläre Bahnstrecke nach Sassari). Als öffentliches Verkehrsmittel ist der Trenino Verde nicht sehr nützlich, denn er fährt extrem langsam und hält nur an wenigen wichtigen Orten. Dennoch lohnen sich die Fahrten, denn die Züge durchqueren einige der spektakulärsten und unzugänglichsten Landschaften der Insel, die man möglicherweise sonst gar nicht zu Gesicht bekäme. Am eindrucksvollsten ist die Bahnstrecke von Mandas nach Arbatax.

Sprache

NOCH MEHR ITALIENISCH?

Weitere Informationen zum Italienischen sowie nützliche Redewendungen finden sich im *Reise-Sprachführer Italienisch* von Lonely Planet. Man erhält ihn unter **shop.lonelyplanet.de**.

In Italien sind die Regionaldialekte in vielen Teilen des Landes ein wesentlicher Bestandteil der Identität, aber mit normalem Italienisch wird man überall verstanden, auch in Sardinien. Viele Sarden beherrschen beide Sprachen gleich gut: Sardisch, die Sprache der Insel, und Italienisch. Ihre Aussprache im Italienischen ist erfrischend deutlich und leicht zu verstehen, auch wenn man selbst nur wenig Italienisch kann.

Die Laute im gesprochenen Italienisch sind den deutschen Lauten recht ähnlich. Wer die farbigen Aussprachehilfen in diesem Buch deutsch ausspricht, wird zumindest verstanden. Die betonten Silben erscheinen in kursiver Schrift. Beachten sollte man, dass ein „g" mit folgendem Vokal oft dsch (mit weichem „sch", wie in „Journalist") ausgesprochen wird und dass das r ein stark gerollter Laut ist. Die italienischen Konsonanten werden stark und betont gesprochen, Doppelkonsonanten sollen gewissermaßen doppelt klingen wie z.B. in *sonno son·no* (Schlaf) gegenüber *sono so·no* (Ich bin).

GRUNDLEGENDES

Im Italienischen gibt es wie im Deutschen zwei Formen der Anrede – das höfliche *Lei* läi wird zur Anrede von Fremden, höherstehenden Personen oder älteren Leuten benutzt. Gegenüber bekannten oder jüngeren Leuten benutzt man die Anrede *tu* tu.

Im Italienischen sind ähnlich wie im Deutschen alle Nomen und Adjektive entweder Maskulinum oder Femininum. Das Gleiche gilt für den dazugehörigen Artikel *il/la* il/la (der/die) und *un/una* un/u·na (ein/eine).

In diesem Kapitel sind die höflichen/informellen und maskulinen/femininen Formen, wo nötig, mit angegeben und durch einen Schrägstrich abgetrennt. Die Abkürzungen lauten: „höf./inf." und „m/"'.

Hallo.	*Buongiorno.*	buon·dschor·no
Auf Wiedersehen.	*Arrivederci.*	ar·ri·ve·*der*·tschi
Ja./Nein.	*Sì./No.*	si/no
Entschuldigen Sie.	*Mi scusi.* (höf.)	mi skuu·si
Entschuldige.	*Scusami.* (inf.)	*sku*·sa·mi
Tut mir Leid.	*Mi dispiace.*	mi dis·pia·tsche
Bitte. (In einer Bitte)	*Per favore.*	per fa·vo·re
Danke.	*Grazie.*	gra·tsje
Bitte.(Beim Geben)	*Prego.*	pre·go
Wie geht es Ihnen/Dir?		
Come sta/stai? (höf./inf.)		ko·me sta/stai
Gut. Und Ihnen/Dir?		
Bene. E Lei/tu? (höf./inf.)		be·ne e läi/tuu
Wie heißen Sie?		
Come si chiama? (höf.)		ko·me si kia·ma
Ich heiße ...		
Mi chiamo ...		mi kia·mo ...
Sprechen Sie/Sprichst Du Deutsch?		
Parla/Parli tedesco? (höf./inf.)		par·la/par·lite des ko
Sprechen Sie/Sprichst Du English?		

Parla/Parli   par·la/par·li

inglese? (höf./inf.)   in·glä·se

Ich verstehe nicht.

Non capisco.   non ka·pi·sko

ESSEN & TRINKEN

Was würden Sie empfehlen?

Cosa mi consiglia?   ko·sa mi kon·si·lja

Welche Zutaten sind in diesem Gericht?

Quali ingredienti   kwa·li in·gre·djen·ti

ci sono in   tschi so·no in

questo piatto?   kwe·sto pia·to

Was ist die Spezialität der Region?

Qual'è la specialità   kwa·le la spe·tscha·li·ta

di questa regione?   di kwe·sta re·dscho·ne

Das war lecker!

Era squisito!   e·ra skwi·si·to

Prosit!

Salute!   sa·lu·te

Die Rechnung bitte.

Mi porta il conto,   mi por·ta il kon·to

per favore?   per fa·vo·re

Ich möchte gerne	Vorrei	vo·räi
einen Tisch	prenotare un	pre·no·ta·re un
reservieren für ..	tavolo per ...	ta·vo·lo per ...
(zwei)	(due)	(du·e)
Personen	persone	per·so·ne
(acht) Uhr	le (otto)	le (o·to)
Ich esse	Non mangio ..	
kein/e/en...		non man·dscho...
Eier	uova	uo·va
Fisch	pesce	pe·sche
Nüsse	noci	no·tschi
(rotes) Fleisch	carne (rossa)	kar·ne (ro·sa)

Wichtige Wörter

Abendessen	cena	tsche·na
Bar	locale	lo·ka·le
Café	bar	bar

MINI-SPRACHFÜHRER

Um im Italienischen zurechtzukommen, sollte man diese einfachen Wendungen mit eigenen Wörtern kombinieren:

Wann geht der (nächste Flug)?
A che ora è   a ke o·ra e
(il prossimo volo)?   (eel pro·see·mo vo·lo)

Wo ist (der Bahnhof)?
Dov'è (la stazione)?   do·ve (la sta·tsyo·ne)

Ich suche (ein Hotel).
Sto cercando   sto cher·kan·do
(un albergo).   (oon al·ber·go)

Haben Sie (eine Karte) ?
Ha (una pianta)?   a (oo·na pyan·ta)

Gibt es hier (eine Toilette)?
C'è (un gabinetto)?   che (oon ga·bee·ne·to)

Ich hätte gern (einen Kaffee).
Vorrei (un caffè).   vo·ray (oon ka·fe)

Ich möchte gern (ein Auto mieten).
Vorrei (noleggiare   vo·ray (no·le·ja·re
una macchina).   oo·na ma·kee·na)

Darf ich (hereinkommen)?
Posso (entrare)?   po·so (en·tra·re)

Könnten Sie mir bitte (helfen)?
Può (aiutarmi),   pwo (a·yoo·tar·mee)
per favore?   per fa·vo·re

Muss ich (einen Sitzplatz reservieren)?
Devo (prenotare   de·vo (pre·no·ta·re
un posto)?   oon po·sto)

Flasche	bottiglia	bot·ti·lja
Frühstück	prima	pri·ma
	colazione	ko·la·tsio·ne
Gabel	forchetta	for·ket·ta
Getränkekarte	lista delle	li·sta del·le
	bevande	be·van·de
Glas	bicchiere	bi·kje·re
heiß	caldo	kal·do
kalt	freddo	fred·do
Lebensmittel-		
laden	alimentari	a·li·men·ta·ri
Löffel	cucchiaio	ku·kia·jo
Markt	mercato	mer·ka·to
Messer	coltello	kol·te·lo
mit	con	kon

Mittagessen	pranzo	pran·dso
ohne	senza	sen·tsa
Restaurant	ristorante	ri·sto·ran·te
Speisekarte	menù	me·nu
Teller	piatto	piat·to
vegetarisches (Essen)	vegetariano	ve·dsche·ta·ria·no
würzig	piccante	pik·kan·te

Fleisch & Fisch

Austern	ostriche	o·stri·ke
Calamares/ Tintenfisch	calamari	ka·la·ma·ri
Ente	anatra	a·na·tra
Fisch	pesce	pe·sche
Fleisch	carne	kar·ne
Forelle	trota	tro·ta
Hering	aringa	a·rin·ga
Hühnchen	pollo	pol·lo
Hummer	aragosta	a·ra·gos·ta
Jakobsmuscheln	capasante	ka·pa·san·te
Kalb	vitello	vi·tel·lo
Krabbe/Garnele	gambero	gam·be·ro
Lachs	salmone	sal·mo·ne
Lamm	agnello	a·njel·lo
Meeresfrüchte	frutti di mare	frut·ti di ma·re

Miesmuscheln	cozze	ko·tse
Pute	tacchino	ta·ki·no
Rind	manzo	man·dso
Schwein	maiale	ma·ja·le
Shrimps	gambero	gam·be·ro
Thunfisch	tonno	to·no

Obst & Gemüse

Ananas	ananas	a·na·nas
Apfel	mela	me·la
Blumenkohl	cavolfiore	ka·vol·fio·re
Bohnen	fagioli	fa·dscho·li
Erbsen	piselli	pi·sel·li
Frühlingszwiebeln	lenticchie	len·ti·kje
Gemüse	verdura	ver·du·ra
Gurke	cetriolo	tsche·tri·o·lo
Karotte	carota	ka·ro·ta
Kartoffeln	patate	pa·ta·te
Kohl	cavolo	ka·vo·lo
Nüsse	noci	no·tschi
Obst	frutta	frut·ta
Orange	arancia	a·ran·tscha
Paprika	peperone	pe·pe·ro·ne
Pfirsich	pesca	pe·ska
Pflaume	prugna	pru·nia
Pilz	funghi	fun·gi
Spinat	spinaci	spi·na·tschi
Tomaten	pomodori	po·mo·do·ri
Weintrauben	uva	u·va
Zitrone	limone	li·mo·ne
Zwiebeln	cipolle	tschi·pol·le

Andere Nahrungsmittel

Brot	pane	pa·ne

Butter	burro	bur·ro
Eier	uova	uo·va
Eiscreme	gelato	ge la to
Essig	aceto	a·tsche·to
Honig	miele	mje·le
Käse	for	for·ma·
	maggio	dscho
Marmelade	marmellata	mar·mel·la·ta
Nudeln	pasta	pas·ta
Öl	olio	o·lio
Pfeffer	pepe	pe·pe
Reis	riso	ri·so
Salz	sale	sa·le
Sojasauce	salsa di soia	sal·sa di so·ja
Suppe	minestra	mi·nes·tra
Zucker	zucchero	tsu·ke·ro

Getränke

Bier	birra	bir·ra
(alkoholfreies) Getränk	bibita	bi·bi·ta
Kaffee	caffè	kaf·fe
Milch	latte	lat·te
Rotwein	vino rosso	vi·no ros·so
(Orangen) Saft	succo (d'arancia)	suk·ko (da·ran·tscha)
Tee	tè	te
(Mineral)	acqua	a·kua

Fragewörter

Wann?	Come?	ko·me
Warum?	Che cosa?	ke ko·za
Wann?	Quando?	kwan·do
Wo?	Dove?	do·ve
Wer?	Chi?	kee
Wie?	Perché?	per·ke

| Wasser | (minerale) | (mi·ne·ra·le) |
| Weißwein | vino bianco | vi·no bian·ko |

NOTFÄLLE

Hilfe! Aiuto! a·ju·to

Lassen Sie mich in Ruhe!
Lasciami in pace! la·scha·mi in pa·tsche

Ich hab mich verirrt.
Mi sono perso/a. (m/f) mi so·no per·so/a

Hier ist ein Unfall passiert.
C'è stato un tsche sta·to un
incidente. in·tschi·den·te

Rufen Sie die Polizei!
Chiami la polizia! kia·mi la po·li·tsi·a

Rufen Sie einen Arzt!
Chiami un medico! kia·mi un me·di·ko

Wo sind die Toiletten?
Dove sono i do·ve so·no i
gabinetti? ga·bi·net·ti

Ich fühle mich schlecht.
Mi sento male. mi sen·to ma·le

Hier tut es weh.
Mi fa male qui. mi fa ma·le kui

Ich bin allergisch gegen ...
Sono allergico/a a ...(m/f) so·no a·ler·dschi·ko/a a

SHOPPEN & SERVICE

Ich möchte gerne ... kaufen
Vorrei comprare ... vo·räi kom·pra·re ...

Ich schaue mich nur um.
Sto solo guardando. sto so·lo guar·dan·do

Kann ich das mal sehen?
Posso dare un'occhiata? pos·so da·re un o·kia·ta

Wie viel kostet dies?
Quanto costa questo? kwan·to kos·ta kwe·sto

Das ist zu teuer.
È troppo caro/a. (m/f) e trop·po ka·ro/a

Können Sie etwas vom Preis ablassen?
Può farmi lo sconto? puo far·mi lo skon·to

Da ist ein Fehler in der Rechnung.

Zahlen

1	uno	oo·no
2	due	doo·e
3	tre	tre
4	quattro	kwa·tro
5	cinque	cheen·kwe
6	sei	say
7	sette	se·te
8	otto	o·to
9	nove	no·ve
10	dieci	dye·chee
20	venti	ven·tee
30	trenta	tren·ta
40	quaranta	kwa·ran·ta
50	cinquanta	cheen·kwan·ta
60	sessanta	se·san·ta
70	settanta	se·tan·ta
80	ottanta	o·tan·ta
90	novanta	no·van·ta
100	cento	chen·to
1000	mille	mee·le

C'è un errore nel conto.		tsche un e·ro·re nel kon·to
Geldautomat	Bancomat	ban·ko·mat
Postamt	ufficio postale	uf·fi·tscho pos·ta·le
Touristeninformation	ufficio del turismo	u·fi·tscho del tu·ris·mo

UHRZEIT & DATUM

Wie spät ist es?	Che ora è?	ke o·ra ä
Es ist ein Uhr.	È l'una.	ä lu·na
Es ist (zwei) Uhr.	Sono le (due).	so·no le (du·e)
Halb (zwei).	(L'una) e mezza.	(lu·na) e me·dsa
morgens	di mattina	di mat·ti·na
nachmittags	di pomeriggio	di po·me·ri·dscho
abends	di sera	di se·ra

gestern	ieri	je·ri
heute	oggi	o·dschi
morgen	domani	do·ma·ni
Montag	lunedì	lu·ne·di
Dienstag	martedì	mar·te·di
Mittwoch	mercoledì	mer·ko·le·di
Donnerstag	giovedì	dscho·ve·di
Freitag	venerdì	ve·ner·di
Samstag	sabato	sa·ba·to
Sonntag	domenica	do·me·ni·ka
Januar	gennaio	dschen·na·jo
Februar	febbraio	feb·bra·jo
März	marzo	mar·tso
April	aprile	a·pri·le
Mai	maggio	ma·dscho
Juni	giugno	dschu·nio
Juli	luglio	lu·lio
August	agosto	a·gos·to
September	settembre	set·tem·bre
Oktober	ottobre	ot·to·bre
November	novembre	no·vem·bre
Dezember	dicembre	di·tschem·bre

UNTERKUNFT

Haben Sie ein ... Zimmer?	Avete una camera ...?	a·ve·te u·na ka·me·ra ...
Doppel	doppia con letto matrimoniale	do·pia kon let·to ma·tri·mo·nja·le
Einzel	singola	sin·go·la
Wie viel kostet es pro ...?	Quanto costa per ...?	kwan·to kos·ta per ...
Nacht	una notte	u·na not·te
Person	persona	per·so·na
Ist das Frühstück inbegriffen?	La colazione è compresa?	la ko·la·tsio·ne e kom·pre·sa

Bad	bagno	ba·njo
Campingplatz	campeggio	kam·pe·dscho
Fenster	finestra	fi·nes·tra
Hotel	albergo	al·ber·go
Jugendherberge	ostello della gioventù	os·tel·lo de·la dscho·ven·tu
Klimaanlage	aria condizionata	a·ria kon·di·tsio·na·ta
Pension	pensione	pen·sio·ne

VERKEHRSMITTEL & -WEGE

Öffentliche Verkehrsmittel

Wann fährt ... ab/kommt ... an?	A che ora parte/ arriva ...?	a ke o·ra par·te/ a·ri·va ...
Bus	l'autobus	lau·to·bus
Fähre	il traghetto	il tra·get·to
Flugzeug	l'aereo	la·e·re·o
Metro	la metro- politana	la me·tro· po·li·ta·na
Schiff	la nave	la na·ve
Zug	il treno	il tre·no
... Ticket	un biglietto ...	un bi·ljet·to
einfaches	di sola andata	di so·la an·da·ta
Rückfahr–	di andata e ritorno	di an·da·ta e ri·tor·no
Bahnhof	stazione ferroviaria	sta·tsio·ne fe·ro·viar·ja
Bahnsteig	binario	bi·na·rio
Bushaltestelle	fermata dell'autobus	fer·ma·ta del au·to·bus
Fahrkartenschalter	biglietteria	bi·ljet·te·ri·a
Fahrplan	orario	o·ra·rio

Hält er in ...?
Si ferma a ...?   si fer·ma a ...

Sagen Sie mir bitte, wenn wir nach ... kommen.
Mi dica per favore   mi di·ka per fa·vo·re
quando arriviamo a ...   kwan·do a·ri·via·mo a ...

Ich möchte hier aussteigen.
Voglio scendere qui.   vo·lio schen·de·re kwi

Auto- & Radfahren

Ich möchte gerne	Vorrei	vo·räi
mieten	noleggiare	no·le dscha·re
ein ...	un/una ... (m/f)	un/u·na ...
Auto	macchina (f)	mak·ki·na
Fahrrad	bicicletta (f)	bi·tschi·klet·ta
Geländewagen	fuoristrada (m)	fuo·ri·stra·da
Motorrad	moto (f)	mo·to
Benzin	benzina	ben·dsi·na
Fahrrad Luftpumpe	pompa della bicicletta	pom·pa del·la bi·tschi·klet·ta
Helm	casco	kas·ko
Kindersitz	seggiolino	se·dscho·li·no
Mechaniker	meccanico	mek·ka·ni·ko
Tankstelle	stazione di servizio	sta·tsio·ne di ser·vi·tsio

Ist dies die Straße nach ...?
Questa strada porta a ...? kwe·sta stra·da por·ta a ...

(Wie lange) Kann ich hier parken?
(Per quanto tempo)   (per kwan·to tem·po)
Posso parcheggiare qui? pos·so par·ked scha·re kwi

Das Autor/Motorrad hat eine Panne (in ...).
La macchina/moto si è la mak·ki·na/mo·to si e
guastata (a ...).   guas·ta·ta (a ...)

Ich habe einen Platten.
Ho una gomma bucata. o u·na gom·ma bu·ka·ta

Ich habe kein Benzin mehr.
Ho esaurito la   o e·sau ri·to la
benzina.   ben·dsi·na

WEGWEISER

Wo ist...?

Dov'è ...?   do·ve ...

Wie lautet die Adresse?

Qual'è l'indirizzo?   kwa·le lin·di·ri·tso

Könnten Sie das bitte aufschreiben?

Può scriverlo,   puo skri·ver·lo

per favore?   per fa·vo·re

Könnten Sie mir das zeigen (auf der Karte)?

Può mostrarmi   puo mos·trar·mi

(sulla pianta)?   (sul·la pian·ta)

An der Ampel   *al semaforo*   al se·ma·fo·ro

An der Ecke   *all'angolo*   al·lan·go·lo

gegenüber	*di fronte a*	di fron·te a
geradeaus	*sempre*	sem·pre
	diritto	di·ri·to
hinter	*dietro*	dje·tro
links	*a sinistra*	a si·ni·stra
nahe	*vicino*	vi·tschi·no
neben	*accanto a*	ak·kan·to a
rechts	*a destra*	a de·stra
vor	*davanti a*	da·van·ti a
weit weg	*lontano*	lon·ta·no

AAST – Azienda Autonoma di Soggiorno e Turismo (Touristeninformation)

ACI – Automobile Club d'Italia (italienischer Automobilclub)

acqua – Wasser

agnello – Lamm

agriturismo – Ferienunterkunft auf dem Bauernhof

albergo – Hotel (mit bis zu fünf Sternen)

albergo diffuso – Hotel mit mehreren Häusern, typisch für historische Stadtzentren

alimentari –Lebensmittelladen

alto – hoch

anfiteatro – Amphitheater

aperitivo – Aperitif

aragosta – Hummer

ARST – Azienda Regionale Sarda Trasporti (taatliches Busunternehmen)

bancomat – Bankautomat

benzina – Benzin

benzina senza piombo – bleifreies Benzin

borgo – mittelalterliche Ortschaft

bottarga – Barbenrogen

burrida – Dornhai mit Pinienkernen, Petersilie und Knoblauch

calamari – Tintenfisch, Calamares

camera – Zimmer

campanile – Glockenturm

cappella – Kapelle

capretto – Zicklein

carabinieri – Militärpolizei (siehe polizia)

carciofi – Artischocken

Carnevale – Karnevalszeit zwischen Dreikönigstag und Aschermittwoch

castello – Burg, Kastell

cattedrale – Kathedrale, Dom

cena – Abendessen

centro – Stadtzentrum

centro storico – wörtlich

„historisches Zentrum"; Altstadt

chiesa – Kirche

colazione – Frühstück

comune – Stadt- oder Gemeindeverwaltung

coperto – Grundpreis für ein Gedeck im Restaurant

cornetto – Croissant

corso – Hauptstraße, Boulevard

cortile – Innenhof

cotto/a – gekocht

cozze – Muscheln

CTS – Centro Turistico Studentesco e Giovanile (Reiseagentur für Studenten und junge Leute)

culurgiones – Ravioli, mit Käse und/oder Kartoffeln gefüllt

cumbessias – Pilgerherbergen in den Innenhöfen von Kirchen, traditionell der Ort für religiöse Feste (bis zu neun Tage lang) zu Ehren eines bestimmten Heiligen

cupola – Kuppel

digestivo – Digestif

dolci – Süßigkeiten

domus de janas – wörtlich „Märchenhaus"; Grabmal aus alter Zeit, in einen Felsen geschnitten

duomo – Kathedrale, Dom

ENIT – Ente Nazionale Italiano per il Turismo (staatliche Touristenbehörde)

enoteca Weinbar oder Weingeschäft

farmacia – Apotheke

festa – Fest, Feiertag

fiume – (großer) Fluss

fontana – Quelle

formaggio – Käse

fregola – sardische Nudelbällchen aus Hartweizengrieß

fritto/a – frittiert, gebraten

frutti di mare – Meeresfrüchte

funghi – Pilze

gasolio – Diesel

gelateria – Eisdiele

giudicato – Provinz; im Mittelalter war Sardinien aufgeteilt in die Giudicato Cagliari, Giudicato Logudoro, Giudicato Gallura und den Giudicato Arborea

golfo – Golf

grotta – Höhle

guardia medica – Notarztservice

insalata – Salat

isola – Insel

lago – See

largo – (kleiner) Platz

latte – Milch

libreria – Buchladen

lido – bewirtschafteter Strandabschnitt

lungomare – Uferpromenade

macchia – mediterraner Strauch

malloreddus – Grießklöße

mare – Meer

mattanza – wörtlich „Schlachten"; der jährliche Thunfischfang im Südwesten Sardiniens

miele – Honig

mirto – Myrtenbeere; auch ein Likör aus Myrtenbeeren

monte – Berg

muggine – Barbe

municipio – Rathaus

muristenes – siehe *cumbessias*

Natale – Weihnachten

nuraghe – steinerne Türme und befestigte Siedlungen der Bronzezeit

oratorio – Oratorium

ospedale – Krankenhaus

palazzo – Palast; aber auch ein großes Gebäude jeglicher Art, z.B. ein Apartmentblock

panadas – herzhaft-pikante Teigtasche

pane – Brot
panino – Brötchen
parco – Park
Pasqua – Ostern
passeggiata – traditioneller Abendbummel
pasticceria – Konditorei
pensione – Pension, kleines Hotel
piazza – Platz
pietà – wörtlich „Mitleid"; Skulptur, Zeichnung oder Gemälde, das die Muttergottes mit dem toten Christus auf dem Schoß zeigt
pinacoteca – Gemälde-galerie
polizia – Polizei
polpo – Oktopus, Tintenfisch
poltrona – wörtlich „Sessel"; bequemer Sitzplatz auf einer Fähre
ponte – Brücke
porceddu – Spanferkel
porto – Hafen
pronto soccorso – Erste Hilfe
prosciutto – gekochter Schinken
questura – Polizeistation

rio – Nebenfluss

riserva naturale – Natur-schutzgebiet
ristorante – Restaurant

sagra – Fest, das im Allge-meinen einer kulinarischen Köstlichkeit gewidmet ist, wie etwa den Pilzen oder dem Wein etc.
saline – Saline, Salzpfanne
santuario – Heiligtum, oft mit einer Kapelle verbunden
scalette – „kleine Treppe" (wie in Scalette di Santa Chiara, eine steile Treppe hinauf in den Distrikt II Castello von Cagliari)
sebadas – gebratene Nudeln mit Ricotta
seppia – Tintenfisch
servizio – Bedienungszu-schlag im Restaurant
spiaggia – Strand
stagno – Lagune
stazione marittima – Fähr-hafen
stazzo/u – Bauernhof in der Region Gallura
strada – Straße

tavola calda – Garküche im Stil einer Kantine mit ferti-gen warmen Gerichten
teatro – Theater

tempio – Tempel
terme – Thermalbad, antike Thermen
tholos – Name für den konischen Turm in einer Nuraghe-Siedlung
tomba di gigante – wörtlich „Grab des Riesen", Hünen-grab; prähistorisches Mas-sengrab
tonnara – Thunfisch verar-beitender Betrieb
tonno – Thunfisch
tophet – heiliger Beerdi-gungsort der Phönizier oder Karthager für Kinder und Babys
torre – Turm
trippa – Kutteln

via – Straße
viale – Allee, Boulevard
vicolo – Gasse
vino (rosso/bianco) – Wein (roter/weißer)
vongole – Venusmuschel

zucchero – Zucker
zuppa – Suppe oder Brühe

Hinter den Kulissen

WIR FREUEN UNS ÜBER EIN FEEDBACK

Post von Travellern zu bekommen ist für uns ungemein hilfreich – Kritik und Anregungen halten uns auf dem Laufenden und helfen, unsere Bücher zu verbessern. Unser reiseerfahrenes Team liest alle Zuschriften genau durch, um zu erfahren, was an unseren Reiseführern gut und was schlecht ist. Wir können solche Post zwar nicht individuell beantworten, aber jedes Feedback wird garantiert schnurstracks an die jeweiligen Autoren weitergeleitet, rechtzeitig vor der nächsten Nachauflage.

Wer uns schreiben will, erreicht uns über **lonelyplanet.com/contact**.

Hinweis: Da wir ausgewählte Beiträge möglicherweise in Lonely-Planet-Produkten (Reiseführer, Websites, digitale Medien) veröffentlichen, ggf. auch in gekürzter Form, bitten wir um Mitteilung, falls ein Kommentar nicht veröffentlicht oder ein Name nicht genannt werden soll. Wer Näheres über unsere Datenschutzpolitik wissen will, erfährt das unter www.lonelyplanet.com/privacy.

DANK VON LONELY PLANET

Vielen Dank an alle Traveller, die mit der letzten Ausgabe unterwegs waren und uns nützliche Hinweise, gute Ratschläge und interessante Begenheiten übermittelt haben:

Martin Åberg, Peter und Anne, Michael Bendon, Jan Bryla, Silvana Cao, Deborah Toppan, Iris Elliott, Elisa Guardiani, Kerstin Hartinger, Julienne Ingram, Shamiran Kiriakos, George Laszlo, Debbie Mcneil, Katie Mitchell, Rob Montanari, Kieran O Sullivan, Liz Paxton, Matthias Quaas, Michael Richter, Kees Rietdijk, Yu Sheng Chou, Adriana Thomas, Albert Vila, Jonathan Wickens.

DANK DER AUTOREN

Kerry Christiani

Mille grazie an Tonino Tosciri und seine Schwester Maria Angela in Baunei für ihre freundliche Hilfe. Ein Dankeschön geht auch an die Outdoor-Experten Peter und Anne vom Lemon House in Lotzorai, an den Bergsteiger Corrado Conca für seine Tipps und an Maria Antonietta Goddi in Durke, Cagliari, für ihre netten Ratschläge. Ein besonderer Dank gilt meiner Koautorin Vesna Maric, dem Verantwortlichen Redakteur Joe Bindloss und dem gesamten Londoner Team von Lonely Planet. Und schließlich danke ich natürlich meinem Ehemann und exzellenten Reisegefährten Andy Christiani.

Vesna Maric

Mein Dank geht an Rafael und Frida, die mich begleitet haben, und an Susana. Velika hvala an meine Mutter für ihre Hilfe bei der Kinderbetreuung. Bedanken möchte ich mich aber auch bei Joe Bindloss, der mir die Arbeit an diesem Buch ermöglicht hat, und bei Kerry Christiani, der stets freundlichen und hilfsbereiten Hauptautorin. Vor Ort auf Sardinien möchte ich all den netten Menschen danken, die mir das Leben dort erleichtert haben, allen voran Francesca Vanoni Pugni und Carla Cani für ihre freundliche Hilfe. Danke auch an Alessandra und Simone, die von Sizilien aus hergekommen sind. Gewidmet ist alles dem Andenken an die kleine Sveva.

QUELLENNACHWEIS

Die Daten in der Klimatabelle stammen von Peel MC, Finlayson BL & McMahon TA (2007), Aktualisierte Weltkarte der Köppen-Geiger-Klimaklassifikation, *Hydrology and Earth System Sciences*, 11, 1633-44.

Abbildung auf dem Umschlag: Badegäste an der Cala Mariolu im Golfo di Orosei. Dallas Stribley/Lonely Planet Images.

Viele der Bilder in diesem Reiseführer können bei Lonely Planet Images: www.lonelyplanet images.com auch lizenziert werden.

ÜBER DIESES BUCH

Dies ist die 2. deutsche Auflage von *Sardinien*, basierend auf der 4. englischen Auflage von *Sardinia*. Vorbereitet und verfasst wurde diese Auflage von Kerry Christiani und Vesna Maric. Die ersten drei Auflagen dieses Buches stammten von Duncan Garwood, Paula Hardy und Damien Simonis. Der Band wurde vom Londoner Büro von Lonely Planet in Auftrag gegeben und betreut von:

Verantwortlicher Redakteur Joe Bindloss
Redaktionsleitung Kate Whitfield
Leitung der Kartografie Csanad Csutoros
Layout-Leitung Frank Deim
Redaktion Brigitte Ellemor
Kartografie Mandy Sierp
Layout Chris Girdler
Redaktionsassistenz Karyn Noble, Kristin Odijk, Victoria Harrison, Paul Harding, Jackey Coyle

Assistenz der Kartografie Jolyon Philcox, Sonya Brooke, Jennifer Johnston
Umschlaggestaltung Naomi Parker
Bildredaktion Aude Vauconsant
Redaktion Sprachführer Annelies Mertens

Besonderer Dank gilt Sasha Baskett, Ryan Evans, Suki Gear, Jocelyn Harewood, Jane Hart, Gina Tsarouhas, Gerard Walker

Register

000 Kartenseiten
000 Abbildungen

NOTIZEN

Auf einen Blick

Mit diesen Symbolen sind wichtige Kategorien leicht zu finden:

- 👁 Sehenswertes
- 🐚 Strände
- 🏃 Aktivitäten
- 🎓 Kurse

- 👆 Touren
- 🎊 Festivals & Events
- 🛏 Schlafen
- 🍴 Essen

- 🍷 Ausgehen
- ⭐ Unterhaltung
- 🛍 Shoppen
- ℹ Information/Transport

Diese Symbole bieten wertvolle Zusatzinformationen:

- ☎ Telefonnummer
- 🕐 Öffnungszeiten
- Ⓟ Parkplatz
- Nichtraucher
- ❄ Klimaanlage
- @ Internetzugang

- 📶 WLAN-Anschluss
- 🏊 Schwimmbad
- 🥗 Vegetarische Gerichte
- 📖 Englischsprachiges Menu
- 👨‍👩‍👧 Familienfreundlich
- 🐾 Haustiere willkommen

- 🚌 Bus
- ⛴ Fähre
- Ⓜ Metro
- Ⓢ U-Bahn
- ⊖ London Tube
- Straßenbahn
- 🚆 Zug

Die Reihenfolge spiegelt die Bewertung durch die Autoren wider.

Empfehlungen von Lonely Planet:

- **LP TIPP** Das empfiehlt unser Autor
- **GRATIS** Hier bezahlt man nichts
- 🌿 Nachhaltig und umweltverträglich

Unsere Autoren haben diese Einrichtungen ausgewählt, weil man dort großen Wert auf Nachhaltigkeit legt: etwa durch die Forderung einheimischer Gemeinschaften oder Hersteller, durch eine umweltverträgliche Bewirtschaftung oder durch Engagement im Naturschutz.

Kartenlegende

Sehenswertes
- Strand
- Buddhistisch
- Burg
- Christlich
- Hinduistisch
- Islamisch
- Jüdisch
- Denkmal
- Museum/Gallerie
- Ruine
- Winzer/Weingut
- Zoo
- Andere Sehenswürdigkeit

Aktivitäten, Kurse & Touren
- Tauchen/Schnorcheln
- Kanu/Kayak fahren
- Ski fahren
- Surfen
- Schwimmbad
- Wandern
- Windsurfen
- Andere Aktivität/Kurse/Touren

Schlafen
- Schlafen
- Camping

Essen
- Essen

Ausgehen
- Ausgehen
- Cafe

Unterhaltung
- Unterhaltung

Shoppen
- Shoppen

Praktisches
- Post
- Touristeninformation

Transport
- Flughafen
- Grenzübergang
- Bus
- Seilbahn/Standseilbahn
- Radfahren
- Fähre
- Metro
- Zug eingleisig
- Parkplatz
- S-Bahn
- Taxi
- Zug /Eisenbahn
- Tram
- Tube-Station
- U-Bahn
- anderes Verkehrsmittel

Verkehrswege
- Mautstraße
- Autobahn
- Hauptstraße
- Nebenstraße
- Verbindungsstraße
- sonstige Straße
- unbefestigte Straße
- Plaza/Fußgängerzone
- Stufen
- Tunnel
- Fußgängerübergangt
- Spaziergang
- Spaziergang mit Abstecher
- Pfad

Grenzen
- Internationale
- Staat/Provinz
- umstrittene Grenze
- Regional/Vorort
- Gewässer
- Klippen
- Mauer

Städte
- Hauptstadt (National)
- Hauptstadt (Staat/Provinz)
- Stadt/Große Stadt
- Kleinstadt/Dorf

Landschaft
- Hütte
- Leuchtturm
- Aussichtsturm
- Berg/Vulkan
- Oase
- Park
- Pass
- Picknickplatz
- Wasserfall

Gewässer
- Fluss/Bach
- periodischer Fluss
- Sumpf/Mangroven
- Riff
- Kanal
- Gewässer
- Trocken-/Salzperiodischer See
- Gletscher

Gebietsformen
- Strand/Wüste
- Friedhof (Christlich)
- Friedhof (anderer)
- Park/Wald
- Sportplatz
- Sehenswertes (Gebäude)
- Highlight (Gebäude)

DIE LONELY PLANET STORY

Ein uraltes Auto, ein paar Dollar in den Hosentaschen und Abenteuerlust, mehr brauchten Tony und Maureen Wheeler nicht, als sie 1972 zu der Reise ihres Lebens aufbrachen. Diese führte sie quer durch Europa und Asien bis nach Australien. Nach mehreren Monaten kehrten sie zurück – pleite, aber glücklich –, setzten sich an ihren Küchentisch und verfassten ihren ersten Reiseführer *Across Asia on the Cheap*. Binnen einer Woche verkauften sie 1500 Bücher und Lonely Planet war geboren.

Seit 2011 ist BBC Worldwide der alleinige Inhaber von Lonely Planet. Der Verlag unterhält Büros in Melbourne (Australien), London und Oakland (USA) mit über 600 Mitarbeitern und Autoren. Sie alle teilen Tonys Überzeugung, dass ein guter Reiseführer drei Dinge tun sollte: informieren, bilden und unterhalten.

UNSERE AUTOREN

Kerry Christiani

Hauptautorin; Cagliari & das Sarrabus, Olbia, die Costa Smeralda & die Gallura, Nuoro & der Os-

ten Kerrys Liebe zu Sardinien geht noch auf die Zeit zurück, als sie in einem trüben Sommer nach Abschluss ihres Studiums ein wenig *dolce vita* brauchte und mit einem uralten Wohnmobil zu einer Tour durch Italien aufbrach. Heute wie damals ist sie begeistert von den prachtvollen Stränden der Insel, von den Bergwanderungen und den kulinarischen Merkwürdigkeiten. Die gebürtige Engländerin Kerry arbeitet als (preisgekrönte) freiberufliche Reisejournalistin und lebt derzeit im deutschen Schwarzwald. Bereist hat sie schon sämtliche Kontinente.

Neben Veröffentlichungen in diversen Zeitschriften hat sie an mehr als 20 Reiseführern mitgearbeitet, darunter die Lonely Planet Bände über Italien, Deutschland, Österreich, die Schweiz und Frankreich. Aktuelle Infos über ihre Arbeit findet man unter www.kerrychristiani.com.

Vesna Maric

Iglesias & der Südwesten, Oristano & der Westen, Alghero & der Nordwesten

An Sardiniens stillen Stränden und auf den Blumenwiesen dieser Insel hat Vesna ihre Liebe zum Mittelmeer entdeckt. Sie hat die westliche Hälfte von Sardinien zusammen mit ihrem Partner und ihrer einjährigen Tochter bereist und weiß also, wovon sie spricht, wenn sie die Sarden als unglaublich kinderfreundlich lobt.

Lonely Planet Publications,
Locked Bag 1, Footscray,
Melbourne, Victoria 3011, Australia

Verlag der deutschen Ausgabe:
MAIRDUMONT, Marco-Polo-Str. 1, 73760 Ostfildern, www.mairdumont.com, lonelyplanet@mairdumont.com

Chefredakteurin deutsche Ausgabe: Birgit Borowski

Übersetzung: Petra Dubilski, Marion Gieseke, Guido Meister, Raphaela Moczynski, Dr. Annegret Pago, Dr. Thomas Pago, Jutta Ressel M.A., Daniela Schetar, Cristoforo Schweeger, Dr.Heinz Vestner, Sigrid Weber-Krafft, Renate Weinberger; Silvia Mayer, Rainer Höh, Silvana Höh
Redaktion und technischer Support: CLP Carlo Lauer & Partner, Aschheim

Sardinien

2. deutsche Auflage Dezember 2012, übersetzt von *Sardinia 4th edition*, Januar 2012 Lonely Planet Publications Pty

Deutsche Ausgabe © Lonely Planet Publications Pty, Dezember 2012
Fotos © wie angegeben

Printed in China

Titelfoto: Badegäste an der Cala Mariolu im Golfo di Orosei. Dallas Stribley/Lonely Planet Images.

Die meisten Fotos in diesem Reiseführer können bei Lonely Planet Images, www.lonelyplanetimages.com, auch lizenziert werden.